Modernes Marketing für Studium und Praxis
Herausgeber Hans Christian Weis

Prof. Dr. Hans Christian Weis
Prof. Dr. Peter Steinmetz
Marktforschung

umweltfreundlich
... weil auf chlor- und säurefreiem Papier gedruckt.

Modernes Marketing für Studium und Praxis

Herausgeber Hans Christian Weis

Marktforschung

von

Prof. Dr. Hans Christian Weis

Prof. Dr. Peter Steinmetz

5., völlig überarbeitete und aktualisierte Auflage

Kiehl

Prof. Dr. Hans Christian Weis studierte Wirtschaftswissenschaften an der Universität Heidelberg. Diplom-Volkswirt, Studium BWL an der Universität Mannheim, wissenschaftlicher Mitarbeiter am Institut für Absatzwirtschaft Universität Mannheim, verschiedene Tätigkeiten in Industrieunternehmen, Leiter der Betriebswirtschaftlichen Abteilung der Verkaufsdirektion der BASF, Promotion zum Dr.rer.pol., Professor für Marketing an der Hochschule Niederrhein, Mönchengladbach, Autor mehrerer Bücher zu Marketing und Verkauf. Herausgeber der Reihe „Modernes Marketing für Studium und Praxis“, Kiehl Verlag, Ludwigshafen. Aktuelle Forschungsschwerpunkte: Marketingkommunikation, Verkauf und Werbung.

Prof. Dr. Peter Steinmetz studierte Physik an der Technischen Hochschule Aachen, Dipl. Physiker, Wirtschaftswissenschaftliches Zusatzstudium an der Technischen Hochschule Aachen, Diplom-Wirtschaftsphysiker, Promotion zum Dr. rer. nat., wissenschaftlicher Mitarbeiter am Institut für Physikalische Chemie, danach tätig im Bereich der Prozess- und Qualitätsanalyse bei der Produktion elektronischer Bauelemente, Professor für Wirtschaftsmathematik und -statistik an der Hochschule Niederrhein, Mönchengladbach.

Prof. Dr. Hans Christian Weis (Hrsg.)
Institut für Management und Marketing
E-Mail: prof.h.weis@web.de

ISBN 3 470 **42525** 6 · 5., völlig überarbeitete und aktualisierte Auflage 2002

Druck: Präzis-Druck GmbH, Karlsruhe – wi

Modernes Marketing für Studium und Praxis

Die Fachbuchreihe „Modernes Marketing für Studium und Praxis“ will das aktuelle und praktisch anwendbare Wissen des Marketing anwendungsbezogen, anschaulich und übersichtlich darstellen und vermitteln.

Die einzelnen Bände sind so konzipiert, dass sie einzeln und in sich abgeschlossen über ein Teilgebiet des Marketing ausführlich informieren. Alle Bände der Reihe sind einheitlich gestaltet.

- Der **Textteil** will das jeweilige Wissen vermitteln. Beispiele und grafische Darstellungen sollen die Veranschaulichung erleichtern. Den Abschluss bilden Kontrollfragen, die dem Leser zur Wissenskontrolle dienen. Jedem Kapitel ist ein Literaturverzeichnis angefügt, das die wesentlichen Literaturnachweise enthält.

- Der **Übungsteil** am Ende des Buches enthält Aufgaben/Fälle, die zur Vertiefung und zur Anwendung des im Textteil dargestellten Stoffgebietes dienen sollen.

Die Reihe „Modernes Marketing für Studium und Praxis“ wendet sich an alle Marketinginteressierten, insbesondere an

- Studenten an Universitäten, Gesamthochschulen, Fachhochschulen sowie sonstigen Instituten, denen eine anwendungsbezogene und aktuelle Einführung in Teilgebiete des Marketing vermittelt werden soll.

- in der betrieblichen Praxis Tätige, die sich über die verschiedenen Gebiete des Marketing informieren wollen.

Den einzelnen Autoren, die sowohl in der Praxis als auch durch langjährige Lehrtätigkeit im Hochschulbereich sowie im Managementtraining ausgewiesen sind, gilt mein besonderer Dank.

Für weitere Anregungen, durch die diese Fachbuchreihe verbessert werden kann, danke ich allen Lesern.

Hans Christian Weis

Benutzungshinweis

(1)
(2)
(3)
·
·
·
(31)
(32)
(33)
(34)

Diese Zahlen im Textteil verweisen auf den Übungsteil am Schluss des Buches.

Modernes Marketing für Studium und Praxis

Die Fachbuchreihe „Modernes Marketing für Studium und Praxis“ will das aktuelle und praktisch anwendbare Wissen des Marketing anwendungsbezogen, anschaulich und übersichtlich darstellen und vermitteln.

Die einzelnen Bände sind so konzipiert, dass sie einzeln und in sich abgeschlossen über ein Teilgebiet des Marketing ausführlich informieren. Alle Bände der Reihe sind einheitlich gestaltet.

- Der **Textteil** will das jeweilige Wissen vermitteln. Beispiele und grafische Darstellungen sollen die Veranschaulichung erleichtern. Den Abschluss bilden Kontrollfragen, die dem Leser zur Wissenskontrolle dienen. Jedem Kapitel ist ein Literaturverzeichnis angefügt, das die wesentlichen Literaturnachweise enthält.

- Der **Übungsteil** am Ende des Buches enthält Aufgaben/Fälle, die zur Vertiefung und zur Anwendung des im Textteil dargestellten Stoffgebietes dienen sollen.

Die Reihe „Modernes Marketing für Studium und Praxis“ wendet sich an alle Marketinginteressierten, insbesondere an

- Studenten an Universitäten, Gesamthochschulen, Fachhochschulen sowie sonstigen Instituten, denen eine anwendungsbezogene und aktuelle Einführung in Teilgebiete des Marketing vermittelt werden soll.

- in der betrieblichen Praxis Tätige, die sich über die verschiedenen Gebiete des Marketing informieren wollen.

Den einzelnen Autoren, die sowohl in der Praxis als auch durch langjährige Lehrtätigkeit im Hochschulbereich sowie im Managementtraining ausgewiesen sind, gilt mein besonderer Dank.

Für weitere Anregungen, durch die diese Fachbuchreihe verbessert werden kann, danke ich allen Lesern.

Hans Christian Weis

Benutzungshinweis

(1)
(2)
(3)
·
·
·
(31)
(32)
(33)
(34)

Diese Zahlen im Textteil verweisen auf den Übungsteil am Schluss des Buches.

Modernes Marketing für Studium und Praxis

Herausgeber Hans Christian Weis

Marktforschung

von

Prof. Dr. Hans Christian Weis

Prof. Dr. Peter Steinmetz

5., völlig überarbeitete und aktualisierte Auflage

Kiehl

Prof. Dr. Hans Christian Weis studierte Wirtschaftswissenschaften an der Universität Heidelberg. Diplom-Volkswirt, Studium BWL an der Universität Mannheim, wissenschaftlicher Mitarbeiter am Institut für Absatzwirtschaft Universität Mannheim, verschiedene Tätigkeiten in Industrieunternehmen, Leiter der Betriebswirtschaftlichen Abteilung der Verkaufsdirektion der BASF, Promotion zum Dr.rer.pol., Professor für Marketing an der Hochschule Niederrhein, Mönchengladbach, Autor mehrerer Bücher zu Marketing und Verkauf. Herausgeber der Reihe „Modernes Marketing für Studium und Praxis", Kiehl Verlag, Ludwigshafen. Aktuelle Forschungsschwerpunkte: Marketingkommunikation, Verkauf und Werbung.

Prof. Dr. Peter Steinmetz studierte Physik an der Technischen Hochschule Aachen, Dipl. Physiker, Wirtschaftswissenschaftliches Zusatzstudium an der Technischen Hochschule Aachen, Diplom-Wirtschaftsphysiker, Promotion zum Dr. rer. nat., wissenschaftlicher Mitarbeiter am Institut für Physikalische Chemie, danach tätig im Bereich der Prozess- und Qualitätsanalyse bei der Produktion elektronischer Bauelemente, Professor für Wirtschaftsmathematik und -statistik an der Hochschule Niederrhein, Mönchengladbach.

Prof. Dr. Hans Christian Weis (Hrsg.)
Institut für Management und Marketing
E-Mail: prof.h.weis@web.de

ISBN 3 470 **42525** 6 · 5., völlig überarbeitete und aktualisierte Auflage 2002

Druck: Präzis-Druck GmbH, Karlsruhe – wi

Vorwort zur fünften Auflage

Die vierte Auflage der Marktforschung hat wie die bisherige Auflagen eine positive Aufnahme an Hochschulen und in der Praxis gefunden, sodass nach zwei Jahren eine Neuauflage dieses Lehr- und Handbuchs erforderlich war.

Die gewaltigen Veränderungen auf fast allen Märkten haben dazu geführt, dass Marktforschung heute in der Praxis eine zentrale Stellung einnimmt. Gleichzeitig hat sich Marktforschung weiterentwickelt, wobei ein Trend zunehmend weg von den "paper- und pencil-Methoden" und hin zu mehr elektronisch unterstützter Marktforschung sichtbar ist.

Diese Entwicklung war Anlass zu einer intensiven allgemeinen Überarbeitung des Buches. Alle Artikel wurden daher durchgesehen, aktualisiert und zum Teil neu konzipiert, sodass sich der Leser aktuell über die Möglichkeiten der Marktforschung informieren kann. Insbesondere die Abschnitte über Methoden der Informationsgewinnung und die Befragung wurden neu formuliert. Daneben wurde in allen Bereichen auf eine informative und anwendungsbezogene Darstellung Wert gelegt. Auch wurde die zunehmende Bedeutung der computergestützten und internetbasierten Möglichkeiten berücksichtigt, wie z.B. Internet als Sekundärquelle, E-Mail-Befragungen, WWW-Befragungen usw.

Die Anwendungsmöglichkeiten der Marktforschung wurden entsprechend der zunehmenden Bedeutung im B2B- und Handelsbereich neu konzipiert und gestaltet, um auch hier eine differenzierte Betrachtung zu ermöglichen. Auch die Anzahl der Aufgaben/Fälle wurde erweitert.

Das vorliegende Buch „Marktforschung" gibt somit anschaulich, aktuell und anwendungsbezogen eine gute Einführung in den Bereich der Marktforschung und hat dadurch schon sehr viele Freunde an Hochschulen, Instituten, Seminaren und in der Praxis gefunden.

Unser herzlicher Dank gilt allen Leserinnen und Lesern, Seminarteilnehmern, Studenten und Praktikern, die durch Kontakte und Hinweise wertvolle Anregungen zu dieser Neuauflage gegeben haben.

Möge auch die vorliegende neu konzipierte 5. Auflage für Lehre, Wissenschaft und Wirtschaftspraxis sich als nützlich und hilfreich erweisen.

Mönchengladbach, im August 2002

Prof. Dr. Weis
Prof. Dr. Steinmetz

Vorwort zur ersten Auflage

Um in Unternehmen und in der Wirtschaft erfolgreiche Entscheidungen fällen zu können, ist es erforderlich, Informationen über die vergangene, gegenwärtige und zukünftige Entwicklung des Marktes zu besitzen. Die Existenz aussagefähiger und zuverlässiger Informationen ist Voraussetzung für eine effiziente Unternehmensführung und für ein erfolgreiches Marketing. Die Beschaffung und Bereitstellung der dazu benötigten Informationen ist Aufgabe der Marktforschung.

Im ersten Abschnitt (Kapitel A) werden die Grundlagen der Marktforschung behandelt. Abschnitt B zeigt die Möglichkeiten und Grenzen der verschiedenen Erhebungsverfahren auf. Die folgenden Abschnitte sind den verschiedenen Methoden der Informationsgewinnung, der Befragung, der Beobachtung, dem Experiment sowie den Panels gewidmet, um die spezifischen Möglichkeiten der verschiedenen Methoden aufzeigen zu können. Die Datenanalyse (Kapitel G) zeigt, welche Möglichkeiten der uni- und multivariaten statistischen Auswertung gegeben sind. Der Leser wird hier sowohl mit den üblichen einfachen statistischen Verfahren als auch mit den immer häufiger in der Praxis eingesetzten multivariaten Verfahren vertraut gemacht. Dabei wird vor allem die Art und Weise des rechnerischen Vorgehens anschaulich dargestellt.

Die Grundlagen der Prognosen geben einen Überblick, welche Möglichkeiten bestehen, die künftige Entwicklung zu prognostizieren. Eine Darstellung der Präsentationsmöglichkeiten der Ergebnisse von Marktforschungsuntersuchungen schließt sich an.

Den Abschluss bilden einige Einsatzmöglichkeiten der Marktforschung in zwei ausgewählten Gebieten. Hiermit wird auf die unterschiedlichen Möglichkeiten und Aufgaben der Marktforschung in der Praxis hingewiesen.

Das vorliegende Buch zur Marktforschung ist so anschaulich und anwendungsorientiert wie möglich gehalten. Es setzt keine Kenntnisse in Marktforschung und Statistik voraus und will einen Überblick über den Kern der Marktforschung geben. Daher wendet es sich sowohl an Studenten der Betriebswirtschaftslehre als auch an Interessierte in der Wirtschaft und an alle, die sich in diesen Bereich einarbeiten wollen.

Das Kapitel über Datenanalyse wurde von Prof. Dr. Peter Steinmetz bearbeitet, die übrigen Kapitel von Prof. Dr. Weis.

Den einzelnen Kapiteln sind Kontrollfragen zur Überprüfung des Lernerfolges beigefügt.

Literaturhinweise zeigen weiterführende und vertiefende Ausführungen zu dem jeweiligen Gebiet auf.

Die Fälle bzw. Aufgaben am Ende sollen den Leser zum selbstständigen Üben und Anwenden anregen. Lösungsmöglichkeiten werden angegeben.

Für Anregungen und Verbesserungsvorschläge danken wir im Voraus.

Die Autoren

Inhaltsverzeichnis

A. Die Grundlagen

1. Gegenstand der Marktforschung

Unternehmen stehen laufend vor der Aufgabe, Entscheidungen zu treffen. Jede Entscheidung lässt sich durch zwei Merkmale kennzeichnen:

- die Existenz einer **Wahlsituation,** die mindestens zwei Alternativen enthält und

- die Existenz eines **Entscheidungssubjektes,** das sich vor diese Entscheidungssituation gestellt sieht.

Um Entscheidungen treffen zu können, benötigt der Entscheider Informationen über das Entscheidungsobjekt, das Umfeld, die Entscheidungskonsequenzen, usw. Dabei liegt die Bedeutung der Informationen darin, dass sie die Gefahr von „nichtoptimalen" Entscheidungen verringern können. Insbesondere in den letzten Jahren, in denen Verflechtungen national und international immer enger werden und die größeren Märkte unübersichtlicher und die Entwicklung der Märkte sowie das Konsumentenverhalten differenzierter ist, sind Informationen über die Märkte und ihre Entwicklung von wachsender Bedeutung. Bei der Beschaffung von Informationen für das Marketing geht es daher darum, diejenigen Informationen zu beschaffen, die helfen, Probleme im Bereich des Marketing zu **erkennen** und die Lösung dieser Probleme zu **unterstützen**. Dies ist die Hauptaufgabe von Marketing und Marktforschung.

Die American Marketing Association geht von der folgenden Definition des Begriffs **Marketingforschung** aus:

„Marketingforschung ist die systematische Sammlung, Aufbereitung und Analyse von Daten, die sich auf die Probleme von Gütern und Dienstleistungen beziehen" (AMA, 1960).

Green und *Tull* sehen den gleichen Begriff etwas anders, indem sie „Marketingforschung als die systematische und objektive Gewinnung und Analyse von Informationen, die zur Erkennung und Lösung von Problemen im Bereich des Marketing dienen" (Green/Tull, 1982, S. 4) sehen.

Unter **Marktforschung** versteht man in der Regel die systematische, zielbewusste Untersuchung eines Marktes (vgl. *Hüttner* 1989), um Informationen über den Absatz- und/oder den Beschaffungsmarkt zu gewinnen. Das Verhältnis von Marktforschung und Marketing-Forschung lässt sich somit, wie in der auf Seite 16 folgenden Abbildung, grafisch veranschaulichen (vgl. auch *Böhler H.* 1985, S. 18, *Meffert* 1986, S. 12).

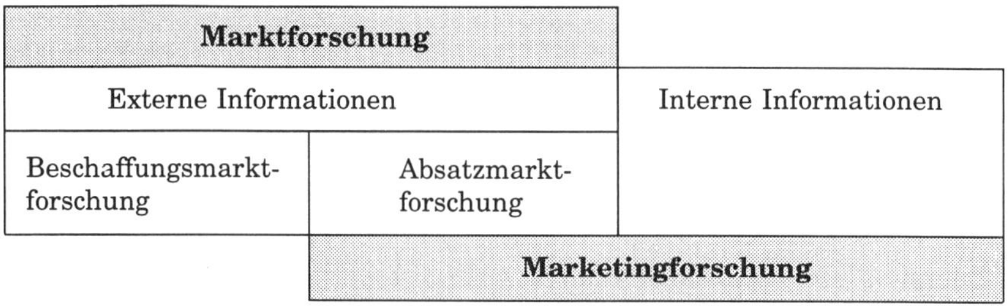

Abb. 1: Abgrenzung zwischen Marktforschung und Marketingforschung

Der Begriff Marketingforschung kommt aus der amerikanischen Übersetzung „Marketing Research". Im Laufe der Zeit hat sich dafür im deutschsprachigen die Interpretation dieses Begriffs mit dem Begriff **Absatzmarktforschung** ergeben. Unter **Marketing-** bzw. **Absatzmarktforschung** versteht man dabei die Bereitstellung unternehmensinterner und -externer Marketing-Informationen, während Marktforschung die Aufgabe hat, Informationen über alle Märkte, mit denen das Unternehmen verbunden ist, bereitzustellen. Dabei ist es in der Regel so, dass die Absatzforschung eine wesentlich bedeutendere Rolle spielt als z. B. die Beschaffungsmarktforschung oder die Personalmarktforschung. Forschung ist in diesem Zusammenhang als eine systematische Untersuchung eines Gegenstandes oder Problems mit dem Ziel, Informationen, d. h. zweckorientiertes Wissen darüber zu gewinnen, zu sehen. Hiervon ausgehend lässt sich für die weiteren Überlegungen Marktforschung wie folgt definieren:

Unter Marktforschung soll die systematische Erhebung, Analyse und Interpretation von Informationen über Gegebenheiten und Entwicklungen auf Märkten verstanden werden, um relevante Informationen für Marketing-Entscheidungen bereitzustellen.

2. Arten der Marktforschung

Die jeweiligen von der Marktforschung wahrzunehmenden Aufgaben können nach unterschiedlichen Kriterien gegliedert werden. Dadurch gelangt man zu unterschiedlichen „Arten" der Marktforschung.

- Zum einen ist eine Gliederung nach den **betrieblichen Funktionsbereichen,** für die Marktforschung durchgeführt wird, möglich, was zu einer Einteilung in

  - Absatzmarktforschung
  - Beschaffungsmarktforschung
  - Finanzmarktforschung usw.

  führt.

- Daneben lässt sich Marktforschung im Hinblick auf die zu **untersuchenden Objekte** in

  - Konsumgütermarktforschung
  - Investitionsgütermarktforschung
  - Dienstleistungsmarktforschung

  einteilen.

- Im Hinblick auf die **räumliche Erstreckung** der Marktforschung lässt sich unterscheiden in

  - lokale
  - regionale
  - nationale und
  - internationale Marktforschung.

- Da Marktforschung Informationen über den Markt **vergangenheitsbezogen, gegenwartsbezogen und zukunftsbezogen** bereitstellen kann, unterscheidet man in

  - rückschauende Marktforschung, d. h. es werden rückschauend die Informationen bereitgestellt und analysiert
  - gegenwärtige Marktforschung, d. h. es wird die gegenwärtige Marktsituation dargestellt
  - vorausschauende Marktforschung, d. h. es wird versucht zu prognostizieren, wie sich der Markt verändert und bzw. wie der Markt in künftigen Jahren strukturiert sein wird.

- Stellt man die **Marktteilnehmer** einer Untersuchung in den Vordergrund, so spricht man von:

  - Käuferforschung
  - Konkurrenzforschung
  - Absatzmittlerforschung
  - Produzentenforschung

- Untersucht man die **marketingpolitischen Instrumente**, so unterscheidet man:

  - Produktforschung
  - Preisforschung
  - Distributionsforschung
  - Kommunikationsforschung

- Je nachdem welche **Methode** der Informationsgewinnung eingesetzt werden soll, wählt man:

  - Befragung
  - Beobachtung
  - Experiment

- Nach der **Anzahl** der Marktforschungsuntersuchungen kann in einmalige und wiederholte (mehrmalige) Untersuchungen (z.B. Panel) unterschieden werden.

- Entsprechend der Anzahl der Themen einer Untersuchung spricht man von **Einthemen-** und **Omnibus- oder Mehrthemenbefragungen**. Hauptsächlich spielen Kostengründe eine wichtige Entscheidung sich an Omnibuserhebungen zu beteiliegen.

- Oft wird zwischen **operativer** und **strategischer** Marktforschung unterschieden, wobei strategische Marktforschung die Marktforschung für das strategische Marketing (Strategie, Planung usw.) darstellt.

- Nach dem **Träger** der Marktforschungsaufgabe kann in Eigenmarktforschung und Instituts-Marktforschung (Fremdforschung) unterschieden werden, je nachdem, ob die Unternehmen eigene Marktforschung betreiben oder die Aufgabe an Marktforschungsinstitute übertragen wird. (Siehe Seite 32)

- Je nachdem, ob Marktforschung **subjektbezogen oder objektbezogen** ist, unterscheidet man in **demoskopische** Marktforschung und **ökoskopische** Marktforschung *(Behrens, H. Ch.,* 1974, S. 5).

- Bezieht sich Marktforschung primär auf die Erfassung von physischen Gegebenheiten, so kann dafür der zutreffende Ausdruck **objektbezogene Marktforschung** geprägt werden. Stehen Motive, Einstellungen und Meinungen von Personen im Vordergrund, so kann man auch von **psychologischer Marktforschung** sprechen (vgl. *Salcher, E.F.,* 1995). Allgemein gesagt, beschäftigt sich psychologische Marktforschung mit im subjektiven Bereich liegenden Verhaltensweisen, die ihren Niederschlag auf dem Markt finden und gleichzeitig auf die Vielfalt der Ausprägungen hinweisen.

Die folgende Übersicht soll zusammenfassend einen Überblick möglicher Kriterien zur Einteilung der Marktforschung vermitteln und gleichzeitig auf die Vielfalt der Ausprägungen hinweisen:

Übersicht über wichtige Einsatzgebiete der Marktforschung

Kriterien / Marktforschungsbereich	Art der Erhebungsmethode	Objekt der Erhebung	Raum der Erhebung	Häufigkeit der Erhebung
	Sekundärerhebung, Primärerhebung	demoskopische Marktforschung, ökoskopische Marktforschung	lokale, regionale, nationale, internationale Marktforschung	einmalige Marktforschung, mehrmalige Panelforschung

Kriterien / Marktforschungsbereich	Zeitraum	Marketing-Instrumente	Leistungen	Käufer
	retrospektiv adspektiv prospektiv	Werbeforschung Produktforschung Verkaufsforschung usw.	Dienstleistungsmarktforschung Konsumgütermarktforschung Investitionsgütermarktforschung usw.	Konsumentenforschung Handelsforschung Industrielle Marktforschung usw.

Kriterien / Marktforschungsbereich	Marktteilnehmer	Einstellungsverhalten	Träger der Marktforschung	Unternehmensbereiche
	Konkurrenzforschung Lieferantenforschung Käuferforschung usw.	Imageforschung Motivforschung Meinungsforschung	Eigenmarktforschung Fremdmarktforschung (Institutsmarktforschung)	Beschaffungsmarktforschung Personalmarktforschung Absatzmarktforschung usw.

Die wichtigsten Einsatzgebiete im Bereich des Marketing soll grob die folgende Übersicht veranschaulichen:

- **Erforschung von Märkten**
  - Internationale Märkte
  - Nationale Märkte
  - Regionale Märkte
  - Marktprognosen
  - Markttrends
  - Marktvolumen
  - Marktpotenzial
  - Marktkapazität
  - Aufbau von Marktmodellen
  - Marktsegmentierung
  - Zielgruppenbestimmung
- **Produktforschung**
  - Untersuchung der Produktakzeptanz
  - Produktforschung für neue Produkte
  - Produkttest
  - Produktakzeptanztest
  - Verpackungstest
  - Namenstest
  - Produktimageuntersuchung
  - Produktlebenszyklusanalyse
  - Testmarktforschung
  - Namensfindung
  - Innovationsforschung
  - Trendforschung
  - Konkurrenzproduktanalyse
  - Ideenfindung
  - Produktprognosen
  - Markenforschung
  - Markenbewertung
- **Preisforschung**
  - Preistest
  - Preisreagibilität
  - Preislagenermittlung
  - Preisvergleich
  - Preiselastizität
  - Preisanalyse
  - Konditionenanalyse
- **Werbeforschung**
  - Copy research
  - Werbemitteltest
  - Werbeträgeranalyse
  - Internetanalyse
  - Motivforschung
  - Leseranalyse
  - Fernsehanalyse
- **Absatzforschung**
  - Verkaufsanalyse
  - Haushaltspanelanalyse
  - Verbraucherpanelanalyse
  - Distributionswegeanalyse
  - Käuferanalyse
  - Markentreue
  - Verkaufsgebietseinteilung
  - Verkaufsquoten
  - Vergütung des Außendienstes
  - Verkaufsprognosen
  - Absatzkanalanalyse
  - Handelsforschung
- **Käuferforschung**
  - Käuferstrukturforschung
  - Käuferverhaltensforschung
  - Kaufmotivforschung
  - Segmentierung
  - Käufereinstellung
  - Zielgruppeneinteilung
  - Kaufprozesse
  - Konsumententreue

- **Konkurrenzforschung**
  - Konkurrenzbeobachtung
  - Konkurrenzanalyse
  - Benchmarking

- **Data Mining**

3. Arten der Marktuntersuchung

Im Zusammenhang mit Marktuntersuchungen werden oft unterschiedliche Begriffe verwendet, die im Folgenden kurz angesprochen werden sollen.

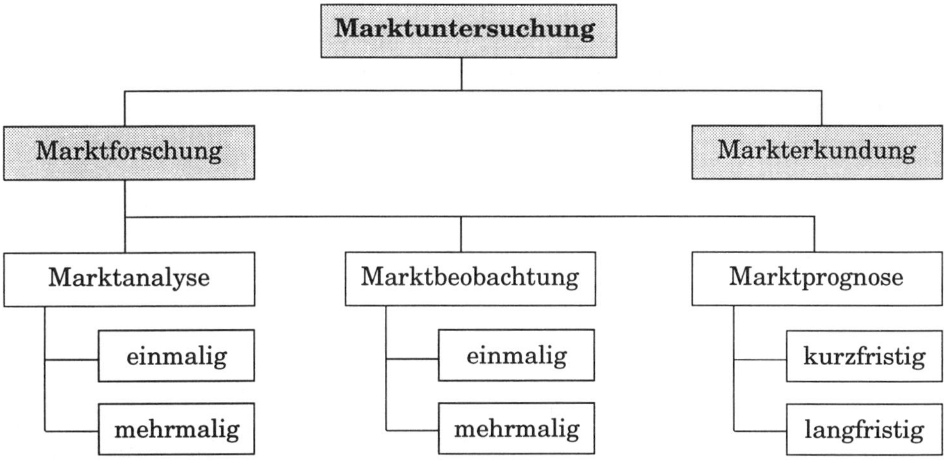

Abb. 2: Bereiche der Marktuntersuchung

Marktuntersuchungen lassen sich unterteilen in

- **Marktforschungen** und
- **Markterkundungen.**

Als Markterkundung bezeichnet man heute überwiegend ein mehr zufälliges und gelegentliches Untersuchen eines Marktes im Gegensatz zu einem systematischen und objektiven Erforschen des Marktes. **Marktforschung** auf einem Markt liegt dann vor, wenn systematisch, wissenschaftlich fundiert und planvoll bei der Ermittlung von Informationen vorgegangen wird.

Marktanalyse soll im Folgenden als die Durchführung einer Marktforschung im Hinblick auf einen bestimmten Markt verstanden werden (vgl. *Behrens, K. Ch.*, 1974, S. 11). **Marktbeobachtung** im hier verstandenen Sinne bedeutet zeitraumbezogene Erhebungen über Vorgänge auf einem bestimmten Markt im Gegensatz zu einer einmaligen Erhebung auf einem Markt. Aufgabe der **Marktprognose** ist es, systematische Aussagen über mögliche Entwicklungen eines Marktes oder Teilmarktes zu geben. Ihr kommt insofern u. E. gesteigerte Bedeutung zu, weil alle Marketing-Entscheidungen in die Zukunft gerichtet sind und man bei den Entscheidungen gewisse Annahmen über die künftige Entwicklung des Marktes unterstellen muss, will man bestmögliche Entscheidungen treffen.

Im Rahmen der Marktforschung lässt sich noch weiter unterscheiden nach den Zielsetzungen, denen Marktforschung primär dient, und zwar in

- Informationen für Zielsetzungen im Marketing,
- Informationen für die Planung im Marketing,
- Informationen für die Durchführung von Marketingmaßnahmen,
- Informationen für die Marketing-Kontrolle,
- Informationen über die Umwelt und ihre Entwicklung.

Mit anderen Worten, Aufgabe der Marktforschung ist es, im Rahmen des Marketing-Managementprozesses die jeweils erforderlichen Informationen bereitzustellen (vgl. Abb. 3).

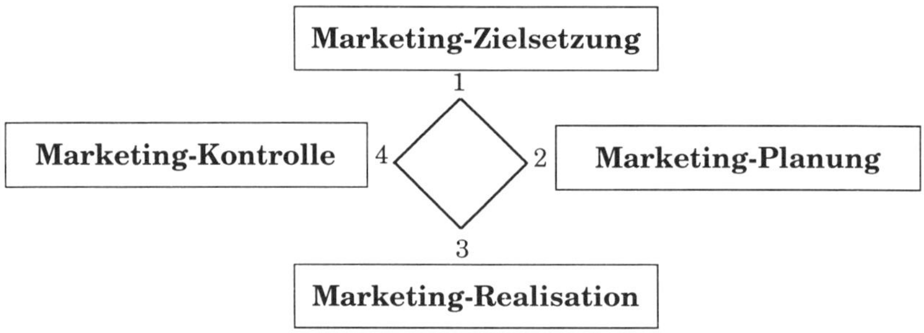

Abb. 3: Marketing-Managementprozess

Auch erfordern unterschiedliche Marketing-Entscheidungen verschiedene Marktinformationen. Dabei ist vor allem eine Unterscheidung in Informationen für operative und strategische Marketing-Entscheidungen von Bedeutung (vgl. *Köhler*, 1981, S. 26). Diese Unterscheidung führt dann zur Einteilung in eine **operative** und eine **strategische** Marktforschung.

4. Bedeutung von Informationen im Marketing-Entscheidungsprozess

Die Funktionen, die Marktforschung wahrzunehmen hat, werden besonders deutlich, wenn man die jeweiligen Aufgaben im Rahmen des Marketing-Entscheidungsprozesses untersucht (Seite 25). Dazu ist es empfehlenswert, den Marketing-Entscheidungsprozess in fünf Phasen zu unterteilen. Unter den Gesichtspunkten der Informationsgewinnung kann dabei u. E. nicht gesagt werden, welcher Phase die größte Bedeutung zukommt. Diese Frage lässt sich u. E. nur im konkreten Einzelfall beantworten.

Im Einzelnen wird in die folgenden fünf Phasen unterschieden:

- Anregungsphase (Problemerkennungsphase)
- Suchphase
- Optimierungsphase
- Realisierungsphase
- Kontrollphase.

In der **Anregungsphase und Problemerkennungsphase** geht es darum, ein Problem zu erkennen. Probleme können sich ergeben, wenn Soll ≠ Ist ist, wenn man nicht weiß, wie man bestimmte Ziele erreichen kann, wenn Umsatzrückgänge auftreten, usw. In dieser Phase soll der Entscheidungsträger so viele Informationen haben, dass er sich über die Problemsituation und die damit zusammenhängenden Fragen ein realistisches Bild machen kann.

Die **Suchphase** ist dadurch gekennzeichnet, dass man versucht, von der gegenwärtigen Situation aus ein bestimmtes Ziel, das noch nicht konkretisiert ist, zu erreichen. In dieser Phase spielen Analysen und vor allem Prognosen und Szenarien eine wichtige Rolle. Anschließend wird untersucht, welche Marketing-Maßnahmen zur Verfügung stehen, um das Ziel erreichen zu können.

In der **Optimierungsphase** soll die bestmögliche Alternative zur Zielerreichung ausgewählt werden. Dies gelingt um so eher, je besser informiert der Entscheidungsträger über die Möglichkeiten im Hinblick auf die Verfügbarkeit und die Bedeutung der einzelnen Maßnahmen ist.

In der **Realisierungsphase** kommt es darauf an, die optimale Kombination der Maßnahmen in ihrer Wirkung auf den Markt zu gewährleisten, d. h. die Marketing-Maßnahmen so umzusetzen, dass die Ziele erreicht werden.

Die **Kontrollphase** hält fest, ob die Ziele erreicht wurden und welche Erkenntnisse aus dem Ergebnis gezogen werden können.

Wie hier kurz skizziert, läuft der Marketing-Entscheidungsprozess in der Praxis mehr oder minder dem hier geschilderten Ablauf vergleichbar in den meisten Unternehmen ab.

Im Folgenden soll anhand der verschiedenen Phasen des Marketing-Entscheidungsprozesses in einer Übersicht auf Seite 25 dargestellt werden, welcher Informationsbedarf in den einzelnen Phasen, aus welchen Informationsquellen bzw. mit welchen Vorgehensweisen bereitgestellt werden kann.

Um vernünftige Entscheidungen im Marketing zu fällen, benötigt man Informationen über die dem Unternehmen zur Verfügung stehenden Ressourcen, den Markt, auf dem man aktiv werden will, die gesellschaftliche Umwelt usw.

Dazu kommt, dass sich Entscheidungssituationen heute immer schneller ändern, sodass die Unternehmen laufend mit neuen bzw. veränderten Entscheidungssituationen konfrontiert werden. Insbesondere in den Großunternehmen hat eine zunehmende Formalisierung der Entscheidungsprozesse dazu geführt, dass Entscheidungen im Marketing kaum noch getroffen werden können, ohne dass sie auf entsprechende Informationen gestützt sind. Informationen im Sinne von **zweckorientiertem Wissen** stellen die Basis für nach dem gegenwärtigen Stand sachliche Entscheidungen dar. In der Regel müssen in der Praxis Entscheidungen für den Markt stets unter **unvollkommenen** Informationslagen getroffen werden.

Marketingentscheidungen können allgemein nach verschiedenen Kriterien klassifiziert werden. Üblich ist dabei u. a. eine Unterscheidung im Hinblick auf die zur Verfügung stehenden Informationen.

Auf diese Weise lassen sich Marketing-Entscheidungen wie folgt unterscheiden:

- Marketing-Entscheidungen unter Sicherheit
- Marketing-Entscheidungen unter Risiko
- Marketing-Entscheidungen unter Unsicherheit
- Marketing-Entscheidungen unter vollkommener Uninformation

Marketing-Entscheidungen unter Sicherheit sind Entscheidungen, bei denen alle erforderlichen Informationen im Hinblick auf die Entscheidungsfindung exakt und vollständig zur Verfügung stehen, sodass der Entscheidende mit Sicherheit die Auswirkungen der Entscheidung vorherbestimmen kann. Diese Art von Entscheidungen liegen im Marketing-Bereich grundsätzlich nicht vor, da es nicht möglich ist, alle für eine optimale Entscheidung erforderlichen Informationen bereitzustellen.

Marketing-Entscheidungen unter Risiko sind Entscheidungen, bei denen der Entscheidungsträger über gewisse Informationen verfügt. Er kann jedoch nur davon ausgehen, dass die Auswirkungen der Entscheidungen mit bestimmten Wahrscheinlichkeiten eintreffen. Daher ist bei derartigen Entscheidungen von bestimmten Erwartungen auszugehen, die mit bestimmten Wahrscheinlichkeiten verbunden sind. Diese Entscheidungssituation ist im Marketing anzutreffen, wenn es um die Einführung neuer Produkte geht und Informationen aus einem Testmarkt schon vorhanden sind oder wenn Preisveränderungen durchgeführt werden und die Wahrscheinlichkeiten für das Verhalten der Käufer bekannt sind.

Übersicht: Marketingentscheidungsprozess, Informationsbedarf und -quellen

Marketing-Entscheidungsprozess	Informationsbedarf	Informationsquelle bzw. Vorgehensweise
Anregungs- und Problemerkennungsphase	Informationen über die auslösenden Ursachen	Vertriebsanalyse Soll-Ist-Vergleich Abweichungsanalyse Umsatzentwicklung
Suchphase • Zielsetzung	Informationen - unternehmensinterne Möglichkeiten - unternehmensexterne Möglichkeiten - zukünftige Entwicklung	Unternehmensrechnung Marktanalyse Marktprognosen Kreativitätstechniken Szenario Expertenbefragung
• Entwicklung alternativer Marketing-Maßnahmen	Informationen über die Auswirkung der alternativen Bewertung der alternativen Auswahlprozesse der geeigneten Marketing-Maßnahmen	Kreativitätstechniken Expertenbefragung Ausarbeitung von Maßnahmen Forschung und Entwicklung Erarbeitung von Marktstrategien
Optimierungsphase	Informationen über die zu lösenden Aufgaben, Vergleich und Bewertung der Alternativen. Auswahl der besten Alternative. Informationen für die Planung der Realisierung	Interne Informationsquellen (Kapazität, Kosten, Personen usw.), Kostenrechnung (Plan- und Istkosten), Marketing-Planung, Nutzwertanalyse, Lineare Programmierung
Realisierungsphase	Informationen über den Ablauf der Durchführung	Umsätze Deckungsbeiträge Marktanteile Käuferstruktur Verkäuferbeurteilungen
Kontrollphase	Informationen über • Soll-Ist-Vergleich • erzielte Deckungsbeiträge • Abweichungen	Verkaufsplanung • Umsatz • Kosten • Deckungsbeitrag Marktstellung • Marktanteil • Konkurrenzentwicklung • Allgemeine Entwicklung • Ist-Werte

Von **Marketing-Entscheidungen unter Unsicherheit** spricht man dann, wenn der Entscheidungsträger zwar alle möglichen Auswirkungen seiner Entscheidungsmöglichkeiten kennt, jedoch nicht in der Lage ist, jeder möglichen Auswirkung eine Wahrscheinlichkeit zuzuordnen.

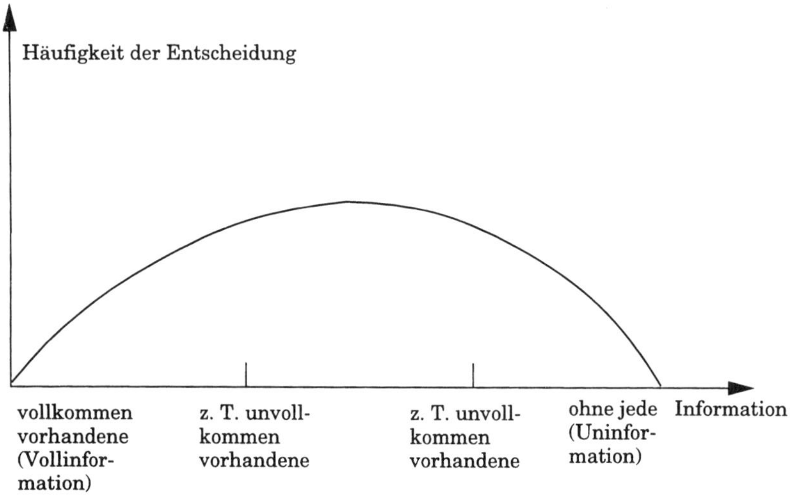

Abb. 4: Informationen bei Marketing-Entscheidungen

Marketing-Entscheidungen unter vollkommener Uninformation liegen dann vor, wenn keinerlei Informationen über die mit der Marketing-Entscheidung verbundenen Faktoren und Auswirkungen bekannt sind. Dieser Fall ist in der Praxis meist nicht gegeben.

In der Regel werden die Entscheidungen im Marketing mehr oder minder bei unvollkommenem Informationsstand des Entscheidungsträgers getroffen. Dabei werden die Situationen „vollkommene Information" und „vollkommene Uninformation" selten zutreffend sein. In den meisten Entscheidungssituationen werden aufgrund zwar „unvollkommener Information" die Entscheidungen jedoch unter Berücksichtigung von objektiven oder subjektiven Wahrscheinlichkeiten getroffen.

Bezeichnet man als Informationsgrad (I) den Quotient aus tatsächlich vorhandenen Informationen zu notwendigen Informationen (vgl. *Wittmann, W., 1959 S. 25),* dann bewegt sich dieser Quotient zwischen den beiden Extremen Null (= vollkommenes Fehlen notwendiger Informationen) und Eins (= Vorhandensein aller notwendiger Informationen). Je nach Entscheidungssituation wird daher in der Praxis der Informationsgrad des Entscheidungsträgers variieren.

$$\text{Informationsgrad (I)} = \frac{\text{tatsächlich vorhandene Informationen}}{\text{notwendige Informationen}}$$

Die Entscheidungsträger sollten grundsätzlich versuchen ein Informationsoptimum zu erreichen. Dies bedeutet, dass die Differenz zwischen den für die Informationsbeschaffung entstehenden Kosten und dem Nutzen für den Entscheidungsträger möglichst groß ist. Im Prinzip würde das grafisch wie folgt aussehen:

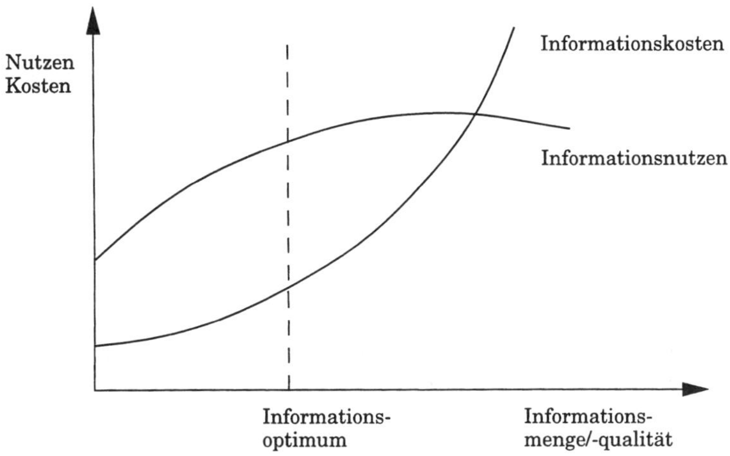

Abb. 5: Informationsoptimum (Vgl. *Meffert, H.* 1992, S. 371)

Je mehr Informationen beschafft werden, um so mehr steigen i. d. R. die Kosten für die Informationsbeschaffung. Das heißt, dass es sinnvoll ist dort mit der Informationsbeschaffung aufzuhören, wo zusätzliche Informationen keinen zusätzlichen Nutzen bringen. Das bedeutet, dass logisch gesehen, das Informationsoptimum dort liegt, wo die Differenz zwischen Informationskosten und Informationsnutzen am größten ist. Dabei sind die Informationskosten exakt zu ermitteln, während der mögliche Informationsnutzen (quantitativ und qualitativ) schwierig zu ermitteln ist.

Aufgrund verschiedener Untersuchungen u. a. von *Gemünden* (1993) und anderen neigen Informationssuchern danach:

- Die Informationssuche zu begrenzen
- Die möglichen Alternativen zu begrenzen
- In unterschiedlichen Situationen sich unterschiedlich zu verhalten
- Manchmal zuviel Informationen zu suchen, um die Entscheidung verzögern zu können.

Auch aus diesen hier genannten Gründen ist es für ein Unternehmen erforderlich, ein Standardinformationssystem einzuführen, um gewisse Grundinformationen stets schnell und kostengünstig bereitzustellen.

Unabhängig von der Anzahl der zu beschaffenden Informationen sind an den Messvorgang von Informationen folgende Anforderungen zu stellen:

- Reliabilität (Zuverlässigkeit)
- Objektivität
- Validität (Gültigkeit)

Reliabilität bedeutet, dass die Messung bei nicht veränderten Messbedingungen wiederholbar ist, d.h. dass die Ergebnisse der Messung präzise und stabil sind und damit bei wiederholter Messung reproduzierbar sind.

Objektivität einer Messung heißt, dass das Ergebnis (die Information) frei von subjektiven Einflüssen ist und man damit auch durch wiederholte Messungen durch verschiedene Personen zu dem gleichen Ergebnis kommt.

Validität (Gültigkeit) weist die materielle Genauigkeit einer Messung und des Messergebnisses aus. Man unterscheidet zwischen interner Validität (z.B. Laborexperimente) und externer Validität (z.B. Feldexperimente).

Die Qualität einer Information ist von allen drei Anforderungskriterien abhängig.

5. Marktforschungsprozess

Jede empirische Untersuchung kann als Prozess dargestellt werden, der von der Entdeckung eines Problems über die Untersuchung bis zu den einzelnen Formen bzw. Bestandteilen der Ergebnisse der Untersuchung reicht. Ein derartiger Prozess lässt sich gedanklich als eine Folge von Phasen darstellen, die bestimmte Arbeitsvorgänge beinhalten. Eine Einteilung des Marktforschungsprozesses in Phasen umfasst meist fünf bis neun Phasen, je nachdem welche Überlegungen dabei im Vordergrund stehen. Im Folgenden soll in sechs Phasen unterschieden werden:

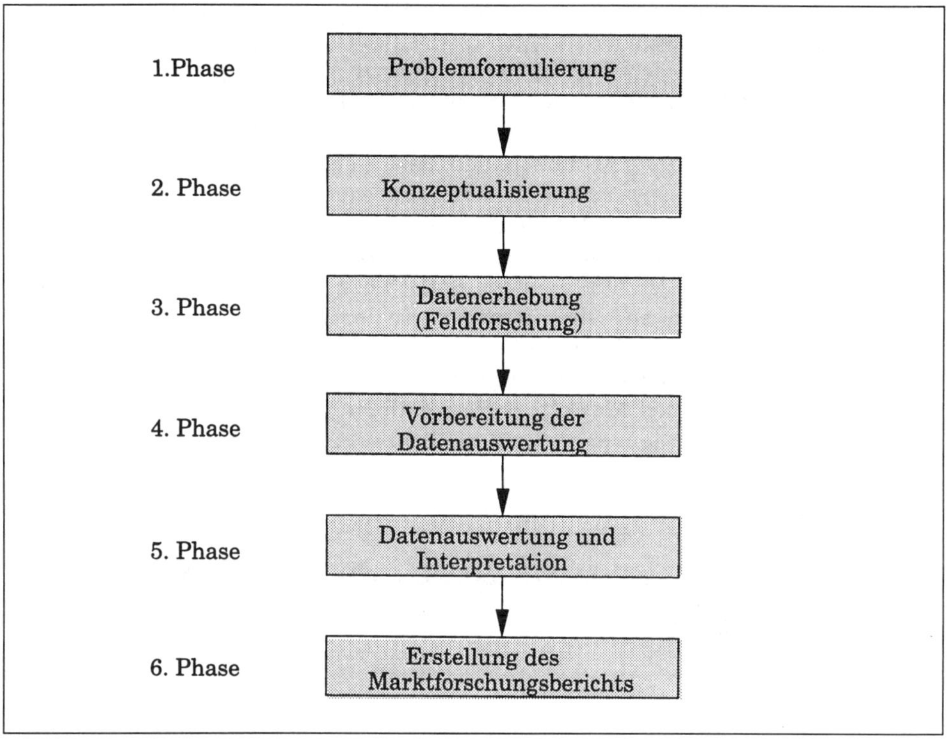

Abb. 6: Marktforschungsprozess

Am Beginn des Marktforschungsprozesses steht die **Feststellung und Formulierung des Problems,** das mithilfe der durch die Marktforschung bereitzustellenden Informationen gelöst werden soll. Ist der erforderliche Informationsbedarf so gut wie möglich festgelegt, stellt sich die Frage nach der Festlegung des Vorgehens im Ablauf der Untersuchung. Als Ergebnis zeigt sich dann ein Konzept der Durchführung, das alle wesentlichen Schritte der Untersuchung enthält. Das Erhebungskonzept sollte folgende Aspekte der Erhebung enthalten, wie z. B.

- Dauer des Projekts
- Informationsstand am Projektende
- Methoden, die angewendet werden sollen
- Kosten des Projekts usw.

Der **Konzeptualisierungsphase** schließt sich die **Datenerhebungs- oder Feldforschungsphase** an. Im Einzelnen geht es hier darum, die in der Konzeptualisierungsphase festgelegten Arbeitsschritte durchzuführen wie z. B.

- Durchführung von Felderhebungen
- Überwachung der Durchführung
- Übertragung der Durchführung an ein Marktforschungsinstitut usw.

In den meisten Fällen werden die in dieser Phase durchzuführenden Aufgaben Marktforschungsinstituten übertragen, sodass die Organisation und Durchführung im Einzelnen diesen Marktforschungsinstituten obliegt. Im Rahmen der Vorbereitung der Daten kommt es darauf an, die Daten für die computerunterstützte Auswertung vorzubereiten, zu kodieren, auf die erforderlichen Datenträger zu übernehmen, Dateien aufzubauen usw. Auch im Hinblick auf mögliche Fehlerquellen sind die Daten zu analysieren und gegebenenfalls Fehler zu beseitigen. Dieser Vorbereitung der Datenauswertung schließt sich dann die **Auswertung der Daten** mit den entsprechenden zur Verfügung stehenden Standardprogrammen (wie SPSS, SAS, OSIRIS oder BMDP) bzw. mit speziell für die Aufgabe erstellten Programmen an. Die mit den verschiedenen statistischen Verfahren gefundenen Ergebnisse sind dann im Kontext entsprechend zu interpretieren und in einem Bericht entsprechend der Fragestellung für die Empfänger darzustellen. Auf die Gestaltung eines **Marktforschungsberichts** soll noch im Abschnitt I näher eingegangen werden, ebenso auf die bei der Auswertung zu verwendenden Standardprogramme.

6. Quantitative und Qualitative Marktforschung

Heute beschäftigt man sich intensiv mit den quantitativen (auf objektiv mengenmäßig messbare Größen gerichtete) als auch mit den qualitativen (auf subjektive Größen gerichtete) Aspekten des Marktes. Im Laufe der Zeit hat sich dann eine Unterscheidung in Quantitative und Qualitative Marktforschung ergeben, wobei die Unterscheidungen oft nicht exakt und eindeutig erscheinen. So spricht z. B. *Sauermann* (1999) vereinfacht von Motivforschung oder *Salcher* (1995) von Psychologischer Marktforschung, wenn sie Qualitative Marktforschung meinen.

Aufgrund der allgemeinen Entwicklung auf den Märkten, wie z.B. Globalisierung, Ähnlichkeit der Produkte, Markenführung, Imagefragen, Kaufentscheidungsprozesse usw. wird die Beschäftigung mit qualitativen Fragen in Zukunft noch weiter an Bedeutung gewinnen.

Kepper analysiert in ihrer Untersuchung eingehend die Definition Qualitative Marktforschung und kommt zu dem Ergebnis, dass es sich dabei „um eine personenbezogene, auf psychologische und soziologische Inhalte abstellende Marktforschung“ handelt (*Kepper* (1994) S. 31).

Im Hinblick auf die eingesetzten Verfahren lässt sich in etwa folgende Unterscheidung (vgl. Abb.) treffen. Auf einzelne Verfahren der Qualitativen Marktforschung wird an anderer Stelle eingegangen. Die verschiedenen Aufgabenfelder unterschiedlicher Verfahren zeigt die Tabelle von *Kepper* (1999) auf (vgl. S. 30).

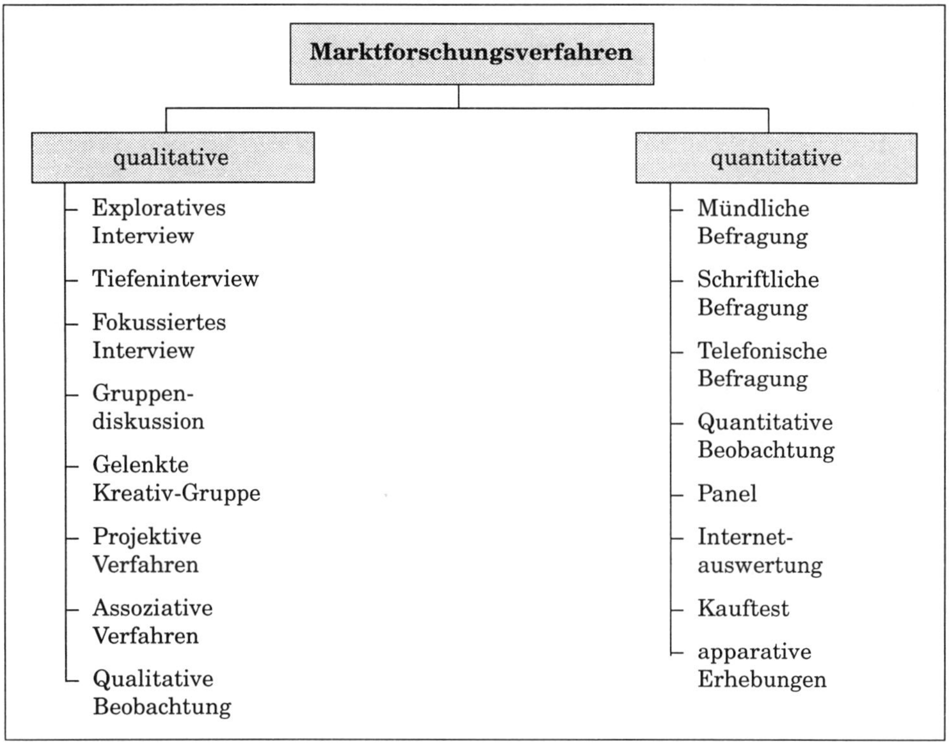

Abb. 7: Qualitative und Quantitative Marktforschungsverfahren

Aufgabenfelder / Methoden	Strukturierung	Qualitative Prognose	Ideengenerierung	Screening	Ursachenforschung
Exploratives Interview	+	+	•	•	–
Tiefeninterview	•	–	–	–	+
Fokussiertes Interview	+	–	–	+	+
Gruppendiskussion	+	•	+	+	•
Gelenkte Kreativ-Gruppe	•	•	+	•	–
Delphi-Befragung	•	+	•	–	–
Projektive Verfahren	+	–	•	•	+
Assoziative Verfahren	+	–	–	•	•
Qualitative Beobachtung	+	–	–	–	•

+ = „gut geeignet"
• = „mit Einschränkungen geeignet"
– = „weniger oder nicht geeignet"

Tab. 1: Methoden und Aufgabenfelder der Qualitativen Marktforschung
Quelle: Kepper, G., 1994

7. Träger der Marktforschung

Marktforschung kann entweder als **Auftragsforschung** (Fremdmarktforschung) von Instituten oder von den Unternehmen selbst (Eigenmarktforschung) durchgeführt werden. In den einzelnen Unternehmen können Marktforschungsaufgaben durch eine eigene Marktforschungsabteilung wahrgenommen werden, daneben können auch die Verkaufs- und Werbeabteilung in die Datengewinnung eingeschaltet werden.

Eigenmarktforschung (siehe Übersicht) empfiehlt sich vor allem dann, wenn es um interne Daten geht, um geheime Daten sowie um Spezialuntersuchungen in geringem Umfang, für die sich Aufträge an Marktforschungsinstitute nicht empfehlen. Für Klein- und Mittelunternehmen sind dabei die Möglichkeiten grundsätzlich geringer als für Großunternehmen anzusehen, da in der Regel nur Großunternehmen über eine eigene Marktforschungsabteilung verfügen. Der Anteil der Eigenmarktforschung im Bereich der Konsum- und Gebrauchsgüterindustrie ist in der Regel auch geringer als in der Investitionsgüterindustrie. Großunternehmen und Verbände haben in der Regel eigene Marktforschungsabteilungen, die sowohl Sekundär- als auch Primäruntersuchungen durchführen. Dabei dominiert im Bereich der Sekundärforschung die Auswertung von internen Datenquellen (siehe unten).

Fremdmarktforschung	
Vorteile	**Nachteile**
• Größere Objektivität • Im Prinzip alle Erhebungsmethoden • Schnelle Durchführung • Keine Betriebsblindheit • Einsatz von Experten • Höhere Fachkenntnis im Hinblick auf Erhebungsmöglichkeiten	• Einarbeitungszeit erforderlich • Höhere Kosten • Geheimhaltung eher gefährdet • Eventuell mangelnde Branchenkenntnisse • Kommunikationsprobleme

Eigenmarktforschung	
Vorteile	**Nachteile**
• Keine Einarbeitungszeit • Mit Problematik vertraut • In der Regel geringere Kosten • Datenschutz eher gewährleistet	• Eigene Erhebung in der Regel nicht möglich (z. B. bei Panels) • Betriebsblindheit • Self-fullfilling prophecy • Eventuell subjektiv geprägt • Kommunikationsprobleme • Fehlen von Experten und Mitarbeitern • Flächendeckende Großerhebungen in der Regel nicht möglich • Eventuell lange Bearbeitungszeit

Abb. 8: Fremd- und Eigenmarktforschung

Die Frage, ob Eigenmarktforschung oder Fremdmarktforschung (Outsourcing) für ein Unternehmen empfehlenswert ist, hängt primär von der Fragestellung und der Bedeutung für das Unternehmen ab (Vgl. Abb.).

Strategische Bedeutung, Unternehmensspezifische Eignung	**Eigenmarktforschung**	**Kooperationsforschung**
	• Unternehmensanalyse • Strategische Analyse • Konkurrenzmarktforschung	• Integrierte Prozesse • Partnerbeteiligung • Vernetzte Marktforschungsprozesse
	Fremdmarktforschung	**Selektivforschung**
	• operative Marktforschung • Routinemarktforschung • Standarddienste (Panel, Monitore usw.) • Informationsdienste	• Expertenbefragung • Gemeinschaftsforschung • Verbandsforschung

Kriterien für Entscheidung
(Kosten, Datenzugang, Realisierung, Know-how)

Abb. 9: Eignung der Forschungsart

Fremdmarktforschung ist für viele Unternehmen unumgänglich, wenn es darum geht, z. B. schnell Informationen über einen großen Bereich zu gewinnen als auch, wenn es um Panelerhebungen geht.

Der Weltmarkt und der europäische Markt für Marktforschung wächst absolut (in Euro). Europa und Deutschland hat daran einen großen Anteil (in 2000 hat Deutschland auf dem Weltmarkt einen Anteil von 39 % und in Europa von 22 %).

	1993	1994	1995	1996	1997	1998	1999	2000
Europa	43 %	42 %	45 %	46 %	45 %	43 %	42 %	39 %
EU	38 %	37 %	42 %	42 %	41 %	40 %	39 %	36 %
restl. Europa	5 %	5 %	3 %	4 %	4 %	3 %	3 %	3 %
USA	38 %	38 %	34 %	35 %	37 %	37 %	37 %	39 %
Japan	9 %	10 %	10 %	9 %	9 %	7 %	7 %	8 %
Sonstige	11 %	10 %	11 %	10 %	9 %	13 %	14 %	14 %

Quelle: ESOMAR

Abb. 10: Der Weltmarkt für Marktforschung

	1993	1994	1995	1996	1997	1998	1999	2000
Deutschland	23 %	24 %	25 %	23 %	22 %	24 %	23 %	22 %
Großbritannien	20 %	21 %	21 %	21 %	25 %	27 %	26 %	27 %
Frankreich	20 %	19 %	18 %	17 %	16 %	16 %	16 %	16 %
Italien	9 %	8 %	7 %	8 %	7 %	7 %	7 %	7 %
Spanien	6 %	6 %	5 %	5 %	5 %	5 %	5 %	5 %
Niederlande	5 %	5 %	5 %	4 %	4 %	5 %	4 %	4 %
Sonstige	17 %	17 %	19 %	22 %	21 %	16 %	19 %	19 %

Quelle: ESOMAR

Abb. 11: Der europäische Markt für Marktforschung

In der Bundesrepublik gibt es mehr als 800 Unternehmen und Institutionen, die in der Marktforschung tätig sind. Ihre Struktur und ihr Leistungsangebot ist sehr unterschiedlich. Auch im Hinblick auf den Umsatz zeigen sich große Unterschiede von über einer halben Milliarde Umsatz bis zu unter einer Mio. Euro Umsatz.

Viele Marktforschungsunternehmen sind Mitglied in Organisationen und Verbänden, wie z. B.

ADM = Arbeitskreis Deutscher Markt- und Sozialforschungsinstitute e.V.
BVM = Berufsverband Deutscher Markt- und Sozialforscher
ESOMAR = European Society for Opinion and Marketing Research
IMF = International Marketing Federation

Insbesondere die Institute (48) im ADM e.V. weisen auf ihre Vertrauenswürdigkeit und Seriosität hin, indem sie sich nach den Berufsgrundsätzen und Richtlinien des ADM richten (Vgl. Tab.).

Alpha, Mainz	*Inra,* Mölln
AMR, Düsseldorf	*Institut für Demoskopie,* Allensbach
ASK, Hamburg	*Institut für Marktforschung,* Leipzig
Basisresearch, Frankfurt	*Intermarket,* Düsseldorf
Roland Berger, München	*Ires,* Düsseldorf
BIK, Hamburg	*IVE,* Hamburg
Bonner Institut, Bonn	*Dr. von Keitz GmbH,* Hamburg
Compagnon, Stuttgart	*Link + Partner,* Frankfurt
Czaia, Bremen	*Mafo-Institut,* Schwalbach
Emnid, Bielefeld	*Marplan,* Offenbach
Enigma, Wiesbaden	*mc markt-consult,* Hamburg
facit, München	*MMA,* Frankfurt
Forsa, Berlin	*A. C. Nielsen,* Frankfurt
GfK, Nürnberg	*polis,* München
GFM-Getas / WBA, Hamburg	*psyma,* Rückersdorf
IFAK, Taunusstein	*RMM,* Hamburg
Impulse, Heidelberg	*Schaefer Marktforschung,* Hamburg
IMW, Hamburg	*Sinus,* Heidelberg
Infratest Burke, München	*USUMA,* Berlin

Tab. 2: Institute im Arbeitskreis Deutsche Markt- und Sozialforschungsinstitute (ADM), (Auswahl)

Die Vielzahl der unterschiedlichen Institute und Unternehmen lassen sich nach dem Leistungsumfang wie folgt einteilen:

- **Fullservice Institute** sind Unternehmen, die Marktforschungsstudien von der ersten Planung bis zur Ergebnispräsentation durchführen können. Sie müssen eine gewisse Größe haben, besitzen eine eigene Interviewerorganisation und haben i. d. R. spezielle Erfahrungen auf einem bzw. mehreren Gebieten.
- **Feldorganisationen** sind Unternehmen, die über eine Interviewerorganisation verfügen und für andere Unternehmen die Feldarbeit und auf Wunsch die Auswertungen durchführen.
- **Marktforschungsberater** sind i. d. R. Experten, die für meist kleine und mittlere Unternehmen die Konzeption und Realisation von Marktforschungsuntersuchungen durchführen. Dabei bedienen sie sich weiterer externer Dienstleister.
- **Marktforschungsstudios** führen in eigenen oder angemieteten Räumen Befragungen und/oder Tests mit von ihnen ausgewählten Personen durch.
- **Forschungsinstitute** führen Prognosen durch und erarbeiten Typologien, wie z. B. Prognos, Ifo, DIW usw.
- **Informationsbroker**, die aus Datenbanken oder dem Internet Informationen beschaffen.
- **Trendscouts**, die neue Trends für Interessenten aufspüren.
- **Hochschulen**, die im Auftrag von Interessenten Untersuchungen durchführen.
- **Verlage**, **Verbände** und **Industrie- und Handelskammern**, die relevante Informationen bereitstellen.

8. Zur Entwicklung der Marktforschung

Will man sich über den Trend der bisherigen und künftigen Entwicklung der Marktforschung informieren, so kann dies u. E. am besten an den im Rahmen der Marktforschung **eingesetzten Forschungsarten und Verfahren** sowie den **Einsatzgebieten** der Marktforschung erfolgen.

Einen Überblick über Forschungsarten und ihre Durchführung geben die Aussagen des ADM für die Entwicklung bis 2000.

	1990	1991	1992	1993	1994	1995	1996	1997	1998	1999	2000
quantitative Primäruntersuch.	82 %	84 %	85 %	85 %	88 %	90 %	90 %	91 %	92 %	91 %	91 %
qualitative Primäruntersuch.	13 %	10 %	11 %	11 %	10 %	9 %	8 %	7 %	8 %	8 %	8 %
Sekundärforsch., Desk Research	5 %	6 %	4 %	4 %	2 %	1 %	2 %	1 %	1 %	1 %	1 %

Abb. 12: Umsatz der Mitgliedsinstitute des ADM nach Forschungsarten
Quelle: ADM Arbeitskreis Deutscher Markt- und Sozialforschungsinstitute e.V.

Bei den Mitgliedinstituten des ADM überwiegen die quantitativen Primäruntersuchungen, während Sekundäruntersuchungen fast keine Rolle spielen (vgl. Abb.). Auch werden i.d.R. mehr Adhoc-Untersuchungen (2000 ca. 45 %) als Paneluntersuchungen (2000 ca. 34 %) bzw. andere Untersuchungen durchgeführt.

Die qualitativen Interviews zeigen, dass immer weniger sog. Paper and Pencil Interviews (PAPI) sind und Laptop/Pentop, Telefon und Online-Interviews zunehmen. Dies zeigt auch die Entwicklung der Computer Assistend Telephone Interview (CATI)- bzw. Computer Assisted Personal Interview (CAPI)-Plätze (vgl. Abb.).

	1990	1991	1992	1993	1994	1995	1996	1997	1998	1999	2000
Persönliche Interv.	65 %	60 %	58 %	59 %	61 %	60 %	45 %	44 %	39 %	37 %	30 %
dar.: mit paper and pencil							40 %	38 %	34 %	31 %	24 %
mit Laptop/Pentop							5 %	6 %	5 %	6 %	6 %
Telefoninterviews	22 %	30 %	32 %	32 %	29 %	30 %	44 %	40 %	41 %	40 %	45 %
Schriftl. Interviews	13 %	10 %	10 %	9 %	10 %	10 %	11 %	16 %	19 %	22 %	23 %
Online-Interviews									1 %	1 %	2 %

Abb. 13: Quantitative Interviews der Mitgliedsinstitute des ADM nach Befragungsart
Quelle: ADM Arbeitskreis Deutscher Markt- und Sozialforschungsinstitute e.V.

	1995	1996	1997	1998	1999	2000
CATI-Plätze	1.529	1.738	2.386	2.738	3.404	3.859
CAPI-Geräte	2.441	2.944	4.492	4.512	5.066	5.102

Abb. 14: Anzahl der vorhandenen CATI-Plätze und CAPI-Geräte in den Mitgliedsinstituten des ADM
Quelle: ADM Arbeitskreis Deutscher Markt- und Sozialforschungsinstitute e.V.

Die folgende von *Kotler (Kotler / Bliemel 2000, S. 200)* übernommene Tabelle (siehe unten) zeigt grob die Entwicklung der verschiedenen bis heute eingesetzten Methoden. Man sieht u.a., dass die eingesetzten Methoden von der unmittelbaren Beobachtung über Fragebogenerhebungen bis zu den multivariaten Analysemethoden fortschreitend leistungsfähiger wurden.

In diesem Zusammenhang wurden nicht nur die Analyseverfahren anspruchsvoller und komplizierter, auch die Datenerfassungs- und Datenverarbeitungsverfahren veränderten sich. Wurden anfangs weitgehend direkte Fragen gestellt, so gelangte man im Laufe der Zeit zu der Erkenntnis, dass mit indirekten Fragen und projektiven Methoden bessere Ergebnisse erzielt werden konnten. Während man ursprünglich nur einfache Fragen stellte, die Antworten auf Erhebungsbogen festhielt, die dann abgelocht wurden, setzt man heute apparative Einrichtungen, wie Blickaufzeichnungsgeräte, Tachistoskope usw. bis zum Scanningverfahren ein. Ebenso vollzog sich bei der Auswertung ein Wandel von der manuellen Auswertung, über Lochkartenauswertung bis zu Statistischen Softwarepaketen, die heute eingesetzt werden.

Die beiden folgenden Übersichten zeigen die Entwicklung der Forschungsaufgaben der Marktforschung für Deutschland und tendenziell die Haupteinsatzgebiete der Marktforschung (vgl. Abb. S. 38). Man erkennt, welche Vielzahl von Forschungsaufgaben heute in der Marktforschung anzutreffen sind.

Zeitraum	Methodik
vor 1910	direkte Beobachtung einfache Umfrage
1910-1920	Verkaufsanalyse einfache Kostenanalyse
1920-1930	strukturierte Fragebögen Untersuchungstechniken
1930-1940	Stichprobenauswahl nach Quotenverfahren einfache Korrelationsanalysen Distributionskostenanalyse Absatzmessung im Einzelhandel
1940-1950	Stichprobenauswahl nach der Wahrscheinlichkeitsmethode Regressionsmethoden Methoden der folgernden Statistik Verbraucher- und Handelspanels

1950-1960	Motivationsforschung Operations Research multiple Regressions- und Korrelationsanalyse experimentelles Design Methoden der Einstellungsmessung Varianzanalyse (ANOVA)
1960-1970	Faktoren- und Diskriminanzanalyse mathematische Modelle Bayessche statistische Analyse und Entscheidungstheorie Skalierungstheorie computerisierte Datenverarbeitung und -analyse Marketingsimulation Informationsspeicherungs- und -zugriffssysteme
1970-1980	multidimensionale Skalierung ökonometrische Modelle umfassende Marketing-Planungsmodelle Testmarketing mit Simulationslabor Multiattribut-Attitüden-Modelle
1980-1990	Conjoint Measurement (CM) und Trade-off-Analyse kausale Strukturgleichungssysteme (z.B. LISREL) und Programme computergestützte Befragungsverfahren Produktkodierung und Lesegeräte für Strichkodierungen kanonische Korrelationsanalyse
ab 1990	Strichcodelaser in Haushaltspanels mit Online-Datenübermittlung Mini-Testmärkte mit Kontrolle von Experimentbedingungen weltweite Vernetzung beim Zugriff auf Datenbanken per Computer TV-Meter zur Messung des Fernsehverhaltens Umfragen im World Wide Web und per E-Mail

Abb. 15: Entwicklung der Methodik im Rahmen der Marketing-Forschung
Quelle: *Kotler / Bliemel,* 10. Aufl. (2000), S. 200

1. Werbeforschung
- Mediaforschung (national, international)
- Werbemittelforschung
- Pre-Testing
- Post-Testing
- Copy-Testing
- Werbewirkungsforschung
- Telekommunikationsforschung
- Internetforschung
- Vergleichende Werbeforschung

2. Prognosen und Strategische Planung
- Kurzfristprognosen
- Langfristprognosen
- Trendprognosen allgemein
- Entwicklungsprognosen von Branchen
- Standortentwicklungsanalysen

- Exportentwicklungen
- Aufbau von Marketingdatenbanken
- Data Minig
- Informationssysteme
- Operations Research
- Zufriedenheitsmessung

3. Gesellschaftspolitische Untersuchungen
- Studien zur Ökologie
- Studien zur Globalisierung
- Studien zum Wertewandel
- Studien zur gesellschaftlichen Verantwortung von Unternehmen
- Studien Entwicklung der Gesellschaft

4. Markterforschung
- Absatzpotenzialprognosen
- Produkttests
- Namenstests
- Benchmarking

5. Marketingforschung
- Marktpotenzialuntersuchung
- Marktstrukturanalysen
- Absatzanalyse
- Konsumentenpanels
- Handelspanels
- Industriepanels
- Testmarktuntersuchungen
- Mystery Shopping
- Zufriedenheitsmessungen
- Messung der Effizienz von Marketingmaßnahmen
- Vertriebsaudits
- Marken-Index
- Imageforschung
- Länderstrukturanalysen

Abb. 16: Forschungsaufgaben der Marktforschung (Auswahl)

Im Hinblick auf die Frage, wie sich Marktforschung in **naher Zukunft** weiterentwickeln wird, lässt sich allgemein tendenziell Folgendes sagen:

- Marktforschung wird noch stärker als heute in das Marketing integriert werden, sodass ein sog. „Informationsmanager" entstehen wird, der sowohl von der Anforderungsseite (Problemseite) als auch von der Informationsbereitstellungsseite optimal vorgeht.
- Es steht in Zukunft eine immer größere Datenfülle, die durch höhere Fallzahlen, größere Informationstiefe und kürzere Untersuchungszeiträume gekennzeich-

net ist, zur Verfügung, und damit für die Nutzer ein höheres Informationsniveau.

- Hochentwickelte professionelle Marktforschung durch Spezialisten gewinnt zunehmend an Bedeutung.
- Internet-Forschung wird intensiviert und an Bedeutung zunehmen.
- Neue Messsysteme für die Internet-Nutzer-Reichweiten sowie Online-Panels über die Internetnutzer werden verstärkt eingesetzt.
- Neue Marktforschungstechnologien werden zunehmend eingesetzt, wie z. B. die Conjoint-Analyse, Expertensysteme, mikrogeografische Datenbanken, Werbedatenbanken usw.
- Der Aufbau von Marktforschungsdatenbanken für Benchmarking und Data Mining wird verstärkt werden.
- Es werden immer mehr kontinuierliche Untersuchungen (continous tracking) durchgeführt.
- Neue und leistungsfähigere Marketing-Informationssysteme werden aufgrund leistungsfähigerer Modelle und IT-Techniken zur Verfügung stehen.
- Die Online-Möglichkeiten werden zunehmend dazu beitragen, die externen Datenbanken intensiver zu nutzen und das Informationsangebot für das Marketing zu erhöhen.
- Die Kooperation zwischen der betrieblichen Marktforschung und den Marktforschungsinstituten wird sich in der Weise verändern, dass die Informationsnachfrage einen stärkeren Einfluss hat und größere Bedeutung gewinnt.
- Sowohl die Zusammenarbeit zwischen Handel und Industrie als auch die länderübergreifende Marktforschung wird zunehmen.
- Die neuen Kommunikationstechniken werden zunehmend dazu beitragen, die externen Datenbanken intensiver zu nutzen und das Informationsangebot für das Marketing zu erhöhen.
- Durch die Globalisierung der Märkte wird die internationale Marktforschung an Bedeutung gewinnen und neue Möglichkeiten eröffnen.
- Auch die Bedeutung von länderübergreifenden Marktforschungsinstituten wird wachsen (Fusionen).

Im Hinblick auf die eingesetzten Methoden ist ein Trend vom P.A.P.I. (Paper and Pencil Interviewing) zu

- C.A.T.I. (Computer Assisted Telephone Interviewing) und
- C.A.P.I. (Computer Assisted Personal Interviewing) sowie
- C.A.W.I. (Computer Assisted Web Interviewing)

festzustellen.

Kontrollfragen zu A

		Lösungshinweise Seite
(1)	Was ist Gegenstand der Marktforschung?	15
(2)	Wie unterscheidet sich Marktforschung von Marketing-Forschung?	16
(3)	Welches sind wichtige Einsatzgebiete der Marktforschung?	20
(4)	Nach welchen Kriterien lässt sich Marktforschung einteilen?	16
(5)	Welche Arten der Marktuntersuchung kennen Sie?	21
(6)	Was versteht man unter Markterkundung?	21
(7)	Was versteht man unter Marktforschung?	21
(8)	Was ist eine Marktanalyse?	21
(9)	Was versteht man unter Marktbeobachtung?	21
(10)	Was ist eine Marktprognose?	21
(11)	Welchen Zielsetzungen dient die Marktforschung?	22
(12)	Welche Bedeutung haben Informationen in den verschiedenen Phasen des Marketing-Entscheidungsprozesses?	25
(13)	Was versteht man unter Marketing-Entscheidungen unter Sicherheit?	24
(14)	Was sind Marketing-Entscheidungen unter Risiko?	24
(15)	Was sind Marketing-Entscheidungen unter Unsicherheit?	26
(16)	Was versteht man unter Marketing-Entscheidungen unter Uninformation?	26
(17)	Welche Informationssituation liegt meistens bei Marketing-Entscheidungen vor?	26
(18)	Was versteht man unter Informationsgrad?	26
(19)	Was versteht man unter Validität?	28
(20)	Was versteht man unter Objektivität eines Ergebnisses?	28
(21)	Was bezeichnet man als Reliabilität (Zuverlässigkeit) einer Information?	28
(22)	Was versteht man unter qualitativer Marktforschung?	30

(23)	Wozu kann die qualitative Marktforschung eingesetzt werden?	31
(24)	Was versteht man unter quantitativer Marktforschung?	31
(25)	In welche Phasen lässt sich der Marktforschungsprozess gedanklich unterteilen?	29
(26)	Was versteht man in diesem Zusammenhang unter Problemformulierung?	29
(27)	Was beinhaltet die Konzeptualisierungsphase?	29
(28)	Welche Standardprogramme werden zur Datenauswertung eingesetzt?	30
(29)	Was beinhaltet die Datenerhebungsphase?	29
(30)	Welche Aufgaben gehören zur Vorbereitung der Datenauswertung?	30
(31)	Was versteht man unter Eigenmarktforschung?	32
(32)	Was versteht man unter Fremdmarktforschung?	32
(33)	Welche Vor- und Nachteile hat die Eigenmarktforschung?	33
(34)	Welche Vor- und Nachteile hat die Fremdmarktforschung?	32
(35)	Wie hat sich Marktforschung bisher entwickelt?	34
(36)	Welche unterschiedliche Arten von Marktforschungsinstituten kennen Sie?	35
(37)	Welches sind die häufigsten Untersuchungsgebiete, in denen Marktforschung für Unternehmen eingesetzt wird?	36
(38)	Wie wird sich das Verhältnis von Marketing- und Marktforschung entwickeln?	36
(39)	Welchen Einfluss haben die neuen Kommunikationstechniken auf die Marktforschung?	36
(40)	Wohin geht der Trend der Entwicklung in der Marktforschung?	39

Literatur zu A

Aaker, D.A./Day, G.S., Marketing Research, 6. Auflage, New York 1998
Albaum, G., Research of Marketing Decisions, 5. Auflage, Englewood Cliffs, N.Y. 1990
Blankenship, A.B./Breen, G.E./Dutka, A., State of the Art Marketing Research, Lincolnwood, 2. Auflage 1998
Böhler, H., Marktforschung, 3. Auflage, Stuttgart u. a. 1999
Churchill, G.A., Marketing Research, 5. Auflage, Hinsdale 1991
Green, P.E./Tull, D.S., Methoden und Techniken der Marktforschung (Deutsche Übersetzung der 4. Auflage von Köhler, R. u. Mitarbeitern), Stuttgart 1982
Hamman, P./Erichson, B., Marktforschung, 4. Auflage, Stuttgart/New York 2000
Herrmann, A./Homburg, Chr. (Hrsg.), Marktforschung, Wiesbaden 1999
Hüttner, M., Grundzüge der Marktforschung, 6. Auflage, Wiesbaden 1998
Hüttner, M., Informationen für Marketing-Entscheidungen, München 1979
Kaas, P., Zur Entwicklung von Angebot und Nachfrage auf dem Markt für Marketing-Informationen, in Gaugler, H.G. u. (Hrsg.), Zukunftsaspekte, Stuttgart 1986
Kastin, K.S., Marktforschung mit einfachen Mitteln, München 1995
Kepper, G., Qualitative Marktforschung, Wiesbaden 1994
Kinnear, Th.C./Taylor, J.R., Marketing Research, An applied approach, 4. Auflage, New York and oth. 1991
Köhler, R., Entwicklungsperspektiven der Marktforschung aus der Sicht des strategischen Management, in Gaugler, H.G. u. a. (Hrsg.), Zukunftsaspekte der anwendungsorientierten Betriebswirtschaftslehre, Stuttgart 1986
Köhler, R., Beiträge zum Marketing-Management, 3. Auflage, Stuttgart 1993
Kotler, Ph./Bliemel, F., Marketing-Management, 9. Auflage, Stuttgart 2000
Kroeber-Riel, W./Weinberg, P., Konsumentenverhalten, 7. Auflage, München 1999
Meffert, H., Marketingforschung und Käuferverhalten, 2. Auflage, Wiesbaden 1992
Mülder/Weis, Computerintegriertes Marketing, Ludwigshafen 1996
Nieschlag, R./Dichtl, E./Hörschgen, H., Marketing, 18. Auflage, Berlin 1997
Ott, W., Konsumforschung für Marketingentscheidungen in Bruhn, M. (Hrsg.), Handbuch des Marketing, München 1989
Pepels, W., Käuferverhalten und Marktforschung, Stuttgart 1995
Pepels, W. (Hrsg.), Moderne Marktforschungspraxis, Neuwied 1999
Rogge, H.J., Marktforschung, 2. Auflage, München/Wien 1992
Salcher, E.F., Psychologische Marktforschung, 2. Auflage, Berlin/New York 1995
Sauermann, P., Qualitative Befragungstechniken in Pepels (Hrsg.), Neuwied 1999
Schoner, B./Uhl, K.P., Marketing Research, Information Systems and Decision Making, New York u. a. 1975
Tölle, K., Konsumentenverhalten in der Entscheidungssituation, in Schwarz, u. a. (Hrsg.), Marketing 2000, Wiesbaden 1987
Tomczak, T./Reinecke, S. (Hrsg.), Marktforschung, St. Gallen 1994
Trommsdorff, V., Professionelle Marktforschung in der Zukunft für die Zukunft, Planung und Analyse 1993, Nr. 2

Tull, D.S./Howins, D.J., Marketing Research. Measurement & Method, 5. Auflage, New York 1990

Unger, F., Marktforschung, Heidelberg 1989

Weber, G., Strategische Marktforschung, München/Wien 1996

Weis, H.C., Marketing, 12. Auflage, Ludwigshafen 2001

Wyss, W., Marktforschung von A-Z, Adligenswil 1991

Wolf, J., Marktforschung, Landsberg am Lech 1988

Zerr, K., Online-Marktforschung-Erscheinungsformen und Nutzenpotenziale, in Theobald u.a. (Hrsg): Online-Marktforschung, Wiesbaden 2001

B. Die Methoden der Datengewinnung

1. Informationssystem

Es empfiehlt sich die Gewinnung, Verarbeitung und Analyse von Daten im Rahmen eines Informationssystems zu betrachten. Durch Messungen von Vorgängen werden Daten erhoben, von denen die auf das Wesentliche reduziert an einen Entscheidungsträger übermittelt werden, der sie als Informationen erhält und für die von ihm zu treffenden Entscheidung verwendet, d. h. durch seine Entscheidung Aktionen bewirkt. Diese Aktionen können im Falle des Entscheidens im Marketing Ziele, Planungen, Maßnahmen oder Kontrollen im Marketing-Bereich betreffen.

Das **Grundschema des Informationssystems** veranschaulicht die folgende Abbildung.

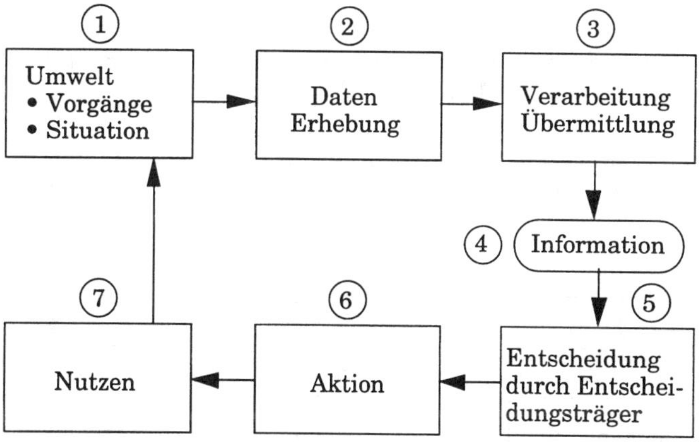

Abb. 1: Schema des Informationssystems

Die Aktionen ihrerseits bewirken Vorgänge und schaffen neue Situationen, mit anderen Worten, sie verändern die Umwelt. Dabei soll der dadurch erreichte Nutzen stets größer sein als die Kosten, die entstehen, sei es durch Informationsbeschaffung als auch durch die Aktionen selbst. Der Wert eines Informationssystems für das Marketing bzw. das gesamte Unternehmen ist um so höher, je größer der Nutzen ist, der aufgrund der bereitgestellten Informationen für die getroffenen Entscheidungen eintritt. Es stellt sich bei jeder Datenerhebung die Frage, ob und inwieweit der Nutzen der Informationen, die durch sie verursachten Kosten übersteigt oder nicht. Diese Frage ist schwierig zu beantworten, weil der künftige Nutzen aufgrund der bereitgestellten Informationen nicht immer zu ermitteln ist. Zu einer weiterführenden Diskussion wird auf die einschlägige Literatur verwiesen.

Erst an zweiter Stelle ist dann die Frage zu beantworten, wie

- möglichst kostengünstig
- aus welchen Informationsquellen
- mit welchen Methoden
- welche Informationen
- wann
- in welcher Qualität und Quantität
- wie schnell
- wie oft usw. Daten erhoben werden können und wie diese bereitgestellt werden sollen.

Für die Informationsbeschaffung ist dabei das hier skizzierte Informationsmodell zu konkretisieren. Der Teilbereich zur Deckung des Informationsbedarfs eines Marketing-Entscheiders könnte dabei grundsätzlich wie folgt aussehen (vgl. Abb. 2).

Zur Deckung eines Informationsbedarfs sind daher stets zuerst die jeweiligen Informationsquellen festzustellen.

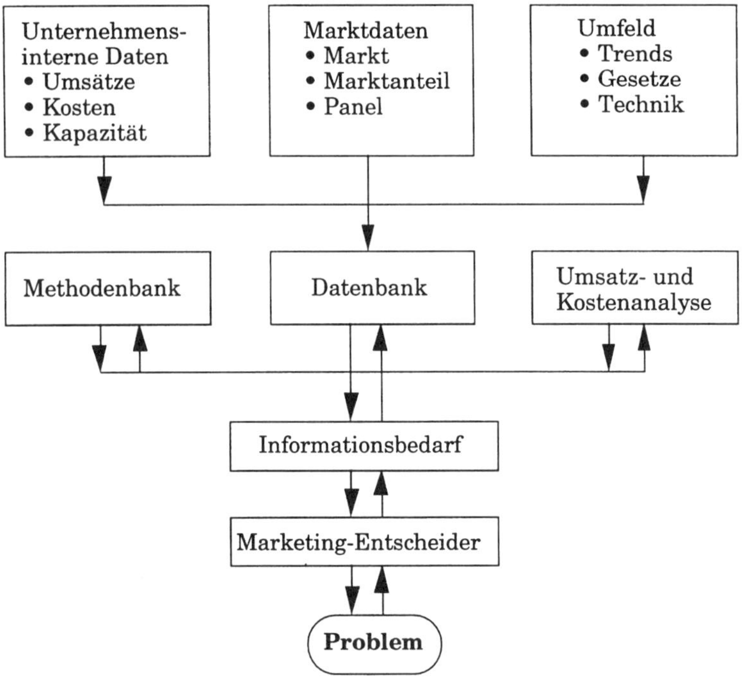

Abb. 2: Informationsbedarfsdeckung

Im Folgenden soll im Gesamtprozess der Datengewinnung (Abb. 3) zuerst auf die Sekundär- und Primärforschung, dann auf die Internen und Externen Datenquellen sowie auf Voll- und Teilerhebungen eingegangen werden. Dem schließt sich eine Betrachtung der einzelnen Entstehungsarten wie Befragung, Beobachtung und Experiment an.

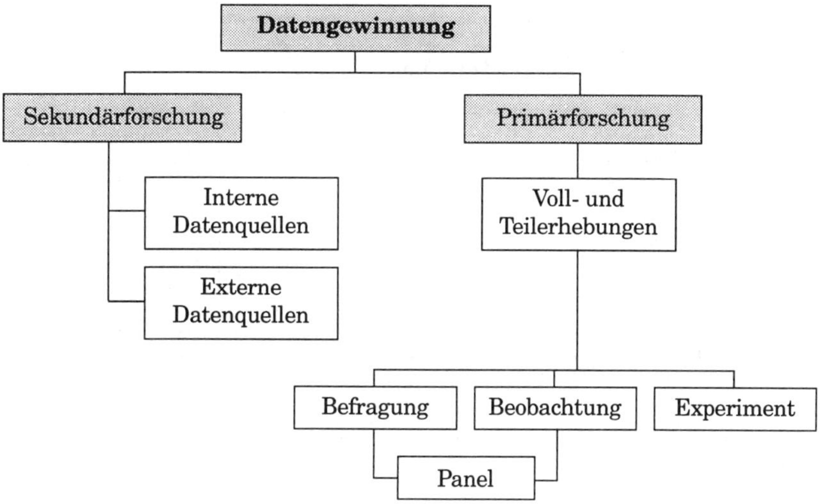

Abb. 3: Ablauf der Darstellung der Datengewinnung

2. Datengewinnung

Mit der folgenden Übersicht wird ein Überblick über die grundsätzlichen Möglichkeiten zur Datengewinnung für Entscheidungsprobleme gegeben, der im Folgenden näher betrachtet wird.

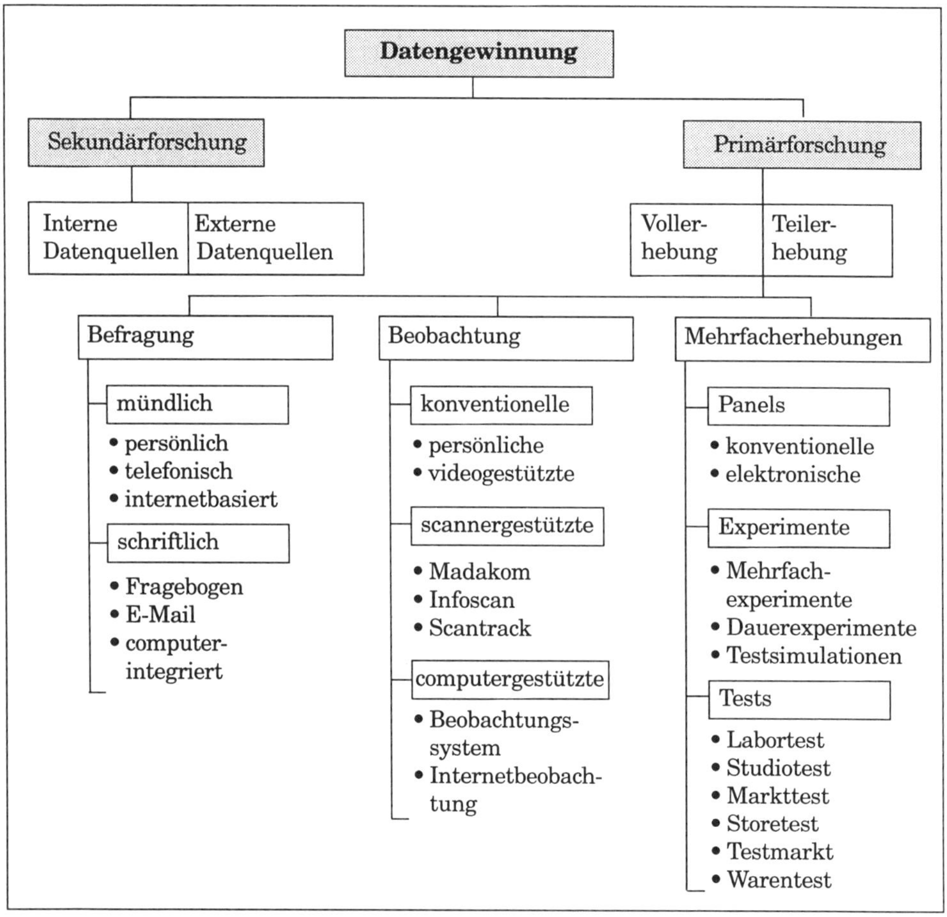

Abb. 4: Überblick über die Datengewinnung

Um den Informationsbedarf zu befriedigen, sind eine Vielzahl von Vorgehensweisen möglich, je nach der Fragestellung.

Zuerst sollte stets geprüft werden, ob überhaupt eine Marktforschungsuntersuchung durchgeführt werden soll. Dabei kann man grob wie im Folgenden dargestellt vorgehen (siehe Abb.).

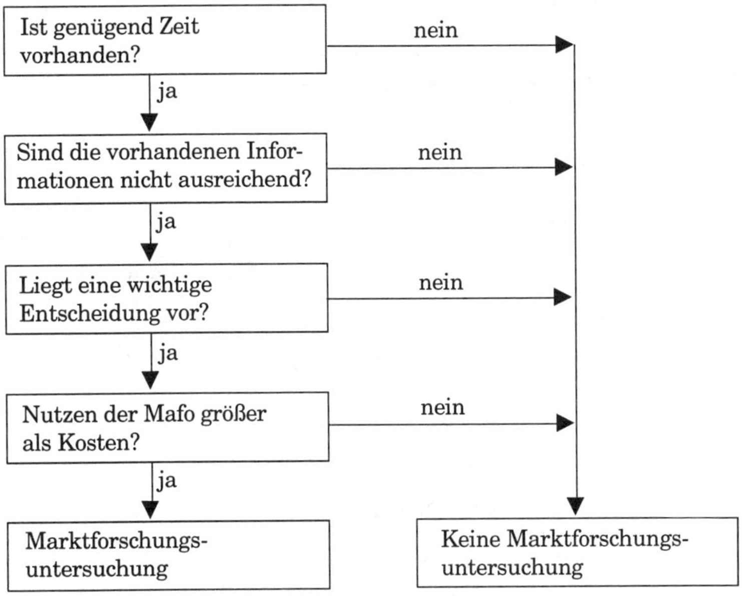

Abb. 5: Entscheidung zur Durchführung einer Marktforschung (in Anlehnung an *Kuss*, 1994)

Allgemein ist es zu empfehlen mithilfe der Sekundärforschung ein Problem zu lösen (Vgl. Abb. S. 50) und dabei auf die internen Datenquellen zurückzugreifen. Ist dies nicht möglich, ist auf externe Datenquellen zurückzugreifen. Ist mit diesem Vorgehen kein Erfolg zu erzielen, muss eine Primärforschung durchgeführt werden, d. h. es müssen die erforderlichen Daten auf dem Markt neu gewonnen werden.

Bei der Abdeckung eines entstandenen Informationsbedarfs wird bei der Suche nach Datenquellen im Prinzip wie folgt vorzugehen sein.

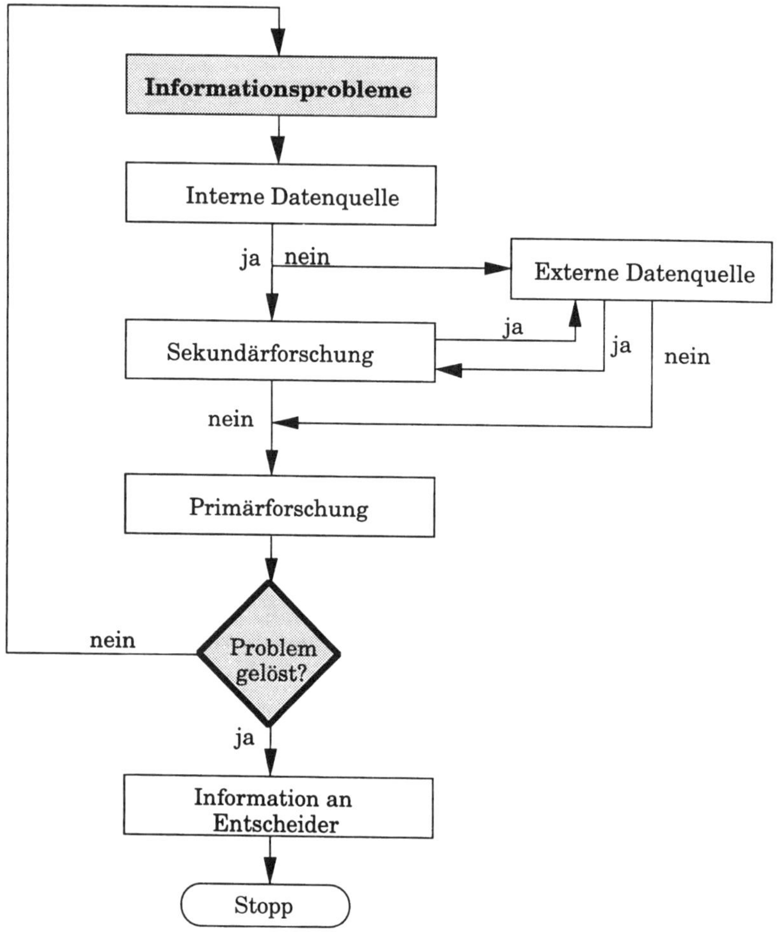

Abb. 6: Vorgehen bei Informationsproblemen

2.1 Sekundärforschung

Unter **Sekundärforschung** versteht man die Aufbereitung, Analyse und Auswertung von Daten, die bereits vorhanden sind und früher für andere Zielsetzungen bereits erhoben wurden. Der Sekundärforschung kommt insofern eine große Bedeutung zu, da durch sie Daten schneller und in der Regel kostengünstiger bereitgestellt werden können. Sie kann grundsätzlich unternehmensextern und/oder unternehmensintern durchgeführt werden. Die Durchführung kann sowohl aufgrund von konventionellen Datenquellen als auch offline (CD-ROM) oder internetbasiert erfolgen.

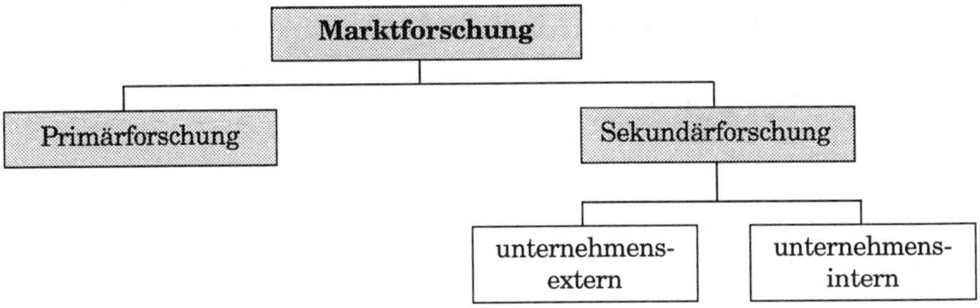

Sekundärstatistische Datenquellen existieren in so großer Zahl, dass nicht auf alle Datenquellen eingegangen werden kann. Im Folgenden soll daher im Überblick nur auf einige wichtige hingewiesen werden.

Sekundärforschung kann mithilfe

- konventioneller Quellen,
- CD-ROMS,
- On-line-Datenbanken und
- des Internets

durchgeführt werden.

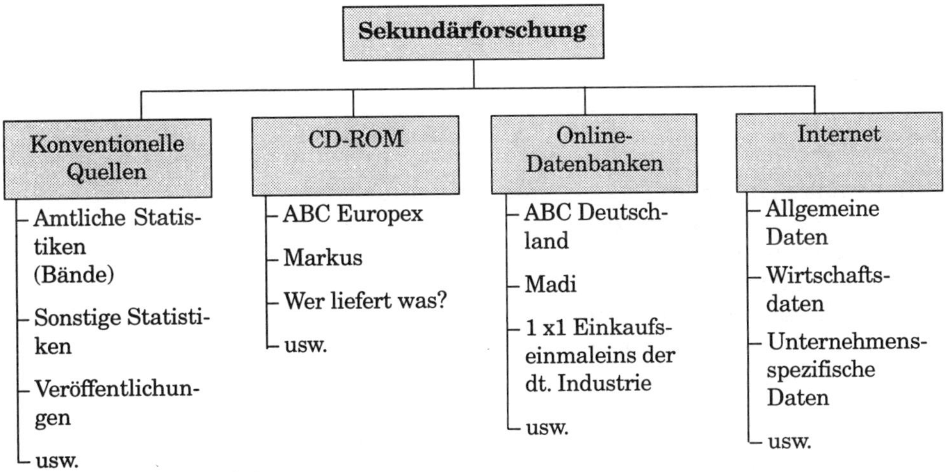

Abb. 7: Varianten der Sekundärforschung

Im Folgenden wird im Überblick nur auf einige wichtige unternehmensinterne und unternehmensexterne Datenquellen hingewiesen.

2.1.1 Unternehmensinterne Datenquellen

- **Umsatz- und Absatzstatistiken**

  - nach Produkten, Produktgruppen
  - nach Kunden
  - nach Verkaufsgebieten
  - nach Regionen
  - nach Ländern
  - nach Distributionswegen

- **Kostenrechnungsverfahren**

  - nach Kostenarten
  - nach Marketing-Kostengruppen (Werbung, Verkauf usw.)
  - nach Distributionswegen

- **Deckungsbeitrags- und Ergebnisrechnungen**

  - nach Produkten, Produktgruppen usw.
  - nach Ländern
  - nach Branchen

- **Außendienstberichte**

  - über Besuche
  - über Angebote
  - über Aufträge
  - über gefahrene Kilometer usw.

- **Statistiken**

  - über Reklamationen
  - über Produktionsleistungen
  - über Kapazitäten
  - über Lagerbestände
  - über Kundendiensttätigkeiten
  - über Einkaufstätigkeiten
  - über Fluktuationen usw.

Gut geführte Unternehmen haben diese Daten in der Regel in Datenbanken gespeichert, sodass es einfach ist, diese Daten im Bedarfsfalle abzurufen und sie auch problembezogen zu verknüpfen, um den Informationsbedarf zu decken.

2.1.2 Unternehmensexterne Datenquellen

- **Amtliche Statistiken**
  - Statistisches Bundesamt
  - Statistische Landesämter
  - Statistische Ämter der Städte
  - Gemeindestatistik
  - Statistiken der Bundesbehörden
  - Bundestag
  - Bundesrat
  - Bundesministerien
  - Statistiken der Landesbehörden
  - Statistiken der Internationalen Behörden/Institution Europäische Gemeinschaft (EU, UNO, GATT, OECD, FAO usw.)

- **Verbandsstatistiken**
  - Bundesverband der Deutschen Industrie (BDI)
  - Centrale Marketing-Gesellschaft der Deutschen Agrarwirtschaft (CMA)
  - Deutsche Landwirtschaftsgesellschaft
  - Verbände wie VDMA, ZVEI, VDA usw.

- **Statistiken der Industrie- und Handelskammern und Handwerkskammern**

- **Statistiken und Veröffentlichungen der wirtschaftswissenschaftlichen Institute**
  - Ifo-Institut für Wirtschaftsordnung
  - Hamburger Weltwirtschaftsarchiv (HWWA)
  - Institut für Weltwirtschaft
  - Institut für Handelsforschung an der Universität zu Köln
  - Forschungsstelle für den Handel, Berlin

- **Veröffentlichungen der Verlage in Form von**
  - Studien (Untersuchungen)
  - Fachbüchern
  - Fachzeitschriften
  - Forschungsberichten
  - Zeitungen usw.

- **Veröffentlichungen von Werbeträgern und Werbemittelherstellern**

- **Veröffentlichungen der Unternehmen**
  - Geschäftsberichte
  - Firmenzeitschriften

- Kataloge
- Suchmaschinen
- Themenverzeichnisse

- **Informationen von**

  - Internetteilnehmern
  - Nachschlagewerken
  - Informationsdiensten
  - Adressenverlagen (Adressbücher)
  - Datenbanken
  - Auskunfteien usw.

Bei unternehmensexternen Datenquellen sind die Daten entweder aufgrund von Veröffentlichungen zugänglich oder sie können von Datenbanken oder aus dem Internet direkt abgefragt werden.

Aus dieser kurzen Übersicht ergibt sich, dass es eine **Vielzahl sekundärstatistischer Informationsquellen** in der Praxis gibt. Im Einzelfall stellt sich jedoch stets die Frage, **ob und bis zu welchem Grad** die sekundärstatistischen Informationsquellen helfen können, ein Informationsproblem schon zu lösen. Tendenziell gilt, dass die Sekundärforschung um so hilfreicher sein kann, je allgemeiner und globaler die Fragestellung ist und um so weniger hilfreich, je unternehmensspezifischer die Fragestellung ist.

In zunehmendem Umfang greifen immer mehr Nachfrager auf externe Datenbanken zu. Die folgende Tabelle gibt Hinweise auf

- Datenbanken,
- Datenbankeinsatz und
- Anwendungsgebiete (vgl. Tab. S. 56).

Wer sich des Angebots der Datenbanken bedienen will, schließt einen **Vertrag mit einem Datenbankanbieter** (Host) für alle von diesen angebotenen Datenbanken (in Europa z. B. Genios, Data Star, BIS usw.) ab. Er hat dann den Vorteil, auf einem Rechner mit nur einer Such-Sprache für alle auf diesem Rechner liegenden Datenbanken recherchieren zu können. Dazu ist in der Regel erforderlich:

- Terminal (PC/Laptop usw.)
- Modem oder Akustikkoppler
- Kommunikationssoftware
- Vertrag mit der Deutschen Telekom über die Einrichtung eines ISDN-Anschlusses
- Vertrag mit einem Datenbankanbieter (Host).

Die Informationsbeschaffung über Datenbankabfragen weist **spezielle Vorteile** im Vergleich zu anderen Informationsbeschaffungswegen auf. Wie grundsätzlich die Informationsbeschaffung über externe Datenbanken tendenziell einzuordnen ist, soll die folgende Abbildung veranschaulichen.

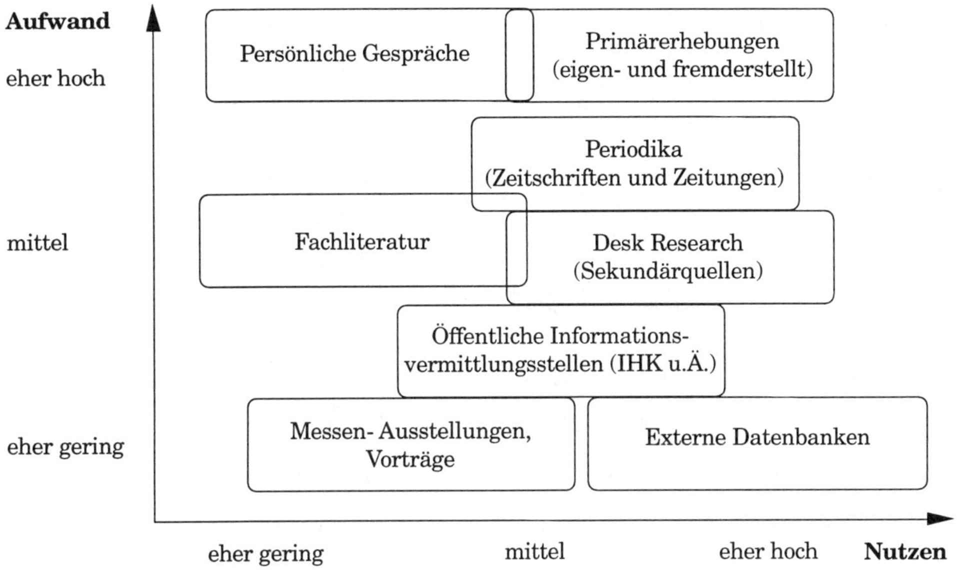

Abb. 8: Vergleich des Aufwands und Nutzens von konventionellen Informationsquellen und externen Datenbanken

Quelle: Leonhard, U.: Externe Datenbanken - ein Mittel zur effizienten Informationsbeschaffung, Office Management 5/1986, S. 498

Informationen aus internen und externen Datenbanken lassen sich mit einem eher als niedrig einzustufenden Aufwand gewinnen. Ihr Nutzen im Hinblick auf Aktualität, Vollständigkeit, Kostengünstigkeit usw. ist hingegen hoch einzuschätzen (vgl. Abb.).

Anwendungsgebiet	Datenbank-Einsatz	Datenbank-Beispiele
1. Primär-Marktforschung (Stichprobenbildung/ -auswahl)	• Adress-Datenbanken • Unternehmensverzeichnisse	AZ Direct Marketing, Donnelly & Gerardi, PAN-Adress DUN's, KOMPASS
2. Sekundär-Marktforschung • Wettbewerberbeobachtung und -analysen	• Wirtschafts-Pressedatenbanken • Unternehmensverzeichnisse • Markt-Abstracts • Paneldatenbanken • Technische Datenbanken • Patent-Datenbanken	PTS Newsletter, Textline DUN's, KOMPASS PTS PROMT INMARKT, INF'ACT FIZ-Technik-DB, JAPI STN-Datenbanken
• Markt-/Branchenbeobachtung und -analysen	• Markt-Abstracts • Wirtschafts-Pressedatenbanken • Statistik-Datenbanken • Marktstudien-Verzeichnisse • Paneldatenbanken	PTS PROMT PTS News, Textline DRI-/WEFA-Datenbanken DATAMONITOR, EUROMONITOR, MAID, Findex, F&S INMARKT, INF'ACT
• Konjunkturbeobachtung und Länderanalysen	• Volkswirtschaftl. Datenbanken • Länder-Datenbanken	DRI-/WEFA -Datenbanken COUNTRY REPORT SERVICES, GLOBAL REPORT, CIA World Fact Book
• Umfeldbeobachtung und -analyse	• Wirtschafts-Pressedatenbanken • Sozialwiss. Datenbanken • Juristische Datenbanken • Technische Datenbanken	PTSNewsletter, Textline PUBLIC OPINION ONLINE JURIS FIZ-Technik-Datenbanken
3. Database Marketing • Direkt-Werbung	• Adress-Datenbanken	AZ Direct Marketing, Donnelly & Gerardi, PAN-Adress, Schober
• Direkt-Vertrieb	• Unternehmensverzeichnisse • Telefon-/Fax-Verzeichnisse • Mikrogeografische Datenbanken	DUN's, KOMPASS World Fax Directory, Büro-Compact LOCAL, IDENT, REGIO SELECT, SPA, DART, MICRO-TYP, CAS, MEDIA-POINT, SELECT-P
4. Werbung	• Anzeigen-Datenbank • Messe-Datenbank • Motiv-Datenbank • Media-Datenbank • Warenzeichen-Datenbank • Werbestatistik • Werbeliteratur	Genios Operator, GOFI, MEDIA PIGE FAIR BASE, CD-ROM-Messekataloge, Eventline, M+A Messeplaner IMAGE GALLERY, GRAFIK Bibliothek FIPS/Bauer Marketing, MEDIATHEK/Media-Service TRADEMARKSCAN S+P/Nielsen COMDATA
5. Verkauf	• Ausschreibungs-Datenbank • Lizenz-/Kooperationsangebots-Datenbank • Geschäftsanbahnungs-Datenbank • Kreditauskunfts-Datenbank	BFAI, SCAN-A-BID, TED Kooperationsbörse, Technologiebörse, Business ADVERTISE, BFAI D+B, Creditreform
6. Produktpolitik • Ideensuche • Neue Produkte, neue Anwendungen	• Markt-Abstracts • Technische Datenbanken	PTS MOMT JAPI
7. Konditionenpolitik • Preis-Monitoring	• Statistik-Datenbank • Panel-Datenbank	DRI, WEFA INMARKT, INF'ACT
8. Marketinglogistik	• Transportmittel-Datenbank	SEADATA, DRI-Transportation Cost Forecasting
9. Public Relations • Pressemeldungen • Pressemonitoring	• Allg. Presse-Datenbanken	DPA, REUTER, AFP, AP, UPI
10. Marketing-Training	• Veranstaltungsverzeichnisse	Weiterbildungs-IS (IHK)
11. Marketingplanung und -controlling	• Literatur-Datenbanken • Panel-Datenbanken	ABI/INFORM, BISY, BLISS, EIU INMARKT, INF'ACT

Tab. 1: Anwendungsgebiete externer Datenbanken im Marketing
Quelle: Heinzelbecker, K. HWM 1995, Sp 425/426

Online-Datenbanken haben Vorteile gegenüber konventionellen Informationsquellen, was ein Vergleich in Anlehnung an Leonhard, U. (1986) veranschaulichen soll.

Kriterium	Konventionelle Informationsquellen	Online-Datenbanken
Zugriffsgeschwindigkeit	niedrig	hoch
Akualität	nicht immer vorhanden	sehr hoch
Zugriffsmöglichkeiten	oft nur eindimensional	mehrdimensional
Aktualisierungs-möglichkeiten	oft schwierig sowie zeit- und kostenintensiv	schnell und kosten-günstig möglich
Informationsaufnahme in Datei	aufwendig	schnell
Informationsspeicherung	konventionell	elektronisch
Informationsabruf	oft zeitaufwendig	einfach und schnell, i.P. weltweit
Geographische Reich-weite (Globalität)	nur äußerst schwierig möglich über gewisse Grenzen (national)	weltweit jederzeit möglich

Abb. 9: Vergleich konventioneller Informationsquellen und Online-Datenbanken

2.1.3 Internetbasierte Datenquellen

Mit Einsatz des Internets können auf grundsätzlich verschiedene Arten sekundärstatistische Daten beschafft werden. Es bieten sich an:

- **Suchmaschinen** und Metasuchmaschinen
- **Verzeichnisse** und Themenverzeichnisse
- **Link-Listen**

Suchmaschinen helfen bei der Datenbeschaffung dadurch, dass man eine Suchfrage oder einen Suchbegriff eingibt und daraufhin eine Liste von Webseiten erhält, die diesen Suchbegriff enthalten. Zu den Suchmaschinen siehe die folgende Tabelle (S. 58).

Verzeichnisse (Themenverzeichnisse) sind hierarschisch aufgebaut. dies bedeutet, dass man zuerst einen Oberbegriff eingibt und dann sukzessive -je nach Aufbau des Verzeichnisses- zu dem gesuchten Begriff gelangt (siehe die wichtigsten Verzeichnisse in der folgenden Tabelle S. 58).

Link-Listen bieten eine Sammlung von Informationen zu bestimmten Bereichen (z.B. Medien, juristische Themen usw.).

Suchmaschine	Adresse der Suchmaschine	Betreiber
Standardsuchmaschine, auch geeignet zum Suchen von Spezialinformationen	http://www.altavista.com	Alta Vista Company
Standardsuchmaschine, auch geeignet zum Suchen von Spezialinformationen	http://www.excite.com/	Excite Inc.
Standardsuchmaschine, auch geeignet zum Suchen von Spezialinformationen	http://www.google.com/	Google.Inc.
Standardsuchmaschine, auch geeignet zum Suchen von Spezialinformationen	http://www.lycos.com	Lycos Inc.

Tab. 2: Einige Suchmaschinen (Beispiele)

Adresse	Beschreibung
http://yahoo.com/ (international)	Größtes internationales Themenverzeichnis
http://news.yahoo.com/	Größtes internationales Themenverzeichnis mit aktuellen Nachrichten
http://www.excite.com/ (international)	Unter der Rubrik Explore Excite befinden sich 12 Kategorien mit Suchverzeichnissen
http://pinstripe.opentext.com/ (international)	Ein spezielles Themenverzeichnis zum Bereich Wirtschaft mit 41 Kategorien. In diesen wird ähnlich wie in einer Suchmaschine gesucht
http://vlib.org/ (international)	Die WWW Virtual Library umfasst 13 Kategorien zu den relevantesten Kategorien, wie z.B. Wirtschaft
http://weblist.ru/russian/ (national)	national
http://de.yahoo.com/ (national)	Die deutsche Startseite von yahoo.com
http://www.excite.de (national)	Ebenso wie bei yahoo.de handelt es sich hier um die nationale Startseite
http://themen.web.de/ (national)	Das Themenangebot der Web.de AG umfasst 18 Kategorien

Tab. 3: Einige Themenverzeichnisse (Beispiele) (entnommen aus *Dannenberg/Barthel*, 2002)

Fasst man allgemein die sich ergebenden Vor- und Nachteile der Sekundärforschung zusammen, so ergibt sich das folgende Bild:

Sekundärforschung	
Vorteile	**Nachteile**
• Schnelle Informationsbeschaffung	• Informationen sind nicht immer genau für das Problem geeignet
• Kostengünstige Informationsbeschaffung	• Dauert manchmal lange Zeit bis zur Verfügbarkeit
• Kann Primärforschung unterstützen	• Auch Konkurrenz hat Zugriff darauf
• Weist oft die genauen Werte aus (z.B. gesetzliche Grundlage)	• Daten sind zum Teil veraltet
• Gibt schnell einen Einblick in die Untersuchungsgebiete	• Keine Geheimhaltung gegeben

Abb. 10: Vor- und Nachteile der Sekundärforschung

In vielen Fällen reicht die Sekundärforschung nicht aus, sodass Primärforschungen (Field Research) durchgeführt werden müssen.

2.2 Primärforschung (Field Research)

Von **Primärforschung** spricht man dann, wenn das für die Lösung eines Informationsproblems erforderliche Datenmaterial eigens für dieses Problem erhoben wird. Die Primärerhebung kann durch **Befragung** oder **Beobachtung** durchgeführt werden. In der Regel wird man sukzessive vorgehen (vgl. Abb 6) und zwar aus Kosten- als auch aus Zeitgründen. Das **Experiment** stellt kein eigenständiges Erhebungsverfahren dar. Es ist eine bestimmte Gestaltungsform experimenteller Befragung und/oder Beobachtung.

Je nach Fragestellung wird man unterschiedliche Formen der Primärerhebung einsetzen (vgl. Abb. S. 60).

Formen der Primärerhebung	
• Befragungen	• Einthemenbefragungen, Mehrthemenbefragungen • Schriftliche, mündliche, telefonische, computergestützte, internetbasierte Befragungen • Feldbefragungen, Studiobefragungen, Einzelpersoneninterviews, Gruppeninterviews • Einmalbefragungen, Panelbefragungen
• Beobachtungen	• Einmalbeobachtungen, Mehrfachbeobachtungen • Persönliche Beobachtungen, Apparative Beobachtungen • Feldbeobachtungen, Laborbeobachtungen

Abb. 11: Formen der Primärerhebung

①

Kontrollfragen zu B

		Lösungs-hinweise Seite
(1)	Wie ist ein Informationssystem grundsätzlich strukturiert?	45
(2)	Welche Komponenten sind in Unternehmen bei der Deckung des Informationsbedarfs beteiligt?	46
(3)	Was bezeichnet man als Datengewinnung?	47
(4)	Wie sieht der Gesamtprozess der Datengewinnung aus?	49
(5)	Was versteht man unter Sekundärforschung?	50
(6)	Welche Quellen der Sekundärforschung kennen Sie?	51
(7)	Was versteht man unter unternehmensinternen Datenquellen?	52
(8)	Was versteht man unter unternehmensexternen Datenquellen?	53
(9)	Was versteht man unter konventionellen Informationsquellen?	51
(10)	Was sind Datenbanken?	54
(11)	Wie beurteilen Sie Online-Datenbanken?	57
(12)	Welche Quellen für sekundärstatistische Daten bietet das Internet?	57
(13)	Was versteht man unter Suchmaschinen?	58
(14)	Welche Suchmaschinen kennen Sie? Wie können sie Ihnen helfen?	58
(15)	Was versteht man unter Themenverzeichnissen (Verzeichnissen)?	57
(16)	Wie geht man bei der Suche vor?	57
(17)	Was sind Links (Link-Listen)?	57
(18)	Wie gewinnt man dabei Informationen?	57
(19)	Wenn Sie die Sekundärforschung vergleichen, welche Vor- und Nachteile ergeben sich dabei?	59
(20)	Warum sollte man bei der Datensuche zuerst prüfen, ob sekundärstatistische Daten vorhanden sind?	59

(21) Was versteht man unter Primärforschung (Field Research)? 59

(22) Welche Formen der Primärforschung kennen Sie? 60

(23) Wieso sind Experimente keine eigene Form der Primärforschung? 59

Literatur zu B

Atteslander, P., Methoden der empirischen Sozialforschung, 8. Auflage, Berlin/New York 1995

Becker, W., Beobachtungsverfahren in der demoskopischen Marktforschung, Stuttgart 1973

Böhler, H., Marktforschung, 2. Auflage, Stuttgart u. a. 1992

Bliemel/Fassot/Theobald (Hrsg.), Electronic Commerce, Wiesbaden 1999

Dannenberg/Barthel, Effiziente Marktforschung, Bonn 2002

Dorroch, H., Meinungsmacher-Report – Wie Umfrageergebnisse entstehen, Göttingen 1994

Erichson, B., Elektronische Panelforschung, in: Hermann/Flegel (Hrsg.), München 1992

Esch F.R., Werbewirkungsforschung in: Herrmann/Homburg (Hrsg.), Marktforschung, 2. Auflage, Wiesbaden 2000

Frey, J.H., Survey Research by Telephone, B.H. 1983

Friedrichs, J., Methoden der empirischen Sozialforschung, 12. Auflage, Opladen 1984

Fritz, W., Internet-Marketing und Electronic Commerce, Wiesbaden 2000

Günther/Vossbein/Wildner, Marktforschung mit Panels, Wiesbaden 1998

Hampe, St.M., Marketing-Kennzahlensystem auf der Basis von Handelspaneldaten, Göttingen 1992

Hansen, J., Das Panel – Zur Analyse von Verhaltens- und Einstellungswandel, Opladen 1982

Heidel, B., Scannerdaten im Einzelhandelsmarketing, Wiesbaden 1990

Mülder, W./Weis, H.C., Computergestütztes Marketing, Ludwigshafen 1996

Noelle-Neumann, E./Petersen, Alle nicht jeder. Einführung in die Methoden der Demoskopie, 3. Auflage, München 1998

Reinke/Stockmann/Stockmann, Marketing und Marktforschung am PC, München 2001

Salcher, E. F., Psychologische Marktforschung, 2. Auflage, Berlin/New York, 1995

Strobel, K., Die Anwendbarkeit der Telefonumfrage in der Marktforschung, Frankfurt a.M., 1983

Theobald, A., Marktforschung im Internet, in: Bliemel/Fassott/Theobald (Hrsg.), Electronic Marketing, Wiesbaden 1999

Theobald/Dryer/Starsetzi (Hrsg.), Online-Marktforschung, Wiesbaden 2001

sowie Veröffentlichungen der folgenden Marktforschungsinstitute:

Compagnon Marktforschung GmbH & Co. KG
Institut für psychologische Marketing- und Werbeforschung
Nöllenstraße 11
70195 Stuttgart
Telefon: +49-711-69918-0
Telefax: +49-711-69918-10
E-Mail: compmafo@aol.com
http://www.compagnon.de

GfK AG
Nordwestring 101
90319 Nürnberg
Telefon: +49-911-395-4142
Telefax: +49-911-295-401
E-Mail: public.caffairs@gfk.de
http://www.gfk.de

Infas Institut für angewandte Sozialwissenschaft GmbH
Margaretenstraße 1
53175 Bonn
Telefon: +49-228-38220
Telefax: +49-228-310071
E-Mail: info@infas.de
http://www.infas.de

INRA Deutschland GmbH
Ein Unternehmen der SAMPLE-Gruppe
Papenkamp 2-6
23879 Mölln
Telefon: +49-4542-801-0
Telefax: +49-4542-801-201
E-Mail: mailbox@inra.de
http://www.inra.de

Institut für Demoskopie Allensbach GmbH
Radolfzeller Straße 8
78476 Allensbach
Telefon: +49-7533-805-0
Telefax: +49-7533-3048
E-Mail: info@ifd-allensbach.de
http:www.ifd-allensbach.de

Intermarket Gesellschaft für internationale Markt- und Meinungsforschung mbH
Lindemannstraße 82
40237 Düsseldorf
Telefon: +49-211-6074-0
Telefax: +49-211-66002
E-Mail: info@rsg.ddf.d
http://www.rsg-ddf.de/web_rsg/deutsch...

A.C. Nielsen GmbH
Ludwig-Landmann-Straße 405
60486 Frankfurt/Main
Telefon: +49-69-7938-0
Telefax: +49-69-7074012
http://www.acnielsen.de/wir/index.htm

Roland Berger Market Research
Arabellastraße 33
81925 München
Telefon: +49-89-9230-8231
Telefax: +49-89-9230-8338
E-Mail: marketresearch@de.rolandberger.com
http://www.rb-marketresearch.com

SCHAEFER MARKTFORSCHUNG
Institut für Markt-, Sozial- und Werbeforschung GmbH
Warnsstedtstraße 57
22525 Hamburg
Telefon: +49-40-547349-0
Telefax: +49-40-547349-34
E-Mail: email@schaefer-mafo.de
http://www.schaefer-mafo.de

Sinus Sociovision GmbH
Ezanvillestraße 59
69118 Heidelberg
Telefon: +49-6221-8089-0
Telefax: +49-6221-8089-25
E-Mail: sinus@sociovision.de
http://www.sinus-milieus.de

TNS EMNID Markt-, Media- und Meinungsforschung
Stieghorster Straße 90
33605 Bielefeld
Telefon: +49-521-9257-0
Telefax: +49-521-9257-333
E-Mail: info@emnid.tnsofres.com
http://www.emnid.trisofes.com

C. Die Erhebungsverfahren

Bei jeder Erhebung stellt sich die Frage, ob alle für die Untersuchung relevanten Erhebungsobjekte einbezogen werden sollen (Vollerhebung, Totalerhebung) oder ob es aus zeitlichen, kostenrechnerischen oder pragmatischen Gründen empfehlenswert ist, die Untersuchung nur auf einen Teil der Grundgesamtheit zu beschränken.

1. Vollerhebungen

Eine Vollerhebung liegt dann vor, wenn alle Elemente einer Grundgesamtheit in die Untersuchung einbezogen werden. Sie sind in der Praxis auf amtliche Erhebungen (z. B. Volkszählung) oder Erhebungen in Organisationen (z. B. Schüler, Studenten) beschränkt. In der Praxis der Marktforschung werden meist Teilerhebungen durchgeführt.

Beispiele für Vollerhebungen sind z. B. folgende Erhebungen:

- Volkszählungen
- Vereinsmitglieder
- Käufer einer PKW-Marke
- Studenten einer Hochschule
- Mitglieder eines Verbandes
- Arbeitsstättenzählung
- Handwerkszählung
- Handels- und Gaststättenzählung

2. Teilerhebungen

Teilerhebungen sind Erhebungen, bei denen nur eine Teilmenge der Grundgesamtheit einbezogen wird. Sie sind oft notwendig weil z. B. die Grundgesamtheit nicht bekannt ist oder aus Datenschutzgründen nicht benutzt werden kann (vgl. Abb.).

Beispiele für Teilerhebungen:

- Zeitungsleseruntersuchungen
- Raucherbefragungen
- Fernsehzuschaueranalysen
- „Millionärebefragungen“
- Eigentumswohnungsbesitzererhebungen
- Passantenbeobachtung
- Kundenlaufstudien
- Imageanalysen
- Wahlforschung

2.1 Vorgehen bei Teilerhebungen

Kommt man zu dem Ergebnis, eine Teilerhebung zur Lösung des Informationsproblems durchzuführen und das Ergebnis soll möglichst repräsentativ sein, so ist wie folgt vorzugehen:

- Festlegung der Grundgesamtheit
- Festlegung der Auswahlbasis
- Ermittlung des Stichprobenumfangs
- Entscheidung über das Vorgehen bei Auswahl der Elemente der Stichprobe
- Durchführung der Auswahlentscheidung

Die dabei angewandten verschiedenen Auswahlverfahren lassen sich nach dem Auswahlvorgang in

- **zufallsorientierte** und
- **nicht-zufallsorientierte Auswahlverfahren**

unterscheiden.

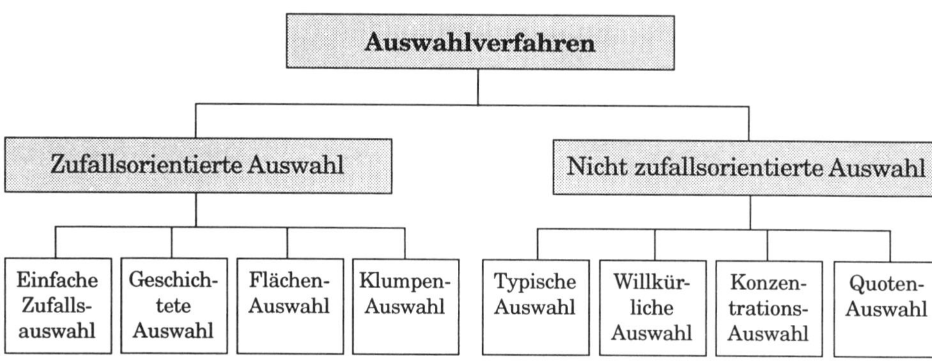

Abb. 1: Übersicht: Auswahlverfahren

Bei den **zufallsorientierten Auswahlverfahren** werden die Erhebungseinheiten nach dem Zufallsprinzip bestimmt. Dieses Verfahren setzt voraus, dass alle Elemente der Grundgesamtheit erfasst vorliegen. Ist dies nicht der Fall und ist die Grundgesamtheit sehr klein oder groß und homogen bzw. nicht homogen, so sind unterschiedliche Auswahlverfahren zu empfehlen.

Inwieweit die Struktur der Grundgesamtheit das Auswahlverfahren bestimmt, soll die folgende Abbildung veranschaulichen.

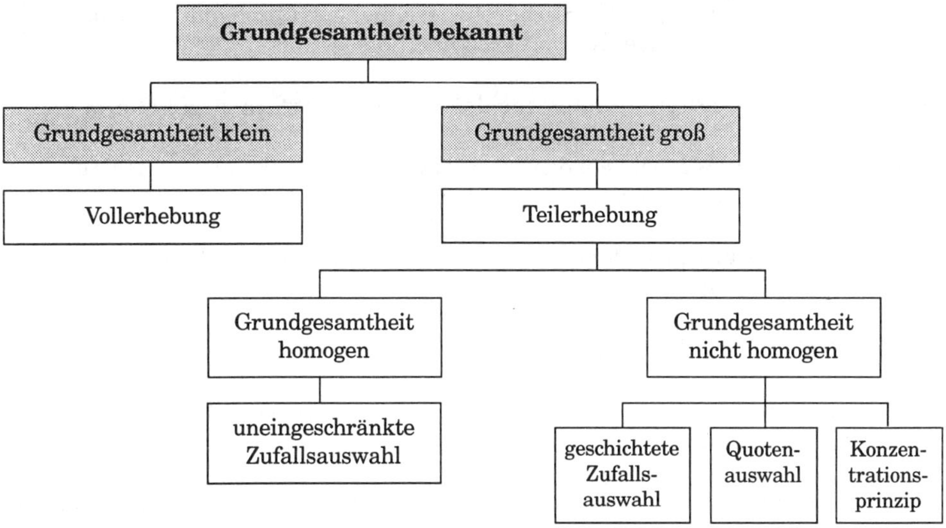

Abb. 2: Zusammenhänge zwischen der Beschaffenheit der Grundgesamtheit und Auswahlverfahren

Ist die Grundgesamtheit nicht bekannt, muss mit der Feldarbeit begonnen werden und im Laufe der Untersuchung entschieden werden, ob eine Voll- oder Teilerhebung durchgeführt werden soll.

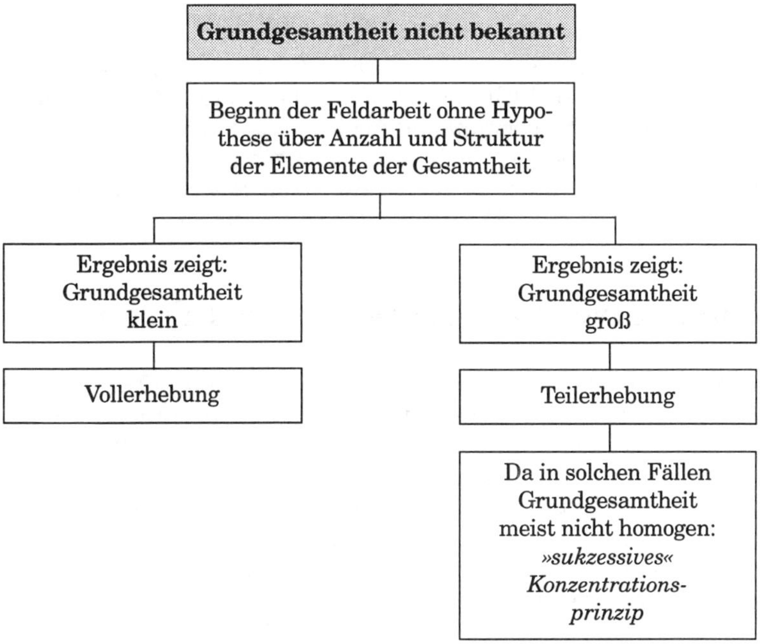

Abb. 3: Vorgehen bei nicht bekannter Grundgesamtheit

Oft werden Teilerhebungen als Stichprobenerhebungen durchgeführt, insbesondere dann, wenn die Grundgesamtheit groß und homogen ist.

Beim Stichprobenverfahren unterscheiden wir grundsätzlich zwei Fälle, den:

- **Heterograden Fall,** bei dem das zu untersuchende Merkmal **metrisch** skaliert ist wie z.B. Umsatz, Alter, Einkommen usw. und den
- **Homograden Fall,** bei dem das zu untersuchende Merkmal **dichotom oder multidichotom** ist.

Für die Bestimmung des Stichprobenumfangs sind folgende Fragen entscheidend:

- Wie genau die Ergebnisse sein sollen, d.h. welchen Auswahlfehler man einkalkulieren kann und will.
- Mit welcher Irrtumswahrscheinlichkeit die Aussagen gemacht werden können.

Im Einzelnen ermittelt man die Stichprobe nach folgenden Formeln:

- **Homograder Fall**

$$n = \frac{t^2 \cdot p\,(100 - p)}{e^2}$$

n = Stichprobenumfang
p = Anteilswert 1
e = Fehlertoleranz
t = Sicherheitsfaktor (Irrtumswahrscheinlichkeit)

Die Streuung und das Vertrauensintervall sind am größten, wenn p = 50 % ist. In diesem Fall wird der Stichprobenumfang am größten. Rechnet man mit p = 50 %, so reicht der Stichprobenumfang für jeden anderen Wert aus. Die Angaben des zulässigen Fehlers und der Irrtumswahrscheinlichkeit hängen vom jeweils spezifischen Fall ab. In der Regel arbeitet man mit einer Irrtumswahrscheinlichkeit von q = 5 % (t = 1,96) bzw. q = 1 % (t = 2,58).

2.2 Zufallsorientierte Auswahlverfahren

Zufallsorientierte Auswahlverfahren sind dadurch gekennzeichnet, dass nach dem Zufallsprinzip die in die Stichprobe aufzunehmenden Einheiten bestimmt werden, sodass die auf diese Weise ermittelte Teilgesamtheit ein repräsentatives Bild darstellt. Geht man so vor, ist es möglich, gewisse Aussagen über die Verteilung in der Grundgesamtheit zu machen, die mit bestimmten Wahrscheinlichkeiten und in gewissen Fehlergrenzen gelten. Dabei wird man sich bestimmter Auswahltechniken bedienen, um die Elemente aus der Grundgesamtheit auszuwählen.

Im Einzelnen verwendet man **folgende Auswahltechniken:**

- Auswahl nach dem Lotterieprinzip
- Systematische Auswahl
- Schlussziffernauswahl
- Geburtstagsauswahl
- Buchstabenauswahl
- Auswahl mittels Zufallszahlen.

Will man das **Lotterieprinzip** anwenden, muss die Grundgesamtheit bekannt sein und es muss jederzeit auf jedes Element der Grundgesamtheit zugegriffen werden können. Nach „Mischung" werden dann die Elemente der Stichprobe gezogen.

Bei dem **systematischen Auswahlverfahren** legt man fest, dass z. B. jedes 50ste Element (Zahl) der Grundgesamtheit in die Stichprobe gelangt. Man wählt z. B. die Zahl 3 als Startpunkt und erhält jeweils um 50 höhere Zahlen.

Beispiel: 3, 53,103,153,.......

Das **Schlussziffernverfahren** setzt eine durchnummerierte Grundgesamtheit voraus. Je nachdem, wie hoch der Prozentsatz, der ausgewählt werden soll, ist, gelangen Zahlen mit unterschiedlichen Schlussziffern in die Auswahl.

Beispiel:

Auswahlsatz	In die Stichprobe gelangen die Nummern mit der (bzw. den) Schlussziffer(n)
20 %	5 und 9
10 %	5
5 %	16, 34, 56, 69 und 84
1 %	44
1 ‰	606

Bei einem Auswahlsatz von 20 % gelangen z. B. die Nummern mit den Schlussziffern 5 und 9 in die Stichprobe. Bei dem Auswahlsatz 5 % gelangen Nummern mit den Schlussziffern 16, 34, 56, 69 und 84 in die Stichprobe.

Bei der **Geburtstagsauswahl** und der **Buchstabenauswahl** ist das Vorliegen der Grundgesamtheit Voraussetzung für die Anwendung. Es werden dann Personen in die Stichprobe aufgenommen, die am 26. November Geburtstag haben oder deren Familienname mit einem bestimmten Buchstaben (z. B. „M" oder „W" beginnt).

Sehr empfehlenswert ist die Auswahl der Stichprobe mit **Zufallszahlentabellen** (siehe Anhang). Eine fünfstellige Zufallstafel eignet sich für Grundgesamtheiten < 100.000. Jedes Element ist durchzunummerieren. Danach wählt man aus der

Zufallstabelle die Zahlen aus. Je nach dem Umfang der Stichprobe werden dann ein-, zwei-, drei-, vier- oder fünfstellige Zahlen ausgewählt.

Beispiel: Um z. B. aus einer Grundgesamtheit von 50.000 Personen 900 Personen auszuwählen, benutzen wir die im Anhang enthaltene Tafel von Zufallszahlen. Diese Aufstellung besteht aus Ziffern, die vorher nach dem Zufallsprinzip erzeugt wurden. Um das Vorgehen zu erleichtern, sind die Ziffern in Blöcken von fünf Reihen und Spalten wiederzugeben. Zufallszahlen jeder Größe lassen sich aus dieser Tafel entnehmen. Es kann an jeder beliebigen Tafelstelle begonnen werden.

Beginnen wir in Zeile 1, so erhalten wir die folgenden Zahlen: 104, 801, 501, 101, 536, 20, 118, 164, 669, 179, 141, 259 usw.

Treten Zahlen über 900 auf, so werden diese übergangen.

Generell kann man an einer beliebigen Stelle der Tafel beginnen und in jeder beliebigen Richtung ablesen - nach rechts, nach links, nach oben, nach unten oder diagonal. Die Wahl verschiedener Ausgangspunkte und Ablaufpläne liefert jeweils andere, aber immer brauchbare Zahlen.

2.2.1 Einfaches Stichprobenverfahren

Beim einfachen Stichprobenverfahren müssen alle Elemente der Grundgesamtheit die gleiche Chance haben, in die Stichprobe (Auswahl) aufgenommen zu werden. Zufallsorientierung bedeutet, dass jedes Element der Grundgesamtheit die im Prinzip gleichen Chancen besitzt, in die Teilerhebung aufgenommen zu werden (homograder Fall). Auf dieser Basis lässt sich dann eine allgemeine Aussage über Stichprobenmittelwerte machen, um aufgrund dieser Werte dann für die Werte der Grundgesamtheit innerhalb bestimmter Bereiche Aussagen machen zu können. Bei einem Stichprobenumfang > 120 verteilen sich dann die Mittelwerte aller Stichproben annähernd normal, und zwar um den wahren Mittelwert der Grundgesamtheit.

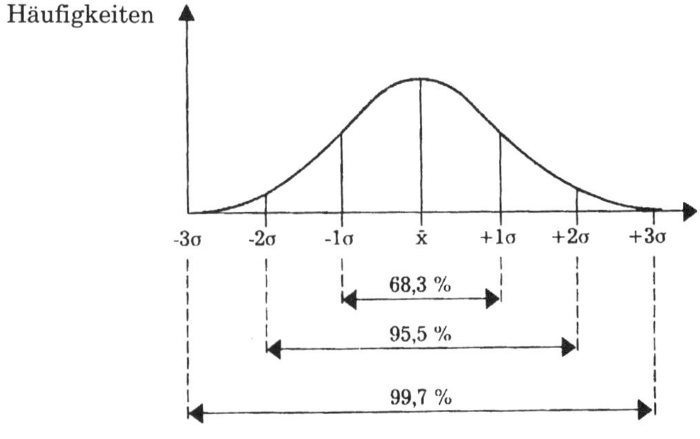

Abb. 4: Normalverteilung

- Diese Streuung der einzelnen Stichprobenmittelwerte x_i um den Mittelwert der Grundgesamtheit $\overline{x}$ beträgt:

$$s^2 = \frac{\sum_{1}^{n} (x_i - \overline{x})^2}{n - 1}$$

x_i = einzelne Stichprobenmittel
$\overline{x}$ = Mittelwert Grundgesamtheit
s^2 = Streuung (Varianz)
n = Anzahl der gezogenen Stichproben
s = Standardabweichung

Als Standardabweichung (s) wird die Wurzel aus der Streuung bezeichnet:

$$s = \sqrt{\frac{\sum_{1}^{n} (x_i - \overline{x})^2}{n - 1}}$$

Den Zusammenhang zwischen Sicherheitsfaktor t und Wahrscheinlichkeit bzw. Irrtumswahrscheinlichkeit der Aussage einer Stichprobe verdeutlicht folgende Tabelle:

Sicherheitsfaktor	**Wahrscheinlichkeit**	**Irrtumswahrscheinlichkeit**
t = 1,00	68,3 %	31,7 %
t = 1,50	86,6 %	13,4 %
t = 1,64	90,0 %	10,0 %
t = 1,96	95,0 %	5,0 %
t = 2,00	95,5 %	4,5 %
t = 2,58	99,0 %	1,0 %
t = 3,00	99,7 %	0,3 %
t = 3,29	99,9 %	0,1 %
t = 3,70	99,99 %	0,01 %

Dies bedeutet, dass man bei t = 2 = 95,5 % eine **Irrtumswahrscheinlichkeit** von 4,5 % in Kauf nimmt. Oder anders ausgedrückt: In 4,5 % aller Fälle wird der Prozent- oder Mittelwert in der Grundgesamtheit außerhalb des Vertrauensbereichs liegen. Allgemein gilt, dass der Stichprobenumfang umso größer wird je geringer die Irrtumswahrscheinlichkeit und die Fehlertoleranz sein soll.

Wie sich unterschiedliche Werte von t und e auf den Stichprobenumfang auswirken, sollen die folgenden Beispiele veranschaulichen:

Beispiel 1: Ein Unternehmen will den Bekanntheitsgrad für ein neu eingeführtes Produkt ermitteln. Die Aussagewahrscheinlichkeit soll 99 % betragen. Ein Fehler von ± 5 % wird als tolerierbar in Kauf genommen.

a) Wie viele Stichproben müssen gezogen werden?

$$p = 50\%$$
$$e = 5\%$$
$$t = 2{,}58$$

$$n = \frac{t^2 \cdot p\,(100 - p)}{e^2} = \frac{2{,}58^2 \cdot 50\,(100 - 50)}{5^2} = \underline{\underline{666}}$$

Für diese Gegebenheiten muss der Stichprobenumfang 666 betragen.

b) Soll die Aussagewahrscheinlichkeit nur 95 % betragen, so ergibt sich folgender Stichprobenumfang:

$$n = \frac{1{,}96^2 \cdot 50\,(100 - 50)}{5^2} = \underline{\underline{384}}$$

c) Will man im vorliegenden Beispiel eine Aussagewahrscheinlichkeit von 99,7 %, so ist der Stichprobenumfang wie folgt zu wählen:

$$n = \frac{3^2 \cdot 50\,(100 - 50)}{5^2} = \underline{\underline{900}}$$

d) Soll die Fehlertoleranz nur e = + 1 % betragen, bei sonst gleichen Annahmen, wie im vorhergehenden Beispiel c), so ist der Stichprobenumfang

$$n = \frac{3^2 \cdot 50\,(100 - 50)}{1^2} = \underline{\underline{22.500}}$$

e) Ist eine Verteilung p = 20 %, q = 80 % (und nicht wie bisher p = 50 %, q = 50 %) anzunehmen, so verringert sich im vorliegenden Beispiel der Stichprobenumfang.

$$n = \frac{3^2 \cdot 20 \cdot (100 - 20)}{1^2} = \underline{\underline{14.400}}$$

f) Wird die Fehlertoleranz auf e = 5 % erhöht, so ergibt sich der folgende Stichprobenumfang:

$$n = \frac{3^2 \cdot 20 \cdot (100 - 20)}{5^2} = \underline{\underline{576}}$$

Die Standardabweichung ermittelt sich jeweils nach der Formel:

$$\boxed{s = \sqrt{\frac{p \cdot q}{n}}} \quad \text{gilt, wenn } \frac{n}{N} < 0{,}05 \text{ ist.}$$

Im letzten Beispiel f) ist die Standardabweichung:

$$s = \sqrt{\frac{20 \cdot 80}{n}} = \sqrt{\frac{1.600}{576}} = \sqrt{2{,}77} = 1{,}\overline{6}$$

Die folgende Abbildung 5 zeigt ein derartiges **Nomogramm.**

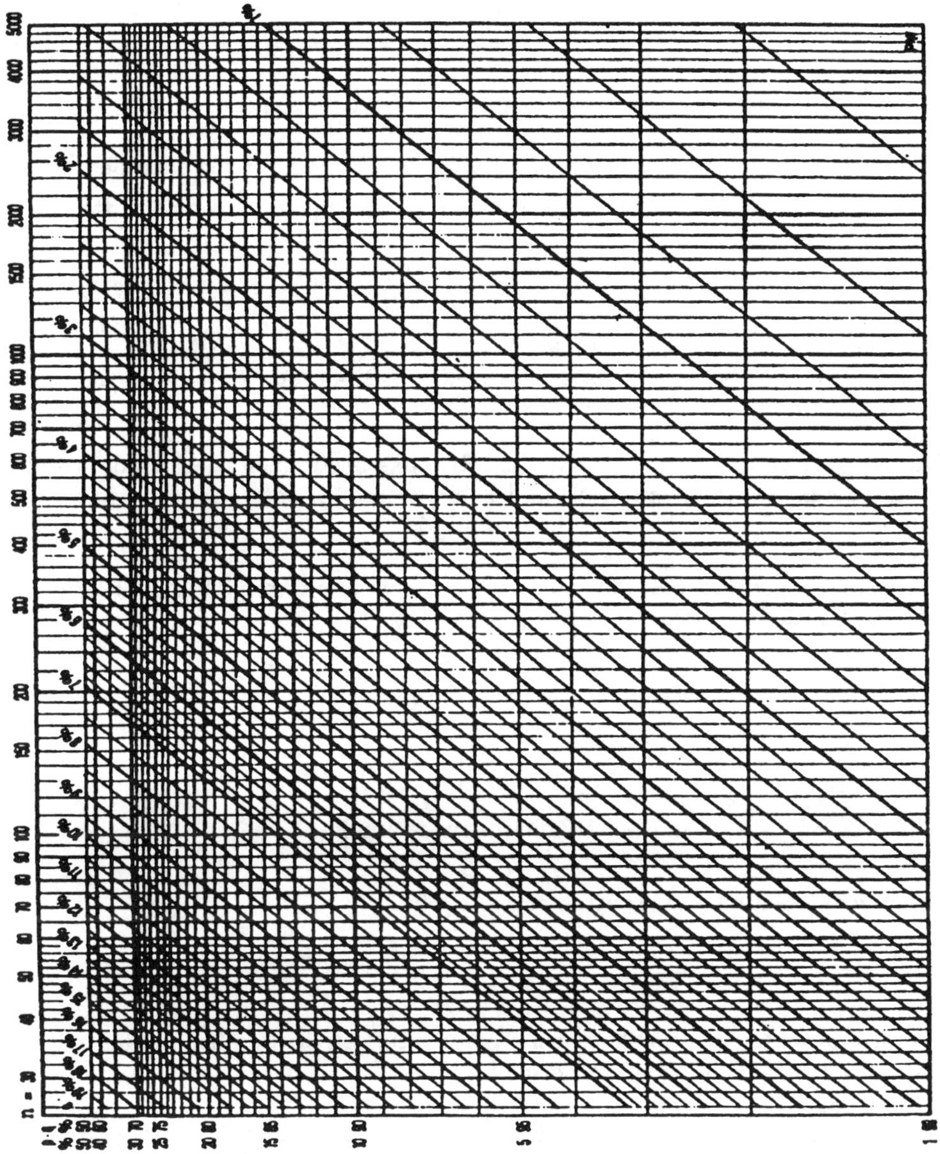

Abb. 5: Nomogramm zur Bestimmung des Vertrauensintervalls

Nach der 2-α-Regel: $+ e = \sqrt{2pq/n}$ für die statistische Sicherheit von 0,955 = 95,5 %.

Daher ergibt sich: $0{,}20 - 0{,}0196 \leq p \leq 0{,}20 + 0{,}0196$
$0{,}1804 \leq p \leq 0{,}2196$
oder zwischen 18,04 % und 21,96 %
liegt der Prozentanteil in der Grundgesamtheit

In der Praxis wird auch oft ein Nomogramm (Abb. 5) eingesetzt, um z.B. den

- **Stichprobenumfang** aus Merkmalsanteil und Fehlertoleranz oder die
- **Fehlertoleranz** aus Merkmalsanteil und Stichprobenumfang zu ermitteln.

Beispiel: Vermuteter Merkmalsanteil sei 20 % (p).
Höchstzulässige Abweichung sei ± 4 % (e).

Wir fahren von p = 20 % horizontal nach rechts bis zur Stelle, wo sich diese Zeile mit der schrägen Linie von e = 4 % kreuzt, und von diesem Schnittpunkt senkrecht nach oben. Dort lesen wir ab: n = 400. Wir benötigen also 400 Befragte.

Das Nomogramm, erlaubt ohne Rechenarbeit das Bestimmen von Stichprobenumfang (n) aus Merkmalsanteil (p) und Fehlermarge (e) oder Fehlermarge (e) aus Merkmalsanteil (p) und Stichprobenumfang (n)

Beim **heterograden** Fall (das zu untersuchende Merkmal ist metrisch skaliert) errechnet sich der Stichprobenumfang wie folgt:

$$n = \frac{t^2 \cdot (x_i - \bar{x})^2}{e^2}$$ wobei für die Standardabweichung

$$s = \sqrt{\frac{(x_i - \bar{x})^2}{n}}$$ gilt (s = Standardabweichung)

Der Stichprobenumfang ermittelt sich wie folgt:

$$n = \frac{t^2 \cdot s^2}{e^2}$$

Wie sich unterschiedliche Werte von p, e und s auf den Stichprobenumfang auswirken, veranschaulicht folgendes Beispiel.

Im **vorliegenden Beispiel** soll die Irrtumswahrscheinlichkeit t = 0,05 = 5 %, die Fehlertoleranz e = 0,5 Einheiten und die Standardabweichung s = 3,5 Einheiten betragen.

Wie groß ist die erforderliche Stichprobe?

a) Gegeben: e = 0,5 s = 3,5 t = 0,05
Gesucht: n = ?

$$n = \frac{1{,}96^2 \cdot 3{,}5^2}{0{,}5^2} = \frac{3{,}8416 \cdot 12{,}25}{0{,}25} = \frac{47{,}0596}{0{,}25} = 188$$

b) Soll nur eine geringere Fehlertoleranz von e = 0,2 toleriert werden bei sonst gleichen Daten, so ergibt sich der folgende Stichprobenumfang.

Gegeben: e = 0,2, s = 3,5, t= 0,05
Gesucht: n = ?

$$n = \frac{1{,}96^2 \cdot 3{,}5^2}{0{,}2^2} = \underline{\underline{1.176}}$$

② ③ ④

2.2.2 Geschichtete Auswahlverfahren

Das geschichtete Auswahlverfahren ist dann zu empfehlen und anzuwenden, wenn die zu untersuchende Grundgesamtheit verschiedene unterschiedliche Teilgesamtheiten enthält, die weitgehend homogene Elemente enthalten. Man unterteilt dann die Grundgesamtheiten in Teilgesamtheiten, die man **als Schichten** bezeichnet. Aus jeder Schicht, die gleichen oder verschiedenen Umfang haben kann, werden dann unabhängig voneinander Stichproben gezogen. Besondere Bedeutung kommt der richtigen Schichtenbildung zu. Ziel der Schichtenbildung ist, den Auswahlfehler möglichst klein zu halten.

Die Abbildung 6 veranschaulicht die Schichtenbildung:

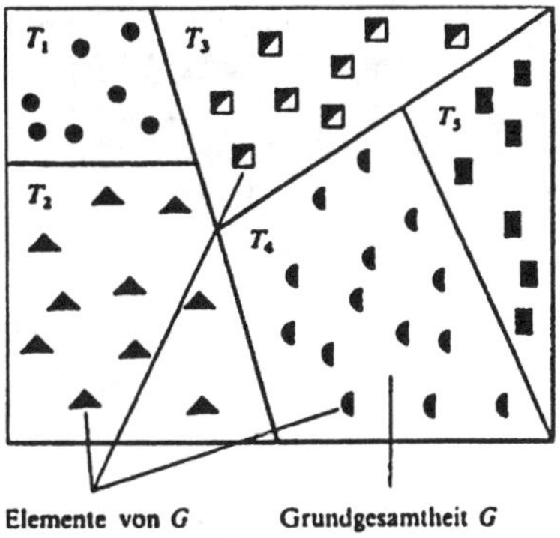

Schicht	Umfang der Schicht	Umfang der Teilstichproben
T_1	N_1	n_1
T_2	N_2	n_2
.	.	.
.	.	.
.	.	.
T_5	N_5	n_5
	$\sum_{j=1}^{5} N_j = N$	$\sum_{j=1}^{5} n_j = n$

N Umfang der Grundgesamtheit
n Umfang der Gesamtstichprobe

Abb. 6: Schichtenbildung

Die Grundgesamtheit G, die unterschiedliche Elemente enthält, wird in fünf Schichten eingeteilt mit homogenen Elementen. Aus jeder Schicht werden dann unabhängig Teilstichproben gezogen.

Dieses Verfahren verdankt seine große praktische Bedeutung hauptsächlich dem Umstand, dass der Zufallsfehler bei der geschichteten Auswahl im Allgemeinen kleiner ist als bei der reinen Zufallsauswahl: Schichtungsmerkmale hängen vom Untersuchungsgegenstand ab. Meist sind es Geschlecht, Alter, Familienstand, Beruf, Stadt, Regierungsbezirk usw.

Ein **Beispiel** möge das praktische Vorgehen veranschaulichen:

Anhand der vorliegenden amtlichen Statistiken hat man festgestellt, dass ca. 30 % der Bevölkerung eines bestimmten Gebietes zwischen 10 und 30 Jahren, 22 % zwischen 30 und 44, 28 % zwischen 45 und 59 und 20 % zwischen 60 und 90 Jahren liegen. Würde man nun eine reine Zufallsstichprobe ziehen, so wären die Klassen 45 bis 59 Jahren unterrepräsentiert im Vergleich zu anderen.

Man teilt daher die gesamte Anzahl der Stichproben in Schichten auf und zieht innerhalb dieser Schichten dann die Stichproben.

Bei 600 Befragungen wären in den einzelnen Klassen folgende Personen zu befragen:

10 bis unter 30 Jahren	180
30 bis unter 45 Jahren	132
45 bis unter 60 Jahren	168
60 bis unter 90 Jahren	120
	600

Jede Schicht wird nunmehr als separate Grundgesamtheit aufgefasst, aus der Stichproben gezogen werden (z. B. unter 30 Jahre 180 Stichproben).

Das folgende Beispiel soll die rechentechnische Vorgehensweise aufzeigen.

Beispiel: Ein Unternehmen hat 1 Million Personen als potenzielle Kunden. Mithilfe einer Stichprobe soll untersucht werden, wie hoch die jährlichen Ausgaben für die Personen, die potenzielle Kunden sind, liegen. Man hatte bisher schon festgestellt, dass 500.000 Haushalte in Städten mit über 100.000 Einwohnern (Schicht 1), 300.000 Kunden in Städten mit 10.000 bis 100.000 Einwohnern (Schicht 2) und 200.000 Kunden in Gemeinden mit weniger als 10.000 Einwohnern (Schicht 3) wohnen.

Für die Untersuchung soll eine Stichprobe von 300 Personen gezogen und befragt werden.

Lösung:

Der Stichprobenumfang wird proportional auf die Schichten verteilt. Somit erhält man für jede Schicht mithilfe der einfachen Zufallsauswahl einen Mittelwert x und eine Standardabweichung s.

	Schicht 1	Schicht 2	Schicht 3
Stichprobenumfang (n)	150	90	60
Mittelwert (x)	600	460	450
Standardabweichung (s)	130	270	150
Anteil an Gesamtstichprobe (p)	0,5	0,3	0,2

Als Schätzwert erhält man:

$X_{Stichprobe = 300} = 0{,}5 \cdot 600 + 0{,}3 \cdot 460 + 0{,}2 \cdot 450 = \underline{\underline{528 \text{ DM}}}$

Varianz $x^2_{St} = 0{,}25 \cdot 112{,}7 + 0{,}09 \cdot 810 + 0{,}04 \cdot 375 = 116{,}1$

$X_{st} = \underline{\underline{10{,}8}}$

Mit einer Wahrscheinlichkeit von 95 % (t = 1,96) liegt der Mittelwert der Ausgaben zwischen $506{,}8 \leq x \leq 549{,}2$ DM.

2.2.3 Flächenstichprobenverfahren

Durch die Anwendung des Flächenstichprobenverfahrens lassen sich auch dann noch Stichproben ziehen, wenn nur eine Landkarte oder ein Stadtplan vorliegt. Durch Aufteilung in zahlreiche kleine Flächen wird die Grundgesamtheit in Teilflächen zerlegt. Aus diesen Teilflächen können dann Stichproben entnommen werden, aufgrund derer dann in einer zweiten Stufe Sekundäreinheiten ausgewählt werden.

Beispiel: Um die Befragung in einem bestimmten Land durchzuführen, könnte wie folgt vorgegangen werden:

1. Stufe: Regierungsbezirksebene
2. Stufe: Kreisebene
3. Stufe: Gemeindeebene
4. Stufe: Einzelpersonen

Die folgende Abbildung veranschaulicht das Vorgehen bei schon vorhandener Flächenstrukturierung.

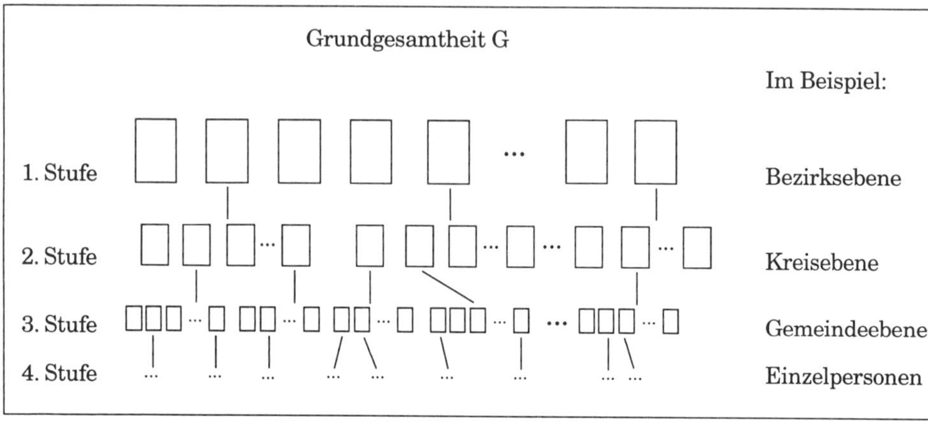

Abb. 7: Flächenstichprobenverfahren (mehrstufig)

Das grundsätzliche Vorgehen bei derartigen mehrstufigen Auswahlverfahren veranschaulicht die von *Wettschureck* übernommene Abbildung 8.

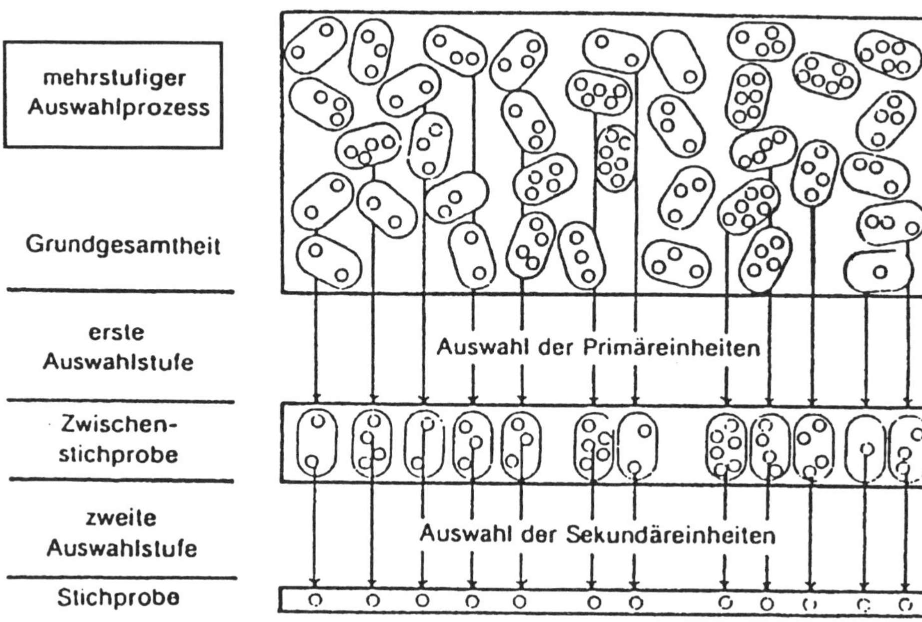

Abb. 8: Mehrstufiger Auswahlprozess (Wettschureck)

2.2.4 Klumpenauswahlverfahren

Beim Klumpenauswahlverfahren handelt es sich um ein mehrstufiges Auswahlverfahren, bei dem die Grundgesamtheit in sog. Klumpen aufgeteilt wird. Derartige Klumpen können sein: Betriebe, Haushalte, Sportvereine usw. Auswahleinheit ist hier der Klumpen und nicht die Erhebungseinheit (Person).

Das Klumpenauswahlverfahren ist sehr effektiv und wirtschaftlich einsetzbar, wenn die Grundgesamtheit schon eine feste Gliederung (Klumpen) aufweist oder Klumpen sich leicht bilden lassen.

Folgende Vorteile sprechen für das Klumpenauswahlverfahren:

- die Auswahlbasis für eine Klumpenauswahl ist oft leichter zu beschaffen (z. B. Liste der Betriebe im Vergleich zur Liste der Mitarbeiter der Betriebe)
- die Durchführung der Erhebung ist bei klumpenweiser Erfassung der Untersuchungseinheiten in der Regel weniger aufwendig (z. B. alle Beschäftigte eines Klumpens können in ihrem Betrieb aufgesucht und befragt werden).

Gefahren können sich bei diesem Verfahren durch den sog. **Klumpeneffekt** ergeben. Dieser Effekt kann auftreten, wenn bei der Klumpenbildung nicht beachtet wurde, dass

- jedes Element der Grundgesamtheit nur einem Klumpen angehört,
- die Klumpen unterschiedlich und untereinander möglichst homogen sind und
- die Klumpen selbst inhomogen (ähnlich der Grundgesamtheit) zusammengesetzt sind.

Die Auswahl der Klumpen erfolgt zufallsgesteuert. Aus dem Klumpen werden dann alle Einheiten berücksichtigt.

Da die Begriffe Schichten und Klumpen verbal ähnlich erscheinen, werden die Eigenschaften von geschichteten Stichproben und Klumpenstichproben nochmals gegenübergestellt (entnommen aus *Pfanznagel. J:* 1960, S. 76):

Schichten-Stichprobe	**Klumpen-Stichprobe**
• Jede Schicht wird in die Erhebung einbezogen. Innerhalb jeder Schicht wird durch Zufallsauswahl bestimmt, welche Einheiten in die Erhebung einbezogen werden.	• Es wird durch Zufallsauswahl bestimmt, welche Klumpen in die Stichprobe einbezogen werden. Von den ausgewählten Klumpen werden **alle** Einheiten in die Erhebung einbezogen.
• Die Streuung von $\bar{x}$ bei einer geschichteten Stichprobe ist **kleiner** als die Streuung der Zufallsstichprobe.	• Die Streuung von $\bar{x}$ bei einer Klumpen-Stichprobe ist **größer** als die Streuung der Zufallsstichprobe.
• Der Genauigkeitsgewinn (d. h. die Verringerung der Varianz) ist um so größer, je homogener die einzelnen Schichten und je größer die Unterschiede zwischen den einzelnen Schichten sind.	• Der Genauigkeitsverlust (d. h. die Vergrößerung der Varianz) ist um so kleiner, je inhomogener die einzelnen Klumpen und je kleiner die Unterschiede zwischen den einzelnen Klumpen sind.

Ein **Beispiel** zur Berechnung bei dem Klumpenauswahlverfahren soll das rechnerische Vorgehen aufzeigen.

Beispiel:

Ein Unternehmen will in einem Gebiet die monatlichen Ausgaben für Zahnpasta ermitteln. In dem Gebiet gibt es 100 Häuserblocks. Davon sollen 4 Häuserblocks ausgewählt werden und die darin wohnenden Haushalte befragt werden.

Ergebnis der Stichprobe:

Klumpen		Ausgaben	Summe
Auswahl	Teilnehmer		
1	10	10; 10; 20; 40; 10; 10; 30; 20; 20; 10;	180
2	8	10; 30; 20; 10; 30; 10; 10; 20;	140
3	5	40; 10; 20; 30; 30;	130
4	7	10; 20; 50; 40; 20; 10; 30;	180
Insgesamt	30		630

Mittelwert des Klumpen $\bar{x}_K = \frac{630}{30} = 21$ DM

Der Schätzwert der Varianz ist

$$v = \frac{N-n}{N} \cdot \frac{1}{\bar{m}^2} \cdot \frac{s^2}{h}, \text{ wobei } s^2_K = (x_i - m_i\,\bar{x}_K)^2 \text{ ist}$$

$$v = \frac{100-4}{100} \cdot \frac{1}{\bar{m}^2} \cdot \frac{1}{4} \cdot \frac{3.398}{3} = 4{,}8$$

$$\sigma = \sqrt{4{,}8} = 2{,}2$$

$$s^2_K = (-30)^2 + (-28)^2 + (25)^2 + (33)^2 = 3398$$

N = Grundgesamtheit
n = Stichprobe
m = durchschnittliche Teilnehmerzahl

$$\bar{m} = \frac{30}{4} = 7{,}5$$

Der Mittelwert der Grundgesamtheit liegt
mit 95,5 % Wahrscheinlichkeit zwischen
<u>16,6 DM ≤ $\bar{x}$ ≤ 25,4 DM</u>

2.3 Nicht-zufallsorientierte Verfahren

Bei den nicht-zufallsorientierten Verfahren erfolgt die Auswahl der Erhebungseinheiten nicht nach dem Zufallsprinzip, sondern mehr oder minder nach dem **subjektiven Vorgehen des Untersuchenden.** Die auf diese Weise ermittelten Ergebnisse können im Hinblick auf ihre Fehlergrenzen und Genauigkeit nicht beurteilt werden. Im Einzelnen sollen hier folgende Verfahren besprochen werden:

- das Quotenverfahren
- das willkürliche Auswahlverfahren
- das typische Auswahlverfahren
- das Konzentrationsverfahren.

2.3.1 Quotenverfahren

Beim Quotenverfahren (bzw. Quotenauswahlverfahren) wird für bestimmte Merkmale in der Stichprobe die Struktur der Grundgesamtheit nachgeahmt. In der Praxis wird so beispielsweise ein Interviewer angewiesen, in einer Stichprobe eine vorgegebene Anzahl männlicher Personen mit Studienabschluss und Hauseigentum zu befragen. Da er sonst von Haus zu Haus gehen und die zu Befragenden frei auswählen kann, unterscheidet sich diese Methode von einer Zufallsstichprobe, in der bestimmte Personen von vornherein nach dem Zufallsprinzip ausgewählt werden, nicht wesentlich.

Dieses Verfahren ist bei Marktforschungsinstituten wegen der schnellen und kostengünstigen Durchführung sehr verbreitet. Im Einzelnen geht man dabei wie folgt vor: Voraussetzung für dieses Verfahren ist die Bekanntheit der Struktur der Grundgesamtheit in den für die Untersuchung relevanten Merkmalen. Ausgehend von der Struktur in der Grundgesamtheit strebt das Quotenverfahren die gleiche Struktur für die Stichprobe an. In der Praxis wird dies dann dadurch realisiert, dass dem Interviewer im Rahmen seiner Quotenanweisung die Auswahl der Interviews, die Quotenmerkmale und die Quoten je Merkmal angegeben werden.

Das **Beispiel** auf Seite 84 veranschaulicht das Vorgehen *(Wettschureck,* 1974, S. 183).

Durch die Form der Quotenanweisung, die jeweils nur jedes Merkmal getrennt ausweist, kann es jedoch zu Verzerrungen kommen. In der Praxis zeigen sich jedoch bei Vergleichen zwischen Quotenverfahren und Zufallsverfahren keine relevanten Unterschiede *(Noelle-Neumann* 1963).

In vielen Fällen, in denen Dateien fehlen, lässt sich jedoch u. E. die Quotenauswahl gut anwenden, sofern folgende Bedingungen erfüllt sind *(Noelle-Neumann* 1963, S. 147; *Schmidtchen, B.* 1962, S. 66):

(1) Zuverlässige Unterlagen zur Ermittlung der Quote müssen vorhanden sein.

(2) Eine objektive und zugleich spezifische Quote ist vorzugeben. Der Interviewer hat die Befragung außerhalb seines sozialen Milieus durchzuführen.

(3) Der Fragebogen muss eine große Zahl von Themen behandeln, sodass er in allen soziologischen Gruppen erfolgreich eingesetzt werden kann.

(4) Ein Interviewer sollte höchstens bis zu 15 Interviews durchführen.

(5) Der Interviewer soll in der Regel die Interviews an seinem Wohnort durchführen können.

(6) Der überwiegende Teil (80 bis 90 v.H.) der Interviews soll in Wohnungen durchgeführt werden.

Umfrage: ____________

Interviewer: ____________ Interviewerausweis: ____________

Gesamtzahl der Interviews: 12 Fragebogen-Nummern von 578 bis 589

Stadtteil: Wilmersdorf 1 2 3 4 5 6 7 ~~8 9 10 11 12 13 14 15 16 17 18 19 20~~
Dahlem 1 2 3 4 5 ~~6 7 8 9 10 11 12 13 14 15 16 17 18 19 20~~
____________ 1 2 3 4 5 6 7 8 9 10 11 12 13 14 15 16 17 18 19 20

Alter:

16 bis 19 Jahre	~~1 2 3 4 5 6 7 8 9 10 11 12 13 14 15 16 17 18 19 20~~
20 bis 29 Jahre	1 2 ~~3 4 5 6 7 8 9 10 11 12 13 14 15 16 17 18 19 20~~
30 bis 39 Jahre	1 2 3 ~~4 5 6 7 8 9 10 11 12 13 14 15 16 17 18 19 20~~
40 bis 49 Jahre	1 2 3 ~~4 5 6 7 8 9 10 11 12 13 14 15 16 17 18 19 20~~
50 bis 59 Jahre	1 ~~2 3 4 5 6 7 8 9 10 11 12 13 14 15 16 17 18 19 20~~
60 bis 69 Jahre	1 2 ~~3 4 5 6 7 8 9 10 11 12 13 14 15 16 17 18 19 20~~
70 Jahre und älter	1 ~~2 3 4 5 6 7 8 9 10 11 12 13 14 15 16 17 18 19 20~~

Berufsstellung:	5 männlich	7 weiblich
berufstätig als:		
Arbeiter	1 2 ~~3 4 5 6 7 8 9 10 11~~	1 ~~2 3 4 5 6 7 8 9 10 11~~
Angest./Beamter	1 2 ~~3 4 5 6 7 8 9 10 11~~	1 ~~2 3 4 5 6 7 8 9 10 11~~
Selbst./Freiberufl.	1 ~~2 3 4 5 6 7 8 9 10 11~~	~~1 2 3 4 5 6 7 8 9 10 11~~
nicht berufstätig aus:		
Arbeiterkreisen	~~1 2 3 4 5 6 7 8 9 10 11~~	1 2 3 ~~4 5 6 7 8 9 10 11~~
Mittelstandskreisen	~~1 2 3 4 5 6 7 8 9 10 11~~	1 2 ~~3 4 5 6 7 8 9 10 11~~

Wochentag:

Montag bis Freitag	1 2 3 4 5 6 7 8 9 ~~10 11 12 13 14 15 16 17 18 19 20~~
Sonnabend	1 2 ~~3 4 5 6 7 8 9 10 11 12 13 14 15 16 17 18 19 20~~

Abb. 9: Quotenanweisung

(7) Die Interviewer müssen zentral geleitet werden, um Fehlerquellen auszuschalten.

Auch wenn man die Empfehlungen zum Quotenverfahren berücksichtigt, hat das Quotenverfahren einige systembedingte Nachteile im Vergleich zu den Stichprobenverfahren (Abb.).

Quotenauswahlverfahren	
Vorteile	**Nachteile**
• Relativ geringer Zeitaufwand im Vergleich zum Zufallsauswahlverfahren. • Kostengünstig • Keine Wiederholungsbesuche notwendig. • Auskunftspersonen können anonym bleiben. • Die Stichprobenausschöpfung ist fast vollständig. • Das Auswahlverfahren ist relativ einfach (quantitativ). • Nachträgliche Anpassung der Quoten möglich.	• Eine mathematisch-statistische Fehlerberechnung ist nicht möglich. • In der Praxis kann nur eine begrenzte Anzahl von Markmalen berücksichtigt werden. • So genannte „leichte Merkmalskombinationen“ werden bevorzugt befragt. • Qualitative Merkmale sind meistens nicht zu quotieren. • Interviewerkontrollen sind sehr schwierig durchzuführen. • Oft werden vom Interviewer die Quotenvorgaben nicht eingehalten.

2.3.2 Willkürliches Auswahlverfahren (Auswahl auf's Geratewohl)

Diese Form der Befragung beruht auf der Vorstellung, dass es genügt, irgendwelche Personen aus der Grundgesamtheit zu befragen, um ein repräsentatives Bild der Gesamtheit zu erhalten. Bei der Auswahl auf's Geratewohl kann man natürlich den bequemsten und leichtesten Weg gehen. So werden z. B. Passanten einer Einkaufsstraße, Besucher eines Kaufhauses, Hörer einer Rundfunksendung usw. befragt. Derartige Befragungen sind keine Zufallsstichproben, da weitgehend nichtrepräsentative Teilgruppen (z. B. Hausfrauen, Rentner, Schüler) angesprochen werden, die zu einem bestimmten Zeitpunkt angetroffen werden und sich befragen lassen. Im Gegenteil lässt sich gerade sagen, dass die Auswahl auf's Geratewohl dem Zufall keine Chance lässt. In der Praxis erfreut sie sich unter Laien oft großer Beliebtheit, da sie ohne große Vorarbeiten, einfach und schnell durchgeführt werden kann. Allenfalls kann sie jedoch als Beurteilungsstichprobe für eine subjektive Einschätzung des Fragestellers dienen.

2.3.3 Typisches Auswahlverfahren

Bei der typischen Auswahl (purpursive sampling) werden solche Erhebungseinheiten ausgewählt, von denen man glaubt, dass sie für die Grundgesamtheit repräsentativ sein könnten. Dieses Verfahren wird angewendet, wenn man Nichtverbraucher und Verbraucher befragt, Männer und Frauen oder auf Testmärkten Befragungen durchführt. Obgleich die Ergebnisse nicht repräsentativ sein können, geht man davon aus, dass eine Tendenz ermittelbar ist.

2.3.4 Konzentrationsverfahren

Beim Konzentrationsverfahren (cut-off method) untersucht man einen zahlenmäßig sehr kleinen Anteil der Grundgesamtheit, die insgesamt einen sehr großen Anteil der Grundgesamtheit auf sich vereint und vernachlässigt den Rest der Grundgesamtheit völlig. Dieses Verfahren wird oft besonders dort angewendet, wo einige Großbetriebe den überwiegenden Anteil des Umsatzes ausweisen und der Rest einen geringen Anteil hat. Ein derartiges Vorgehen erweist sich zwar als einfach, kostengünstig und schnell, erlaubt jedoch keinen Schluss auf den nicht berücksichtigten Anteil.

3. Zusammenfassung

Vergleicht man die Vor- und Nachteile von Voll- und Teilerhebungen, so bringt eine Gegenüberstellung die spezifischen Aspekte zum Ausdruck und man erkennt, warum Teilerhebungen der verschiedenen Methoden in der Praxis der Marktforschung weitgehend zum Einsatz kommen (Vgl. Abbildungen).

Vollerhebungen	
Vorteile	**Nachteile**
• Aussage über Gesamtheit (alle Objekte, Subjekte) möglich • 100 %-iges Ergebnis • Sichere Aussagen • tatsächliche Situation erfasst	• Oft nicht durchführbar (wegen Unkenntnis der Gesamtheit) • Hohe Kosten • Zeitaufwändig • Nicht realisierbar wegen Antwortverweigerung, Krankheit und Abwesenheit • Oft aus Datenschutzgründen nicht durchführbar

Abb. 10: Vor- und Nachteile Vollerhebungen

Teilerhebungen	
Vorteile	**Nachteile**
• Schnell durchführbar • Kostengünstig • Oft einzige Erhebungsmöglichkeit überhaupt • Günstige Kosten-Nutzen-Relation	• Ergebnisse gelten mit ungewissen Wahrscheinlichkeiten • Fehlertoleranzen bei Ergebnis groß • Mögliche Systemfehler • Zufallsfehler möglich

Abb. 11: Vor- und Nachteile Teilerhebungen

⑤⑥⑦⑧

Kontrollfragen zu C

	Lösungshinweise Seite
(1) Was versteht man unter Erhebungsverfahren?	67
(2) Warum sind in der Praxis Vollerhebungen selten möglich?	67
(3) Was sind Teilerhebungen?	67
(4) Wie geht man bei Teilerhebungen grundsätzlich vor?	68
(5) Welche Auswahlverfahren kennen Sie?	68
(6) Was sind zufallsorientierte Auswahlverfahren?	70
(7) Was sind nicht-zufallsorientierte Auswahlverfahren?	83
(8) Welcher Zusammenhang besteht zwischen der Beschaffenheit der Grundgesamtheit und dem anzuwendenden Auswahlverfahren?	69
(9) Wie geht man bei nicht bekannter Grundgesamtheit vor?	69
(10) Wie geht man vor, wenn die Grundgesamtheit nicht homogen ist?	69
(11) Wie geht man vor bei homogener Grundgesamtheit?	69
(12) Welche Auswahltechniken für zufallsorientierte Auswahlverfahren kennen Sie?	71
(13) Was versteht man unter dem Auswahlverfahren nach dem Lotterieprinzip?	71
(14) Was versteht man unter einem systematischen Auswahlverfahren?	71
(15) Wie arbeitet das Schlussziffernverfahren?	71
(16) Was wird als Geburtstagsauswahl bezeichnet?	71
(17) Was ist eine Buchstabenauswahl?	71
(18) Wodurch ist das einfache Stichprobenverfahren gekennzeichnet?	72
(19) Was versteht man unter dem heterograden Fall?	76
(20) Wann liegt der homograde Fall vor?	72
(21) Welche Faktoren wirken sich auf den Stichprobenumfang aus?	73/76

(22) Wie arbeiten Nomogramme zur Ermittlung des Vertrauensintervalls einer Stichprobe? 75

(23) Was sind geschichtete Auswahlverfahren? 77

(24) Wie geht man dabei vor? 77

(25) Was sind Flächenstichproben? 79

(26) Wie erfolgt bei Flächenstichproben im Prinzip der Auswahlprozess der Einzelpersonen? 79

(27) Was versteht man unter Klumpenauswahlverfahren? 81

(28) Was versteht man unter Quotenverfahren? 83

(29) Wie geht man dabei vor? 83

(30) Warum werden Quotenverfahren in der Praxis oft angewendet? 83

(31) Was versteht man unter willkürlicher Auswahl? 85

(32) Was ist eine typische Auswahl? 86

(33) Wie arbeitet das Konzentrationsverfahren? 86

(34) Wann ist das Konzentrationsverfahren anwendbar? 86

(35) Welche Vor- und Nachteile haben Vollerhebungen? 86

(36) Welche Vor- und Nachteile haben Teilerhebungen? 87

Literatur zu C

Anders, H.-J., Neue Informationstechniken und ihre Bedeutung für die Marktforschung, Marketing 1988, Heft 3

Arbeitskreis Deutscher Marktforschungsinstitute (Hrsg.), Das ADM-Stichprobensystem, Arbeitspapier, Hamburg 1997

Atteslander, P., Methoden der empirischen Sozialforschung, 8. Auflage, Berlin/New York 1995

Behrens, K. Ch. (Hrsg.), Handbuch der Marktforschung, Wiesbaden 1974

Böhler, H., Marktforschung, 3. Auflage, Stuttgart u. a. 1999

Büning, H./Haedrich, G., Operationale Verfahren der Markt- und Sozialforschung, Berlin/New York u. a. 1981

Friedrichs, J., Methoden der empirischen Sozialforschung, 12. Auflage, Opladen 1984

Hafermehl, D., Schriftliche Befragung, Möglichkeiten und Grenzen, Wiesbaden 1976

Hamman, P./Erichson, B., Marktforschung, 4. Auflage, Stuttgart/New York 2000

Herrmann, A., Homburg Chr. (Hrsg.), Marktforschung, Wiesbaden 1999

Hauser, S., Statistische Verfahren zur Datenbeschaffung und Datenanalyse, Freiburg 1981

Hüttner, M., Grundzüge der Marktforschung, 4. Auflage, Wiesbaden 1989

Holm, K. (Hrsg.), Die Befragung Bd 4, München 1976

Kellerer, H., Theorie und Technik des Stichprobenverfahrens, 3. Auflage, München 1963

Kroeber-Riel/Weinberg, Konsumentenverhalten, 6. Auflage, München 1996

Leiner, B., Stichprobentheorie, München 1985

Neubäumer, R., Die Eigenschaften verschiedener Stichprobenverfahren bei wirtschafts- und sozialwissenschaftlichen Untersuchungen, Frankfurt/Bern 1982

Noelle-Neumann, E., Petersen T., Alle nicht jeder, Einführung in die Methoden der Demoskopie, 3. Auflage, München 1998

Nötzel, R., Praxis der schriftlichen Umfrage, in Pepels, W. (Hrsg.), Moderne Marktforschungspraxis, Neuwied 1999

Pepels, W., Käuferverhalten und Marktforschung, Stuttgart 1995

Pepels, W. (Hrsg.), Moderne Marktforschungspraxis, Neuwied 1999

Salcher, E. F., Psychologische Marktforschung, 2. Auflage, Berlin/New York 1995

Stenger, H., Stichprobentheorie, Würzburg/Wien 1971

Stroschein, F., Die Befragungstaktik in der Marktforschung, Wiesbaden 1965

Unger, F., Marktforschung, 2. Auflage, Heidelberg 1997

Weis, H. C., Marketing, 12. Auflage, Ludwigshafen 2001

Wellenreuther, M., Grundkurs: Empirische Forschungsmethoden, Königstein/Taunus 1982

Wettschureck, G., Grundlagen der Stichprobenbildung in der demoskopischen Marktforschung in Behrens, K. Ch. (Hrsg.): Handbuch der Marktforschung, Wiesbaden, 1974, Bd. 1

D. Die Befragung

Unter einer Befragung versteht man eine Erhebungsmethode, bei der man durch Antworten (verbal, schriftlich usw.) Informationen von Personen über den Befragungsgegenstand erhalten will. Befragungen gelten als die am häufigsten angewendete und am wichtigsten eingeschätzte Erhebungsmethode der Primärforschung bei Konsumenten, Industrie-, Handels- und Dienstleistungsunternehmen.

Die unterschiedlichen Dimensionen von Befragungen zeigt die folgende Abbildung auf.

Befragungen	
Kriterium	**Form**
• Kommunikationsform	schriftlich - mündlich - telefonisch - computerunterstützt - internetbasiert
• Umfang	Gesamtbefragung - Teilbefragung
• Inhalt	Einthemen - /Mehrthemenbefragung (Omnibusbefragung)
• Häufigkeit	Einmalbefragung - Mehrfachbefragung-Panelbefragung
• Auswahl der zu Befragenden	Zufallsauswahl - Systematische Auswahl
• Befragungsstrategie	Standardisiert - Nicht standardisiert
• Befragungstaktik	Direkte Befragung - Indirekte Befragung
• Befragungsumfeld	real - experimentell (Feld-Laborsituation)
• Methode	persönlich - apparativ (Computer, Kamera)

Abb. 1: Dimensionen von Befragungen

Grundsätzlich können Befragungen als Ein- oder Mehrthemenbefragungen durchgeführt werden. Jede Vorgehensweise hat Vor- und Nachteile (vgl. Abb.). Als Mehrthemenbefragungen bezeichnet man Befragungen, bei denen die Befragten zu unterschiedlichen Themen (von i.d.R. mehreren Auftraggebern) in einer Befragung Auskunft geben.

Einthemenbefragungen	
Vorteile	**Nachteile**
• Schnell durchführbar • Nur auf das Unternehmen beschränkt • Keine Ablenkung vom Thema • Zu Befragende eher zu finden • Zahlreiche Fragen möglich	• Relativ hohe Kosten • Keine Repräsentativität (i.d.R.) • Konzentrationseffekt • oft schwieriger durchzuführen

Mehrthemenbefragungen	
Vorteile	**Nachteile**
• Relativ kostengünstig • Relativ schnelle Durchführung • Geringere Gefahr von Präsenzeffekten • Geringere Gefahr von Lerneffekten	• Zahl der Fragen begrenzt • Wechselseitige Beeinflussung durch Fragen • Kostenrelationsprobleme seitens der Institute • Oft nur zu bestimmten Terminen durchführbar

Abb. 2: Vergleich von Ein- und Mehrthemenbefragungen

Eine pragmatische Typenbildung im Hinblick auf Kommunikationsart und - form wurd in Anlehnung an *Atteslander* (S. 105) ergänzt. Sie zeigt charakteristische Typen der Befragung auf.

<table>
<tr><th>Kommunikationsform / Kommunikationsart</th><th>wenig strukturiert</th><th>teil-strukturiert</th><th colspan="2">stark strukturiert</th></tr>
<tr><td>mündlich</td><td>Typ A
- informelles Gespräch
- Experten-interview
- Gruppen-diskussion</td><td>Typ C
- Leitfaden-gespräch
- Intensiv-interview
- Gruppen-befragung
- Experten-befragung</td><td>Typ E1
- Einzelinterview
- telefon. Befragung
- Gruppeninterview
- Panelbefragung
- computergestützte Befragung</td><td rowspan="2">Typ F
(mündl. und schriftlich kombiniert)
- telefonische Ankündigung des Versandes von Fragebogen
- Versand oder Überbringung der schriftlichen Fragebogen
- telefonische Kontrolle, evtl. telefonische Ergänzungsbefragung
- internetbasierte Erhebungen</td></tr>
<tr><td>schriftlich internetbasiert</td><td>Typ B
- informelle Anfrage bei Zielgruppen
-Chats</td><td>Typ D
- Experten-befragung
- Focus-gruppen
- On-line Focus-groups</td><td>Typ E2
- postalische Befragung
- persönliche Verteilung und Abholung
- gemeinsames Ausfüllen von Fragebogen
- Panel-befragung</td></tr>
<tr><td></td><td colspan="2">Erfassung qualitativer Aspekte</td><td colspan="2">Erfassung quantitativer Aspekte</td></tr>
</table>

Abb. 3: Typen der Befragung
Quelle: in Ergänzung an *Atteslander, P.,* 1975, S. 105

Befragungen können konventionell oder in zunehmendem Maße computerunterstützt durchgeführt werden. Die folgende Abbildung vermittelt eine Übersicht, die später näher betrachtet wird.

Befragungen

Konventionelle Befragungen	CATI	CAPI	CSAQ
• mündlich • schriftlich • telefonisch	• computerunterstützte Telefonbefragung	• simultane Mehrpersonenbefragung • unabhängige Mehrpersonenbefragung • MODAG	• Computerbefragung i. e. S. • Videobildschirm und Eingabetastaturbefragung • On-line-Befragung über z.B. T-Online • DBM • EMS • Scannerinterview

Abb. 4: Befragungsmöglichkeiten

Ein wesentliches Kriterium der Unterscheidung von Befragungen ist der **Kommunikationsweg,** auf dem Kontakt zu den zu Befragenden aufgenommen werden soll. Grundsätzlich bieten sich dabei:

- **schriftliche Befragungen**
  - auf dem Postwege,
  - über Fax,
  - über Computer,
  - über Internet oder
- **mündliche Befragungen**
  - als persönliche Befragung (face-to-face),
  - telefonische Befragungen,
  - computerunterstützte telefonische Befragungen,
  - Gruppeninterviews (klassisch),
  - Online-Gruppeninterviews (Online-Focus-Group-Interviews)

  an.

Im Folgenden wird zuerst auf die schriftlichen Befragungen und dann auf die mündlichen Befragungen eingegangen werden.

1. Schriftliche Befragungen

Bei schriftliche Befragung erhält der zu Befragende einen Fragebogen durch die Post, über Fax, durch Bildschirmbefragung oder über Internet. Aus diesen Gründen lassen sich schriftliche Befragungen in:

- traditionelle schriftliche Befragungen
- Fax-Befragungen
- Computerbefragungen
- Internetbefragungen

unterscheiden.

1.1 Traditionelle schriftliche Befragungen

Bei diesem Befragungsweg wird i.d.R. dem zu Befragenden ein Fragebogen über den Postweg zugeschickt, mit der Bitte um Beantwortung. Daneben besteht die Möglichkeit, den Fragebogen persönlich zu verteilen und abzuholen, als auch über Zeitungen und Zeitschriften die Fragebogen zu verteilen.

Je nach der spezifischen Fragestellung empfiehlt sich ein entsprechendeVorgehen.

Schriftliche Befragungen leiden vor allem darunter, dass sie eine **unterschiedlich hohe Antwortquote** haben. Sie hängt vom Gegenstand der Fragenden, den Befragten und nicht zuletzt von der Länge des Fragebogens ab. Auch benötigt man in der Regel eine längere Zeitdauer zur Befragung als bei mündlichen Befragungen. Die Antwortquote lässt sich jedoch erhöhen, wenn die zu Befragenden vorselektiert sind, d.h. wenn vor der Befragung z.B. telefonischer Kontakt mit den zu Befragenden aufgenommen wurde. Schriftliche Befragungen sind in der Regel **kostengünstig.**

Die verhältnismäßig große Zahl nicht antwortender Personen wird allgemein als der größte Nachteil gegen schriftliche Befragungen vorgebracht. Dazu kommt noch, dass es nicht möglich ist, zu ermitteln:

- ob die Befragten die Fragen im Sinne des Fragestellers verstanden und beantwortet haben,
- ob die Reihenfolge der Fragen eingehalten wurde,
- inwieweit der Einsatz von visuellen Vorlagen im Vergleich zur mündlichen Befragung begrenzt ist,
- ob der Antwortende selbst die Fragen beantwortet hat oder eine andere Person und
- inwieweit andere Personen einen Einfluss auf die Beantwortung ausgeübt haben.

In der Regel sind die Ergebnisse von schriftlichen Befragungen als weitgehend unverzerrt anzusehen. Durch das Begleitschreiben, den Fragebogen sowie das Befragungsthema ist eine mögliche Verzerrung gering; die Antwortquote jedoch wird dadurch in hohem Maße beeinflusst.

Die allgemeinen Vor- und Nachteile traditioneller mündlicher und schriftlicher Befragungen zeigen die folgenden Abbildungen:

Mündliche Befragung	
Vorteile	**Nachteile**
• auch für schwierige Bereiche geeignet • umfangreiche Befragungen möglich • geringe Verweigerungsrate im Vergleich zu anderen Methoden • relativ hohe Zuverlässigkeit • keine Beeinflussung durch Dritte • auch intime Bereiche erfragbar • flexible Reaktion des Interviewers	• zeitaufwendig • relativ hohe Kosten je Befragung • „Interviewereinfluss“ • relativ langsame Ergebnisermittlung • Erreichbarkeit des zu Befragenden unter Umständen schwierig

Schriftliche Befragung	
Vorteile	**Nachteile**
• relativ kostengünstig • räumlich weit entfernte Personen können befragt werden • eine große Anzahl von Personen kann befragt werden • relativ niedrige Kosten je Befragung • kein Interviewereinfluss vorhanden • Anonymität kann gewahrt werden	• oft niedrige Rücklaufquote • keine komplizierten Sachverhalte erfragbar • Umfang der Befragung begrenzt • Beeinflussung durch Dritte möglich • oft geringe Genauigkeit der Ergebnisse • Verzerrungen möglich, weil sich Beantworter anders als Nichtbeantworter verhalten

Abb. 5: Mündliche und schriftliche Befragung

1.2 Fax-Befragungen

Bei diesem Befragungsweg wird der Fragebogen über Fax an den zu Befragenden geschickt. Nach Beantwortung faxt der Antwortende den ausgefüllten Fragebogen zurück.

Diese Befragungsform ist schneller als die traditionelle schriftliche Befragung. Sie führt jedoch zu Kosten bei dem Beantworter und lässt sich nicht für alle Formen der Befragung einsetzen, u.a. weil nicht jede Person bzw. jeder Haushalt über ein Faxgerät verfügen. Dazu kommt, dass in vielen Fällen (aus eigenen Untersuchungen) bei Unternehmen beispielsweise die Fragebogen „verloren gehen", nicht beantwortet werden oder nicht von den „richtigen" Personen beantwortet werden.

Fax-Befragung	
Vorteile	**Nachteile**
• schneller durchführbar im Vergleich zu traditionellen Befragungen • günstigere Auswertungsmöglichkeiten • auch über PC versendbar	• Befragtenkreis begrenzt • meist nicht repräsentativ • nicht für jedes Themengebiet geeignet • Kosten für Beantworter • rechtliche Einschränkungen

Abb. 6: Vor- und Nachteile von Fax-Befragungen

1.3 Computerunterstützte Befragungen

Die Gründe, aus denen computerunterstützte Befragungen zunehmen und persönliche Interviews (vgl. Seite ??) immer mehr zurückgehen, sind vielfältiger Art. Sie liegen zum einen in der durch den Einsatz von Computern erreichbaren technischen Vorteilen im Hinblick auf elektronische Stichprobenziehung, Stichprobenverwaltung und Kontrolle, aber auch in erheblichen Kosten- und Zeiteinsparungen. So können heute nicht nur die Telefonnummern automatisch angewählt werden, es können auch nicht erreichbare Teilnehmer gespeichert und später neu angewählt werden, wobei die neuen Anrufzeiten optimiert werden. Die neuesten Systeme sind noch effizienter, wobei stets mehr Nummern angewählt werden als Telefonplätze frei sind; dabei wird die Wahlfrequenz dynamisiert unter Berücksichtigung der jeweiligen Stichprobe, der Tageszeit und der Beschaffenheit (Struktur) des Interviews. Auch hierdurch werden wiederum Kosten eingespart und Zeit gewonnen und gleichzeitig die Ergebnisse der Befragung verbessert.

Auf den Einsatz des Computer assisted Web Interwiew (CAWI) wird später (siehe S. ??) eingegangen. Dies kann nur mithilfe des Compters auf beiden Seiten, aber auch mithilfe der Internet-Telefonkommunikation und Internet Video-Kommunikation erfolgen. Bei Einsatz des Internets spricht man dann vom CAWI (Computer assisted Web interviewing) in unterschiedlicher Gestaltung. Hier können dann Bild-, Ton- und 3-D-Vorlagen eingesetzt werden. Damit lassen sich nunmehr über Computer auch schwierige komplexe Befragungen durchführen.

1.4 Internetbasierte Erhebungen

Erhebungen, die sich des Internets als Medium bedienen, gewinnen auch immer mehr an Bedeutung. Allgemein nehmen Online- bzw. Internetbefragungen immer mehr im Vergleich zu anderen Erhebungsformen zu. Nach dem Arbeitskreis deutscher Markt- und Sozialforschungsinstitute versteht man unter Internet-Befragungen Erbebungen, bei denen Teilnehmer einen Fragebogen

- auf dem Server des Forschungsinstituts oder Providers mittels Internet online ausfüllen oder
- vom Server mittels Internet herunterladen und per E-Mail beantworten oder
- in ein E-Mail integriert zugeschickt bekommen und auf die gleiche Weise zurücksenden.

Grundsätzlich lässt sich Online-Marktforschung allgemein wie in der folgenden Abbildung dargestellt, einteilen. Im Folgenden wird primär auf den Aspekt der Primärforschung näher eingegangen.

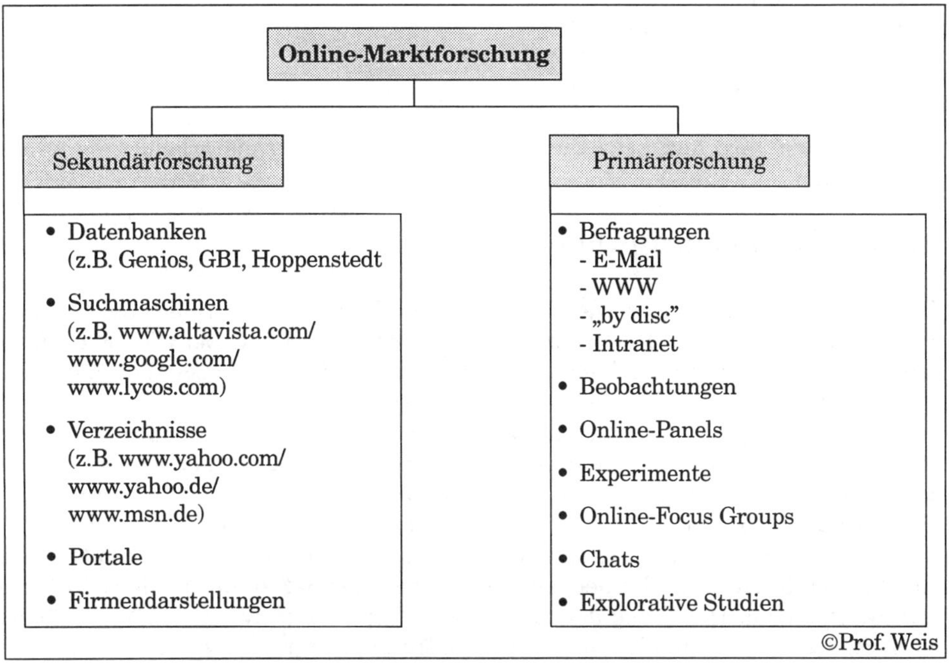

Abb. 7: Grundsätzliche Möglichkeiten der Online-Marktforschung

Auf die Datengewinnung mittels Sekundärforschung, also über Suchmaschinen und Themenverzeichnisse (Kataloge) wird hier nicht mehr eingegangen (siehe S. 57 f.). Auch auf Usenet, eine große Sammlung von sog. schwarzen Brettern oder Diskussionsforen über unterschiedlichste Themen wird an dieser Stelle nicht eingegangen.

Vielmehr wird nur untersucht, wie Internet als Instrument der Primärforschung in unterschiedlicher Form eingesetzt werden kann.

Das Internet kann für

- quantitative Erhebungen
- qualitative Erhebungen
- adressierte Erhebungen und
- anonyme Erhebungen

eingesetzt werden, wobei sich bei den verschiedenen Einzelerhebungen jeweils bestimmte Vor- und Nachteile ergeben.

Grundsätzlich stehen im Internet die folgenden Internet-Dienste zur Verfügung:

- E-Mail (Electronic Mail)
- FTP (File Transfer Protocol)
- Usenet (mit Newsgroups)
- Mailinglists
- Internet Relay Chat (IRC)
- WWW (World Wide Web)
- Internet-Telekommunikation
- Internet-Videokommunikation

Im Folgenden wird auf diese Dienste im Rahmen von Primärerhebungen näher eingegangen:

1.4.1 E-Mail-Befragungen

Bei E-Mail-Befragungen werden elektronische Fragebogen (vergleichbar mit den Papierfragebogen) über E-Mail an den Empfänger versandt. Bei HTME-E-Mails können auch interaktive Elemente übertragen werden. Grundsätzlich kann die Beantwortung per E-Mail erfolgen, eine Beantwortung per Fax oder auf dem Postweg ist auch möglich, jedoch nicht zu empfehlen, da die Zeit- und Kostenvorteile von E-Mail-Befragungen dadurch verloren gehen. Die Zeit-und Kostenvorteile von E-Mail-Befragungen sind gewaltig. Nach *Sheeham*, Mc Millian (1999) betragen die Kosten nur ca. 5 – 20 % einer schriftlichen Befragung, und die Beantwortungsdauer beträgt nur ca. 7,6 Tage im Vergleich zu 11,8 Tagen im Durchschnitt. Auch die Rücklaufquote ist nach Sheeham für akademische Befragungen mit ca. 37 % als gut zu bewerten. Die Frage der mangelnden Repräsentativität und Validität ist noch zu klären. Im Hinblick auf die Repräsentanz lassen sich Verbesserungen erreichen, wenn die zu Befragenden zuerst (z.B. telefonisch) für die Befragung gewonnen werden und die E-Mail-Befragung dann durchgeführt und/oder wenn die Befragten (z.B. für Gewinne) ihre persönlichen Daten angeben. Auch lässt sich durch entsprechende Motivation die Teilnahme (z.B. durch monetäre und nicht-monetäre Incentives) steigern.

E-Mail-Befragung	
Vorteile	**Nachteile**
• kostengünstig • zeitsparend (schnell) • adressierte Befragungen möglich • anonyme Befragungen möglich • Ablaufüberwachung • automatische Auswertung möglich	• keine Teilnehmerverzeichnisse vorhanden • keine Repräsentativität gegeben • Gefahr geringer Rücklaufquoten • Probleme bei Validität

Abb. 8: Vor- und Nachteile von E-Mail-Befragungen

1.4.2 WWW-Befragungen

Die WWW-Befragungen sind Befragungen, bei denen ein Fragebogen in das Internet gestellt wird und jeder Surfer ihn beantworten kann. Daneben ist es auch möglich, Beantworter über Offline-Medien, Einträge in Suchmaschinen, Bannerwerbung auf Portalen oder über sog. Pop-up-Fenster zu gewinnen. Hierbei taucht beim Betrachten einer Web-Seite ein Pop-up-Fenster auf und der Teilnehmer kann über den Link zu den Fragebogen gelangen. Die Probleme dabei sind in erster Linie, dass der Befragte entscheidet, ob er an der Befragung teilnimmt oder nicht (Selbstselektion). Derartige Befragungen können i.d.R. nicht repräsentativ sein. Eine Repräsentativität liegt nur dann vor, wenn ein Adressenpool von Personen vorhanden ist, woraus eine Stichprobe gezogen wird oder wenn eine Passwort-geschützte Befragung erfolgt. Für die verschiedensten Formen derartiger Befragungen liegen auch Softwarepakete vor.

Derartige Befragungen bieten viele Vorteile, jedoch treten dabei auch ihre Grenzen zutage.

Die folgende Abbildung zeigt die Vor- und Nachteile derartiger Befragungen kurz im Überblick.

WWW-Befragungen	
Vorteile	**Nachteile**
• kostengünstig • schnell durchführbar • weltweit möglich • flexible Gestaltung der Fragebogen • hohe Objektivität	• geringer Einfluss auf Teilnehmerbeteiligung • mangelnde Repräsentativität • oft geringe Antwortquote (< 50 %) • Ansprache einer „anonymen Masse" • „Klumpeneffekt"

Abb. 9: Vor- und Nachteile von WWW-Befragungen

1.4.3 User-Network

Usenet (User-Network) ist das Benutzermenü im Internet. Es setzt sich aus vielen Newsgroups (den sog. schwarzen Brettern) zusammen, über die man sich austauscht, informiert und disktutiert. Das Usenet ist in Newsgroups unterteilt wie z.B. "sci" (Science), "rec" (Recreation) oder "comp" (Computer). Ein Unternehmen kann dabei frei ein Thema wählen und freien Zugang für alle gestatten oder den Zugang beschränken. Daneben können existierende Mailinglists und Newsgroups genutzt werden und darauf aufbauend für eine eigene Fragebogenaktion eingesetzt werden. Weitere Informationen findet man unter:

www.de.alt.umfragen
www.altusenet.surveys.

Ein Vorteil der Beobachtung derartiger Diskussionen ist die Identifizierung der Teilnehmer und ihre spätere Befragung z.B. über E-Mail.

1.4.4 Internet-Telefonkommunikation

Telefonische Befragungen können im Prinzip bei Vorliegen bestimmter Voraussetzungen auch über Internet durchgeführt werden. Sofern die erforderliche Software vorhanden ist, erweist sich dies als empfehlenswert, weil die Kosten bei Internetbefragungen erheblich niedriger liegen als bei der normalen telefonischen Befragung. Allgemein gelten nach amerikanischen Verhältnissen die folgenden Relationen:

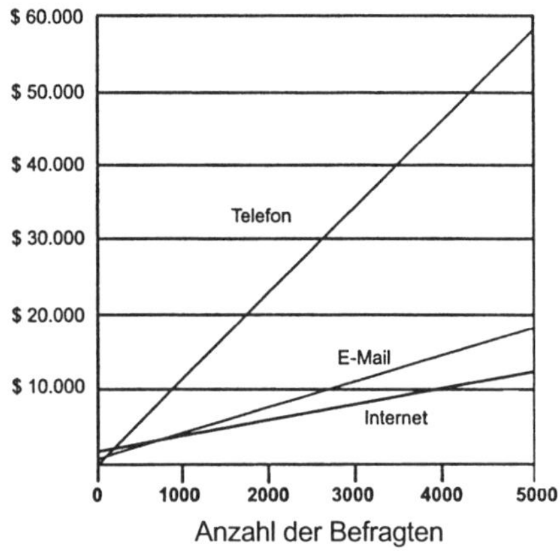

Abb. 10: Kosten bei Telefon-, E-Mail- und Internet-Befragungen

Befragungen über das WWW sind 20 mal günstiger als telefonische Befragungen und 10 mal günstiger als Befragungen per Post.

1.4.5 Internet-Videokommunikation

Durch Einsatz von Videokameras bei Fragesteller und Befragten lassen sich heute relativ einfach auch Bildschirmkommunikationen durchführen. Ebenso Befragungen, bei denen neben Text, Bild und Sprache, auch Schaubilder, Fotos, Videoclips, Sounds usw. im Rahmen der Befragungen eingesetzt werden können. Insbesondere der persönliche Kontakt bei dieser Kommunikationsform kann sich positiv auf die Durchführung und die Ergebnisse derartiger Befragungen auswirken, wobei die Kosten niedriger liegen als bei face-to-face-Befragungen.

2. Mündliche Befragungen

2.1 Traditionelle mündliche Befragungen

Bei **mündlichen Befragungen** wird der Kontakt zu den Befragenden direkt persönlich von Person zu Person oder durch Einschaltung des Telefons, Computers bzw. Internets hergestellt. Mündliche Befragungen (Interviews) haben den größten Anteil an allen Befragungen mit ca. 75 % (2000). Die Dauer variiert in Abhängigkeit von der Kommunikationsform und dem Kommunikationsweg. Gruppeninterviews dauern i.d.R. länger als persönliche oder telefonische Befragungen. So sollten z.B. persönliche Inhouse-Befragungen maximal 30 und Outdoor-Befragungen i.d.R. nicht mehr als ca. 5-6 Minuten betragen.

In einer persönlichen mündlichen Befragung kann im Prinzip jede Person befragt werden. Der Interviewer stellt Fragen und hält die folgende Antwort des Interviewten auf einem Fragebogen oder auf PC bzw. Laptop oder PDA fest. Das persönliche Interview bietet dabei den Vorteil, auch komplexe Fragen stellen zu können sowie zu überprüfen, ob die gestellten Fragen auch verstanden werden. Hier liegt ein Vorteil in der Qualität der so erhobenen Daten, vorausgesetzt die Interviewer sind entsprechend ausgewählt und geschult. Die Gefahr ist jedoch gegeben, dass durch den Intervieweinfluss Verzerrungen entstehen können. Oft wirken sich auch die lange Zeitdauer und die hohen Kosten gegen eine mündliche Befragung aus. Ein wesentlicher Vorteil ist jedoch i.d.R. in der hohen Antwortquote zu sehen. Dies liegt u.E. darin begründet, dass die Verweigerungsquote bei dieser Art der Kommunikation geringer als bei anderen ist. Während beim Quotenverfahren, bei dem der Interviewer eine 100 %-ige Ausschöpfung erreicht, dieses Problem sich nicht auswirkt, wird bei Stichprobenverfahren meist nur eine Ausschöpfung von 70 bis 90 % erreicht.

2.2 Telefonische Befragungen

Telefonische Befragungen sind grundsätzlich dadurch gekennzeichnet, dass das Telefon als Kommunikationsmedium eingesetzt wird und nur eine akustische Kommunikation möglich ist. Sie eignen sich besondes dann, wenn schnell über einen begrenzten Kreis von Telefonbesitzern nicht zu umfangreiche Informationen beschafft werden sollen. Ein wesentlicher Nachteil von telefonischen Befragungen liegt u.a. darin, dass ein bestimmter Teil der Bevölkerung kein Telefon hat bzw. nicht in Telefonbüchern ausgewiesen ist. Für Unternehmen, Ärzte, Rechtsanwälte, Architekten, Handwerker usw. stellt sich dieses Problem i.d.R. nicht, sodass hier eine telefonische Befragung empfehlenswert sein kann. Nachteilig ist, dass keine visuelle Kommunikation erfolgt und dass bestimmte Themen auf diesem Wege nicht befragt werden können. Auch können sich durch diese Art der Kommunikation Fehler in der Übermittlung ergeben. In wachsendem Maße wird in der Bundesrepublik Deutschland heute jedoch das Telefon bei Befragungen eingesetzt.

Grundsätzlich sind telefonische Befragungen auf folgenden Wegen durchführbar:

- über das analoge Telefonnetz
- über das digitale Telefonnetz
- über Mobilfunknetze
- über Internettelefonie.

Im Jahre 2000 hatten in Deutschland 49,9 Millionen Teilnehmer einen Festnetzanschluß (davon 32,1 Mio. analog und 18,3 Mio. digital) und 48,1 Mio. waren Mobilfunkteilnehmer. 1990 wurden 20 % aller Interviews über das Telefon durchgeführt, während im Jahre 2000 nach ADM schon 45 % der Interviews über das Telefon erfolgten.

Die empfehlenswerte Dauer von telefonischen Befragungen wird unterschiedlich beurteilt. In der Regel sollten sie u.E. nicht mehr als 10-15 Minuten betragen, weil sonst in vielen Fällen die Bereitschaft vieler Befragter nicht mehr gegeben ist. Entscheidend ist jedoch das Thema der Befragten und die Befragtensituation.

Immer mehr telefonische Befragungen werden heute computerunterstützt durchgeführt. Es ist daher zu untersuchen, wie durch computergestützte Telefonbefragungen eine Verbesserung der herkömmlich durchgeführten Telefonbefragungen erreicht werden kann.

Unter CATI (Computer Assisted Telephone Interviewing) versteht man eine telefonische Befragung mit Computerunterstützung.

Will man eine CATI durchführen, so stellt sich zuerst die Frage nach den zu Befragenden Überwiegend werden in der Bundesrepublik Deutschland (ebenso in den USA) die Personen, die befragt werden sollen, aufgrund von Telefonverzeichnissen ausgewählt. Dies ist insofern berechtigt, da in manchen Zielgruppen (z.B. Ärzte, Anwälte, Handel usw.) alle Mitglieder über ein Telefon verfügen und über 98 % aller Haushalte (alte Bundesländer) mit Telefon ausgestattet sind. Daran ändert auch der geringe Anteil nicht aufgeführter bzw. geheimer Telefonnummern nichts, der auf ca. 1 % geschätzt wird. Neben Telefonbüchern werden oft auch Adressendateien als Quellen für Adressen eingesetzt.

Will man erfolgreich telefonische Befragungen durchführen, so muss der Fragebogen schon auf diese Befragungsform abgestimmt sein. Unter anderem sollte der Fragebogen nicht zu lang sein, er sollte klare und deutliche Fragestellungen und keine Fragen mit mehr als 4 Antwortmöglichkeiten enthalten. Offene Fragen können eingesetzt werden, erschweren aber die computergestützte Auswertung. Vor allem muss berücksichtigt werden, dass keine Listen, Karten oder sonstige bildliche Darstellungen verwendet werden können. Die Fragen werden vom Interviewer gestellt, der die Antworten der Befragten sofort in das Befragungssystem eingibt.

Allgemein haben Telefonbefragungen Vor- und Nachteile im Vergleich zu anderen Befragungsmöglichkeiten (vgl. Abb. 11).

Telefonische Befragungen	
Vorteile	**Nachteile**
• Befragungen können schnell durchgeführt werden (Blitzumfragen) • Befragungen sind relativ kostengünstig • Befragung von schlecht zu erreichenden Personen möglich • Feedback stets möglich • Interviewer bestimmt Ablauf der Befragung	• Befragungen müssen relativ kurz sein (höchstens 15 Minuten) • Nur akustische Kommunikation möglich (nicht bei Bildtelefon oder Internettelefon) • Situation bei Befragten nicht ersichtlich • Nur eine geringe Anzahl von Fragen (höchstens 20) möglich

Abb. 11: Vor- und Nachteile von traditionellen Telefonbefragungen

Beim Einsatz **computergestützter Telefonbefragungen** ergeben sich dazu in der Regel folgende **Vorteile:**

- geringere Kosten der Datenaufbereitung
- CATI-Interviews sind i. d. R. kürzer als herkömmliche
- durch automatische Programmanwahl können mehr Befragungen durchgeführt werden
- geringere Anzahl der inkonsistenten Antworten
- höhere Datenqualität
- Ausschaltung bzw. Reduzierung des Intervieweinflusses
- bessere Kontrollmöglichkeiten des Interviewers
- schnellere Durchführung im Vergleich zu herkömmlichen Telefonbefragungen
- konzentrierte Gesprächsführung durch computergestützte Filterführung
- auch mobile Zielpersonen können relativ kostengünstig befragt werden.

Die Durchführung der Befragung kann von unterschiedlichen Orten aus erfolgen:

- zentral aus einem Callcenter
- dezentral aus einem regionalen Callcenter
- dezentral aus der Wohnung des Interviewers.

Um die optimale Durchführung von computergestützten Telefonbefragungen zu gewährleisten, werden entsprechende Befragungsprogramme eingesetzt, die entweder selbst entwickelt werden oder - dies trifft überwiegend zu - von Softwareunternehmen angeboten werden.

2.3 Computergestützte Befragungen

In wachsendem Maße werden heute neben der herkömmlichen und telefonischen Befragung auch Befragungen unter Einsatz von Computern durchgeführt. Die schnelle Entwicklung von leistungsfähigen PCs und Laptops (Handheld-PC) führte dazu, dass computergestützte Befragungssysteme sowohl für persönliche als auch für telefonische Befragungen in USA und in Deutschland verwendet werden.

Die Unterscheidung der verschiedenen computerunterstützten Befragungssysteme ist in der Literatur nicht einheitlich. So wird in Deutschland überwiegend in computergestützte Befragungssysteme und Bildschirmbefragungssysteme unterschieden, während in den USA die Unterscheidung in:

- Computer Assisted Telephone Interviewing (CATI),
- Computer Assisted Personal Interviewing (CAPI),
- Computerized Self Administered Questionaires (CSAQ) und
- Computer Assisted Selfministered Interview (CASI)

üblich ist. Im Folgenden schließen wir uns der amerikanischen Gliederung im Prinzip an.

2.3.1 CATI

Unter CATI versteht man eine computergestützte telefonische Befragung, bei der ein Interviewer Fragen, die der Computer anzeigt, vorliest und die Antworten des Befragten in den Computer wieder eingibt.

2.3.2 CAPI

Als CAPI bezeichnet man ein Interview, bei dem ein Interviewer Fragen aus dem PC (Laptop oder Notebook) vorliest und die Antworten wieder in das Befragungssystem eingibt. Bei dem CSAQ beantwortet der Befragte ohne Mitwirkung eines Interviewers die Fragen aus dem Computer selbst und gibt auch selbst die Antworten wieder ein. Im Laufe der Zeit hat sich eine weitgehende Unterscheidung herausgebildet. CAPI bzw. CASI (Computer Assisted Self Interviewing) wird zusätzlich in drei Varianten eingeteilt (vgl. *Kovar* (1990), *Bechtloff* (1993)):

- **PDE** (Prepared Data Entry), d. h. ein Befragter beantwortet zuvor übermittelte Fragen und erfasst die Antworten selbst im PC und übermittelt dann die Daten an den Zentralrechner.
- **TDE** (Touchtone Data Entry). Hierbei beantworten die Befragten die Antworten selbst und geben sie mittels eines „Touchtone-Telefons“ weiter an den Zentralrechner:
- **VRE** (Voice Recognition). Die Interviewten geben in diesem Falle die Antworten, indem sie in den Telefonhörer sprechen und der Computer die Antwort erkennt.

Im Rahmen des CAPI unterscheidet man ferner in:

- unmittelbare Mehrpersonenbefragungen
- unabhängige Mehrpersonenbefragung und
- MODAG (mit mobilem Datenerfassungsgerät).

Welche Möglichkeiten mit CAPI heute gegeben sind, zeigt CAPI von *Infratest Burke®*:

Sie wollen ■ ■ ■	Wir bieten Ihnen
■ ■ ■ Antworten auf offene Fragen im Originalton hören und qualitativ auswerten:	**InfraLive:** Sprachaufzeichnung mit Einzelzugriff auf jede Antwort.
■ ■ ■ offene Fragen durch den Befragten ausfüllen lassen:	**InfraLive:** Handschriften-Aufnahme über präzisen Digitizer.
■ ■ ■ Ergebnisse in kürzester Zeit:	**InfraLive:** Reduktion der Feldzeit im Vergleich zu konventionellen Befragungen um bis zu 70 %.
■ ■ ■ über den Verlauf der Feldzeit aktuell informiert werden:	**InfraLive:** tägliches Online-Monitoring des Projektstatus.
■ ■ ■ Ihr Fragenprogramm nach Vorliegen erster Ergebnisse ergänzen:	**InfraLive:** Updating aller noch durchzuführenden Interviews über Nacht (online).
■ ■ ■ Plausibilitätsprüfungen schon während des Interviews:	**InfraLive:** Datacleaning während des Interviews.
■ ■ ■ die Fragenreihenfolge antwortabhängig zuverlässig steuern:	**InfraLive:** garantiert fehlerfreie Ablaufsteuerung.
■ ■ ■ Kartenvorlagen durch die Befragten in Kategorien sortieren lassen:	**InfraLive:** Sortieren am Bildschirm mittels Pen.
■ ■ ■ die zufallsgesteuerte Rotation von Antwortvorgaben sicherstellen:	**InfraLive:** Mischen durch Computer statt durch Interviewer.
■ ■ ■ Fragen optisch unterstützen (z.B. durch Titelkarten, Firmenlogos, Bilder):	**InfraLive:** Einblendung von Icons und Bildern an jeder beliebigen Stelle.
■ ■ ■ sicherstellen, dass eine Frage für jeden Interviewten genau gleich und mit identischer Betonung gestellt wird:	**InfraLive:** Vorlesen einer Frage durch den Computer statt durch den Interviewer.
■ ■ ■ einen Hörfunkspot testen:	**InfraLive:** Musikwiedergabe in hoher Qualität über 4 Lautsprecher.
■ ■ ■ ein Werbevideo testen:	**InfraLive:** Abspielen von Videosequenzen von Harddisk oder CD-ROM.

Abb. 12: CAPI-Möglichkeiten
Quelle: Infratest Burke®

Bei dem computergestützten persönlichen Interview ergeben sich zahlreiche Vorteile, denen geringe Nachteile im Vergleich zur herkömmlichen Befragung gegenüberstehen.

CAPI	
Vorteile	**Nachteile**
• Sofortige Weiterverarbeitung der Daten • Komplexe Befragungen möglich • Zeitersparnis bei Datenerfassung • Geringere Kosten für Datenerfassung • Schnelle Verarbeitung und Auswertung • Sichere Datenerfassung • Höhere Datenqualität • Interne Kontrollmöglichkeiten	• Kosten für Systemeinrichtung • Kosten für Programmierung • Kosten für Interviewerschulung • Kosten für Interviewereinsatz • Beeinflussung durch Interviewer • Einsatz offener Fragen schwierig

Abb. 13: Vor- und Nachteile des CAPI

Entsprechend der verschiedenen Ausgestaltungsmöglichkeiten lassen sich folgende Möglichkeiten der Durchführung unterscheiden:

- Bei der **simultanen Mehrpersonenbefragung** befinden sich mehrere Personen in einem Raum (Teststudio), die mittels handlicher Datenerfassungsgeräte auf die von einem Interviewer gestellten Fragen antworten.

- Eine **unabhängige Mehrpersonenbefragung** liegt vor, wenn mehrere zu Befragende in verschiedenen Räumen eines Teststudios, an jeweils einem Computer sitzen. Die Interviewer lesen zeitgleich die auf dem Bildschirm erscheinenden Antworten ab und geben die Antworten der Befragten ein.

- Beim Einsatz eines **Mobilen Datenerfassungssystems** führen die Interviewer Laptops oder Handhelds mit sich und befragen die zu Interviewenden in ihrer Umgebung und geben die Antworten direkt in den Rechner ein. Später überspielen sie die auf Diskette gespeicherten Daten, z.B. auf einen Großrechner.

Bei der Verwendung von **Mobilen Datenerfassungssystemen** ändert sich der Ablauf einer Befragung im Vergleich zur herkömmlichen persönlichen Befragung (vgl. Abb.) im Prinzip wie in dem Ablaufschema dargestellt.

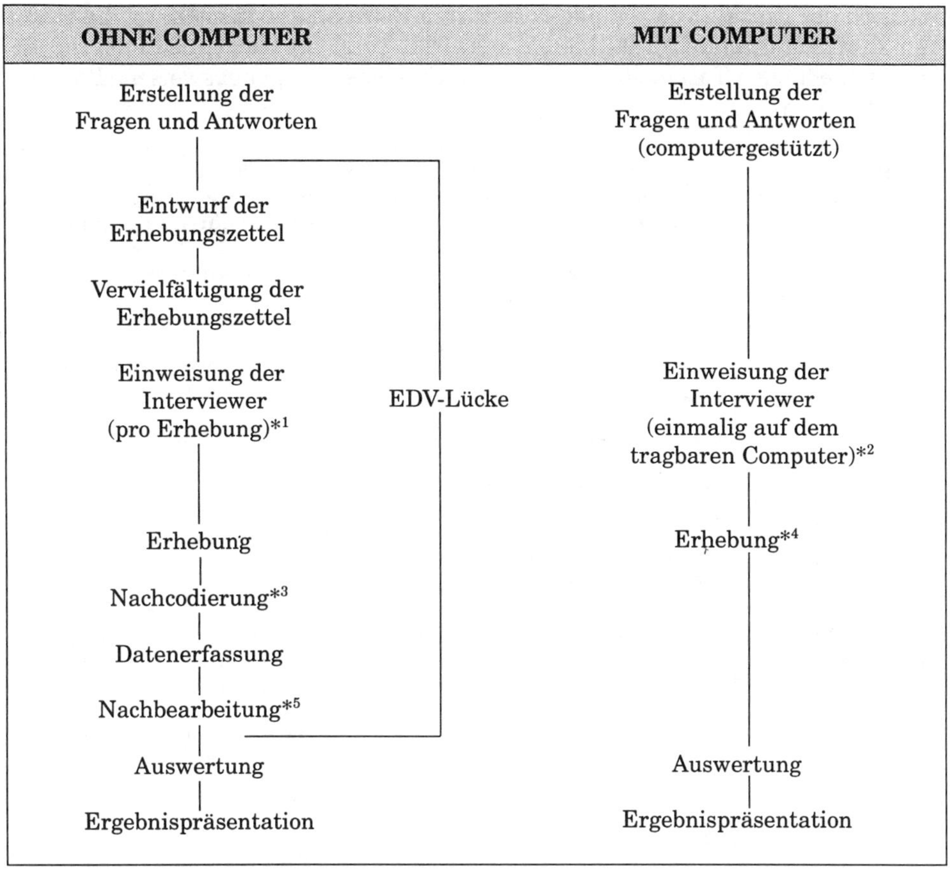

Abb. 14: Ablauf der Befragung im Vergleich
Quelle: *Sokat, M.*, a.a.O., S. 21

Wie aus der Abbildung hervorgeht, ist bei der Befragung ohne Computer je Untersuchung eine Einweisung notwendig, um auf richtige Abläufe und Verzweigungen hinzuweisen (s. *1).

Bei Verwendung des tragbaren Kleincomputers hingegen werden die Befragungsabläufe automatisch verwaltet und gesteuert, folglich ist nur eine einmalige Einweisung auf dem Computer notwendig (s. *2).

Des Weiteren erfordert die herkömmliche Methode eine Nachcodierung, bei der falsche Abläufe, Kennzeichnungen und Unleserlichkeit zu Fehlern führen können, die den Wert der Befragung mindern (s. *3). Außerdem lässt die Eingabe der Daten in die EDV erneut Fehler auftreten, die korrigiert werden müssen (s. *5).

Im Fall der computergesteuerten Befragung ist eine Nachbearbeitung durch die stärkere Führung und Kontrolle während der Befragung gar nicht erst notwendig (s. *4).

Wie sich der Einsatz von computergestützten Befragungssystemen auf die einzelnen durchzuführenden Tätigkeiten auswirkt, zeigt die Gegenüberstellung der unterschiedlichen Tätigkeiten bei den verschiedenen Vorgehensweisen *(Bechtloff,* 1993, Seite 35).

Phasen der Datenerhebung	**Erforderliche Tätigkeiten im Rahmen einer computergestützten Befragung**	**Erforderliche Tätigkeiten im Rahmen einer herkömmlichen Befragung**
Planungs-/ Vorbereitungsphase	Fragebogenentwicklung/ Programmierung am Rechner Intensives Austesten der Lauffähigkeit des Computer-Fragebogens (z. B. Filterführungen, Validitätsprüfungen) Pretest des Fragebogens Vervielfältigung/Installation des Fragebogens auf den Rechnern Interviewerrekrutierung/ Schulung am Rechner	Fragebogenentwicklung Pretest des Fragebogens Produktion/Vervielfältigung (Druck) der Fragebögen Interviewerrekrutierung/ Schulung
Durchführungs-/ Interviewphase	Eingabe der Antworten in den Rechner Auswertung der Kontaktprotokolle	Stichprobenverwaltung (Überwachung/Kontrolle von Quotenplänen) Handschriftliche Erstellung von Kontaktprotokollen Handschriftliche Erfassung der Antworten auf den Fragebögen Nachträgliches Editieren der geschriebenen Antworten (eventuell lesbare Abschrift erstellen, komplettieren etc.)
Datenaufbereitungsphase	Nachträgliche Kodierung offener Fragen Zusammenfassung der einzelnen Interviewdateien zu Outputdateien Aussondern abgebrochener Interviews	Sammeln / Ordnen der Fragebögen Überprüfen und Bereinigung der Fragebögen (Selektion der nicht vollständig ausgefüllten Fragebögen) Kodierung offener und geschlossener Antworten Datenerfassung (Eingabe der Fragebögen)

Abb. 15: Tätigkeiten im Rahmen computergestützter und herkömmlicher Befragungen

2.4 Gruppeninterviews

2.4.1 Klassische Gruppeninterviews

Gruppeninterviews (Gruppendiskussionen) gewinnen aufgrund der wirtschaftlichen Entwicklung immer mehr an Bedeutung. Als Instrument der qualitativen Marktforschung ist man heute stärker als früher an der Kenntnis von Einstellungen, Beurteilungen, Meinungen und Argumentationen als früher interessiert. Klassische Gruppeninterviews bestehen meist aus ca. 5-8 Personen, die i.d.R. je nach Themen über ein oder mehrere Stunden unter der Diskussionsleitung eines oder mehrere Moderatoren über ein Thema (oder mehrere Themen) diskutieren , wobei die Diskussionen üblicherweise auf Tonband oder Video aufgezeichnet werden. Der Moderator hat die Aufgabe, die Diskussion fair und weiterführend zu leiten, um die Einstellungen der Teilnehmer zu erkennen und auch tiefer liegende Motive zu erkennen. Teststudios und Marktforschungsinstitute verfügen heute oft über dafür besonders eingerichtete Diskussionsräume.

Gruppendiskussionen eigenen sich besonders für die Untersuchung von (vgl. *Sauermann*, S. 119):

- Entscheidungsprozesse (abgelaufene und künftige)
- Imagestudien
- Preisgestaltung
- Produktkonzipierungstests
- Verpackungstests
- Werbemitteltests

Vor- und Nachteile der klassischen Gruppeninterviews gibt die folgende Abbildung wieder (vgl. *Pepels*, 1995; *Sauermann*, 1999; *Bruns*, 1999; *Berekoven*, 2001):

Gruppendiskussionen	
Vorteile	**Nachteile**
• Die unmittelbare Reaktion der Teilnehmer wird beobachtet • Die Gruppensituation führt zu intensiveren Auseinandersetzungen mit dem Sachverhalt und provoziert spontane Äußerungen • Die Interaktion in der Gruppe führt zu einer Vielzahl von Meinungsäußerungen • Gruppendynamische Prozesse führen zu freierer Meinungsäußerung • Sie können schnell und kostengünstig durchgeführt werden	• Es kann ein gruppendynamischer Kontrollmechanismus erfolgen (Gruppennorm) • Repräsentanz ist nicht gegeben • gegen abweichende Ansichten können sich Barrieren aufbauen • Ergebnis ist stets interpretationsbedürftig • Ergebnis hängt von der Qualität des Moderators ab • Man erhält nur qualitative Ergebnisse. Eine quantitative Auswertung ist nicht möglich.

Abb. 16: Vor- und Nachteile von Gruppendiskussionen

2.4.2 Online-Focus-Groups

Mit dem Einsatz des Internets für die Marktforschung bietet sich die Möglichkeit von Online-Gruppenintervies, die auch als Online-Focus Groups bzw. E-Groups usw. bezeichnet werden (*Görts*, T. 2001, S. 150 f.) an. Sie eignen sich insbesondere zur Gewinnung qualitativer Aussagen. Wie die traditionellen Gruppeninterviews (Gruppendiskussionen) werden ca. 5-8 Personen eingeladen, die sich zu diesem Zweck in eine eigens dafür bereitgestellte und „vom Traffic der übrigen Internetnutzer unabhängigen Leitung in ein virtuelles Studio (Chatroom) einloggen" (*Görts*). Die Teilnehmer werden vor der Durchführung meist nach einem Quotenplan ausgewählt. Die Teilnehmer können sich mit ihrem richtigen Namen oder anonym beteiligen. Durch vergebene Passwörter könen sie sich legitimieren. Online-Focus-Group-Interviews dauern meist ca. 1 Stunde. Die Antworten werden elektronisch protokolliert. Auch bei dieser Form von Gruppeninterviews hängt der Erfolg stark vom Geschickt des Moderators ab (vgl. auch *Theobald/Dreyer/Starsetzki*, 2001).

Online-Focus-Groups bieten viele Vorteile im Vergleich zu den traditionellen Gruppeninterviews wie z.B. Kosten- und Zeitersparnis. Auch ist es möglich, schnell weit entfernte Personen zu einem Interview zu gewinnen. Sie haben aber auch Schwächen, die eine Untersuchung von Skopos 2000 aufzeigt (vgl. Abb.). Daneben sind Online-Focus-Groups nach bisherigem Stand sicher nicht für alle Themenbereiche geeignet. Mit dem Fortschritt technischer Möglichkeiten werden sicher auch die Anwendungsbereiche umfangreicher und geeigneter werden.

Zusammengefasst soll die folgende Zusammenstellung allgemein einen Überblick über schriftliche, telefonische, computerunterstützte und internetbasierte Befragungen vermitteln und die wesentlichen Kriterien aufzeigen.

Kriterien	Befragungsart				
	schriftlich	telefonisch	mündlich	computerintegriert	E-Mail
1. Rücklaufquote	unterschiedlich	hoch	hoch	hoch	hoch
2. Beeinflussung durch Dritte	möglich	nicht möglich	kaum möglich	nicht möglich	möglich
3. Umfang der Befragung	mittelgroß	klein	groß	mittelgroß	mittelgroß
4. Interviewereinfluss	nicht möglich	relativ groß	groß	nicht möglich	nicht möglich
5. Genauigkeit	gering	unterschiedlich	hoch	unterschiedlich	unterschiedlich
6. Zuverlässigkeit	unterschiedlich	relativ hoch	hoch	relativ hoch	relativ hoch
7. Geschwindigkeit der Durchführung	relativ niedrig	hoch	niedrig	relativ hoch	sehr hoch
8. Kosten	niedrig	relativ niedrig	hoch	unterschiedlich	niedrig
9. Repräsentanz	relativ niedrig	gering	relativ hoch	unterschiedlich	gering
10. Erklärung der Fragen	nicht möglich	möglich	möglich	möglich	möglich

Abb. 17: Kriterien verschiedener Befragungen
Quelle: *Weis* (2001), S. 149

3. Der Befragungsablauf

3.1 Allgemeiner Ablauf

Der Ablauf einer Befragung kann im Prinzip wie folgt aussehen:

Am Anfang steht in der Regel die Erteilung eines **Marktforschungsauftrags** („Befragungsziel") an die eigene Marktforschungsabteilung oder - in der Praxis sehr viel häufiger - an ein Marktforschungsinstitut.

Die Sammlung, Sichtung und Analyse sekundärstatistischer Unterlagen schließt sich an. Diese sekundärstatistische Analyse dient sowohl der Auswertung schon vorliegender Daten als auch der Information durch Experten, um den Untersuchungsgegenstand noch genauer festlegen und abgrenzen zu können. Dieser

Phase folgt die wichtige **Phase der Fragebogengrobstruktur.** Daraufhin kann „zweigleisig“ weitergegangen werden, in dem zum einen der Fragebogen bis zur Reife entwickelt wird und andererseits die Interviewer als auch die zu Befragenden festgelegt werden. Nun folgt die **„Feldphase“** der Befragung, in der die Befragung durchgeführt wird. Nach der Kontrolle der Fragebögen im Hinblick auf die ordnungsgemäße Durchführung erfolgt die Aufbereitung und computerunterstützte Datenanalyse. Den Abschluss des Befragungsprojekts bildet die Präsentation der Untersuchungsergebnisse in einer für den Empfänger geeigneten Form (vgl. Abb. nächste Seite).

Im Rahmen der folgenden Ausführungen soll auf die Gestaltung der Befragung, insbesondere die zu stellenden Fragen, die Länge des Fragebogens, die Wirkung der Befragung usw. eingegangen werden. Befragungen können zwar in unterschiedlicher Form (freie, strukturierte usw.) durchgeführt werden, in vielen Fällen wird man jedoch nicht umhin können, einen **Fragebogen** als Grundlage der Befragung einzusetzen. Dies trifft sowohl bei der mündlichen als auch der schriftlichen Befragung zu. Im Folgenden soll auf die Fragebogengestaltung, insbesondere bei der schriftlichen Befragung, näher eingegangen werden.

Bevor eine Befragung durchgeführt werden kann,

- ist das Untersuchungsziel genau festzulegen (Was will ich erreichen?)
- sind die Programmfragen festzuhalten (Was muss im Inhalt erfragt werden?)
- sind diese in Textfragen (Testfragen) zu übersetzen (Wie sind die bestmöglichen Fragen zu stellen?)

Bei der praktischen Durchführung einer Befragung erweist es sich als notwendig, die Fragen so zu formulieren, dass sie

- verständlich
- eindeutig
- genau
- unmissverständlich
- nicht suggestiv
- angenehm und nicht beleidigend sind.

Diesen Anforderungen wird man nur dann gerecht werden können, wenn man eine **Programmfrage** in eine oder mehrere **Text- oder Testfragen** zerlegt.

Bei der Umsetzung in Text- oder Testfragen ist stets zu entscheiden:

- Wie ist die Frage zu formulieren, damit sie richtig verstanden wird?
- Welche Art der Frage ist dem Befragungsziel angemessen?
- Warum ist die Frage zu stellen?
- Welche Bedeutung hat die Frage?

(Vgl. *Friedrichs,* 1984, S. 194.)

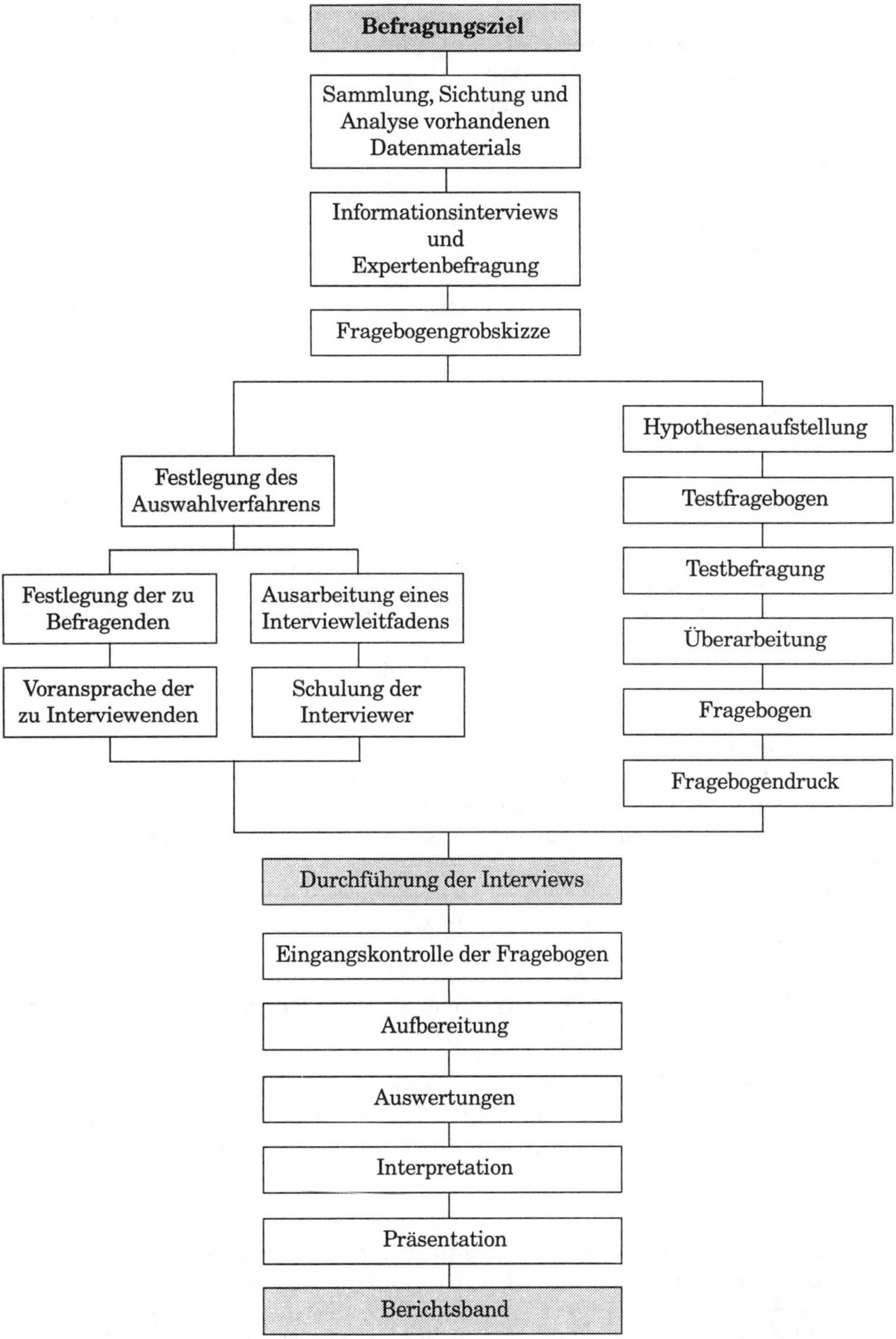

Abb. 18: Befragungsablauf

Allgemein gilt, dass Fragen stets so zu formulieren sind, dass man erkennen kann, ob der Befragte **ablehnt oder zustimmt.** Dies erfordert stets, dass man auch die Beweggründe des Befragten ermittelt.

> **Beispiel:**
> „Warum haben Sie mit „Ja“ geantwortet?“
> „Was haben Sie bei Ihrer Antwort berücksichtigt?“
> „Warum haben Sie sich für dieses Produkt entschieden?“
> „Warum sind Sie optimistisch?“

In der Regel wird man die Gründe eher bei geschlossenen Fragen ermitteln können, zudem wird auch eventuell eine zusätzliche Frage zu den Gründen der Haltung neue Erkenntnisse vermitteln.

Ein weiteres **Prinzip der Fragenformulierung** lautet: Die Fragen sind entsprechend dem Informations- und Wissensstand des Befragten zu gestalten.

Dies bedeutet, dass Problemfragen so zu formulieren sind, damit sie bestmöglich beantwortet werden können.

> **Beispiel** (Negativbeispiele):
> „Glauben Sie, dass dieses Produkt von vielen gekauft werden wird?“ (Negativbeispiel)
> „Werden Sie dieses Produkt kaufen?“
> „Wie beurteilen Sie diese Anzeige?“ (Negativbeispiel)
> „Wie gefällt Ihnen die Aussage: ‚Wir machen den Weg frei?‘ Warum?“

Um bei einer Befragung die Gesamtproblematik erfassen zu können, empfiehlt es sich, vom **Allgemeinen zum Besonderen** vorzugehen. Dann lässt sich auch nach den Gründen für die jeweiligen Aussagen fragen.
Wie ein derartiges Vorgehen aussehen kann, soll am sog. **Frageplan** von *Gallup* gezeigt werden:

(1) **Bewusstmachung:** offene Wissensfrage: „Was verstehen Sie unter Marketing?“

(2) **Unbeeinflusste Einstellung:** offene Frage: „Wer sollte Marketing betreiben?“

(3) **Spezifische Einstellung:** geschlossene Frage: „Einige sagen, Marketing ist nur sinnvoll für Großunternehmen, andere sagen, jeder Anbieter auf dem Markt muss heute Marketing betreiben. Was ist Ihre Ansicht?“

(4) **Gründe:** offene Warum-Frage: „Warum meinen Sie das?“

(5) **Intensität:** geschlossene Intensitätsfrage: „Wie überzeugt sind Sie von Ihrer Antwort?“

sehr stark	stark	durchschnittlich	weniger stark	schwach

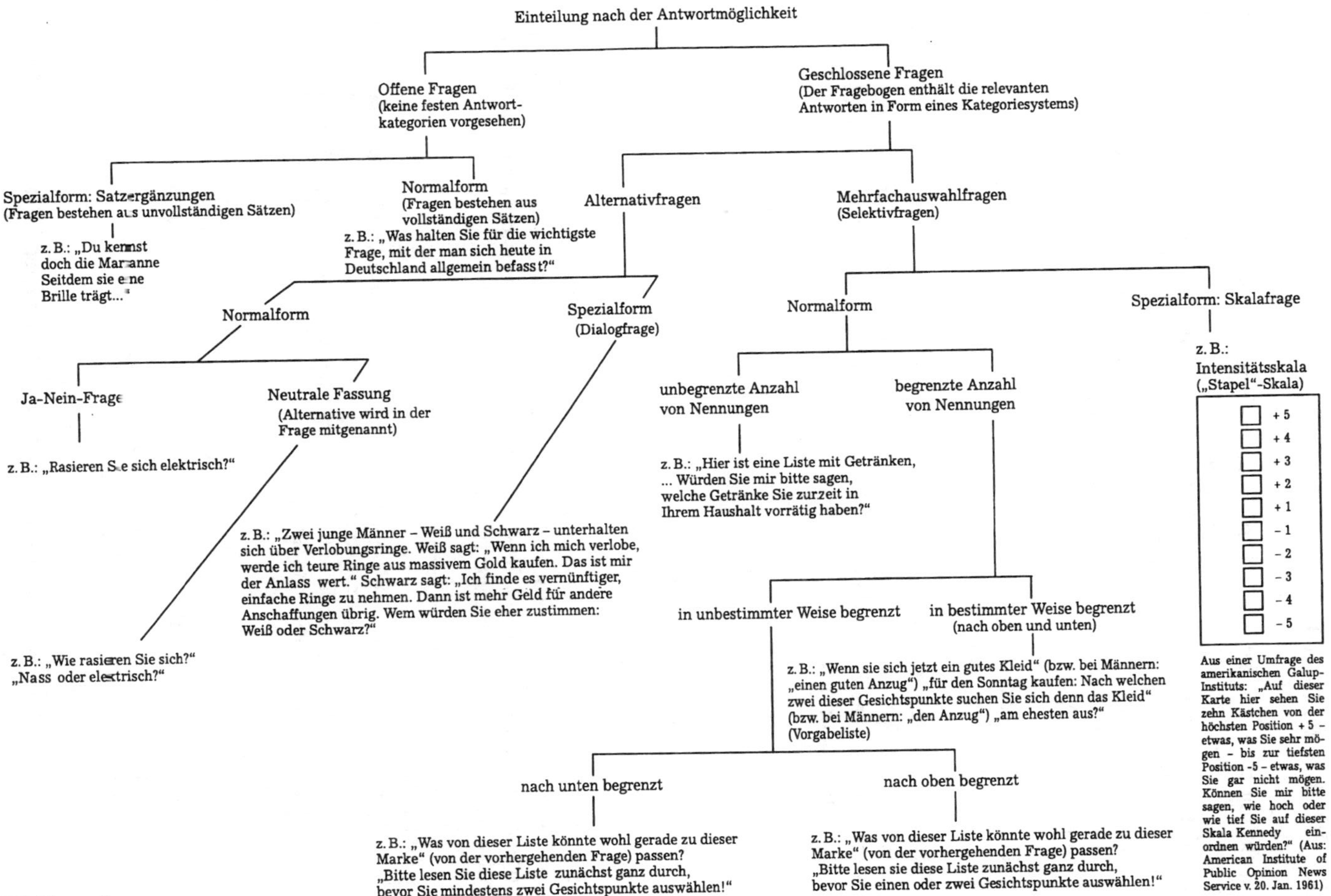

Abb. 19: Frageformen

3.2 Frageformen

Im Rahmen der zahlreichen Möglichkeiten Fragen zu stellen, können sowohl die *Fragemöglichkeiten* als auch die *Antwortmöglichkeiten* vielfältig variieren. So lassen sich zum einen *direkte* und *indirekte* bzw. *offene* und *geschlossene* Fragen unterscheiden. Nach der Antwortmöglichkeit lässt sich in Antworten *mit und ohne Antwortvorgabe* differenzieren. Bei den möglichen Antwortvorgaben sind Antwortvorgaben mit zwei und mehr Alternativen sowie Listenvorgaben zu unterscheiden. Siehe hierzu die Abbildung auf S. 103.

Im Folgenden wird nun auf die Hauptprobleme der **unterschiedlichen Frageformen** kurz eingegangen.

- **Direkte Fragen** wird man dann stellen, wenn zu erwarten ist, dass der Befragte bereit ist, darauf ehrlich und genau zu antworten. Oder anders ausgedrückt, wenn weder Prestige-, Tabu- noch Geheimhaltungsgründe dazu führen könnten, dass ein Befragter nicht genau antworten wird oder will.

> **Beispiel:**
> - Wo wohnen Sie?
> - Wo sind Sie geboren?
> - Welche Hochschule besuchen Sie?
> - Wie groß sind Sie?

- **Indirekte Fragen** sind dann empfehlenswert, wenn zu erwarten ist, dass der Befragte nicht seine wirkliche Einstellung und sein Verhalten angibt, sondern opportunistisch antwortet bzw. aufgrund seines Wissenstandes die Frage in direkter Form nicht beantworten kann oder will.

> **Beispiel:**
> (1) „Viele Menschen sind der Ansicht, dass zu viel für Werbung ausgegeben wird? Was meinen Sie ist zutreffend?"
> (2) „Drei Personen geben ihre Ansichten über Werbung wieder. Welcher von ihnen könnten Sie am besten zustimmen?"
>
> | (a) | (a) | (a) |
> |---|---|---|
> | Werbung ist sinnlos rausgeworfenes Geld | Werbung ist gut, aber zu teuer | Ohne Werbung kein Umsatz |
>
> (3) „Die Hälfte des Geldes, das für die Werbung ausgegeben wird, ..."
> Wie möchten Sie den Satz fortsetzen?

Im Rahmen der indirekten Befragung setzt man u. a. folgende Verfahren ein:

- **Projektive Fragen.** Dabei sind die Fragen nicht auf den Befragten sondern auf Dritte bezogen.

Beispiel:
- „Was denken denn Ihre Kollegen über die Geschäftsleitung?“
- „Was meinen denn Ihre Kommilitonen über die Studiensituation im Fach Medizin?“

- **Projektive Verfahren**
  sind Verfahren, die dazu dienen, Informationen zu erhalten, die der Befragte nicht offenbaren will oder die ihm selbst nicht bewusst bzw. zugänglich sind. Dazu gehören (vgl. *Salcher 1978, S. 68* f) u. a.

  - der Ballontest (Comic-Strip-Test, Cartoon-Test)
  - der Bilder-Erzähl-Test.

- **Assoziative Verfahren** sind Verfahren, mit deren Hilfe man das psychologische Umfeld von Personen untersucht.

  Während bei den genannten Verfahren in der Regel **„offene Fragen“** dominieren, ist aus folgenden Gründen z. B. eine **„geschlossene Frage“** vorzuziehen:

  - wenn alle „möglichen“ Antworten berücksichtigt werden sollen,

  - wenn bei offener Frage evtl. keine Antwort gegeben wird,

  - wenn der Befragte einen niedrigen Informations- und/oder Reflexionsstand im Hinblick auf die Befragung hat,

  - wenn zu erwarten ist, dass der Befragte bei einer offenen Frage seine Einstellung nicht offenbaren würde.

Immer besteht bei geschlossenen Fragen jedoch die Gefahr, dass **wahllos** irgendwelche **Antwortmöglichkeiten** genutzt werden.

Bei **geschlossenen** Fragen können die Antworten wie folgt vorgegeben werden:

(1) Ja-Nein-Alternative
(2) Mehrere Alternativen
(3) Mehrere Alternativen mit Angaben einer Rangordnung
(4) Listenalternativen

Beispiele:

Zu (1) Frage: Sind Sie deutscher Staatsbürger?

Antwort:	Ja	Nein
	☐	☐

Zu (2) Frage: Wie viel geben Sie im Monat für Miete aus?

Antwort:

unter	300 €	☐
300 bis unter	500 €	☐
500 bis unter	600 €	☐
600 bis unter	700 €	☐
700 bis unter	800 €	☐
800 bis unter	900 €	☐
900 bis unter	1.000 €	☐
1.000 bis unter	1.100 €	☐
über	1.100 €	☐

Zu (3) Frage: Sie haben hier eine Liste verschiedener Fachzeitschriften. Nennen Sie bitte die Zeitschrift, die Ihrer Meinung nach die beste Informationsquelle für Sie ist! Welche ist für Sie die 2-beste und welche die 3-beste Informationsquelle?

Fachzeitschriften	
Harvard Business Review	☐
Absatzwirtschaft	☐
Capital	☐
Wirtschaftswoche	☐
Marketing Journal	☐
Manager Magazin	☐

Zu (4) Frage: Wie würden Sie den Geschmack des soeben getrunkenen Getränks beschreiben? Benutzen Sie dazu die folgende Liste! Geben Sie an, welche Eigenschaften zutreffen oder nicht!

	Trifft zu	Trifft nicht zu
leicht	☐	☐
lieblich	☐	☐
anregend	☐	☐
gehaltvoll	☐	☐
dick	☐	☐
sympathisch	☐	☐
modern	☐	☐
sauer	☐	☐
süß	☐	☐
aromatisch	☐	☐

3.3 Befragungssteuerung

Um den Befragungsablauf bestmöglich zu gestalten, empfiehlt es sich, neben den erforderlichen **Sachfragen** auch sog. **Steuerungsfragen** zu verwenden, die sich positiv auf die Befragung auswirken. Hierzu zählen u. a.:

(1) **Kontakt- und Eisbrecherfragen**
Am Anfang des Fragebogens sollen so genannte Einleitungs- und Kontaktfragen stehen, die das Interesse und die Kommunikationsbereitschaft des zu Befragenden wecken sollen. Es ist empfehlenswert, sie möglichst einfach und neutral zu halten.

(2) **Übergangs- und Vorbereitungsfragen**
Ihre Aufgabe besteht darin, den Ablauf der Gedankengänge in die beabsichtigte Richtung zu lenken oder den Wechsel des Themas zu erleichtern, z.B. bei Omnibusbefragungen.

(3) **Ablenkungs- und Pufferfragen**
Um die Beantwortung später folgender Fragen nicht zu stark von den bisherigen Fragen und den Einstellungen dazu abhängig zu machen, empfiehlt es sich, so genannte Ablenkungsfragen einzubauen. „Pufferfragen" oder „Auslöscherfragen", die zwischen thematisch verwandte Fragen eingeschoben werden, haben die Aufgabe, durch Wegführen vom bisherigen Thema etwaige Ausstrahlungseffekte zu beseitigen.

(4) **Motivationsfragen**
Motivationsfragen sollen die Antwortbereitschaft erhöhen, das Selbstvertrauen des Befragten heben und eventuelle Hemmungen abbauen.

(5) **Kontrollfragen**
Mit Kontrollfragen soll festgestellt werden, ob bisher gestellte Fragen wahrheitsgemäß beantwortet wurden und ob der Befragte auch die Fragen genau verstanden hat.

(6) **Fragen zur Person**
Mit den Fragen zur Person des Befragten sollten Befragungen abgeschlossen werden, weil am Ende die Auskunftsperson auskunftsfreudiger, aber auch müder als am Beginn ist. Zudem werden meist keine psychologischen Abwehrreaktionen auftreten.

Allgemein kann die Struktur des Ablaufs der Erstellung eines Fragebogens wie folgt dargestellt werden (vgl. S. 120).

Es ist schwierig, ein Schema für das Erstellen eines Fragebogens zu entwerfen, da das Vorgehen eigentlich mehrdimensional erfolgen muss. Das Schema (auf S. 121) kann infolgedessen nur **Hinweise** geben, stellt aber in keinem Fall ein „mögliches

Rezept für alle vorkommenden Fälle“ dar. Es zeigt gleichzeitig die Unterschiede zum folgenden Ablauf auf.

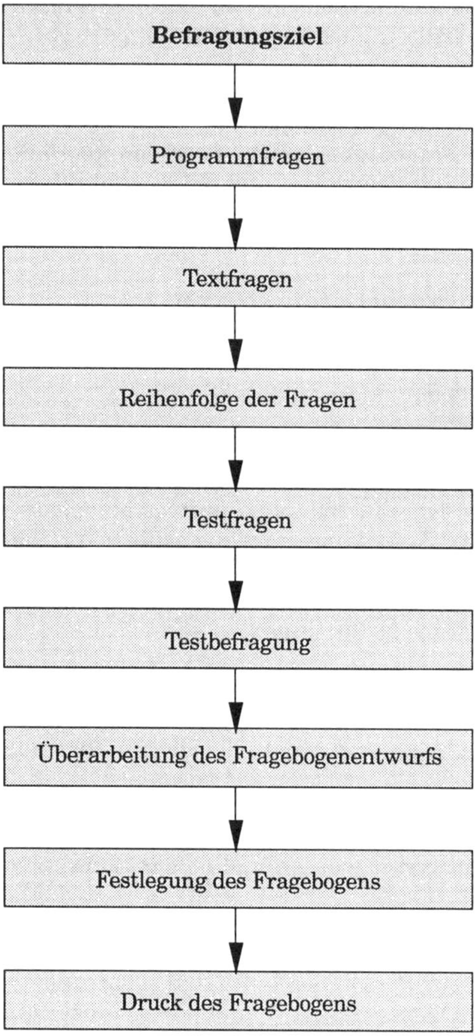

Abb. 20: Reihenfolge der Schritte zur Erstellung des Fragebogens

Aufgrund der jeweiligen Fragestellung benötigt der Interviewer i.d.R. nicht irgendeine Antwort, sondern er will eine ganz bestimmte **Einordnung der Antworten** des Befragten zahlenmäßig erfassen. Um dies zu erreichen, verwendet man verschiedene Skalen, die im Folgenden kurz skizziert werden sollen.

Phasen der Fragebogen-entwicklung	**Gesichtspunkte/Kriterien**
(1) Präzisierung, Einengung des Themas, Klärung der zu erfragenden Inhalte, geordnet nach ihrer Bedeutsamkeit. Aufstellung von Hypothesen	❍ Entscheidungen über Ausmaß der Standardisierung; ob schriftliche oder mündliche Befragung (Interview) ❍ Analyse der Literatur zum Thema ❍ Entscheidung über Gruppen, die befragt werden sollen ❍ Intensives Erfragen eines Bereichs oder oberflächliches Abfragen verschiedener Bereiche
(2) Formulierung von Fragen zu den interessierenden Bereichen/ zu den Hypothesen	❍ Balance der Fragen, Konkretheit, Verständlichkeit, Eindeutigkeit ❍ Trennung von unabhängigen und abhängigen Variablen ❍ Mischung geschlossener und offener Fragen (Adressatenkreis, Monotonie des Fragebogens, Präzision und objektive Auswertbarkeit der Fragen)
(3) Ordnung der Fragen in eine Reihenfolge	❍ Einleitung: Allgemeine Information, Motivierung, Zusicherung der Anonymität ❍ Aufwärmfragen ❍ Peinliche Fragen nicht an den Anfang ❍ Abhängigkeit vom Fragekontext: Kontrollgruppen
(4) Überprüfung des Fragebogens	❍ Vortest an ca. 20 Befragten ❍ Fragen nach Unebenheiten der Frageformulierung ❍ Statistische Auswertung (wenn nur eine Antwort auf eine Frage vorkommt, dann ist die Frage nicht informativ)
(5) Vorbereitung der Hauptuntersuchung: Interviewerschulung und Auswahl der Stichprobe	❍ Versuchsplanung: Ist eine Variation der unabhängigen Variablen durch die Auswahl der Stichprobe möglich? ❍ Interviewerschulung ❍ Organisation von Adressenlisten usw.

Abb. 21: Ablauf der Fragebogenerstellung
Quelle: *Wellenreuther,* 1982, S. 179

3.4 Skalen

Mithilfe von Skalen lassen sich Eigenschaften, Aussagen, Einstellungen, Attribute usw. messen. Oder anders ausgedrückt: „Unter einer Skala versteht man eine gesetzmäßige Klassifikationsvorschrift zur Differenzierung von Eigenschaften einer Menge von Untersuchungseinheiten“ *(Hammann / Erichson, 1978, S.* 130).

Allgemein unterteilt man Skalen im Hinblick auf die Messmöglichkeiten in

- Nominalskalen
- Ordinalskalen
- Intervallskalen
- Rational- oder Verhältnisskalen.

Unter **Nominalskalen** versteht man Skalen, die lediglich die Zuordnung bzw. Nichtzuordnung (Ja/Nein) vornehmen können.

Beispiele: Hausbesitzer, Autokennzeichen, Postleitzahlen, Schularten, Führerscheinklassen, Steuerklassen, Rückennummern der Fußballspieler usw.

Nominalskalen lassen nur die Bildung von absoluten und relativen Häufigkeiten in den Klassen zu.

Arithmetische Operationen sind nicht möglich, außer Zählvorgänge sowie die Ermittlung von Häufigkeitsverteilungen einschließlich der Kontrolle durch Chi^2-Test bzw. Punkt-Vierfelderkorrelation oder Kontingenzbestimmung.

Mithilfe von **Ordinalskalen** lassen sich Rangeinstufungen in quantitativer und qualitativer Hinsicht vornehmen. Eine Ordinalskala gibt somit eine objektive oder subjektive Rangordnung.

Beispiel: Wenn Sie die in der folgenden Liste genannten Urlaubsorte nach Ihrem Geschmack einstufen würden, welche Rangfolge würde sich dann ergeben?

1. Rang: ....
2. Rang: ....
3. Rang: ....

Zulässige mathematische-statistische Operationen sind hier die Berechnung von Medianen, Quartilen, Rangkorrelationen usw.

Während die beiden ersten Skalentypen nur ordnend und qualifizierend waren, ist die **Intervallskala** das, was man im allgemeinen Sprachgebrauch als Skala bezeichnet. Intervallskalen sind durch die Gleichheit der Abstände definiert, besitzen aber keinen echten Nullpunkt: Sie ist eine Skala, die unabhängig von Maßeinheit und absolutem Nullpunkt definiert wird.

Beispiele: Thermometerskalen, Intelligenzquotienten, Kalenderskalen usw.

Die Bildung von Subtraktionen und Durchschnitten ist möglich.

Weisen Skalen gleiche Abstände zwischen den Skalenpunkten aus, sind die Intervalle konstant und liegt ein absoluter Nullpunkt vor, so spricht man von den **Rational- oder Verhältnisskalen.** Sie stellt die sog. oberste Ebene des Messens dar.

Beispiele: Maßeinheiten (Gewichtsskalen, Längenskalen, Zeitskalen) usw.

Die folgende Tabelle veranschaulicht die Zusammenhänge zwischen **Frage, Antwort und Messniveau** bzw. **Skalentyp**.

Frage	Antwort	Skalentyp
Spielen Sie Tennis?	☐ ja nein	Nominalskala
Ich spiele Tennis, weil ...	☐ es mir Spaß macht ☐ es mir gesundheitlich gut tut ☐ es ein Ausgleich ist ☐	Nominalskala
Welche Sportart gefällt Ihnen am besten? Geben Sie die Rangeinschätzung an! 1 = sehr gut . . . 9 = weniger gut	☐ Fußball ☐ Handball ☐ Tennis ☐ Golf ☐ Tischtennis ☐ Hockey ☐ Leichtathletik ☐ Basketball ☐ Rudern	Ordinalskala
Tennis ist ...	leicht — schwer |_|_|_|_|_|_|_|_|_|_|_| erholsam — anstrengend |_|_|_|_|_|_|_|_|_|_|_|	Intervallskala
Wie alt sind Sie?	☐☐ Jahre	Verhältnisskala

Auf diese Skalen sind **alle mathematisch-statischen Verfahren** anwendbar. Einen Überblick über die mathematisch-statischen Möglichkeiten der einzelnen Skalentypen vermittelt die Übersicht (s. S. 124) von *Grubitzsch / Rexilius.*

3.5 Skalenformen

Um im Rahmen von Befragungen Skalierungen vornehmen zu können, ist es möglich, verschiedene Skalenformen in den Fragebogen aufzunehmen.

Folgende Skalenformen lassen sich grundsätzlich verwenden:

- grafische Skalen
- verbale Skalen
- gegliederte Skalen
- nummerische Skalen
- bipolare Skalen
- unipolare Skalen
- ungegliederte Skalen
- und Kombinationen aus allen Elementen.

Skalentyp	Nominalskala	Ordinalskala	Intervallskala	Verhältnisskala
empirische Operationen	Bestimmung von Gleichheit und Ungleichheit	zusätzlich: Bestimmung einer Rangfolge, z.B. x>y>z	zusätzlich: Intervalle gleich (z.B. $10 - 7 \approx 7 - 4$) willkürlich festgelegter Nullpunkt	zusätzlich: Bestimmung gleicher Verhältnisse $\left(\text{z.B. } \frac{x}{y} \approx \frac{k}{l}\right)$; absoluter Nullpunkt
zulässige Transformationen	Umbenennung	nur: monoton steigende Transformationen	nur: lineare Transformationen: $f'(x) = v + u \cdot f(x)$ (wobei $u > 0$)	nur: Ähnlichkeitstransformationen $f'(x) = u \cdot f'(x)$ (wobei $u>0$)
Statistische Maßzahlen (Beispiele)	Häufigkeit, Modalwert	zusatzlich: Median, Quartile, Prozentrangwerte	zusätzlich: arithmetisches Mittel (x) Standardabweichung (s) Schiefe, Exzess	zusätzlich: geometrisches Mittel, Variationskoeffizient
Zusammenhangsmaße	Kontingenzkoeffizient (C) Vierfelderkoeffizient (Phi)	zusätzlich: Rangkorr.-Koeffizient (Spearmans Rho Kendalls Tau)	zusätzlich: Produkt-Moment-Korrelation (r) Regressionskoeffizient	
Beispiele	Nummerierung von Fußballspielern, Kontonummern, Quantifizierung von dichotomen Merkmalen (z.B. Geschlecht)	Schulnoten, Richtersche Erdbebenskala, Testrohwerte	Temperatur (nach Celsius, Fahrenheit, Reaumur)	Länge, Masse, Zeit, Winkel Temperatur (nach Kelvin)

Tab. 1: Übersicht zu den Skalentypen
Quelle: *Grubitzsch / Rexilius,* 1978, S. 60

Im Folgenden soll auf einige gebräuchliche Skalen kurz eingegangen werden.

- Bei **grafischen Zahlen** werden die Skalenabstände grafisch veranschaulicht. In der Praxis (siehe Abbildungen) bieten sich hier insbesondere an:

(1) **Rechteckige Flächen** (vertikal):

\+ □ (+5)
□ (+4)
□ (+3)
□ (+2)
□ (+1)

■ (-1)
■ (-2)
■ (-3)
■ (-4)
– ■ (-5)

(2) **Skalen mit größer werdenden Kreisen:**

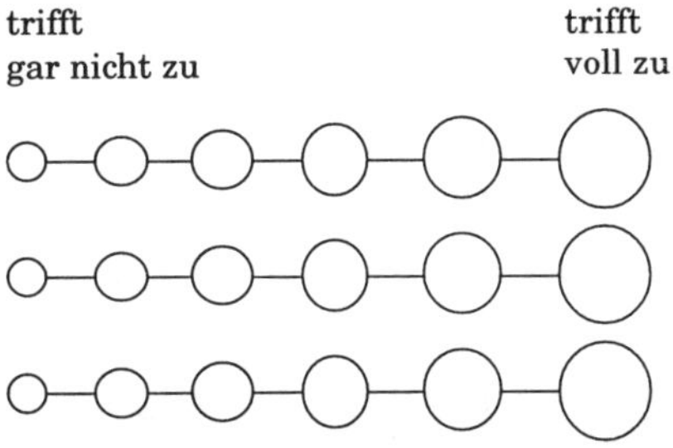

(3) **Kunin-Skala:** Die einzelnen Punkte der Skalen bestehen aus Gesichtern, die unterschiedlich freundlich aussehen.

(4) **Flächenskala** (wie die Kaufbereitschaftsskala des IVE):

5) **„Skalometer“** (das eine exakte Einstufung zulässt):

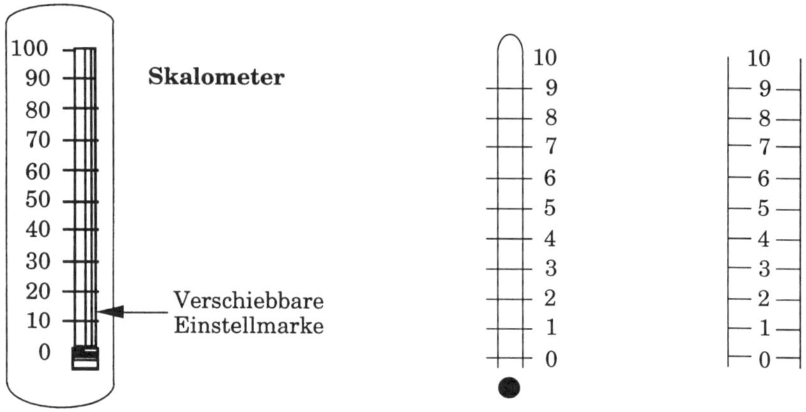

- Bei **verbalen Skalen** sind die einzelnen Skalen - nicht nur grafisch *dargestellt*, sondern auch **verbal** *benannt.* Durch die Benennung der Skalenpunkte wird die Beantwortung erleichtert.

Beispiele:

stimme völlig zu	stimme über-wiegend zu	stimme teilweise zu/ teilweise nicht	stimme weniger zu	stimme überhaupt nicht zu

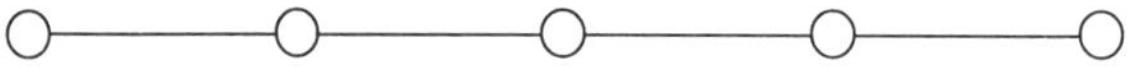

trifft nicht zu	trifft ein wenig zu	trifft überwiegend zu	trifft ganz genau zu

am wenigsten	kaum	etwas	ein wenig	ziemlich	am meisten

- Bei **bipolaren** Skalen werden die beiden Endpunkte mit unterschiedlichen, entgegengesetzten Begriffen benannt.

	sehr zutreffend	zutreffend	etwas zutreffend	weder noch	etwas zutreffend	zutreffend	sehr zutreffend	
modern	○	○	○	○	○	○	○	konservativ
jung	○	○	○	○	○	○	○	alt
billig	○	○	○	○	○	○	○	teuer
interessant	○	○	○	○	○	○	○	langweilig
beliebt	○	○	○	○	○	○	○	unbeliebt
hochwertig	○	○	○	○	○	○	○	minderwertig
langlebig	○	○	○	○	○	○	○	kurzlebig
wichtig	○	○	○	○	○	○	○	unwichtig
bekannt	○	○	○	○	○	○	○	unbekannt
auffällig	○	○	○	○	○	○	○	unauffällig
attraktiv	○	○	○	○	○	○	○	unattraktiv

- Bei **unipolaren oder bipolaren Skalen** werden bevorzugt Skalen mit 5, 7 oder 9 Skalenpunkten verwendet, aber auch mit 4 oder 6 werden eingesetzt.

	zutreffend						nicht zutreffend
modern	○	○	○	○	○	○	○
jung	○	○	○	○	○	○	○
billig	○	○	○	○	○	○	○
interessant	○	○	○	○	○	○	○
beliebt	○	○	○	○	○	○	○
hochwertig	○	○	○	○	○	○	○
langlebig	○	○	○	○	○	○	○
wichtig	○	○	○	○	○	○	○
bekannt	○	○	○	○	○	○	○
auffällig	○	○	○	○	○	○	○
attraktiv	○	○	○	○	○	○	○

4. Praktische Fragebogengestaltung

Fragebogen müssen ziel- und aufgabenorientiert gestaltet werden, sodass sich in der Praxis unterschiedliche Gestaltungsformen anbieten.

Wichtige Kriterien für die jeweilige Fragebogengestaltung sind u. a.:

- Die einzelnen Fragen müssen von den Zielpersonen richtig verstanden werden.
- Die Fragen müssen auch beantwortet werden können.
- Möglichst viele Fragen dürfen nicht zu Misstrauen führen.
- Der Fragebogen muss sinnvoll und beantworterfreundlich aufgebaut werden.
- Bei so genannten Tabuthemen (Religion, Politik) muss behutsam vorgegangen werden.
- Fragebögen dürfen nicht zu viel Zeit zur Beantwortung in Anspruch nehmen.
- Fragebögen sollen möglichst günstig und aussagefähig ausgewertet werden können.

Im Einzelnen ist auf folgende Aspekte besonders zu achten:

- Bearbeitungsdauer: maximal 30 - 40 Minuten
- Fragebogenformat: vorzugsweise DIN A4 und 4 Seiten
- Papierqualität
- Schriftbild
- Layout
- Einsatz von Skalen, Bildern und Vorlagen
- Schriftliche Befragungen
  - Rücksendemöglichkeit (Anschrift, Fax-Nummer)
  - Rücksendetermin
  - Ansprechpartner (Telefonnummer, E-Mail-Adresse)
  - Dank für Beantwortung
  - Name des Beantworters und Stellung im Unternehmen
  - Eventuell Interesse am Ergebnis (Kurzfassung)

Als Beispiele für die unterschiedliche Gestaltung werden im Folgenden drei Fragebögen (z. T. teilweise) dargestellt (Vgl. Abb.).

- Befragung von Kunden der Deutschen Bank (weitgehend geschlossene Fragen)
- Befragung von McDonalds (weitgehend geschlossene Fragen mit Notenvergabe)
- Befragung IBOEROSTAR (Internationale Zielpersonen)

⑨ ⑩ ⑪ ⑫

Fragebogen für einen besseren Service

Unsere Filiale möchte Sie in Zukunft noch besser beraten und betreuen. Bitte geben Sie durch entsprechende: Ankreuzen auf den vorgegebenen Antwortskalen an, wie Sie die Servicequalität unserer Filiale derzeit beurteile Die 1 bedeutet „sehr schlecht", die 10 „sehr gut". Markieren Sie pro Aussage bitte nur ein Kästchen auf der zugeordneten Antwortskala.

1 Beurteilen Sie zunächst **Zugang, Erreichbarkeit und Gestaltung** unserer Filiale. **Wie erfüllt unsere Filiale Ihre Erwartungen in bezug auf...?**

1 = sehr schlecht … sehr gut = 10 (1 2 3 4 5 6 7 8 9 10)

- günstige Öffnungszeiten
- eine schnelle Entgegennahme Ihrer Anrufe
- eine leicht erreichbare Lage
- genügend Parkplätze
- eine ansprechende Atmosphäre, in der man sich schnell wohl fühlt
- übersichtliche Schalterräume, in denen man sich gut zurechtfindet

2 Bewerten Sie nun bitte die **Selbstbedienungseinrichtungen** unserer Filiale. **Wie erfüllt unsere Filiale Ihre Erwartungen in bezug auf...?**

1 = sehr schlecht … sehr gut = 10 (1 2 3 4 5 6 7 8 9 10)

- einen sicheren Standort der Geldautomaten in einem geschützten Bereich
- eine ausreichende Anzahl an Geldautomaten, damit Sie ohne Wartezeit Geld abheben können
- eine ausreichende Anzahl an Kontoauszugsdruckern
- den Zugang zu Kontoauszugsdruckern auch außerhalb der Öffnungszeiten
- eine ausreichende Anzahl an Kundenterminals für Überweisungen, Daueraufträge etc.
- eine verständliche Handhabung der Selbstbedienungseinrichtungen
- ein zuverlässiges Funktionieren der Selbstbedienungseinrichtungen
- eine schnelle Hilfe bei Bedienungsproblemen durch die Mitarbeiter der Bank

3 Denken Sie nun an die **Bedienung an Schalter und Kasse.** Wie erfüllt unser Bankpersonal an Schalter und Kasse Ihre Erwartungen in bezug auf...?

1 = sehr schlecht … sehr gut = 10 (1 2 3 4 5 6 7 8 9 10)

- eine kurze Wartezeit
- eine persönliche Begrüßung
- eine freundliche Bedienung
- eine aufmerksame Bedienung, bei der auch kleine Wünsche und Probleme ernstgenommen werden
- kompetente Auskünfte
- eine prompte Erledigung Ihrer Aufträge

4 Haben Sie persönlich in den letzten 2 Jahren irgendwelche **Beschwerden** gehabt, die Sie bei unserem Bankpersonal vorgebracht haben?

☐ nein → weiter mit Frage 6
☐ ja

- wenn ja, wie oft ist das vorgekommen? ____ mal

5 Beurteilen Sie nun, **wie Beschwerden behandelt werden.** Wie erfüllt unser Bankpersonal Ihre Erwartungen in bezug auf...?

1 = sehr schlecht … sehr gut = 10 (1 2 3 4 5 6 7 8 9 10)

- eine offene und konstruktive Entgegennahme von Beschwerden
- eine engagierte Erledigung von Beschwerden

6 Denken Sie nun daran, **wie Ihre Aufträge erledigt werden.** Wie erfüllt unser Personal Ihre Erwartungen in bezug auf...?

1 = sehr schlecht … sehr gut = 10 (1 2 3 4 5 6 7 8 9 10)

- eine termingerechte Erledigung Ihres Zahlungsverkehrs
- eine korrekte Erledigung Ihres Zahlungsverkehrs
- eine korrekte Kontoführung
- eine fehlerlose Ausgabe/Zusendung Ihrer Kontoauszüge
- eine termingerechte Erledigung Ihrer sonstigen Aufträge
- eine korrekte Durchführung Ihrer sonstigen Aufträge

Abb. 22: Beispiel für einen Fragebogen mit geschlossenen Fragen
Quelle: Deutsche Bank

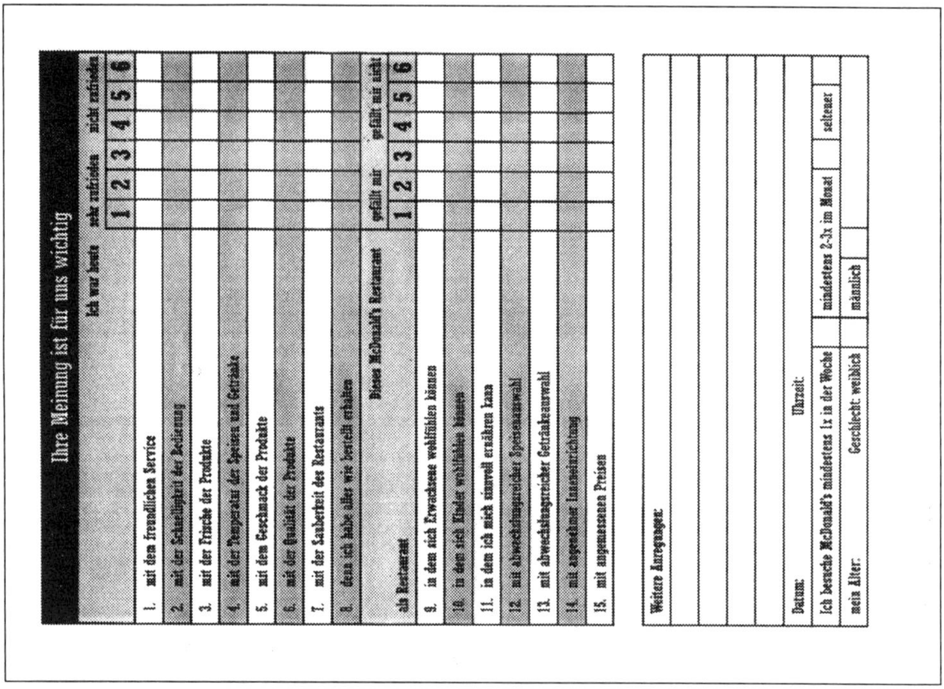

Ihre Meinung ist für uns wichtig						
Ich war heute	sehr zufrieden					nicht zufrieden
	1	2	3	4	5	6
1. mit dem freundlichen Service						
2. mit der Schnelligkeit der Bedienung						
3. mit der Frische der Produkte						
4. mit der Temperatur der Speisen und Getränke						
5. mit dem Geschmack der Produkte						
6. mit der Qualität der Produkte						
7. mit der Sauberkeit des Restaurants						
8. denn ich habe alles wie bestellt erhalten						
Dieses McDonald's Restaurant	gefällt mir					gefällt mir nicht
als Restaurant	1	2	3	4	5	6
9. in dem sich Erwachsene wohlfühlen können						
10. in dem sich Kinder wohlfühlen können						
11. in dem ich mich sinnvoll ernähren kann						
12. mit abwechslungsreicher Speisenauswahl						
13. mit abwechslungsreicher Getränkeauswahl						
14. mit angenehmer Inneneinrichtung						
15. mit angemessenen Preisen						

Weitere Anregungen:

Datum: Uhrzeit:

Ich besuche McDonald's mindestens 1x in der Woche ☐ mindestens 2-3x im Monat ☐ seltener ☐

mein Alter: Geschlecht: weiblich ☐ männlich ☐

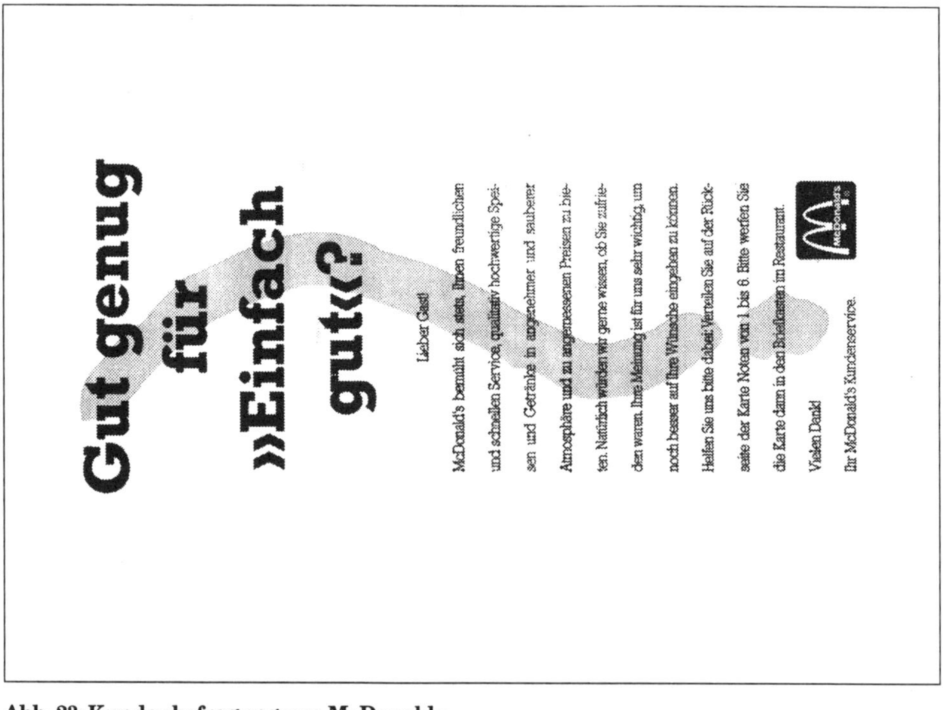

Gut genug für »Einfach gut«?

Lieber Gast!

McDonald's bemüht sich stets, Ihnen freundlichen und schnellen Service, qualitativ hochwertige Speisen und Getränke in angenehmer und sauberer Atmosphäre und zu angemessenen Preisen zu bieten. Natürlich würden wir gerne wissen, ob Sie zufrieden waren. Ihre Meinung ist für uns sehr wichtig, um noch besser auf Ihre Wünsche eingehen zu können. Helfen Sie uns bitte dabei: Verteilen Sie auf der Rückseite der Karte Noten von 1 bis 6. Bitte werfen Sie die Karte dann in den Briefkasten im Restaurant.

Vielen Dank!

Ihr McDonald's Kundenservice.

Abb. 23: Kundenbefragung von McDonalds

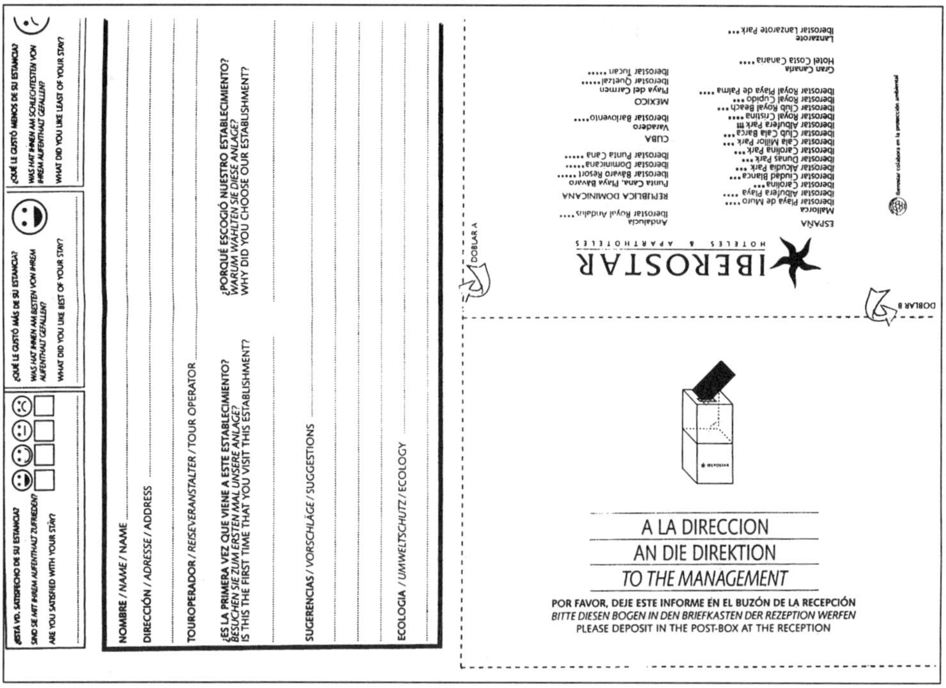
¿ESTÁ VD. SATISFECHO DE SU ESTANCIA?
SIND SIE MIT IHREM AUFENTHALT ZUFRIEDEN?
ARE YOU SATISFIED WITH YOUR STAY?

¿QUÉ LE GUSTÓ MÁS DE SU ESTANCIA?
WAS HAT IHNEN AM BESTEN VON IHREM AUFENTHALT GEFALLEN?
WHAT DID YOU LIKE BEST OF YOUR STAY?

¿QUÉ LE GUSTÓ MENOS DE SU ESTANCIA?
WAS HAT IHNEN AM SCHLECHTESTEN VON IHREM AUFENTHALT GEFALLEN?
WHAT DID YOU LIKE LEAST OF YOUR STAY?

NOMBRE / NAME / NAME

DIRECCIÓN / ADRESSE / ADDRESS

TOUROPERADOR / REISEVERANSTALTER / TOUR OPERATOR

¿ES LA PRIMERA VEZ QUE VIENE A ESTE ESTABLECIMIENTO?
BESUCHEN SIE ZUM ERSTEN MAL UNSERE ANLAGE?
IS THIS THE FIRST TIME THAT YOU VISIT THIS ESTABLISHMENT?

¿PORQUÉ ESCOGIÓ NUESTRO ESTABLECIMIENTO?
WARUM WÄHLTEN SIE DIESE ANLAGE?
WHY DID YOU CHOOSE OUR ESTABLISHMENT?

SUGERENCIAS / VORSCHLÄGE / SUGGESTIONS

ECOLOGIA / UMWELTSCHUTZ / ECOLOGY

IBEROSTAR HOTELES & APARTHOTELES

A LA DIRECCION
AN DIE DIREKTION
TO THE MANAGEMENT

POR FAVOR, DEJE ESTE INFORME EN EL BUZÓN DE LA RECEPCIÓN
BITTE DIESEN BOGEN IN DEN BRIEFKASTEN DER REZEPTION WERFEN
PLEASE DEPOSIT IN THE POST-BOX AT THE RECEPTION

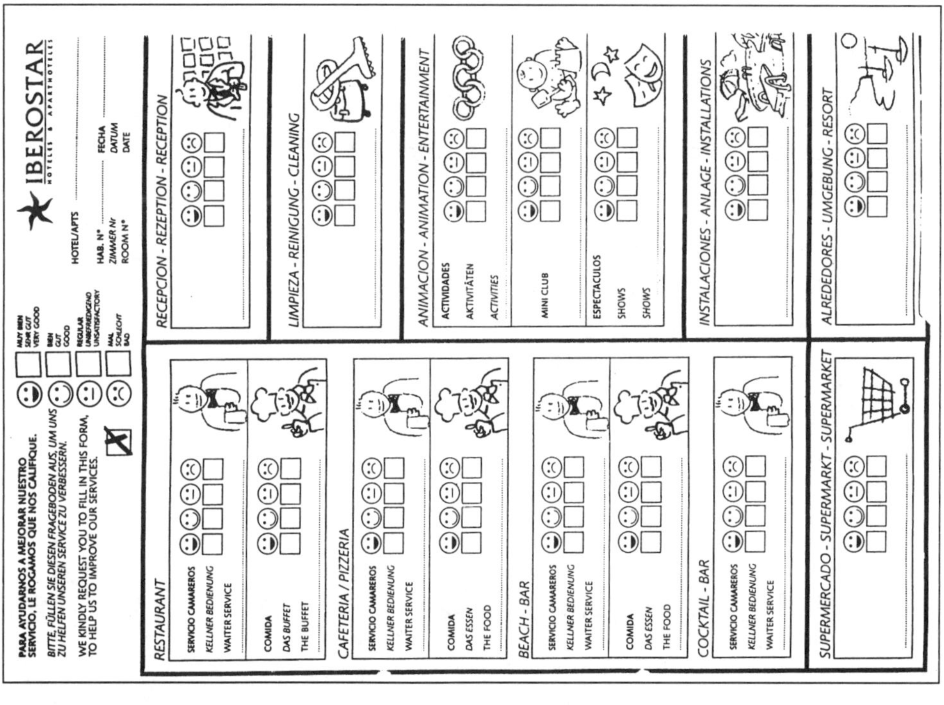
PARA AYUDARNOS A MEJORAR NUESTRO SERVICIO, LE ROGAMOS QUE NOS CALIFIQUE.
BITTE, FÜLLEN SIE DIESEN FRAGEBODEN AUS, UM UNS ZU HELFEN UNSEREN SERVICE ZU VERBESSERN.
WE KINDLY REQUEST YOU TO FILL IN THIS FORM, TO HELP US TO IMPROVE OUR SERVICES.

MUY BIEN / SEHR GUT / VERY GOOD
BIEN / GUT / GOOD
REGULAR / UNBEFRIEDIGEND / UNSATISFACTORY
MAL / SCHLECHT / BAD

IBEROSTAR HOTELES & APARTHOTELES

HOTEL/APTS
HAB. Nº / ZIMMER Nr / ROOM Nº
FECHA / DATUM / DATE

RESTAURANT
SERVICIO CAMAREROS / KELLNER BEDIENUNG / WAITER SERVICE
COMIDA / DAS BUFFET / THE BUFFET

CAFETERIA / PIZZERIA
SERVICIO CAMAREROS / KELLNER BEDIENUNG / WAITER SERVICE
COMIDA / DAS ESSEN / THE FOOD

BEACH - BAR
SERVICIO CAMAREROS / KELLNER BEDIENUNG / WAITER SERVICE
COMIDA / DAS ESSEN / THE FOOD

COCKTAIL - BAR
SERVICIO CAMAREROS / KELLNER BEDIENUNG / WAITER SERVICE

SUPERMERCADO - SUPERMARKT - SUPERMARKET

RECEPCION - REZEPTION - RECEPTION

LIMPIEZA - REINIGUNG - CLEANING

ANIMACION - ANIMATION - ENTERTAINMENT
ACTIVIDADES / AKTIVITÄTEN / ACTIVITIES
MINI CLUB
ESPECTACULOS / SHOWS / SHOWS

INSTALACIONES - ANLAGE - INSTALLATIONS

ALREDEDORES - UMGEBUNG - RESORT

Abb. 24: Kundenbefragung von Iberostar

Kontrollfragen zu D

		Lösungs-hinweise Seite
(1)	Was versteht man unter Befragungen?	91
(2)	Was sind Einthemenbefragungen?	91
(3)	Was sind Mehrthemenbefragungen?	92
(4)	Nach welchen Kriterien lassen sich Befragungen unterscheiden?	92
(5)	Was versteht man unter schriftlichen Befragungen?	94
(6)	Was bezeichnet man als traditionell schriftliche Befragungen?	94
(7)	Welche Vor- und Nachteile haben schriftliche Befragungen?	95
(8)	Was sind Fax-Befragungen? Welche Vor- und Nachteile haben sie?	96
(9)	Was bezeichnet man als computergestützte Befragungen?	96
(10)	Was bezeichnet man als internetbasierte Befragungen?	96
(11)	Welche Möglichkeiten bietet die Online-Marktforschung?	97
(12)	Welche Internet-Dienste können für Marktforschung genutzt werden?	98
(13)	Was bezeichnet man als E-Mail-Befragungen?	98
(14)	Welche Vor- und Nachteile haben E-Mail-Befragungen?	98
(15)	Was bezeichnet man als WWW-Befragungen?	99
(16)	Welche Vor- und Nachteile sind mit WWW-Befragungen verbunden?	99
(17)	Was bezeichnet man als User-Net (Usenet)?	99
(18)	Welche Möglichkeiten bietet Usenet?	99
(19)	Welche Möglichkeiten bietet Internet-Telekommunikation?	100
(20)	Welche Möglichkeiten bietet Internet-Videokommunikation?	100
(21)	Welche Befragungsarten gehören zu den mündlichen Befragungen?	101

(22) Was bezeichnet man als traditionelle mündliche Befragungen? 101

(23) Wie beurteilen Sie telefonische Befragungen? 101

(24) Was versteht man unter Gruppeninterviews? 109

(25) Was sind klassische Gruppeninterviews (Gruppendiskussionen)? 109

(26) Welche Vor- und Nachteile haben Gruppeninterviews? 109

(27) Was sind Online-Gruppeninterviews (Online-Focus-Groups)? 110

(28) Welche Probleme ergeben sich bei Online-Focus-Groups? 110

(29) Wie bewerten Sie die unterschiedlichen Befragungsmöglichkeiten im Hinblick auf relevante Kriterien? 111

(30) Welche Kriterien zur Bewertung erscheinen Ihnen wichtig? 111

(31) Welche Vor- und Nachteile haben traditionelle telefonische Befragungen? 95

(32) Welche Befragungen werden computerunterstützt durchgeführt? 104

(33) Was versteht man unter CATI? 104

(34) Was versteht man unter CAPI? 104

(35) Was versteht man unter CASI? 104

(36) Welche Vor- und Nachteile haben CAPI-Erhebungen? 106

(37) Wie verändert sich der Befragungsablauf bei computerunterstützten Befragungen im Vergleich zu Befragungen ohne Einsatz des Computers? 107

(38) Inwiefern verändern sich einzelne Tätigkeiten? 107

(39) Wie sieht idealtypisch ein Befragungsablauf mit Fragebogen aus? 111

(40) Wie geht man bei einer schriftlichen Befragung vor? 113

(41) Was versteht man unter Programmfragen? 112

(42) Was sind „Text- oder Testfragen"? 112

(43) Welche Prinzipien empfehlen sich bei der Fragenformulierung anzuwenden? 114

(44) Was will der sog. Frageplan von Gallup erreichen? 114

(45) Welche Frageformen kennen Sie? 116

(46)	Was versteht man unter direkten Fragen?	116
(47)	Was versteht man unter indirekten Fragen?	116
(48)	Was sind projektive Fragen?	116
(49)	Was verstehen Sie unter projektiven Verfahren?	117
(50)	Was versteht man unter assoziativen Verfahren?	117
(51)	Wann empfiehlt es sich, offene Fragen zu stellen?	117
(52)	Welche Möglichkeiten der Antwort gibt es bei geschlossenen Fragen?	117
(53)	Was bezeichnet man als Sachfragen?	119
(54)	Was sind Steuerungsfragen?	119
(55)	Welche Fragen bezeichnet man als Kontakt- und Eisbrecherfragen?	119
(56)	Was sind Ablenkungsfragen?	119
(57)	Welche Aufgaben bei einer Befragung haben Motivationsfragen?	119
(58)	Was bezeichnet man als Kontrollfragen?	119
(59)	In welcher Phase einer Befragung sollte man „Fragen zur Person" stellen?	119
(60)	Welche Schritte sind Ihrer Meinung von der Festlegung des Befragungsziels bis zum Druck eines Fragebogens zu gehen?	120
(61)	Was sind Skalen?	122
(62)	Welche Skalen kennen Sie?	122
(63)	Was versteht man unter Nominalskalen?	122
(64)	Was versteht man unter Ordinalskalen?	122
(65)	Was versteht man unter Intervallskalen?	122
(66)	Was sind grafische Skalen?	124
(67)	Was sind verbale Skalen?	126
(68)	Was sind gegliederte Skalen?	124
(69)	Was sind numerische Skalen?	126
(70)	Was sind unipolare Skalen?	127
(71)	Was sind bipolare Skalen?	126
(72)	Was ist die Kunin-Skala?	125

Literatur zu D

Anders, H.-J., Neue Informationstechniken und ihre Bedeutung für die Marktforschung, Marketing 1988, Heft 3

Atteslander, P., Methoden der empirischen Sozialforschung, 8. Auflage, Berlin/New York 1995

Bechtloff, V., Computergestützte Befragungssysteme bei der Datenerhebung und ihr praktischer Einsatz in der Bundesrepublik Deutschland, Empirische Wirtschaftsforschung, Bd. 25, Münster, Hamburg 1993

Bliemel/Fassot/Theobald (Hrsg.), Electronic Commerce, Wiesbaden 2000

Böhler, H., Marktforschung, 3. Auflage, Stuttgart u. a. 1999

Bruns, J., Befragung als Instrument der primärforscherischen Datengewinnung in: Pepels, W. (Hrsg.), Neuwied 1999

Büning, H./Haedrich, G., Operationale Verfahren der Markt- und Sozialforschung, Berlin/New York u. a. 1981

Dillmann, D.A., Mail and Internet Surveys, New York , 2000

Dreyer, M., Website-Testing, in: Theobald/Dreyer/Starsetzki (Hrsg.), Online-Marktforschung, Wiesbaden 2001

Erichson, B., Elektronische Panelforschung, in: Hermanns/Flegel (Hrsg.), München 1992

Elektronische Forschungsgruppe Konsum und Verhalten (Hrsg.), Innovative Marktforschung, Bd. 3, Würzburg/Wien 1983

Glagow, H., Interview-Computer, in: Zentes, J. (Hrsg.): Neue Informations- und Kommunikationstechnologien in der Marktforschung, Berlin u. a. 1984

Gierl, H., On-line-Marktforschung durch Bildschirmtext und Rechnerverbund, Proceedings, Gottlieb Duttweiler Institut Rüschlikon/Zürich 1984

Görtz, A.S., Online-Panels, in: Theobald/Dryer/Starsetzki (Hrsg.), Online-Marktforschung, Wiesbaden 2001

Hafermehl, D., Schriftliche Befragung, Möglichkeiten und Grenzen, Wiesbaden 1976

Hamman, P./Erichson, B., Marktforschung, 2. Auflage, Stuttgart/New York 1992

Hanson, W., Principles of Internet Marketing, Cincinnati 2000

Hauser, S., Statistische Verfahren zur Datenbeschaffung und Datenanalyse, Freiburg 1981

Hermanns, A./Flegel, V. (Hrsg.), Handbuch des Electronic Marketing, München 1992

Hippler, H.-J./Beckenbach, A., Das persönlich-mündliche Interview am Scheideweg?, in: Planung und Analyse, Nr. 5, 1992

Hoeppner, G., Computereinsatz bei Befragungen, Wiesbaden 1994

Hüttner, M., Grundzüge der Marktforschung, 4. Auflage, Wiesbaden 1989

Holm, K. (Hrsg.), Die Befragung, Bd. 4, München 1976

Kellerer, H., Theorie und Technik des Stichprobenverfahrens, 3. Auflage, München 1963

Klewes, I., Die Marketing Datenbank, Düsseldorf 1997

Kroeber-Riel, W./Neibecker, B., Elektronische Datenerhebung: Computergestützte Interviewsysteme, in: Forschungsgruppe Konsum und Verhalten (Hrsg.): Innovative Marktforschung, Bd. 3, Würzburg/Wien 1983

Kroeber-Riel, W./Weinberg, W., Konsumentenverhalten, 6. Auflage, München 1996

Leiner, B., Stichprobentheorie, München 1985

Leven, W., Automatische Blickregistrierung, in: Marketing ZFP, Heft 2, 1988

Leven, W., Blickverhalten von Konsumenten beim Betrachten von Werbung, Trier 1990

Meier, F., Computergestützte Befragungen, in Hermanns, A., Flegel, V. (Hrsg.), Handbuch des Electronic Marketing, München 1992

Mülder, W./Weis, H.C., Computerintegriertes Marketing, Ludwigshafen 1996

Neibecker, B., Elektronische Datenerhebung: Computergestützte Reaktionsmessung, in: Forschungsgruppe Konsum und Verhalten (Hrsg.): Innovative Marktforschung, Bd. 3, Würzburg/Wien 1983

Noelle-Neumann, E., Umfragen in der Massengesellschaft, Hamburg 1963

Pepels, W. (Hrsg.), Moderne Marktforschungspraxis, Neuwied 1995

Salcher, E. F., Psychologische Marktforschung, 2. Auflage, Berlin/New York, 1995

Sauermann, P., Qualitative Befragungstechniken in: Pepels, W. (Hrsg.), Neuwied 1999

Schub von Bossiazky, G., Online-Befragung, in: Pepels (Hrsg.), Moderne Marktforschungspraxis, Neuwied 1999

Sokat M., Mobile Datengewinnung mit PC's, in: Marktforschung & Management, Nr. 1, 1989

Theobald, A., Marktforschung im Internet, in: Theobald/Dreyer/Starsetzki (Hrsg.) Wiesbaden 2001

Theobald/Dreyer/Starsetzki (Hrsg.), Online-Marktforschung, Wiesbaden 2001

Weis, H. C., Marketing, 12. Auflage, Ludwigshafen 2000

Wellenreuther, M., Grundkurs: Empirische Forschungsmethoden, Königstein/Taunus 1982

Werner, A./Stephan, R., Marketing Instrument Internet, 2. Auflage, Heidelberg 1998

Wettschureck, G., Grundlagen der Stichprobenbildung in der demoskopischen Marktforschung in Behrens, K. Ch. (Hrsg.): Handbuch der Marktforschung, Wiesbaden 1974, Bd. 1

Wildner, R., High Tech in der Marktforschung, in: Marktforschung & Management, Nr. 3, 1990

Zentes, J., EDV-gestütztes Marketing, Berlin u. a. 1987

Zerr, K., Online-Marktforschung-Erscheinungsformen und Nutzenpotentiale, in: Theobald/Dreyer/Starsetzki (Hrsg.), Wiesbaden 2001

E. Die Beobachtung

Unter Beobachtung versteht man eine Datenerhebungsmethode, die auf die Erfassung der sinnlich wahrnehmbaren aktuellen Umwelt gerichtet ist. Sie ist als die zweite bedeutende Methode der Informationsgewinnung zu bezeichnen *(Green, Tull, S.* 140). Die Beobachtung kann als alleinige Methode und/ oder in Kombina-tion mit anderen Datenerhebungsmethoden eingesetzt werden.

1. Beobachtungsmethoden

Beobachtung kann als **naive** oder als **wissenschaftliche Beobachtung** erfolgen. Die **naive** Beobachtung ist dadurch gekennzeichnet, dass sie unsystematisch, planlos und ohne klar definiertes Erkenntnisziel durchgeführt wird. **Wissenschaftliche** Beobachtung ist gekennzeichnet durch:

- einen genau umschriebenen Untersuchungsbereich
- ein planmäßiges Vorgehen
- ein bestimmtes Erkenntnisziel
- sinnlich wahrnehmbare Objekte bzw. Ereignisse als Gegenstand der Beobachtung
- eine rezeptive Haltung bei der Beobachtung
- eine Registrierung von aktuellem Geschehen.

Die Erfassung aktuellen Geschehens kann dabei unter Anwendung der verschiedensten technischen Hilfsmittel wie Mikrophon, Videokamera, Blickaufzeichnungsgeräte, Audimeter, Psychogalvanometer usw. erfolgen.

Allgemein lassen sich die verschiedenen Beobachtungsverfahren nach unterschiedlichen Gesichtspunkten unterscheiden.

Im Folgenden wird eine Übersicht nach ausgewählten Kriterien gegeben (vgl. Abb.).

Beobachtung	
Kriterium	**Form**
• Art der Beobachtung	Feldbeobachtung – Laborbeobachtung
• Objekt	Einobjekt – Mehrobjekte
• Häufigkeit	Einmalbeobachtung – Mehrfachbeobachtung – Panelbeobachtung
• Beobachtungssituation	offen – biotisch – nicht biotisch
• Beobachtungsstrategie	standardisiert – nicht standardisiert
• Beobachtungsumfeld	real – experimentell
• Beobachter	teilnehmend – nicht teilnehmend
• Methode	menschlich – apparativ

Einzelne Kriterien von Beobachtungen werden kurz näher betrachtet.

- **Offene bzw. verdeckte Beobachtung**

  Offene Beobachtung liegt dann vor, wenn den Testpersonen bekannt ist, dass ihr Verhalten beobachtet wird (z. B. Blickaufzeichnung, Psychogalvanometer, Leseverhalten). Bei der verdeckten Beobachtung weiß der Beobachtete nichts von dem Beobachtungsvorgang (Kundenlaufstudie) (siehe Abbildung S. 133).

- **Systematische bzw. unsystematische Beobachtung**

  Systematischen Beobachtungen liegen genau strukturierte Beobachtungskategorien zu Grunde. **Strukturiert** bedeutet dabei, dass die beobachteten Handlungssequenzen, Handlungsteile, Personen oder sonstige Sachverhalte nach vorab festgelegten Kategorien sortiert und nur diese aufgezeichnet werden, die durch diese Kategorien positiv abgedeckt sind *(Atteslander, P. 1984, S.* 152). Unsystematische Beobachtungen haben nur sehr gering strukturierte Beobachtungskategorien und beziehen sich auf nicht exakt festgelegte Abläufe oder Sachverhalte.

- **Teilnehmende bzw. nicht teilnehmende Beobachtung**

  Von teilnehmender Beobachtung spricht man, wenn der Beobachter im Beobachtungsbereich bzw. Teilnehmer der Beobachtung ist. Dabei lässt sich weiter **in aktiv-teilnehmende und passiv-teilnehmende** Beobachtung unterscheiden. Eine aktiv-teilnehmende Beobachtung liegt vor, wenn z. B. ein Beobachter in ein Geschäft geht und dort Probekäufe tätigt.

  Passiv-teilnehmende Beobachtung ist dann gegeben, wenn der Beobachter sich im Geschäft befindet, jedoch dort nur das Verhalten der Verkäufer im Hinblick auf ihr Verhalten beobachtet.

Sowohl bei der passiv-teilnehmenden als auch bei der aktiv-teilnehmenden Beobachtung sind wichtige Voraussetzungen zu schaffen (vgl. auch Friedrichs, 1984, S. 289):

(1) Das Beobachtungsfeld muss dem Beobachter zugänglich sein: Beim Testkauf teilnehmend zu beobachten ist einfach; die Beobachtung beim Einkauf einer Familie jedoch setzt deren Einverständnis voraus.

(2) Der Beobachter darf durch sein Verhalten das Beobachtungsfeld nicht verändern oder beeinflussen.

(3) Der gesamte Vorgang muss erfasst werden können und nicht nur ein Teilbereich.

(4) Der Beobachter darf durch seine Doppelrolle, als Teilnehmer und Beobachter, nicht überfordert werden.

(5) Eine Beobachtung muss ethisch gerechtfertigt sein.

2. Verfahren der Beobachtung

Bei der Beobachtung kann in

- persönliche Beobachtung und
- apparative Beobachtung

unterschieden werden.

Persönliche Beobachtung liegt z. B. bei Kundenbeobachtung, Verkäuferbeobachtung, Testkäufen usw. nur durch eine Person vor.

Von **Apparativer Beobachtung** spricht man, wenn spezielle Apparate zur Beobachtung eingesetzt werden, wie z. B. Blickregistrierungsgeräte, Tachistoskope, Psychogalvanometer usw.

Beobachtungen lassen sich z. B. in Verkaufsräumen, im Freien, im Internet, aber auch in speziellen Teststudios durchführen. So werden z. B. Beobachtungen durchgeführt:

- **im Bereich der Handelsforschung** sind Kundenbeobachtungen, Kundenfrequenzmessungen, Kunden- und Passantenstrommessungen, Kunden- und Besucherlaufanalysen, Testkäufe usw. üblich.
- **im Bereich der Werbung** nimmt man Blickregistrierungen, Messungen der Kopfbewegungen, Messung der Hautwiderstandsänderungen usw. vor.
- **im Internet** lässt sich beobachten, wer welche Web-Site usw. wie lange angeklickt hat. Auch kann beobachtet werden, wer Produkte gekauft bzw. seine Beurteilung abgegeben hat.

3. Anwendungsgebiete

Die Anwendungsgebiete für Beobachtungen erstrecken sich auf **allgemein feststellbare Verhaltensweisen** und auf **nicht allgemein zugängliche subjektive persönliche Gegebenheiten.** Zu den allgemein durchführbaren Verhaltensbeobachtungen zählen z. B.,

- das Kaufverhalten
- die Kundenlaufstudien
- das Verhalten in der Öffentlichkeit (Passanten)
- das Verhalten im Internet
- usw.

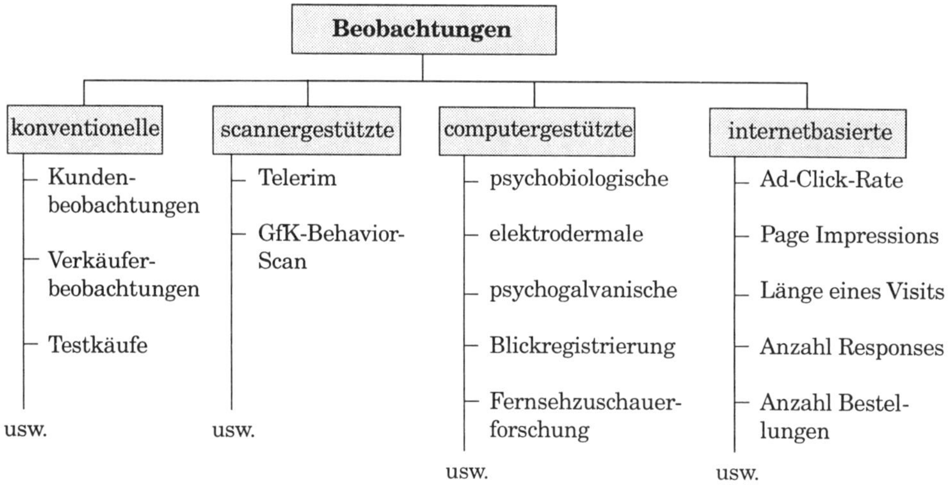

Abb. 1: Übersicht über Beobachtungsverfahren in der Praxis

Allgemein gibt die Abbildung eine Übersicht über verschiedene Möglichkeiten der Beobachtungen. Dabei wird in

- konventionelle
- scannergestützte
- computergestützte
- internetbasierte

Beobachtungen unterschieden.

Im Folgenden wird nur auf die konventionellen und computergestützten Beob achtungsverfahren eingegangen.

Zu den subjektiv-intrapersonellen Beobachtungen zählen:

- die psychobiologischen Verfahren (wie z. B. Pupillometrie, Elektrodermatografie usw.)

- die Blickregistrierungen
- die Beobachtung des Fernsehverhaltens u. a.

3.1 Allgemein durchführbare Beobachtungen

Zu den Verfahren, die in der Öffentlichkeit angewendet werden können, zählen z. B. die Untersuchung des Kaufverhaltens, des Verhaltens von Passanten, Kundenlaufstudien usw.

Mit Kundenlaufstudien versucht man z. B. im Einzelhandel (vgl. nachstehend) Hinweise für die Gestaltung und Platzierung der Artikel zu gewinnen. Die Beobachtung von Passanten im Hinblick auf die Schaufenstergestaltung erbringt Kenntnisse über Attraktivität und Interesse der Passanten. Auch die Beobachtung des Einkaufsverhaltens im Laden als auch in Studios liefert Anhaltspunkte für die Laden- und Regalgestaltung.

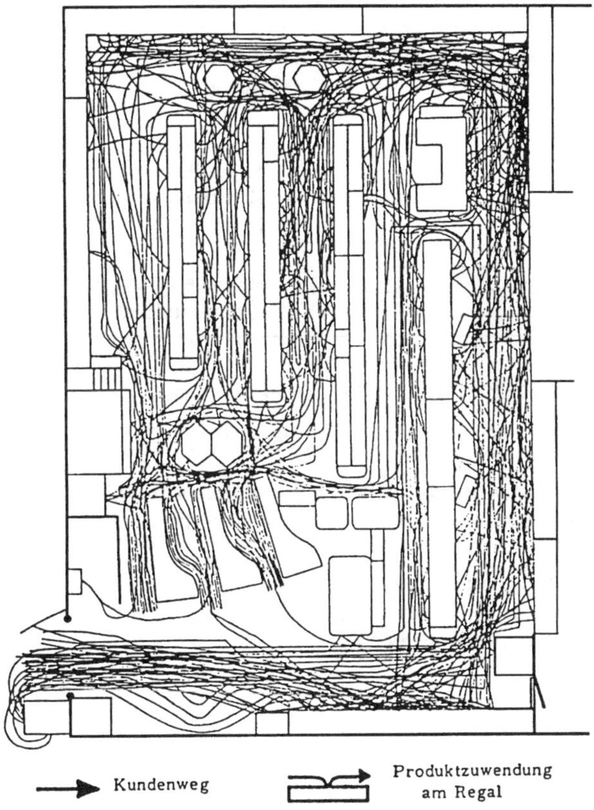

Abb. 2: Kundenlaufstudie
Quelle: *Becker, W.,* Beobachtungsverfahren in der demoskopischen Marktforschung, Stuttgart 1973, S. 208

Von besonderer Bedeutung sind die sog. Test- (oder Schein-)käufe, die in bestimmten Ladengeschäften getätigt werden, um zu ermitteln, ob und wie bestimmte Produkte angeboten werden.

3.2 Psychobiologische Verfahren

Mithilfe der psychobiologischen Verfahren versucht man diejenigen Vorgänge in Personen zu erfassen, die weitgehend selbstständig und nicht bewusst steuerbar ablaufen: Dies erfolgt durch Messung bestimmter psychobiologischer Funktionen, die in der folgenden Übersicht wiedergegeben werden (vgl. Abb.).

System	Messkriterien
Elektrodermales System	Hautleitfähigkeit, Hautpotenzial, Hautwiderstand
Gastrointestinales System	Aktionspotenziale des Magens, Magen-Darm-Motorik, Salzsäuresekretion
Kardiovaskuläres System	Blutdruck, Blutvolumen, Herzfrequenz, Pulsvolumen, Pulswellengeschwindigkeit
Motorisches System	Augenbewegung, Körperbewegung, Muskelaktionspotenzial, Sprechaktivität, Tremor
Respiratorisches System	Atemfrequenz, Atemgasaustausch, Atemvolumen

Abb. 3: Wichtige psychobiologische Funktionen und ihre Messmöglichkeiten

Quelle: *Wittling, W.*, Psychobiologische Diagnostik 1980, S. 305

Bei diesen Verfahren werden entweder bioelektrische oder mechanische bzw. physikalische Signale gemessen. Im Einzelnen sind dies z. B.:

- das elektrodermale Verfahren (EDR)
- die psychogalvanische Reaktion (PGR)
- das Elektroenzephalogramm (EEG)
- die Pupillometrie
- die Thermografie
- die Stimmenfrequenzanalyse.

3.2.1 Elektrodermale Verfahren

Bei dem elektrodermalen Verfahren misst man die Veränderungen des Hautwiderstandes durch bioelektrische Prozesse aufgrund der inneren Erregung als Folge bestimmter innerer Verarbeitungsprozesse. Die Veränderung des elektrischen Hautwiderstandes wird mit verstärkter Sekretion der Schweißdrüsen erklärt. Mithilfe des Psychogalvanometers wird dann die Hautwiderstandsveränderung gemessen. Dazu werden an der Innenseite von Zeige- und Ringfinger je eine Elektrode befestigt, durch die ein schwacher Strom kurze Zeit geschickt wird. Als Ergebnis ergibt sich eine innere Erregung (vgl. Abb).

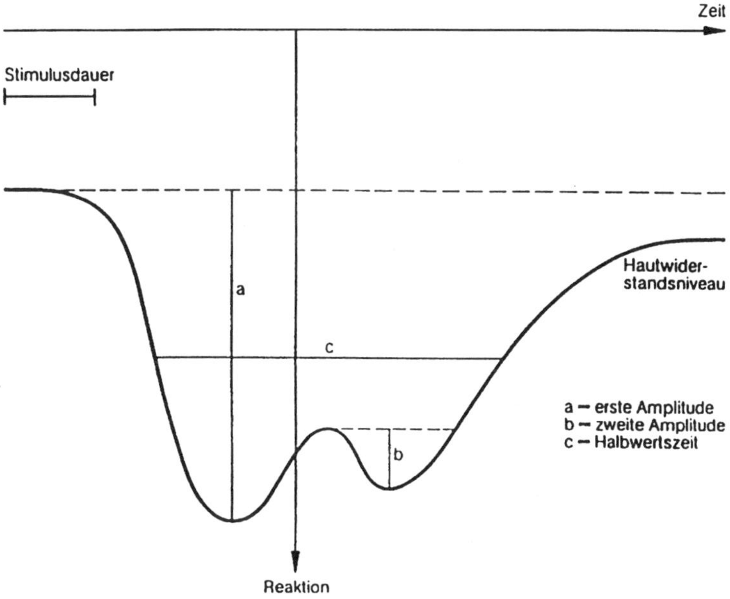

Abb. 4: Elektrodermale Reaktionen (mit Parameter)

Quelle: *Kroeber-Riel,* 1984, S. 62

3.2.2 Psychogalvanische Verfahren

Mit sog. Psychogalvanometern wird die Aktivierung von Personen aufgrund einer Veränderung des elektrischen Hautwiderstandes gemessen. Damit wird eine Reaktion des autonomen Nervensystems registriert. Allgemein gilt dieses Aufzeichnungsverfahren nach dem Enzephalogramm als das genaueste zur Aufzeichnung einer psychischen Aktivierung. Die folgende Abbildung zeigt neben der psychogalvanischen Reaktion (B), auch die Veränderungen von Atmung, Puls und peripherer Durchblutung aufgrund einer Aktivierung.

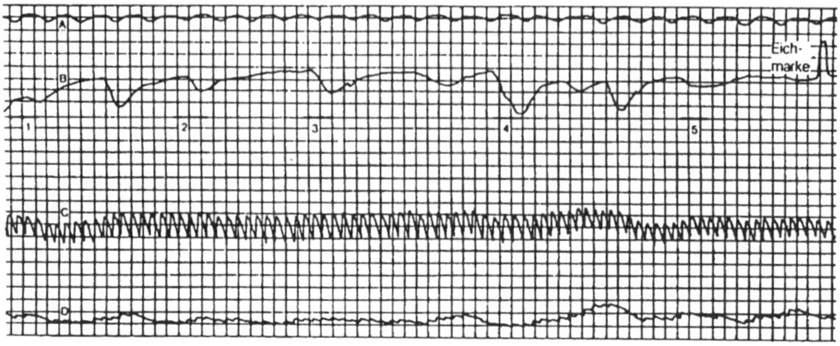

Abb. 5: Aufzeichnung von physiologischen Indikatoren der Aktivierung

Quelle: *Kroeber-Riel, W.,* Konsumentenverhalten, 1980, S. 72

Anmerkung: A = Atmung, B = psychogalvanische Reaktion,
C = periphere Durchblutung, D = Pulsfrequenz

Der Versuchsperson (männl., 26 J.) wurden fünf Werbeanzeigen dargeboten (Zeit: 2 Sek.). Die Darbietung der Anzeigen ist durch die bezifferten Ereignismarken gekennzeichnet. Somit können jeder Darbietung die entsprechenden Reaktionen zugeordnet werden. Die Kurven A bis D geben physiologische Reaktionen wieder. Wie vor allem die Kurve B zeigt, lösen die Anzeigen Nr. 3 und Nr. 4 die größten Reaktionen aus, es sind Anzeigen für Körperpflege („Kamil") und Getränke („Jambosala") mit emotional wirksamen Motiven.

3.2.3 Elektroenzephalogramm (EEG)

Mithilfe der Elektroenzephalografie lassen sich von auf der Kopfhaut eines Individuums angebrachten Elektroden Potenzialschwankungen des Gehirns messen. Aufgrund der Form der aufgezeichneten Wellen lassen sich Rückschlüsse über die Aufnahme und Verarbeitung sensorischer Reize machen. Dies erlaubt dann z.B. die Beurteilung von Werbeaktionen im Hinblick auf ihre Wirkung bei untersuchten Personen.

3.2.4 Pupillometrie

Mithilfe eines sog. Pupillometers (Filmkamera) versucht man die Pupillenreaktionen zu messen, um daraus Informationen über die Aktivierung von Personen zu gewinnen. Dabei stellt man den durchschnittlichen Pupillendurchmesser einer Person fest und vergleicht die durch Reize hervorgerufenen Veränderungen. Man unterstellt dann, dass je größer die gemessene Differenz ist, umso stärker auch eine Aktivierung einer Person erfolgt ist. Überwiegend ist man der Ansicht, dass bei positiven Reizen die Pupillen sich vergrößern, während bei negativen eine Verkleinerung erfolgt. Inwieweit die Befunde Auskunft über die Qualität der Aktivierung geben, ist noch nicht endgültig geklärt.

3.2.5 Thermografie und Stimmfrequenzanalyse

Bei der *Thermografie* werden die Hauttemperaturschwankungen registriert, die als unwillkürliche Reaktion auf die jeweilige Stimulation eintreten. Die Thermokamera erfasst die Infrarotlichtabstrahlung des Körpers und nutzt dessen Oberflächentemperatur als Indikator für den Aktiviertheitsgrad. Besonders Veränderungen der kalten und warmen Gesichtspartien sollen Auskunft über Erregungsvorgänge geben. Die *Stimmfrequenzanalyse* hat das Interesse, die dem menschlichen Ohr nicht zugänglichen, psychisch bedingten Veränderungen der Stimmfrequenz im Bereich von 8 -14 Hz zu erfassen. Auch dieser sog. Mikrotremor lässt sich unbemerkt von der untersuchten Person analysieren (vgl. *Nighswonger/ Martin*, 1981).

Die folgende Übersicht von *Konert* stellt nochmals Grundlagen, Maße, Reliabilität, Validität und Anwendungsmöglichkeiten von vier der genannten Verfahren im Zusammenhang gegenüber.

Indikatoren / Kriterien	Elektrodermale Verfahren	Elektroenzophalogramm	Stimmanalyse	Pupillometrie
Grundlagen	Eine Komponente der menschlichen Orientierungsreaktion: sie misst als Indikator des vegetativen Nervensystems die Stärke der Aktivierung.	Zentraler Indikator. Messung der elektrischen Aktivität insbesondere des Cortex.	Die Stimmanalyse misst die emotionale Intensität einer Person bezogen auf einen Reiz.	Gemessen wird die Flächenveränderung der Pupillenreaktion auf Basis zweier, antagonistisch wirkender Muskeln, die vom vegetativen Nervensystem gesteuert werden.
Maße	Amplitude, Halbzeitwert, Flächenmaße	Alpha- und Beta- Wellen	Muskuläre Aktivität mithilfe des Electromyografen	Gemessen wird die Flächenveränderung der Pupille
Reliabilität	Zufriedenstellend $0.27 < R < 0.70$ in Abhängigkeit vom Zeitintervall	außerordentlich hoch ($R > 0.83$ bei 1-jährigem Intervall)	Kaum gegeben	Relativ gering
Validität	Gut	Bei Kontrolle der Störvalidität hinreichend	Keine interpretierbaren Ergebnisse	Sehr gering; außerordentlich störanfällig
Anwendung	Werbewirkungsforschung, Pretests, Emotionsforschung, Lernexperimente, Gedächtnisexperimente	Low-Involvement Forschung, Hemisphärenspezialisierung, Informationsverarbeitungsprozesse im Rahmen der Kommunikation	Einkaufs- und Entscheidungsverhalten, Werbung, Interaktion: Simulation von Verkaufsgesprächen im Rahmen des Investitionsgütermarketing	Verpackungs- bzw Designforschung, Anzeigenwerburg

Abb. 6: Übersicht über verschiedene Beobachtungsverfahren
Quelle: *Konert, F.J.,* 1985, S. 105

3.2.6 Blickregistrierungsverfahren

Verfahren, mit deren Hilfe ermittelt werden soll, wie der Blickverlauf einer Person beim Betrachten eines Bildes ist, bezeichnet man als Blickregistrierungsverfahren. Dieses kann direkt erfolgen durch eine Spezialbrille, die eine Versuchsperson trägt. Bei dem indirekten Verfahren werden die Augenbewegungen mit einer Kamera aufgenommen und dann durch die jeweiligen Beobachter den Bildern und Bildelementen zugeordnet. Wegen der Problematik der Zuordnung bei den indirekten Verfahren bleibt ihr Einsatz auf Bilder oder visuelle Vorlagen mit wenigen Elementen begrenzt.

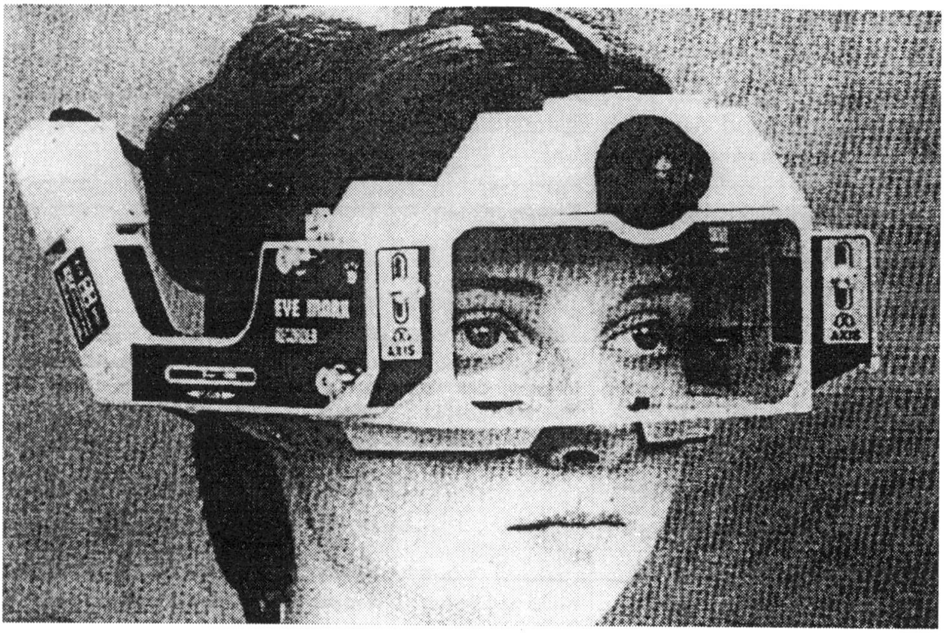

Abb. 7: Blickregistrierungsgerät NAC

Quelle: GfK Marktforschung

Auf dem Markt werden u. a. zwei Methoden der Blickaufzeichnung angeboten:

- das Verfahren des Institut Compagnon (Abb. S. 139)
- das Verfahren mit dem NAC eye mark recorder (Abb. S. 138)

Beim **„Compagnon-Verfahren“** sitzt die Versuchsperson an einem Spezialtisch und ihre Augenbewegungen werden beim Studium des Werbeträgers, der die Anzeigen enthält, mit einer für die Versuchsperson nicht erkennbaren Kamera registriert. In der Auswertung werden dann die mit einer Kamera registrierten Anzeigenelemente entsprechend zugeordnet. Dieses Vorgehen wird als sehr realistisch, aber im Hinblick auf die Aussagen als problematisch angesehen.

Abb. 8: Beobachtung der Blickbewegungen nach dem „Compagnon-Verfahren"

Quelle: *Compagnon* (1992)

Bei der Methode mit einem **NAC eye mark recorder** (Spezialbrille) wird beobachtet, wie oft, wie lange und in welcher Reihenfolge eine **Versuchsperson welche** Elemente der Anzeige betrachtet: Dieses Verfahren wird allgemein als das „wissenschaftlichere", weil genauere Verfahren, angesehen.

Bei diesem Verfahren setzt die Versuchsperson eine Brille auf, an der sich pro Auge eine Infrarotlichtquelle und zwei Photozellen befinden. Beim Betrachten eines Bildes wird infrarotes Licht auf die Augen gestrahlt, reflektiert, von einer Photozelle aufgefangen und in elektrisches Potenzial umgewandelt. Die elektrischen Potenziale werden in mechanische Bewegungen umgewandelt und aufgezeichnet.

Um auch Daten einer größeren Zahl von Personen erfassen zu können, ist inzwischen ein System zur **automatischen Online-Blickregistrierung** unter Einsatz eines Mikro-Computers entwickelt worden, der die Daten von Blickverlaufsuntersuchungen in maschinenlesbare Form aufbereitet.

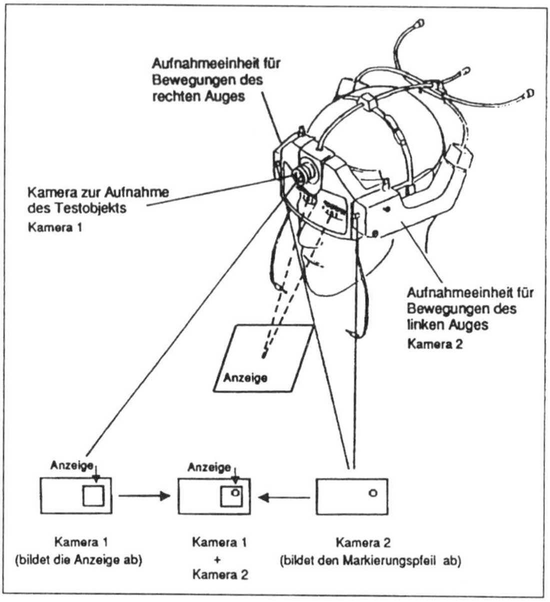

Abb. 9: Beobachtung der Blickbewegungen nach dem „NAC-Verfahren"

Quelle: *Salcher (1995), S.* 101

Es muss nicht besonders erwähnt werden, dass dieses Verfahren - ähnlich wie die Mannheimer Testanordnung - deutlich größere Unsicherheiten in der Erfassung der Blickrichtung mit sich bringt als der eye mark recorder. Es bedarf einer relativ langen Übung und einer hohen Konzentration der Beobachter, um eine annähernd exakte Zuordnung der Augenbewegungen zu den jeweiligen Anzeigenelementen vornehmen zu können. Aufgrund der relativ starken Annäherung dieser Testanordnung an ein normales und ungestörtes Leseverhalten ist man jedoch geneigt, die größere Unsicherheit in der Registrierung des genauen Blickverlaufes in Kauf zu nehmen.

Da Blickregistrierung insbesondere in der Werbewirkungsforschung eingesetzt wird, ist es möglich, den Blickverlauf, Fixationen und Saccaden (Blicksprünge) festzuhalten. Aufgrund dieser Kennzeichen des Betrachtungsablaufs (der sog. **Makrobewegungen** des Auges) wird auf die Informationsaufnahme geschlossen. **Fixationen** sind Verweilpunkte im Rahmen der Informationsaufnahme. **Saccaden** sind sog. schnelle „Sprünge" des Auges (ca. 30 bis 90 Millisekunden). Als sog. **Mikrobewegungen** des Auges misst man unter anderem (vgl. Abb.: Blickverlauf, S. 123):

- Fixationen
- Fixationshäufigkeit und -dauer
- Mikrosaccaden.

Das beim Betrachten bildlicher Vorlagen anzutreffende Fixationsmuster (Reihenfolge der Betrachtung, Häufigkeit, Dauer der Betrachtung einzelner Punkte) wird i. d. R. als Maß für das Wahrnehmungsverhalten und spätere Erinnerungsverhalten herangezogen.

Abb. 10: Blickverlauf beim Betrachten einer Anzeige

Quelle: *Kroeber-Riel,* 1980, S. 235

Anmerkungen: Die kleinen Kreise, Verdickungen, Wendepunkt und Schleifen weisen auf Fixationen, d. h. auf Punkte hin, an denen der Blick kurz verweilt. Die Betrachtungszeit beträgt zehn Sekunden.

3.2.7 Tachistoskopverfahren

Das Tachistoskop ist ein Gerät, das bildliche Vorlagen (z. B. Anzeigen) mindestens in Originalgröße für eine kurze Zeit (z. B. 1/1000 Sek., 1/100 Sek., 1/ 10 Sek.,

1 Sek., 10 Sek.) darbietet. Am gebräuchlichsten ist das Projektionstachistoskop, bei dem Diapositive auf einen Bildschirm projiziert werden. Mithilfe dieses Verfahrens ist es möglich, Informationen über die Entstehung des Wahrnehmungsprozesses zu erhalten. Man kann erkennen, welche Elemente schnell erkannt werden und einen hohen Aufmerksamkeitsgrad haben. Die auf diese Weise erhaltenen Werte sind objektiv. Da die Aussagen des Tachistoskopverfahrens hauptsächlich in der Ermittlung von Aufmerksamkeitswerten bestehen, müssen die kognitiven und emotionalen Wahrnehmungsreaktionen durch eine Befragung der Betrachter ergänzt werden wie z. B. (vgl. *Salcher, Bernhard, Rehorn):*

- Welchen Eindruck haben Sie von dem, was sie gesehen haben? (Emotionale Reaktion)
- Um welche Marke oder Produkt handelt es sich? (Kognitive Reaktion)

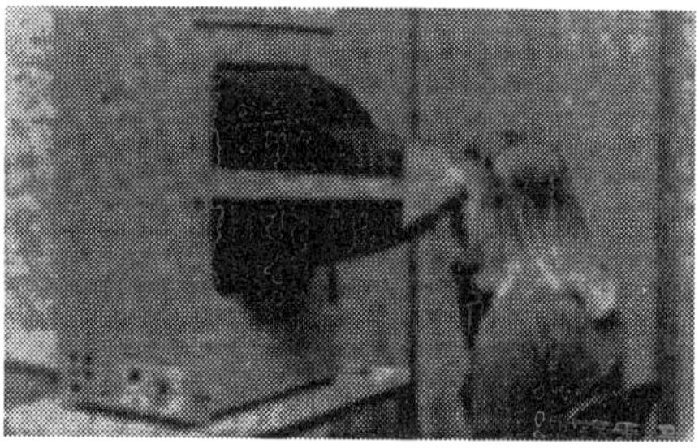

Abb. 11: Elektronische Produktbühne: Die Wahrnehmungsgegenstände (Anzeigen, Produkte) befinden sich in dem Gehäuse und werden durch den Einblickkanal für kurze Zeit sichtbar.

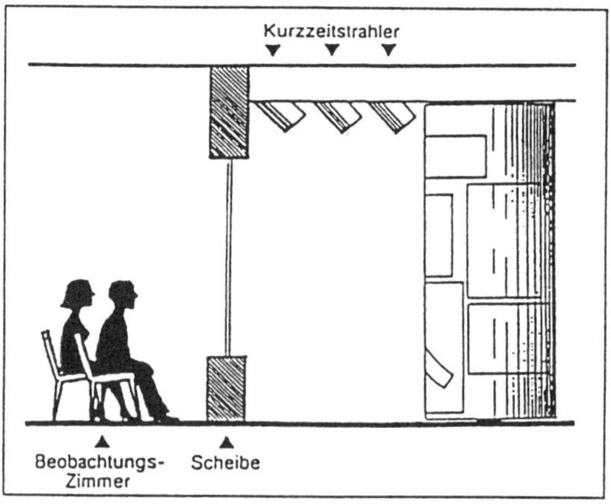

Abb. 12: Elektronische Plakatbühne: Durch eine Glaswand sehen die Testpersonen auf eine Bühne (hier mit Plakatsäule). Die Bühne wird durch eine elektronisch gesteuerte Beleuchtungsanlage für kurze Zeit erhellt.

4. Fernsehforschung

Schon lange sind verschiedene Marktforschungsinstitute (wie z.B. Infratam, Nielsen, GfK usw.) damit beschäftigt, die Fernsehgewohnheiten in Deutschland zu untersuchen. Seit 1963 werden in der Bundesrepublik Fernsehforschungen durchgeführt, die sich in verschiedene Phasen unterteilen lassen (vgl. Abb.).

Zeitraum	*Institute*	*Messgeräte*	
1963 - 1974	Infratam	Tammeter	ARD ARD regional ARD III ZDF
1975 - 1984	Teleskopie	Teleskomat Telemetron	
ab 1985	GfK-Fernsehforschung	Telecontrol 3	nationale und internationale Kabel- und Satellitenprogramme
1991	GfK-Fernsehforschung	Telecontrol 6	Integration BRD-Ost
seit 1992	GfK-Fernsehforschung	Telecontrol 6	Differenzierung Terrestrisch Kabel Satellit
ab 1995	GfK-Fernsehforschung	Telecontrol XL	Sendererkennung Ausländerpanel

Abb. 13: Phasen der kontinuierlichen Fernsehzuschauerforschung

Quelle: *GfK*

Heute setzt u. a. die GfK-Fernsehforschung Messgeräte (sog. GfK-Meter) in Panelhaushalten zur Messung des Fernsehverhaltens ein. Das Messgerät „GfK-Meter“, das in etwa der Größe eines handelsüblichen Radioweckers entspricht, ist das Kernstück der Erfassung. In ihm befindet sich ein Mikrocomputer, der in der Lage ist, sämtliche „Bildschirm-Aktivitäten“ auf bis zu 98 Kanälen aufzuzeichnen. Daneben wird die Nutzung des Bildschirms für z. B. Tele-Spiele, BTX, Videotext, Videoaufzeichnungen usw. festgehalten. Beim Abspielen aufgezeichneter Fernsehsendungen erkennt das GfK-Meter, um welche Sendungen es sich handelt. Es wird nicht nur festgehalten, in welchen Haushaltungen ferngesehen wird, sondern auch welche Personen welche Fernsehprogramme nutzen. Dies erfolgt mit dem sog. „People-Meter“. Um dies zu erreichen, melden sich die einzelnen Haushaltsmitglieder durch Bedienung einer Taste über Infrarot-Fernbedienung an und ab. Somit können bis zu 7 Haushaltsmitglieder sowie Gäste erfasst werden. Es lässt sich damit genau das Ein-, Aus- und Umschalten von Fernsehprogrammen sowie die Anwesenheit der jeweiligen Personen feststellen. Die Zahl der teilnehmenden Haushaltungen beträgt 2.833. Die auf die geschilderte Vorgehensweise erfassten Daten werden täglich über Telefon- oder Datexleitung nach Nürnberg übermittelt. Die gespeicherten Daten werden in einer Datenbank gespeichert und sind am nächsten Tag zugänglich (z. B. über Videotext). Daneben werden auch Berichte erstellt, die den Rundfunkanstalten zugesendet werden. Jedes Jahr fallen in dem Zusammenhang mehr als ca. 3 Mio. Datensätze an.

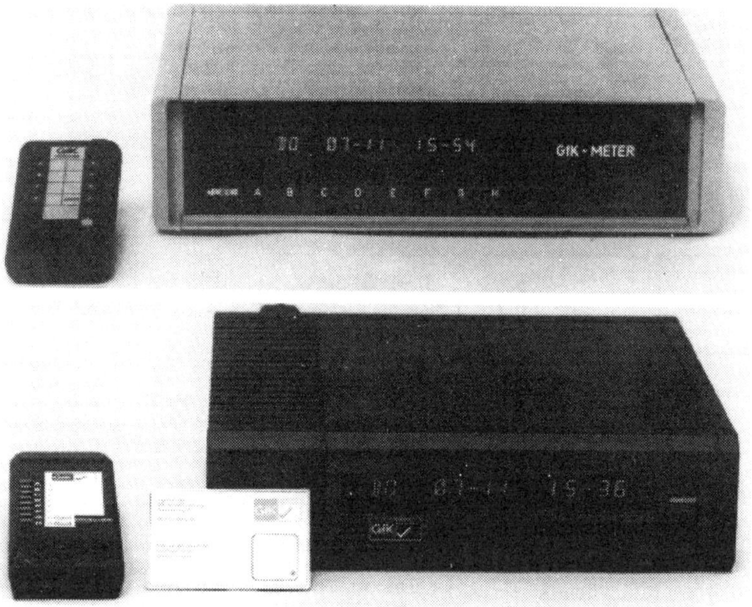

Abb. 14: GfK-Meter 1985 und heute

Im Einzelnen werden folgende Funktionen registriert bzw. erfasst:

- die automatische Erfassung des Ein- und Ausschaltens aller Fernsehgeräte sowie die Erfassung der jeweils eingeschalteten Programme;
- die Erkennung von bis zu 98 Kanälen sowie die Nutzung von Videorecordern;
- die Registrierung von Aufnahmen von Fernsehsendungen per Videorecorder, und zwar auch dann, wenn das Fernsehgerät nicht eingeschaltet ist oder gleichzeitig ein anderes Programm gesehen wird;
- die Erkennung der Wiedergabe einer per Video aufgezeichneten Fernsehsendung, wobei es unerheblich ist, welche Zeitspanne zwischen Aufnahme und Wiedergabe liegt, wie oft die Wiedergabe erfolgt und ob während der Wiedergabe Zeit, Vor- oder Rückstellungen des Videobandes oder Pausen am Videorecorder eingestellt wurden;
- die Identifikation der Wiedergabe von gekauften bzw. geliehenen Videokassetten;

- die Erfassung von bis zu sieben fernsehenden Personen im Haushalt sowie eventuell anwesenden Gäste;
- die Verwendung des Fernsehgerätes für Telespiele, Videotext, Bildschirmtext, Computer;
- etwaige Nutzungsänderungen werden im 30-Sekunden-Takt erfasst.

5. Internetbeobachtungen

Zu Beginn des World-Wide-Web beobachtete man zuerst die Hits, also die Anzahl der Zeilen im Longfile. Jeder Ablauf erzeugt im Longfile des Servers einen Eintrag. Da auf einer Seite oft z.B. viele Grafiken enthalten sind, sodass dies zu vielen Hits führt, die jedoch nicht zur realistischen Erfolgsmessung geeignet erscheinen. Dennoch findet man immer noch Hinweise auf Websites, die eine Aufzählung der erfolgten Hits ausweisen. Dieser Ausweis gibt jedoch keine wesentlichen Aussagen über den tatsächlichen Erfolg.

Aus dem Bemühen, bessere Erfolgsmessverfahren einzuführen, hat die IVW, Informationsgesellschaft zur Feststellung der Verbreitung von Werbeträgern e.V., einen neuen Messbegriff eingeführt:„Visits". Visits geben die Anzahl der Besuche einer Website an. Als Visit zählt der Seitenzugriff eines Browsers auf ein Webangebot, der von außerhalb des Angebots erfolgt (vgl. Definition laut IVW).

Das IVW-Verfahren weist zwei Kerngrößen zur Messung der Werbeträgerleistung aus:

Pageimpressions (bisher Page Views) bezeichnen die Anzahl der Sichtkontakte beliebiger Benutzer mit einer potenziell werbeführenden HTLM-Seite. Sie liefern ein Maß für die Nutzung einzelner Seiten eines Angebotes.

Enthält ein Angebot Bildschirmseiten, die sich aus mehreren Frames zusammensetzen (Frameset), so gilt jeweils nur der Inhalt eines Frames als Content. Der Erstabruf eines Framesets zählt daher nur als ein Pageimpression, ebenso wie jede weitere nutzerinduzierte Veränderung des entsprechenden Content-Frames. Demnach wird pro Nutzeraktion nur ein Pageimpression gezählt.

Zur definitionsgerechten Erfassung der Pageimpressions verpflichtet sich der Anbieter, gekennzeichneten content jeweils nur in einen Frame pro Frameset zu laden.

Ein **Visit** bezeichnet einen zusammenhängenden Nutzungsvorgang (Besuch) eines WWW-Angebots. Er definiert den Werbeträgerkontakt. Als Nutzungsvorgang zählt ein technisch erfolgreicher Seitenzugriff eines Internet-Browsers auf das aktuelle Angebot, wenn er von außerhalb des Angebots erfolgt.

Abb. 15: Definition Pageimpressions/Visits (nach IVW)

Daneben gibt es in der Praxis noch verschiedene andere Begriffe (Größen), die Hinweise auf Beachtung bzw. Erfolg im WWW geben, wie z.B.:

- Counter
- AdClick
- AdClick-Rate
- Pageimpression je Visit
- Dauer (Länge) eines Visits
- Kosten pro AdClick
- Kosten je Visit
- Kosten je Bestellung
- Kosten je Kunde
- Kosten je Lead (d.h. Erhalt der vollständigen Kontaktadresse eines Besuchers)
- TKP (als abgeleitete Messgröße).

Von der hier genannten Messgröße bzw. abgeleiteten Kenngröße sollen kurz einige näher erklärt werden.

- **Counter** ist ein Zähler, der die Zugriffszahlen auf eine Web-Site zählt
- **AdClick** bezeichnet das Anklicken eines Banners durch einen Internetnutzer
- **AdClick-Rate** (CTR) bezeichnet das Verhältnis der Sichtkontakte
- **Pageimpression** (Page View) bezeichnet die Anzahl der Sichtkontakte mit einer Web-Seite. Sie gibt ein Maß für die Nutzung einzelner Seiten eines Angebots.

Für die Definitionen der übrigen hier genannten Messgrößen wird auf die einschlägige Literatur verwiesen (u.a. Dannenberg/Barthel, Theobald/Dreyer/Starsetzki, Stolpmann, Barowski/Müller u.a.).

6. Die Beurteilung der Beobachtungsmethoden

Während früher die **persönliche Beobachtung** lange Zeit im Vordergrund stand, ist heute eine deutliche Verschiebung zur **apparativen Beobachtung** durch Kameras, Videorecorder, Blickregistriergeräte, Scanner, Psychogalvanometer usw. sichtbar. Die Datenerfassung allein mittels der Beobachtung als auch im Zusammenhang mit anderen Methoden bietet sowohl Vor- als auch Nachteile.

Als **Vorteile** der Beobachtungsverfahren sind u. a. anzusehen (*Friedrichs,* 1973, S. 20 f., *Hüttner,* 1979, S. 56 f., *Böhler,* 1985, S. 92 f.):

- Eine Beobachtung ist nicht auf die Auskunftsbereitschaft der Auskunftspersonen angewiesen.
- Es können Sachverhalte ermittelt werden, die den Testpersonen selbst nicht bewusst sind.

- Die Daten sind unabhängig vom Ausdrucksvermögen der Testperson erfassbar.
- Bei verdeckter, standardisierter Beobachtung entsteht kein „Interviewereinfluss".
- Bestimmte Sachverhalte lassen sich so oft wie gewünscht unverzerrt ermitteln.
- Durch Beobachtungen können Befragungen im Sinne einer zusätzlichen Informationsgewinnung ergänzt werden.

Diesen eindeutigen Vorteilen bei Beobachtungen stehen jedoch auch **Nachteile** gegenüber, die der Beobachtungsmethode immanent sind, die aber ihre u. E. zunehmende Bedeutung nicht mindern *(Hüttner,* 1979, S. 56, *Böhler,* 1985, S. 93).

- In manchen Fällen lassen sich bestimmte Sachverhalte nicht beobachten (z. B. physische und psychische Zustände, Beruf, Einkommen usw.).
- Mithilfe apparativer Geräte (Hautwiderstandsmessung, Pupillenerweiterungsmessung) kann nur bedingt auf bestimmte Sachverhalte geschlossen werden.
- Beobachtungen sind oft schwierig und nicht immer eindeutig interpretierbar. Es muss oft ein Notationssystem für Beobachtungen erstellt werden.
- Die Beobachtungen müssen in der Reihenfolge der auftretenden interessierenden Sachverhalte erfolgen.
- Die Beobachtungssituation ist in der Regel nicht wiederholbar.
- Bei der persönlichen Beobachtung ist man schnell an der Beobachtungskapazität des Beobachters angelangt.

Die hier aufgeführten Vor- und Nachteile der Beobachtung zeigen die spezifischen Eigenschaften des Beobachtungsverfahrens auf. Die Beobachtung ist immer dann anzuwenden, wenn die erforderlichen Daten durch diese Methode am besten ermittelt werden können. Durch die wachsende Anzahl apparativer Beobachtungsmöglichkeiten wird ihre Bedeutung immer mehr zunehmen.

Im Prinzip weisen die neueren psychophysiologischen Messverfahren dieselben Vor- und Nachteile auf wie die etablierten Ansätze. Eine nicht unwesentliche Ausnahme besteht allerdings; denn an die Stelle des Reaktanzproblems tritt in diesem Fall ein ethisches. Gerade zu Zeiten, da weite Kreise der Bevölkerung für die Belange des Datenschutzes sensibilisiert sind, erscheint es mehr als fraglich, ob Techniken, die sich für eine missbräuchliche Verwendung geradezu anbieten, die Zukunft gehören wird.

Kontrollfragen zu E

		Lösungs-hinweise Seite
(1)	Was versteht man unter naiver Beobachtung?	137
(2)	Was bezeichnet man als wissenschaftliche Beobachtung?	137
(3)	Wann liegt eine offene Beobachtung vor?	138
(4)	Wann liegt eine verdeckte Beobachtung vor?	138
(5)	Was ist eine systematische Beobachtung?	138
(6)	Was versteht man unter einer aktiv-teilnehmenden und was unter einer passiv-teilnehmenden Beobachtung?	138
(7)	Wann liegt eine nicht-teilnehmende Beobachtung vor?	138
(8)	Welche wichtigen Voraussetzungen sollen bei der teilnehmenden Beobachtung gegeben sein?	139
(9)	Was versteht man unter Verhaltensbeobachtungen?	140
(10)	Welche Beobachtungsverfahren kennen Sie?	140
(11)	Wo lassen sich mit der Beobachtung wertvolle Informationen gewinnen?	139
(12)	Welche Einsatzgebiete der Beobachtung kennen Sie?	139
(13)	Was versteht man unter allgemeinen Beobachtungen?	141
(14)	Was versteht man unter psychobiologischen Verfahren?	142
(15)	Was sind elektrodermale Verfahren?	143
(16)	Was kann mit dem Elektroenzephalogramm gemessen werden?	144
(17)	Wo liegen die spezifischen Anwendungsmöglichkeiten?	144
(18)	Was ist ein Pupillometer?	144
(19)	Wo sind die Haupteinsatzgebiete?	144
(20)	Was versteht man unter Thermografie?	145
(21)	Was ist eine Stimmfrequenzanalyse?	145
(22)	Wo liegen die spezifischen Einsatzmöglichkeiten?	145
(23)	Was sind Blickregistrierungsverfahren?	146
(24)	Welche Verfahren kennen Sie? Wie arbeiten diese?	147

(25)	Was ist ein Tachistoskop?	149
(26)	Wie arbeitet das Tachistoskopverfahren?	150
(27)	Was versteht man unter Fernsehzuschauerforschung?	151
(28)	Wie arbeitet die Teleskopie?	151
(29)	Wie arbeiten GfK-Meter?	151
(30)	Wie arbeiten Verfahren zur Beobachtung im Internet?	154
(31)	Welche Messgrößen lassen sich sinnvoll ermitteln?	153
(32)	Welche Vor- und Nachteile haben Beobachtungsverfahren allgemein?	154

Literatur zu E

Atteslander, P., Methoden der empirischen Sozialforschung, 9. Auflage, Berlin 1995

Bauer, E., Produkttests in der Marketingforschung, Göttingen 1981

Becker, W., Beobachtungsverfahren in der demoskopischen Marktforschung, Stuttgart 1973

Bernhard, U., Blickverhalten und Gedächtnisleistung beim visuellen Werbekontakt unter besonderer Berücksichtigung von Plazierungseinflüssen, Frankfurt 1978

Compagnon Marktforschung (Hrsg.), Anzeigen-Testmethoden, Stuttgart o. J.

Dreyer, M., Website-Testing in: Theobald/Dreyer/Starsetzki (Hrsg.), Online-Marktforschung, Wiesbaden 2001

Esch, F.-J., Werbewirkungsforschung in Herrmann/Homburg (Hrsg.): Marktforschung, Wiesbaden 1999

Forschungsgruppe Konsum und Verhalten (Hrsg.), Innovative Marktforschung, Bd. 3, Würzburg/Wien 1983

Friedrichs, J., Methoden der empirischen Sozialforschung, Opladen 1983

Green, P.E.,/Tull, D.S., Methoden und Techniken der Marketingforschung, Stuttgart 1982

Hossinger, H.-P., Pretests in der Marktforschung, Würzburg/Wien 1982

Hüttner, M., Informationen für Marketingentscheidungen, München 1979

ISB (Hrsg.): Kundenlaufstudie im Warenhaus, Köln 1985

König, R. (Hrsg.), Beobachtung und Experiment in der Sozialforschung, Köln 1972

Konert, F-I., Vermittlung emotionaler Erlebniswerte, Heidelberg/Wien 1986

Kroeber-Riel, W./Weinberg, Konsumentenverhalten, 6. Auflage, München 1996

Leven, W., Blickverhalten von Konsumenten beim Betrachten von Werbung, Trier 1990

Neibecker, B., Konsumentenemotionen - Messung durch computergestützte Verfahren, Heidelberg 1985

Pepels, W., Werbeeffizienzmessung, Stuttgart 1996

Rüdell, M., Konsumentenbeobachtung am Point of Sale, Ludwigsburg/Berlin 1993

Rehorn, J., Markttests, Neuwied 1977

Rehorn, J., Werbetests, Neuwied 1988

Salcher, E. F., Psychologische Marktforschung, 2. Auflage, Berlin/New York 1995

Theobald, A., Marktforschung im Internet in: Bliemel/Fassot/Theobald (Hrsg.), Electronic Commerce, Wiesbaden 1999

Theobald/Dreyer/Starsetzki (Hrsg.), Online-Marktforschung, Wiesbaden 2001

Witt, D., Blickverhalten und Erinnerung bei emotionaler Anzeigenwerbung, Diss., Saarbrücken 1977

Wittling, W. (Hrsg.), Handbuch der klinischen Psychologie, Band 2, Hamburg 1980, Seiten 302 - 347

F. Das Panel

1. Begriff

Unter einem Panel versteht man eine Erhebung bei einem bestimmten, gleichbleibenden Kreis von Personen über einen längeren Zeitraum bzw. in regelmäßigen zeitlichen Abständen über im Prinzip den gleichen Untersuchungsgegenstand. Panelerhebungen stellen keine eigenständige Erhebungstechnik dar, sondern sind eine bestimmte Form der Erhebung, die schriftlich, telefonisch, mündlich und/oder computerunterstützt durchgeführt werden können. Die Teilnehmer an einem Panel richten sich nach der Zielsetzung des Panels. Mit einem Panel lassen sich Trends und Auswirkungen bestimmter Ereignisse auf die Panelteilnehmer feststellen und analysieren; mit anderen Worten, es lässt sich eine zeitraumbezogene, dynamische Marktveränderung im Hinblick auf die Panelteilnehmer ermitteln. Je besser die Repräsentanz und Genauigkeit der Datenerhebung ist, desto genauer sind die Schlüsse auf die Gesamtheit.

Der Unterschied zwischen einer Panelerhebung und einer Erhebung zu zwei unterschiedlichen Zeitpunkten veranschaulicht das folgende Beispiel:

Beispiel: Es wurde im Januar 2002 und im März 2002 bei 1.000 Personen festgestellt, ob sie Produkt A kaufen oder nicht. Im ersten Falle wurden die 1.000 Personen jeweils repräsentativ ermittelt, im zweiten Fall war es der gleiche Personenkreis.

1. Folgeerhebung

	Januar	März
Kaufe Produkt A	900	900
Kaufe Produkt A nicht	100	100
	1.000	1.000

2. Panelerhebung

	Januar	März		
		ja	nein	
Kaufe Produkt A	900	850 (1)	50 (2)	900
Kaufe Produkt A nicht	100	50 (3)	50 (4)	100
	1.000	900	100	1.000

Die **Folgeerhebung** zeigt nur, wie viel Personen von 1.000 im Januar und März 2002 Produkt A kaufen und dass dies zu beiden Zeitpunkten gleich viele Personen sind. Die Panelerhebung zeigt darüber hinaus zusätzlich die interne Fluktuation.

Das Ausmaß der Fluktuation ergibt sich aus der Addition der Spalte (2) und (3) und beträgt 100. Der Netto-Wandel ergibt sich aus der Differenz der Spalten (2) - (3) = 0.

Mithilfe eines Panels lässt sich allgemein u. a. Folgendes ermitteln (vgl. auch *Friedrichs, S. 368):*

- Analyse der Personen, die ihr Verhalten und/oder ihre Einstellung änderten,
- Analyse der Richtung der Änderungen,
- Analyse der Ursachen in einzelnen Bereichen und der Veränderung in anderen Bereichen,
- Eingehende Analyse der Bedingungen, die den Wandel verursachten,
- Prüfung kausaler Modelle mit Zeit-Effekten.

2. Methodische Probleme der Panelerstellung

Panelerhebungen werden in der Praxis in der Regel von Marktforschungsinstituten auf Stichprobenbasis durchgeführt. Dabei sind folgende grundsätzliche Probleme zu lösen:

- Erhebung der Paneldaten,
- Auswahl der Panelteilnehmer,
- Gewinnung und Erhaltung der Panelteilnehmer.

Paneldaten können auf verschiedenen Wegen ermittelt werden. In der Praxis sind sowohl schriftliche, mündliche, telefonische bzw. scannerunterstützte Erfassungen sinnvoll, sofern die erforderlichen Voraussetzungen vorliegen.

Die Auswahl der **Panelteilnehmer** stellt ein weiteres Problem beim Aufbau eines Panels dar. Grundsätzlich sollten die Panelteilnehmer **repräsentativ** für die Grundgesamtheit sein, sodass allgemein zu fordern ist, dass die Panelteilnehmer nach dem Zufallsprinzip ausgewählt werden sollen. Dies ist jedoch nur dann realisierbar, wenn bei den so ausgewählten Teilnehmern keine **Verweigerer** bzw. **Ausfälle** zu verzeichnen sind, d. h. wenn die ausgewählten Teilnehmer auch bereit sind, an der Panelerhebung teilzunehmen. Um dies zu erreichen, gibt man den Panelteilnehmern Anreize in Form von Honoraren, Informationen, Geschenken, Verlosungen, Aufmerksamkeiten usw.

In jedem Falle muss berücksichtigt werden, dass im Zeitablauf Ausfälle durch regionale Veränderung, Tod, Antwortverweigerung, Konkurs usw. immer wieder auftreten. Je einfacher die Berichterstattung, umso geringer die Ausfälle. Wird für diese Ausfälle nicht vorgesorgt, kann die Repräsentanz des Panels infrage gestellt werden. Hier kann man sich dadurch helfen, dass man im Voraus eine größere

Stichprobe auswählt (z. B. + 20 %) und ausfallende Teilnehmer durch andere Teilnehmer aus der Stichprobe ersetzt. Dieses Problem wird als **Panelsterblichkeit** bezeichnet. Auch die in der Praxis angewendete sog. **Panelrotation,** d. h. die Auswechslung von Mitgliedern des Panels in regelmäßigen Abständen dient dazu, ein stets aussagefähiges Panel zu erhalten.

Ein wichtiges Problem stellt der Aspekt dar, dass Panelteilnehmer unter dem Einfluss wiederholter Befragungen bzw. längerer Teilnahme mehr oder minder ihr Verhalten verändern. Dieser sog. **Paneleffekt** tritt insbesondere bei schriftlichen und mündlichen Befragungen auf, während er bei anderen Datenerhebungsmethoden (Beobachtung) in geringerem oder keinem nennenswerten Umfang auftritt.

So können z. B. Panelteilnehmer aufgrund der ständigen Kontrolle ihrer Einkäufe ihr Kaufverhalten ändern, d. h. sie kaufen bewusster und weniger spontan ein als Nicht-Panelteilnehmer und werden damit atypisch für die Grundgesamtheit. Im Rahmen der Panelteilnehmer treten darüber hinaus Paneleffekte auf, die als „Overreporting“ und „Underreporting“ bezeichnet werden. Unter **„Overreporting“** versteht man die Neigung von Panelteilnehmern, z. B. aus Prestigegründen Einkäufe anzugeben, die überhaupt nicht getätigt wurden. Zum anderen kann es infolge von Ermüdungserscheinungen und Nachlässigkeiten dazu kommen, dass tatsächlich getätigte Einkäufe nicht oder nur unvollständig angegeben werden **(Underreporting).** Wie sich eine langfristige Panelzugehörigkeit tatsächlich auswirkt, ist bisher allgemein noch nicht eindeutig nachgewiesen worden. Je größer die Anzahl der Panelteilnehmer, umso verlässlicher erscheinen Panels.

3. Panelarten

Je nach dem Bereich, aus dem die Panelteilnehmer kommen, empfiehlt es sich bei Panels in

- Handelspanel
- Unternehmenspanel
- Verbraucherpanel und
- Spezialpanel

zu unterscheiden - s. S. 188 - (vgl. auch *Hüttner,* 1989, S. 119, *Broder* 1980 S. 1).

Von besonderer Bedeutung sind dabei vor allem die Handelspanels und Verbraucherpanels, auf die noch ausführlicher eingegangen werden soll (vgl. Seite 190 f.).

Handelspanels sind Panelerhebungen, die sowohl auf der Groß- und Einzelhandelsstufe erhoben werden können. Sie haben in den letzten Jahren an Bedeutung zugenommen und werden mit dem Einsatz des Scanning noch weiter an Bedeutung gewinnen.

Unternehmenspanels beziehen sich entweder auf eine Stichprobe aller Unternehmen oder einzelner Branchen oder auch nur auf bestimmte Tatbestände, wie Umsatzentwicklung, Aufträge, Investitionen usw. (Investitionspanel, Auftragspanel usw.).

Verbraucherpanels umfassen eine Stichprobe aus Haushalten oder Einzelpersonen. Je nachdem spricht man von Haushaltspanel oder Individualpanel.

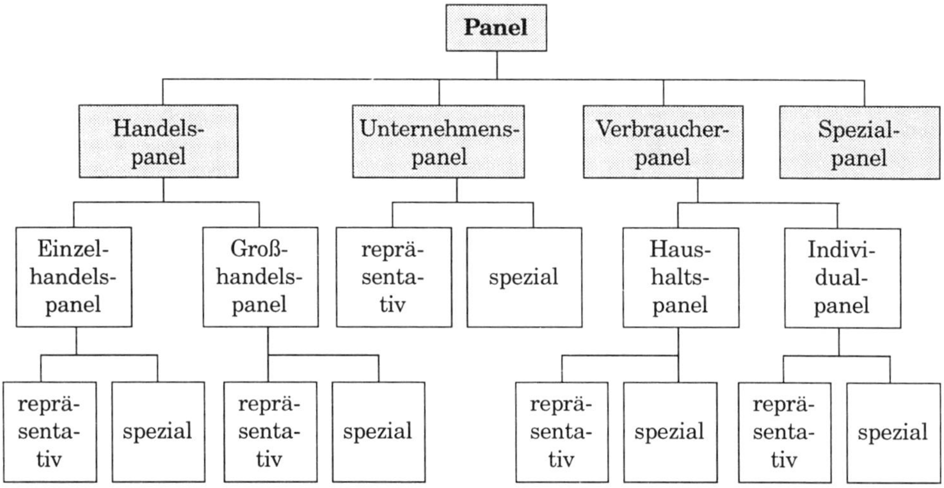

Abb. 1: Übersicht über Panelarten

Spezialpanels geben Auskunft z. B. über Einschätzungen der wirtschaftlichen Lage, Einschaltquoten, Regionale Marketingmaßnahmen usw.

Die folgende Abbildung soll stellvertretend für alle in der Praxis durchgeführten Panelerhebungen einen Überblick vermitteln.

Haushalts- und Verbraucherpanels	
• GfK-Fernsehpanel	• GfK-Dentalpanel
• GfK-Altenheimpanel	• GfK-Finanzmarktpanel
• GfK-Textil-Haushaltspanel	• GfK-Veterinärpanel
• GOI-Ärztepanel	• GPI-Apothekerpanel
• G & I Haushaltspanels	• G & I Frischepanel
• G & I Jugendpanel	• G & I Spielwarenpanel
• G & I Bücherpanel	• G & I Babypanel
• G & I Tonträgerpanel	• G & I Autofahrerpanel
• G & I Sport- und Freizeitpanel	• G & I Regionalpanels
• G & I Befragungspanels	• GFM Haushaltspanel
• GFM Individualpanel	• GFM Autolackepanel
• GFM Heizkessel/Wasseraufbereitung	• GFM Panel Baufarben
• GFM Panel Heizöl	• IfD Pkw-Besitzerpanel
• IfD Allensbach Hausfrauenpanel	• IfD Fotoamteur-Panel
• Infratest Krankenhauspanel	• BBF-Haushaltsreport

Handelspanels	
• Nielsen-Lebensmitteleinzelhandel-Index	- zweimonatliche und monatliche Daten - inkl. Getränke- und Abholmärkte - Kioske, Tankstellen, Bäckereien
• Nielsen-Bier-Index	
• Nielsen-Süßwaren-Index	
• Nielsen-Gesundheits- und Körperpflegemittel-Index	
• Nielsen-Pharmazeutischer-Index	
• Nielsen Reformhaus-Index	
• Nielsen-Audio-Video-Index	
• Nielsen-Elektro-Index	
• Nielsen-Telekom-Index	
• Nielsen-DIY-Index	- Hausrat-, Eisenwarengeschäfte - Bau- und Heimwerkermärkte - Tapeten-, Farben- und Lackgeschäfte - Garten-Fachgeschäfte
• Nielsen-Papier-, Büro-, Schreibwaren-Einzelhandels-Index	
• Nielsen-Produktbeschaffungs-Dienst	
• Nielsen-Gebrauchsgüter-Index	
• Nielsen-Scantrack-Service	- Wöchentliche, artikelgenaue Daten aus Scanner-Geschäften
• Nielsen-Key-account-Service	- Absatz- und Preisinformationen namentlich benannter Handelsorganisationen
• Nielsen-Handelsbefragung	
• GfK-Gastronomie-Panel • GfK-Sport-Panel • GfK-Schuhfachhandel-Panel • GfK-Spielwaren-Panel • GfK-Foto-Panel • GfK-Elektro-Panel • GfK-Hausrat/Eisenwaren-Panel • GfK-Kfz-Zubehör-Panel • GfK-Papier-, Büro-, Schreibwaren-Panel • GfK-Büromaschinen-, Büromöbel-, Organisationsmittel-Panel	• GfK-Glas-, Porzellan-, Keramik-Panel • GfK-Tapeten-, Farben-, Lacke-Panel • GfK-Baumarkt-Panel • GfK-Gartenmarkt-Panel • GfK-Schmuck-Uhren-Panel • GfK-Möbel-Panel • GfK-Augenoptiker-Panel • GfK-Telekom-Panel
• GfK-Basis-Panel	- Lebensmitteleinzelhandel gesamt
• GfK-Leader-Panel	- Lebensmitteleinzelhandelsgeschäfte über 400 qm Verkaufsfläche
• GfK-Drug-Panel	- Drogerie-Fachhandel
• GfK-Scanner-Panel	- Wöchentliche Abverkaufsdaten aus Scannermärkten
• GfK-Cash+Carry-Panel	
• IMP-Angebotsanalyse	- Auswertung von Händleranzeigen in Tageszeitungen, Handzetteln, Anzeigenblättern, Kundenzeitschriften

Abb. 2: Verschiedene Panels in der Praxis

4. Verbraucherpanel

Ziel von Verbraucherpanels ist es einerseits zu ermitteln, welche Käufe primär von Einzelpersonen getätigt werden (Verbraucherpanel) und welche Käufe in erster Linie haushaltsbezogen erfolgen (Haushaltspanel). Daneben empfiehlt es sich, zwischen **Gebrauchsgüter- und Verbrauchsgüterpanel** zu unterscheiden, weil hier sowohl Abfragerhythmus als auch Einkaufstatbestände stark unterschiedlich sind.

Die bekanntesten Verbraucherpanels in der Bundesrepublik sind:

- Das GfK-Haushaltspanel und
- Der AC Nielsen Homescan™ Consumer Panel

Beide werden heute elektronisch mittels Handscanner erfasst.

Der GfK-Verbraucherpanel (Consumer Panel) enthält von den teilnehmenden Haushaltungen über das sog. „Elektronische Tagebuch" die Anzahl und Art der gekauften Artikel. Die Artikelnummer (EAN) wird eingelesen. Bei Fehlen einer EAN ist der Artikel über die Tastatur einzugeben. Ebenso ist die Anzahl der Artikel einzugeben. Ein Beispiel für die Eingabe soll dies veranschaulichen.

	Beispiel:	Beispiel:
GUTEN TAG! WAS MÖCHTEN SIE TUN? ---------------------------- 1 Einkäufe eingeben 2 Nachricht ansehen 3 Werde verreisen 4 Bin erkrankt 5 Keine Einkäufe 6 Beenden	MILCHPROD. KÄSE WAS GEKAUFT? ---------------------------- Buttermilch Sauerm. Dickmilch Joghurt Käse Hart-/Weich- Frisch-/Schmelz ---------------------------- Suchtext:________	WIE VIELE PACKUNGEN GEKAUFT? ---------------------------- ____ Packung(en)

Quelle: GfK

Die so erhobenen Daten werden über das Telefonnetz gebührenfrei in die Zentrale übertragen, wo dann die weitere Auswertung erfolgt.

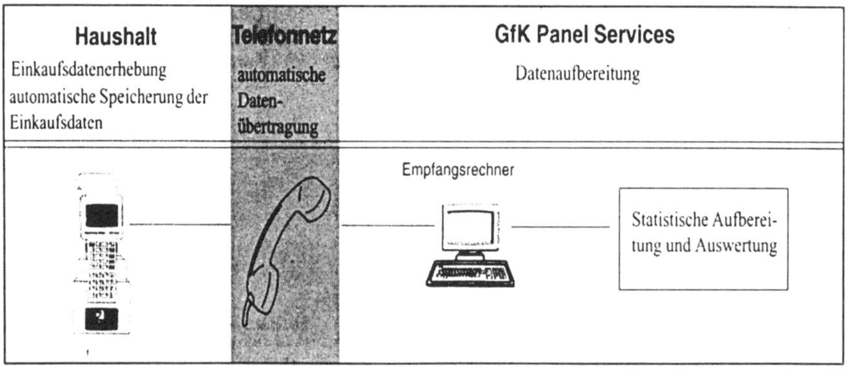

Abb. 3: Datenübertragung GfK-Panel (Quelle: GfK)

Die vier Bausteine des GfK-Verbraucherpanels zeigt die folgende Abbildung:

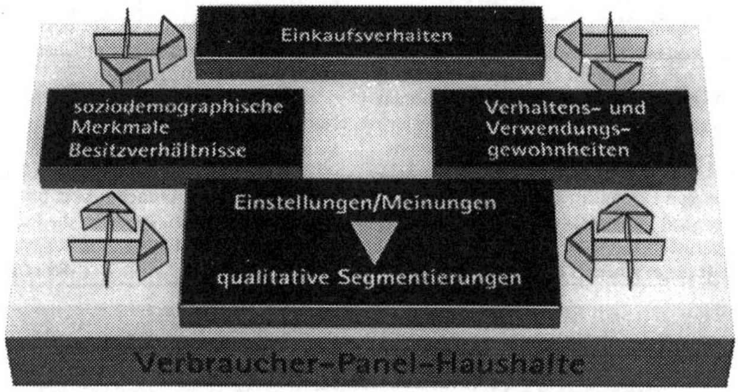

Quelle: GfK, Nürnberg

Das GfK Verbraucherpanel gibt somit Hinweise über das Einkaufsverhalten, Verhaltensgewohnheiten, Besitzverhältnisse, Einstellungen, Vertriebsstrukturen, Marketingmaßnahmen usw. Am GfK-Panel Consumer Scan beteiligen sich 12.000 Haushaltungen. Im Einzelnen kann Consumer Scan das Marketing der Hersteller und des Handels vielfältig unterstützen (Vgl. Abb.).

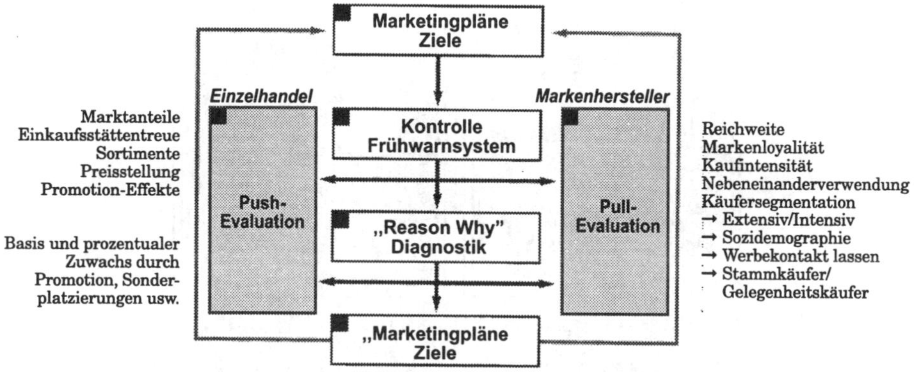

Abb. 4: Informationsangebote des GfK-Consumer Scan
Quelle: GfK

Die GfK betreibt auch gemeinsam mit Taylor Nelson SOFRES ein Europanel, aus dem internationale Markenartikelunternehmen und Handelsunternehmen wöchentlich aktuelle Daten über 70.000 repräsentativ ausgewählte Haushalte aus 24 Ländern Europas beziehen können.

Seit Anfang 1999 verknüpfen die GfK-Forscher mit Move, einem Gemeinschaftsprojekt mit IP Deutschland, der Media-Gruppe München (MGM) und Sat.1, die Daten aus ihrem Fernseh-Panel und ConsumerScan. Dies erfolgt nicht in einer

Stichprobe, sondern in zwei unabhängigen Erhebungen, die zusammengeführt werden: Die GfK-Forscher fragen in ihrem Fernseh-Panel einmal das Kaufverhalten ab. Gleichzeitig ermitteln sie im Haushalts-Panel per Befragung das übliche Fernsehverhalten der Teilnehmer. Das im Fernseh-Panel erhobene Kaufverhalten verknüpfen sie dann mit dem effektiven Kaufverhalten im Panel. Umgekehrt bilden die Marktforscher Korrelationen zwischen dem erfragten Fernsehverhalten im Kauf-Panel und den tatsächlich gemessenen Fakten im Fernseh-Panel.

Den Gesamtablauf des Elektronischen Tagebuchs (Electronic Diary) veranschaulicht zusammengefasst die folgende Abbildung.

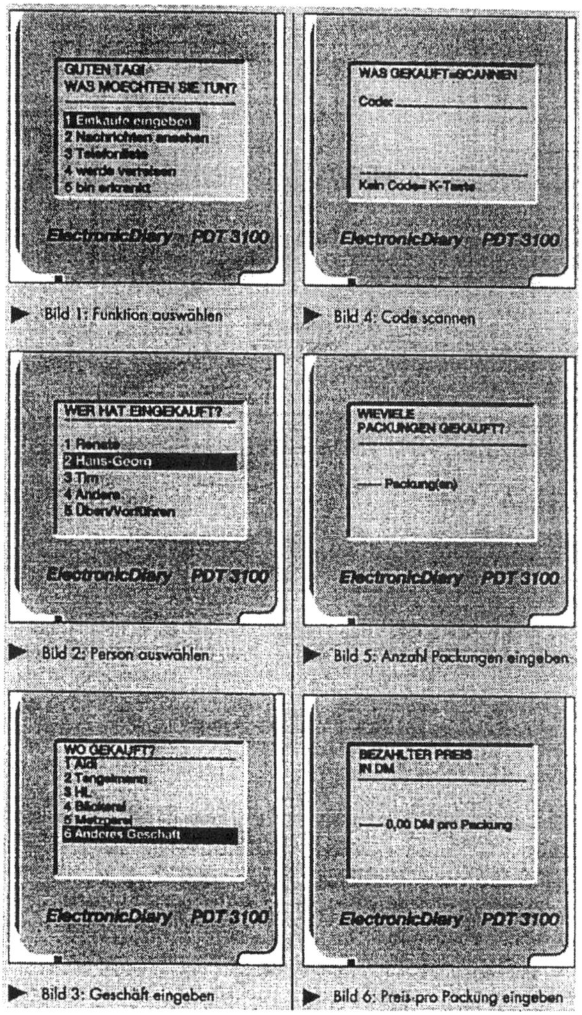

Abb. 5: So funktioniert Electronic Diary
Quelle: GfK

Mithilfe derartiger Panels lassen sich insbesondere auch die **Auswirkungen von regionalen Markttests** ermitteln. Als Beispiel, wie man bei der Auswahl der Haushalte vorgeht, dient die von *Broder* übernommene Darstellung für das Haushaltspanel.

Auswahl der Gemeinden

Phase 1

Geografische Schichtung in regionale Einheiten und Gemeindegrößenklassen

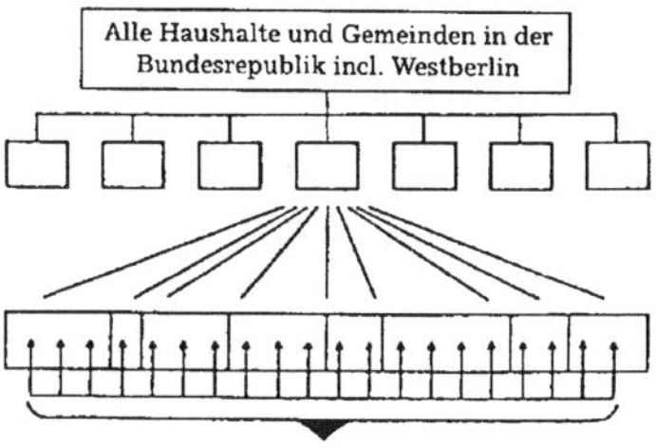

Phase 2

a) Schichtung nach Gemeindemerkmalen (z. B. Anteil der Arbeiter in den Gemeinden)

b) Systematische Zufallsauswahl von Gemeinden

Auswahl der Stimmbezirke

Phase 3

Bei Gemeinden über 5.000 Einwohnern: Bestimmung der Ausgangsstimmbezirke per systematischer Zufallsauswahl

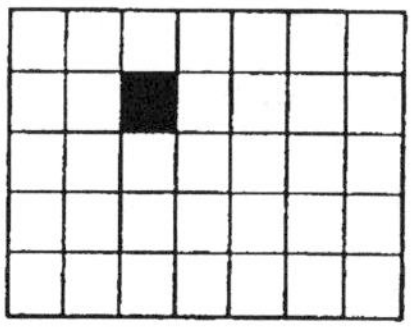

Bei Gemeinden unter 5.000 Einwohnern: Direkte Auswahl der Panelhaushalte per systematischer Zufallsauswahl

Phase 4

Zuordnung von 2 Nachbarstimmbezirken zum jeweiligen Ausgangsstimmbezirk (alle 3 Stimmbezirke = sample point)

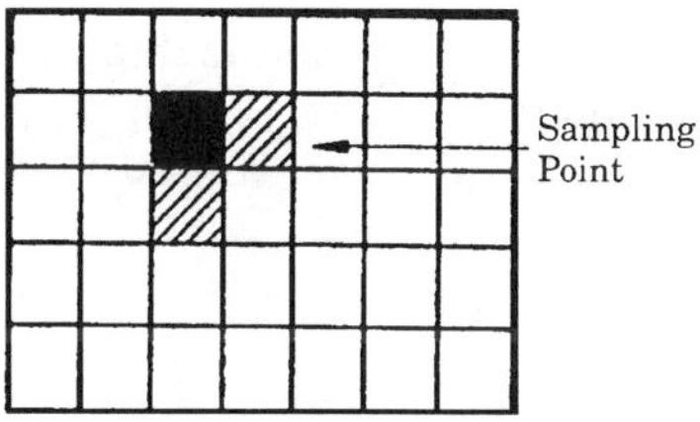

Auswahl der Haushalte

Phase 5

Per Random-Route-Verfahren-Erfassung von 6 Adressklumpen je sample point (2 pro Stimmbezirk)

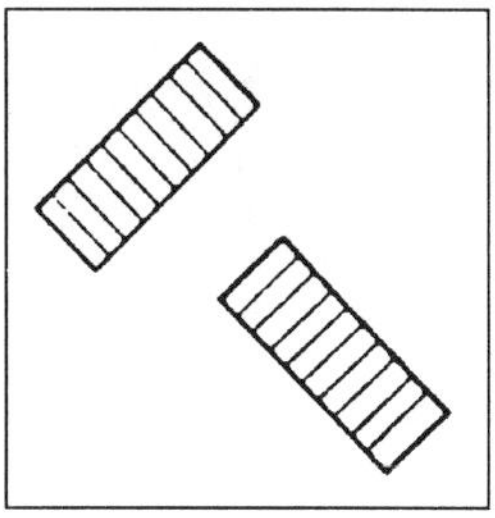

Phase 6

Bestimmung eines Haushalts pro Adressklumpen. Anwerbung der Panelhaushalte

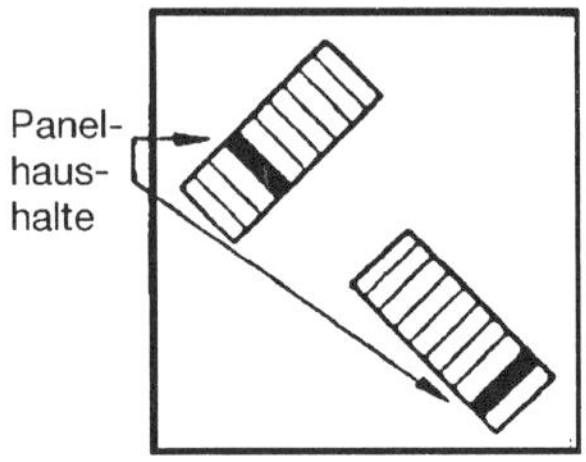

Beispiel eines Panel-Stichprobenplans

Quelle: *Broder,* 1980, S. 8

Die Datenerhebung für das GfK Haushaltspanels erfolgt mithilfe eines sog. Elektronischen Tagebuchs, in das die Daten eingelesen oder eingetippt werden.

Die wesentlichen **Informationen,** die aus Haushaltspanels gewonnen werden, sind:

- Gekaufte Produkte
- Marke bzw. Hersteller des Produktes
- Art des Produkts
- Packungsangaben
- Preis
- Einkaufsdatum
- Einkaufsstätte
- Einkaufsort.

Die folgenden Kennzahlen (Seite 169) lassen sich z. B. aus Haushaltspanels errechnen:

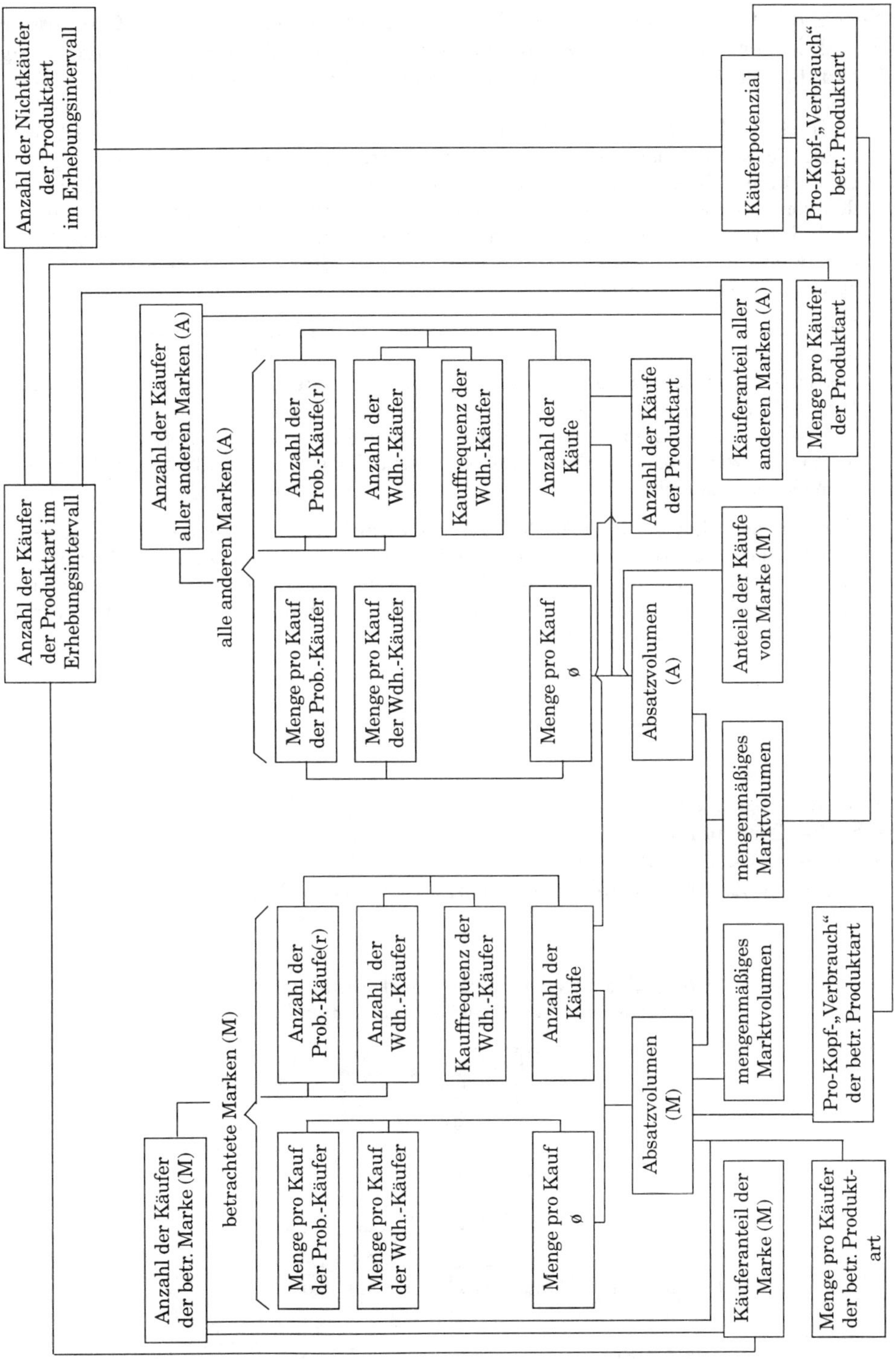

Abb. 6: Kennzahlen aus Haushaltspaneldaten

Neben der GfK erhebt die A. C. Nielsen GmbH ein **Homescan™ Consumer Panel**, in dem aus einer einzigen Quelle (dem Haushalt) schnell und zuverlässig Einkaufs- und Fernsehdaten erhoben werden (Single Source Ansatz).

> „Das **AC Nielsen Homescan™ Consumer Panel** umfasst derzeit 8.400 Haushalte (ca. 23.000 Personen) und bildet in seiner Struktur die Gesamtbevölkerung in Deutschland ab. Aufgrund der einfachen Erfassungsmethodik - die Einkäufe werden von den Haushalten per Handscanner erfasst, ein TV-Meter zeichnet automatisch das Fernsehnutzungsverhalten auf - ist eine umfassende Datenlieferung für eine Vielzahl von Warengruppen (primär aus dem Bereich der Fast Moving Consumer Goods) gewährleistet.
>
> Durch die gleichzeitige Erfassung von Kauf- und Mediadaten können nicht nur Analysen über das Konsumverhalten - wie beispielsweise Käuferprofile, Markenwechsel-Betrachtungen oder Käuferwanderungen - erstellt, sondern auch wertvolle Hilfestellungen für die Mediaplanung und Werbewirkungsforschung gegeben werden. Wann welche Konsumzielgruppen vor dem Fernseher anzutreffen sind oder welche Auswirkungen Werbung auf das tatsächliche Kaufverhalten hat, ist nun kein Geheimnis mehr.
>
> Auch für den Handel bietet AC Nielsen Homescan™ Consumer Panel interessante Möglichkeiten: durch die Erfassung von Einkäufen in einer Vielzahl von Einkaufsstätten - u. a. auch Aldi, Heimdienste, Bäckereien etc. - können aufschlussreiche Informationen über Konsumenten und deren Kaufverhalten in verschiedenen Vertriebsschienen gewonnen werden.“

(Quelle: AC Nielsen GmbH)

Mithilfe dieses Consumer Panels lassen sich z. B.

- Einkaufstättenpräferenz (siehe Abb.)
- Gesamtausgaben (siehe Abb.)
- Einkaufsfrequenz
- Ausgaben je Einkauf
- Durchschnittliche Anzahl der besuchten Handelsbetriebsformen usw.

ermitteln.

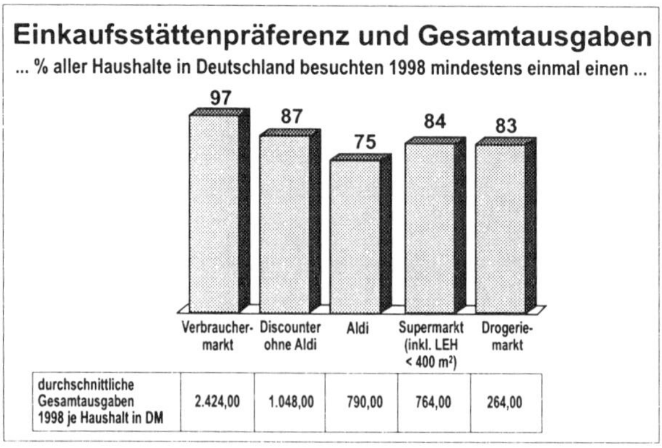

durchschnittliche Gesamtausgaben 1998 je Haushalt in DM	2.424,00	1.048,00	790,00	764,00	264,00

© A.C. Nielsen GmbH

Daneben lässt sich ermitteln, welche Unterschiede sich im Kaufverhalten der Haushalte feststellen lassen und zwar unterschieden nach:

Bundesländern, Verkaufsgebieten, Ortsgrößenklassen, Haushaltsgrößen usw.

Auch Informationen über quantitative und qualitative Gesichtspunkte des Käuferverhaltens sind aus dem Haushaltspanel zu gewinnen wie z. B.

Einkaufshäufigkeit, Menge je Einkauf, Einkaufstage, Käuferwanderung, Markentreue usw.

Zum Teil lassen sich auch die Auswirkungen bestimmter Preis- und Werbemaßnahmen von Aktionen ermitteln.

5. Handelspanel

Handelspanels werden in der Bundesrepublik u. a. von der A. C. Nielsen GmbH, Frankfurt und der Gesellschaft für Konsumforschung (GfK), Nürnberg unterhalten. Basis der durch **Beobachtung** gewonnenen Werte sind die jeweiligen Lagerbestände sowie die An- und Abverkäufe in den interessierenden Artikeln in der Berichtsperiode. Dabei gehen die Mitarbeiter der Marktforschungsinstitute, wie im Beispiel von Nielsen gezeigt, vor:

Produkt	Lieferungen Packungen	Packungen
Warenbestand des Geschäfts am 5. September	152	
Einkäufe des Geschäfts vom 5. September bis 5. November vom Hersteller vom Großhändler	 160 + 50	
Einkäufe insgesamt	210	+ 210
In der Berichtsperiode September / Oktober im Geschäft zur Verfügung stehende Anzahl Packungen		362
Warenbestand des Geschäfts am 5. November		– 114
Absatz an Verbraucher in der Berichtsperiode September/ Oktober		248
Einzelhandelsabgabepreis je Packung DM 5,- Umsatz in der Berichtsperiode September / Oktober		DM 1.240

Abb. 7: Schema der Erhebung im Handelspanel

Quelle: A. C. Nielsen Company

Diese Erhebungen werden im Abstand von ca. 2 Monaten bei Handelsunternehmen durchgeführt, die aufgrund einer geschichteten und disproportionalen Stichprobe unter **Verwendung des Quotenverfahrens ermittelt werden.**

Daneben werden noch **Lieferant und Platzierung** erfasst. Bei dem Lieferant wird in Direktlieferung vom Hersteller oder über Großhandel bzw. Einkaufszentrale und bei der Platzierung in „Stammplatzierung oder Sonderplatzierung" unterschieden.

Dieses Vorgehen erweist sich als notwendig, da die Kenntnis der Grundgesamtheit ungenau ist und weil die relativ hohe Verweigerungsquote dazu führen könnte, dass die Repräsentanz des Handelspanels stark eingeschränkt würde.

Die Erhebung erfolgt für die von der A. C. Nielsen GmbH vorgenommenen Einteilung in sog. **Nielsen-Gebieten**.

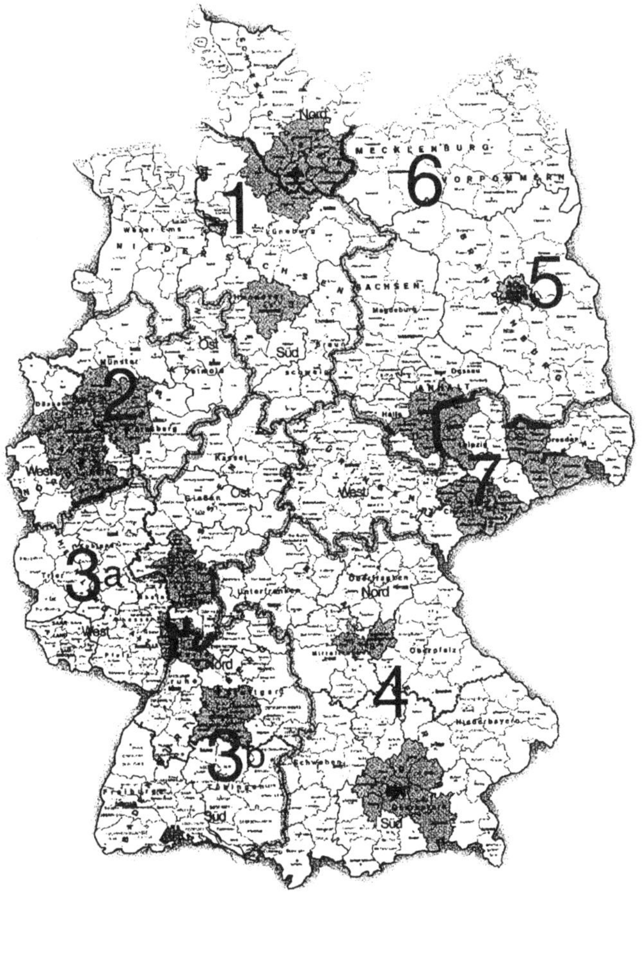

Die jeweils erhobenen Daten werden nach den genannten Gebieten gegliedert ausgewiesen und erlauben somit eine geografisch differenzierte Marktbeobachtung, insbesondere im Hinblick auf z. B. durchschnittliche Lagerdauer, durchschnittliche Umschlagshäufigkeit, wertmäßigen Umsatz usw. der Artikel.

Regionalstrukturen

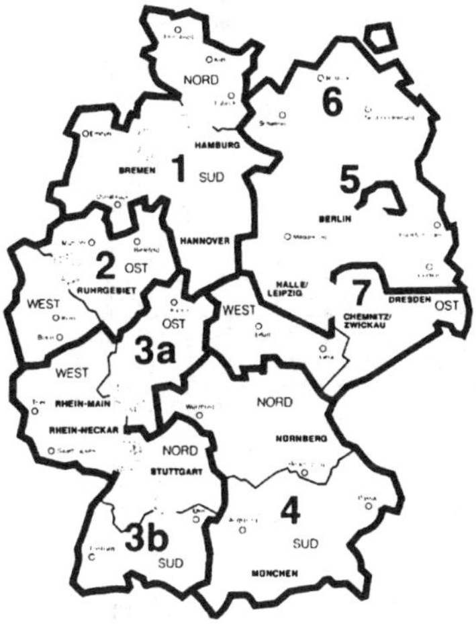

ACNielsen Gebiete	ACNielsen Standard-Regionen	ACNielsen Ballungsräume
Gebiet 1: Hamburg, Bremen, Schleswig-Holstein, Niedersachsen	**Nord:** Schleswig-Holstein, Hamburg **Süd:** Niedersachsen, Bremen	① Hamburg ② Bremen ③ Hannover
Gebiet 2: Nordrhein-Westfalen	**Ost:** Westfalen **West:** Nordrhein	④ Ruhrgebiet
Gebiet 3a: Hessen, Rheinland-Pfalz, Saarland	**Ost:** Hessen **West:** Rheinland-Pfalz, Saarland	⑤ Rhein-Main ⑥ Rhein-Neckar
Gebiet 3b: Baden-Württemberg	**Nord:** Reg.Bez. Stuttgart, Karlsruhe **Süd:** Reg.Bez. Freiburg, Tübingen	⑦ Stuttgart
Gebiet 4: Bayern	**Nord:** Ober-, Mittel-, Unterfranken, Oberpfalz **Süd:** Ober-, Niederbayern, Schwaben	⑧ Nürnberg ⑨ München
5: Berlin		⑩ Berlin
6: Mecklenburg-Vorpommern, Brandenburg, Sachsen-Anhalt		⑪ Halle/Leipzig
7: Thüringen, Sachsen	**West:** Thüringen **Ost:** Sachsen	⑫ Chemnitz/Zwickau ⑬ Dresden

ACNielsen

Ein sehr wichtiges Problem eines jeden Panels stellt die ausreichende Marktabdeckung bzw. das **Coverage** eines Panels dar.

Bis 1987 waren im Nielsen-Panel erfasst:

- SB-Warenhäuser (über 5.000 qm)
- Kleine Verbrauchermärkte (1.500 - 5.000 qm)
- Supermärkte (400 - 800 qm)
- Discountmärkte
- Restliche Geschäfte (unter 400 qm)

Hierzu Abb. auf Seite 174.

Lebensmitteleinzelhandels-Index

Entwicklung nach Einzelhandelstypen

Einzelhandels-typen	Anzahl 1.1.1998 abs.	%	1.1.1999 abs.	%	Ver-änderung in %	Umsatz (in Mio. DM) 1997 abs.	%	1998 abs.	%	Ver-änderung in %
Verbrauchermärkte insgesamt	*6.747*	*9,6*	*6.990*	*10,2*	*+3,6*	*92.100*	*48,1*	*93.100*	*48,7*	*+1,1*
SB-Warenhäuser (> 5.000 m²)	635	0,9	664	1,0	+4,6	29.500	15,4	30.100	15,7	+2,0
Große Verbrauchermärkte (1.500 – 4.999 m²)	1.814	2,6	1.892	2,8	+4,3	30.000	15,7	30.500	16,0	+1,7
Kleine Verbrauchermärkte (800 – 1.499 m²)	4.298	6,1	4.434	6,5	+3,2	32.600	17,0	32.500	17,0	–0,3
Discountmärkte	9.813	13,9	10.087	14,7	+2,8	36.800	19,2	37.700	19,7	+2,4
Supermärkte (400 – 799 m²)	4.750	6,7	4.700	6,9	–1,1	25.900	13,5	25.500	13,3	–1,5
Restliche Geschäfte (< 400 m²)	*49.090*	*69,7*	*46.623*	*68,2*	*–5,0*	*36.700*	*19,2*	*34.900*	*18,3*	*–4,9*
– große (200 – 399 m²)	5.530	7,9	5.110	7,5	–7,6	14.150	7,4	13.490	7,1	–4,7
– mittlere (100 – 199 m²)	10.930	15,5	10.350	15,1	–5,3	11.520	6,0	10.950	5,7	–4,9
– kleine (< 100 m²)	32.630	46,3	31.163	45,6	–4,5	11.030	5,8	10.460	5,5	–5,2
Insgesamt	70.400	100,0	68.400	100,0	–2,8	191.500	100,0	191.200	100,0	–0,2
Aldi	3.002	4,1	3.256	4,5	+8,5	31.200	14,0	31.900	14,3	+2,2
TOTAL	73.402	100,0	71.656	100,0	–2,4	222.700	100,0	223.100	100,0	+0,2

© A.C. Nielsen GmbH

Abb. 8: Einzelhandelstypen des Nielsen-Panels

Nicht erfasst sind die Warenhäuser und der Versandhandel.

Seit 1987 werden die regulären Nielsen-Daten um das Aldi-Käuferpanel ergänzt, sodass nur noch die in der von *Broder* übernommenen Abbildung markierten Haushalte bzw. Handelsunternehmen fehlen.

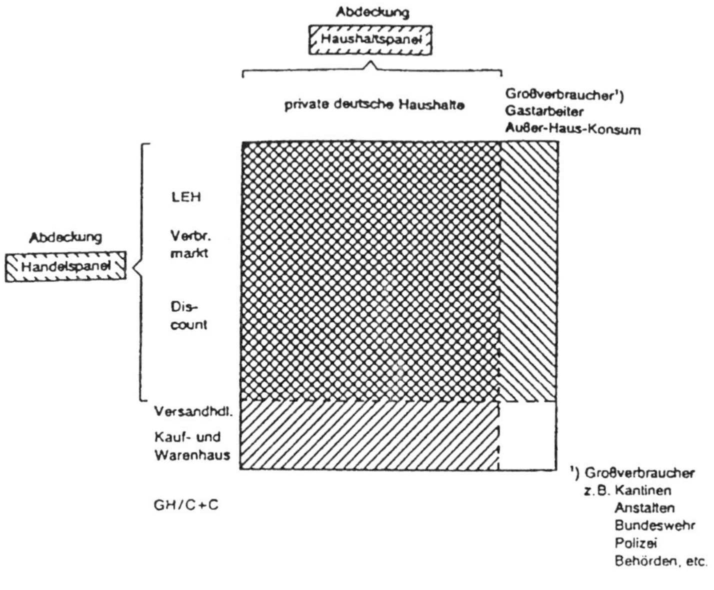

Abb. 9: Vergleich der Abdeckung von Haushalts- und Handelspanels

Im Einzelnen fehlen somit im

- **Haushaltspanel** Käufer, wie Großverbraucher (Kantinen, Anstalten, Bundeswehr, Behörden usw.), Gaststätten und der Außer-Haus-Konsum und im
- **Handelspanel** Käufe beim Versandhandel, bei Kauf- und Warenhäuser sowie im Großhandel (Cash & Carry) und bei Großdiscountern.

Eine allgemeine Übersicht über die Informationen, die der Einzelhandelspanel liefern kann, zeigt der folgende Informationskatalog, getrennt nach Haushalts- und Einzelhandelspanel.

- **Analysen bezogen auf absolute Daten**

– Lagerkapitalproduktivität $= \frac{\text{Lagerbestand} \cdot \text{Durchschnittspreis}}{\text{Endverbraucherabsatz (Wert)}} \cdot 100$

– Lagerdruck $= \frac{\text{Lagerbestand}}{\text{Endverbraucherabsatz (Menge)}} \cdot 100$

– Einkaufsüberhang $= \frac{\text{Einkäufe des Einzelhandels}}{\text{Endverbraucherabsatz (Menge)}} \cdot 100$

– Saisonalität der Verkäufe $= \frac{\text{Endverbraucherabsatz (Menge) 1 Periode}}{\text{Endverbraucherabsatz (Menge) 6 Perioden}} \cdot 100$

analog für Einkäufe und Lagerbestände

– Absatzbedeutung der Region $= \frac{\text{Endverbraucherabsatz (Menge) Region X}}{\text{Endverbraucherabsatz (Menge) insgesamt}}$

(analog für Geschäftstypen und Organisationsformen)

- **Analysen bezogen auf Durchschnittswerte**

  - Verbraucherakzeptanz $= \frac{\text{durchschnittl. monatl. Absatz} \cdot \text{Distribution num.}}{\text{Distribution gew.}}$
  - Umsatzleistung in führenden Geschäften $= \text{durchschnittl. monatl. Absatz} \cdot \text{Durchschnittspreis}$
  - Umsatzbindung im Lagerbestand pro Geschäft $= \text{durchschnittl. Lagerbestand} \cdot \text{Durchschnittspreis}$
  - Umsatzverlust pro ausverkauftes Geschäft $= \text{bereinigter durchschnittl. monatlicher Absatz} \cdot \frac{\text{Distribution nichtführend num.}}{\text{Distribution nichtführend gew.}} \cdot \text{Durchschnittspreis}$
  - Preisabstand absolut $= \text{Durchschnittspreis Produkt X} - \text{Durchschnittspreis Produkt Y}$
  - Preisabstand relativ $= \frac{\text{Durchschnittspreis Produkt X}}{\text{Durchschnittspreis Produkt Y}} \cdot 100$
  - Durchschnittliche Einkaufsmenge pro Geschäft mit Einkäufen $= \frac{\text{Einkäufe des Einzelhandels}}{\text{Distribution mit Einkäufen num.}} \cdot \text{Anzahl Geschäfte in der Grundgesamtheit}$

  (analog für Geschäfte mit Direkt-Einkäufen und Geschäfte mit Einkäufen von anderen Quellen sowie verkaufende Geschäfte)

- **Analysen bezogen auf Distributionsdaten**

– Distributionsqualität $= \frac{\text{Distribution gewichtet}}{\text{Distribution numerisch}} \cdot 100$

– Ausverkaufsgrad $= \frac{\text{Distribution nicht vorrätig num.}}{\text{Distribution führend num.}} \cdot 100$

– Einkaufsaktivität $= \frac{\text{Distribution mit Einkäufen num.}}{\text{Distribution führend num.}} \cdot 100$

(analog Direkt-Einkaufsaktivität und Verkaufsaktivität)

– Sortimentsbreite im führenden Geschäft $= \frac{\text{Summe: Distribution führend num. -Marken}}{\text{konsolidierte Distribution führend num.}} \cdot 100$

(analog pro Geschäft mit Einkäufen, pro Geschäft mit Direkt-Einkäufen, pro Geschäft mit Einkäufen von sonstigen Quellen,pro verkaufende Geschäfte, pro ausverkaufte Geschäfte)

– Distributionsausnutzung $= \frac{\text{Distribution führend num. -Marke insg.}}{\text{Distribution führend num. Warengruppe}} \cdot 100$

(analog Packungsgröße/Marke)

– Distribution netto in % der Geschäfte = Distribution führend numerisch – Distribution nicht vorrätig numerisch

Abb. 10: Kennzahlen aus Einzelhandelspaneldaten

Quelle: *Heizelbecker,* 1985

6. Informationsmöglichkeiten der Panels

In diesem Abschnitt sollen für Handels- und Verbraucherpanels die wichtigsten Auswertungsmöglichkeiten nur aufgezählt werden; auf eine eingehende Betrachtung soll verzichtet werden.

Im Einzelnen lässt sich ermitteln:

- Veränderung der Nachfrage (Hp)
- Marktvolumen (Hp)
- Marktanteil (Vp)
- Segmentierung (Hp)
- Marktdurchdringung (Vp)
- Wiederkäuferrate (Vp)
- Käuferwanderung (Vp)
- Gain- und Loss-Analyse (Vp)

- Einkaufshäufigkeit (Vp)
- numerische und gewichtete Distribution (Hp)

Hp = Handelspanel; Vp = Verbraucherpanel

Verbraucher- und Handelspanel ergänzen sich wechselseitig, sodass es erforderlich ist, sich beider Panels zu bedienen.

7. Elektronische Panelforschung

Die zukünftige Entwicklung der Panelforschung wird gekennzeichnet durch:

- eine einheitliche internationale Artikelnumerierung (EAN)
- den Einsatz der Scanner-Technologie
- das Single-Source-Konzept (Singulärquellenkonzept)
- und die Datenfusion.

7.1 EAN-System

Das EAN-System wurde 1977 durch die EAN-Association beschlossen und von der Centrale für Coorganisation (CCG) für Deutschland eingeführt. Die **EAN-Nummer** umfasst 13 Ziffern und hat den in der Abbildung (siehe Abb., S. 205) dargestellten Aufbau.

Die beiden ersten Ziffern kennzeichnen das jeweilige Land. Die folgenden Ziffern geben eine Bundeseinheitliche Betriebsnummer und die letzten 5 Ziffern die individuelle Artikelnummer des Herstellers an. Die letzte Ziffer ist eine Prüfziffer. In Deutschland wird die Betriebsziffer durch die CCG und die 5-stellige Artikelnummer durch den Hersteller festgelegt. Zur maschinellen Verarbeitung wird die EAN-Nummer in einen EAN-Strichcode (vgl. die folgenden Abbildungen) umgewandelt, der auf der Verpackung angebracht wird und dann von einem Scanner gelesen werden kann. Strichcodearten unterscheiden sich durch die Informationsdarstellung, die Informationsdichte sowie insbesondere die Art und Anzahl der darstellbaren Zeichen. Daneben existiert noch eine sog. 8-stellige Kurznummer, ebenso ist es möglich, die EAN-Nummer zusätzlich im OCR-Code auf die Verpackung anzubringen.

Länder-Kennzeichen		Bundeseinheitliche Betriebsnummer - bbn -					individuelle Artikelnummer des Herstellers					Prüfziffer
4	0	0	0	0	0	0	0	0	0	0	0	4
Centrale für Coorganis. für die Bundesrepublik Deutschland												99 % Sicherheit

Abb. 11: Aufbau der Internationalen Artikelnummer (EAN)

4 005800 144332

Abb. 12: Aufbau der Internationalen Artikelnummer (EAN)

Mit dem Einsatz elektronischer Lesegeräte, sog. Scanner, ist es möglich, automatisch einen Strichcode oder einen optischen Code in elektronische Signale umzusetzen und mittels eines Decoders dann in Zahlen und Buchstaben umzuwandeln. Zur Erfassung können entweder Laser-Scanner oder LED-Scanner verwendet werden.

Welche Vorteile allgemein aus dem Einsatz der Scannertechnik im Vergleich zur traditionellen Technik gezogen werden können, veranschaulicht die folgende Tabelle.

Kennziffern pro Artikel	Herkömmliche Kassen	Scanner-Kassen
Einkaufsmenge pro Woche/Tag	x	x
Verkaufspreis pro Woche/Tag	x	x
Absatz pro Woche/Tag		x
Umsatz pro Woche/Tag		x
Bruttoertrag pro Woche/Tag		x
Absatz in Aktionswochen		x
Absatzanteil an der Warengruppe		x

Tab. 1: Informationspotenzial bei herkömmlichen und bei Scanner-Kassen

Um die mit EAN-Nummern codierten Informationen nutzen zu können, ist es erforderlich, dass der Handel mit elektronischen Kassensystemen mit Laser-Scannern ausgerüstet ist. Heute haben etwa 20.000 Geschäfte Scannerinstallationen. Davon gehören ca. 8.000 dem Lebensmittelhandel an. Dabei handelt es sich i. d.R. um Großbetriebsformen (wie z. B. SB-Warenhäuser, Verbrauchermärkte, Supermärkte usw.).

Bezogen auf die ca. 80.000 LEH-Geschäfte ergibt dies einen Anteil von ca. 10,0 %. Dem Umsatz nach muss man in etwa von 40 % des LEH-Umsatzes ausgehen, der mit Scannern erfasst wird. Dies bedeutet jedoch, dass ein Scannerpanel noch nicht repräsentativ sein kann.

Die EAN-Nummern werden meist in Form eines **maschinenlesbaren Strichcodes** auf den einzelnen Artikeln durch die Hersteller angebracht (vgl. Abb.). Nicht herstellerausgezeichnete Artikel können durch die Handelsbetriebe nach dem EAN-System ausgezeichnet werden. Das Ausmaß der Herstellerauszeichnung ist bisher im Food-Bereich am größten.

Es wird also in der Zukunft weitgehend vom sog. „Scannerverbesserungsgrad" (Artikel und Scannergeschäfte) abhängen, ob und wie schnell Scannerpanels ganz oder teilweise traditionelle Panels ablösen werden.

Die in ein Panel aufzunehmenden Daten lassen sich konventionell und elektronisch erfassen. Bei der elektronischen Erfassung bieten sich die folgenden Möglichkeiten an (vgl. Abb.).

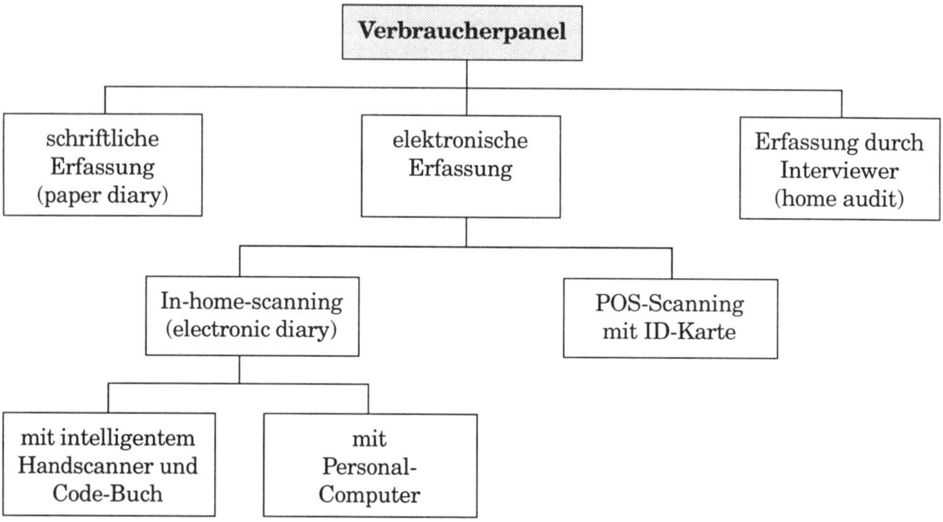

Abb. 13: Arten der elektronischen Erfassung bei Verbraucherpanels

Quelle: Erichson, B. 1992, S. 203

Es ist also grundsätzlich zwischen dem

- POS-Scanning mit ID-Karte und dem
- In-home-Scanning

zu wählen.

Das **POS-Scanning** hat im Vergleich zum In-home-Scanning Vor- und Nachteile (vgl. Tabelle).

POS-Scanning	
Vorteile	**Nachteile**
• Keine Belastung bei der Erfassung für Panelteilnehmer • Direkte Erkennung der Käufer und der Kaufstätten sowie Artikel und Preise	• Unvollständige Erfassung der Einkäufe eines Haushalts (nur ca. 60 %) • Erfassung nur möglich, wenn ID-Karte vorhanden und mitgeführt wird • Geringe Aussagefähigkeit, da i. d. R. nur - Stammkäufer in - Scannergeschäften in - einer bestimmten Gegend erfasst werden • Abhängig vom Verhalten des Handels

Aus der Übersicht zeigt sich, dass keines der beiden Verfahren optimal ist und mit jeweils spezifischen Fehlern behaftet ist.

Beim **Home Scanning** muss der Teilnehmer mit einem PC, Scanner und Modem ausgestattet werden. Im Einzelnen läuft die Erfassung wie in der Abbildung dargestellt ab.

Die Datenerfassung mit mobilen Datenerfassungsgeräten „in home“ ist nicht unproblematisch, weil z. B. für die Geschäfte Codenummern eingegeben werden müssen und weil die Größe des Bildschirms sehr klein ist. Beim Einsatz von PC's spielen die Kosten eine wichtige Rolle sowie deren Bedienung durch die Käufer.

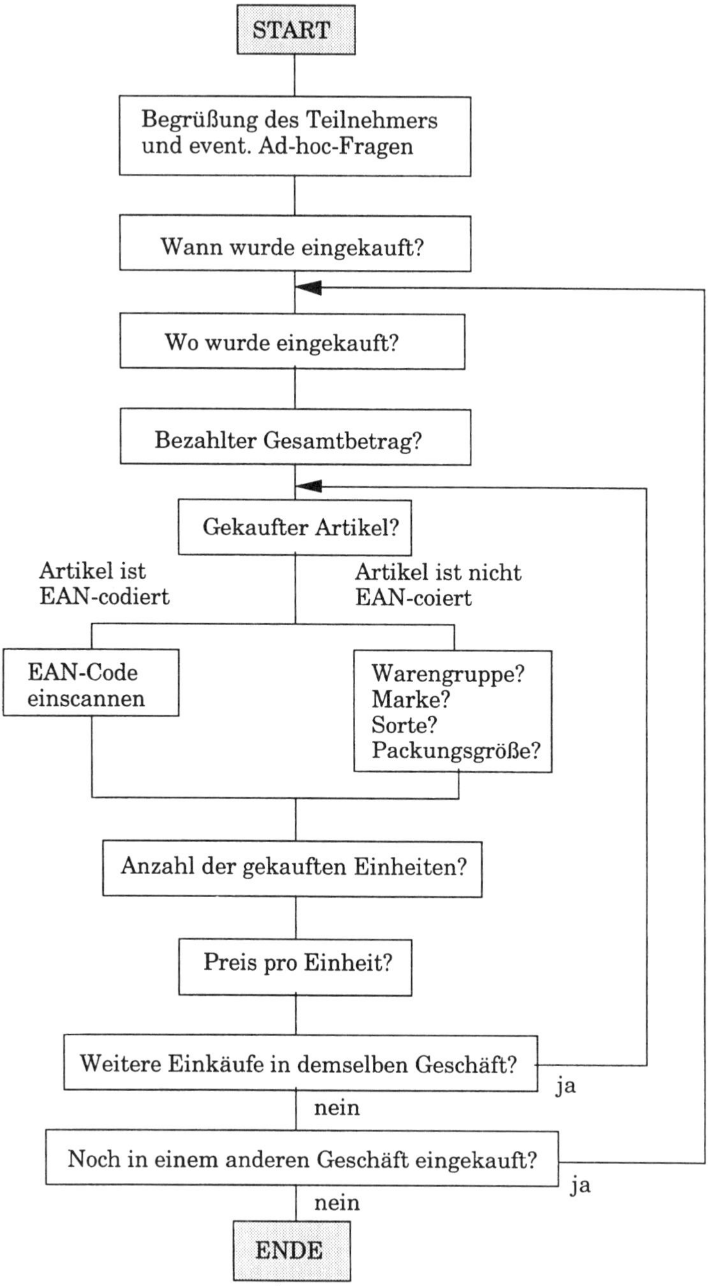

Abb. 14: Datenerfassung beim Home-Scanning

Quelle: *Erichson, B.*, 1992, S. 205

Die Vorteile, die **Scanner-Handelspanels** im Vergleich zum traditionellen Handelspanel haben, veranschaulicht die folgende Abbildung. Sie zeigt die qualitativen Vorteile sehr eindrucksvoll.

Kriterium	**Traditionelles Handelspanel**	**Scanner-Handelspanel**
Erhebungsfrequenz	zweimonatlich ex post	kontinuierlich
Berichtszeitraum	2 Monate	1 Woche
Erfassungsmodus Absatz	Inventur und Belege	tatsächliche Abverkäufe
Erfassungsmodus Preis	aktueller Preis am Erhebungstag	tatsächlicher Preis
Berichtsverfügbarkeit	nach ca. 4 Wochen	nach ca. 2 Wochen
Kosten	hoch, da sehr personalintensiv	sehr niedrig, da Nebenprodukt des Kassiervorganges
Reliabilität	beschränkt, da Anteil menschlicher Arbeit hoch	langfristig als sehr hoch zu erwarten
externe Validität	hoch	langfristig ebenfalls als hoch zu erwarten

Abb. 15: Qualitativer Vergleich von traditionellem und Scanner-Handelspanel

Quelle: Entnommen aus *Simon u.* a., 1982, S. 562

Dabei können sich u. E. auch erhebliche Verbesserungen im Hinblick auf die Aussagefähigkeit und Entwicklungsmöglichkeiten von Haushaltspanels ergeben.

Voraussetzung dafür ist die Ausstattung der Haushalte mit sog. Identifizierungskarten (ID-Karten), die beim Einkauf vorgelegt werden und zur Erfassung jeden Einkaufsvorgangs und jeder Einkaufsposition berücksichtigt werden.

Kriterium	Traditionelles Haushaltspanel	Scanner-Haushaltspanel
Erhebungs-modus	erinnerte Käufe und Preise	tatsächliche Käufe und Preise
Belastung für Haushalt	sehr hoch	sehr gering
Berichtszeitraum	ein Monat	eine Woche oder ein Monat
Informations-umfang	Informationen nur über gekaufte Alternativen	Informationen über alle verfügbaren Alternativen
Reliabilität	wahrscheinlich gering	abhängig vom Vorzeigen der Karte, Marktabdeckung etc., sicher höher
Interne Validität	wahrscheinlich gering	abhängig vom Vorzeigen der Karte, Marktabdeckung etc., sicher höher
Externe Validität	hohe Verweigerungsquote, Paneleffekt, reaktive Messung	niedrige Verweigerungsquote, Paneleffekt verschwindet, nichtreaktive Messung, Gefahr atypischen Einkaufs wegen Umsatzbonus
Kosten	sehr hoch (Porto, Rekrutierung, Datenerfassung)	in nahezu allen Positionen weitaus geringer

Abb. 16: Qualitativer Vergleich von traditionellem und Scanner-Haushaltspanel

Quelle: Entnommen aus *Simon u.* a., 1982, S. 562

Heute (GfK in Deutschland, 1997/98), Nielsen (1998) werden die Haushaltspanels mit Handscannern erfasst.

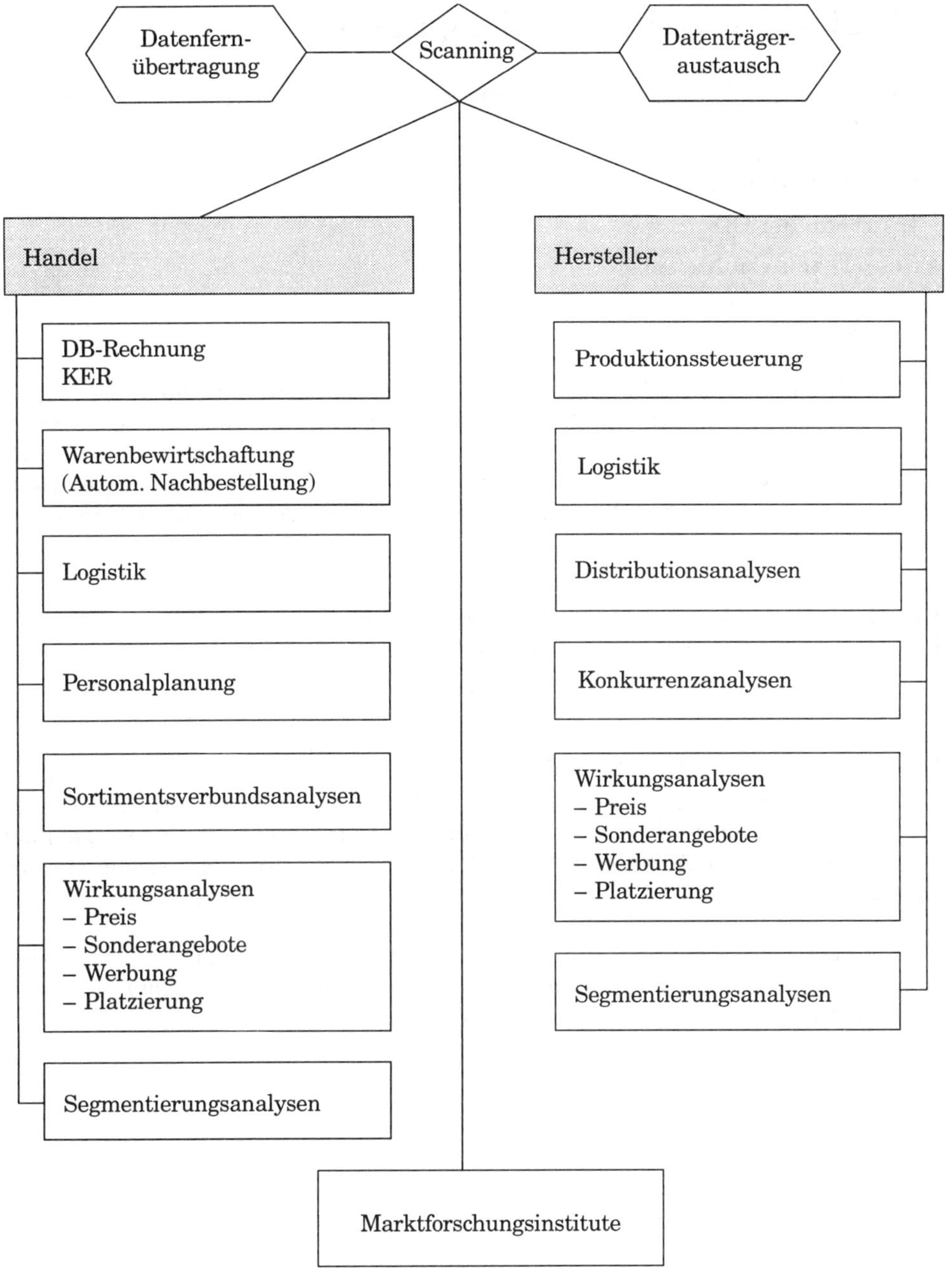

Abb. 17: Möglichkeiten des Scanning für Marktforschung und Marketing-Entscheidungen

Quelle: *Zentes*, 1987, S. 20

7.2 Elektronische Handelspanels

Gegenwärtig werden in Deutschland die folgenden drei elektronischen Handelspanels erstellt:

- **MADAKOM** der CCG
- **InfoScan** der GfK
- **ScanTrack** von Nielsen

❑ MADAKOM

Das MADAKOM (Marktdatenkommunikation) ist ein Scanningpanel, das auf einem Abkommen zwischen Handel und Industrie beruht und durch die CCG realisiert wird. In über 220 Geschäften des Lebensmitteleinzelhandels und Drogerie-Fachmärkten werden wöchentlich die genauen Absatz- und Umsatzwerte ermittelt. Daneben werden Erhebungen zu den Promotionsaktivitäten im Handel erstellt.

Die MADAKOM-Stammdatenbank enthält Informationen zu über 350.000 Artikeln. Diese sog. Rohdaten werden entweder von den Industrieunternehmen oder von beauftragten MADAKOM-Verbundpartnern ausgewertet. Daneben gibt es eine standardisierte Form der Datenübermittlung als Tabellenband bzw. in einer PC-Version. Diese Daten werden als MADAKOM-Telegramm bezeichnet. Um die Möglichkeiten des MADAKOM-Systems zu verbessern, wurde am 1.7.1993 ein Joint-Venture zwischen der CCG und der GfK Panel Service GmbH geschlossen. Daneben wurde ein Fachbeirat, der von den acht größten Datennutzern gebildet wird, gegründet. Die Abbildung (s. nachfolgende Seite oben) veranschaulicht das System.

Der MADAKOM-Telegramm-Baukasten liefert unterschiedliche Informationen und kann neben dem „Basis-Telegramm“ Informationen über Distribution, Preise und Promotionsaktivitäten liefern (vgl. Abb. S. 187).

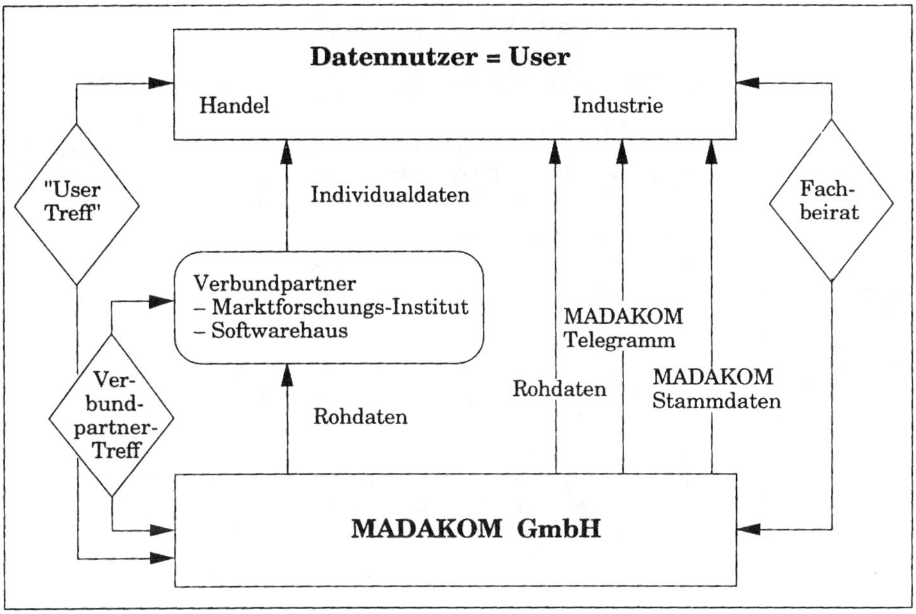

Coorganisation bedeutet für MADAKOM die aktive Teilnahme aller Datennutzer an der Entwicklung des MADAKOM-Systems. Hierfür ist das Gremium des Fachbeirats eingerichtet worden in dem die Vertreter der acht größten Datennutzer versammelt sind. Der Fachbeirat tritt mehrfach im Jahr zusammen und berät die Geschäftsführung.

Der User-Treff ist ein Angebot an alle Nutzer der Datenservices, sich regelmäßig auszutauschen, neue Entwicklungen kennen zu lernen sowie Kritik und Wünsche zu äußern.

Die autorisierten Verbundpartner (zurzeit sechs Marktforschungsinstitute und Softwarehäuser) und die Projektleitung der MADAKOM GmbH treffen sich zweimal im Jahr, um die Entwicklung neuer Datenservices zu diskutieren, den gemeinsamen Marktauftritt zu koordinieren und prinzipielle Strategien festzulegen.

Abb. 18: Das MADAKOM-System

Quelle: *CCG*

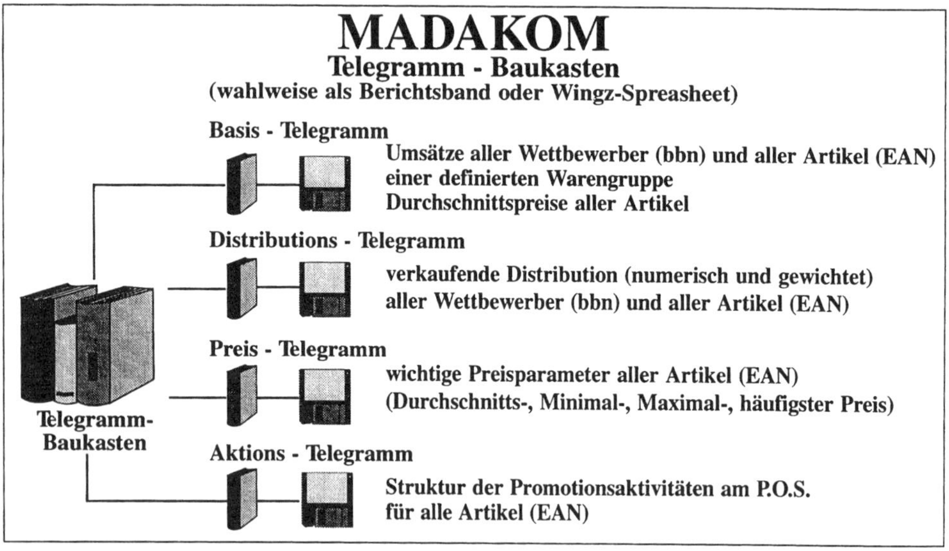

Quelle: Coorganisation 1993

Die Datenerfassung der Scannerdaten in den angeschlossenen Geschäften sowie der weitere Datenfluss veranschaulicht die folgende Abbildung:

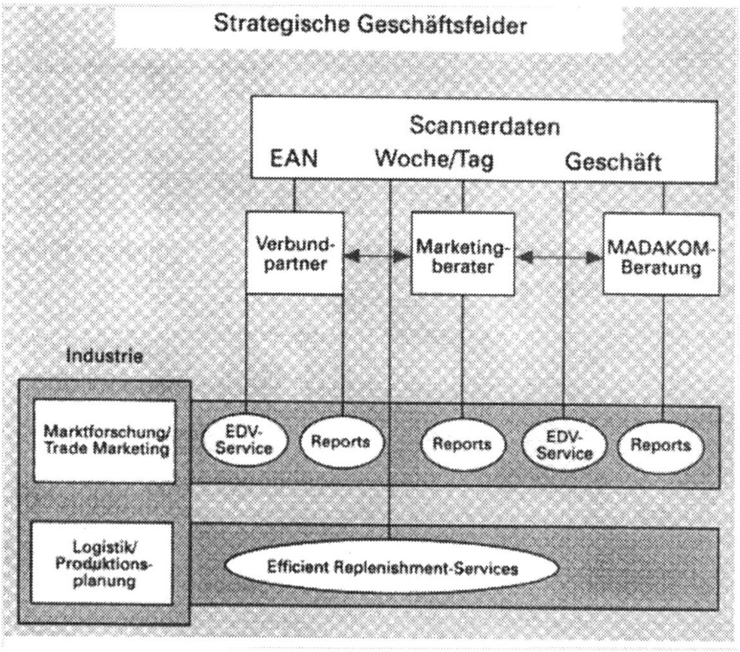

Quelle: Coorganisation

Neben den hier aufgeführten Anwendungsmöglichkeiten für mit Scanner erfassten Daten spiegeln insbesondere die im Rahmen von Tests bzw. Minimarkttests gewonnenen Informationen eine wichtige Rolle.

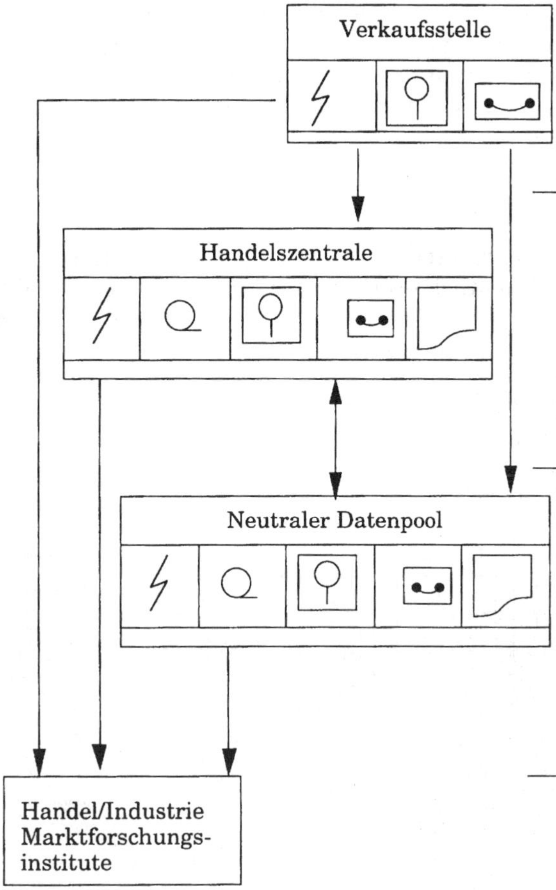

Möglicher Datenfluss	Aufgaben auf Einzelhandels-, Großhandels-, Datenpool- und Industrieebene
Verkaufsstelle	• Daten erfassen (Selektieren) • Schnelle Weitergabe an nächste Stufe
Handelszentrale	a) multilateral: • Daten der Anschlusshäuser sammeln • schnelle Weitergabe an den Pool b) bilateral: • Daten sammeln und vorbehalten • Klassifikationsmerkmale vorbehalten und zufügen
Neutraler Datenpool	• Prüfung der Teilnahmeberechtigung und der Satzformate • Rohdaten für einen Monat pro Verkaufsstelle vorbehalten • Daten neutralisieren • Klassifikationsmerkmale vorbehalten und zufügen • Gebührenberechnung
Handel/Industrie Marktforschungsinstitute	• Rohdaten abrufen • Daten nach individuellen Kriterien verarbeiten und auswerten

Abb. 19: Datenflussplan im System MADAKOM

Quelle: *Hagen, Schulte* (1983)

❐ InfoScan

InfoScan wird von der GfK-Tochter EuroScan erstellt. Nachdem schon einige Hundert über 200 Scannergeschäfte dem InfoScan angeschlossen sind, ist eine Erweiterung auf 400 im Aufbau. Das System arbeitet nach dem Single-Source-Prinzip mit Haushaltungen, deren Einkäufe am POS mit scannerlesbarer Identifikationskarte erfasst werden.

Die Identifikationskarte (ID) erkennt den kaufenden Haushalt und lässt dann feststellen, wer, wann, wo, welchen Artikel zu welchem Preis gekauft hat. Die mit dem InfoScan erfassten Geschäfte werden auch im nationalen Handelspanel berücksichtigt und sollen im Laufe der Zeit noch mehr traditionelle Geschäfte als Teilnehmer ersetzen.

❐ Scantrack

Beim Scantrack werden die ausgewählten Scannergeschäfte erfasst. Die A.C. Nielsen GmbH liefert von den wöchentlich erfassten Verkaufsdaten den Empfängern Informationen über Absatz, Preise, Umsatz sowie Marktanteile im Prinzip nach dem dargestellten Ablaufschema (vgl. Abb.).

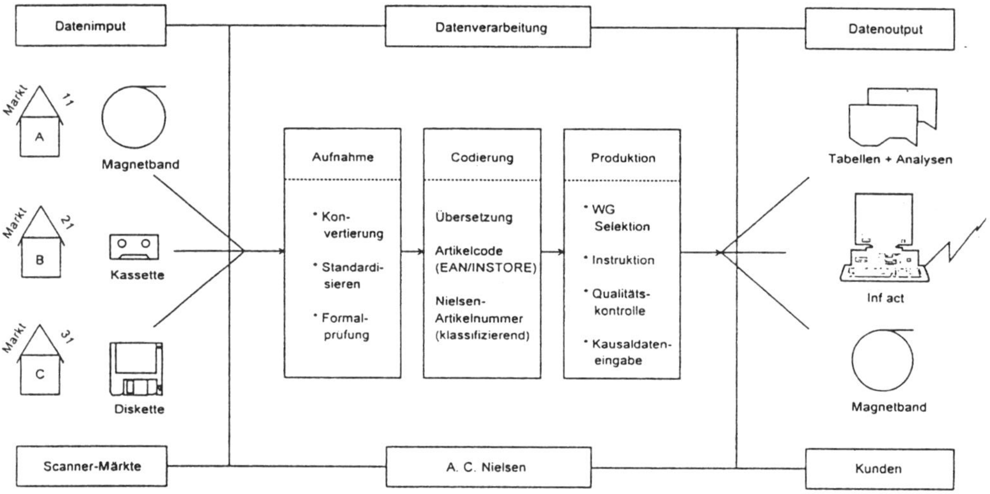

Abb. 20: Datenfluss im System Scantrack

Quelle: *Löhmer u. a.,* Perspektiven (1986), S. 34

Daneben werden Faktoren für das Absatzverhalten mit Absatz und Umsatz in Verbindung gebracht (z. B. Zeitungsanzeigen, Displays, Aktionen, Handelsprospekte). Nach *Nielsen* bestehen die **Nielsen-Scantrack-Services** aus folgenden Leistungen:

„• Tracking mit verschiedenen Reportarten

• Scan Pro Analysen:

  - Standard-Analysen mit schneller Verfügbarkeit
  - kundenspezifischen Analysen
  - Beratung durch Scan Pro Consultative Group vom Analysedesign bis zur Hilfestellung bei der Interpretation der Ergebnisse

• On-line-Zugriff auf Scanning-Datenbanken mit Inf Act

• Verfügbarkeit von Scanning-Datenbanken auf Inf Act Workstation.“

(13)

Kontrollfragen zu F

		Lösungs-hinweise Seite
(1)	Was versteht man unter einem Panel?	159
(2)	Wie unterscheidet sich eine Panelerhebung von einer Folgeerhebung?	159
(3)	Welche Informationen lassen sich grundsätzlich mit Panels gewinnen?	160
(4)	Welche methodischen Probleme ergeben sich beim Aufbau eines Panels?	160
(5)	Was versteht man unter Panelsterblichkeit?	161
(6)	Was bezeichnet man als Panelrotation?	161
(7)	Was wird als Overreporting bezeichnet?	161
(8)	Was wird als Underreporting bezeichnet?	161
(9)	Wie lassen sich die verschiedenen Panelarten unterscheiden?	161
(10)	Was versteht man unter Handelspanels? Welche kennen Sie?	161
(11)	Welche Informationen können allgemein Haushaltspanels (Verbraucherpanels) bereitstellen?	162
(12)	Wie werden die Informationen beim GfK Haushaltspanel erhoben?	164
(13)	Was versteht man unter dem Nielsen-Homescan Consumer Panel?	170
(14)	Wie werden diese Informationen erhoben?	170
(15)	Was bezeichnet man als „Nielsen-Gebiete"?	172
(16)	Was bezeichnet man als Coverage eines Panels?	173
(17)	Vergleichen Sie Haushalts- und Handelspanel! Welche Unterschiede ergeben sich?	175
(18)	Welche Kennzahlen lassen sich auf dem Haushaltspanel gewinnen?	175
(19)	Welche Kennzahlen lassen sich aus dem Einzelhandelspanel gewinnen?	176
(20)	Wie werden sich die Panelerhebungen entwickeln?	178

(21)	Was versteht man unter der europäischen Artikelnummer? Wie ist sie aufgebaut?	178
(22)	Welche Möglichkeiten für Marktforschung und Marketing eröffnet Scanning?	179
(23)	Welche Vorteile können Scanner-Panels bieten?	183
(24)	Welche Vorteile kann ein Scanner-Handelspanel bringen?	183
(25)	Welche Vorteile bringt ein Scanner-Haushaltspanel mit sich?	183
(26)	Wie ist grundsätzlich die elektronische Erfassung beim Verbraucherpanel möglich?	184
(27)	Welche Vor- und Nachteile hat POS-Scanning?	181
(28)	Welche Probleme treten beim Home-Scanning auf?	181
(29)	Welche elektronischen Handelspanels kennen Sie?	186
(30)	Was versteht man unter MADAKOM?	186
(31)	Was ist InfoScan von der GfK?	190
(32)	Was versteht man unter ScanTrack der Nielsen GmbH?	190

Literatur zu F

Broder, M.; Haushaltspanel in: Poth. L. (Hrsg.), Marketing, Neuwied 1980

Brombacher, R., Entscheidungsunterstützungssysteme für das Marketing-Management, Berlin 1988

Centrale für Coorganisation, Arbeitsbericht 1995, Köln 1990

Erichson, B., Elektronische Panelforschung in: Hermanns-Flegel (Hrsg.), Handbuch des Electronic Marketing, München 1992

Friedrichs, J., Methoden der empirischen Sozialforschung, Opladen 1984

GfK (Hrsg.), Consumer Tracking, Nürnberg o. J.

GfK (Hrsg.), Verbraucherforschung, Nürnberg o. J.

Hallier, B., Informationsmanagement im Handel in: Trommsdorff, V. (Hrsg.), Handelsforschung 1995/96, Wiesbaden 1995

Hallier, B., Scanning im Handel in: Pepels, W. (Hrsg.), Moderne Marktforschungspraxis, Neuwied 1999

Hansen, J., Das Panel - Zur Analyse von Verhaltens- und Einstellungswandel, Opladen 1982

Heidel, B., Scannerdaten im Einzelhandelsmarketing, Wiesbaden 1990

Hermanns/Flegel (Hrsg.), Handbuch des Electronic Marketing, München 1992

Heinzelbecker, K., Marketing-Informationssysteme, Stuttgart 1985

Hüttner, M., Grundzüge der Marktforschung, 4. Auflage, Wiesbaden 1989

Köhler, R. u. a. (Hrsg.), Scanning, Düsseldorf 1985

Mülder/Weis, Computerintegriertes Marketing, Ludwigshafen 1996

Nielsen (Hrsg.), Universen 2000, Frankfurt 2000

Nielsen (Hrsg.), Homescan® Consumer Panel Services, Frankfurt o. J.

Ruppe, H., Handelspanel in: Poth, L. (Hrsg.), Marketing, Neuwied 1980

Sedlmeyer, K.-J., Panelinformation und Marketing Entscheidung, München 1983

Simon, H., Bessere Marketingentscheidungen mit Scanner-Daten in Köhler, R. u.a. (Hrsg.): Scanning, Düsseldorf 1985, S. 5 - 21

Stern, H. W. E., Einzelhandelspanel, Marketing - Enzyklopädie, München 1974

Stoffels, J., Der elektronische Minimarkttest, Wiesbaden 1989

Weissman, A., Verbraucherpanel - Information als Grundlagen für Marketingentscheidungen in Einzelhandel, München 1983

Zentes, J. (Hrsg.), Neue Informations- und Kommunikationstechnologie in der Marktforschung, Berlin u. a. 1984

Zentes, J., EDV-gestütztes Marketing, Berlin u. a. 1987

G. Das Experiment

1. Ziele und Aufgaben von Experimenten

Experimente stellen kein eigenständiges Datengewinnungsverfahren dar. Sie sind eine bestimmte Form der Befragung und/oder der Beobachtung unter bestimmten festgelegten Bedingungen.

Experimente haben die Zielsetzung zu prüfen, ob ein Kausalzusammenhang zwischen mindestens zwei Faktoren vorliegt. Im einfachsten Fall soll dabei der Einfluss eines Faktors x („Testfaktor") auf einen anderen Faktor y („Wirkfaktor") ermittelt werden. Charakteristisch für Experimente ist die isolierte Veränderung **eines** Faktors und seine Auswirkung bei kontrollierten Bedingungen auf **einen oder mehrere** andere Faktoren.

„Kontrollierte Bedingungen" bedeutet dabei:

- Die Umweltfaktoren werden so weit wie möglich ausgeschlossen.
- Die Wirkung der Umweltfaktoren auf den „Wirkfaktor" wird von dem Testfaktor getrennt.

2. Arten von Experimenten

Man unterscheidet unterschiedliche Arten von Experimenten:

- Nach der Art der Ermittlung des Ergebnisses eines Experiments unterscheidet man in Befragungs- und Beobachtungsexperiment. Bei einem **Befragungsexperiment** wird die Wirkung eines Faktors auf einen anderen Faktor mittels Befragung festgestellt (Beispiel: Preis eines Produkts und Kaufabsichten). Bei einem **Beobachtungsexperiment** wird die Wirkung eines Faktors auf einen anderen mittels Beobachtung festgestellt (Beispiel: In einem Handelsgeschäft werden bei vergleichbarer Kundschaft die Preise gesenkt, in einem anderen Handelsgeschäft nicht und die Umsatzveränderungen beobachtet).
- Nach der Situation, in der Experimente durchgeführt werden, unterscheidet man in **Labor- und Feldexperimente.**

Laborexperimente finden unter speziellen, für das Experiment geschaffenen (künstlichen) Bedingungen statt. Dadurch wird versucht, alle unerwünschten Einflüsse, die sich auf das Experiment auswirken können, auszuschalten. Es lassen sich jedoch so nur verhältnismäßig einfache und „wenig harmlose" Untersuchungen durchführen. Aus pragmatischen Gründen liegen die Hauptanwendungsgebiete in Versuchen mit wenigen Personen, der Kleingruppenerforschung und der psychologischen Marktforschung. Einsatzgebiete sind u. a. gegeben bei Produkt-,

Verpackungs- und Werbemitteltests, bei denen psychologische Experimente, Experimente mit dem Tachistoskop und der Schnellgreifbühne durchgeführt werden.

Feldexperimente werden unter „natürlichen“ Bedingungen durchgeführt. Sie haben den Vorteil der Realitätsnähe und sind besser verallgemeinerungsfähig als Laborexperimente. Einsatzgebiete für diese Art von Experimenten sind insbesondere Testmärkte und Markttests (z. B. Kontrollierter Markttest (Nielsen), GfK-Store-Test usw.) sowie Untersuchungen über unterschiedliche Warenplatzierungen in Handelsbetrieben.

- Nach dem Einblick, den Versuchspersonen in das Versuchsgeschehen erhalten, lassen sich mit *Spiegel* **vier Gruppen von Experimenten** unterscheiden:
  (1) Experimente mit **offener** Versuchssituation, bei denen die Versuchspersonen den Zweck, ihre Aufgabe und ihre Situation kennen;
  (2) Experimente mit **nicht durchschaubarer** Versuchssituation, bei denen die Versuchsperson Einblick in ihre Aufgabe und ihre Situation als Versuchsperson, nicht aber in den Zweck des Versuchs hat;
  (3) Experimente in **quasibiotischer** Situation, bei welcher der Versuchsperson Situation, nicht aber Zweck des Versuchs und eigentliche Aufgabe bekannt sind;
  (4) Experimente in **biotischer** Situation, in der die Versuchsperson sich in Unkenntnis aller Untersuchungsgebenheiten befindet.

Zum Vergleich der Gruppen die folgende Abbildung:

	Kenntnis der Beobachtungssituation			
Test/ Experiment	**offen**	**nicht durchschaubar**	**quasi biotisch**	**biotisch**
Labor-experiment	X	X	X	X
Feld-experiment	—	—	—	X

Abb. 1: Vergleich unterschiedlicher Test/Experimentsituationen

- Nach der Berücksichtigung der Zeitkomponente wird bei Experimenten in Sukzessiv- und Simultanexperimenten unterschieden. **Sukzessivexperimente** sind dadurch gekennzeichnet, dass die Messungen zeitlich hintereinander vorgenommen werden, während bei **Simultanexperimenten** keine carry-over Effekte die Ergebnisse verzerren, d. h. Effekte, die auf andere Perioden ausstrahlen, werden nicht berücksichtigt.

- Im Hinblick auf die **Anlage von Experimenten** lassen sich bestimmte **typische Situationen** darstellen:

Eine Übersicht über alle Forschungstypen vermittelt die folgende Abbildung.

Lfd. Nr.	Typ		Versuchsgruppe	Kontrollgruppe	Faktorwirkung
1	EBA	Zeitpunkt vor Auswirkung des Testfaktors (B)	x_0	–	$x_1 - x_0$
		Zeitpunkt nach Auswirkung des Testfaktors (A)	x_1	–	
2	CB-EA	B	–	y_0	$x_1 - y_0$
		A	x_1	–	
3	EBA-CBA	B	x_0	y_0	$(x_1 - x_0) - (y_1 - y_0)$
		A	x_1	y_1	
4	EA-CA	B	–	–	$x_1 - y_1$
		A	x_1	y_1	

Abb. 2: Übersicht über alle Forschungstypen

Im Einzelnen bedeutet in der Abbildung und im Text:

E = Experimentengruppe
C = Kontrollgruppe
B = Before (Messung vor der Wirkung des Faktors)
A = After (Messung nach der Wirkung des Faktors).

(1) **EBA-Typ**

Hier werden die Auswirkungen **vor und nach** dem Einsatz auf eine bestimmte Versuchsgruppe gemessen (Beispiel: Marktanteil vor und nach einer bestimmten Werbeaktion). Problematisch bei diesem Typ ist, dass Wirkungen, die von anderen Faktoren kommen, nicht ausgesondert und isoliert werden können. Die Gefahr von carry-over-Effekten ist gegeben.

Beispiel:

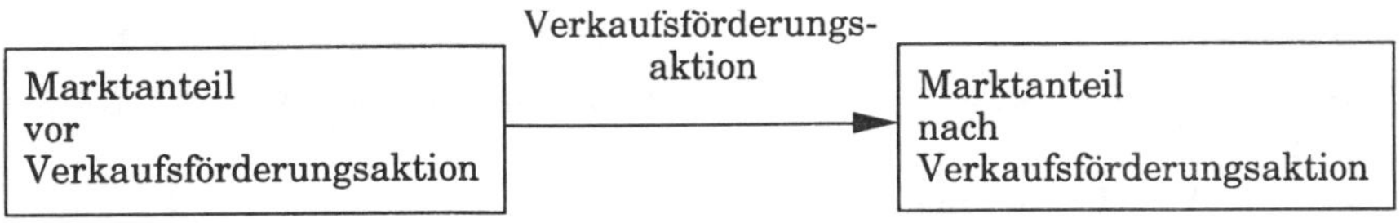

(2) **CB-EA-Typ**
stellt ein Sukzessivexperiment mit mindestens zwei Gruppen dar (CB-EA-Typ = Nachher-Messung der Experimental-Gruppe, Vorhermessung der Kontrollgruppe). Hier wirken sich u. a. störende Entwicklungen aus.

Beispiel:

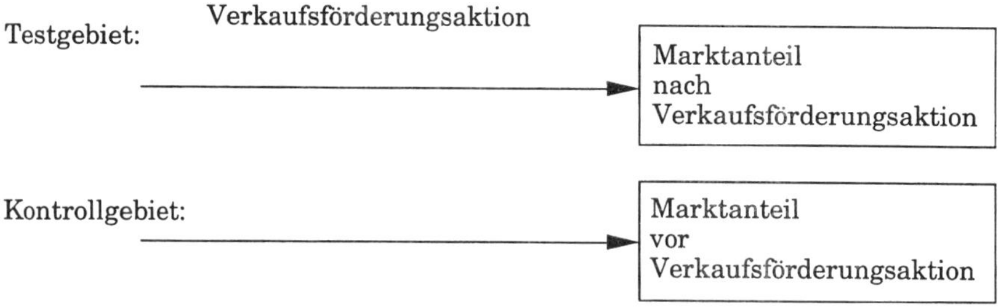

(3) **EA-CA-Typ**
ist ein Simultanexperiment mit mindestens zwei Gruppen. Die C-Gruppe liefert den Bezugswert, die E-Gruppe den Endwert. Hier können nur Entwicklungseffekte auftreten, wirken sich jedoch infolge der speziellen Anordnung nicht störend aus. Da die Gleichheit von E- und C-Gruppe in der Ausgangssituation meist hergestellt werden kann, wird dieser Typ oft in der Marktforschung angewendet.

(4) **EBA-CBA-Typ**
ist ein simultanes Sukzessivexperiment mit C- und E-Gruppe. Dabei können zwar carry-over- und Entwicklungseffekte auftreten, infolge der entsprechenden Anordung machen sich carry-over-Effekte jedoch nicht störend bemerkbar. Der Entwicklungseffekt lässt sich ermitteln.

Je nachdem, welche Art von Experimenten durchgeführt wird, sind die Ergebnisse differenziert zu beurteilen.

Will man allgemein die Vor- und Nachteile von Labor- und Feldexperimenten vergleichen, so kommt man tendenziell zu folgenden generellen Aussagen (vgl. Abbildungen).

Laborexperimente	
Vorteile	**Nachteile**
• Relativ schnell durchführbar • Relativ niedrige Kosten • I.d.R. geheim durchführbar • Relativ geringer Zeitaufwand	• Nicht repräsentativ bzw. verallgemeinerungsfähig je nach Testtyp • Keine reale Testsituation • Keine wirklichkeitsbezogenes Ergebnis

Abb. 3: Vor- und Nachteile von Laborexperimenten

Feldexperimente	
Vorteile	**Nachteile**
• Ergebnisse eher realistisch • Rückschlüsse auf Gesamtheit möglich (unter bestimmten Bedingungen) • Reale Testsituation gegeben	• Relativ hohe Kosten je nach Typ • Relativ zeitaufwendig je nach Typ • Meist nicht geheim durchführbar • Oft nur schwierig durchführbar • Ergebnis kann durch Dritte beeinflusst werden

Abb. 4: Vor- und Nachteile von Feldexperimenten

(14)

3. Testmöglichkeiten

In der Praxis finden sich verschiedene Anwendungen von Experimenten in Form verschiedener Testtypen. Diese Tests lassen sich nach unterschiedlichen Kriterien einordnen, wie z. B.:

- nach dem **Ort** der Testdurchführung in Markttest, Studiotest, Home-use-test, Labortest, Storetest
- nach dem **Objekt** des Tests in Produkttest, Preistest, Namenstest usw.,
- nach den **Testpersonen** in Tests mit aktuellen Konsumenten, potenziellen Konsumenten, Experten usw.,
- nach der **Testdauer** in Kurzzeittest und Langzeittest,
- nach dem **Testumfang** in Voll- bzw. Partialtest eines Produktes,
- nach der **Anzahl** der zu testenden Produkte in Einzeltests und Vergleichstests (mind. 2 Produkte),
- nach der **Praxis** der Testsituation in Tests auf einem Markt, in einem Labor, bzw. auf einem Labortestmarkt.

Die Eignung verschiedener Tests für bestimmte Bereiche und die Testdurchführung gibt die folgende Abbildung im Überblick wieder:

Test und Testeinsatz						
Test / Testform	Labor-test	Studio-test	Markt-test	Store-test	Test-markt	Waren-test
Produkt Verpackung Geschmack	X	X	X		X	X
Funktion	X	X				X
Preis		X	X			X
Werbung		X	X		X	
Vertriebsweg			X		X	
Handelsbetriebe			X	X		
Verkauf/Kundendienst				X		X
Testdurchführung	Unternehmen, Teststudio, Institut		auf regionalem Markt	in den Unternehmen	in bestimmten Testmärkten	z. B. Stiftung Warentest

Abb. 5: Überblick über Testmöglichkeiten

Im Folgenden soll nicht auf alle Aspekte der Testmöglichkeiten eingegangen werden. Vielmehr sollen nur zwei Bereiche untersucht werden und zwar:

- die verschiedenen Testmöglichkeiten bei einer probeweisen Einführung eines Produktes auf einem Markt, wie z. B. bei dem regionalen Markttest, dem Minimarkttest und dem Store-test sowie
- die Testformen, die sich auf einzelne marketingpolitische Instrumente, wie z. B. Produkttest, Preistest, Verpackungstest, Namenstest usw. beziehen.

Im Rahmen von Praxistests werden im Folgenden kurz betrachtet:

- der regionale Markttest,
- der lokale Markttest (Minimarkttest) und
- der Ladentest (Store-test)
- die Testmarktsimulation.

Bei regionalen **Markttests** handelt es sich um die versuchsweise Einführung von Produkten in einem regional begrenzten Teilmarkt unter kontrollierbaren Bedingungen. Dabei soll der Teilmarkt im Prinzip repräsentativ für den Gesamtmarkt sein, was in der Praxis oft nicht hinreichend zu gewährleisten sein wird. Mithilfe eines Markttests lassen sich z. B. die Verhaltensweisen von Käufern, des Handels und zum Teil der Konkurrenz erfassen. Markttests gehören zu den am besten entwickelten Feldexperimenten.

Bei **Minitestmarkt** wird in einer kleinen Stadt (z. B. Bad Kreuznach, Reutlingen, Buxtehude) das Produkt und die Effizienz der marketingpolitischen Maßnahmen im Hinblick auf die Verhaltensweisen der Käufer getestet. In der Bundesrepublik werden verschiedene lokale Testmärkte von Marktforschungsinstituten für Testzwecke angeboten (TELERIM und Behavior Scan).

Beim **Ladentest (Store-test)** werden Produkte in ca. 20 bis 30 Ladengeschäften versuchsweise zum Kauf angeboten. Dadurch soll möglichst schnell ermittelt werden, wie sich ein Produkt absetzen lässt. Diese Methode lässt sich relativ schnell und kostengünstig durchführen, liefert jedoch i. d. R. keine repräsentativen Ergebnisse. Alle Tests haben die Aufgabe, Informationen über die Akzeptanz und Verhaltensweisen der Käufer und des Marktes zu gewinnen, um die bestmöglichen Entscheidungen im Hinblick auf das Produkt und die marketingpolitischen Entscheidungen zu fällen. Im Folgenden soll kurz auf die hier skizzierten drei Formen von Testverfahren eingegangen werden.

3.1 Markttest

Durch Markttests will man Informationen über die Marktmöglichkeiten eines Produktes vor der endgültigen Markteinführung gewinnen. Dabei stehen im Vordergrund die Prognose der Marktchancen und der Test des Marketingkonzepts. Daneben will man Informationen über das Konsumentenverhalten und die Akzeptanz seitens des Handels gewinnen. Will man einen Markttest durchführen, so sind insbesondere die folgenden Aspekte zu überprüfen:

- **Wahl eines geeigneten Testmarkts**

  Da der „optimale" Testmarkt nicht existiert, sind im Hinblick auf die jeweiligen Testgebiete Kompromisse zu schließen. Die wichtigsten deutschen Testmärkte sind u. a.:

  - Saarland
  - Hessen
  - Bremen
  - Rhein / Main-Gebiet
  - Großraum Stuttgart usw.

  Grundsätzlich ist an die Testmärkte die Forderung nach **Repräsentanz** zu stellen, denn nur dann liefern die Testmärkte auf den Gesamtmarkt zu übertragende Informationen. Im Einzelnen sind vor allem folgende Kriterien von Bedeutung (vgl. auch *Rehorn, J., 1988,* S. 93*):*

  - demografische Repräsentanz der Konsumenten
  - marktübliche Wettbewerbssituation
  - typische Wirtschaftsstruktur
  - normale Handelssituation
  - aktuelle Vertriebsbedingungen
  - repräsentative Medienstruktur.

Die Auswahl der Testmärkte wird in der Praxis meist im Hinblick auf die Repräsentanz des Testmarkts im Vergleich zum Gesamtmarkt vorgenommen. Ein methodisch besseres Verfahren zur Auswahl von Testmärkten stellt jedoch die **Clusteranalyse** dar, die jedoch in der Praxis meist nicht praktiziert wird.

- **Testdauer**

  Im Hinblick auf die Dauer von Markttests sind folgende Kriterien zu berücksichtigen:

  - erst mit der Stabilisation der Wiederkaufrate lassen sich gute Schlüsse auf Akzeptanz eines Produktes schließen. Diese variiert jedoch von Produkt zu Produkt (z. B. zwischen 4 und 16 Monaten)
  - je länger die Testdauer ist, umso größer ist die Gefahr von Konkurrenzaktivitäten
  - die Testkosten nehmen mit der Dauer des Markttests zu
  - ein etwaiger Entwicklungsvorsprung geht mit zunehmender Testdauer verloren.

  Aus diesen genannten Faktoren muss auch die Testdauer einen Kompromiss darstellen, der vom jeweiligen Produkt, der Marktsituation, der Konkurrenzsituation und der spezifischen Zielsetzung des Unternehmens abhängt.

- **Testkosten**

  Da die Kosten für Markttests relativ hoch sind (nach *Stoffels* u.a. über 300.000 €), muss untersucht werden, ob der Wert der durch den Test gewonnenen Informationen höher ist als die entstehenden Kosten. Es ist deshalb zu prüfen, ob nicht andere, kostengünstigere Testverfahren, wie z. B. Testmarktsimulation oder Minimarkttest einzusetzen sind.

  Unabhängig davon, welches Gebiet als Testmarkt gewählt wird, ist es erforderlich, dass Markttests sorgfältig vorbereitet werden. Hinweise zur Vorbereitung eines Markttests gibt die folgende Abbildung.

Testmarktgebiet und Testdauer mit allen Beteiligten abstimmen

Testmarkt-Zielsetzungen schriftlich festlegen

- qualitativ (z. B. Messung der Verbraucherakzeptanz)
- quantitativ (z. B. Distributionsgrad von ... %, Marktanteil von ... %, Mindestumsatz .... DM)

Testmarktzeitpunkt bestimmen (Beginn - Ende)

Festlegung der Erfolgskriterien (einschließlich Vergleichsbasis)

Mengenschätzung für erfolgreiche Einführung

Festlegung des Einführungspreises, der Rabatte und der Werbekostenzuschüsse

Werbekonzeption festlegen

Verkaufsförderung konzipieren

Außendienst informieren und trainieren

Festlegung des Beginns der Listungsgespräche im Handel

Freigabe der Testmarktprodukte durch Labor und rechtzeitige Warenbevorratung

Präsentation vor den Key Accounts vorbereiten

Budgetfestlegung, Kostenvergleich zwischen mehreren Testmarktalternativen

Festlegung etwaiger Verkaufsrunden

Planung für den Außendienst (Besuche, Touren, Gesprächsführung)

Hostessen- bzw. Propagandisteneinsätze planen

Testmarktkontrolle (Berichtswesen): Marktforschungsinstrumente, Auftragserfolg der Außendienstmitarbeiter, Listungsstand, eigene Erhebungen, eigene Absatzstatistik.

Abb. 6: Checkliste zur Vorbereitung von Markttests für Konsumprodukte

3.2 Minitestmarkt

Der Minitestmarkt unterscheidet sich von den regionalen Testmärkten durch ein kleineres Testgebiet, wie z. B. eine Stadt zwischen 19.000 und 95.000 Einwohnern (wie Bad Kreuznach, Reutlingen, Buxtehude). Das Testgebiet sollte die Struktur des Gesamtmarktes weitgehend widerspiegeln. Dieses kleine Testgebiet (im Vergleich zum Markttest) bietet Kostenvorteile sowie bessere Kontrollmöglichkeiten bei der Durchführung. Dagegen kann eine Repräsentanz des Gesamtmarktes schlechter erreicht werden. Aus diesen Gründen versucht man vor allem dafür zu sorgen, dass Minitestmärkte keine atypische Struktur aufweisen. Im Einzelnen dient der Minitestmarkt:

- zur „Generalprobe" für neu einzuführende Produkte
- zur Messung des Einflusses der Marketingmaßnahmen auf die Konsumenten
- zur Prognose für das künftige Absatzvolumen

- zur Messung der Einkaufsmenge und -intensität
- zur Ermittlung der „Lebensfähigkeit“ eines Produktes auf dem Markt
- zum Test von Werbemaßnahmen
- zur Messung des ökonomischen Erfolges eines Produktes.

Beim **kontrollierten Markttest** von *Nielsen* steht ein Pool von 200 Testgeschäften in denen ca. 30.000 Haushalte einkaufen zur Verfügung. Testregionen sind Hamburg, Köln, Düsseldorf, Rhein-Main, Stuttgart und München. Dabei können alle Vertriebswege des Einzelhandels eingesetzt werden. Mit dem AC Nielsen kontrollierten Markttest können Produkt-, Sortiments-, Packungs- und Preisentschei-dungen sowie Verkaufsförderung und Warenplatzierung im Hinblick auf den Absatz getestet werden.

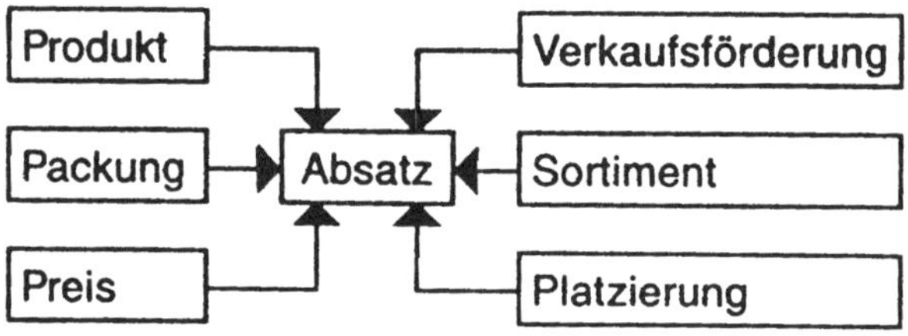

Nach Nielsen bietet dieser Test folgende Vorteile:

- **Erfahrung**: Große Zahl von Tests und Anpassung an Kundenanforderungen
- **Flexibilität**: Unterschiedliche Auswahl von Testgeschäften
- **Genauigkeit**: Hohe Genauigkeit durch Teilnahme von ca. 30.000 Haushalten
- **Zuverlässigkeit**: Real-life Test

Weitere Analysemöglichkeiten können ergänzend durchgeführt werden.

3.3 Elektronischer Minimarkttest

Mithilfe eines repräsentativen Haushaltspanels und eines mit Scanning arbeitenden Handelspanels kann in einem abgegrenzten Testgebiet ein Test durchgeführt werden, der Erkenntnisse für den späteren Gesamtmarkt liefert (vgl. *Stoffels, J.*, 1990, S. 28). Dabei werden i. d. R. die Käufer in den Testgeschäften durch Vorlage maschinenlesbarer Identifikationskarten (vgl. Abb.) erfasst.

Abb. 7: Identifikationskarte GfK-Behavior-Scanner

Abb. 8: Identifikationskarte TELERIM

Je nach Aufbau des Testmarkts kann das gesamte marketingpolitische Instrumentarium getestet werden. Im Folgenden sollen zwei Minimarktkonzepte, die in Deutschland eingesetzt werden, kurz skizziert werden:

- das **„Behavior-Scan“** der GfK
- das **„Telerim“** von Nielsen.

3.4 GfK-Behavior-Scan®

Das GfK-Behavior-Scan-System entstand unter Beteiligung des amerikanischen Marktforschungsinstitut IRI, um die bedeutsamsten Mängel des „ERIM Panels" zu beseitigen. Im Frühjahr 1987 war die zweite Systementwicklungsstufe abgeschlossen und es waren nunmehr 3.000 Haushaltungen in Haßloch bei Ludwigshafen angeworben. Dabei wurde vor allem Wert darauf gelegt, dass der Single-Source-Ansatz realisiert werden kann, d. h., dass alle Informationen aus einem einzigen, genau gekennzeichneten Testgebiet stammen. Den Aufbau von GfK-Behavior-Scan® vermittelt die folgende Abbildung.

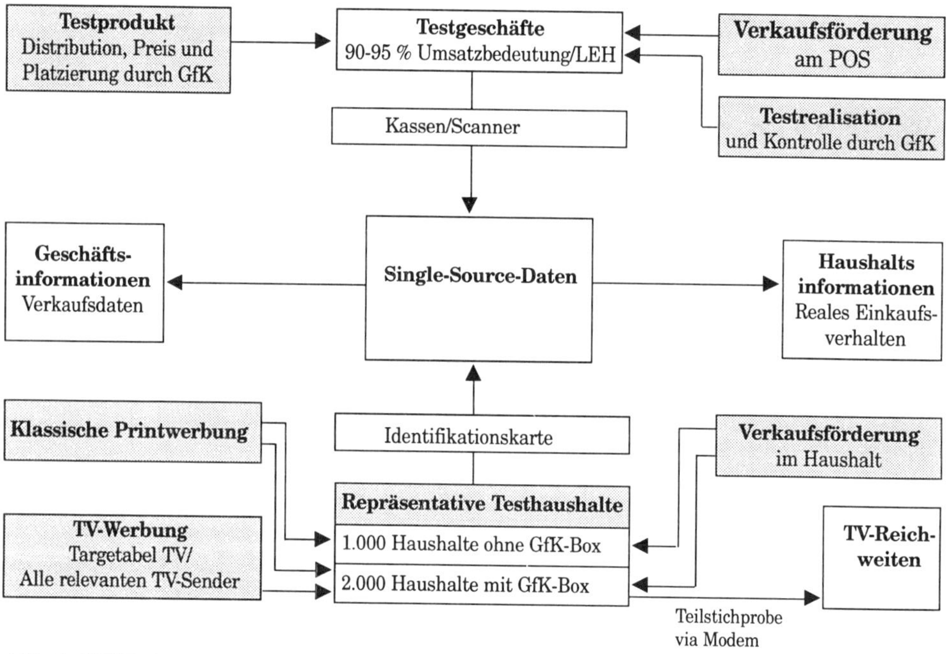

Abb. 9: GfK-Behavior-Scan-Aufbau

In Haßloch arbeitet die GfK mit allen relevanten Lebensmitteleinzelhandelsgeschäften zusammen. Alle Geschäfte verfügen über Scannerkassen und die Testhaushalte kaufen unter Vorlage ihrer GfK-Identifikationskarte ein. Bei 2.000 der 3.000 Testhaushalte werden national ausgestrahlte TV-Spots durch gleich lange Testspots ersetzt. Dadurch lässt sich die Wirkung einer bestimmten Kampagne auf die Käufe der Haushalte ermitteln.

So kann auch (vgl. Abb.) ermittelt werden, welches der bessere TV-Spot ist und das optimale Budget.

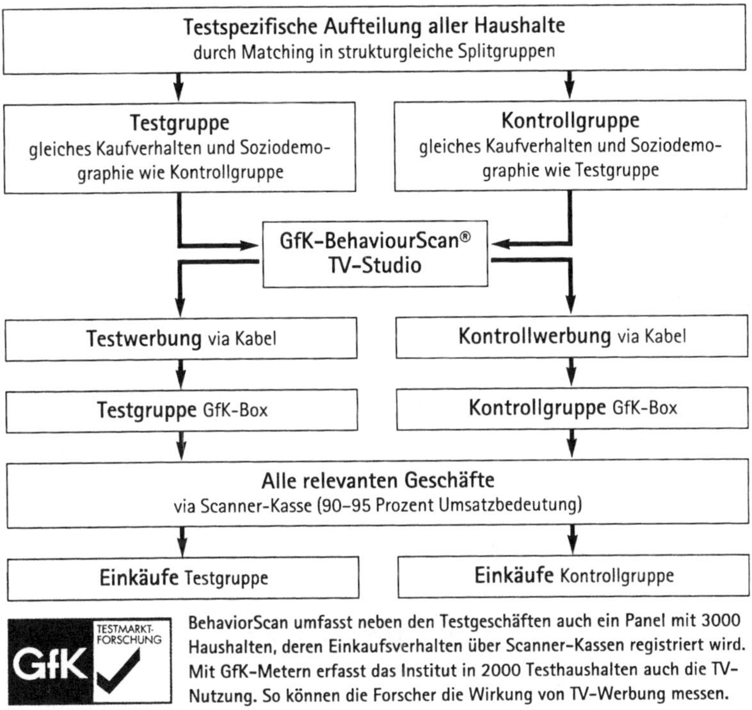

Abb. 10: Testwerbung mit GfK-Behavior-Scan®

Aus der Abbildung erkennt man heute auch die Möglichkeit der Messung von Testwerbung im Testgebiet.

Dies lässt sich jedoch nur realisieren, wenn es gelingt, unbemerkt in die Fernsehsendungen TV-Spots einzublenden.

So steuert in 2.000 Testhaushalten ein an die Fernsehgeräte angeschlossener Mikrocomputer (die GfK-Box) den Empfang der Testwerbung. Ein eigenes Fernsehstudio kann mit einem Rechner jede einzelne GfK-Box individuelle ansteuern und ganz gezielt Spots innerhalb des regulären Werbeblocks durch Testspots gleicher Länge ersetzen.

Es lassen sich dabei folgende Vorteile erzielen:

- vollständig kontrollierbare Testbedingungen
- Test von Marketingkonzeptionen
- Messung der Werbewirkung
- gesamter Einsatz der Kommunikationspolitik.

Als Testergebnisse erhält man:

- Probierkäufe
- Loyalität der Käufer
- Einkaufsintensität
- Marktanteil Menge/Wert
- Zielgruppe
- Absatzpotenzial.

3.5 TELERIM

Um Minimarkttests auch in Deutschland schnell aufbauen zu können, kaufte die A.C. Nielsen GmbH das französische Marktforschungsinstitut ERIM im Jahre 1982. Das in Frankreich praktizierte Verfahren diente als Vorbild für das später auf dem deutschen Markt aufgebaute Telerim-Verfahren.

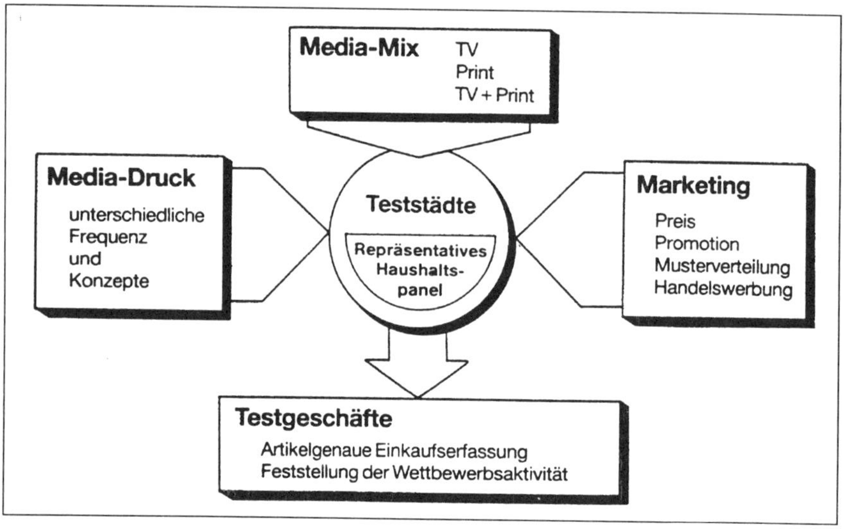

Abb. 11: Nielsen-Telerim-Testmarkt
Quelle: Nielsen GmbH

Das Verfahren arbeitet wie folgt:

- mit mehreren Testgebieten (siehe Abb.)
- erstreckt sich auf Käufer- und Handelsdaten (siehe Abb.)
- hat in der Regel mindestens 1.000 Haushalte als Teilnehmer
- mit Identifikationskarten und Haushaltsnummern
- berücksichtigt TV-Werbung über Umsetzer oder Kabel
- beinhaltet i. d. R. unterschiedliche Einkaufsstätten.

Handel	Haushaltungen
- wöchentliche Absatzentwicklung - Marktanteile	- Reichweiten (Erst- und Wiederverkäufer) - Kaufverhalten (z. B. Intensität, Frequenz und Markenwechsel) - Käuferstrukturen (Zielgruppenabdeckung)

Die Strukturmerkmale der Telerim-Gebiete Bad Kreuznach und Buxtehude veranschaulicht die folgende Übersicht.

	BAD KREUZNACH	BUXTEHUDE
Einwohnerzahl	40.000	33.000
Größe des Haushalts-Panels	1.000 Haushalte	1.000 (+ 1.000) Haushalte
Teilnehmer am Handels-Panel	1 SB-Warenhaus mit 5.900 qm (Plaza) 1 Verbrauchermarkt mit 1.000 qm (Mini Mal) 2 Supermärkte mit 900 und 400 qm (HL) 2 Discounter mit 400 und 300 qm (Penny) 1 Drogeriemarkt mit 300 qm (Idea) + Impulskaufstätten o Kioske o Bäckereien o Tankstelle	1 SB-Warenhaus mit 8.000 qm (SÜBA) 2 Verbrauchermärkte mit 1.400 und 1.300 qm (Heller & Pfennig; Mini Mal) 2 Discounter mit jeweils 300 qm (Penny) + Impulskaufstätten o Kioske o Bäckereien o Tankstelle
Übertragung der TV-Testwerbung	via Umsetzer	via Kabel

Quelle: A.C. Nielsen

Dadurch, dass mehrere Städte zum Test zur Verfügung stehen, lassen sich auch die Wirkungen unterschiedlicher Medien testen. Die folgende Abbildung veranschaulicht den intermedialen Testansatz. So kann z. B. durch die Werbung in einer Stadt, die in einer anderen Vergleichsstadt nicht erfolgt, ein Absatz- und Reichweitenvergleich durchgeführt werden (vgl. Abb.).

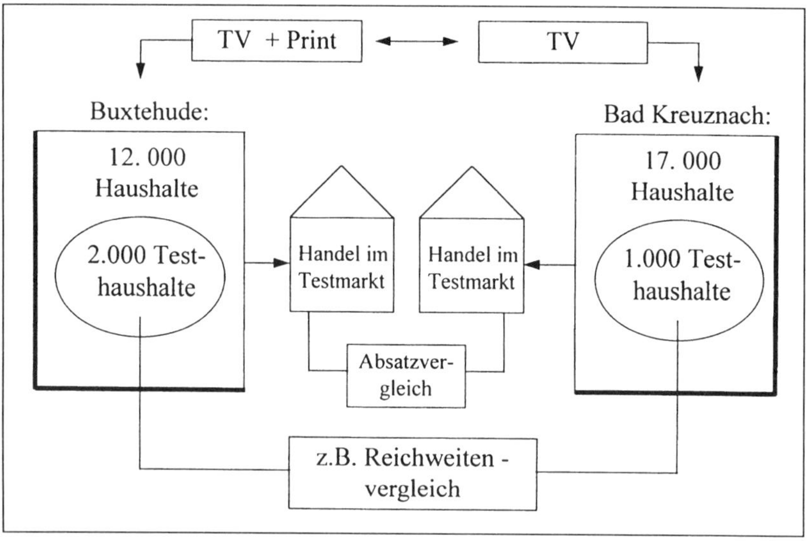

Abb. 12: Intermedialer Testansatz
Quelle: A. C. Nielsen

Im Medienbereich arbeitet Nielsen u. a. mit den folgenden Institutionen und Medien zusammen.

Fernsehen	ZDF-Werbefernsehen
Print-Medien	Bauer-Verlag (Zeitschriften)
POS und sonstige Aktivitäten	Plakate Probenverteilungen Propagandisten Displays Werbung am POS

Auch hier versucht Nielsen den sog. Single-Source Ansatz zu realisieren, d. h. die Messung aller Einkäufe seitens der Haushaltungen und der Verkäufe des Handels aufgrund einer Singulärquelle.

3.6 Testmarktsimulation

Die mit der Durchführung von Markttests verbundenen Probleme, wie Geheimhaltung, Kosten, Widerstände des Handels usw. haben zu **Testmarktsimulationen** geführt. Bei der Testmarktsimulation handelt es sich um einen kleinen Testmarkt unter Laborbedingungen. Die Testmarktsimulation bietet dazu die Möglichkeit, mit einer geringen Anzahl von Personen und relativ niedrigen Kosten schnell erreichbare aussagefähige Ergebnisse, z. B. über Marktchancen eines Produktes, zu erhalten. Es eignet sich insbesondere für Verbrauchsgüter. Dabei werden die Kaufabsichten der Testpersonen oder ein simuliertes Kaufverhalten im Teststudio ermittelt.

In Deutschland bieten gegenwärtig fünf Marktforschungsinstitute Testmarktsimulationen an:

- A.C. Nielsen GmbH Frankfurt: QUARTZ
- GfK Testmarktforschung GmbH Nürnberg: TESI
- Infratest Burke Marketingforschung GmbH & Co Frankfurt: BASES
- IVE Research International GmbH Hamburg: MICROTEST
- M&E INOVATION GmbH Frankfurt: DESIGNOR

Am Beispiel von TESI sollen Ablauf und Struktur des Verfahrens dargestellt werden (s. Abbildungen).

Man hat bei der Testmarktsimulation eine Kombination eines Erhebungs- und Analyseverfahrens geschaffen, das kostengünstig in einem simulierten Umfeld Erkenntnisse über mögliche Erfolge bzw. Flops geben soll.

Vorbereitung	Spezifizierung des Fragebogens Auswahl des Testlokals	
	Gewinnung der Testpersonen • Vorinterview • Einladung	zu Hause
Phase 1	Hauptinterview • Markenbekanntheit • Markenverwendung • Einkaufsverhalten • Präferenz- und Einstellungsdaten Werbesimulation } inklusive Kaufsimulation } neues Produkt	im Studio
Phase 2	Verwendung des neuen Produktes	zu Hause
	Nachinterview • Markenverwendung • Präferenz- und Einstellungsdaten Kaufsimulation	im Studio

Abb. 13: Ablauf des Erhebungsverfahrens von TESI
Quelle: *Erichson, B.*, TESI: Ein Test- und Prognoseverfahren für neue Produkte G & I Nürnberg o. J., S. 3.

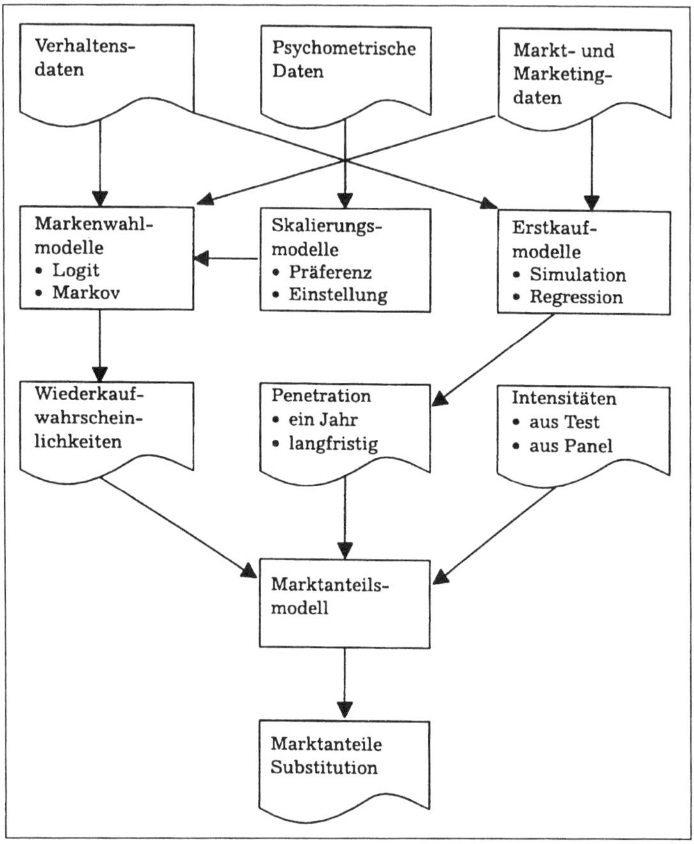

Abb. 14: Struktur des Analyseverfahrens von TESI
Quelle: *Erichson, B.*, S. 4

Die besonderen Vorteile der Testmarktsimulation liegen

- in der Geheimhaltung,
- den relativ geringen Kosten,
- der relativ kurzen Testdauer.

Eine vergleichende Analyse der fünf in Deutschland angewendeten Testmarktsimulation *(Gaul/Beier/Apergis)* zeigt die Leistungsmöglichkeiten der Testmarktsimulationsverfahren auf.

	DESIG-NOR	TESI	BASES	MICRO-TEST	QUAR-TZ
Prognose Prognose für den Gleichgewichtsmarkt-anteil des Testprodukts und .... der Konkurrenzprodukte	■ ■	■ ■	—	—	—
Marktanteilsprognose für das Testprodukt und .... die Konkurrenzprodukte .... für das (die) nächste(n) (....) Jahre.............. geteilt in Abschnitte von (....) Monaten	❐ — 3 12	■ — 1 12	—	—	■ ■ 2 12
Absatzvolumenprognose für das Testprodukt und .... die Konkurrenzprodukte .... im Gleichgewicht	■/❐[a] ❐[a]	—	—	■ —	—
Absatzvolumenprognose für das Testprodukt und .... die Konkurrenzprodukte .... für die nächsten (...) Jahre, geteilt in Abschnitte von (...) Monat(en)	—	—	■ — 3 12	■ — 2 12	■ — 2 1
Substitutionseffekte	■	■	■	■	■
Strategiesimulationen (Parameter, die variiert werden können: K = Kommunikationspolitik, D = Distribution, P = Preis)	■ IDQV-Ele-mente[c]	—	■ K, D	❐ K, D	■ K, D, P
Diagnostik Messung der Einstellungen gegenüber dem Test und der Konkurrenzprodukte	■ ■	■ ■	■ —	■ —	■ —
Präferenzmessung[c]	■	■	—	❐	■
diagnostische Fragen zur Werbung	■	■	❐	❐	■
Likes/Dislikes	■	■	■	■	■
Käufer-/Nichtkäuferprofile	■	■	■	■	■
sonstige diagnostische Informationen	❐	❐	❐	❐	❐
Andere Leistungen Abgrenzung des relevant sets der Testpersonen	■	■	❐[d]	—	■
Abbildung des relevanten Marktes	■	■	❐[d]	■[e]	■[f]
Preiselastizität	❐	❐	❐	❐	❐
Sonstiges[g]	■	■	■	■	■

■ Grundleistung ❐ Zusatzleistung – Leistung nicht angeboten

Tab. 1: Angebotene Leistungen der fünf Testmarktsimulationsverfahren
Quelle: *Gaul / Beier / Apergis*, Marketing ZFP, 1996, S. 216

Erläuterungen zu vorstehender Tabelle:

[a] Als Grundleistung wird für das Testprodukt und die Konkurrenzprodukte eine vom prognostizierten Marktanteil abhängige Volumenschätzung angeboten; eine unabhängige Schätzung des Absatzvolumens des Testprodukts ist durch das zusätzliche DESIGNOR Volume-Modul möglich.
[b] Impact, Differentiation, Quality, Value.
[c] QUARTZ: Präferenzranking; sonst: Konstant-Summen-Methode.
[d] Leistung im PASS-Zusatzmodul enthalten.
[e] Durch Abfrage des Kaufverhaltens.
[f] Auf Basis von Haushaltspaneldaten, nicht der Befragung.
[g] Positionierungsanalyse (DESIGNOR, TESI, BASES); Schätzung der Treuerate bei Relaunch, Kindereignung, Geschenkkauf (BASES); Analyse und Bewertung der Erst- und Wiederkaufraten, Käuferanalyse (MICROTEST); Monatliche Penetrations- und Wiederkaufraten (QUARTZ).

Um die Unterschiede zwischen Testmarktsimulation, Labortest und Testmarkt besser aufzuzeigen, soll die folgende Abbildung Hinweise im Hinblick auf Durchführung, Kosten und Ergebnisse geben.

Testinstrument	Getestete Konsumentenreaktion	Detaillierung der Testergebnisse	Relative Höhe der Kosten für die Testdurchführung	Know-how-Anforderungen	
				Experimentaufbau	Ergebnisauswertung
Labortest z. B. Schnellgreifbühne, Blickaufzeichnung, Messung von Körperreaktionen, Gebrauchstest	Aufmerksamkeit, Erkennen, Interesse, Erinnerung	Vorteilhaftigkeit beliebig detaillierter Produkteigenschaftsausprägungen; in der Regel keine Erkenntnisse über die Bedeutung der Eigenschaften untereinander	geringe Ausgaben für die Produktion von Testprodukten, aber evtl. hohe Ausgaben bei Einschaltung von Instituten	Hohe Anforderungen an Operationalisierung und Messkonzepte zur Erfassung der Konsumentenreaktion. Hohe Anforderung an Gestaltung der Laborexperimente	Hohe Anforderungen bei Auswertung apparativ gewonnener Ergebnisse. Fortgeschrittene Kenntnisse der Statistischen Auswertung
Testmarktsimulator z.B. - Präferenztest - Kaufabsichtstest	Präferenzen bzw. Simulierte Käufe (Kaufabsicht)	Teilnutzen einzelner Produkteigenschaftsausprägungen, Bedeutung der Produkteigenschaften untereinander, Rückschluss auf optimale Kombination von Produkteigenschaftsausprägungen	etwas höhere Ausgaben für die Produktion von Nullserien, Proben, dafür geringe Ausgaben für die eigentliche Durchführung	Mittlere Anforderungen an Kenntnisse und Erfahrungen im Experimentaufbau	Auswertung möglich mit kommerziell verfügbarer Standardsoftware; Einarbeitung auf der Basis von Grundkenntnissen in Statistik möglich
Testmarkt	Reale Käufe	Marktchancen des Testprodukts, evtl. Hinweise auf Verbesserungsmöglichkeiten einzelner Produkteigenschaftsausprägungen	hohe Ausgaben für die Produktion verkaufsreifer Produkte	Lediglich Anforderungen bei der optimalen Auswahl des Testmarktgebietes	Auswertung mit geringen Kenntnissen in Statistik möglich

Abb. 15: Übersicht zu Labortest, Testmarktsimulation und Testmarkt
Quelle: *Albers, S. u. a.*, Testmarktsimulation als Instrument des Produkttests, ZfB 1985

3.7 Storetest (Ladentest)

Unter einem Storetest versteht man den „probeweisen“ Verkauf von Produkten in ausgewählten Einzelhandelsgeschäften, um unter Praxisbedingungen Akzeptanz neuer bzw. modifizierter Produkte, bei schon auf dem Markt eingeführten Produkten die Effizienz von Marketingmaßnahmen zu ermitteln. Dabei wird versucht, durch entsprechende Gestaltung der Storetests die Wirksamkeit der verschiedenen Einflussfaktoren zu erfassen und zu erkennen. Vorteil derartiger Tests sind die schnelle und kostengünstige Realisierung und die „real-life Situation“. Als Nachteile zeigen sich i. d. R.:

- keine Repräsentanz für den Gesamtmarkt
- es wird i. d. R. nur die Anzahl der Verkäufe erfasst
- starke Anfälligkeit im Hinblick auf Störungen durch Konkurrenz
- keine Ermittlung von Erst- und Wiederkäufen
- um Informationen über das Verbraucherverhalten zu erhalten, sind zusätzliche Befragungen bzw. Beobachtungen erforderlich
- geringe Anzahl der beteiligten Einzelhandelsgeschäfte (ca. 20 - 50)
- zusätzliche Informationen über den Handel sind nur durch zusätzliche Handelsbefragungen möglich.

Storetests werden von verschiedenen Marktforschungsinstituten angeboten, so z.B. von der GfK Nürnberg der sog. „Store-Test“ und von der A.C. Nielsen GmbH Frankfurt der „kontrollierte Markttest“. Im Rahmen des „Nielsen-kontrollierten Markttests“ wird ein Pool von mehr als 200 Testgeschäften in den „Testregionen Hamburg, Bremen, Köln, Düsseldorf, Rhein-Main, Stuttgart, München, Halle und Leipzig“ für derartige Tests angeboten. Im Durchschnitt werden (nach *Nielsen)* 20 Testgeschäfte für einen Test benötigt, in denen ca. 30.000 Haushalte einkaufen.

3.8 Tests für marketingpolitische Instrumente

Im folgenden Abschnitt werden einige Tests für ein Produkt bzw. den Einsatz der marketingpolitischen Instrumente zum Erfolg eines Produktes kurz betrachtet. Dabei wird im Einzelnen kurz auf den

- Produkttest
- Preistest
- Verpackungstest
- Anzeigentest

eingegangen.

3.8.1 Produkttest

Mithilfe eines Produkttests will man eine Beurteilung eines marktreifen Produktes durch Testpersonen erreichen, um die Produkteinwirkung, -wahrnehmung bzw. das Produkterlebnis der Testpersonen zu ermitteln. Die Beurteilung kann für das gesamte Produkt, als auch für Teile des Produkts, wie z.B. Preis, Verpackung, Form, Namen usw. erfolgen.

Die wesentlichen Ziele von Produkttests sind:

- Beurteilung und Akzeptanz des Produktes auf dem Markt
- Findung eventueller Produktalternativen
- Ermittlung der Bewertung verschiedener Produktalternativen (Reihenfolge)
- Findung des optimalen Marketing-Mix (Substanz, Funktion, Verpackung, Preis usw.)
- Testung der Imagewirkung
- usw.

Die praktische Ausgestaltung von Produkttests kann sehr unterschiedlich erfolgen. Ein Überblick über die allgemeinen Möglichkeiten vermittelt die Übersicht von *Benad*.

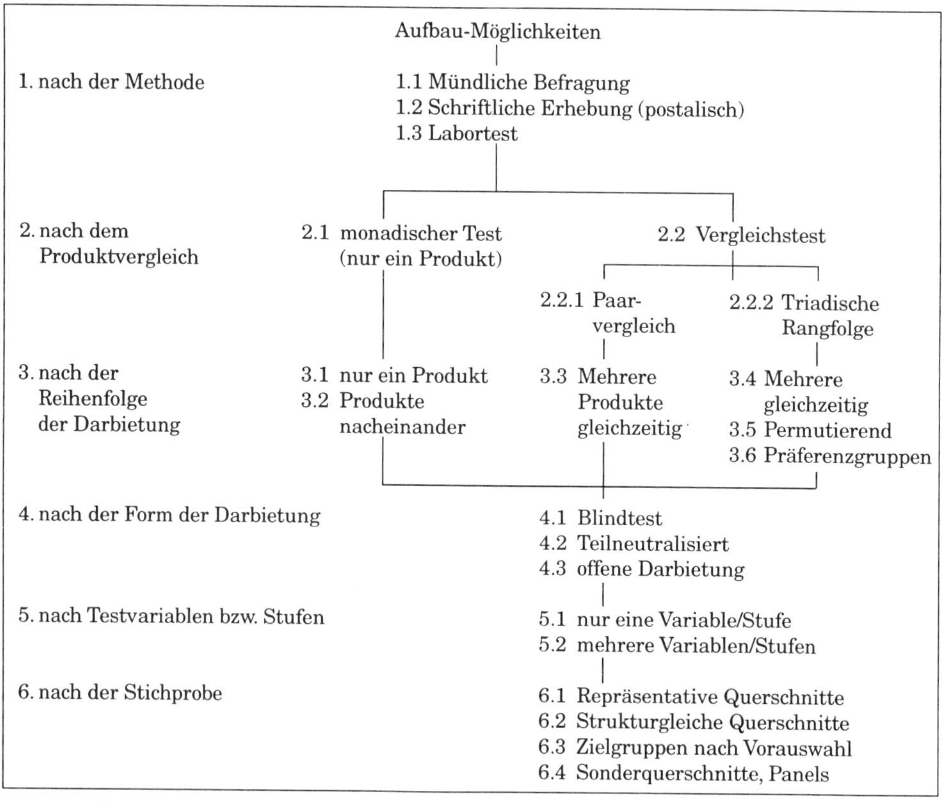

Abb. 16: Übersicht der Gestaltungsmöglichkeiten von Produkttests
Quelle: *Benad, G.,* 1978

3.8.2 Preistest

Mithilfe von Preistests können Preiserwartung als auch mögliches Verbraucherverhalten auf eine bestimmte Preishöhe getestet werden. Allgemein können Preistests in der Form von

- Preisschätzungstest,
- Preisreaktionstests,
- Preisbereitschaftstests und
- Preisklassentests

durchgeführt werden.

Der Preistest kann im Studio durch Vorlage einer Abbildung oder durch Vorlage des Testproduktes durchgeführt werden. Daneben kann durch Praxisexperimente, d. h. Verkauf der Produkte in Einzelhandelsgeschäften über einen längeren Zeitraum der optimale Preis zu ermitteln versucht werden. So berichtet z. B. *Simon* (1987) von einer Kaffeemarke, die in 58 Einzelhandelsgeschäften einer Handelskette über 24 Wochen beobachtet wurde, wobei die Preise variiert wurden, um zu einem marktanteilsgerechten Preis zu gelangen. In der Praxis werden von zahlreichen Marktforschungsunternehmen Preistestverfahren angeboten.

3.8.3 Verpackungstest

Bei dem Verpackungstest geht es darum, Informationen für die Gestaltung der Verpackung eines Produktes zu finden, um eine möglichst hohe Produktakzeptanz beim Verbraucher zu erzielen. Manche Autoren unterscheiden zwischen Verpackungs- und Packungstests. Hier soll unter einem Verpackungstest oder Packungstest das gesamte Äußere eines Produktes verstanden werden, wie es sich einem potenziellen Käufer darbietet. So sind u. a. wahrnehmungspsychologische, motivationale und funktionale Faktoren zu testen. Im Einzelnen sind u. a. (vgl. Compagnon Marktforschungsinstitut) folgende Faktoren zu untersuchen:

- Aufmerksamkeit
- Display-Wirkung
- Gattungstypisches Aussehen
- Gestaltungsmerkmale
- Markenprägnanz
- Zielgruppenadäquanz
- Design
- Material
- Verpackungsgröße
- Verpackungseinheiten usw.

Für die Ermittlung verschiedener Werte werden verschiedene apparative Techniken wie z. B.

- tachistoskopische Messungen
- elektronische Produktbühne
- Blickaufzeichnung
- Hautwiderstandsmessung usw.

im Rahmen von Studiotests durchgeführt. Daneben wird die Verpackung im Regalumfeld getestet, um herauszufinden, wie schnell das gewünschte Produkt erkannt wird.

3.8.4 Anzeigentest

Anzeigen lassen sich vor und nach Werbedurchführung testen. Aus diesem Grunde unterscheidet man bei Anzeigentests in (vgl. *Rehorn, J,.* 1988, S. 3).

Pretestverfahren, wie z. B.

- Recalltest
- Recognitiontest
- Psychogalvanometer
- Pupillometer
- Tachistoskop
- Verfahren der psychischen Marktforschung
- usw.

und

Posttestverfahren, wie z. B.

- Recalltest
- Recognitiontest
- Befragungen
- Panels
- usw.

Im Einzelnen kommen folgende Testverfahren in der Praxis für die Beurteilung von Anzeigen (vgl. *Salcher, E.F.,* 1995, *Rehorn, J.* 1988, *Holm, K.* 1986, usw.) zur Anwendung:

- **Kurzzeittest**
Beim Kurzzeittest werden den Testpersonen Anzeigen über eine Zeit von bis zu 3 Sekunden gezeigt. Im Anschluss wird die Testperson gefragt, woran sie sich erinnern kann.

- **Foldertest**
Der „Folder“ (Mappe) enthält eine bestimmte Anzahl von Anzeigen ohne oder mit redaktionellen Texten. Nach dem Durchsehen soll die Testperson ungestützt und gestützt wiedergeben, an was sie sich erinnern kann. Der Foldertest ist ein Standardverfahren.

• **Print-DAR-Test**
Hier wird eine Originalzeitschrift mit Testanzeigen versehen, ohne dass dies ersichtlich ist. Die Zeitschrift wird ca. 300 Personen zur Verfügung gestellt. Nach 2 - 3 Tagen (Day-after-recall) wird untersucht, woran sich die Testpersonen noch erinnern können.

• **Kamera-Lesebeobachtung (Bild)**
Mit der Kamera-Lesebeobachtung (Compagnon Marktforschungsinstitut) wird festgestellt, welche Anzeigen eine Testperson wie lange beobachtet, ohne dass dafür z. B. eine Spezialbrille erforderlich ist. Auch kann damit der Blickverlauf registriert werden.

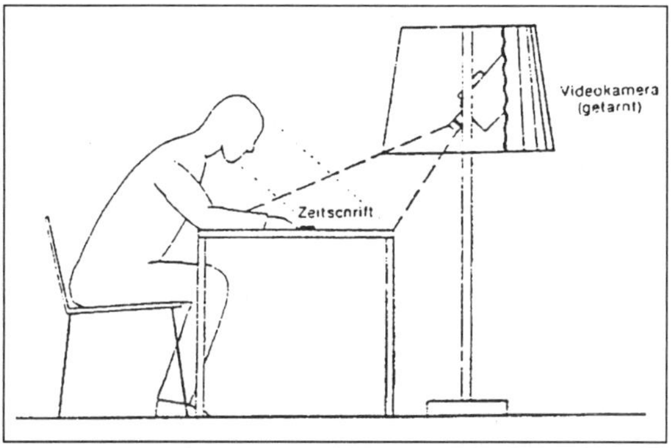

Abb. 17: Kamera-Lesebeobachtung
Quelle: Compagnon Marktforschungsinstitut

Die Praxis der Untersuchung der Wirkung von Anzeigen soll am Beispiel des AD*VANTAGE PRINT der Gesellschaft für Marktforschung aufgezeigt werden.

Die folgende Abbildung zeigt das Vorgehen.

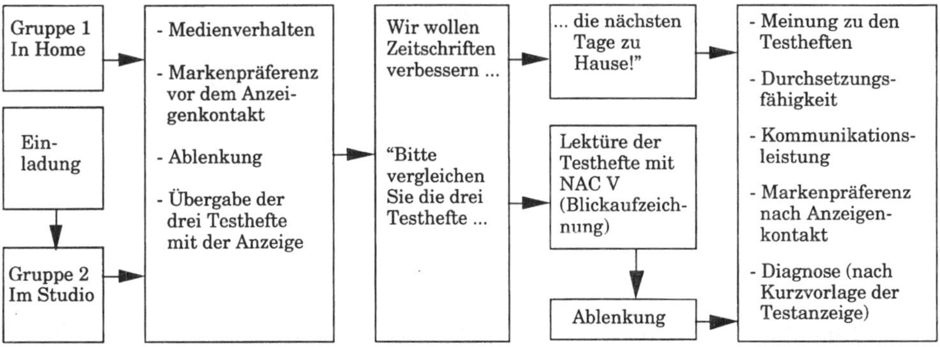

Abb. 18: Ablauf des AD*VANTAGE PRINT
Quelle: GfK

Den Testpersonen ist die Zielsetzung des Tests (Werbewirkung von Anzeigen) nicht bekannt. Die Testpersonen sollen Teilausgaben für einen Zeitschriftentest miteinander vergleichen. Der Anzeigenkontakt findet bei der Hälfte der Personen zu Hause, bei den übrigen mit Blickaufzeichnung im Studio statt. Mithilfe der Blickaufzeichnung sollen dann folgende Fragen beantwortet werden:

- Wird die Anzeige überhaupt beachtet?
  (Frage nach der Kontakthäufigkeit)
- Wie lange wird die Anzeige betrachtet?
  (Frage nach der Kontaktdauer)
- Welche Elemente der Anzeige werden (nicht) betrachtet?
- Wie lange werden die Elemente betrachtet?
- In welcher Reihenfolge werden die Anzeigenelemente aufgenommen?
  (Frage nach der Fixationsreihenfolge)
- Wie läuft die Informationsaufnahme beim zweiten Anzeigenkontakt ab?
  (Frage nach der Wirkung von Mehrfachkontakten)
- Wie hoch ist der Anteil des Informationsangebotes, der aufgenommen wird?
  (Frage nach Höhe und Art des Informationsüberschusses) (GfK).

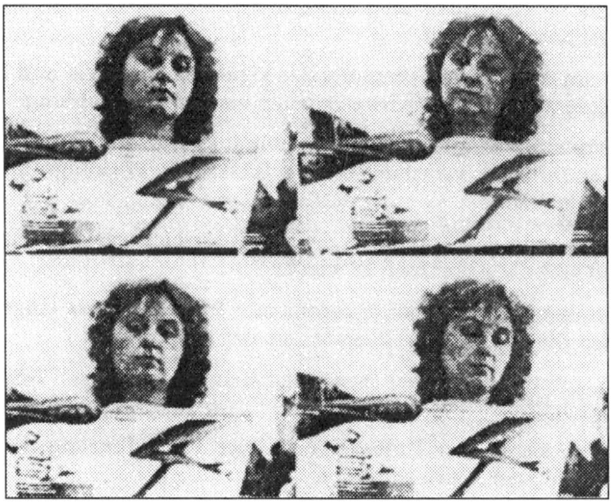

Abb. 19: Beobachtung des Blickverlaufs

3.8.5 Kauftest

Beim Einsatz des Kauftests werden Testpersonen eingesetzt, die in mündlichen Befragungen und mittels Beobachtung in Teststudios zu Test- und Konkurrenzmarken befragt werden.

Insgesamt gesehen können diese, wie alle anderen Tests auch in ihren unterschiedlichen Ausprägungen die Entscheidungen bei Neueinführung und Veränderung von Produkten sinnvoll unterstützen, ohne den Marktverantwortlichen die letzte Entscheidung abnehmen zu können.

3.8.6 TV-Spottest

Da die Fernsehwerbung immer mehr an Bedeutung gewinnt und die damit verbundenen TV-Spots immer höhere Kosten verursachen, ist es auch wichtig, entsprechende Werbespots vor ihrer Schaltung im Fernsehen zu testen.

So hat z. B. das ZDF-Werbefernsehen 1989 eine Dokumentation der von verschiedenen Marktforschungsinstituten angewendeten Testverfahren vorgelegt.

Man unterscheidet dabei drei unterschiedliche TV-Spot-Testmethoden:

- **Pretests**
- **Inbetweentests und**
- **Posttests.**

Unter **Pretests** versteht man Methoden, die den TV-Spot in seiner kreativen Entwicklungsphase begleiten.

Hier geht es um die Übereinstimmung der kreativen Strategie und Realisation bzw. dem Erkennen etwaiger Schwachstellen vor der Ausstrahlung.

In der Pretestphase kommt es darauf an, durch **spezifische spezielle Verfahren** bzw. eine Kombination verschiedener Verfahren die Wirkungseffizienz eines TV-Spots zu erkennen.

Zeitlich nach den Pretests werden so genannte **Inbetweentests** eingesetzt. Dies sind Methoden, die TV-Spots im Einsatz „on air“ untersuchen.

Hierbei wird untersucht, ob und inwieweit sich der jeweilige TV-Spot auch in der Praxis durchsetzt.

Die Ergebnisse dienen zur Entscheidung über Weiterführung des Einsatzes oder zur Änderung der Werbekampagne.

Inbetweentests haben den Vorteil, dass sie die reale Sendesituation und die damit verbundenen Wirkungen erfassen.

Posttests ermitteln die Werbewirkung eines gesendeten TV-Spots einmalig oder in Intervallen.

Sie messen die kommunikativen Wirkungen, wie z. B. Änderung des Bekanntheitsgrades, Imageänderung, Kaufbereitschaft und eventuell dadurch getätigte Käufe.

Dabei werden die folgenden Kriterien untersucht:

- Durchsetzungsfähigkeit
- Botschaftstransport
- persönliches Urteil
- Überzeugungskraft
- Kaufbereitschaft/Kauf

Verbreitete Werbepretest in der Praxis sind u.a. Ad plus, AD*VANTAGE, PRE*VISION, THE BUY TEST (vgl. Abb.)

Kriterium	Ad plus	AD*VANTAGE	PRE*VISION	THE BUY TEST
Befragungs-methode	**persönliche Interviews im Teststudio**	**Monitorbefragung im Teststudio**	**Monitorbefragung mit telefonischer Nachbefragung**	**persönliche Interviews**
Testansatz	• verschleierter Testzweck (Vorabendprogrammtest) • Einbettung des Testspots in einen Werbeblock mit 9 Commercials • standardisierte Produktkategorieposition • Werbeblock zwischen zwei Programmteilen eingebunden	• verschleierter Testzweck (Vorabendprogrammtest) • Einbettung des Testspots in einen Werbeblock mit 7 Commercials • standardisierte Produktkategorieposition • Werbeblock zwischen zwei Programmteilen eingebunden	• verschleierter Testzweck (Vorabendprogrammtest) • Einbettung des Testspots in einen Werbeblock mit 12 Commercials • Werbeblock zwischen zwei Programmteilen eingebunden	Standard: • Testzweck nicht verschleiert • High Involvement-Kontaktsituation Optional: • verschleierter Testzweck („harte Recalmessung") • Einbettung der Testspots in einen Werbeblock, eingebunden zwischen zwei Programmteilen
Stichprobe	• Standardstichprobe: N=150 • Zielgruppe individuell gemäß Kundenbriefing definierbar	• Standardstichprobe: N=150 • Zielgruppe individuell gemäß Kundenbriefing definierbar	• unterschiedliche Basis: Produktpräferenz = 300 (Diagnose = 150 Recall = ca. 100) ⇒ gesplittetes Sample, damit keine Single-Source-Daten und keine Verbindung zwischen Recall und Diagnose möglich Stadardstichprobe: haushaltsführende Frauen (18-65 Jahre)	• Stichprobe: N=130 • Zielgruppe individuell gemäß Kundenbriefing definierbar

Abb. 20: Verbreitete Werbepretests in der Marktforschungspraxis
Quelle: Esch/Müller 1998

Auch die folgenden Hinweise auf vier Werbetrackingstudien sollen Hinweise zum grundsätzlichen Vorgehen bei Posttests geben (vgl. Abb.). Trackingstudien sind Posttests, die in gleichmäßigen Abständen bei repräsentativen, wechselnden Personen persönlich bzw. telefonisch durchgeführt werden.

Kriterium	Ad TREK von ICON	GfK Werbeindikator	IVE-Werbemonitor	Millward Brown
Befragungsmethode	• kontinuierliche Verbraucherbefragung • CATI (Computer Assisted Telephone Interview) Selbstwahlsystem • wöchentliche Erhebung • exclusiv oder multiclient	• kontinuierliche Verbraucherbefragung • face to face-Interviews • inhome • Erhebung in Wellen (3 bis 6 pro Jahr) • exclusiv oder multiclient	• kontinuierliche Verbraucherbefragung • face to face-Interviews • inhome • wöchentliche bis quartalsweise Erhebung • exclusiv	• kontinuierliche Verbraucherbefragung • face to face-Interviews • inhome • wöchentliche Erhebung • exclusiv oder multiclient
Leistung	• Das Instrument ad trek zielt auf eine kundenindividuelle, maßnahmenorientierte Synthese von Media-Controlling und Werbeerfolgskontrolle unter Berücksichtigung der Höhe und der zeitlichen Verteilung von Werbeinvestitionen	• Der GfK Werbeindikator kontrolliert mithilfe ungestützter und gestützter Werbeerinnerung die Fähigkeit einer Kampagne im Informationswettbewerb zum Verbraucher zu gelangen. Zusätzlich erfolgt die Analyse von Kausalzusammenhängen	• Für jeden Kunden wird ein individueller Werbemonitor für ein Produktumfeld angelegt	• Multicliente Befragungen mit Schwerpunkten auf Werbeerinnerung und Markenimage • in letzter Zeit vermehrt Exclusivstudien mit kleinerer Stichprobe • medienspezifischer Awareness-Index
Zielgruppe (Standard)	• Potenzial im weitesten Sinne (Usage)	• Potenzial im weitesten Sinne (Usage)	• Potenzial im weitesten Sinne (Usage)	• Potenzial im weitesten Sinne (Usage)
Auswahl der Zielpersonen	• Zufallsauswahl	• Quotenauswahl	• Quotenauswahl	• Quotenauswahl
Stichprobengröße (Standard)	• 50 - 100 pro Woche	• 200 - 300 pro Woche	• 200 - 1000 pro Woche	• 100 pro Woche
Anpassung an Werbe-Spendingphase	• ja • nein, wenn multiclient	• ja • nein, wenn multiclient	• ja	• nein, wenn multiclient

Abb. 21: Verbreitete Werbetrackingstudien in der Praxis (auszugsweise)
Quelle: Esch/Müller 1998

Am Beispiel der GfK-Testmarktforschung sieht man, welche unterschiedlichen Instrumente z. B. von einem Institut angeboten werden (siehe Abb.).

Die Instrumente der GfK Testmarktforschung

Instrument:	GfK*NAVIGATOR® – Strategic U&A	IdeaMap®	GfK *Concept Challenger*	GfK*OPTIMIZER®	CARDINAL	ConsumerSCOPE®	GfK *Price Challenger*	TeSi® TeSiPenetration® TeSiPrice®	GfK-BehaviorScan®
Kundennutzen:	Operationale Empfehlungen und Handlungsanweisungen statt rein deskriptiver Datenflut	Konsumentengestützte, frühzeitige Identifikation von Ideen für eine verbraucherorientierte Produktentwicklung	▪ Konzepttest gegen Wettbewerbsmarken plus ▪ Marktanteilsprognose auf Konzeptbasis	Bewertung von Erfolgschancen neuer Produkte oder Produktmodifikationen und Ermittlung der Zahlungsbereitschaft	▪ Konzept-Screening schnell und kostengünstig ▪ Benchmarking per Datenbank bei der Auswahl Ihrer besten Konzepte	▪ One-Stop-Shopping-Prinzip für nationale und internationale Studien ▪ Schneller Zugriff auf große Stichproben	Genaue und zuverlässige Ermittlung der Verbraucherreaktionen auf Preisänderungen	Schnelle und flexible Bestimmung des Markterfolgs im Wettbewerbsumfeld	Erfolgsmessung von Marketingkonzeptionen sowie deren Elemente. Ökonomische Messung von TV-Werbung mit nat. Volumenprognose
Methode:	▪ Qualitative explorative Vorstufe zum Verständnis des Marktes und der Vorstellungen der Verbraucher. ▪ Quantitative Hauptphase an einer repräsentativen Stichprobe, persönliche Interviews zu Hause. ▪ Multivariate Analyseverfahren.	▪ Conjoint-gestütztes Verfahren: Konsumenten bewerten die Ihnen per Multimedia präsentierten Konzepte ganzheitlich. Auf Basis der Gesamturteile werden dann die individuellen Nutzenbeiträge für jedes Element ermittelt. ▪ Optimierungsprogramm Concept Optimizer™ ermöglicht die Ermittlung von Optimalkonzepten, z.B. für die anvisierte Zielgruppe, für sozio-demographische Teilgruppen oder bestimmte Verbrauchersegmente (Cluster).	▪ Prognostiziert zuverlässig den Marktanteil für Produktkonzepte ▪ Zeigt den weitesten Käuferkreis ▪ Analysiert die Source of Volume ▪ Zeigt Kannibalisierungseffekte gegen eigene Marken/Varianten ▪ Persönliche Interviews im Studio mit Kaufsimulation und Konzeptdiagnose ▪ Input: Concept Board mit Positionierung, Packung/Produktabbildung und Preis plus Abbildung des relevanten Wettbewerbs	Der GfK* OPTIMIZER® ermittelt: ▪ über die relative Wichtigkeit der Produktbestandteile die wichtigsten Entscheidungsgründe ▪ über eine Stärken- und Schwächenanalyse Optimierungs- und Differenzierungspotentiale oder Einsparungspotentiale ▪ durch das gleichzeitige Abwägen von Preis und Leistung die Zahlungsbereitschaft und kritische Preisschwellen. ▪ Erfolgschancen von Produktideen und -konzepten	▪ Im CARDINAL-Benchmarking analysieren wir Neuigkeitsgrad und Relevanz Ihrer Konzeptideen. ▪ Portfolio-Analyse des Konzeptpotentials: *High Flyer* vs. *Potentialkonzept* vs. *Keine Marktrelevanz* ▪ Sie können die Akzeptanz Ihrer neuen Konzepte sowohl im Zeitablauf als auch zwischen verschiedenen Ländern vergleichen. ▪ Interviews: Persönliche Interviews im Studio oder via Omnibus ▪ Input: Concept Board mit Produktabbildung und kurzer Konzeptbeschreibung	▪ Schriftliche Befragungen im Access-Panel (Konzept- und Produkttests, U&A's, Grundlagenuntersuchungen, Tagebuchstudien)	▪ Im Rahmen eines CAPI-Interviews geben Personen der Zielgruppe an, welche Produkte in welchen Mengen sie bei unterschiedlichen Preisen kaufen. ▪ Wegen der höheren prognostischen Validität erfolgen die Preisvariationen nach dem Zufallsprinzip (random). Die Methode der Conjoint-Analyse in Verbindung mit einer multiplen Regression ermittelt dann für jedes Produkt die Nutzenfunktion in Abhängigkeit vom Preis.	Marktanteilsschätzung nach Parfitt/Collins ▪ Messung der Erstkaufrate (Penetration) über Kaufsimulation an einem realitätsnahen Kaufregal ▪ Messung des Wiederkaufs und der Bedarfsdeckung über Chip-Game ▪ Ermittlung von Preis-Absatz-Funktionen und Preisschwellen durch TeSiPrice®	Am Teststandort Haßloch unterhält GfK ein lokales Verbraucher- und Einzelhandelspanel. In 3000 Testhaushalten kann die GfK Kaufentscheidungen beeinflussen: ▪ durch Distribution von Produkten (Launch/Relaunch) ▪ durch Promotions ▪ durch Preisänderungen ▪ durch zielgerichtete klass. Kommunikation (TV und Print) ▪ durch Kombinationen der o.g. Faktoren. Die Ergebnisse werden in absolute Volumina für 2 Jahre national hochgerechnet.
Wettbewerbsvorteil:	▪ Internationales Netzwerk in Europa ▪ Gemischte Teams mit Markt- und Methodenexperten ▪ Hohe Qualitätsstandards durch Standardisierung im Kernfragebogen, dem Analyseprozeß und dem Bericht	▪ Verbraucherorientierte Produktentwicklung zur Vermeidung von Entscheidungen, die an den Bedürfnissen der Zielgruppe vorbeigehen. ▪ Einbezug von bis zu mehreren hundert Ideen. Hohe Flexibilität des Designs durch Berücksichtigung kreativer Lösungen inklusive unausgegorener, unkonventioneller Ideen. ▪ Anwendungen der unterschiedlichsten Aufgabenstellungen, z.B. auch in „Low Involvement"-Bereichen. ▪ Optimale Präsentation der Konzeptstimuli per Multimedia.	▪ Hop oder Top – das erkennen Sie jetzt früher und zuverlässiger als mit herkömmlichen Konzepttests. ▪ Sie testen Ihr Konzept nicht isoliert, sondern im relevanten Wettbewerbsumfeld. So erhalten Sie aussagekräftigere Ergebnisse.	▪ Windows-unterstütztes Simulationsprogramm gibt die Möglichkeit, auf einfache und komfortable Weise vielfältige Produktideen auf die Erfolgschancen am Markt zu überprüfen. ▪ Persönliche computergestützte Befragungen über Multimedia erlauben die Visualisierung von Konzepten und Produktbestandteilen. ▪ In Abhängigkeit vom Untersuchungsthema sind computergestützte telefonische Befragungen möglich. ▪ Der GfK* OPTIMIZER läßt sich flexibel an die Fragestellungen des Kunden anpassen.	▪ Um aus der Vielzahl Ihrer Konzepte diejenigen mit hohem Potential zielsicher zu ermitteln, können Sie anhand einer Datenbank analysieren und vergleichen. ▪ CARDINAL ist aufgrund seiner kompakten Methode einfach in der Durchführung und international unbeschränkt einsetzbar. ▪ Durch die hohe Standardisierung bietet CARDINAL ein hervorragendes Preis-Leistungs-Verhältnis.	▪ Internationales Netzwerk in Europa und USA / Kanada ▪ Erfahrung in der Konzeption und Koordination internationaler Studien ▪ Für viele Warengruppen aus dem Bereich FMCG Verwenderdaten bereits vorhanden	▪ Windows-unterstütztes Simulationsprogramm mit der Möglichkeit, die Auswirkungen einer Vielzahl von Preisen des eigenen Produktes sowie der Wettbewerbsprodukte zu untersuchen. Das Programm analysiert die Veränderungen des Käuferkreises, des Marktanteils (Menge und Wert) sowie des Profits jedes Produkts. Substitutionsbeziehungen mit den Wettbewerbern werden quantifiziert. ▪ Persönliche computergestützte Befragungen zur realistischen Abbildung von Produkten des Relevant Sets.	▪ Prognose des Marktanteils für 24 Monate in 2-Monats-Schritten ▪ Integration eines Advertising-Response-Modells ▪ Berücksichtigung von Konkurrenzreaktionen ▪ Schnelligkeit durch Human-Interface-Datenerhebung ▪ Simulationssoftware für den Kunden zum Durchspielen von Marketing-Szenarien	▪ Reale, „harte" Kaufdaten und keine geäußerte Kaufabsicht ▪ Werbewirkungsmessung (als Experiment unter ceteris paribus Klausel) in Mark und Pfennig ▪ Nationale Volumenprognose der Resultate für 2 Jahre nach Einführung auch mit modifiziertem Marketing-Mix für das Testprodukt. ▪ Alle relevanten TV-Sender zu Testzwecken belegbar ▪ Testmöglichkeit und Resultate exklusiv
Anwendungsbereich:	Launch, Relaunch, Line Extensions	Produktneuentwicklungen und -weiterentwicklungen (Relaunch, Line Extensions)	Launch, Relaunch, Line Extension	Launches, Produktmodifikationen, Preisänderungen	Launch, Relaunch, Line Extension	Grundlagenstudien, Launches, Relaunch, Line Extensions	Preisänderungen bei etablierten Produkten bzw. Line Extensions	Launches, Relaunches, Line-Extensions im Bereich FMCG	Launches, Relaunches mit Werbetests im Bereich FMCG

Welche Entscheidungshilfen die verschiedenen Instrumente der Testmarktforschung zum Marketingerfolg geben können, zeigt die folgende Abbildung der Möglichkeiten am Beispiel der GfK.

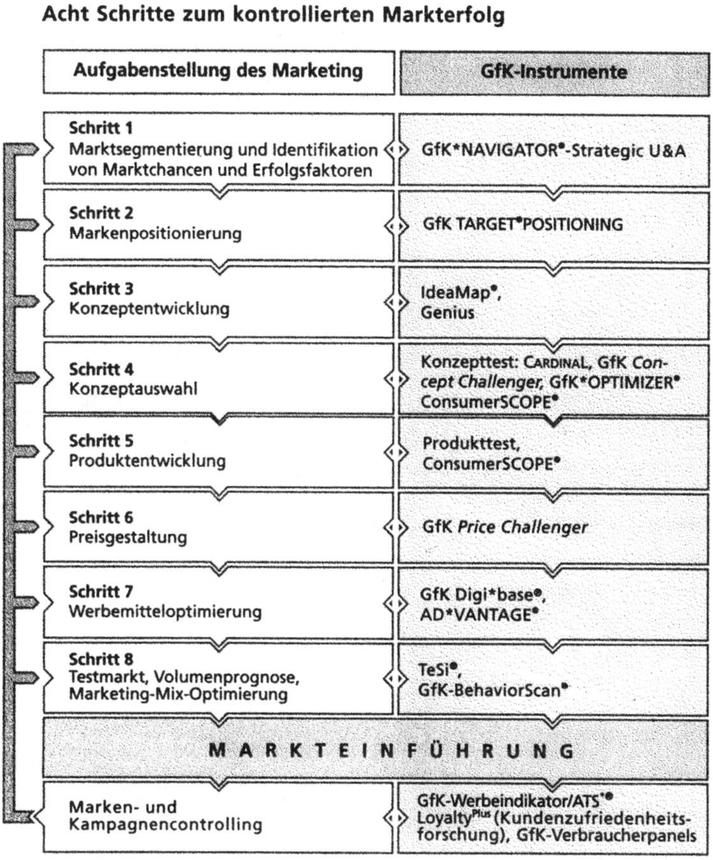

Abb. 22: Instrumente der Testmarktforschung
(Quelle: GfK, Testmarktforschung, o. J.)

Kontrollfragen zu G

	Lösungshinweise Seite
(1) Welche Ziele verfolgt man mit Experimenten?	195
(2) Was ist ein Befragungsexperiment?	195
(3) Was versteht man unter Beobachtungsexperimenten?	195
(4) Was versteht man unter Laborexperimenten?	195
(5) Was sind Feldexperimente?	195
(6) Was versteht man unter Sukzessivexperimenten?	196
(7) Wodurch sind Simultanexperimente gekennzeichnet?	196
(8) Welche Anlagetypen von Experimenten lassen sich unterscheiden (EBA, CB-EA usw.)?	197
(9) Wie ist der EA-CA Typ aufgebaut?	198
(10) Was lässt sich beim EBA-CAB Typ ermitteln?	198
(11) Wie lassen sich die verschiedenen Testmöglichkeiten unterscheiden?	199
(12) Was versteht man unter einem Markttest?	201
(13) Was ist ein Minimarkttest?	204
(14) Was sind so genannte Ladentests (Storetests)?	215
(15) Welche Entscheidungen sind im Hinblick auf einen Markttest zu treffen?	203
(16) Welche Kriterien sollte ein Testmarkt erfüllen?	201
(17) Wie ist die Testdauer zu wählen?	202
(18) Welche Vorteile bietet ein Minitestmarkt im Vergleich zum Markttest?	203
(19) Welche elektronischen Minitestmarktverfahren kennen Sie?	205
(20) Was versteht man unter dem Behavior-Scan-Verfahren?	206
(21) Wie arbeitet das Nielsen-Telerim-Verfahren?	208
(22) Wodurch zeichnet sich das Telerim-Verfahren aus?	208
(23) Was ist die spezifische Zielsetzung einer Testmarktsimulation?	210

(24) Welche Tests für die Untersuchung der Wirksamkeit marketingpolitischer Instrumente kennen Sie? 215

(25) Was ist ein Produkttest? 216

(26) Welche Ziele will man damit verfolgen? 216

(27) Wie kann man Tests grundsätzlich gestalten? 216

(28) Was sind Preistests? 217

(29) Was will man mit der Durchführung von Verpackungstests erreichen? 217

(30) Welche Verfahren wendet man bei Anzeigentests an? 218

(31) Was ist ein Foldertest? 218

(32) Was ist ein DAR-Test (Day-after-Recall)? 219

(33) Was will man mit der Lesebeobachtung erreichen? 219

(34) Was will man mit Tests von TV-Spots erreichen? 221

(35) Wie kann man dabei grundsätzlich vorgehen? 221

(36) Was ist dabei das Ziel von Pretests? 221

(37) Was verfolgen Inbetweentests? 221

(38) Was ist das Ziel von TV-Spot-Posttests? 221

(39) Welche Kriterien werden dabei besonders getestet? 222

(40) Welche in der Praxis weit verbreiteten Werbetests kennen Sie? 222

(41) Welche unterschiedlichen Testansätze werden dabei benutzt? 222

(42) Welche weit verbreiteten Werbetrackingstudien kennen Sie? 223

(43) Welche Instrumente der Testmarktforschung bietet z. B. die GfK an? 225

Literatur zu G

Albers, S., Testmarktsimulation als Instrument des Produkttests, Zeitschrift für Betriebswirtschaft 1985, Heft 3

Backhaus, H., Die Marktexperiment-Methologie und Forschungstechnik, Frankfurt/Zürich 1977

Bauer, E., Produkttests in der Marketingforschung, Göttingen 1981

Becker, W., Beobachtungsverfahren in der demoskopischen Marktforschung, Stuttgart 1973

Behrens, G., Werbung, München 1996

Bernhard, U., Das Verhalten der Blickaufzeichnung in Forschungsgruppe Konsum und Verhalten (Hrsg.), Würzburg 1983

Compagnon GmbH, Verschiedene Informationsschriften, Stuttgart o.J.

Erichson, B., TEST: Ein Test- und Prognoseverfahren für neue Produkte, Marketing ZFP, 3. Jg. 1981, S. 201 - 208

Erichson, B., Testmarktsimulation in Herrmann/Homburg (Hrsg.): Marktforschung, Wiesbaden 1999

Esch, F.-R./Müller T., Herausforderungen an die Werbewirkungsforschung in: Werbeforschung & Praxis, Heft 2, 1998

Esch, F.-J., Werbewirkungsforschung in Herrmann/Homburg (Hrsg.): Marktforschung, Wiesbaden 1999

Forschungsgruppe Konsum und Verhalten (Hrsg.), Innovative Marktforschung, Würzburg 1983

Franzen, G., Advertising Effectiveness, Oxfordshire U.K. 1994

Gaul/Baier/Apergis, Verfahren der Testmarktsimulation in Deutschland, Marketing, ZfP Heft 3, 1996, S. 203 - 217

GfK, GfK-Testmarktforschung, o. J., Nürnberg

Herrmann, A./Homburg, C. (Hrsg.): Marktforschung, Wiesbaden 1999

Hossinger, H.P., Pretests in der Marktforschung, Würzburg/Wien 1982

Infratest Burke, BASES 1991

Infratest Burke, Mehr Wissen. Mehr Wert, München 2000

Infratest Burke, Infra Live, CD-ROM, München 2000

IVE Research International, Micro Test, Hamburg o. Jg.

Kroeber-Riel, W., Konsumentenverhalten, 4. Auflage, München 1990

Nielsen, A.C., Nielsen kontrollierter Markttest, Frankfurt o. Jg.

Nielsen, A.C., QUARTZ, Frankfurt 1994

Rehorn, J., Markttests, Neuwied 1977

Rehorn, J., Markttests, Neuwied 1988

Salcher, E.F., Psychologische Marktforschung, 2. Auflage, Berlin/New York 1995

Spiegel, B., Werbepsychologische Untersuchungsmethoden, Berlin 1970

Stoffels, I., Der elektronische Minimarkttest, Wiesbaden 1990

Vöhl-Hitscher, F., Testmarktsimulation, -planung und -analyse, Heft 3, 1994, S. 40 - 46

Witt, D., Blickverhalten und Erinnerung bei emotionaler Anzeigenwerbung, Diss., Saarbrücken 1977

Zimmermann, E., Das Experiment in den Sozialwissenschaften, Stuttgart 1977

H. Die Datenanalyse

1. Grundlagen

Im Folgenden sollen die Grundbegriffe und Grundlagen der Statistik, die für die Betrachtung der verschiedenen Verfahren in der Marktforschung unerlässlich sind, zusammengestellt werden. Dabei wird in der Regel so vorgegangen, dass zuerst die Begriffe allgemein hergeleitet und dann an Beispielen veranschaulicht werden, sodass auch Leser **ohne bzw. mit geringen Statistikkenntnissen** die Rechenoperationen nachvollziehen können.

1.1 Merkmalstypen

Die Gesamtheit von Elementen, die unter einem vom Untersuchungsziel her gesehenen Gesichtspunkt gleichartig sind, nennt man **statistische Masse** (Grundgesamtheit, Untersuchungsgesamtheit). Die Einheiten der statistischen Masse heißen *Merkmalsträger* (Beobachtungsobjekte, Untersuchungseinheiten). Den Gegenstand der Befragung, Messung oder Zählung nennt man *Merkmal.*

Jedes Merkmal hat mindestens zwei Merkmalsausprägungen. Nach der Art der Ausprägungen werden die Merkmale in

- *quantitative* und
- *qualitative Daten* eingeteilt.

Die Merkmalsausprägungen von **quantitativen** Daten unterscheiden sich in ihrer Größe. Hierunter fallen alle Daten, die aus Messungen oder Zählungen gewonnen werden. Da bei Zählungen (z. B. Anzahl der Zigaretten in einer Schachtel, Anzahl der Telefonate, die jemand pro Tag führt usw.) nur ganz bestimmte Zahlenwerte auftreten, spricht man von **diskreten Merkmalen.** Bei Messdaten (Gewicht von Äpfeln, Lebensdauer von Glühlampen) kann in einem bestimmten Bereich jeder beliebige Zwischenwert angenommen werden. Diese Art von Merkmalen nennt man **stetige** (kontinuierliche) **Merkmale.**

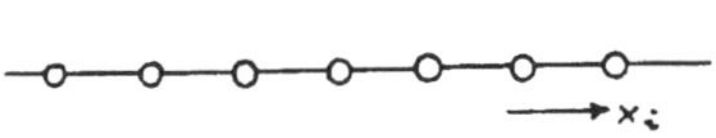

Abb. 1 a: Diskretes Merkmal

Abb. 1 b: Stetiges Merkmal

Bei **qualitativen** Daten unterscheiden sich die Merkmalsausprägungen dagegen nur in der Art der Ausprägung.

Beispiele:	Merkmal	Merkmalsausprägungen
	Farbe Familienstand Beruf	rot, grün, blau... ledig, verheiratet, geschieden... Schlosser, Maurer, Ingenieur...

Merkmale können auch hinsichtlich ihrer Messskala unterschieden werden. Die Werte einer **Nominalskala** lassen sich **nicht in eine Rangfolge** bringen, die einer **Ordinalskala** dagegen lassen sich nach **Rangplätzen** ordnen, wobei der **Abstand zwischen zwei Merkmalsausprägungen nicht bestimmbar ist** (z. B. Zensuren: gut, befriedigend, mangelhaft usw.). Die Ausprägungen einer metrischen Skala lassen sich ebenfalls der Größe nach ordnen, zusätzlich lässt sich der Abstand zwischen den Merkmalsausprägungen bestimmen.

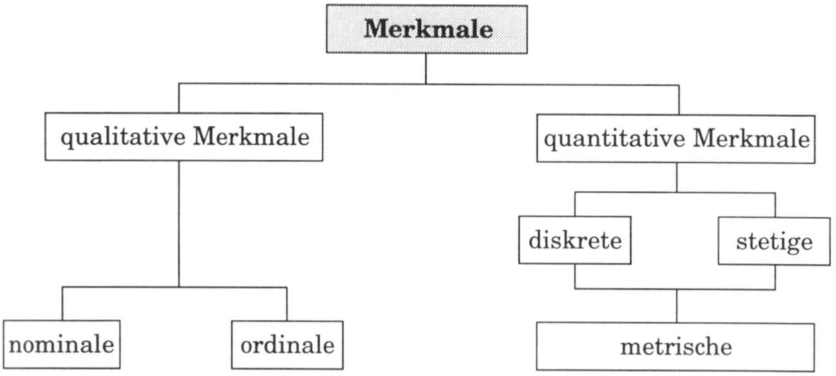

Übersicht: Merkmale und Skalen

1.2 Mittelwerte

Mittelwerte charakterisieren die Lage von Häufigkeitsverteilungen. Es lassen sich folgende Typen von Mittelwerten bestimmen:

- Modus $\bar{x}_D$
- Zentralwert $\bar{x}_z$
- Arithmetischer Mittelwert μ

1.2.1 Modus

Der Modus (häufigster Wert) ist derjenige Wert, der in einer Häufigkeitsverteilung am häufigsten vorkommt, d. h. er bestimmt die Lage des Maximums der Häufigkeitsverteilung. Er ist von *allen* Arten von Merkmalen bestimmbar.

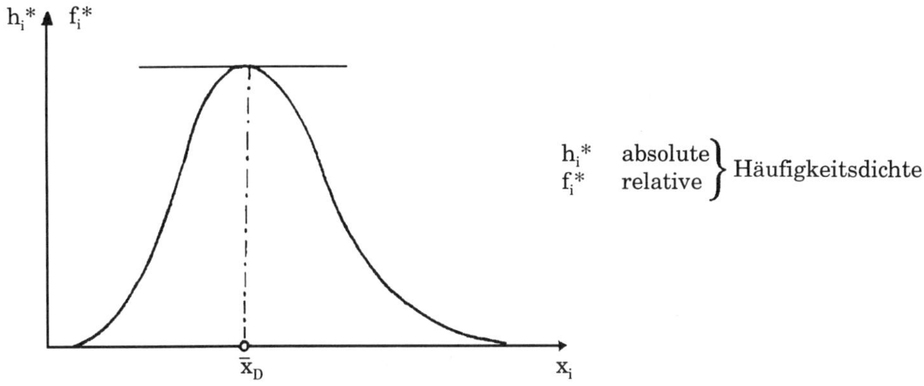

Abb. 2: Lage des Modus in einer Häufigkeitsverteilung

Von den Merkmalswerten

3, 5, 4, 5, 6, 5, 4, 3, 5 soll der Modus bestimmt werden:

Lösung:

Die Merkmalswerte 3 und 4 treten jeweils zweimal auf, der Merkmalswert 5 viermal und der Merkmalswert 6 tritt einmal auf, d. h. der Merkmalswert 5 tritt am häufigsten auf.

Damit lautet das Ergebnis:

$$\underline{\bar{x}_D = 5}$$

Beispiel (1): Verschiedene Personen wurden nach ihrem Familienstand befragt. Die Auswertung der Umfrage ergibt folgendes Ergebnis:

ledig:	40 Personen
verheiratet:	60 Personen
geschieden:	15 Personen
verwitwet:	20 Personen

Welcher Familienstand trat am häufigsten auf?

$\bar{x}_D$ = *verheiratet,* d.h. der Familienstand „verheiratet“ trat am häufigsten auf.

Beispiel (2): In einem Transportunternehmen werden drei LKW-Typen I, II und III eingesetzt.

Typ I kostet 80.000 €/E (E = Einheit) Anschaffungskosten
Typ II kostet 150.000 €/E
Typ III kostet 200.000 €/E

Das Unternehmen verfügt über 20 Einheiten vom Typ I, über 15 vom Typ II und über 10 vom Typ III. Wie viel kosten die meisten LKWs?

$\bar{x}_D = 80.000$ €/E

Begründung: Mit 20 Einheiten war der Typ I, der 80.000 €/E kostet, in dem Unternehmen am häufigsten vertreten.

1.2.2 Zentralwert

Der **Zentralwert (Median) $\bar{x}_z$ ist derjenige Wert, der eine der Größe nach geordnete Reihe von Merkmalswerten halbiert,** d. h. 50 % sind größer (oder gleich bei Gleichheit mehrerer Werte) und 50 % sind kleiner oder gleich dem Zentralwert. Man spricht vom „mittleren" Wert. Entsprechend der Definition **ist der Zentralwert bei nominalen Merkmalen nicht bestimmbar.**

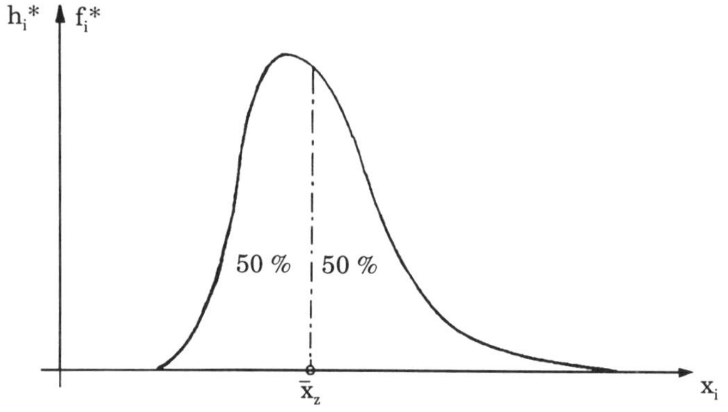

Abb. 3: Lage des Zentralwertes $\bar{x}_z$ in der Häufigkeitsverteilung

In Abb. 4 a liegen fünf Beobachtungswerte vor, der Zentralwert ist der dritte Wert, also $\bar{x}_z = x_{(3)}$.

Verallgemeinernd erhält man bei einer **ungeraden** Zahl von Merkmalswerten für den Zentralwert:

$$\bar{x}_Z = x_{(\frac{n+1}{2})} \tag{1.1a}$$

n: Anzahl der Beobachtungswerte

Von den Merkmalswerten

1, 5, 3, 2, 4, 5, 1, 2, 4

soll der Zentralwert $\bar{x}_Z$ bestimmt werden:

Lösung:

1. Schritt: Die Merkmalswerte werden der Größe nach geordnet:
1, 1, 2, 2, 3, 4, 4, 5, 5

2. Schritt: Anwendung der Formel (1.1a):
Es liegen neun Werte vor, d. h. $\bar{x}_Z = x_{(5)}$.
Somit erhält man für den Zentralwert

$$\bar{x}_Z = 3$$

Diese Berechnungsformel für den Zentralwert kann man auch bei einer **geraden** Anzahl von Daten verwenden, man erhält dann eine gebrochene Rangplatznummer. Nach Abb. 4 b erhält man bei vier Werten für

$$\bar{x}_Z = x_{(2,5)}$$

Rangplatznummer 2,5 kann man interpretieren als Mitte zwischen dem 2. und 3. Wert, also

$$\bar{x}_Z = x_{(2,5)} = \frac{1}{2}[x_{(2)}+x_{(3)}]$$

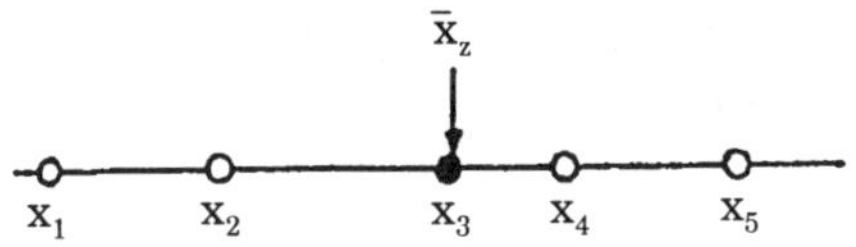

Abb. 4 a: Der Zentralwert bei ungerader Anzahl von Merkmalswerten

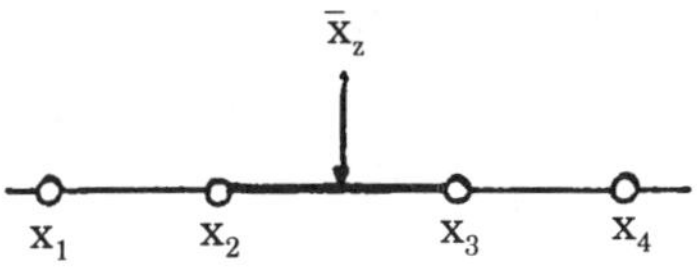

Abb. 4 b: Der Zentralwert bei gerader Anzahl von Merkmalswerten

Allgemein:

$$\bar{x}_Z = x_{(\frac{n+1}{2})} = \frac{1}{2}\left[x_{(\frac{n}{2})} + x_{(\frac{n}{2}+1)}\right] \qquad (1.1b)$$

Zu den Daten des vorherigen Beispiels wird der Merkmalswert 4 hinzugefügt. Es soll der Zentralwert bestimmt werden:

Lösung:

1. Schritt: Die Daten werden in eine Rangfolge gebracht:

1, 1, 2, 2, 3, 4, 4, 4, 5, 5

2. Schritt: Anwendung der Formel (1.1b)
Es liegen zehn Werte vor. Damit liegt der Zentralwert in der Mitte zwischen dem fünften und sechsten Wert:

$$\bar{x}_Z = 1/2\ (3 + 4)$$

$$\bar{x}_Z = 3{,}5$$

Beispiel (3): Ein Unternehmen hat auf der jeweils im Frühjahr (F) und Herbst (H) stattfindenden Messe Aufträge in folgenden Höhen erteilt (Angaben in T€):

Termine:	F 99	H 99	F 00	H 00	F 01	H 01	F 02
Aufträge:	135	95	150	110	175	130	185

Welcher Wert ist der Zentralwert der Aufträge?
Die Werte liegen in **chronologischer** Reihenfolge vor. Zur Bestimmung von $\bar{x}_Z$ müssen sie der **Größe** nach geordnet werden:

95	110	130	135	150	175	185
$x_{(1)}$	$x_{(2)}$	$x_{(3)}$	$x_{(4)}$	$x_{(5)}$	$x_{(6)}$	$x_{(7)}$

n = 7; d. h.

$$\bar{x}_Z = x_{(4)}$$

$$\bar{x}_Z = 135 \text{ T€}$$

Wenn bei der Herbstmesse 2002 das Einkaufsvolumen 130 T€ beträgt, wie groß ist dann der Zentralwert?

95	110	130	130	135	150	175	185
$x_{(1)}$	$x_{(2)}$	$x_{(3)}$	$x_{(4)}$	$x_{(5)}$	$x_{(6)}$	$x_{(7)}$	$x_{(8)}$

n = 8; d. h.

$$\bar{x}_Z = x_{(4,5)}$$

$$= \frac{1}{2}\left[x_{(4)} + x_{(5)}\right]$$

$$= \frac{1}{2}[130 + 135]$$

$$\bar{x}_Z = 132{,}5 \text{ T€}$$

In diesem Falle beträgt der Zentralwert 132,5 T€.

Übungsaufgabe: Bestimmen Sie für das Beispiel (2) (vgl. S. 232) den Zentralwert.

Lösung:

$$n = 45;$$
$$\bar{x}_Z = x_{(22,5)}$$
$$\bar{x}_Z = 150 \text{ T€/E}$$

Begründung: Der Merkmalswert 150 T€/E belegt die Rangplätze 21 bis 35.

Liegen viele Werte vor (n > 50), berechnet man den Zentralwert nach:

$$\bar{x}_Z = x_{(\frac{n}{2})} \qquad (1.2)$$

(Man geht von der Überlegung aus, dass z. B. bei 200 Daten die Werte in der Mitte so dicht beieinander liegen, dass der Unterschied zwischen dem 100. und 101. Wert vernachlässigt werden kann.)

1.2.3 Arithmetischer Mittelwert

Beim **arithmetischen Mittelwert** unterscheidet man zwischen dem ungewogenen und dem gewogenen arithmetischen Mittelwert.

- **ungewogener arithmetischer Mittelwert**

Definition: Der arithmetische Mittelwert (μ) wird gebildet aus der Summe der Merkmalswerte, dividiert durch die Anzahl der Merkmalswerte.

Formeln:

$$\mu = \frac{x_1 + x_2 + \ldots x_n}{n} \quad \text{bzw.} \quad \mu = \frac{\sum_{i=1}^{n} x_i}{n} \qquad (1.3)$$

Die Definition für μ erfordert die Addierbarkeit der Merkmalswerte. Damit lässt sich der arithmetische Mittelwert nur dann berechnen, wenn quantitative Daten vorliegen.

Von den Merkmalswerten

1, 5, 3, 2, 4, 5, 1, 2, 4,

soll der arithmetische Mittelwert μ bestimmt werden:

Lösung: Nach Formel (1.3) werden die Daten addiert und dann durch die Anzahl der Werte dividiert.
(Die Daten brauchen *nicht* geordnet werden.)

$$\mu = \frac{1+5+3+2+4+5+1+2+4}{9}$$

$$\mu = \frac{27}{9}$$

$$\underline{\mu = 3}$$

Beispiel (4): Welchen Wert erhält man für das durchschnittliche Auftragsvolumen im Zeitraum F99 bis F02?
(Vgl. Beispiel (3) auf S. 234)
135 + 95 + 150 + 110 + 175 + 130 + 185 = 980

Das gesamte Auftragsvolumen betrug im Zeitraum von F99 bis F02 980 T€.

Das durchschnittliche Auftragsvolumen betrug:

$$\mu = \frac{980}{7}$$

$$\mu = 140{,}0 \text{ T€}$$

• **gewogener arithmetischer Mittelwert**

Die Berechnungsformel (1.3) betrachtet jeden einzelnen Merkmalswert als gleichwertig. Die Berechnungsformel muss erweitert werden, **sofern die einzelnen Merkmalswerte unterschiedliche Gewichtung tragen,** d. h. einzelne Merkmalsausprägungen treten mehrfach auf:

$$\mu = \frac{\sum_{i=1}^{k} g_i x_i}{\sum_{i=1}^{k} g_i} \qquad (1.4)$$

Beispiel (5): Wie viel kostet im Durchschnitt ein LKW bei dem Transportunternehmen? (Daten aus Beispiel (2) auf S. 232)

$g_1 = 20 \qquad x_1 = 120$ T€/E
$g_2 = 15 \qquad x_2 = 240$ T€/E
$g_3 = 10 \qquad x_3 = 300$ T€/E

$$\mu = \frac{20 \cdot 80 + 15 \cdot 150 + 10 \cdot 200}{20 + 15 + 20}$$

$$\mu = \frac{1.600 + 2.250 + 2.000}{45}$$

$$\mu = \frac{5.850}{45}$$

Der gesamte Fuhrpark kostet 5,85 Mio. €, er umfasst 45 LKWs. Damit erhält man für μ:

$$\mu = 130 \text{ T€/E}$$

Im Durchschnitt kostet bei diesem Transportunternehmen ein LKW 130 T€.

- **Eigenschaften von arithmetischen Mittelwerten**

1) Im Gegensatz zu den anderen Mittelwerten übt jeder einzelne Wert einen Einfluss bei der Bildung des arithmetischen Mittelwertes aus. Daher kann μ durch „Ausreißer" stark verzerrt werden, insbesondere wenn nur wenige Werte vorliegen.

2) Aus der Definition von μ kann eine weitere Eigenschaft von μ abgeleitet werden:

$$\mu = \frac{\sum_{i=1}^{n} x_i}{n} \tag{1.3}$$

$$\sum_{i=1}^{n} x_i = n\mu$$

$$\left(\sum_{i=1}^{n} x_i\right) - n\mu = 0$$

$$\boxed{\sum_{i=1}^{n} (x_i - \mu) = 0} \tag{1.5}$$

d. h.: Die Differenzen der Merkmalswerte vom arithmetischen Mittelwert μ ergeben in der Summe 0. Die Summe der Abstände der Merkmalswerte x_i, die größer als μ sind, ist gleich der Summe der Abstände der Merkmalswerte x_i, die kleiner als μ sind.

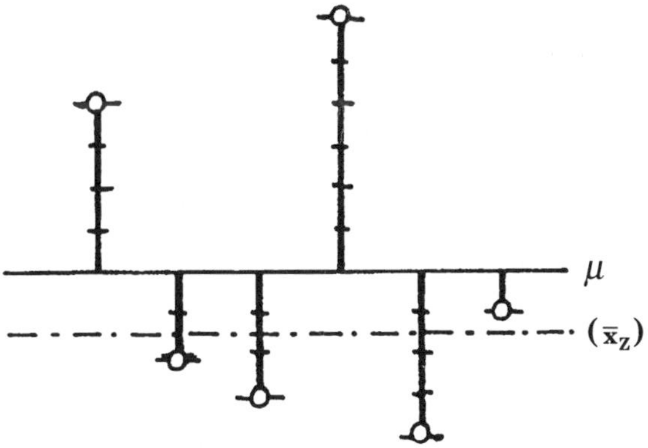

Abb. 5: Der arithmetische Mittelwert μ und der Zentralwert $\bar{x}_Z$ bei sechs Merkmalswerten

In Abb. 5 liegen nur zwei Werte oberhalb von μ und vier Werte unterhalb von μ. Die Abstände der beiden Werte oberhalb von μ betragen 4 und 6 Längeneinheiten;

die vier Werte unterhalb von μ betragen 2; 3; 4 und 1 Längeneinheiten. Die Summe der Abstände beträgt in beiden Fällen 10 Längeneinheiten.

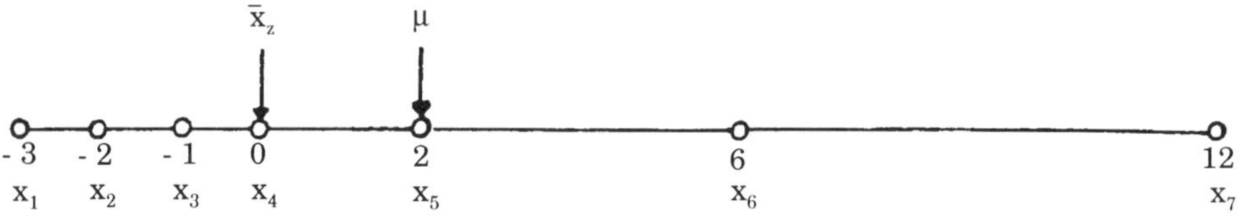

Abb. 6: Unterschied zwischen dem arithmetrischen Mittelwert μ und Zentralwert $\bar{x}_Z$ bei vorgegebenen Merkmalswerten

Abb. 6 zeigt grafisch die Unterschiede zwischen $\bar{x}_Z$ und μ. Bei $\bar{x}_Z$ ist die **Anzahl der Merkmalswerte** oberhalb von $\bar{x}_Z$ gleich der Anzahl der Merkmalswerte unterhalb von $\bar{x}_Z$. Bei μ ist die **Summe der Abstände** der Werte, die oberhalb von μ liegen, gleich der Summe der Abstände, die unterhalb von μ liegen.

1.3 Streuungsmaße

Während Mittelwerte die Lage von Häufigkeitsverteilungen beschreiben, geben die **Streuungsmaße** darüber Aufschluss, wie **dicht die Merkmalswerte beieinander liegen bzw. wie weit die Merkmalswerte von einer Bezugsgröße** (z.B. $\bar{x}_Z$, μ usw.) **abweichen.**

1.3.1 Spannweite

Die Spannweite (R) wird definiert als Differenz zwischen dem größten und kleinsten Wert.

$$R = x_{MAX} - x_{MIN} \tag{1.6}$$

Innerhalb dieses Streubereichs liegen alle n Merkmalswerte, d. h. sie gibt den Bereich (das Intervall) an, in welchem alle n Merkmalswerte liegen. Dieses einfach zu bestimmende Streuungsmaß kann nur einen groben Überblick über die Größe der Streuung geben. Wegen der Ausreißerempfindlichkeit ist ihr Aussagewert eingeschränkt.

Beispiel (6): Von den Zahlenwerten im Beispiel (3), S. 234 soll die Spannweite bestimmt werden.

$x_{MAX} = x_{(7)}$; $x_{MAX} = 185$ T€

$x_{MIN} = x_{(1)}$; $x_{MIN} = 95$ T€

R = 185 – 95 = 90 T€

Alle Merkmalswerte liegen in einem Intervall von 90 T€.

1.3.2 Varianz und Standardabweichung

Die **Varianz** (σ^2) wird gebildet aus der Summe der quadrierten Abweichungen (S.d.q.A.) der Merkmalswerte vom arithmetischen Mittelwert μ, dividiert durch die Anzahl der Werte:

$$\sigma^2 = \frac{\sum_{i=1}^{n}(x_i - \mu)^2}{n} \qquad \sigma^2 = \frac{\text{S.d.q.A.}}{\text{n}} \tag{1.7}$$

(Werden Stichproben betrachtet, steht im Nenner n-1.)

$$\sigma^2 = \frac{\sum_{i=1}^{n} x_i^2 - 2\mu\sum_{i=1}^{n} x_i + n\mu^2}{n} \tag{1.7a}$$

wegen

$$\sum_{i=1}^{n} x_i = n\mu$$

erhält man für σ^2:

$$\sigma^2 = \frac{\sum_{i=1}^{n} x_i^2 - n\mu^2}{n} \tag{1.7b}$$

Die Varianz kann nur von quantitativen Daten bestimmt werden. Die Wurzel aus der Varianz ist die **Standardabweichung.**

$$\sigma = + \sqrt{\sigma^2} \tag{1.8}$$

Die Standardabweichung (σ) hat dieselbe Dimension wie die der Merkmalswerte.

Bei der Berechnung der S.d.q.A. bzw. σ^2 wird μ deshalb als Bezugsgröße gewählt, weil bei vorgegebenen Merkmalswerten die S.d.q.A. bzw. σ^2 dann minimal wird, wenn μ als Bezugsgröße gewählt wird:

a sei eine beliebige Bezugsgröße

$$\sigma^2 = \frac{1}{n}\left[\sum_{i=1}^{n}(x_i - a)^2\right]$$

Der Ausdruck wird nach a differenziert, dann die 1. Ableitung gleich 0 gesetzt:

$$\frac{d\sigma^2}{da} = -\frac{2}{n}\left[\sum_{i=1}^{n}(x_i - a)\right] = 0$$

$$\sum_{i=1}^{n}(x_i - a) = 0$$

Diese Summe wird nach Gl. (1.5) dann 0, wenn μ = a ist.

Beispiel (7): Die Varianz bzw. Standardabweichung soll von den Daten aus Beispiel (3), S. 234 berechnet werden.

Es ist bei dieser Rechnung nicht erforderlich, die Daten der Größe nach zu ordnen.

Im ersten Rechengang ist μ zu bestimmen.

Wir übernehmen den Wert aus Beispiel (4): μ = 140 T€

(Siehe hierzu Tabelle auf Seite 241.)

Durch Einsetzen in Gl. (1.7) erhält man:

$$\sigma^2 = \frac{6400}{7}$$

$$\underline{\underline{\sigma^2 = 914,29[\text{T€}]^2}}$$

x_i in T€	$(x_i - \mu)$	$(x_i - \mu)^2$
(1)	(2)	(3)
135	− 5	25
95	− 45	2.025
150	+ 10	100
110	− 30	900
175	+ 35	1.225
130	− 10	100
185	+ 45	2.025
	Σ = 0	Σ = 6.400

Tab. 1: Berechnung der Varianz σ^2 und der Standardabweichung von den Daten aus Beispiel (3)

Für die Standardabweichung ergibt σ sich nach Gl. (1.8):

$$\sigma = +\sqrt{914,29}$$

$$\underline{\sigma = +30,24\,\text{T€}}$$

(15) (16) (17) (18) (19)

1.4 Testverfahren

1.4.1 Grundlagen zu den Testverfahren

Aufgabe der Hypothesentestverfahren:

Statistische Tests dienen zur Überprüfung der Richtigkeit von Hypothesen. Dabei wird das beobachtete Ergebnis einer Zufallsstichprobe überprüft, ob es und mit welcher Wahrscheinlichkeit es mit der Hypothese verträglich ist.

Je nach Art der aufgestellten Hypothesen unterscheidet man:

- **Parametertests** (Hypothesen über Mittelwerte, Streuungsmaße usw. werden getestet.)
- **Anpassungstests** (Hypothesen über bestimmte Verteilungsformen der Grundgesamtheit werden getestet, z. B.: Sind die Merkmale der Grundgesamtheit normal verteilt?)
- **Unabhängigkeitstests** (Hypothesen über die Abhängigkeit zwischen mehreren Merkmalen in der Grundgesamtheit.)

Eine zu prüfende Behauptung wird als **Nullhypothese** H_0 bezeichnet. Die Entscheidung, ob H_0 verworfen oder nicht verworfen wird, erfolgt anhand der Alternativhypothese (Gegenhypothese) H_1: Diese kann

- **konkretisiert sein,** d. h. einen bestimmten Wert haben z. B.: Die Nullhypothese über das monatliche Durchschnittseinkommen von Angestellten eines bestimmten Betriebes lautet:

  H_0: μ_0 = 5.000 €/Monat
  H_1: μ_1 = 5.500 €/Monat

- **nicht konkretisiert sein.** Dabei kann die Alternativhypothese ***zweiseitig* formuliert** sein, d. h. H_0 trifft zu, wenn das Testergebnis innerhalb des Testintervalls liegt. H_1 trifft zu, wenn das Testergebnis sowohl oberhalb als auch unterhalb des Testintervalls liegt (Abb. 7 a).

  H_0: μ_0 = 5.000 €/Monat
  H_1: μ_1 ≠ 5.000 €/Monat

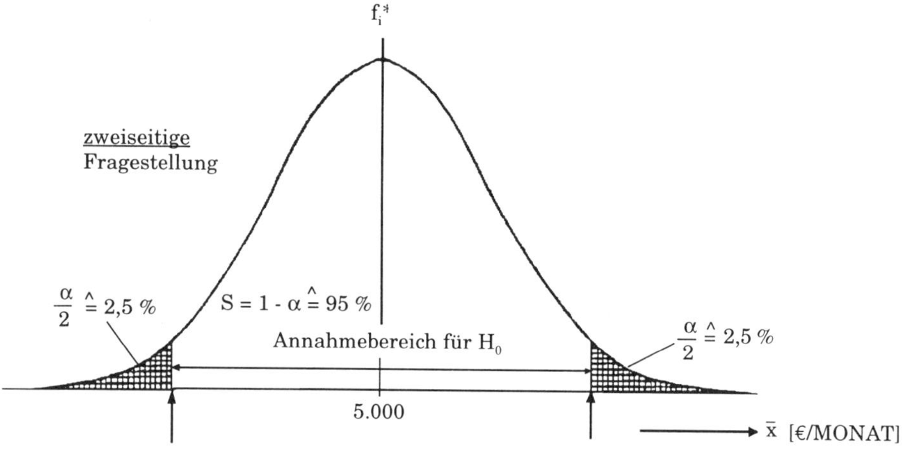

Abb. 7a: Annahmebereich für H_0 bei zweiseitiger Abgrenzung
H_0 gilt, wenn eine bestimmte Ober- *und* Untergrenze nicht überschritten wird.
H_1 gilt, wenn das Testergebnis außerhalb des Testintervalls liegt (waagerecht und senkrecht schraffierter Bereich).

Die Alternativhypothese ist **einseitig formuliert,** wenn μ_1 entweder oberhalb oder unterhalb von μ_0 liegt, also entweder als

H_0: μ_0 = 5.000 €/Monat
H_1: μ_1 > 5.000 €/Monat (Abb. 7 b)

oder als

H_0: μ_0 = 5.000 €/Monat
H_1: μ_1 < 5.000 €/Monat (Abb. 7 c)

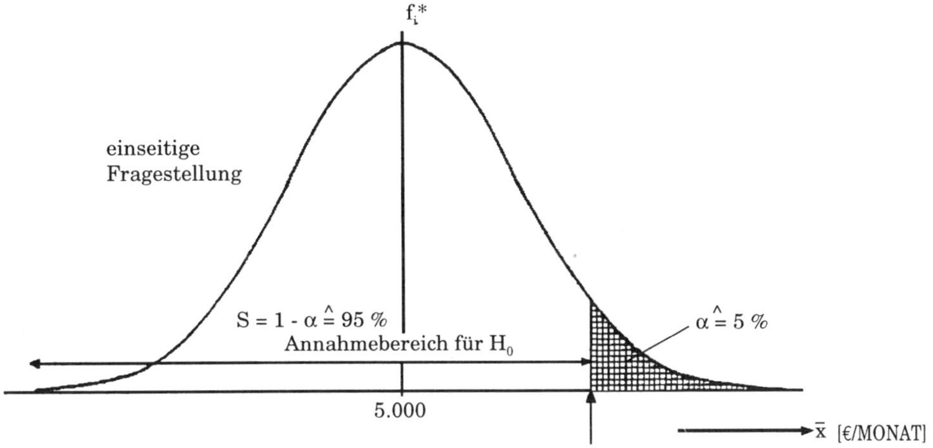

Abb. 7b: Annahmebereich für H_0 bei einseitiger Abgrenzung
H_0 gilt, wenn eine bestimmte Obergrenze nicht überschritten wird. H_1 gilt, wenn diese Obergrenze überschritten wird (waagerecht und senkrecht schraffierter Bereich).

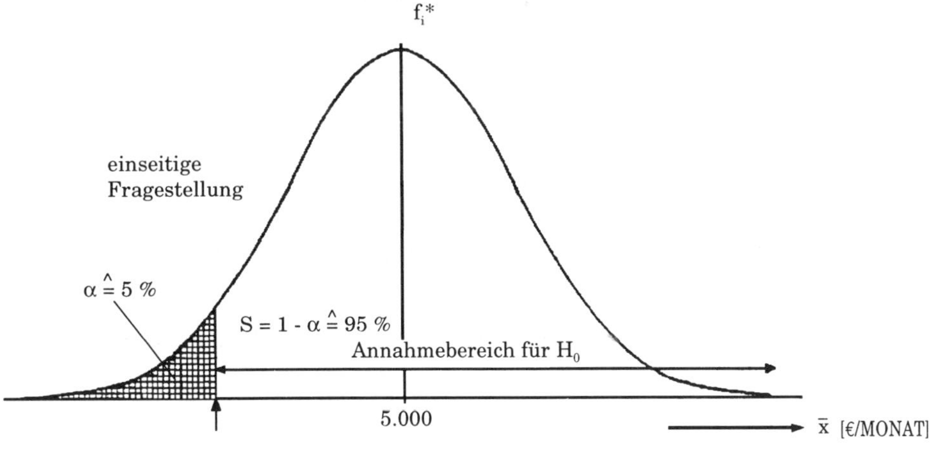

Abb. 7c: Annahmebereich für H_0 bei einseitiger Abgrenzung
H_0 gilt, wenn eine bestimmte Untergrenze nicht unterschritten wird. H_1 gilt, wenn diese Untergrenze unterschritten wird (waagerecht und senkrecht schraffierter Bereich).

- **Fehlentscheidungen**

Als Entscheidung treten vier Möglichkeiten auf: **„Die Nullhypothese wird verworfen“** oder: **„Die Nullhypothese wird nicht verworfen.“** Die jeweilige Entscheidung kann dabei entweder richtig oder falsch sein.

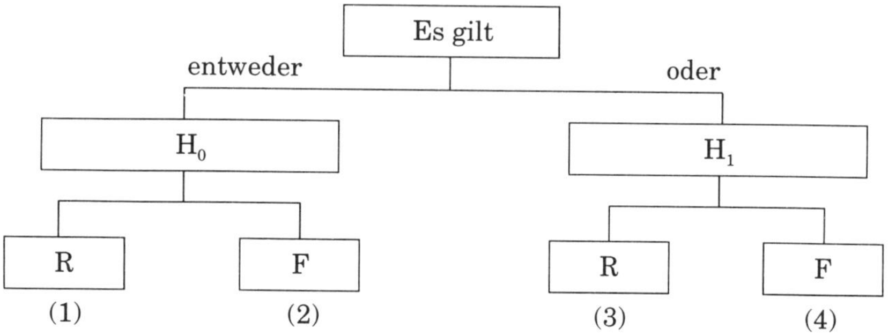

Abb. 8: Entscheidung aufgrund des Tests

(1) Gilt H_0 aufgrund des Tests, so ist diese Entscheidung richtig (R), wenn in der **Grundgesamtheit** H_0 ebenfalls zutrifft. Die Entscheidung ist richtig (R).

(2) Bei Gültigkeit von H_0 im **Test** tritt eine falsche Entscheidung auf, wenn in der **Grundgesamtheit** die Nullhypothese nicht zutrifft (F). Man spricht von einem Fehler 2. Art oder auch β-Fehler.

Ein β-Fehler ist das Nichtverwerfen einer falschen Hypothese.

Gilt H_1 aufgrund des Tests, so kann auch hier die Entscheidung richtig oder falsch sein.

(3) Die Entscheidung ist **richtig** (R), wenn in der Grundgesamtheit die Nullhypothese keine Gültigkeit hat.

(4) Die Entscheidung ist **falsch** (F), wenn in der Grundgesamtheit die Nullhypothese Gültigkeit hat. *Diesen Fehler bezeichnet man als Fehler 1. Art oder als a-Fehler.*

Ein α-Fehler ist das Verwerfen einer richtigen Hypothese.

Bei Wahl von hohen Sicherheitsgraden $S = 1-\alpha$ kann man den α-Fehler verkleinern, was aber zwangsläufig zur Erhöhung des Risikos führt, einen β-Fehler zu begehen.

1.4.2 Anwendungen

- **Parametertest** (z. B. Test von Mittelwerten und Streuungsmaßen)
  z. B.: der F-Test für die Übereinstimmung von zwei Varianzen σ_1 und σ_2^2

Voraussetzung: die beiden Verteilungen 1 und 2 sind normal verteilt.

1. Nullhypothese H_0: $\sigma_1^2 = \sigma_2^2$

   Alternativhypothese H_1: $\sigma_1^2 > \sigma_2^2$ (einseitig)

   $\sigma_1^2 < \sigma_2^2$ (einseitig)

   $\sigma_1^2 \neq \sigma_2^2$ (zweiseitig)

2. Wenn die Nullhypothese H_0 $\sigma_1^2 = \sigma_2^2$ zutrifft, so genügt das Verhältnis der Stichprobenvarianzen s_1^2 / s_2^2 einer F-Verteilung mit $f_1 = n_1$-1 und $f_2 = n_2$-l Freiheitsgraden.

Begriff „Freiheitsgrad“:

Die Zahl der Freiheitsgrade gibt an, wie viele Merkmalswerte die Stichprobe, aus denen über dem arithmetischen Mittelwert und Standardabweichung die Prüfgröße Z_b bestimmt wird, voneinander unabhängig sind. Wird z. B. der arithmetische Mittelwert einer Stichprobe vom Umfang n = 50 berechnet und man kennt die Summe der 50 Werte, so kann man 49 Werte beliebig vorgeben. Der 50. Wert ist dann über die Definitionsgleichung des arithmetischen Mittelwerts

$$\frac{x_1 + x_2 \ldots + x_{49} + x_{50}}{50} = \bar{x}$$

eindeutig festgelegt.

(Griechische Symbole werden bei Vollerhebungen verwendet, deutsche Druckbuchstaben bedeuten die Parameter bei Stichproben.)

Hierbei ist es rechnerisch zweckmäßig, die Bezeichnungen s_1^2 und s_2^2 so zu wählen, dass $s_1^2 > s_2^2$ ist.

Gegenhypothese	Hypothese H_0: $\sigma_1^2 = \sigma_2^2$ wird **nicht** verworfen bei	
	Prüfgröße $(s_1^2 > s_2^2)$	Schwellenwert
$\sigma_1^2 > \sigma_2^2$ (einseitig)	$Z_b = \frac{s_1^2}{s_2^2}$	$\leq F_{1-\alpha}(f_1; f_2)$
$\sigma_1^2 \neq \sigma_2^2$ (zweiseitig)	$Z_b = \frac{s_1^2}{s_2^2}$	$\leq F_{1-\alpha/2}(f_1; f_2)$

(1.9)

Gegenhypothese	Hypothese H_0: $\sigma_1^2 = \sigma_2^2$ wird verworfen bei	
	Prüfgröße $(s_1^2 > s_2^2)$	Schwellenwert
$\sigma_1^2 > \sigma_2^2$ (einseitig)	$Z_b = \frac{s_1^2}{s_2^2}$	$> F_{1-\alpha}(f_1;f_2)$
$\sigma_1^2 \neq \sigma_2^2$ (zweiseitig)	$Z_b = \frac{s_1^2}{s_2^2}$	$> F_{1-\alpha}(f_1;f_2)$

(1.10)

Tab. 2: Entscheidungen beim F-Test

1.) Darstellung von (1.9) und (1.10) erfolgt in Anlehnung an *Henning/Stange,* Formeln und Tabellen der mathematischen Statistik, S. 81, Berlin, Heidelberg, New York 1966.

Beispiel (8): In zwei Geschäften wurde über jeweils 20 Tage die Zahl der täglichen Verkäufe registriert und ausgewertet. Man erhielt folgende Ergebnisse:
s_1 = 40 Käufe/Tag; s_2 = 25 Käufe/Tag
Die Nullhypothese soll bei einem Signifikanzniveau von S=95% getestet werden bei einseitiger und zweiseitiger Gegenhypothese!

(1) Einseitiger Test

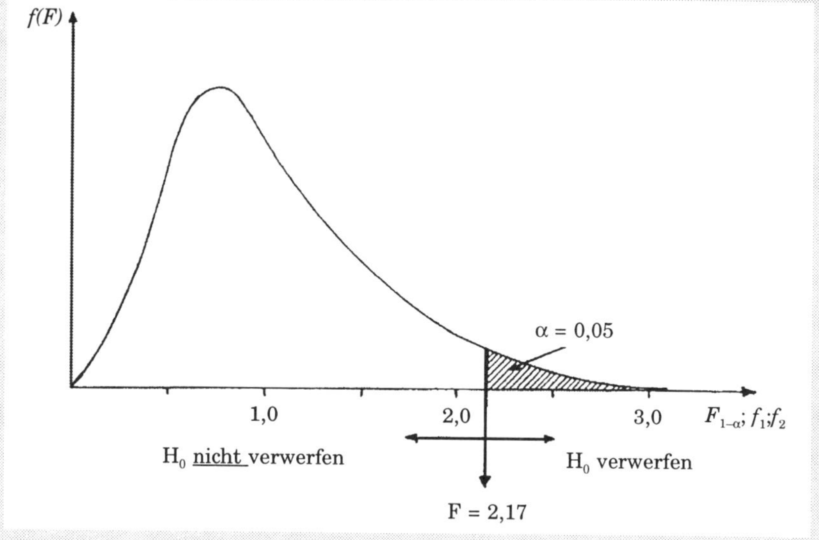

Abb. 9: Qualitative Darstellung der Dichtefunktion der F-Verteilung für 1 – α = 0,95 und der Freiheitsgrade f_1 = 19 und f_2 = 19.

a) Die Nullhypothese H_0 lautet: $\sigma_1^2 = \sigma_2^2$

b) Die Alternativhypothese H_1 lautet: $\sigma_1^2 > \sigma_2^2$

c) Prüfgröße: $Z_b = \frac{1600}{625}; \quad Z_b = 2,56$

d) Schwellenwert:
wegen $f_1 = f_2 = 19$
liest man bei einseitiger Gegenhypothese ($\sigma_1^2 > \sigma_2^2$) aus der Tabelle 1 im Anhang den Schwellenwert ab:

$$F\ 95\%\ (19;\ 19) = 2,17$$

e) Entscheidung
Da in diesem Fall die Prüfgröße ($Z_b = 2,56$) größer ist als der tabellierte Wert (Schwellenwert $F_{1-\alpha} = 2,17$), muss die Nullhypothese Ho: $\sigma_1^2 = \sigma_2^2$ zu Gunsten der Alternativhypothese H_1: $\sigma_1^2 > \sigma_2^2$ verworfen werden.
σ_1^2 ist signifikant größer als σ_2^2.

(2) Zweiseitiger Test

a) Die Nullhypothese H_0 lautet: Die Varianzen der Grundgesamtheit sind gleich groß, d.h. $\sigma_1^2 = \sigma_2^2$

b) Die Alternativhypothese H_1 lautet: Die Varianzen der Grundgesamtheiten weichen signifikant voneinander ab, d.h. $\sigma_1^2 \neq \sigma_2^2$

c) Prüfgröße: wie unter (1):

d) Schwellenwert:

Aus Tabelle 2 im Anhang entnimmt man für $F_1 - \alpha_{/2}$ (19; 19) = $F_{97,5\%}$ den Wert 2,53.

e) Entscheidung: Da die Prüfgröße ($Z_b = 2,56$) größer ist als der Schwellenwert (F_1-$\alpha_{/2}$ = 2.53), muss auch hier die Nullhypothese zu Gunsten der Alternativhypothese H_1: $\sigma_1^2 \neq \sigma_2^2$ verworfen werden, d.h. *beide Varianzen weichen signifikant voneinander ab.*

• **Anpassungstest**

Bei einem Anpassungstest wird als Nullhypothese ein bestimmter Verteilungstyp für die Grundgesamtheit unterstellt. Es ist zu testen, ob die Verteilung der Stichprobe der Verteilung der Grundgesamtheit entspricht.

Beispiel (9): Mit einem Würfel wurden 600 Würfe durchgeführt. Die Häufigkeit der einzelnen Augenbilder ist in Spalte 2 der Tab. 3 festgehalten.

a) Nullhypothese:
H_0: Die Beobachtungswerte stammen aus einer gleichverteilten Grundgesamtheit.

b) Alternativhypothese:
H_1: Die Beobachtungswerte stammen *nicht* aus einer gleichverteilten Grundgesamtheit.
Die Hypothese soll auf einem Signifikanzniveau von S = 90% untersucht werden.

c) Prüfgröße:
Zur Prüfung der Nullhypothese wird der χ^2 (CHI)-Test verwendet mit der Prüfgröße

$$\chi_b^2 = \sum_{i=1}^{k} \frac{(h_i - h_i^*)^2}{h_i^*}$$

mit k = 6 (Anzahl der Augenbilder) und damit f = 5
h_i: die beobachteten Häufigkeiten der einzelnen Augenbilder
h_{i*}: die Häufigkeiten der Augenbilder, die sich bei Gültigkeit der Nullhypothese ergeben müssten.

Augenbild	h_i	h_i*	(h_i-h_i*)	$\frac{(h_i-h_i^*)^2}{h_i^*}$
(1)	(2)	(3)	(4)	(5)
1	105	100	5	25
2	94	100	– 6	36
3	99	100	– 1	1
4	106	100	6	36
5	93	100	– 7	49
6	103	100	3	9
'	600	600	0	156

Tab. 3: Zahlenbeispiel zum χ^2-Test

$\chi_b^2 = \frac{156}{100}$; $\underline{\chi_b^2 = 1{,}56}$

d) Schwellenwert:
Bei Gültigkeit der Nullhypothese darf die Prüfgröße (χ^2-verteilt mit f-Freiheitsgraden) den Schwellenwert χ^2_{Tab} nicht überschreiten.
In diesem Beispiel erhält man aus Tabelle 5 im Anhang für f = 5 und S = 90% den Wert χ^2_{Tab} (f = 5 ; S = 90%) = 9,24

e) Entscheidung
Da χ_b^2 (= 1,56) < χ^2_{Tab} (= 9,24) ist, wird die Nullhypothese H_0 = (Gleichverteilung der Augenbilder) *nicht* verworfen.

2. Regressions- und Korrelationsrechnung

In der Regressionsrechnung wird der funktionale Zusammenhang zwischen mehreren **quantitativen** Merkmalen ermittelt, wobei das Merkmal y oft als abhängige Variable, Regressant oder endogene Variable bezeichnet wird, die Merkmale x_1, x_2, ...x_k als unabhängige Variablen oder auch Einflussgrößen, Regressoren oder exogene Variablen genannt werden.

Bei der Korrelationsrechnung wird die Stärke des Zusammenhangs zwischen Zielgröße y und Einflussgrößen x_1, x_2, ...x_k ermittelt. Der Index k kennzeichnet die Anzahl der *Einflussgrößen,* während der Index n die Anzahl der **Beobachtungswerte** in jeweils k Merkmalen charakterisiert. Da es in der Marktforschung nicht mehr genügt, nur die Auswirkung einer Einflussgröße auf die abhängige Variable zu betrachten, werden im Folgenden

- *die einfache lineare Regressionsrechnung*
- *die mehrfache lineare Regressionsrechnung*
- *die einfache nichtlineare Regressionsrechnung*
- *die mehrfache nichtlineare Regressionsrechnung*

kurz betrachtet.

2.1 Arten von Regressionen

- **Einfache lineare** Regressionsrechnung

In diesem Modell wird nur **eine** Einflussgröße betrachtet und der Zusammenhang zwischen Ziel- und Einflussgröße wird in einem linearen Zusammenhang

$$y = \beta_0 + \beta_1 x \qquad (2.1)$$

untersucht. Die Parameter $ß_0$ und $ß_1$ werden mithilfe der Beobachtungswerte (x_1, y_1), (x_2, y_2) ...(x_n, y_n) als Ausprägungen der Merkmale x und y aus einer Grundgesamtheit geschätzt. So soll z. B. ein linearer Zusammenhang zwischen *Sparguthaben* und *Einkommen* ermittelt werden.

- **Mehrfache (multiple) lineare** Regressionsrechnung

  Hier treten mindestens zwei Einflussgrößen auf:

$$y = \beta_0 + \beta_1 x_1 + \beta_2 x_1 + \ldots + \beta_k x_k \qquad (2.2)$$

So soll z. B. der lineare Zusammenhang zwischen **Sparguthaben und Einkommen** sowie **Alter** ermittelt werden.

- **Einfache nichtlineare Regressionsrechnung**

$$y = f(x_1) \qquad (2.3)$$

Hier tritt das Problem auf, welcher Funktionstyp sich am besten den Beobachtungswerten anpasst. In vielen Fällen ist es möglich, über Transformationen eine einfache nichtlineare Regression in eine mehrfache lineare Regression zu überführen.

- **Mehrfache nichtlineare Regressionsrechnung**

  Auch hier treten mindestens zwei Einflussgrößen auf, wobei der Zusammenhang zwischen den Einflussgrößen (x_1, x_2, x_k) und der Zielgröße y durch einen nichtlinearen Funktionstyp beschrieben wird.

$$y = f(x_1, x_2, \ldots, x_k) \tag{2.4}$$

2.2 Einfache lineare Regressions- und Korrelationsrechnung

2.2.1 Einfache lineare Regressionsrechnung

- **Ermittlung der linearen Regressionsfunktionen**

  Bei der Ermittlung der Regressionsgeraden ist zunächst genau zu prüfen, welches Merkmal Einflussgröße und welches Merkmal Zielgröße ist. Es lassen sich daher zwei Regressionsfunktionen ermitteln: y = f(x) und x = g(y). Je nach Fragestellung ist zu entscheiden, welche der beiden Regressionsfunktionen anzuwenden ist.

  Bei der folgenden Berechnung wird y als Zielgröße, x als Einflussgröße betrachtet. Zur Berechnung von b_0 und b_1 als Schätzwerte aus den n Beobachtungswertepaaren (x_1, y), (x_2, y_2 … (x_n, y_n) für die Parameter β_0 und β_1 verwendet man die **Methode der kleinsten Quadrate:** Diese Methode besagt: b_0 und b_1 sind so zu ermitteln, dass die Summe der quadratischen Abweichungen (S.d.q.A.) zwischen den Beobachtungswerten y_i und den berechneten Werten (Schätzwerten) $\hat{y}_i$ minimiert wird.

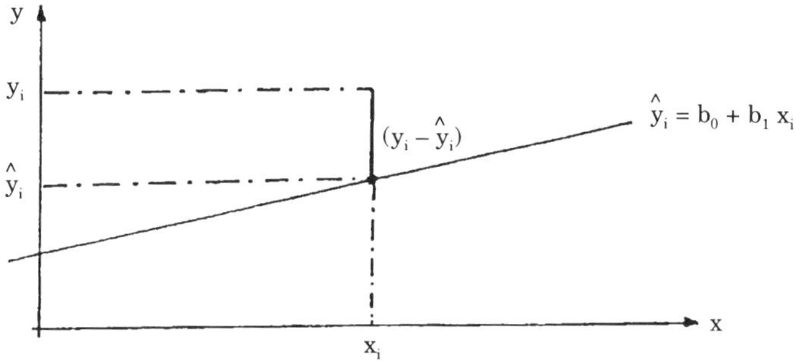

Abb. 10: Zur Erklärung der Methode der kleinsten Quadrate

$$S^2 = \sum_{i=1}^{n} (y_i - \hat{y}_i)^2 \qquad \to \text{Min} \tag{2.5}$$

Zur Minimierung von S^2 bildet man die partiellen Ableitungen nach b_0 und b_1 und setzt sie gleich 0.

$$\frac{\partial S^2}{\partial b_0} = -2\sum_{i=1}^{n}\left[y_i - (b_0 + b_1 x_i)\right]; \qquad \sum_{i=1}^{n}\left[y_i - (b_0 + b_1 x_i)\right] = 0 \tag{2.6}$$

wegen $\hat{y}_i = b_0 + b_i x_i$ erhält man: $\sum_{i=1}^{n}(y_i - \hat{y}_i) = 0$

(2.6) ergibt mit den Definitionen des arithmetischen Mittels:

$$\bar{x} = \frac{\sum_{i=1}^{n} x_i}{n} \quad \text{und} \quad \bar{y} = \frac{\sum_{i=1}^{n} y_i}{n}$$

$$n\bar{y} = nb_0 + nb_1\bar{x} \tag{2.7 a}$$

$$\bar{y} = b_0 + b_1\bar{x} \tag{2.7 b}$$

bzw. $$b_0 = \bar{y} - b_1\bar{x} \tag{2.7 c}$$

Gleichung (2.7 b) besagt, dass die Regressionsgerade durch den gemeinsamen Mittelwert M ($\bar{x}$; $\bar{y}$) verläuft.

Der Ausdruck (2.5) wird vor der partiellen Ableitung nach b_1 geringfügig umgeformt:

$$S^2 = \sum_{i=1}^{n}(y_i - \bar{y} + \bar{y} - \hat{y}_i)^2 \qquad \rightarrow \text{Min}$$

$$S^2 = \sum_{i=1}^{n}\left[(y_i - \bar{y}) - (\hat{y}_i - \bar{y})\right]^2 \qquad \rightarrow \text{Min} \tag{2.5 a}$$

Unter Verwendung der Punkt-Steigungsform

$$\hat{y}_i - \bar{y} = b_1(x_i - \bar{x})$$

erhält man schließlich:

$$S^2 = \sum_{i=1}^{n}\left[(y_i - \bar{y}) - b_1(x_i - \bar{x})\right]^2 \qquad \rightarrow \text{Min} \tag{2.5 b}$$

$$\frac{\partial S^2}{\partial b_1} = -2\sum_{i=1}^{n}\left[(y_i - \bar{y}) - b_1(x_i - \bar{x})\right] \cdot (x_i - \bar{x}) = 0$$

Durch Ausmultiplizieren erhält man:

$$\sum_{i=1}^{n}\left[(x_i - \bar{x})(y_i - \bar{y}) - b_1(x_i - \bar{x})^2\right] = 0 \tag{2.8}$$

Aus (2.8) folgt für b_1:

$$\boxed{b_1 = \frac{\sum_{i=1}^{n}(x_i - \bar{x})(y_i - \bar{y})}{\sum_{i=1}^{n}(x_i - \bar{x})^2}} \tag{2.9}$$

Für die x-y Regressionsgerade $\hat{x}_i = c_0 + c_1 y_i$

erhält man als Lösungsgleichungen für c_0 und c_1 aus (2.7 c) und (2.9), indem man x mit y und y mit x vertauscht:

$$c_0 = \bar{x} - c_1\bar{y} \tag{2.10}$$

$$c_1 = \frac{\sum_{i=1}^{n}(x_i - \bar{x})(y_i - \bar{y})}{\sum_{i=1}^{n}(y_i - \bar{y})^2} \tag{2.11}$$

Auch die zweite Regressionsgerade verläuft durch den gemeinsamen Mittelwert M ($\bar{x}$; $\bar{y}$); d.h. **M ($\bar{x}$; $\bar{y}$) ist Schnittpunkt der beiden Regressionsgeraden.**

Durch Ausmultiplizieren von Zähler und Nenner gehen die Ausdrücke (2.9) und (2.11) in die Ausdrücke (2.12) und (2.13) über, wie man sie in einigen Darstellungen auch vorfindet.

$$b_1 = \frac{\sum_{i=1}^{n}(x_i y_i - n\bar{x}\,\bar{y})}{\sum_{i=1}^{n}(x_i^2 - n\bar{x}^2)} \tag{2.12}$$

$$c_1 = \frac{\sum_{i=1}^{n}(x_i y_i - n\bar{x}\,\bar{y})}{\sum_{i=1}^{n}(y_i^2 - n\bar{y}^2)} \tag{2.13}$$

Beispiel (10): In zehn vergleichbaren, nahezu gleich großen Verkaufsgebieten wurden von einem bestimmten Produkt (z.B. Schokolade) einer bestimmten Marke die abgesetzten Mengen (y_i) - gemessen in Mengeneinheiten, z.B. Anzahl der abgesetzten Kartons je 100 Tafeln insgesamt – ermittelt und die entsprechenden Preise (x_i) – gemessen in Geldeinheiten je Mengeneinheit, z.B. € je Karton, Cent je 200 g-Tafel – gegenübergestellt. Man erhielt folgendes Ergebnis:

i	1	2	3	4	5	6	7	8	9	10
x_i	95	100	100	110	110	120	120	130	130	135
y_i	1620	1160	1440	1040	1240	920	1200	800	1080	1000

Tab. 4: Abgesetzte Mengen (Anzahl der Kartons) bei verschiedenen Preisen

(Multipliziert man die y_i Werte in Tab. 4 mit 100, erhält man die Anzahl der verkauften Tafeln.)

i	x_i	y_i	$(x_i - \bar{x})$	$(y_i - \bar{y})$	$(x_i - \bar{x})^2$	$(y_i - \bar{y})^2$	$(x_i - \bar{x}) \cdot (y_i - \bar{y})$
(1)	(2)	(3)	(4)	(5)	(6)	(7)	(8)
1	95	1 620	– 20	+ 470	400	220 900	– 9 400
2	100	1 160	– 15	+ 10	225	100	– 150
3	100	1 440	– 15	+ 290	225	84 100	– 4 350
4	110	1 040	– 5	– 110	25	12 100	+ 550
5	110	1 240	– 5	+ 90	25	8 100	– 450
6	120	920	+ 5	– 230	25	52 900	– 1 150
7	120	1 200	+ 5	+ 50	25	2 500	+ 250
8	130	800	+ 15	– 350	225	122 500	– 5 250
9	130	1 080	+ 15	– 70	225	4 900	– 1 050
10	135	1 000	+ 20	– 150	400	22 500	– 3 000
Σ	1 150	11 500	0	0	1 800	530 600	– 24 000

Mittelwerte: $\bar{x} = 115$: $\bar{y} = 1\,150$

Tab.5: Auswertungstabelle zum Beispiel einfache lineare Regressionsrechnung

Die in Tab.5 ermittelten Summen werden in die Gleichungen (2.9) und (2.7 c) bzw. (2.11) und (2.10) eingesetzt.

Man erhält für b_1: $$b_1 = -\frac{24\,000}{1\,800}; \quad \underline{b_1 = -13{,}333} \qquad (2.9)$$

$$b_0 = 1\,150 + 13.333 \cdot 115$$
$$\underline{b_0 = 2\,683{,}333} \qquad (2.7\text{ a})$$

Somit lautet die yx-Regressionsfunktion:

$$\hat{y}(x_i) = 2\,683{,}333 - 13{,}333\, x_i$$

Die Konstante b_0 (2 683,333) bedeutet in diesem Beispiel die abgesetzte Menge bei dem (hypothetischen) Preis 0.

Die Konstante b_1 (- 13,333) stellt geometrisch die Steigung der Regressionsgeraden dar; sie besagt konkret, dass bei Erhöhung des Preises um eine (1) Geldeinheit je Mengeneinheit (z.B. 1 € pro Karton bzw. 1 Cent pro Tafel) die abgesetzten Mengen entsprechend der Regressionsfunktion um 13,333 Mengeneinheiten (z.B. um 13,333 Kartons bzw. 1 333,3 Tafeln) abnehmen.

Für c_1 erhält man:

$$c_1 = -\frac{24\,000}{530\,600}; \quad \underline{c_1 = -0{,}0452} \qquad (2.11)$$

$$c_0 = 115 + 0{,}0452 \cdot 1\,150$$
$$\underline{c_0 = 167{,}017} \qquad (2.10)$$

Somit lautet die xy-Regressionsfunktion (x als Zielgröße, y als Einflussgröße):

$$\hat{x}(y_i) = 167{,}017 - 0{,}0452\, y_i$$

c_0 (167,017) bedeutet den (hypothetischen) Preis, ab welchem kein Absatz mehr erfolgt.

c_1 (– 0,0452) stellt geometrisch die Steigung der xy-Regressionsgeraden dar. Will man den Absatz um eine (1) Mengeneinheit (z.B. 1 Karton bzw. 1 Tafel) erhöhen, so ist der bestehende Preis entsprechend der Regressionsfunktion um 0,0452 Geldeinheiten (z.B. 0,0452 € je Karton bzw. 0,0452 Cent je Tafel) zu vermindern.

Welche der beiden Regressionsfunktionen zu wählen ist, hängt von der jeweiligen Fragestellung ab, was anhand von zwei Beispielen gezeigt werden soll:

1. Welche Mengen können (schätzungsweise) abgesetzt werden, wenn der Preis 105 Geldeinheiten je Mengeneinheit (105 € je Karton bzw. 105 Cent je Tafel Schokolade beträgt)?

   Da nach der Menge gefragt wird, ist die Menge die Zielgröße. Durch Einsetzen der Zahlenwerte in die yx-Regressionsfunktion erhält man:

$$\hat{y}(105) = 2\,683{,}333 - 13{,}333 \cdot 105$$
$$\underline{\hat{y}(105) = 1\,283{,}333}$$

Es können etwa 1283 Mengeneinheiten (1 283 Kartons bzw. 128 300 Tafeln Schokolade) abgesetzt werden.

2. Bei welchem Preis können (mindestens) 1 300 Mengeneinheiten (1 300 Kartons bzw. 130 000 Tafeln) abgesetzt werden?

   Hier wird nach dem Preis gefragt, also ist der Preis die Zielgröße. Durch Einsetzen der Zahlenwerte in die xy-Regressionsfunktion erhält man:

$$\hat{x}(1\,300) = 167{,}017 - 0{,}0452 \cdot 1\,300$$
$$\underline{\hat{x}(1\,300) = 108{,}216}$$

   Will man (mindestens) 1 300 Mengeneinheiten (1 300 Kartons bzw. 130 000 Tafeln) absetzen, darf der Preis nicht mehr als 108 Geldeinheiten je Mengeneinheit (108 € pro Karton bzw. 1,08 € pro Tafel Schokolade) betragen.

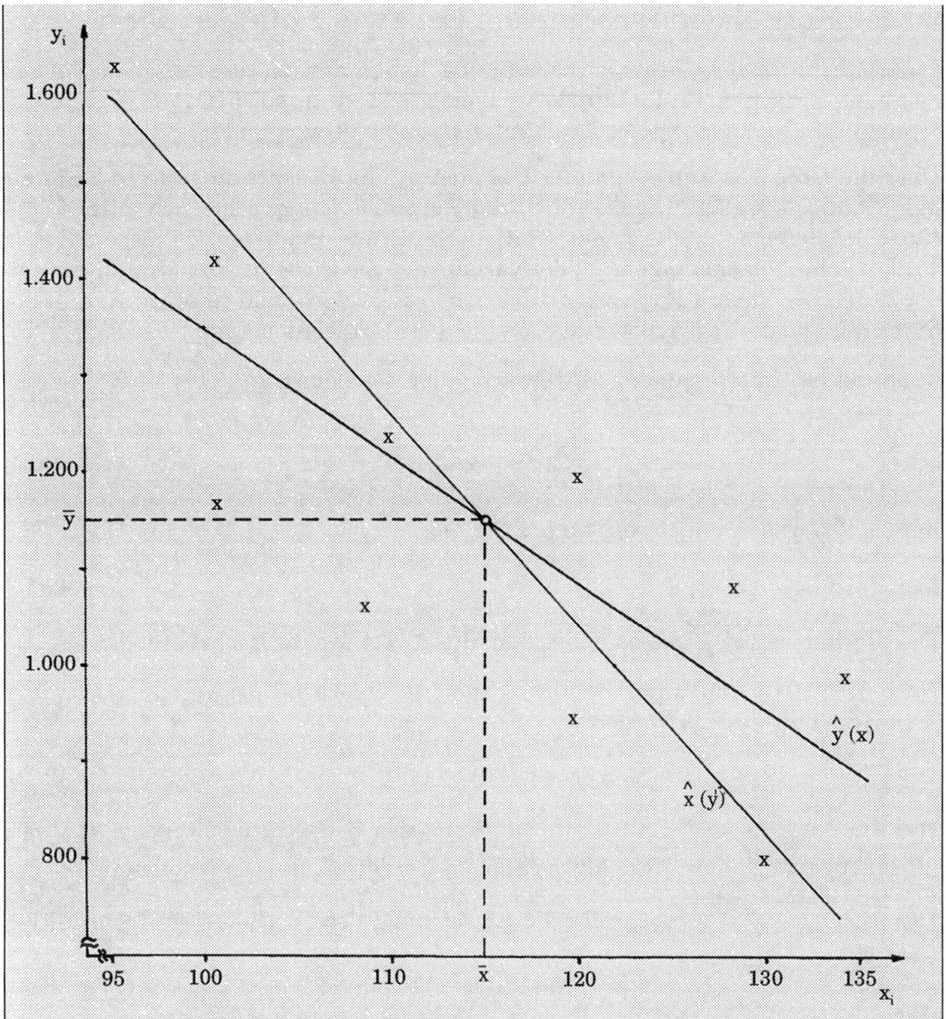

Abb.11: Grafische Darstellung der linearen Regressionsfunktionen $\hat{y}$ (x) und $\hat{x}$ (y).

(20) (21)

2.2.2 Korrelationsrechnung bei zwei Zufallsgrößen

Die einfache lineare Regressionsrechnung liefert den mathematischen Zusammenhang zwischen Einflussgröße und Zielgröße, d. h. sie liefert Berechnungsformeln zur Bestimmung der Konstanten b_0 und b_1 bzw. c_0 und c_1.

Über die Güte der Anpassung der Geraden an die Beobachtungswerte kann sie keine Aussage treffen. Die Straffheit des Zusammenhangs lässt sich mithilfe der Korrelationsrechnung durch eine statistische Größe darstellen. Zu diesem Zweck wird, wie im Folgenden gezeigt, die Varianz der Zielgröße in einen Anteil zerlegt, der durch die lineare Regressionsfunktion erklärt wird, und in einen Anteil, der durch die lineare Regressionsfunktion <u>nicht</u> erklärt werden kann.

Zunächst bestimmt man den Mittelwert $\bar{\hat{y}}$ der „Rechenwerte":

$$n\bar{\hat{y}} = \sum_{i=1}^{n} \hat{y}_i = \sum_{i=1}^{n} (b_0 + b_1 x_i) \tag{2.14}$$

mit Gl. (2.7 a): $n\bar{y} = n\, b_0 + n\, b_1\, \bar{x}$

folgt daraus: $$\bar{y} = \bar{\hat{y}} \tag{2.15}$$

Die „Rechenwerte" $\hat{y}_i$ haben denselben Mittelwert wie die Beobachtungswerte y_i.

Nach Abb. 10 (S. 250) kann die Abweichung des Beobachtungswerts y_i vom Mittel $\bar{y}$ in zwei Teile zerlegt werden:

$$(y_i - \bar{y}) = (y_i - \hat{y}_i) + (\hat{y}_i - \bar{y}) \tag{2.16}$$

Der Ausdruck $y_i - \hat{y}_i$ stellt die Abweichung des Beobachtungswerts y_i von dem „Rechenwert" $\hat{y}_i$ dar. Diese Abweichungen werden oft Residuen genannt.

Der Ausdruck $\hat{y}_i - \bar{y}$ beschreibt die Abweichung des „Rechenwerts" vom Mittelwert $\bar{y}$.

Aus $(y_i - \hat{y}_i) = (y_i - \bar{y}) - (\hat{y}_i - \bar{y})$

folgt durch Quadrieren und Summieren über i:

$$\sum_{i=1}^{n} (y_i - \hat{y}_i)^2 = \sum_{i=1}^{n} (y_i - \bar{y})^2 + \sum_{i=1}^{n} (\hat{y}_i - \bar{y})^2 - 2\sum_{i=1}^{n} (y_i - \bar{y})(\hat{y}_i - \bar{y})$$

Mithilfe der Regressionsfunktion in der Punktsteigungsform

$$\hat{y}_i - \bar{y} = b_1(x_i - \bar{x})$$

erhält man:

$$\sum_{i=1}^{n} (y_i - \hat{y}_i)^2 = \sum_{i=1}^{n} (y_i - \bar{y})^2 + b_1^2 \sum_{i=1}^{n} (x_i - \bar{x})^2 - 2b_1 \sum_{i=1}^{n} (x_i - \bar{x})(y_i - \bar{y})$$

Der letzte Ausdruck auf der rechten Seite lässt sich mithilfe von Gl. (2.9) umformen:

$$\sum_{i=1}^{n}(x_i-\bar{x})(y_i-\bar{y})=b_1\sum_{i=1}^{n}(x_i-\bar{x})^2$$

Man erhält damit:

$$\sum_{i=1}^{n}(y_i-\hat{y}_i)^2=\sum_{i=1}^{n}(y_i-\bar{y})^2+b_1^2\sum_{i=1}^{n}(x_i-\bar{x})^2-2b_1^2\sum_{i=1}^{n}(x_i-\bar{x})^2$$

$$=\sum_{i=1}^{n}(y_i-\bar{y}_i)^2-b_1^2\sum_{i=1}^{n}(x_i-\bar{x})^2$$

oder schließlich:

$$\sum_{i=1}^{n}(y_i-\bar{y})^2=b_1^2\sum_{i=1}^{n}(x_i-\bar{x})^2+\sum_{i=1}^{n}(y_i-\hat{y}_i)^2 \qquad (2.17\text{ a})$$

$$\underbrace{\sum_{i=1}^{n}(y_i-\bar{y})^2}_{(1)}=\underbrace{\sum_{i=1}^{n}(\hat{y}_i-\bar{y})^2}_{(2)}+\underbrace{\sum_{i=1}^{n}(y_i-\hat{y}_i)^2}_{(3)} \qquad (2.17\text{ b})$$

Ausdruck (1) stellt die S.d.q.A. insgesamt dar, d. h. die S.d.q.A. der Beobachtungswerte vom arithmetischen Mittel $\bar{y}$.

Ausdruck (2) bedeutet die S.d.q.A. der „Rechenwerte" vom arithmetischen Mittel $\bar{y}$,

und Ausdruck (3) kennzeichnet die S.d.q.A. der Beobachtungswerte y_i von den „Rechenwerten" $\hat{y}_i$.

Bestimmtheitsmaß

Die beobachtete S.d.q.A. insgesamt lässt sich nach (2.17 b) in zwei Anteile zerlegen: den durch den linearen Ansatz $\hat{y} = b_0 + b_1x$ erklärbaren Anteil (Ausdruck 2) und in den „nicht erklärten" Rest (Ausdruck 3).

Aus (2.17 b) folgt:

$$\frac{\sum_{i=1}^{n}(\hat{y}_i-\bar{y})^2}{\sum_{i=1}^{n}(y_i-\bar{y})^2}+\frac{\sum_{i=1}^{n}(y_i-\hat{y}_i)^2}{\sum_{i=1}^{n}(y_i-\bar{y})^2}=1 \qquad (2.18)$$

Dabei stellt der erste Ausdruck auf der linken Seite von (2.18) den Anteil der S.d.q.A. insgesamt dar, der durch die lineare Regressionsfunktion erklärt werden kann. Dieser Anteil heißt **Bestimmtheitsmaß** B für den linearen Zusammenhang zwischen x und y.

Mit (2.18) und (2.17 b) bzw. (2.17 a) kann B dargestellt werden:

$$B = \frac{\sum_{i=1}^{n} (\hat{y}_i - \bar{y})^2}{\sum_{i=1}^{n} (y_i - \bar{y})^2} \quad \text{mit} \quad 0 \leq B \leq 1 \tag{2.19 a}$$

oder

$$B = \frac{b_1^2 \sum_{i=1}^{n} (x_i - \bar{x})^2}{\sum_{i=1}^{n} (y_i - \bar{y})^2} \quad \text{bzw.} \quad B = b_1^2 \frac{\sum_{i=1}^{n} (x_i^2 - n\,\bar{x}^2)}{\sum_{i=1}^{n} (y_i^2 - \bar{y}^2)} \tag{2.19 b}$$

Dividiert man in (2.19 b) noch Zähler und Nenner durch n bzw. (n-1), erhält man für B:

$$B = b_1^2 \frac{s_x^2}{s_y^2} \tag{2.20}$$

s_x^2 bzw. s_y^2 stellen die Varianzen der beobachteten x- bzw. y-Werte dar.

Setzt man in (2.19 b) für b_1 (2.12) ein, so ergibt das:

$$B = \frac{\left[\sum_{i=1}^{n} (x_i - \bar{x})(y_i - \bar{y})\right]^2}{\left[\sum_{i=1}^{n} (x_i - \bar{x})^2\right]^2} \cdot \frac{\sum_{i=1}^{n} (x_i - \bar{x})^2}{\sum_{i=1}^{n} (y_i - \bar{y})^2}$$

$$B = \frac{\sum_{i=1}^{n} (x_i - \bar{x})(y_i - \bar{y})}{\sum_{i=1}^{n} (x_i - \bar{x})^2} \cdot \frac{\sum_{i=1}^{n} (x_i - \bar{x})(y_i - \bar{y})}{\sum_{i=1}^{n} (y_i - \bar{y})^2} \tag{2.21}$$

B lässt sich als Produkt von zwei Faktoren darstellen. Durch Einsetzen von (2.9) und (2.11) erhält man schließlich für B:

$$B = b_1 \cdot c_1 \tag{2.22}$$

d.h. B lässt sich auch aus dem Produkt der Steigungen der beiden Regressionsfunktionen bestimmen.

Der zweite Ausdruck auf der linken Seite von (2.18) heißt **Unbestimmtheitsmaß** k^2. Es stellt den Anteil des S.q.A. insgesamt dar, der durch die lineare Regressionsfunktion **nicht** erklärt werden kann.

$$k^2 = \frac{\sum_{i=1}^{n} (y_i - \hat{y}_i)^2}{\sum_{i=1}^{n} (y_i - \bar{y})^2} \quad \text{mit } 0 \leq k^2 \leq 1 \tag{2.23}$$

(2.18) kann man demnach mit (2.19 a) und (2.23) schreiben:

$$B + k^2 = 1 \qquad (2.24)$$

Berechnung des Bestimmtheitsmaßes

a) Am einfachsten kann man B für das vorliegende Beispiel 10 mit (vgl. S. 252 ff.) bestimmen. Dabei muss vorausgesetzt werden, dass *beide* Regressionsfunktionen vorher ermittelt wurden.

$$B = (-13{,}333) \cdot (-0{,}0452)$$

$$\underline{B = 0{,}603}$$

b) Hat man in einer vorausgehenden Rechnung nur eine Regressionsfunktion bestimmt, z.B. $\hat{y}$ (x), so wendet man (2.19 b) an:
Dabei entnehmen Sie für $\sum_{i=1}^{n}(y_i - y)$ aus Spalte (7) von Tab. 5 (S. 253) den Wert 530 600

$$B = (-13{,}333)^2 \, \frac{1\,800}{530\,600}$$

$$\underline{B = 0{,}603}$$

c) Über die Summe in Spalte (5) aus Tab. 6 kann B mit (2.19 a) bestimmt werden:

$$B = \frac{320\,000}{530\,600}$$

$$\underline{B = 0{,}603}$$

d) Zur Kontrolle kann man B auch über die quadrierten Residuen berechnen: Hierzu müssen zuerst die der Regressionsfunktion entsprechenden Schätzwerte $\hat{y}_i$ berechnet werden.

i	x_i	y_i	$\hat{y}_i$	$(\hat{y}_i - \bar{y})^2$	$(y_i - \hat{y}_i)^2$
(1)	(2)	(3)	(4)	(5)	(6)
1	95	1.620	1.416,667	77.111,111	41.344,445
2	100	1.160	1.350,000	40.000,000	36.100,000
3	100	1.440	1.350,000	40.000,000	8.100,000
4	110	1.040	1.216,667	4.444,444	31.211,111
5	110	1.240	1.216,667	4.444,444	544,444
6	120	920	1.083,333	4.444,444	26.677,778
7	120	1.200	1.083,333	4.444,444	13.611,111
8	130	800	950,000	40.000,000	22.500,000
9	130	1.080	950,000	40.000,000	16.900,000
10	135	1.000	883,333	71.111,113	13.611,111
Σ	1.500	11.500	11.500,000	320.000,000	210.600,000

Tab. 6: Berechnungsmöglichkeiten von B

Zunächst wird mit (2.23) k^2 bestimmt:

$$k^2 = \frac{210\,600}{530\,600}$$

$$k^2 = 0{,}397$$

Man erhält mit diesem Ergebnis über (2.24) wieder für B den Wert 0,603.

Dieses Ergebnis sagt aus: Die Summe der quadrierten Abweichungen der Beobachtungswerte vom Mittelwert der Zielgröße kann zu 60,3% durch die lineare Regressionsfunktion erklärt werden oder analog zu (2.20):

Die Varianz der Beobachtungswerte der Zielgröße kann zu 60,3% über den positiven linearen Zusammenhang durch die Varianz der Beobachtungswerte der Einflussgröße erklärt werden.

Die Grenzfälle B = O und B = 1

Hat das Bestimmtheitsmaß B im Grenzfall den Wert 0, so folgt aus (2.19 b) bzw. (2.20)

$$b_1 = 0$$

entsprechend wird $c_1 = 0$

Die beiden Regressionsgeraden $\hat{y} - \overline{y} = b_1 (x - \overline{x})$ bzw. $\hat{x} - \overline{x} = c_1 (y - \overline{y})$ heißen in diesem Sonderfall:

$$\hat{y} = \overline{y}$$

und

$$\hat{x} = \overline{x}$$

d. h. die beiden Regressionsgeraden stehen senkrecht aufeinander, verlaufen parallel zur x bzw. y-Achse und schneiden sich im Punkte M $(\overline{x};\ \overline{y})$. x hängt nicht linear von y ab, und y hängt nicht linear von x ab, d. h. die Beobachtungswerte x_i und y_i sind durch einen linearen Zusammenhang nicht erklärbar.

Nimmt B im Grenzfall den Wert 1 an, so folgt mit (2.19 a):

$$\sum_{i=1}^{n} (\hat{y}_i - \overline{y})^2 = \sum_{i=1}^{n} (y_i - \overline{y})^2$$

Aus (2.17 b) wiederum folgt:

$$\sum_{i=1}^{n} (y_i - \hat{y}_i)^2 = 0$$

Die S.d.q.A. der Residuen kann aber nur dann verschwinden, wenn für alle i = l,...,n gilt:

$$y_i - \hat{y}_i = 0$$

Alle Beobachtungswerte liegen ohne Abweichungen auf der Geraden
$\hat{y}(x) = b_0 + b_1 x$

d. h. die Zufallsgröße y ist durch x vollständig bestimmt. Aus (2.22) folgt:

$$c_1 = \frac{1}{b_1}$$

$$y_i - \bar{y} = \hat{y}_i - \bar{y} = b_1(x_i - \bar{x})$$
$$x_i - \bar{x} = \hat{x}_i - \bar{x} = \frac{1}{b_1}(y_i - \bar{y})$$

d.h. beide Regressionsgeraden fallen zusammen.

Der Korrelationskoeffizient r nach Bravais-Pearson

Der Korrelationskoeffizient nach Bravais-Pearson kann auf verschiedene Weise bestimmt werden. Hat man das Bestimmtheitsmaß B bereits ermittelt, so erhält man r einfach als Wurzel aus B.

$$r = \pm\sqrt{B} \tag{2.25}$$

Um zu entscheiden, welches Vorzeichen im konkreten Fall zu wählen ist, zieht man in (2.20) auf beiden Seiten der Gleichung die Wurzel:

$$r = b_1 \cdot \frac{s_x}{s_y} \tag{2.26}$$

Da die Standardabweichung als positive Wurzel aus der Varianz definiert ist, [vgl. (1.8)], **entscheidet das Vorzeichen von b_1 über das Vorzeichen von r.**

Mit (2.21) erhält man für r:

$$r = \frac{\sum_{i=1}^{n}(x_i - \bar{x})(y_i - \bar{y})}{\sqrt{\sum_{i=1}^{n}(x_i - \bar{x})^2 \cdot \sum_{i=1}^{n}(y_i - \bar{y})^2}} \tag{2.27}$$

Dividiert man Zähler und Nenner noch durch n bzw. (n-1), so nennt man das dividierte Kreuzprodukt auch Kovarianz S^2_{xy}. Damit erhält man für r:

$$r = \frac{s_{xy}^2}{\sqrt{s_x^2 \cdot s_y^2}} \tag{2.28}$$

r stellt also das Verhältnis der Kovarianz zur Wurzel aus dem Produkt der Varianzen dar.

In diesem Fall entscheidet das Vorzeichen der Kovarianz über das Vorzeichen von r, was mithilfe der Abb. 12 a bzw. Abb. 12 b ersichtlich wird.

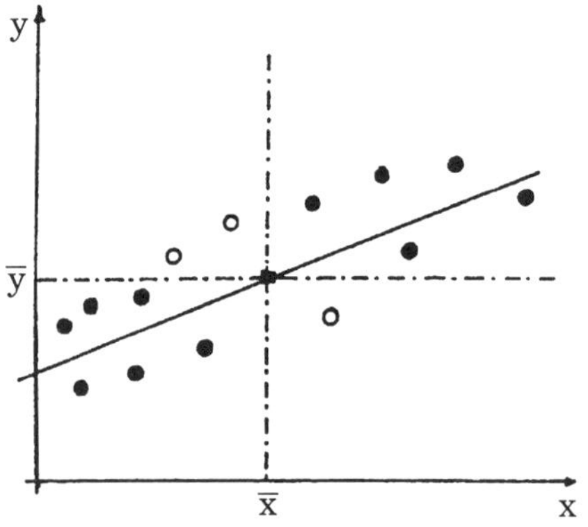

Abb. 12 a: Beispiel einer positiven Kovarianz

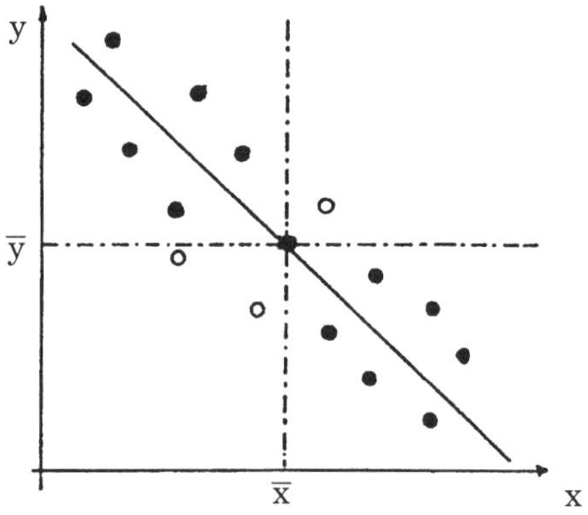

Abb. 12 b: Beispiel einer negativen Kovarianz

In Abb. 12 a weist die $\hat{y}$ (x) -Regressionsgerade eine positive Steigung auf.

Für Merkmale x_i, die größer als $\bar{x}$ sind, sind die meisten Merkmalswerte y_i größer als $\bar{y}$ (ausgefüllte Kreise), d. h. in den meisten Fällen sind beide Faktoren gleichzeitig positiv. Das Produkt ist meistens positiv.

Für Merkmalswerte x_i, die kleiner als $\bar{x}$ sind, sind die meisten Merkmalswerte y_i auch kleiner als $\bar{y}$, (ausgefüllte Kreise), d. h. in den meisten Fällen sind beide Faktoren gleichzeitig negativ. Das Produkt ist also meistens positiv.

In nur wenigen Fällen finden Ausnahmen von diesen Feststellungen statt (nicht ausgefüllte Kreise).

In Abb. 12 b verläuft die Regressionsgerade fallend. Für die meisten Merkmalswerte x_i, die größer als $\bar{x}$ sind, sind die entsprechenden Merkmalswerte y_i kleiner als $\bar{y}$.

Der erste Faktor ist stets positiv, der zweite Faktor meistens negativ, d. h. das Produkt ist meistens negativ.

Bei den Merkmalswerten x_i, die kleiner sind als $\bar{x}$, sind die entsprechenden Merkmalswerte y_i meistens größer als $\bar{y}$. Auch hier ist das Produkt meistens negativ, da der erste Faktor stets negativ und der zweite Faktor meistens positiv ist.

In dem dargestellten Zahlenbeispiel wurde für B der Wert 0,603 ermittelt bei einem negativen Steigungsmaß.

Damit erhält man mit (2.25):

$$r = -0{,}777$$

Da das Bestimmtheitsmaß Werte zwischen 0 und 1 annehmen kann, variiert r zwischen -1 und +1:

(Siehe hierzu die Abbildung 13 a, b und c auf der nächsten Seite).

Entsprechend den Grenzfällen B = 1 und B = 0 erhält man für r:

a.)	r = + 1
b.)	r = – 1
c.)	r = 0

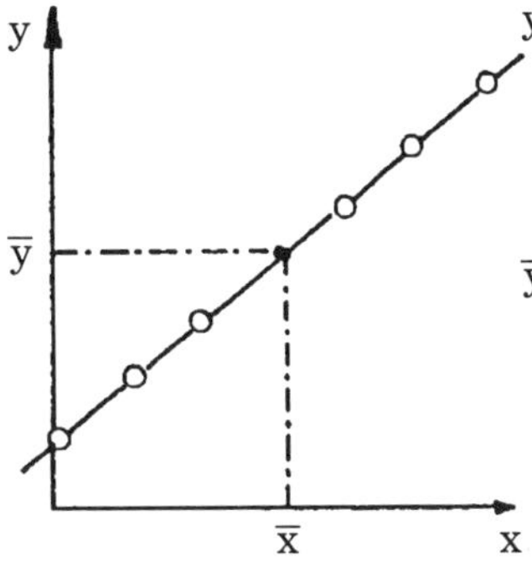

Abb. 13 a: r = +1

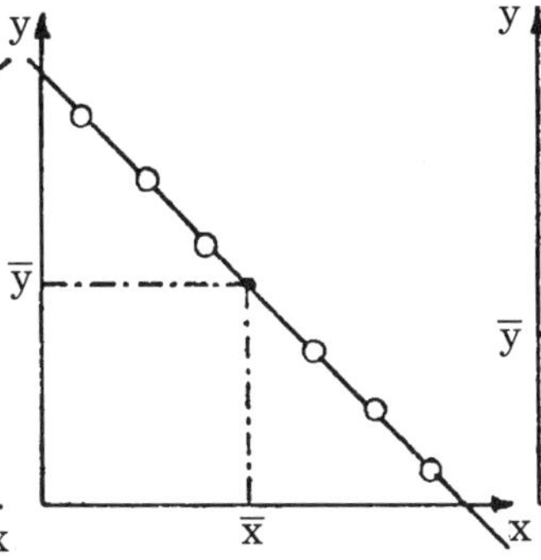

Abb. 13 b: r = – 1

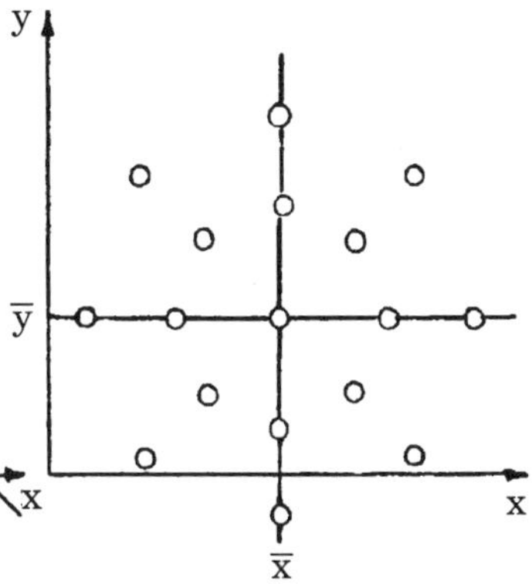

Abb. 13 c: r = 0

r = +1 bedeutet: Alle Merkmalswerte x_i; y_i liegen auf der Regressionsgeraden, die eine **positive** Steigung aufweist.
r = –1 bedeutet: Alle Merkmalswerte x_i; y_i liegen auf der Regressionsgeraden, die eine **negative** Steigung aufweist.
r = 0 bedeutet: es besteht keine lineare Abhängigkeit zwischen den Merkmalswerten x_i und y_i.

Standardisierung der Regressionsgeraden

Führt man für die Zufallsgrößen x und y die linearen Merkmalstransformationen

$$u = \frac{x - \overline{x}}{s_x} \quad (2.29\text{ a}) \qquad v = \frac{y - \overline{y}}{s_y} \quad (2.29\text{ b})$$

durch, so erhält man über (2.26) für $\hat{y} - \overline{y} = b_1 (x - \overline{x})$

$$\hat{v} = r \cdot u \quad (2.30)$$

Die standardisierten Zufallsgrößen u, v sind **dimensionslos,** da x und s_x bzw. y und s_y dieselbe Dimension aufweisen. Für alle Merkmalswerte x_i bzw. y_i, die größer als $\overline{x}$ bzw. $\overline{y}$ sind, nehmen die entsprechenden u_i bzw. v_i positive (negative) Werte an.

Die Steigung der Regressionsgeraden in standardisierter Form ist ebenfalls dimensionslos und stellt den Korrelationskoeffizienten r als Steigung dar.
Die Gerade verläuft durch den Koordinatenursprung (0;0), der in der ursprünglichen Form dem Punkt M ($\overline{x}$;$\overline{y}$) entspricht.

Die standardisierte Regressionsfunktion für das vorliegende Beispiel lautet:

$$\hat{v} = -\,0{,}777\;u$$

(22)

2.3 Mehrfache lineare Regressions- und Korrelationsrechnung

2.3.1 Mehrfache lineare Regressionsrechnung

Erhält man bei der einfachen linearen Regressionsrechnung ein geringes Bestimmtheitsmaß B, so können folgende Gründe vorliegen:

- Es liegen starke Zufallsschwankungen vor.
- Die gewählte Einflussgröße beeinflusst nur sehr geringfügig die Zielfunktion. Die Arbeitshypothese, die Zielgröße y hängt im starken Maße von der Einflussgröße x ab, hat sich als falsch erwiesen.
- Für den Zusammenhang zwischen x und y ist die lineare Regressionsfunktion unzureichend. Ein Parabel- oder Exponentialansatz z. B. würde den Zusammenhang zwischen x und y besser beschreiben.
- Es gibt neben x noch weitere Einflussgrößen, die die Zielgröße wesentlich beeinflussen.

Der letzte Aspekt soll in diesem Abschnitt kurz betrachtet werden:
Es soll eine zweite Einflussgröße x_2 aufgenommen werden, und die entsprechende Funktion lautet:

$$\hat{y} = b_0 + b_1 x_1 + b_2 x_2 \tag{2.31}$$

b_1 und b_2 werden als partielle Regressionskoeffizienten bezeichnet.

Geometrisch stellt (2.31) eine Ebene im Raum dar.

Wie in 2.2.1 soll die Anpassungsfunktion so bestimmt werden, dass die S.d.q.A. zwischen den Beobachtungswerten y_i und den berechneten Werten $\hat{y}_i$ bei n Beobachtungswerten minimal wird.

$$S^2 = \sum_{i=1}^{n} \left[y_i - (b_0 + b_1 x_{1i} + b_2 x_{2i}) \right]^2 \quad \rightarrow \text{Min} \tag{2.32}$$

Es werden wieder die partiellen ersten Ableitungen gleich Null gesetzt:

$$\frac{\partial S^2}{\partial b_0} = -2 \sum_{i=1}^{n} \left[y_i - (b_0 + b_1 x_{1i} + b_2 x_{2i}) \right] = 0$$

oder

$$\sum_{i=1}^{n} y_i = \sum_{i=1}^{n} (b_0 + b_1 x_{1i} + b_2 x_{2i})$$

bzw.

$$\bar{y} = b_0 + b_1 \bar{x}_1 + b_2 \cdot \bar{x}_2 \tag{2.33 a}$$

Zur Bestimmung von b_1 und b_2 wird die lineare Regressionsfunktion wie bei der einfachen linearen Regressionsfunktion umgeformt in:

$$\hat{y}_i - \bar{y} = b_1 (x_{1i} - \bar{x}_1) + b_2(x_{2i} - \bar{x}_2) \tag{2.33 b}$$

Gl. (2.32) geht dann über in:

$$S^2 = \sum_{i=1}^{n}\left[(y_i - \bar{y}) - b_1(x_{1i} - \bar{x}_1) - b_2(x_{2i} - \bar{x}_2)\right]^2 \quad \to \text{Min}$$

$$\frac{\partial S^2}{\partial b_1} = -2 \sum_{i=1}^{n}\left[(y_i - \bar{y}) - b_1(x_{1i} - \bar{x}_1) - b_2(x_{2i} - \bar{x}_2)\right](x_{1i} - \bar{x}_1) = 0$$

Daraus folgt:

$$b_1\sum_{i=1}^{n}(x_{1i} - \bar{x}_1)^2 + b_2 \cdot \sum_{i=1}^{n}(x_{1i} - \bar{x}_1)(x_{2i} - \bar{x}_2) = \sum_{i=1}^{n}(y_i - \bar{y})(x_{1i} - \bar{x}_1) \tag{2.34}$$

und

$$\frac{\partial S^2}{\partial b_2} = -2\sum_{i=1}^{n}\left[(y_i - \bar{y}) - b_1(x_{1i} - \bar{x}_1) - b_2(x_{2i} - \bar{x}_2)\right](x_{2i} - \bar{x}_2)$$

Daraus folgt:

$$b_1\sum_{i=1}^{n}(x_{1i} - \bar{x}_1)(x_{2i} - \bar{x}_2) + b_2\sum_{i=1}^{n}(x_{2i} - \bar{x}_2)^2 = \sum_{i=1}^{n}(x_{2i} - \bar{x}_2)(y_i - \bar{y}) \tag{2.35}$$

Mit (2.34) und (2.35) können b_1 und b_2 bestimmt werden, um <u>danach</u> nach (2.33) b_0 zu berechnen.

$$b_0 = \bar{y} - b_1\bar{x}_1 - b_2\bar{x}_2 \tag{2.36}$$

Bei der einfachen linearen Regressionsrechnung erhält man zwei Regressionsfunktionen. Jetzt betrachten wir die drei Variablen x_1, x_2 und y und dabei treten drei lineare Regressionsfunktionen auf. Die y-x_1x_2 Funktion kann über die Gl. (2.34), (2.35) und (2.36) bestimmt werden.
Schreibt man die x_1–x_2y Regressionsfunktion in der Form

$$\hat{x}_{1i} = c_0 + c_1 y_i + c_2 x_{2i} \text{ bzw. } \hat{x}_{1i} - \bar{x}_1 = c_1(y_i - \bar{y}) + c_2(x_{2i} - \bar{x}_2) \tag{2.37}$$,

so können die Koeffizienten c_0, c_1 und c_2 bestimmt werden, indem man in (2.34), (2.35) und (2.36) x_1 mit y vertauscht und umgekehrt. Somit erhält man:

$$c_1\sum_{i=1}^{n}(y_i - \bar{y})^2 + c_2\sum_{i=1}^{n}(y_i - \bar{y})(x_{2i} - \bar{x}_2) = \sum_{i=1}^{n}(x_{1i} - \bar{x}_1)(y_i - \bar{y}) \tag{2.38}$$

$$c_1\sum_{i=1}^{n}(y_i - \bar{y})(x_{2i} - \bar{x}_2) + c_2\sum_{i=1}^{n}(x_{2i} - \bar{x}_2)^2 = \sum_{i=1}^{n}(x_{2i} - \bar{x}_2)(x_{1i} - \bar{x}_1) \tag{2.39}$$

und

$$c_0 = \bar{x}_1 - c_1\bar{y} - c_2\bar{x}_2 \tag{2.40}$$

Bei der x_2–x_1y Regressionsfunktion wird gegenüber der y-x_1x_2 Regressionsfunktion x_2 mit y vertauscht und umgekehrt. Schreibt man sie in der Form

$$\hat{x}_{2i} = d_0 + d_1 x_{1i} + d_2 y_i \tag{2.41}$$

so erhält man zur Bestimmung von d_1 und d_2 aus (2.34) und (2.35) die Gleichungen:

$$d_1 \sum_{i=1}^{n} (x_{1i} - \bar{x}_1)^2 + d_2 \sum_{i=1}^{n} (x_{1i} - \bar{x}_1)(y_i - \bar{y}) = \sum_{i=1}^{n} (x_{2i} - \bar{x}_2)(x_{1i} - \bar{x}_1) \tag{2.42}$$

$$d_1 \sum_{i=1}^{n} (x_{1i} - \bar{x}_1)(y_i - \bar{y}) + d_2 \sum_{i=1}^{n} (y_i - \bar{y})^2 = \sum_{i=1}^{n} (x_{2i} - \bar{x}_2)(y_i - \bar{y}) \tag{2.43}$$

und analog Gl. (2.36) erhält man für d_0:

$$d_0 = \bar{x}_2 - d_1 \bar{x}_1 - d_2 \bar{y} \tag{2.44}$$

Welche der drei Regressionsfunktionen zu wählen ist, hängt von der jeweiligen Fragestellung ab bzw. vom jeweiligen Sachzusammenhang, bei dem nachfolgenden Beispiel (11) wird dieses Problem genauer untersucht.

Beispiel (11): Das betrachtete Zahlenbeispiel (siehe S. 252 ff.) soll durch eine zweite Einflussgröße erweitert werden. Der Einfluss des Preises (x_1) und Werbungskosten (x_2 gemessen in 1000 Geldeinheiten, z.B. 1000 €) auf die abgesetzte Stückzahl (y) soll hier untersucht werden.

Die einzelnen Daten sind in den Spalten (2) bis (4) der Tab. 7 (S. 269): Auswertungstabelle zum Beispiel „Mehrfache Regressionsrechnung“ aufgelistet. Aus derselben Tabelle werden die Summen entnommen und in (2.34), (2.35) und (2.36) eingesetzt.

$$1\,800\ b_1 + 75\ b_2 = -24\,000$$
$$75\ b_1 + 70\ b_2 = 2\,500$$

Hieraus erhält man als Lösungen für b_1 und b_2:

$$b_1 = -15{,}514 \text{ und } b_2 = 52{,}336$$

Diese Werte in (2.36) eingesetzt, ergeben für b_0:

$$b_0 = 2\,515{,}421$$

Die zweifache lineare Regressionsfunktion lautet für dieses Beispiel:

$$\hat{y}_i = 2515{,}421 - 15{,}514\ x_{1i} + 52{,}336\ x_{2i}$$

Der Regressionskoeffizient b_1 bedeutet die Änderung von $\hat{y}$, wenn x_1 um eine Einheit zunimmt bei konstantem x_2, b_2 bedeutet die Änderung von $\hat{y}$, wenn x_2 um eine Einheit zunimmt bei konstantem x_1, d.h. für dieses Beispiel:

Bei konstantem Werbungsaufwand können schätzungsweise Mengeneinheiten (15,514 Kartons oder 1 551 Tafeln Schokolade) weniger abgesetzt werden, sofern man den Preis um eine Geldeinheit je Mengeneinheit erhöht (z.B.: 1 € je Karton oder 1 Cent je Tafel Schokolade).

Bei konstantem Preis können schätzungsweise 52,3 Mengeneinheiten (52,3 Kartons oder 5 230 Tafeln Schokolade) mehr abgesetzt werden, sofern man den Werbungsaufwand um 1 000 Geldeinheiten (z.B. 1 000 €) erhöht.

Im bivariaten Fall wurde für b_1 der Wert –13,333 ermittelt. Der Unterschied liegt darin, dass die Werte x_{1i} i.a. mit den Werten x_{2i} *korreliert sind.* Die erklärbare Varianz der y_i-Werte wurde im bivariaten Fall ausschließlich auf die Varianz der x_{1i}-Werte zurückgeführt.

Zur Bestimmung der x_1-yx_2 Regressionsfunktion werden zur Bestimmung der Koeffizienten c_1 und c_2 die entsprechenden Summenwerte aus Tabelle 7 in die Gleichungen (2.38) und (2.39) eingesetzt:

$$530\,600\, c_1 + 2\,500\, c_2 = -24\,000 \qquad (2.38)$$
$$2\,500\, c_1 + 70\, c_2 = 75 \qquad (2.39)$$

Man erhält für $c_1 = -60{,}45 \cdot 10^{-3}$

und für $c_2 = +3{,}230$

Die Werte von c_1 und c_2 werden zur Bestimmung von c_0 in (2.40) eingesetzt:

$$c_0 = 115 - 60{,}45\; 10^{-3} \cdot 1150 + 3{,}230 \cdot 8$$
$$c_0 = 158{,}677$$

Somit lautet die x_1-yx_2 Regressionsfunktion:

$$\underline{\hat{x}_{1i} = 158{,}677 - 60{,}45\; 10^{-3} \cdot y_i + 3{,}230 \cdot x_{2i}}$$

Die Koeffizienten d_1 und d_2 der x_2-x_1y Regressionsfunktion werden über die Gl. (2.42) und (2.43) bestimmt. Man erhält mit Tabelle 7 folgende Gleichungen:

$$1\,800\, d_1 - 24\,000\, d_2 = 75; \quad 24\, d_1 - 320\, d_2 = 1 \qquad (2.42)$$
$$-24\,000\, d_1 + 530\,600\, d_2 = 2\,500; \quad -240\, d_1 + 5306\, d_2 = 25 \qquad (2.43)$$

Nach Auflösung des Gleichungssystems erhält man:

$$d_1 = 111{,}195 \cdot 10^{-3}$$
$$d_2 = 5{,}215 \cdot 10^{-3}$$

Aus (2.44) erhält man für d_0:

$$d_0 = 8 - 111{,}195 \cdot 10^{-3} \cdot 115 - 5{,}215 \cdot 10^{-3} \cdot 1\,150$$
$$d_0 = -10{,}784$$

Somit lautet die x_2–x_1y Regressionsfunktion:

$$\underline{\hat{x}_{2i} = -41{,}386 + 26{,}326 \cdot 10^{-2}\, x_{1i} + 1{,}662 \cdot 10^{-2}\, y_i}$$

An drei Fragen soll dargestellt werden, dass je nach Fragestellung unterschiedliche Regressionsfunktionen verwendet werden müssen:

1. Frage:
Welche Mengen kann man (schätzungsweise) absetzen bei einem Preis von 115 Geldeinheiten pro Mengeneinheit (115 € pro Karton oder 115 Cent pro Tafel) und einem Werbungsaufwand von 7,5 · 1 000 Geldeinheiten (z.B. 7 500 €)? Gesucht werden die abgesetzten Mengen, während Preis und Werbungsaufwand vorgegeben sind. y ist die Zielgröße, während x_1 und x_2 Einflussgrößen sind. Bei diesem Beispiel wird also die y-x_1x_2 – Regressionsfunktion angewendet:

$$\hat{y} = 2515{,}42 - 15{,}51 \cdot 115 + 52{,}34 \cdot 7{,}5$$

$\underline{\hat{y} = 1\,124 \text{ Mengeneinheiten}}$ (1 124 Kartons bzw. 112 400 Tafeln)

2. Frage:
Man möchte (mindestens) 1 500 Mengeneinheiten absetzen bei einem Werbeetat von 9,0 · 1 000 Geldeinheiten (z.B. 9 000 €). Welcher Preis darf dabei nicht überschritten werden?

Gefragt wird nach dem Preis, während Mengen und Werbungsaufwand vorgegeben sind. Dieses Problem wird mit der x_1-yx_2 Regressionsfunktion gelöst.

$$\hat{x}_1 = 158.7 - 60.45 \cdot 10^{-3} \cdot 1\,500 + 3.230 \cdot 9$$

$$\underline{\hat{x}_1 = 97.07}$$

Der Preis beträgt 97 Geldeinheiten pro Mengeneinheit (97 € pro Karton bzw. 97 € pro Tafel).

3 .Frage:

Wie ist der Werbungsaufwand (schätzungsweise)zu bemessen, wenn man bei einem Preis von 125 Geldeinheiten je Mengeneinheit (125 € pro Karton bzw. 125 Cent pro Tafel) mindestens 1 100 Mengeneinheiten (1 100 Kartons bzw. 110 000 Tafeln) absetzen will?

Es wird nach dem Werbungsaufwand gefragt, wobei Menge und Preis vorgegeben sind. Die Vorgaben werden in die x_2-x_1y Regressionsfunktion eingesetzt.

$$\hat{x}_2 = -10{,}784 + 111{,}195 \cdot 10^{-3} \cdot 125 + 5{,}215 \cdot 10^{-3} \cdot 1\,100$$

$$\underline{\hat{x}_2 = 8{,}85}$$

Der Werbeetat ist mit 9,8 · 1 000 Geldeinheiten (z.B. 9 800 €) zu bemessen.

i	x_{1i}	x_{2i}	y_i	$(x_{1i} - \bar{x}_1)$	$(x_2i - \bar{x}_2)$	$(y_i - \bar{y})$	$(x_{1i} - \bar{x}_1)^2$	$(x_{2i} - \bar{x}_2)^2$	$(y_i - \bar{y})^2$	$(x_{1i} - \bar{x}_1) \cdot (x_{2i} - \bar{x}_2)$	$(x_{1i} - \bar{x}_1) \cdot (y_i - \bar{y})$	$(x_{2i} - \bar{x}_2) \cdot (y_i - \bar{y})$
(1)	(2)	(3)	(4)	(5)	(6)	(7)	(8)	(9)	(10)	(11)	(12)	(13)
1	95	9,0	1 620	– 20	+ 1	+ 470	400	1	220 900	– 20	– 9 400	+ 470
2	100	5,0	1 160	– 15	– 3	+ 10	225	9	100	+ 45	– 150	– 30
3	100	10,0	1 440	– 15	+ 2	+ 290	225	4	84 100	– 30	– 4 350	+ 580
4	110	5,0	1 040	– 5	– 3	– 110	25	9	12 100	+ 15	+ 550	+ 330
5	110	8,0	1 240	– 5	0	+ 90	25	0	8 100	0	– 450	0
6	120	5,0	920	+ 5	– 3	– 230	25	9	52 900	– 15	– 1 150	+ 690
7	120	11,0	1 200	+ 5	+ 3	+ 50	25	9	2 500	+ 15	+ 250	+ 150
8	130	5,0	800	+ 15	– 3	– 350	225	9	122 500	– 45	– 5 250	+ 1 050
9	130	10,0	1 080	+ 15	+ 2	– 70	225	4	4 900	+ 30	– 1 050	– 140
10	135	12,0	1 000	+ 20	+ 4	– 150	400	16	22 500	+ 80	– 3 000	– 600
Σ	1 150	80,0	11 500	0	0	0	1 800	70	530 600	+ 75	– 24 000	+ 2 500

Tab. 7: Auswertungstabelle zum Beispiel mehrfache lineare Regressionsrechnung

2.3.2 Mehrfache Korrelationsrechnung

Zur Beurteilung der Güte der Anpassung wird häufig das multiple Bestimmtheitsmaß B verwandt. Es gibt wie im bivariaten Fall den Anteil der Varianz des Merkmals y an, der über die lineare Regressionsfunktion durch die Varianz der Merkmalswerte der Einflussgrößen gegeben ist. Wir können wieder (2.19 a) verwenden:

$$B = \frac{\sum_{i=1}^{n} (\hat{y}_i - \bar{y})^2}{\sum_{i=1}^{n} (y_i - \bar{y})^2}$$

Da die Regressionsebene nach (2.33 a) durch den gemeinsamen Mittelwert M $(\bar{x}_1; \bar{x}_2; \bar{y})$ verläuft, kann man die Ebenengleichung beschreiben:

$$\hat{y}_i - \bar{y} = b_1(x_{1i} - \bar{x}_1) + b_2(x_{2i} - \bar{x}_2) \qquad (2.33\ b)$$

Damit erhält man für B:

$$B = \frac{\sum_{i=1}^{n} \left[b_1(x_{1i} - \bar{x}_1) + b_2(x_{2i} - \bar{x}_2)\right]^2}{\sum_{i=1}^{n} (y_i - \bar{y})^2} \qquad (2.45)$$

$$B = \frac{\sum_{i=1}^{n} b_1^2(x_{1i} - \bar{x}_1)^2 + \sum_{i=1}^{n} b_2^2(x_{2i} - \bar{x}_2)^2 + 2b_1b_2\sum_{i=1}^{n}(x_{1i} - \bar{x}_1)(x_{2i} - \bar{x}_2)}{\sum_{i=1}^{n} (y_i - \bar{y})^2}$$

i	x_{1i}	x_{2i}	y_i	$\hat{y}_i$	$(\hat{y}_i - \bar{y})^2$	$(\hat{y}_i - \bar{y}_i)^2$
(1)	(2)	(3)	(4)	(5)	(6)	(7)
1	95	9,0	1 620	1 512,617	131 490,956	11 531,147
2	100	5,0	1 160	1 225,701	5 730,632	4 316,613
3	100	10,0	1 440	1 487,383	113 827,409	2 245,166
4	110	5,0	1 040	1 070,561	6 310,595	933,959
5	110	8,0	1 240	1 227,570	6 017,119	154,503
6	120	5,0	920	915,421	55 027,513	20,971
7	120	11,0	1 200	1 229,439	6 310,595	866,670
8	130	5,0	800	760,280	151 881,387	1 577,649
9	130	10,0	1 080	1 021,963	16 393,571	3 368,338
10	135	12,0	1 000	1 049,065	10 187,789	2 407,416
Σ	1 150	80,0	11 500	11 500,000	503 177,570	27 422,430

Tab. 8: Auswertungstabelle zum Beispiel mehrfache Korrelationsrechnung

Setzt man die berechneten Werte für b_1 und b_2 sowie die Summen aus der Auswertungstabelle in (2.45) ein, so erhält man für B:

$$B = \frac{\left(\frac{14\,940}{963}\right)^2 \cdot 1\,800 + 52{,}336^2 \cdot 70 - 2\,\frac{14\,940}{963} \cdot 52{,}336 \cdot 75}{530\,600}$$

$$\underline{B = 0{,}9483}$$

Die Varianz des Merkmals y kann zu 94,83% über die zweifache lineare Regressionsfunktion erklärt werden.

Für das Unbestimmtheitsmaß k^2 erhält man mit (2.23) und Tab. 8 Spalte (7)

über

$$k^2 = \frac{27\,422{,}430}{530\,600}$$

$$\underline{k^2 = 0{,}0517}$$

Zur Kontrolle kann B auch über (2.19 a) und aus (2.23) bestimmt werden.

In Tabelle 7 Spalte (10) und Tab. 8 Spalte (6) sind die entsprechenden quadratischen Abweichungen dargestellt. Mit (2.19 a) erhält man:

$$B = \frac{503\,177{,}57}{530\,600}$$

$$\underline{B = 0{,}9483}$$

(23)

2.4 Zusammenhänge bei nicht metrisch skalierten Merkmalen

2.4.1 Zusammenhänge bei zwei ordinal skalierten Merkmalen

Um die Stärke eines Zusammenhangs von zwei ordinal skalierten Merkmalen zu bestimmen, kann man wieder den Korrelationskoeffizienten r nach Gl. (2.27) verwenden. Dabei werden die Beobachtungswerte $(x_i;y_i)$ durch die Rangzahlen $(\tilde{x}_i;\tilde{y}_i)$ ersetzt, die man durch fortlaufende Nummerierung erhält, nachdem man die Merkmalswerte der Größe nach geordnet hat. Die geordnete Reihe von Merkmalswerten $x_1, x_2, \ldots x_n$ werden durch die Rangzahlen 1,2, … n ersetzt. Das heißt:

$$\sum_{i=1}^{n} x_i = x_1 + x_2 + \ldots + x_n \ bzw. \ \sum_{i=1}^{n} y_i = y_1 + y_2 + \ldots + y_n$$

wird ersetzt durch den Ausdruck

$$\sum_{i=1}^{n} i = 1 + 2 + \ldots + n$$

Die letzte Summe stellt eine arithmetische Reihe dar. Man erhält den Ausdruck:

$$\sum_{i=1}^{n} i = \frac{n}{2}(n+1) \qquad (2.46)$$

Aus der Definitionsgleichung des arithmetischen Mittelwertes (Gl.(1.3)) erhält man:

$$\sum_{i=1}^{n} x_i = n\,\bar{x} \quad \text{bzw.} \quad \sum_{i=1}^{n} y_i = n\,\bar{y}$$

Ersetzt man nun $\bar{\mathrm{x}}$ bzw. $\bar{\mathrm{y}}$ durch $\bar{\tilde{\mathrm{x}}}$ und $\bar{\tilde{\mathrm{y}}}$, so erhält man:

$$\bar{\tilde{\mathrm{x}}} = \bar{\tilde{\mathrm{y}}} = \left(\frac{\mathrm{n}+1}{2}\right) \qquad (2.47)$$

Führt man die angeführten Umformungen in (2.27) konsequent durch, so erhält man:

$$r_s = 1 - \frac{6 \cdot \sum_{i=1}^{n} d_i^2}{n(n^2-1)} (i = 1, 2, \ldots n) \qquad (2.48)$$

mit $\mathrm{d_i} = \tilde{\mathrm{x}}_\mathrm{i} - \tilde{\mathrm{y}}_\mathrm{i}$ (i = 1,2, ... n).

$\mathrm{d_i}$ stellt die Differenzen der Rangplätze dar.

$\mathrm{r_s}$ heißt Rangkorrelationskoeffizient nach Spearman und stellt ein Maß für die Straffheit des Zusammenhangs der ordinal skalierten Merkmale $\tilde{\mathrm{x}}$ und $\tilde{\mathrm{y}}$ dar. Für $\mathrm{r_s}$ gilt wie für den Korrelationskoeffizienten nach Bravais-Pearson:

$$-1 \le \mathrm{r_s} \le +1 \qquad (2.49)$$

Den Wert $\mathrm{r_s} = +1$ erhält man, wenn alle Rangdifferenzen $\mathrm{d_i}$ Null werden. In diesem Fall liegt ein perfekter gleichgerichteter Zusammenhang vor. Bei völlig gegengerichteten Rangzahlen erhält man für $\mathrm{r_s}$ den Wert –1.

$$\begin{array}{llll}
\tilde{\mathrm{x}}_1 \mathrel{\hat{=}} \tilde{\mathrm{y}}_\mathrm{n} & & \mathrm{d}_1 = \mathrm{n} - 1 \\
\tilde{\mathrm{x}}_2 \mathrel{\hat{=}} \tilde{\mathrm{y}}_{\mathrm{n}-1} & & \mathrm{d}_2 = \mathrm{n} - 3 \\
\vdots \quad \vdots & & \vdots \quad \vdots \\
\tilde{\mathrm{x}}_\mathrm{i} \mathrel{\hat{=}} \tilde{\mathrm{y}}_{\mathrm{n}-i+1} & & \mathrm{d}_\mathrm{i} = \mathrm{n} - (2\mathrm{i} - 1) \\
\vdots \quad \vdots & & \\
\tilde{\mathrm{x}}_\mathrm{n} \mathrel{\hat{=}} \tilde{\mathrm{y}}_1 & & \mathrm{d}_\mathrm{n} = 1 - \mathrm{n}
\end{array}$$

Nach (2.46) erhält man für:

$$\sum_{i=1}^{n} \tilde{x}_i = \sum_{i=1}^{n} \tilde{y}_i = \frac{n}{2}(n+1)$$

Daraus folgt;

$$\sum_{i=1}^{n} d_i = 0$$

Diese Summe der Rangdifferenzen ergibt Null. Diese Aussage kann bei der konkreten Berechnung von r_s als Kontrolle verwendet werden. Diese Aussage findet besondere Bedeutung beim Auftreten mehrerer gleicher Beobachtungswerte bzw. gleicher Rangplätze (siehe Beispiel 14).

Beispiel (12):

Zwei Sachverständige haben unabhängig voneinander zehn unterschiedliche Kühlschränke bezüglich ihrer Qualität in einer Rangfolge zu beurteilen. Man erhält folgendes Ergebnis:

Kühlschrank	A	B	C	D	E	F	G	H	I	J
Rangplatz Beurteiler 1	7	4	5	6	1	9	10	3	8	2
Rangplatz Beurteiler 2	9	5	4	6	3	7	8	2	10	1

Man erhält für $d_i = x_i - y_i$ und d_i^2 gemäß (2.48):

	A	B	C	D	E	F	G	H	I	J	Σ
d_i	–2	–1	+1	0	–2	+2	+2	+1	–2	+1	0
d_i^2	4	1	1	0	4	4	4	1	4	1	24

Somit erhält man für r_s:

$$r_s = 1 - \frac{6 \cdot 24}{10 \cdot 99}; \quad r_s = 1 - \frac{144}{990}$$

$$\underline{r_s = 0{,}855}$$

Es besteht in diesem Beispiel ein starker gleichgerichteter Zusammenhang in der Beurteilung.

Natürlich kann man den Rangkorrelationskoeffizienten auch berechnen, wenn eines oder beide Merkmale metrisch skaliert sind. Hierbei sind die Beobachtungswerte in Rangplätze umzuwandeln.

Beispiel (13):

Vom Beispiel (12) werden die Preise (metrisch skaliertes Merkmal) der Kühlschränke den Rangplätzen des Beurteilers 1 gegenübergestellt:

Kühlschrank	A	B	C	D	E	F	G	H	I	J
Rangplatz Beurtreiler 1	7	4	5	6	1	9	10	3	8	2
Preis (€)	398	579	549	429	679	379	499	649	449	519

Man erhält, nachdem man die unterschiedlichen Preise in Rangplätze umgewandelt hat, folgendes Ergebnis:

Kühlschrank	A	B	C	D	E	F	G	H	I	J	Σ
Rangplatz Beurteiler 1	7	4	5	6	1	9	10	3	8	2	
Rangplatz Preis	9	3	4	8	1	10	6	2	7	5	
d_i	–2	+1	+1	–2	0	–1	+4	+1	+1	–3	0
d_i^2	4	1	1	4	0	1	16	1	1	9	38

Für r_s erhält man:

$$r_s = 1 - \frac{6 \cdot 38}{10 \cdot 99}; \quad r_s = 1 - \frac{228}{990}$$

$$\underline{r_s = +\,0{,}770}$$

Es besteht also ein recht starker gleichgerichteter Zusammenhang zwischen den Merkmalen Qualitätsbeurteilung und Preis.

Falls bei einem ordinal oder metrisch skalierten Merkmal mehrere gleiche Beobachtungswerte auftreten, so muss in diesem Fall über die Wahl der Rangplätze nachgedacht werden. Dieses Problem tritt besonders bei Fällen mit einer hohen Anzahl von Merkmalsträgern und wenigen unterschiedlichen Merkmalsausprägungen auf.

Beispiele:

- 100 Studenten schreiben Klausuren in Marketing und Personalwesen. Man interessiert sich über die Stärke des Zusammenhangs zwischen den Noten (jeweils fünf unterschiedliche Noten).
- Bei 200 Angestellten eines Konzerns möchte man die Stärke des Zusammenhangs zwischen den Gehaltsgruppen (es gibt z.B. zehn unterschiedliche Gehaltsgruppen) und den Leistungsbeurteilungen (Leistungsstufe 1, herausragend, bis 10, ungeeignet) feststellen.

Bei beiden Beispielen ist zu beachten, dass bei gleichen Merkmalswerten die Rangplätze so gewählt werden, dass der arithmetische Mittelwert der Rangplätze $(\frac{n+1}{2})$ eingehalten wird, und die Summe der Rangplatzdifferenzen zwischen den beiden Merkmalen 0 ergibt. Diese Bedingungen werden erfüllt, wenn man den Merkmalsträgern mit gleichen Beobachtungswerten einen einheitlichen Rangplatz zuteilt, der sich aus dem arithmetischen Mittelwert aus den Rangplätzen ergibt.

Beispiele:

- Für eine geordnete Reihe von Merkmalswerten erhält man:

  2 , 4 , 4 , 6 , 7 , 9 , 9 , 9

  An zweiter und dritter Stelle steht der Merkmalswert 4. Diesen beiden Merkmalswerten wird der einheitliche Rangplatz 2,5 zugeteilt. Der Beobachtungswert 9 tritt dreimal auf. Diese drei gleichen Werte stehen in der geordneten Reihe an sechster, siebter und achter Stelle. Diese Beobachtungswerte erhalten den einheitlichen Rangplatz 7.

- In der Marketingklausur erhielten zehn Studenten die Note gut, drei Studenten erhielten eine noch bessere Note. Diese Klausuren mit der Note „gut“ nehmen die Rangplätze vier bis 13 ein. Bei der Berechnung der Stärke des Zusammenhangs wählt man den einheitlichen Rangplatz 8,5.

- Die Konzernleitung teilt mit, sieben von 200 Angestellten sind in Gehaltsgruppe 12, der höchsten Gehaltsgruppe, eingestuft. Sie nehmen also die Rangplätze 194, 195, 196, 197, 198, 199, 200 ein. Für diese sieben Angestellten wird ein einheitlicher Rangplatz (als arithmetischer Mittelwert der Rangplätze von 194 bis 200) von 197 zugeteilt.

Beispiel (14):

Es soll der Rangkorrelationskoeffizient zwischen den Werbungskosten und den abgesetzten Stückzahlen bestimmt werden (vgl. Beispiel 11). Dabei werden die Werbungskosten der Größe nach geordnet:

Werbungskosten in 1000 €	5,0	5,0	5,0	5,0	8,0	9,0	10,0	10,0	11,0	12,0
abgesetzte Stückzahlen	800	920	1 040	1 160	1 240	1 620	1 080	1 440	1 200	1 000

Die metrisch skalierten Merkmalswerte werden in Rangplätze umgewandelt:

											Σ
Rangplatz Werbungskosten	2,5	2,5	2,5	2,5	5	6	7,5	7,5	9	10	
Rangplatz abgesetzte Stückzahlen	1	2	4	6	8	10	5	9	7	3	
d_i	+1,5	+0,5	–1,5	–3,5	–3	–4	+2,5	–1,5	+2	+7	0
d_i^2	2,25	0,25	2,25	12,25	9	16	6,25	2,25	4	49	103,5

Somit erhält man für r_s:

$$r_s = 1 - \frac{6 \cdot 103{,}5}{10 \cdot 99}; \quad r_s = 1 - \frac{621}{990}$$

$$\underline{r_s = +\ 0{,}373}$$

Es besteht ein (verhältnismäßig) schwacher gleichgerichteter Zusammenhang zwischen Werbungskosten und abgesetzten Stückzahlen.

24

2.4.2 Zusammenhänge bei nominal skalierten Merkmalen

2.4.2.1 Vierfelder-Tafel

Um die Zusammenhänge zwischen zwei nominal skalierten Merkmalen bzw. einem nominal und einem beliebig anders skalierten Merkmal darzustellen, werden zunächst die absoluten Häufigkeiten der einzelnen Merkmalsausprägungen in der Häufigkeitstafel bzw. Kontingenztafel dargestellt. Liegen von beiden Merkmalen jeweils nur zwei Ausprägungen vor, so erhält man als einfachste Kontingenztafel die sog. Vierfelder-Tafel. Bezeichnet man die Ausprägungen des Merkmals A mit A1 und A2, die des Merkmals B mit B1 und B2, erhält man die folgende Vierfelder-Tafel (Tab. 9):

		B		
		B1	B2	
A	A1	h_{11}	h_{12}	$h_{1.}$
	A2	h_{21}	h_{22}	$h_{2.}$
		$h_{.1}$	$h_{.2}$	$h_{..}$

Tab. 9: Viererfeld-Tafel mit Randhäufigkeiten

Es bedeutet:

h_{11} (h_{12}, h_{21}, h_{22}): absolute Häufigkeit der beiden Merkmalsausprägungen A1, B1 (A1, B2; A2, B1; A2, B2)

$h_{1.}$ ($h_{2.}$): absolute Häufigkeit der Merkmalsausprägung A1 (A2) insgesamt
$h_{1.} = h_{11} + h_{12}$; $h_{2.} = h_{21} + h_{22}$

$h_{.1}$ ($h_{.2}$): absolute Häufigkeit der Merkmalsausprägung B1 (B2) insgesamt
$h_{.1} = h_{11} + h_{21}$; $h_{.2} = h_{12} + h_{22}$

$h_{..}$: Anzahl der Merkmalsträger insgesamt
$h_{..} = h_{1.} + h_{2.} = h_{.1} + h_{.2}$
$= h_{11} + h_{12} + h_{21} + h_{22}$

Bei Gleichverteilung zwischen A und B gelten die folgenden Zusammenhänge, wobei das Symbol * bei den absoluten Häufigkeiten den Fall der Gleichverteilung darstellen soll.

Es verhält sich:

$$\frac{h_{11}^*}{h_{21}^*} = \frac{h_{12}^*}{h_{22}^*} = \frac{h_{1.}}{h_{2.}}$$

bzw.

$$\frac{h_{11}^*}{h_{.1}} = \frac{h_{12}^*}{h_{.2}} = \frac{h_{1.}}{h_{..}}$$

Daraus erhält man für h_{11}^*:

$$h_{11}^* = \frac{h_{1.} \cdot h_{.1}}{h_{..}} \qquad (2.50\text{ a})$$

Analog dazu erhält man für die anderen Häufigkeiten:

$$h_{12}^* = \frac{h_{1.} \cdot h_{.2}}{h_{..}} \qquad (2.50\text{ b})$$

$$h_{21}^* = \frac{h_{2.} \cdot h_{.1}}{h_{..}} \qquad (2.50\text{ c})$$

$$h_{22}^* = \frac{h_{2.} \cdot h_{.2}}{h_{..}} \qquad (2.50\text{ d})$$

Die Unabhängigkeit zwischen den Merkmalen A und B kann mithilfe des χ^2-Testes überprüft werden (vgl. Kapitel 1.4.2). In diesem Test werden die empirischen Häufigkeiten den berechneten Häufigkeiten bei Gleichverteilung gegenübergestellt. Für die Vierfelder-Tafel erhält man für χ^2 folgende Berechnungsformel:

$$\chi^2 = \frac{(h_{11} - h_{11}^*)^2}{h_{11}^*} + \frac{(h_{12} - h_{12}^*)^2}{h_{12}^*} + \frac{(h_{21} - h_{21}^*)^2}{h_{21}^*} + \frac{(h_{22} - h_{22}^*)^2}{h_{22}^*} \qquad (2.51)$$

Dieser berechnete Wert von χ^2 wird mit dem tabellierten Wert (Tab. 5 im Anhang) verglichen. Besteht eine Kontingenztabelle aus n Zeilen und m Spalten, so liegen $(n - 1) \cdot (m - 1)$ Freiheitsgrade vor. Bei einer Viererfeld-Tafel erhält man demnach einen Freiheitsgrad.

Ist der berechnete Wert von χ^2 kleiner als der entsprechende tabellierte Wert bei einem vorgegebenem Sicherheitsgrad, so kann die Hypothese „Unabhängigkeit zwischen den Merkmalen A und B“ **nicht** verworfen werden. Ist der berechnete Wert von χ^2 größer als der tabellierte Wert, so muss die Hypothese „Unabhängigkeit zwischen A und B“ verworfen werden.

Beispiel (15):

Es wird vermutet, dass der Kaufwunsch nach einer bestimmten Zeitschrift vom Geschlecht des Käufers beeinflusst wird. Es wurden folgende Daten erhoben:

Geschlecht	Kaufwunsch	
	nicht kaufen	kaufen
Männer	45	35
Frauen	45	75

Tab. 10: Viererfeld-Tafel mit empirischen Daten

Zur Berechnung von χ^2 wird die Viererfeld-Tafel mit den Randhäufigkeiten ergänzt.

	nicht kaufen	kaufen	Σ
Männer	45	35	80
Frauen	45	75	120
Σ	90	110	200

Tab. 11: Viererfeld-Tafel mit Randhäufigkeiten von empirischen Daten.

Nach (2.50) lassen sich die Häufigkeiten bei Gleichverteilung berechnen:

$$h^*_{11} = \frac{80 \cdot 90}{200} \quad ; \; h^*_{11} = 36$$

$$h^*_{12} = \frac{80 \cdot 110}{200} \quad ; \; h^*_{12} = 44$$

$$h^*_{21} = \frac{120 \cdot 90}{200} \quad ; \; h^*_{21} = 54$$

$$h^*_{22} = \frac{120 \cdot 110}{200} \quad ; \; h^*_{22} = 66$$

Tab. 12 zeigt, dass die Randhäufigkeiten bei Gleichverteilung gegenüber denen bei den empirischen Daten gleich geblieben sind.

	nicht kaufen	kaufen	Σ
Männer	36	44	80
Frauen	54	66	120
Σ	90	110	200

Tab. 12: Vierfelder-Tafel mit Randhäufigkeiten bei Unabhängigkeit

Über die Tabellen 11 und 12 kann χ^2 berechnet werden:

$$\chi^2 = \frac{81}{36} + \frac{81}{44} + \frac{81}{54} + \frac{81}{66}$$

$$\underline{\chi^2 = 6{,}1818}$$

Bei einem Sicherheitsgrad von 95% und einem Freiheitsgrad findet man in Tab. 5 im Anhang einen vertafelten Wert von χ^2 (95%;1) = 3,84

Das heißt: Die Häufigkeit des Kaufwunschs (nach einer bestimmten Zeitschrift) wird bei einer Sicherheit von 95% vom Geschlecht des Käufers beeinflusst.

Bei völliger Abhängigkeit würden alle Männer nicht kaufen und alle Frauen kaufen oder umgekehrt. In der Viererfeld-Tafel ändern sich dabei die Zeilenrandhäufigkeiten.

	nicht kaufen	kaufen	Σ
Männer	80	0	80
Frauen	0	120	120
Σ	80	120	200

Tab. 13: Vierfelder-Tafel mit Randhäufigkeiten bei völliger Abhängigkeit

Um in diesem Fall χ^2 zu berechnen, müssen die Häufigkeiten bei Gleichverteilung (Unabhängikeit) wegen Änderungen in den Randverteilungen neu berechnet werden.

$$h^*_{11} = \frac{80 \cdot 80}{200} \quad ; \; h^*_{11} = 32$$

$$h^*_{12} = \frac{80 \cdot 120}{200} \quad ; \; h^*_{12} = 48$$

$$h^*_{21} = \frac{120 \cdot 80}{200} \quad ; \; h^*_{21} = 48$$

$$h^*_{22} = \frac{120 \cdot 120}{200} \quad ; \; h^*_{22} = 72$$

Damit erhält man für χ^2:

$$\chi^2 = \frac{(80-32)^2}{32} + 48 + 48 + \frac{(120-72)^2}{72}$$

$$\underline{\chi^2 = 200}$$

Bei vielen Fragestellungen erweist es sich als sinnvoll, die absoluten Häufigkeiten in Anteile bzw. in prozentuale Anteile umzurechnen. Je nach Wahl der Bezugsgröße unterscheidet man zwischen

- Totalanteilen bzw. Totalprozenten
  Hier werden die Häufigkeiten h_{11}, h_{12}, h_{21} und h_{22} auf die Gesamtheit der Merkmalsträger bezogen. Die Daten in Tab. 11 nehmen folgende Werte an:

	nicht kaufen	kaufen	Σ
Männer	22,5	17,5	40
Frauen	22,5	37,5	60
Σ	45	55	100

Tab. 14: Viererfeld-Tafel mit Randhäufigkeiten dargestellt in Totalprozenten

- Zeilenanteile bzw. Zeilenprozente
  Hier werden die Häufigkeiten auf die jeweilige Zeilensumme ($h_{1.}$, $h_{2.}$) bezogen. Aus Tab. 11 erhält man in diesem Fall folgende Anteile:

	nicht kaufen	kaufen	Σ
Männer	56,25	43,75	100
Frauen	37,5	62,5	100

Tab. 15: Viererfeld-Tafel in Zeilenanteilen in Prozent

- Spaltenbreite bzw. Spaltenprozente
  Hier werden die Häufigkeiten auf die Spaltensummen ($h_{.1}$, $h_{.2}$) bezogen. In der Viererfeld-Tafel ergeben sich folgende Werte:

	nicht kaufen	kaufen
Männer	50	31,82
Frauen	50	68,18
Σ	100	100

Tab. 16: Viererfeld-Tafel mit Spaltenanteilen in Prozent

2.4.2.2 Die m · n Felder-Kontingenztafel

Die Kontingenztafel (Kontingenztabelle) stellt eine Verallgemeinerung der Vierfelder-Tafel dar, d.h. die Zahl der Zeilen (n) und Spalten (m) kann beliebig große Werte annehmen. Tabelle 17 stellt eine Kontingenztabelle mit Randhäufigkeiten dar, wobei die aufgeführten Häufigkeiten empirisch ermittelt wurden. Tabelle 18 enthält die Häufigkeiten, die aus den Randverteilungen von Tab. 17 berechnet wurden, falls Unabhängigkeit zwischen den Merkmalen A und B vorliegt (Unabhängigkeitszahlen).

Die Formeln für die Häufigkeiten bei Unabhängigkeit (Gleichverteilung) gewinnt man über die Verallgemeinerung der Formeln (2.50 a) bis (2.50 d).

Merkmal A \ Merkmal B	1	2	. . .	m	Σ
1	h_{11}	h_{12}	. . .	h_{2m}	$h_{1.}$
2	h_{21}	h_{22}	. . .	h_{2m}	$h_{2.}$
.	.	.	.	.	.
.	.	.	.	.	.
.	.	.	.	.	.
n	h_{n1}	h_{n2}	. . .	h_{nm}	$h_{n.}$
Σ	$h_{.1}$	$h_{.2}$	. . .	$h_{.m}$	$h_{..}$

Tab. 17: Kontingenztafel mit empirisch ermittelten Häufigkeiten

Merkmal A \ Merkmal B	1	2	. . .	m	Σ
1	$\frac{h_{1.} \cdot h_{.1}}{h_{..}}$	$\frac{h_{1.} \cdot h_{.2}}{h_{..}}$	. . .	$\frac{h_{1.} \cdot h_{.m}}{h_{..}}$	$h_{1.}$
2	$\frac{h_{2.} \cdot h_{.1}}{h_{..}}$	$\frac{h_{2.} \cdot h_{.2}}{h_{..}}$	. . .	$\frac{h_{2.} \cdot h_{.m}}{h_{..}}$	$h_{2.}$
⋮	⋮	⋮	⋮ . . .	⋮	⋮
n	$\frac{h_{n.} \cdot h_{.1}}{h_{..}}$	$\frac{h_{n.} \cdot h_{.2}}{h_{..}}$	. . .	$\frac{h_{n.} \cdot h_{.m}}{h_{..}}$	$h_{n.}$
	$h_{.1}$	$h_{.2}$	. . .	$h_{.m}$	$h_{..}$

Tab. 18: Unabhängigkeitszahlen (berechnet aus den Randverteilungen in Tab. 17)

Beispiel (16):

Ein Betrieb mit drei Filialen A, B und C, möchte Informationen über die Altersstruktur ihrer Kunden gewinnen. Es ist auch von Interesse, ob die Altersstruktur in den Filialen gleich ist, oder ob signifikante Unterschiede bestehen. Eine Befragung erbrachte folgende Daten:

Alter (a) \ Filiale	A	B	C	Σ
< 18	5	11	4	20
18 ≤ 30	31	11	18	60
30 ≤ 50	82	44	24	150
50 ≤ 65	42	38	20	100
> 65	20	36	14	70
Σ	180	140	80	400

Tab. 19: Kontigenztafel mit empirischen Daten

Über die hier vorliegenden Randverteilungen werden die Häufigkeiten bei Unabhängigkeit berechnet. Man erhält für:

$$h^*_{11} = \frac{20 \cdot 180}{400} \; ; \; h^*_{11} = 9{,}0$$

$$h^*_{12} = \frac{20 \cdot 140}{400} \; ; \; h^*_{12} = 7{,}0$$

$$h^*_{13} = \frac{20 \cdot 80}{400} \; ; \; h^*_{13} = 4{,}0$$

$h_{1.} = 20{,}0$

$$h^*_{21} = \frac{60 \cdot 180}{400} \; ; \; h^*_{21} = 27{,}0$$

$$h^*_{22} = \frac{60 \cdot 140}{400} \; ; \; h^*_{22} = 21{,}0$$

$$h^*_{23} = \frac{60 \cdot 80}{400} \; ; \; h^*_{23} = 12{,}0$$

$h_{2.} = 60{,}0$

$$h^*_{31} = \frac{150 \cdot 180}{400} \; ; \; h^*_{31} = 67{,}5$$

$$h^*_{32} = \frac{150 \cdot 140}{400} \; ; \; h^*_{32} = 52{,}5$$

$$h^*_{33} = \frac{150 \cdot 80}{400} \; ; \; h^*_{33} = 30{,}0$$

$h_{3.} = 150{,}0$

$h^*_{41} = \frac{100 \cdot 180}{400}$; $h^*_{41} = 45{,}0$

$h^*_{42} = \frac{100 \cdot 140}{400}$; $h^*_{42} = 35{,}0$ —— $h_{4.} = 100$

$h^*_{43} = \frac{100 \cdot 80}{400}$; $h^*_{43} = 20{,}0$

$h^*_{51} = \frac{70 \cdot 180}{400}$; $h^*_{51} = 31{,}5$

$h^*_{52} = \frac{70 \cdot 140}{400}$; $h^*_{52} = 24{,}5$ —— $h_{5.} = 70$

$h^*_{53} = \frac{70 \cdot 80}{400}$; $h^*_{53} = 14{,}0$

Somit erhält man für den Fall der Unabhängigkeit (Gleichverteilung) folgende Kontingenztabelle:

Alter (a) \ Filiale	A	B	C	Σ
< 18	9.0	7.0	4.0	20
18 ≤ 30	27.0	21.0	12.0	60
30 ≤ 50	67.5	52.5	30.0	150
50 ≤ 65	45.0	35.0	20.0	100
> 65	31.5	24.5	14.0	70
Σ	180	140	80	400

Tab. 20: Berechnete Häufigkeiten bei Unabhängigkeit

Um zu entscheiden, ob in der Altersstruktur der Kunden Unterschiede zwischen den drei Filialen bestehen, wird χ^2 berechnet. Hierzu wird Formel (2.51) modifiziert:

$$\chi^2 = \sum_{i=1}^{n} \sum_{j=1}^{m} \frac{(h_{ij} - h_{ij}^*)^2}{h_{ij}^*} \qquad (2.52)$$

bzw. $$\chi^2 = \sum_{i=1}^{n} \sum_{j=1}^{m} \frac{\left(h_{ij} - \frac{h_{i.} \cdot h_{.j}}{h_{..}}\right)^2}{\frac{h_{i.} \cdot h_{.j}}{h_{..}}}$$

Bei Gleichverteilung ist $h_{ij} = h^*_{ij}$ für $i = 1, \ldots n; j = 1, \ldots m$

$$= \frac{(5-9)^2}{9} + \frac{(11-7)^2}{7} + \frac{(4-4)^2}{4} + \frac{(31-27)^2}{27} + \frac{(11-21)^2}{21} + \frac{(18-12)^2}{12}$$

$$+ \frac{(82-67{,}5)^2}{67{,}5} + \frac{(44-52{,}5)^2}{52{,}5} + \frac{(24-30)^2}{30} + \frac{(42-45)^2}{45} + \frac{(38-35)^2}{35}$$

$$+ \frac{(20-20)^2}{20} + \frac{(20-31{,}5)^2}{31{,}5} + \frac{(36-24{,}5)^2}{24{,}5} + \frac{(14-14)^2}{14}$$

$$\chi^2_{emp} = 28{,}1625$$

Es soll jetzt getestet werden, ob die Altersstrukturen in den drei Filialen die gleiche ist, oder ob gesicherte Unterschiede bestehen bei einem Sicherheitsgrad von 99%.

1. Die Nullhypothese lautet: Die Altersstruktur der Kunden weist in den drei Filialen keine signifikanten Unterschiede auf.

2. Die Alternativhypothese lautet: In den drei Filialen treten Unterschiede in der Altersstruktur auf.

3. Die Prüfgröße ist χ^2: Für $\chi^2_{emp.}$ wurde der Wert 28,1625 ermittelt bei (5–1) · (3–1) = 8 Freiheitsgraden.

4. In der Tab. 5 im Anhang findet man für acht Freiheitsgrade und bei einem Sicherheitsgrad von 99% den Wert: $\chi^2_{tab} = 20.1$

5. Entscheidung: Da der berechnete Wert von χ^2_{emp} größer ist als der entsprechende tabellierte Wert, können die Unterschiede bezüglich der Altersstruktur der Kunden als gesichert angesehen werden. (Die Unterschiede sind sogar bei einem Sicherheitsgrad von 99,9% gesichert.)

χ^2 ist ein Maß für die Abweichung der empirischen Häufigkeiten von den Häufigkeiten bei Gleichverteilung. Die Prüfgröße χ^2 ist in ihrem Zahlenwert jedoch auch bei gleichen Strukturen von der Zahl der Beobachtungswerte abhängig. Ersetzt man in Formel (2.52) die absoluten Häufigkeiten durch die relativen Häufigkeiten,

so erhält man mit $f_{ij} = \frac{h_{ij}}{h_{..}}$

$$\chi^2 = h_{..} \sum_{i=1}^{n} \sum_{j=1}^{m} \frac{(f_{ij} - f_{ij}*)^2}{f_{ij}*} \qquad (2.53)$$

f_{ij} stellt den Anteil von h_{ij} an der Gesamtzahl der Beobachtungswerte dar. Das bedeutet: Liegen im Beispiel (16) doppelt so viele, also 800 Beobachtungswerte vor, und sind alle Häufigkeiten in der Kontingenztafel ebenfalls verdoppelt, so erhält man das gleiche Ausmaß der Abhängigkeit, aber einen doppelt so großen Wert für χ^2. Insbesondere beim Vergleich mehrerer Kontingenztafeln ist χ^2 als Vergleichsmaß für die Stärke der Zusammenhänge kaum geeignet. Starke Verwendung in den Anwendungen findet der Kontingenzkoeffizient als Maß für die Stärke von Zusammenhängen. Der Kontingenzkoeffizient wird berechnet nach:

$$C = \sqrt{\frac{\chi^2}{\chi^2 + h_{..}}} \qquad (2.54)$$

Für das Beispiel (15) erhält man für C:

$$C = \sqrt{\frac{4}{4+200}}\ ;\ \underline{C = 0{,}14}$$

Der Wert für C im Beispiel (16) beträgt:

$$C = \sqrt{\frac{28{,}1625}{28{,}1625+400}}\ ;\ \underline{C = 0{,}256}$$

Bei Gleichverteilung erhält man wegen $\chi^2 = 0$ für C den Wert 0. Da in (2.54) der Nenner stets größer ist als der Zähler, wird C den Wert 1 nie erreichen. Insbesondere bei einer hohen Zahl von Beobachtungswerten wird C nur geringfügig von 0 abweichen.

Aus diesem Grund verwendet man häufig den korrigierten Kontingenzkoeffizienten, der nach (2.55) definiert ist durch den Ausdruck:

$$C_{koor} = C\sqrt{\frac{C^*}{C^*-1}}\ :\ C_{korr} = \sqrt{\frac{\chi^2}{\chi^2+h_{..}} \cdot \frac{C^*}{C^*-1}} \qquad (2.55)$$

C^* stellt die Zahl der Zeilen in der Kontingenztafel dar, falls die Zahl der Spalten größer ist als die Zahl der Zeilen. In diesem Fall gilt: $C^* = n$.

C^* stellt die Zahl der Spalten dar, falls in der Kontingenztafel mehr Zeilen als Spalten enthalten sind ($C^* = m$).

Für Beispiel (15) erhält man für C^* den Wert 2. Somit erhält man für C_{korr}:

$$C_{korr} = \sqrt{\frac{4}{200+4} \cdot \frac{2}{1}}\ ;\ \underline{C_{korr} = 0{,}198}$$

und für Beispiel (16) erhält man:

$$C_{korr} = \sqrt{\frac{28{,}1625}{428{,}1625} \cdot \frac{3}{2}}$$

$$\underline{C_{korr} = 0{,}314}$$

2.5 Zusammenfassung und Ausblick

Die Korrelation misst die Stärke von Zusammenhängen, wobei je nach Merkmalsart unterschiedliche Kennzahlen verwendet werden. Liegen ausschließlich metrisch skalierte Merkmale vor, verwendet man den Korrelationskoeffizienten nach Bravais-Pearson. Liegen dagegen ordinal skalierte Merkmale vor oder eine Mischung von metrisch und ordinal skalierten Merkmalen, berechnet man zur Messung der Straffheit des Zusammenhangs den Rangkorrelationskoeffizienten nach Spearman. Er ist ebenfalls geeignet bei nichtlinearen Regressionen, so ist die Stärke des Zusammenhangs messbar über χ^2 mit dem Kontingenzkoeffizienten bzw. dem korrigierten Kontingenzkoeffizienten.

Zu den weiterführenden Analyseverfahren gehören u.a. die nichtlineare Regressionsrechnung, sowie die Bestimmung des partiellen Korrelationskoeffizienten (er misst die Stärke des Zusammenhangs zwischen zwei Merkmalen bei Konstanz der restlichen Merkmalsausprägungen).

Die bei der Auswertung empirischen Datenmaterials gefundenen Korrelationen können als Ausgangspunkt für Ursache-Wirkungsbeziehungen verwendet werden. Ein statistisches Modell hierzu ist die auf *Wright* zurückgehende Pfadanalyse. Mithilfe dieser multivariaten Methode ist eine quantitative Analyse kausaler Zusammenhänge möglich. Bei der Pfadanalyse werden zwei Arten von Variablen unterschieden:

- Ursachenvariablen (Einflussgrößen): Sie beeinflussen ursächlich eine oder mehrere Variable,
- Wirkungsvariable (Zielgrößen): Sie werden von einer oder mehrerer anderer Variablen kausal beeinflusst.

Von dem Korrelationskoeffizienten nach Bravais-Pearson kann man nicht ableiten, welche der Variablen Wirkung- bzw. Ursachenvariablen sind.

Hier bieten sich vier unterschiedliche Interpretationsmöglichkeiten an:

1. X_1 ist verursachend für den Wert Y_1 ($X_1 \rightarrow Y_1$): Eine Veränderung der Werte Y_1 wird ausschließlich durch Veränderung der X_1-Werte hervorgerufen. Alle anderen Variablen bleiben konstant.
2. Umkehrung von 1: Y_1 ist verursachend für X_1 ($Y_1 \rightarrow X_1$).
3. Die Abhängigkeit zwischen X_1 und Y_1 ist teilweise bedingt durch den Einfluss einer weiteren Variablen X_2, was aus der nachstehenden Darstellung zu ersehen ist:

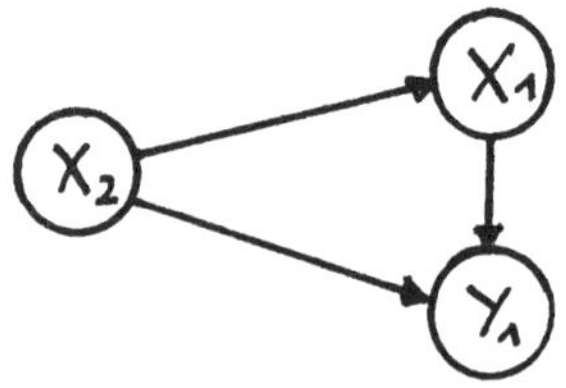

4. Die Korrelation zwisch X_1 und Y_1 ist kausal nicht interpretierbar, da der Zusammenhang alleine aus dem Merkmal X_2 resultiert, das hinter den Variablen X_1 und Y_1 steht.

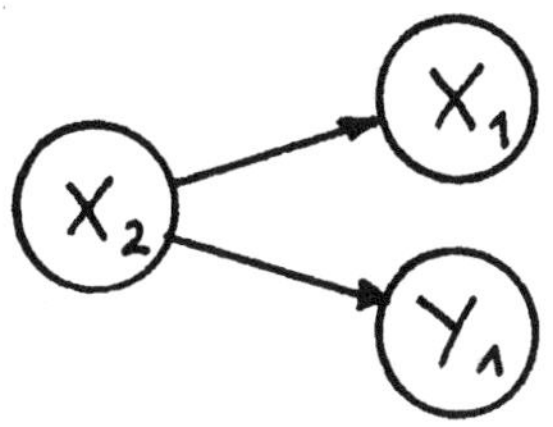

In diesem Fall (X_2 ist alleine für die Korrelation zwischen X_1 und Y_1 verantwortlich) wird der Korrelationskoeffizient r = 0, sofern man X_2 konstant hält.

Wird die Variable Y_1 von den drei Variablen X_1, X_2, X_3 beeinflusst, erhält man folgendes Pfaddiagramm:

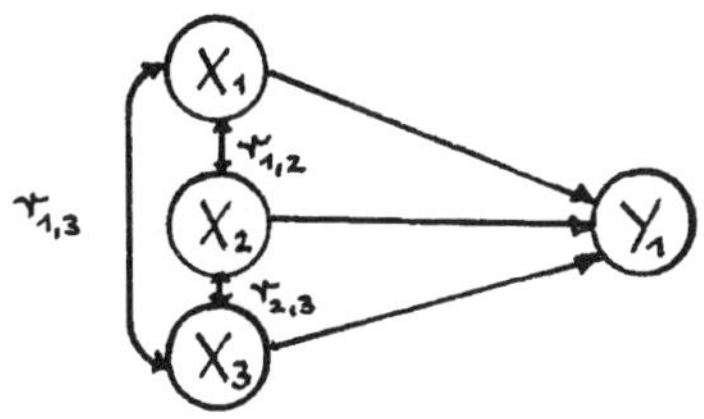

Die Richtung des Einflusses einer Variablen auf eine andere wird durch einen einfachen Pfeil (Pfad) dargesellt. Die Korrelationen zwischen den Ursachenvariablen werden durch einen Doppelpfeil gezeichnet.

Liegen zwei Wirkungsvariablen Y_1 und Y_2 vor, so erhält man beispielsweise folgendes Pfaddiagramm als grafische Darstellung der Struktur eines Wirkungsgefüges:

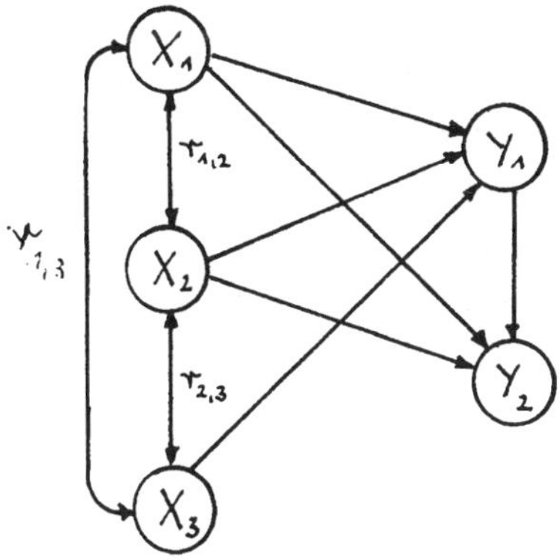

25 26

3. Varianzanalyse

Neben der Regressionsanalayse stellt die **Varianzanalyse** (Streuungszerlegung) eine Methode zur Untersuchung des Einflusses **einer** oder **mehrerer Variablen** auf eine **Zielgröße** dar.

Dabei sollen die Einflussgrößen (auch Faktoren genannt) entsprechend der zusammenfassenden Darstellung Abb. 14, Seite 288 **qualitativer** Natur sein, während die Zielgröße **quantitativer** Natur sei.

Interessiert bei einer Untersuchung nur **eine Zielgröße** (abhängige Variable), so liegt der Fall einer *univariaten* Varianzanalyse vor, die bei einer Einflussgröße einfaktorielle Varianzanalyse, bei *mehreren Einflüssen mehrfaktorielle Varianzanalyse* genannt wird (analysis of variance; abgekürzt *ANOVA).*

Bei der multivariaten Varianzanalyse werden **mehrere** Zielgrößen gleichzeitig betrachtet (Multivariate Analysis of Variance; abgekürzt *MANOVA),* wobei auch hier ein Einfluss (einfaktoriell) oder mehrere (mehrfaktorielle) Einflüsse wirken können.

		Zahl der Faktoren (Einflüsse) (qualitativ)		
		= 1	> 1	
Zahl der abhängigen Variablen (quantitativ)	= 1	1) einfaktorielle univariate Varianzanalyse	2) mehrfaktorielle univariate Varianzanalyse	univariate Varianz-analyse
	> 1	3) einfaktorielle multivariate Varianzanalyse	4) mehrfaktorielle multivariate Varianzanalyse	multi-variate Varianzanalyse
		einfaktorielle Varianzanalyse	mehrfaktorielle Varianzanalyse	

Abb. 14: Unterschiedliche Typen der Varianzanalyse

Einige **Beispiele sollen die möglichen Fragestellungen** veranschaulichen:

(1) Welche Auswirkungen haben unterschiedliche Produktvarianten auf die Höhe des Umsatzes?- (Feld 1)

(2) Welche Auswirkungen haben unterschiedliche Produktvarianten und unterschiedliche Standorte auf die Höhe des Umsatzes? – (Feld 2)

(3) Welche Auswirkungen haben unterschiedliche Produktvarianten auf die Höhe des Umsatzes und die Anzahl der verkauften Einheiten? – (Feld 3)

(4) Welche Auswirkungen haben unterschiedliche Produktvarianten und unterschiedliche Standorte auf die Höhe des Umsatzes und die Anzahl der verkauften Einheiten? - (Feld 4)

(5) Hat die Art der Verpackung einen Einfluss auf die Höhe der Absatzmenge? (Feld 1)

(6) Hat die Wahl des Absatzweges einen Einfluss auf die Absatzmenge? - (Feld 1)

(7) Hat die Gestaltung einer Anzeige einen Einfluss auf die Zahl der Personen, die sich an die Anzeige erinnern?- (Feld 1)

3.1 Univariate Varianzanalyse

3.1.1 Einfaktorieller Fall (einfache Streuungszerlegung)

Der (qualitative) Faktor A trete in m Stufen (Gruppen) auf, wobei m mindestens 2 betragen muss.

Aus jeder Stufe j soll jeweils eine Zufallsstichprobe gezogen werden, wobei der **Umfang einer jeden Stichprobe konstant n sein soll.**

Diese Festlegung erleichert die Auswertung und gewährleistet eine gleichgewichtige Behandlung jeder Stichprobe. Die Daten seien in folgender Form angeordnet:

Gruppe (Spalte)

1	2	...	j	...	m
x_{11}	x_{12}	...	x_{1j}	...	x_{1m}
x_{21}	x_{22}	...	x_{2j}	...	x_{2m}
$\vdots$	$\vdots$	$\ddots$	$\vdots$	$\ddots$	$\vdots$
x_{i1}	x_{i2}	...	x_{ij}	...	x_{im}
$\vdots$	$\vdots$	$\ddots$	$\vdots$	$\ddots$	$\vdots$
x_{n1}	x_{n2}	...	x_{nj}	...	x_{nm}
$x_{\bullet 1}$	$x_{\bullet 2}$	...	$x_{\bullet j}$	...	$x_{\bullet m}$

Tab. 21: Anordnung der Daten bei der einfachen Streuungszerlegung

$x_{.j}$ stellt den (arithmetischen) **Mittelwert** der j-ten Gruppe (Spalte) dar. Der Gesamtmittelwert der **N = m mal n** Einzelwerte wird mit x.. bezeichnet und wird berechnet aus den Einzelwerten:

$$x_{..} = \frac{1}{m\,n} \sum_{j=1}^{m} \sum_{i=1}^{n} x_{ij} \qquad (3.1a)$$

oder aus den Gruppen(Spalten-)mittelwerten:

$$x_{..} = \frac{1}{m}\sum_{j=1}^{m} x_{.j} \tag{3.1b}$$

Die Gesamtvarianz soll zerlegt werden in einen Anteil, der durch die unterschiedlichen Mittelwerte $x_{.j}$ erklärt wird und in einen Anteil, der durch die Varianz innerhalb der einzelnen Stichproben gegeben ist. Zunächst wird die Abweichung des Einzelwertes x_{ij} vom Mittelwert $x_{..}$ zerlegt in:

$$(x_{ij} - x_{..}) = (x_{ij} - x_{.j}) + (x_{.j} - x_{..})$$

Beide Seiten der Gleichung werden quadriert und anschließend summiert.

$$(x_{ij} - x_{..})^2 = (x_{ij} - x_{.j})^2 + (x_{.j} - x_{..})^2 + 2\,(x_{ij} - x_{.j})\ (x_{.j} - x_{..})$$

$$\sum_{j=1}^{m}\sum_{i=1}^{n}(x_{ij} - x_{..})^2 = \sum_{j=1}^{m}\sum_{i=1}^{n}(x_{ij} - x_{.j})^2 + n\sum_{j=1}^{m}(x_{.j} - x_{..})^2 \tag{3.2}$$

Der Ausdruck $\quad 2\sum_{j=1}^{m}[(x_{.j} - x_{..})\sum_{i=1}^{n}(x_{ij} - x_{.j})]$

wird 0 wegen $\quad \sum_{i=1}^{n}(x_{ij} - x_{.j}) = 0$

(vgl. 1.5: Die Abweichungen der Merkmalswerte vom arithmetischen Mittelwert ergeben in der Summe 0.)

Gl. (3.2) besagt: Die **S**umme **d**er **q**uadrierten **A**bweichungen der Beobachtungswerte vom Gesamtmittelwert (S.d.q.A.) kann **zerlegt** werden in die S.d.q.A. der Einzelwerte vom jeweiligen Gruppen (Spalten-)mittelwert $x_{.j}$ und die S.d.q.A. der Gruppen(Spalten-)mittelwerte vom Gesamtmittelwert, multipliziert mit n (Stichprobenumfang).

Die einzelnen Varianzen erhält man durch Division der S.d.Q.A. mit der entsprechenden Zahl der Freiheitsgrade.

Für die Gesamtvarianz erhält man als Schätzwert für die Varianz der Einzelwerte:

$$s^2(G) = \frac{1}{n \cdot m - 1}\sum_{j=1}^{m}\sum_{i=1}^{n}(x_{ij} - x_{..})^2 \tag{3.3}$$

Für die Varianz „zwischen den Gruppen“ erhält man bei m-Gruppen und damit m-1 Freiheitsgraden:

$$s^2(m) = \frac{n}{m-1}\sum_{j=1}^{m}(x_{.j} - x_{..})^2 \tag{3.4}$$

Für die Varianz „innerhalb der Gruppen" erhält man bei N = n · m Einzelwerten und m Gruppenmittelwerten N-m = m (n – 1) Freiheitsgraden:

$$s^2(n) = \frac{1}{m(n-1)} \sum_{j=1}^{m} \sum_{i=1}^{n} (x_{ij} - x._j)^2 \tag{3.5}$$

Das Ergebnis dieser Rechnung kann durch nachstehendes Schema zusammengestellt werden:

Streuungsursache	S.d.q.A.	Zahl der Freiheitsgrade	mittlere Quadratsumme
zwischen den Gruppen	$S(m) = n\sum_{j=1}^{m}(x._j - x..)^2$	(m – 1)	$s^2(m) = \frac{n}{m-1}\sum_{j=1}^{m}(x._j - x..)^2$
innerhalb der Gruppen	$S(n) = \sum_{j=1}^{m}\sum_{i=1}^{n}(x_{ij} - x._j)^2$	m(n – 1)	$s^2(n) = \frac{1}{m(n-1)}\sum_{j=1}^{m}\sum_{i=1}^{n}(x_{ij} - x._j)^2$
gesamt	$S(G) = \sum_{j=1}^{m}\sum_{i=1}^{n}(x_{ij} - x..)^2$	n · m – 1	$s^2(G) = \frac{1}{n \cdot m - 1}\sum_{j=1}^{m}\sum_{i=1}^{n}(x_{ij} - x..)^2$

Tab. 22: Varianzanalysetafel für den einfaktoriellen Fall

3.1.2 Anwendungsbeispiel für eine einfaktorielle Varianzanalyse

Beispiel (17):

Ein Produkt wird in drei verschiedenen Produktvarianten (drei Verpackungsgrößen, drei Farben oder drei Formen) angeboten. Es soll untersucht werden, ob bezüglich der Tagesumsätze zwischen diesen Produktvarianten gesicherte (signifikante) Unterschiede bestehen oder ob die Unterschiede zufälliger Natur sind.

Es liegen aus einer Stichprobe 36 Tagesumsätze vor, von denen auf jede Produktvariante 12 Daten entfallen.

Faktor A: Produktvariante			
	A1	A2	A3
i \ j	x_{i1}	x_{i2}	x_{i3}
1	1.149	1.041	1.346
2	1.315	1.030	1.220
3	1.285	1.108	1.364
4	1.277	1.196	1.231
5	1.115	1.023	1.228
6	1.063	1.157	1.256
7	1.124	1.101	1.351
8	1.056	1.046	1.340
9	1.217	1.256	1.275
10	1.287	1.201	1.361
11	1.318	1.196	1.257
12	1.155	1.139	1.368
$x_{.j}$	1.196,75	1.124,50	1.299,75
$x_{..}$	= 1.207,00		

Tab. 23: Anordnung der Daten in den einzelnen Stufen (Spalten)

Auf der nächsten Seite ist der Rechengang ausführlich dargestellt. Bei der Ermittlung der S.d.q.A. wurde der etwas umständliche Weg gewählt, die Abweichungen und quadratischen Abweichungen von den Mittelwerten für jeden Merkmalswert zu bestimmen, um somit die Richtigkeit der Mittelwerte $x_{.j}$ und $x_{..}$ zu überprüfen (vgl. Gl. 1.5).

$(x_{ij} - x_{.j})$	$(x_{ij} - x_{.j})^2$		$(x_{ij} - x_{..})$	$(x_{ij} - x_{..})^2$
(1)	(2)		(3)	(4)
− 47,75	2.280,0625		− 58	3.364
+ 118,25	13.983,0625		+ 108	11.664
+ 88,25	7.788,0625		+ 78	6.084
+ 80,25	6.440,0625		+ 70	4.900
− 81,75	6.683,0625		− 92	8.464
− 133,75	17.889,0625		− 144	20.736
− 72,75	5.292,5625	j = 1	− 83	6.889
− 140,75	19.810,5625		− 151	22.801
+ 20,25	410,0625		+ 10	100
+ 90,25	8.145,0625		+ 80	6.400
+ 121,25	14.701,5625		+ 111	12.321
− 41,75	1.743,0625		− 52	2.704
Σ = 0	**Σ = 105.166,25**			
− 83,5	6.972,25		− 166	27.556
− 94,5	8.930,25		− 177	31.329
− 16,5	272,25		− 99	9.801
+ 71,5	5.112,25		− 11	121
− 101,5	10.302,25		− 184	33.856
+ 32,5	1.056,25		− 50	2.500
− 23,5	552,25	j = 2	− 106	11.236
− 78,5	6.162,25		− 161	25.921
− 131,5	17.292,25		+ 49	2.401
+ 76,5	5.852,25		− 6	36
+ 71,5	5.122,25		− 11	121
+ 14,5	210,25		− 68	4.624
Σ = 0	**Σ = 67.827,0**			
+ 46,25	2.139,0625		− 139	19.321
− 79,75	6.360,0625		+ 13	169
+ 64,25	4.128,0625		+ 157	24.649
+ 68,75	4.426,5625		+ 24	576
− 71,75	5.148,0625		+ 21	441
− 43,75	1.914,0625		+ 49	2.401
+ 51,25	2.626,5625	j = 3	+ 144	20.736
+ 40,25	1.620,0625		+ 133	17.689
− 24,75	612,5625		+ 68	4.624
+ 61,25	3.751,5625		+ 154	23.716
− 42,75	1.827,5625		+ 50	2.500
+ 68,25	4.658,0625		+ 161	25.921
Σ = 0	**Σ = 39.512,25**		**Σ = 0**	**Σ = 398.672**

Tab. 24: Auswertung des Zahlenbeispiels zur einfachen Streuungszerlegung

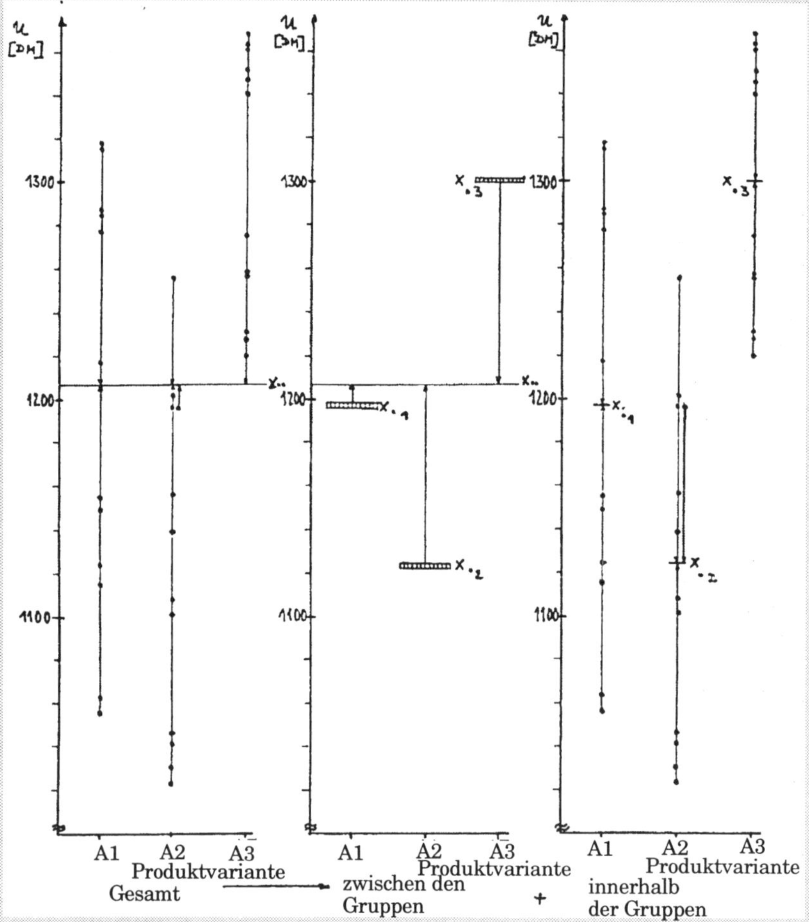

Abb. 15: Aufteilung der Abweichungen $x_{ij} - x_{..}$ in die Bestandteile $x_{.j} - x_{..}$ (zwischen den Gruppen) und $x_{ij} - x_{.j}$ (innerhalb der Gruppen)

Für die S.d.q.A. „innerhalb der Gruppen" erhält man den Wert 212.505,5 durch Addition der Summen in Spalte (2).

Für die S.d.q.A. „zwischen den Gruppen" erhält man 398.672 – 212.505,5 = 186.166,5.

Zur Kontrolle der Richtigkeit dieses Ergebnisses kann dieser Anteil entsprechend dem Ausdruck im Ergebnisschema bezeichnet werden:

$$S(3) = 12\sum_{j=1}^{3}(x._j - x..)^2$$

$$= 12[(1.196{,}175 - 1.297)^2 + (1.124{,}5 - 1.207)^2 + (1.299{,}75 - 1.207)^2]$$

$$= \underline{186.166{,}5}$$

Das Ergebnis der Varianzanalyse für dieses Beispiel lässt sich zusammenfassen.

	S.d.q.A.	Zahl der Freiheitsgrade	Durchschnitts-quadrat....
zwischen den Gruppen	186.166,5	2	$s^2(m)$ = 93.083,25
innerhalb der Gruppen	212.505,5	33	$s^2(n)$ = 6.439,56
insgesamt	398.672,0	35	$s^2(G)$ = 11.390,63

Tab. 25: Ergebnisschema des Beispiels (17)

Die S.d.q.A. insgesamt und die Gesamtvarianz werden in diesem Beispiel zu 46,7% (186.166,5 : 398.672,0 · 100%) durch den Einfluss „Produktvarianten" erklärt. 53,3% können durch den Faktor „Produktvariante" *nicht* erklärt werden.

3.1.3 Testverfahren zu dem Beispiel (17)

Mithilfe des F-Testes **(vgl. S. 245 ff.)** soll geprüft werden, ob der untersuchte Faktor „Produktvariante" einen signifikanten Einfluss auf das Merkmal „Umsatz" hat, d. h. ob die Unterschiede zwischen den Gruppenmittelwerten x_j signifikant oder zufällig sind. Die Nullhypothese H_0 lautet: Die Abweichungen der Stichproben-mittelwerte sind zufällig, d.h. alle Beobachtungswerte entstammen einer Grundgesamtheit.

Bei Anwendung des Testverfahrens wird vorausgesetzt:

1) Die Beobachtungswerte innerhalb einer Gruppe sind normalverteilt um den jeweiligen Gruppenmittelwert $x._j$.

2) Die Varianzen innerhalb der Gruppen weichen nicht signifikant voneinander ab.

Die 1. Voraussetzung kann als erfüllt angesehen werden.

Zu 2): Zunächst bilden wir als Prüfgröße die Quotienten der S.d.q.A. innerhalb der Gruppen:

$$F_{1/2} = \frac{105.166,25}{67.827,00} \quad F_{1/2} = 1,551$$

$$F_{1/3} = \frac{105.166,25}{39.512,25} \quad F_{1/3} = 2,662$$

$$F_{2/3} = \frac{67.827,00}{39.512,25} \quad F_{2/3} = 1,717$$

(Da die Gruppen gleich stark besetzt sind und somit die Zahl der Freiheitsgrade gleich ist, können bei der Bildung der Prüfgrößen die S.d.q.A. anstelle der Varianzen verwendet werden.)

Als Schwellenwert der F-Verteilung zur statistischen Sicherheit S = 95 % (einseitige Abweichung) mit den Freiheitsgraden $f_1 = f_2 = 11$ findet man auf Tab. 1 im Anhang vertafelt.

$$F_{95\%}\,(11;11) = 2,82$$

Da die berechneten F-Werte unterhalb des Schwellenwertes liegen, wird die Nullhypothese **nicht** verworfen. Die Abweichungen der Varianzen innerhalb der Gruppen sind lediglich zufälliger Natur.

Es wird die Nullhypothese
H_0: Der Faktor „Produktvariante" hat **keinen** Einfluss auf das Merkmal „Umsatz"
gegen die Alternativhypothese H_1
H_1 Der Faktor „Produktvariante" hat Einfluss auf das Merkmal „Umsatz" (d.h. wenigstens zwei Gruppenmittelwerte weichen signifikant voneinander ab) getestet.

Dabei wird die Nullhypothese zu einem Signifikanzniveau S = 1- α verworfen,

$$F = s_I^2 / s_{II}^2 > F_{f1/f2}\,(1-\alpha)$$

Aus der Varianzanalysetafel (S. 275) ergibt sich für F:

$$F = \frac{93.083,25}{6.439,56} \;; \quad F = 14,455$$

Bei einer Sicherheit S von 99,5 % und den Freiheitsgraden $f_1 = 2$ und $f_2 = 33$ findet man in Tafel 4 im Anhang als Schwellenwert:

$$F_{99,5\%}\,(2\,;\,33) = 6,25$$

Die Nullhypothese muss also zu Gunsten der Alternativhypothese verworfen werden bei einer Sicherheit von S = 99,5 %. Die Produktvarianten stellen also einen signifikanten Einfluss auf den Umsatz dar.

Abschließend soll mithilfe des t-Testes überprüft werden, welche Gruppenmittelwerte signifikant voneinander abweichen. Bei dem nachfolgenden Testverfahren wird die **gleiche Varianz innerhalb der Gruppen** vorausgesetzt, was in diesem Fall zutrifft.

Für den einseitigen Test: $\mu_1 > \mu_2$
wird die Nullhypothese H_0: $\mu_1 > \mu_2$ verworfen, falls die Prüfgröße größer ist als der Schwellenwert.

Prüfgröße: $t_b = \frac{x_{\cdot 1} - x_{\cdot 2}}{s_d}$ (3.6) mit $s_d^2 = \frac{s_1^2 + s_2^2}{n}$ (3.7)

Schwellenwert: $t_{1-\alpha; f}$ mit $f = n_1 + n_2 - 2$

Die Schwellenwerte der t-Verteilung (Student) findet man auf Tafel 6 im Anhang.

1) Vergleich der Mittelwerte $x_{\cdot 1}$ und $x_{\cdot 2}$:

$$S_d^2 = \frac{105.166,25 + 67.827}{11 \cdot 12}; \; S_d^2 = 1.310,055 \; ; \; S_d = 36,202$$

Prüfgröße ($x_{\cdot 1}$ gegen $x_{\cdot 2}$) $\frac{1.119,75 - 1.124,5}{36,202} = \underline{1.966}$

2) Vergleich der Mittelwerte $x_{\cdot 3}$ und $x_{\cdot 1}$

$$S_{d^2} = \frac{105.166,25 + 39.512,25}{11 \cdot 12} \; ; \; S_d^2 = 1.096,049 \; ; \; S_d = 33,107$$

Prüfgröße ($x_{\cdot 3}$ gegen $x_{\cdot 1}$) $\frac{1.299,75 - 1.196,75}{33,107} = \underline{3,111}$

3) Vergleich der Mittelwerte $x_{\cdot 3}$ und $x_{\cdot 2}$:

$$S_d^2 = \frac{67.827,0 + 39.512,25}{11 \cdot 12} \; ; \; S_d^2 = 813,176 \; ; \; S_d = 28,516$$

Prüfgröße ($x_{\cdot 3}$ gegen $x_{\cdot 2}$) $\frac{1.289,75 - 1.124,50}{28,516} = \underline{6,146}$

Durch Vergleich der drei Prüfgrößen mit den Schwellenwerten der t-Verteilung für f = 11 Freiheitsgrade erhält man die Testaussagen:

(1) Der Umsatzmittelwert $x_{\cdot 1}$ ist signifikant größer als Umsatzmittelwert $x_{\cdot 2}$ mit einer Sicherheit S = 95 %.

(2) Der Umsatzmittelwert $x_{\cdot 3}$ ist signifikant größer als Umsatzmittelwert $x_{\cdot 1}$ mit einer Sicherheit S = 99,5 %.

(3) Der Umsatzmittelwert $x_{\cdot 3}$ ist signifikant größer als Umsatzmittelwert $x_{\cdot 2}$ mit einer Sicherheit S = 99,95 %.

Alle **drei** Gruppenmittelwerte weichen also signifikant voneinander ab, wobei die Varianz innerhalb der Gruppen als (annähernd) einheitlich angesehen werden kann. Unter diesen Voraussetzungen kann man das (theoretische) **Modell mit systematischen Komponenten anwenden.** Bei diesem Modell existieren m Gruppen, wobei jeder Gruppe i eine Normalverteilung mit festem Mittelwert μ_i und einheitlicher Varianz σ^2 zugeordnet ist.

Für den Merkmalswert i der j.-ten Gruppe erhält man:

$$x_{ij} = \mu_j + \varepsilon_{ij} \tag{3.8}$$

ε_{ij} bedeutet die Abweichung des Merkmalswerts vom Gruppenmittelwert, mit $M(\varepsilon_{ij}) = o$; $\sigma^2(\varepsilon_{ij})$ konstant für alle Gruppen j.

Die Gruppenmittelwerte μ_j können über den Gesamtmittelwert

$$\mu = \frac{1}{m} \sum_{j=1}^{m} \mu_j \tag{3.9}$$

und den m Abweichungen $\alpha_i = \mu_i - \mu$ mit

$$\sum_{j=1}^{m} \alpha_i = 0 \quad \text{bzw.} \quad M(\alpha_i) = 0$$

umgebildet werden. Man erhält dann für (3.7):

$$x_{1j} = \mu \quad + \quad \alpha_i \quad + \quad \varepsilon_{ij} \tag{3.10}$$

systematische Komponente — Zufallskomponente

Jeder Beobachtungswert x_{ij} enthält somit einen systematischen Anteil α_i (Gruppen- oder Spalteneinfluss) und einen Zufallsanteil E_{ij} („Versuchsfehler", „error term").

μ wird durch x.. geschätzt.

Die Differenzen $x_{.j}$ - x.. (differentielle Effekte) bilden Schätzwerte für α_i. Im vorliegenden Fall erhält man für α_i die Schätzwerte:

α_1 geschätzt durch $x_{.1}$ - x.. = –10,25
α_2 geschätzt durch $x_{.2}$ - x.. = –82,50
α_3 geschätzt durch $x_{.3}$ - x.. = +92,75.

σ^2 als gemeinsame Varianz der ε_{ij} (quadrierte Abweichung der Einzelwerte vom jeweiligen Gruppenmittelwert) wird durch $s^2(n)$ geschätzt.

$\sigma^2(\varepsilon_{ij})$ wird geschätzt durch $s^2(n)$ = 6.439,56 (Tab. 25, S. 295)

3.1.4 Mehrfaktorielle Varianzanalyse bei mehrfacher konstanter Zellenbesetzung

Bei dem bisherigen Beispiel konnte die Gesamtvarianz zu 46,7 % durch den Faktor „Produktvariante" erklärt werden. Will man den erklärbaren Anteil der Varianz erhöhen, so müssen weitere Einflüsse (Faktoren) – sofern man diese festgestellt hat – in die Rechnung einbezogen werden. In der folgenden Zerlegung soll ein zusätzlicher Faktor aufgenommen werden. Dabei soll der Faktor A in m Gruppen ($m \geq 2$) in Spalten, der Faktor B in n Gruppen ($n \geq 2$) auftreten. Insgesamt treten n mal m Kombinationen der Ausprägungen der Faktoren A und B auf.

Jede Kombination der Zelle soll mit einer konstanten Anzahl von Merkmalswerten besetzt sein. Die Anordnung der Daten erfolgt nach der Darstellung in Tab. 26.

Bei der Zerlegung treten als Symbole auf:

$x_{...}$: Gesamtmittelwert
$x_{.j.}$: Mittelwert der Daten in der j-ten Spalte (Faktor A)
$x_{i..}$: Mittelwert der Daten in der i-ten Zeile (Faktor B)
$x_{ij.}$: Mittelwert der Daten in der Zelle ij
x_{ijk}: k-te Beobachtungswert in der Zelle ij

Spalten Nr. A → / Zeilen Nr. B ↓	1	2	...	j	...	m
1	$x_{11\bullet}$	$x_{12\bullet}$	...	$x_{1j\bullet}$	...	$x_{1m\bullet}$
2	$x_{21\bullet}$	$x_{22\bullet}$	...	$x_{2j\bullet}$	...	$x_{2m\bullet}$
$\vdots$	$\vdots$	$\vdots$	$\ddots$	$\vdots$	$\ddots$	$\vdots$
i	$x_{i1\bullet}$	$x_{i2\bullet}$	...	$x_{ij\bullet}$	...	$x_{im\bullet}$
$\vdots$	$\vdots$	$\vdots$	$\ddots$	$\vdots$	$\ddots$	$\vdots$
n	$x_{n1\bullet}$	$x_{n2\bullet}$	...	$x_{nj\bullet}$	...	$x_{nm\bullet}$

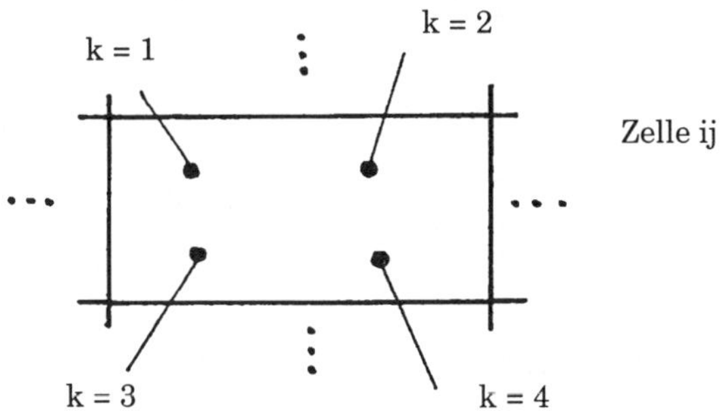

Tab. 26: Anordnung der Beobachtungswerte bei einer zweifaktoriellen Varianzanalyse

Der Index:

j kennzeichnet die m Spalten mit $1 \leq j \leq m$
i kennzeichnet die n Zeilen mit $1 \leq i \leq n$
ij kennzeichnet die m mal n Zellen (Felder) mit $1 \leq j \leq m$; $1 \leq i \leq n$
$_{ijk}$, kennzeichnet die p Beobachtungswerte in der Zelle ij mit $1 \leq k \leq p$
Insgesamt liegen $N = m \cdot n \cdot p$ Beobachtungswerte vor.

Bei der Zerlegung lassen sich die S.d.q.A. insgesamt sowie S.d.q.A. zwischen den Spalten (Faktor A) und zwischen den Zeilen (Faktor B) bestimmen.

S.d.q.A. (insgeamt) $$S(G) = \sum_{i=1}^{n}\sum_{j=1}^{m}\sum_{k=1}^{p}(x_{ijk} - x_{\bullet\bullet\bullet})^2 \tag{3.11 a}$$

S.d.q.A. (Spalten) $$S(A) = np\sum_{j=1}^{m}(x_{\bullet j \bullet} - x_{\bullet\bullet\bullet})^2 \tag{3.11 b}$$

S.d.q.A. (Zeilen) $$S(B) = m \cdot p\sum_{i=1}^{n}(x_{i\bullet\bullet} - x_{\bullet\bullet\bullet})^2 \tag{3.11 c}$$

Die gesamte Abweichung $x_{ijk} - x_{\bullet\bullet\bullet}$

kann zerlegt werden in

$$= (x_{ijk} - x_{ij\cdot}) + (x_{ij\cdot} - x_{i\cdot\cdot} - x_{\cdot j\cdot} + x_{\cdot\cdot\cdot}) + (x_{i\cdot\cdot} - x_{\cdot\cdot\cdot}) + (x_{\cdot j\cdot} - x_{\cdot\cdot\cdot})$$

Die Abweichungen werden quadriert und anschließend addiert. Man erhält:

$$\sum_{i=1}^{n}\sum_{j=1}^{m}\sum_{k=1}^{p}(x_{ijk} - x_{\bullet\bullet\bullet})^2 = \sum_{i=1}^{n}\sum_{j=1}^{m}\sum_{k=1}^{p}\Big[(x_{ijk} - x_{ij\bullet})^2 + (x_{ij\bullet} - x_{i\bullet\bullet} - x_{\bullet j\bullet} + x_{\bullet\bullet\bullet})^2$$
$$+(x_{i\bullet\bullet} - x_{\bullet\bullet\bullet})^2 + (x_{\bullet j\bullet} - x_{\bullet\bullet\bullet})^2\Big] \tag{3.12}$$

Die insgesamt sechs gemischten quadratischen Ausdrücke ergeben einzeln Null. Z.B.

$$2\sum_{i=1}^{n}\sum_{j=1}^{m}\sum_{k=1}^{p}(x_{ijk} - x_{ij\bullet})\,(x_{ij\bullet} - x_{i\bullet\bullet} - x_{\bullet j\bullet} + x_{\bullet\bullet\bullet})$$

kann umgeformt werden in:

$$2\sum_{i=1}^{n}\sum_{j=1}^{m}\left[(x_{ij\bullet} - x_{i\bullet\bullet}x_{\bullet j\bullet} + x_{\bullet\bullet\bullet})\underbrace{\sum_{k=1}^{p}(x_{ijk} - x_{ij\bullet})}_{=0}\right]$$

Wegen (1.5) wird der zweite Faktor Null und somit auch die gesamte Summe. Mit entsprechender Umformung verschwinden dann auch die Summen:

$$2\sum_{i=1}^{n}\sum_{j=1}^{m}\sum_{k=1}^{p}(x_{ijk} - x_{ij\bullet})\,(x_{i\bullet\bullet} - x_{\bullet\bullet\bullet})$$

und $$2\sum_{i=1}^{n}\sum_{j=1}^{m}\sum_{k=1}^{p}(x_{ijk} - x_{ij\bullet})\,(x_{\bullet j\bullet} - x_{\bullet\bullet\bullet})$$

Der Ausdruck

$$2\sum_{i=1}^{n}\sum_{j=1}^{m}\sum_{k=1}^{p}(x_{ij\bullet}-x_{i\bullet\bullet}-x_{\bullet j\bullet}+x_{\bullet\bullet\bullet})\,(x_{i\bullet\bullet}-x_{\bullet\bullet\bullet})$$

kann umgeformt werden in:

$$2p\sum_{i=1}^{n}(x_{i\bullet\bullet}-x_{\bullet\bullet\bullet})\left[\sum_{j=1}^{m}(x_{ij\bullet}-x_{i\bullet\bullet}-x_{\bullet j\bullet}+x_{\bullet\bullet\bullet})\right]$$

Für den zweiten Faktor erhält man bei der Summenbildung:

$$\begin{aligned}\sum_{j=1}^{m}(x_{ij\bullet}-x_{i\bullet\bullet}-x_{\bullet j\bullet}+x_{\bullet\bullet\bullet}) &= mx_{i\bullet\bullet}-mx_{i\bullet\bullet}-mx_{\bullet\bullet\bullet}+mx_{\bullet\bullet\bullet}\\ &=0\end{aligned}$$

Mit entsprechenden Überlegungen verschwindet dann auch der Ausdruck

$$2\sum_{i=1}^{n}\sum_{j=1}^{m}\sum_{k=1}^{p}(x_{ij\bullet}-x_{i\bullet\bullet}-x_{\bullet j\bullet}+x_{\bullet\bullet\bullet})\,(x_{\bullet j\bullet}-x_{\bullet\bullet\bullet})$$

Es verbleibt der Ausdruck:

$$2\sum_{i=1}^{n}\sum_{j=1}^{m}\sum_{k=1}^{p}(x_{i\bullet\bullet}-x_{\bullet\bullet\bullet})\,(x_{\bullet j\bullet}-x_{\bullet\bullet\bullet})$$

Dieser kann umgeformt werden in:

$$2p\sum_{i=1}^{n}\sum_{j=1}^{m}(x_{i\bullet\bullet}-x_{\bullet\bullet\bullet})\,(x_{\bullet j\bullet}-x_{\bullet\bullet\bullet})=2p\sum_{i=1}^{n}(x_{i\bullet\bullet}-x_{\bullet\bullet\bullet})\underbrace{\sum_{j=1}^{m}(x_{\bullet j\bullet}-x_{\bullet\bullet\bullet})}_{=0}$$

Der zweite Faktor ergibt wieder Null. Es verbleiben bei der Streuungszerlegung insgesamt vier quadratische Ausdrücke, wie sie in (3.11) aufgeführt sind. Der Einfluss des Faktors A wird durch den vierten Ausdruck auf der rechten Seite in (3.11) beschrieben:

$$\begin{aligned}\text{S.d.q.A.}(A) &= \sum_{i=1}^{n}\sum_{j=1}^{m}\sum_{k=1}^{p}(x_{\bullet j\bullet}-x_{\bullet\bullet\bullet})^2\\ &= np\sum_{j=1}^{m}(x_{\bullet j\bullet}-x_{\bullet\bullet\bullet})^2\end{aligned} \qquad (3.12\text{ a})$$

Der dritte Ausdruck auf der rechten Seite in (3.11) beschreibt den Teil der Gesamtvarianz, der auf den Faktor B zurückzuführen ist.

$$\begin{aligned}\text{S.d.q.A.}(B) &= \sum_{i=1}^{n}\sum_{j=1}^{m}\sum_{k=1}^{p}(x_{i\bullet\bullet}-x_{\bullet\bullet\bullet})^2\\ &= mp\sum_{i=1}^{n}(x_{i\bullet\bullet}-x_{\bullet\bullet\bullet})^2\end{aligned} \qquad (3.12\text{ b})$$

Der erste Ausdruck in (3.11) stellt die S.d.q.A. der Daten in den Zellen vom jeweiligen Zellenmittelwert dar. Dieser Anteil kann durch die Faktoren A und B *nicht* erklärt werden. Will man diesen Ausdruck verkleinern, müssen weitere wirksame Faktoren in die Rechnung eingeführt werden. Dieser Anteil wird oft als **Reststreuung oder Versuchsfehler** bezeichnet.

$$\text{S.d.q.A.(Rest)} = \sum_{i=1}^{n}\sum_{j=1}^{m}\sum_{k=1}^{p}(x_{ijk} - x_{ij\bullet})^2 \qquad (3.12\text{ c})$$

Der zweite Ausdruck in (3.11) wird zunächst rechnerisch und anschließend grafisch gedeutet werden:

Den Ausdruck $(x_{ij\bullet} - x_{i\bullet\bullet} - x_{\bullet j\bullet} + x_{\bullet\bullet\bullet})$

können wir auch in der folgenden Form schreiben:

$$(x_{ij\bullet} - x_{i\bullet\bullet}) - (x_{\bullet j\bullet} - x_{\bullet\bullet\bullet}) = (x_{ij\bullet} - x_{\bullet j\bullet}) - (x_{i\bullet\bullet} - x_{\bullet\bullet\bullet}) \qquad (3.13)$$

Dieser Ausdruck in (3.11) verschwindet, wenn

$$x_{ij\bullet} - x_{i\bullet\bullet} = x_{\bullet j\bullet} - x_{\bullet\bullet\bullet} \qquad (3.14\text{a})$$

bzw.

$$x_{ij\bullet} - x_{i\bullet\bullet} = x_{\bullet j\bullet} - x_{\bullet\bullet\bullet} \qquad (3.14\text{b})$$

ist.

Dieser Ausdruck in (3.11) misst die Unterschiede zwischen den Differenzen der Zellenmittelwerte vom entsprechenden Zeilenmittelwert gegenüber des entsprechenden Spaltenmittelwerts vom Gesamtmittelwert.

Der Ausdruck wird klein sein, wenn der Faktor A in allen Modifikationen des Faktors B in gleicher Weise wirksam ist. Fällt die Wirkung des Faktors A bei den einzelnen Ausprägungen des Faktors B unterschiedlich aus, wird der Ausdruck groß ausfallen. Man spricht von einer **Wechselwirkung** (Interaktion) **zwischen den Faktoren** A und B.

Die Abb. 16 a und 16 b stellen Beispiele ohne bzw. mit nur geringer Wechselwirkung (Interaktion) vor, starke Wechselwirkung (Interaktion) finden wir in den Abb. 17 a und 17 b. Der Streuungsanteil, der die Wechselwirkung zwischen den Faktoren A und B beschreibt, wird dargestellt als:

$$\text{S.d.q.A.(AB)} = \sum_{i=1}^{n}\sum_{j=1}^{m}\sum_{k=1}^{p}(x_{ij\bullet} - x_{i\bullet\bullet} - x_{\bullet j\bullet} + x_{\bullet\bullet\bullet})^2$$

$$= p\sum_{i=1}^{n}\sum_{j=1}^{m}(x_{ij\bullet} - x_{i\bullet\bullet} - x_{\bullet j\bullet} + x_{\bullet\bullet\bullet})^2 \qquad (3.12\text{ d})$$

Der Freiheitsgrad für die Wechselwirkung ist gleich dem Produkt der Freiheitsgrade der Faktoren A und B.

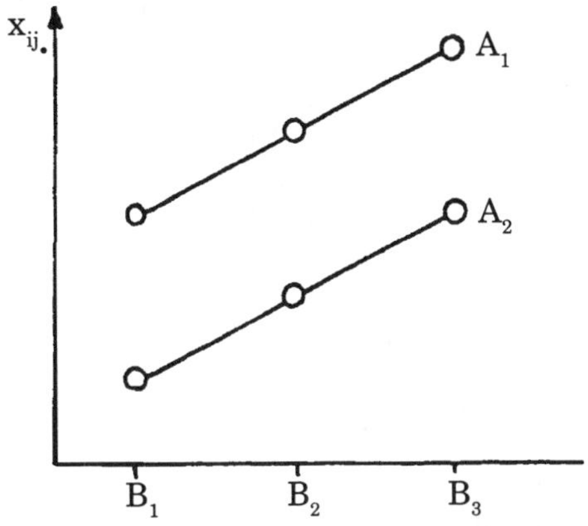

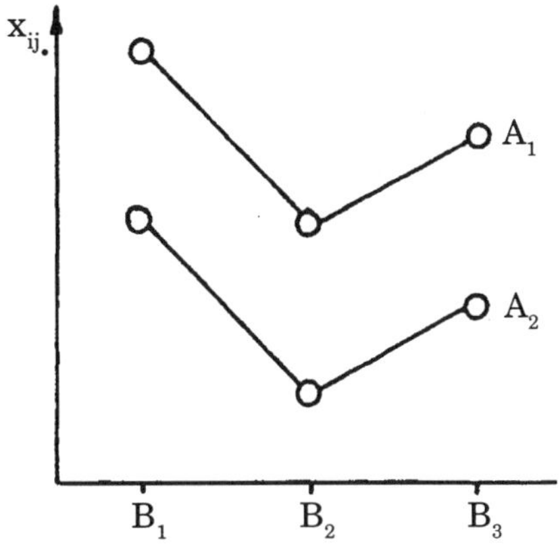

Abb. 16 a: **keine Wechselwirkung (Interaktion)** **Abb. 16 b:**

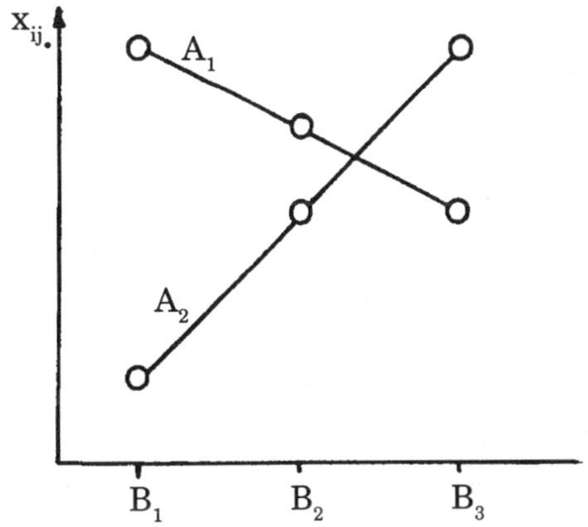

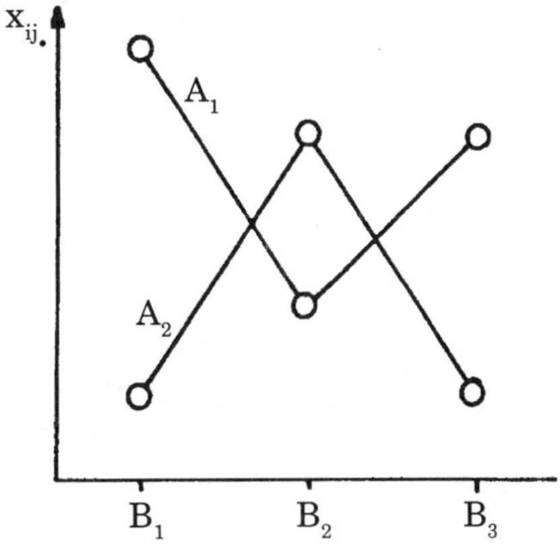

Abb. 17 a: **starke Wechselwirkung (Interaktion)** **Abb. 17 b:**

3.1.5 Anwendungsbeispiel zur mehrfaktoriellen Varianzanalyse Beispiel (18):

Das Anwendungsbeispiel in 3.1.2 wird wieder aufgegriffen. Dabei soll jetzt ein zweiter Einfluss (Faktor) untersucht werden mit der Absicht, den ungeklärten Streuungsanteil von 53,3% zu reduzieren. Nach den Produktvarianten soll jetzt der Einfluss unterschiedlicher Standorte (Testmärkte) untersucht werden. Dieser Faktor tritt in drei Stufen B1, B2 und B3 auf, womit man in Kombination mit den drei Produktvarianten A1, A2 und A3 insgesamt neun Zellen erhält, wobei jede Zelle vierfach besetzt ist.

Das Zahlenmaterial in 3.1.2 auf Seite 292 ff. wird unter Berücksichtigung des Faktors B in modifizierter Form in Tab. 27 dargestellt.

Produktart A / Ort B	A1	A2	A3
B1	1.149 1.315 1.285 1.277	1.041 1.030 1.108 1.196	1.346 1.220 1.364 1.231
B2	1.115 1.053 1.124 1.056	1.023 1.157 1.101 1.046	1.228 1.256 1.351 1.340
B3	1.217 1.287 1.318 1.155	1.256 1.201 1.196 1.139	1.275 1.361 1.257 1.368

Tab. 27: Umsätze x_{ijk} bei m = 3 Produktarten und n = 3 Standorten für je k = 4 Replikationen (Tagesumsätze)

Die Tab. 28 enthält die neun Zellenmittelwerte $x_{ij}.$, aus denen dann die Mittelwerte der Produktvarianten $x._j.$ und der Standorte $x_i..$ berechnet werden, die jeweils aus zwölf Einzelwerten gebildet werden. Zur Bestimmung der Streuungsanteile, die durch die Faktoren bestimmt sind, werden in der letzten Spalte die quadrierten Mittelwerte der beiden Faktoren aufgeführt. Die Werte in den stark umrandeten Feldern stellen die Summe der quadrierten Zeilen- bzw. Spaltenmittelwerte dar.

	A1	A2	A3	$N_j.$	$x_i..$	$x_i..^2$
B1	1.256,50	1.093,75	1.290,25	12	1.213,5	1.472.582,25
B2	1.089,50	1.081,75	1.293,75	12	1.155	1.334.025
B3	1.244,25	1.198,0	1.315,25	12	1.252,5	1.568.756,25
$N._j$	12	12	12	N=36		
$x._j.$	1.196,75	1.124,5	1.299,75		$x...=1.207$	$\sum x_i..^2=$ 4.375.363,50
$x._j.^2$	1.432.210,5625	1.264.500,25	1.689.350,0625		$\sum x._j.^2=$ 4.386.060,875	$x...^2=$ 1.456.849

Tab. 28: Zellenmittelwerte $x_{ij}.$, Zeilen- und Spaltenmittelwerte $x._j.$, $x_i..$ und quadrierte Mittelwerte $x._j.^2$ und $x_i..^2$. (In Anlehnung an *Henning/Stange:* Formeln und Tabellen der mathematischen Statistik)

(1) Der Einfluss des Faktors A wurde in 3.1.2 bereits berechnet. Seine erneute Berechnung dient somit nur der Kontrolle. Durch Umformung des quadratischen Ausdrucks von (3.11 a) erhält man:

$$\text{S.d.q.A.}(A) = n\,p\left(\sum_{j=1}^{m} x_{\bullet j\bullet}^2 - 2x_{\bullet\bullet\bullet}\sum_{j=1}^{m} x_{\bullet j\bullet} + m x_{\bullet\bullet\bullet}^2\right)$$

$$= n\,p\sum_{j=1}^{m}(x_{\bullet j\bullet}^2 - m x_{\bullet\bullet\bullet}^2) \qquad (3.12\text{ a})$$

(1) in Zahlenwerten:
S.d.q.A. = 12 (4.386.060,875 – 3 · 1.456.849)
= 186.166,5
(Damit wird das Resultat in 3.1.2 bestätigt)

(2) Der Einfluss des Faktors B wird nach entsprechender Umformung von (3.11b) berechnet:

$$\text{S.d.q.A.}(B) = m\,p\left(\sum_{i=1}^{n} x_{i\bullet\bullet}^2 - 2x_{\bullet\bullet\bullet}\sum_{i=1}^{n} x_{i\bullet\bullet} + n x_{\bullet\bullet\bullet}^2\right) \qquad (3.12\text{ b})$$

$$= m\,p\sum_{i=1}^{n}(x_{i\bullet\bullet}^2 - n x_{\bullet\bullet\bullet}^2)$$

in Zahlenwerten:
S.d.q.A. = 12 (4.375.363,50 – 3 · 1.456.849)
= 57.798,0

(3) Zur Ermittlung des Ausmaßes der Wechselwirkung wird der Ausdruck in (3.11 d) ebenfalls umgeformt:

$$\text{S.d.q.A.}(A) = p\sum_{i=1}^{n}\sum_{j=1}^{m}\left[(x_{ij\bullet} - x_{i\bullet\bullet})^2 - 2(x_{ij\bullet} - x_{i\bullet\bullet})(x_{\bullet j\bullet} - x_{\bullet\bullet\bullet}) + (x_{\bullet j\bullet} - x_{\bullet\bullet\bullet})^2\right]$$

$$= p\sum_{i=1}^{n}\sum_{j=1}^{m}\left[x_{ij\bullet}^2 - x_{i\bullet\bullet}^2 + x_{\bullet j\bullet}^2 - x_{\bullet\bullet\bullet}^2 - 2(x_{ij\bullet}x_{\bullet j\bullet} - x_{i\bullet\bullet}x_{\bullet j\bullet}\right.$$

$$\left. - x_{ij\bullet}x_{\bullet\bullet\bullet} + x_{i\bullet\bullet}x_{\bullet\bullet\bullet})\right]$$

$$= p\left[\sum_{i=1}^{n}\sum_{j=1}^{m} x_{ij\bullet}^2 - m\sum_{i=1}^{n} x_{i\bullet\bullet}^2 + n\sum_{j=1}^{m} x_{\bullet j\bullet}^2 - mnx_{\bullet\bullet\bullet}^2 - 2\sum_{j=1}^{m} x_{\bullet j\bullet}\sum_{i=1}^{n} x_{ij\bullet}\right.$$

$$\left. +2\sum_{i=1}^{n} x_{i\bullet\bullet}\sum_{j=1}^{m} x_{\bullet j\bullet} + 2x_{\bullet\bullet\bullet}\sum_{i=1}^{n}\sum_{j=1}^{m} x_{ij\bullet} - 2mx_{\bullet\bullet\bullet}\sum_{i=1}^{n} x_{i\bullet\bullet}\right]$$

$$= p\left[\sum_{i=1}^{n}\sum_{j=1}^{m} x_{ij\bullet}^2 - m\sum_{i=1}^{n} x_{i\bullet\bullet}^2 + n\sum_{j=1}^{m} x_{\bullet j\bullet}^2 - mnx_{\bullet\bullet\bullet}^2 - 2n\sum_{j=1}^{m} x_{\bullet j\bullet}^2\right.$$

$$\left. +2mnx_{\bullet\bullet\bullet}^2 + 2mnx_{\bullet\bullet\bullet}^2 = 2mnx_{\bullet\bullet\bullet}^2\right]$$

$$= p\left[\sum_{i=1}^{n}\sum_{j=1}^{m} x_{ij\bullet}^2 - m\sum_{i=1}^{n} x_{i\bullet\bullet}^2 - n\sum_{j=1}^{m} x_{\bullet j\bullet}^2 - mnx_{\bullet\bullet\bullet}^2 + 2mnx_{\bullet\bullet\bullet}^2\right]$$

Somit verbleibt:

$$\text{S.d.q.A. } (A,B) = p\left[\underbrace{\sum_{i=1}^{n}\sum_{j=1}^{m} x_{ij\bullet}}_{(1)} - m\underbrace{\sum_{i=1}^{n} x_{i\bullet\bullet}^2}_{(2)} - n\underbrace{\sum_{j=1}^{m} x_{\bullet j\bullet}^2}_{(3)} + \underbrace{mnx_{\bullet\bullet\bullet}^2}_{(4)}\right] \quad (3.12\text{ d})$$

Ausdruck (1) ist aus der nachstehenden Tabelle zu entnehmen, Ausdrücke (2), (3) und (4) sind nach der vorigen Tabelle berechnet worden.

j → / i ↓	A1	A2	A3	$\sum_{i=1}^{3} x_{ij\cdot}^{2}$
B1	1.578.792,25	1.196.289,0625	1.664.745,0625	4.439.826,375
B2	1.187.010,25	1.170.183,0625	1.673.789,0625	4.030.982,375
B3	1.548.158,0625	1.435,204	1.729.882,5625	4.713.244,625
$\sum_{i=1}^{3} x_{ij\cdot}^{2}$	4.313.960,5625	3.801.676,125	5.068.416,6875	13.184.053,375

Tab. 29: Darstellung der Größen $x_{ij\cdot}^2$ zur Berechnung der Wechselwirkung (Interaktion). (In Anlehnung an *Henning/Stange:* Formeln und Tabellen der mathematischen Statistik)

Die entsprechenden Zahlenwerte werden in (3.12 d) eingesetzt:

S.d.q.A. (A, b) = 4 · (13.184.053,375 – 3 · 4.386.060,875 – 3 · 4.375.363,50 + 9 · 1.45.849)
= 45.685

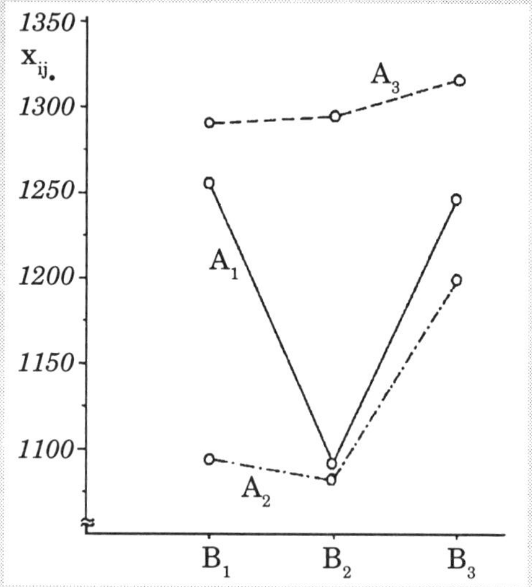

Abb. 18: Verlauf der Wechselwirkung zwischen Produktvariante (Faktor A) und Standort (Faktor B).

(4) Aus (3.11) wäre noch der 1. Ausdruck – die so genannte „Reststreuung" – zu bestimmen. In 3.1.2 war bereits die S.d.q.A. insgesamt ermittelt worden. Somit wäre die Reststreuung, die nicht durch die Faktoren A und B erklärt werden kann, recht einfach bestimmbar.

S.d.q.A. (Rest)= S.d.q.A. (insges.) – S.d.q.A. (A) – S.d.q.A. (B) – S.d.q.A. (A, B)
= 398.672,0 – 186.166,5 – 57.798 – 45.685
= 103.022,5

Zur Kontrolle soll dieser Ausdruck auf einem anderen Weg berechnet werden:

$$\sum_{i=1}^{n}\sum_{j=1}^{m}\sum_{k=1}^{p}(x_{ijk}-x_{ij\bullet}^{2}) = \sum_{i=1}^{n}\sum_{j=1}^{m}\sum_{k=1}^{p}(x_{ijk}^{2}-2x_{ijk}\,x_{ij\bullet}+x_{ij\bullet}^{2})$$

$$= \sum_{i=1}^{n}\sum_{j=1}^{m}\sum_{k=1}^{p}x_{ijk}^{2} - 2\sum_{i=1}^{n}\sum_{j=1}^{m}x_{ij\bullet}\sum_{k=1}^{p}x_{ijk} + p\sum_{i=1}^{n}\sum_{j=1}^{m}x_{ij\bullet}^{2}$$

$$= \sum_{i=1}^{p}\sum_{j=1}^{q}\sum_{k=1}^{n}x_{ijk}^{2} - 2p\sum_{i=1}^{n}\sum_{j=1}^{m}x_{ij\bullet}^{2} + p\sum_{i=1}^{n}\sum_{j=1}^{m}x_{ij\bullet}^{2}$$

$$= \sum_{i=1}^{n}\sum_{j=1}^{m}\sum_{k=1}^{p}x_{ijk}^{2} - p\sum_{i=1}^{n}\sum_{j=1}^{m}x_{ij\bullet}^{2} \qquad (3.13)$$

Zelle	x_{ijk}	x_{ijk}^2	Zelle	x_{ijk}	x_{ijk}^2	Zelle	x_{ijk}	x_{ijk}^2
	1.149	1.320.201		1.041	1.083,681		1.346	1.811.716
A1 B1	1.315	1.729.225	A2 B1	1.030	1.060,900	A3 B1	1.220	1.488.400
	1.285	1.651.225		1.108	1.227,664		1.364	1.860.496
	1.277	1.630.729		1.196	1.420,416		1.231	1.515.361
	1.115	1.243.225		1.023	1.046,529		1.228	1.507.984
A1 B2	1.063	1.129.969	A2 B2	1.157	1.338,649	A3 B2	1.256	1.577.336
	1.124	1.263.376		1.101	1.212,201		1.351	1.825.201
	1.056	1.115.136		1.046	1.094,116		1.340	17.795.600
	1.217	1.481.089		1.256	1.577,536		1.275	1.625.625
	1.287	1.481.089		1.201	1.442,401		1.361	1.852.321
A1 B3	1.318	1.656.369	A2 B3	1.196	1.430,416	A3 B3	1.257	1.580.049
	1.155	1.737.124		1.139	1.297,321		1.368	1.871.434
		1.334.025						
		Σ = 17.291.693			Σ = 15.241.830			Σ = 20.311.713

Tab. 30: x_{ijk} geordnet nach Zellen:

$$\sum_{i=1}^{3}\sum_{j=1}^{3}\sum_{k=1}^{4}x_{ijk}^{2} = 52.845.236$$

Die einzelnen Werte x_{ijk}^2 finden wir in Tab. 30 aufgelistet, während der zweite Ausdruck in (3.13) aus Tab. 29 zu entnehmen ist. Somit erhält man:

S.d.q.A. (Rest) = 52.845.236 – 4 · 13.184,053,374
S.d.q.A. (Rest) = 109.022,9

(5) Zur Kontrolle der bisherigen Rechnung soll die S.d.q.A. (insgesamt) noch berechnet werden:

$$\sum_{i=1}^{n}\sum_{j=1}^{m}\sum_{k=1}^{p}(x_{ijk}-x_{\bullet\bullet\bullet})^2=\sum_{i=1}^{n}\sum_{j=1}^{m}\sum_{k=1}^{p}x_{ijk}^2-2x_{\bullet\bullet\bullet}\sum_{i=1}^{n}\sum_{j=1}^{m}\sum_{k=1}^{p}x_{ijk}+nmpx_{\bullet\bullet\bullet}^2$$

$$=\sum_{i=1}^{n}\sum_{j=1}^{m}\sum_{k=1}^{p}x_{ijk}^2-2nmpx_{\bullet\bullet\bullet}^2+nmpx_{\bullet\bullet\bullet}^2$$

$$=\sum_{i=1}^{n}\sum_{j=1}^{m}\sum_{k=1}^{p}x_{ijk}^2-nmpx_{\bullet\bullet\bullet}^2$$

Zahlenwerte:

$$\sum_{i=1}^{3}\sum_{j=1}^{3}\sum_{k=1}^{4}(x_{ijk}-x_{\bullet\bullet\bullet})^2=52.845.236-36\cdot 1.456.849$$

$$=\underline{398.672}$$

Zusammenfassende Darstellung

Die grafische Darstellung der Streuungszerlegung finden wir in Abb. 19. Der durch den Faktor A nicht erklärbare Anteil von 53,3% ist durch Aufnahme des Faktors des B auf 27,3% (Verhältnis S.d.q.A. (Rest) zu S.d.q.A. (gesamt)) gesunken. Die tabellarische Darstellung erfolgt nach dem Muster von Tab. 31 (S. ???). Die Übertragung auf unser Beispiel finden wir in Tab. 32 auf der Seite ???.

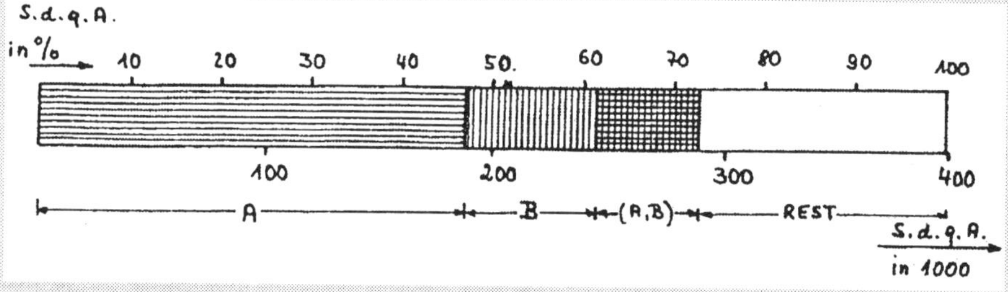

Abb. 19: Aufspaltung der S.d.q.A. (Gesamt) auf die Faktoren- und Wechselwirkungseffekte

3.1.6 Testverfahren zur Feststellung signifikanter Effekte

Die Faktoren- und Wechselwirkungseffekte des Beispiels einer zweifaktoriellen Varianzanalyse werden jetzt auf Signifikanz getestet. Dabei wird als Prüfgröße das Durchschnittsquadrat (Varianz) eines Einflusses auf das Durchschnittsquadrat (Varianz) der Reststreuung bezogen und mit den Schwellenwerten der F-Verteilung verglichen.

Der Einfluss des Faktors A braucht nicht besonders betrachtet werden, da hier bereits unter 3.1.3 signifikante Effekte festgelegt wurden. Auffallend ist jedoch, dass die Prüfgröße im bifaktoriellen Fall (Tab. 32 Spalte 5) mit 23,05 wesentlich

Varianzursache	S.d.q.A.	Freiheitsgrade	Durchschnittsquadrat	Prüfgröße F_B	Schwellenwert $F_{1-\alpha}(f_1; f_2)$
Faktor A	$S(A) = pn\sum_{j=1}^{m}(x_{\bullet j \bullet} - x_{\bullet\bullet\bullet})^2$	(m – 1)	$s^2(A) = \frac{S(A)}{m-1}$	$\frac{s^2(A)}{s^2(\text{Rest})}$,	$F_{1-\alpha}[(m-1); mn(p-1)]$
Faktor B	$S(B) = pm\sum_{i=1}^{n}(x_{i\bullet\bullet} - x_{\bullet\bullet\bullet})^2$	(n – 1)	$s^2(B) = \frac{S(B)}{n-1}$	$\frac{s^2(B)}{s^2(\text{Rest})}$	$F_{1-\alpha}[(n-1); mn(p-1)]$
Wechselwirkung Interaktion	$S(A,B) =$ $p\sum_{i=1}^{n}\sum_{j=1}^{m}(x_{ij\bullet} - x_{i\bullet\bullet} - x_{\bullet j \bullet} + x_{\bullet\bullet\bullet})^2$	(m – 1)(n – 1)	$s^2(A,B) = \frac{S(A,B)}{(m-1)(n-1)}$	$\frac{s^2(A,B)}{s^2(\text{Rest})}$	$F_{1-\alpha}[(m-1); (n-1)\, mn(p-1)]$
Rest	$S(\text{Rest}) = \sum_{i=1}^{n}\sum_{j=1}^{m}\sum_{k=1}^{p}(x_{ijk} - x_{ij\bullet})^2$	mn(p – 1)	$s^2(\text{Rest}) = \frac{S(\text{Rest})}{mn(p-1)}$		
Gesamt	$S(G) = \sum_{i=1}^{n}\sum_{j=1}^{m}\sum_{k=1}^{p}(x_{ijk} - x_{\bullet\bullet\bullet})^2$	mnp – 1	$s^2(G) = \frac{S(G)}{mnp-1}$		

Tab. 31: Zerlegungstafel für eine zweifaktorielle Varianzanalyse[1)]

[1)] In Anlehnung an *Elpelt-Hartung:* Grundkurs Statistik, S. 195, München, Wien, 1987

Varianz-ursache	S.d.q.A.	FG	Durchschnitts-quadrat	Prüfgröße F_B	Schwellenwert $F_{1-\alpha}(f_1; f_2)$ $1 - \alpha = 0{,}995$	Schwellenwert $F_{1-\alpha}(f_1; f_2)$ $1 - \alpha = 0{,}95$
(1)	(2)	(3)	(4)	(5)	(6)	(7)
Faktor A	186.166,5	2	93.083,25	23,05	6,54	–
Faktor B	57.798,0	2	28.899,00	7,16	6,54	–
Wechsel-wirkung (Interaktion) (A, B)	45.685,0	4	11.421,25	2,83	4,79	2,74
Rest	109.022,5	27	4.037,87	–	–	–
Gesamt	398.672,0	35	11.390,63	–	–	–

Tab. 32: Zerlegungstafel für das Anwendungsbeispiel

größer war als im einfaktoriellen Fall mit 14,455. Dies ist einleuchtend, da der Anteil „innerhalb der Gruppen" im bifaktoriellen Fall aufgespalten wird in den Streuungsanteil Faktor B, Wechselwirkung und Rest. Weiterhin fällt der höhere Schwellenwert im bifaktoriellen Fall (6,54 gegen 6,25) auf, was wegen der verminderten Restfreiheitsgrade (27 gegen 33) zu erklären ist.

Innerhalb der drei Stufen des Faktors B bestehen keine signifikanten Unterschiede in den Varianzen. Die S.d.q.A. im Fall B1 betragen 139.027, in den Fällen B2 = 141.222 und B3 = 60.625 (berechnet durch Addition der entsprechenden x_{ijk}^2-Werte aus Tab.30 vermindert um den jeweiligen Betrag $12 \cdot x_{i..}^2$).

Damit erhält man folgende Prüfgrößen:

$$F_{2/1} = 1{,}016$$
$$F_{2/3} = 2{,}329$$
$$F_{1/3} = 2{,}293$$

Der entsprechende Schwellenwert mit S = 95 % und $f_1 = f_2 = 12$ beträgt 2,69. Somit können die Unterschiede in den Varianzen als zufällig angesehen werden.

Der F-Test ergab für den Faktor B einen deutlich signifikanten Effekt, d. h. die Umsatzmittelwerte sind bezüglich des Faktors „Standort" signifikant verschieden (Tab. 32).

Es soll nun mithilfe des t-Tests untersucht werden, welche Mittelwerte signifikant verschieden sind. Hierbei verwenden wir wieder die Ausdrücke in Gl. (3. 6) und Gl. (3.7), S. ???.

(1) Mittelwerte $x_{1..}$ und $x_{2..}$

$$s_d^2 = \frac{139.027 + 141.222}{11{,}12}; \quad s_d^2 = 2.123{,}1; \quad s_d = 46.077$$

Prüfgröße:

$$\frac{x_1.. - x_2..}{s_d} = \frac{1.213{,}5 - 1.155}{46.077} = 1{,}2696$$

(2) Mittelwerte $x_1..$ und $x_3..$

$$s_d^2 = \frac{139.027 + 60.625}{11{,}12}; \quad s_d^2 = 1.512{,}5; \quad s_d = 38{,}891$$

Prüfgröße:

$$\frac{x_3.. - x_1..}{s_d} = \frac{1.252{,}5 - 1.213{,}5}{38{,}891} = 1{,}003$$

(3) Mittelwerte $x_2..$ und $x_3..$

$$s_d^2 = \frac{141.222 + 60.625}{11{,}12}; \quad s_d^2 = 1.529{,}5; \quad s_d = 39{,}104$$

Prüfgröße:

$$\frac{x_3.. - x_2..}{s_d} = \frac{1.252{,}5 - 1.155}{39{,}104} = 2{,}493$$

Bei f = 22 findet man bei S = 95% den Schwellenwert (Tabelle 6 im Anhang):

$$t_{0,95;22} = 1{,}717$$

d.h. die Mittelwerte $x_2..$ und $x_3..$ weichen signifikant voneinander ab.

Für den bifaktoriellen Fall kann das Modell mit den systematischen Komponenten durch folgenden Ansatz beschrieben werden:

$$x_{ijk} = \mu + \alpha_j + \beta_i + (\alpha,\beta)_i + \varepsilon_{ijk} \qquad (3.15)$$

μ stellt den Gesamtmittelwert dar und wird geschätzt durch x...
α_j stellt den reinen Spalteneinfluss (Faktor A) dar und wird geschätzt durch $x_{.j.} - x_{...}$.

β_i stellt den reinen Zeileneinfluss dar und wird geschätzt durch $x_{i..} - x_{...}$ (Faktor B).
$(\alpha, \beta)_{ij}$ stellt den Zelleneinfluss oder Wechselwirkung dar und wird geschätzt durch $x_{ij} - x_{i..} - x_{.j.} + x_{...}$.

ε_{ijk} stellt die Abweichung des Merkmalswerts x_{ijk} vom Zellenmittelwert x_{ij} dar. Daraus ergibt sich für den Mittelwert der ε_{ijk} der Wert O. Die Varianz der ε_{ijk}, also $\sigma^2(\varepsilon_{ijk})$, wird durch s^2(Rest) = 4.037,87 geschätzt.

Weiterhin gilt:

Zusammenfassung der Schätzwerte:

$$\sum_{j=1}^{m} \alpha_j = \sum_{i=1}^{n} \beta_i = \sum_{i=1}^{n}\sum_{j=1}^{m} (\alpha,\beta)_{ij} = 0$$

Parameter	Schätzwert
α_1	–10,25
α_2	–82,50
α_3	+92,65
β_1	+ 6,5
β_2	–52,0
β_3	+45,5

$$\begin{pmatrix} \alpha_1\beta_1 & \alpha_2\beta_1 & \alpha_3\beta_1 \\ \alpha_1\beta_2 & \alpha_2\beta_1 & \alpha_3\beta_2 \\ \alpha_1\beta_3 & \alpha_2\beta_3 & \alpha_3\beta_3 \end{pmatrix} = \begin{pmatrix} +53,25 & -37,25 & -16,00 \\ -55,25 & +\ 9,25 & +46,00 \\ +\ 2,00 & +28,00 & -30,00 \end{pmatrix}$$

3.2 Multivariate Varianzanalyse (MANOVA)

Da bei diesem Verfahren mehrere abhängige metrische Variablen stehen, empfiehlt sich die Matrizenschreibweise.

Da der rechnerische Aufwand zur Durchführung eines Anwendungsbeispiels immens und kaum ohne Computereinsatz durchführbar ist, sei der Verfahrensgang hier nur skizziert für den Fall einer multivariaten einfaktoriellen Varianzanalyse.

Statt des Merkmalswertes x_{ij} (i-ter Wert in der j-ten Gruppe (Spalte)) erhält man nun den abhängigen Spaltenvektor x_{ij}. Die Zahl der Vektorkomponenten entspricht der Zahl der abhängigen Variablen.

X_{ij} stellt den Mittelwertvektor der j-ten Gruppe dar und X.. den Gesamtmittelwertvektor.

Ähnlich der Vorgehensweise in 3.1 findet die folgende Zerlegung statt.

$$(X_{ij} - X_{\bullet\bullet}) = (X_{ij} - X_{\bullet j}) + (X_{\bullet j} - X_{\bullet\bullet}) \qquad (3.16)$$

Dieser Ausdruck wird quadriert und anschließend über alle Werte der Untersuchung addiert, so erhält man die analoge Zerlegung. Die Summe der Abweichungen (Abweichungsquadrate und Produkte) aller Merkmalswerte vom Gesamtmittelwert S(G) (Matrix) ist gleich der Summe der Abweichungen zwischen den Gruppen S(m) und der Summe der Abweichungen innerhalb der Gruppen S(n).

$$S(G) = S(m) + S\ (n) \qquad (3.17)$$

Dabei erhält man für:

$$S(G) = \sum_{j=1}^{m} \sum_{i=1}^{n} (X_{ij} - X_{\bullet\bullet})(X_{ij} - X_{\bullet\bullet})^T \qquad (3.18\ a)$$

Die Anzahl der Vektoren je Gruppe sei konstant (n). m: Anzahl der Gruppen.

$$S(m) = \sum_{j=1}^{m} \sum_{i=1}^{n} (X_{\bullet j} - X_{\bullet\bullet})(X_{\bullet j} - X_{\bullet\bullet})^T \qquad (3.18\ b)$$

$$S(n) = \sum_{j=1}^{m} \sum_{i=1}^{n} (X_{ij} - X_{\bullet j})(X_{ij} - X_{\bullet j})^T \qquad (3.18\ c)$$

(T steht für transponierte Matrix)

Bei der Nullhypothese (die Unterschiede zwischen den Mittelwertvektoren sind nur zufälliger Natur oder zwischen den Mittelwertsvektoren bestehen keine signifikanten Unterschiede) wird als Prüfgröße WILKS'Lambda verwendet. Dieser Wert stellt das Verhältnis der Determinantenweite von S(m) und S(G) dar.

$$\mathrm{A} = \frac{|S(m)|}{|S(G)|} \qquad (3.19)$$

Als Prüfverteilung wird eine Approximation an die F-Verteilung herangezogen und durch Vergleich entschieden, ob die Unterschiede zwischen Gruppen zufällig oder signifikant sind.

(27) (28)

4. Diskriminanzanalyse (Trennverfahren)

Aufgabe der **Diskriminanzanalyse** ist es, zwei oder mehrere Gruppen so zu trennen, dass aussagefähige Erkenntnisse im Hinblick auf die Marktsituation gewonnen werden können. Die **unabhängigen** Variablen sind dabei **quantitativer** Natur, die **abhängige** (Kriteriumsvariable) ist **qualitativer** Natur (Umkehrung zur Varianzanalyse). In Abb. 20 sind die Verteilungen von drei Merkmalen (x_1, x_2, x_3) der beiden Gruppen A (volle Kreise) und B (nicht ausgefüllte Kreise) dargestellt. Zunächst stellt man fest, dass bei jeder der drei Variablen, für sich alleine betrachtet, die Gruppen A und B nicht auseinandergehalten werden können. Die Diskriminanzanalyse kann nun über eine Linearkombination der (im Beispiel drei) unabhängigen Variablen die Möglichkeit bieten, die Gruppen A und B optimal zu trennen.

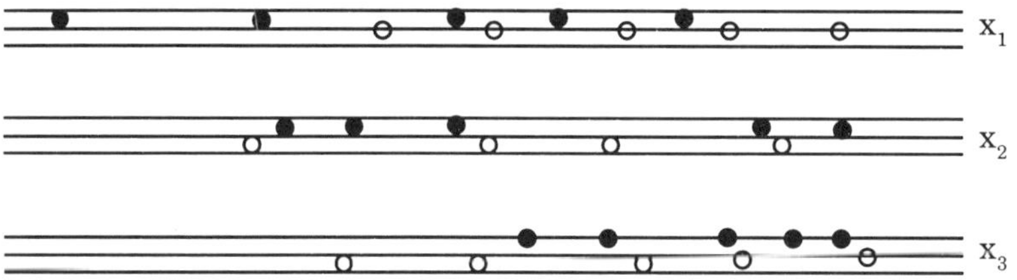

Abb. 20: Verteilungen von drei Variablen der Gruppen A und B

Am einfachsten kann das Trennungsverfahren durchgeführt werden, wenn nur zwei Gruppen vorliegen. Dieser Fall wird unter 4.1 betrachtet. Die Rechnung wird aufwendiger, wenn mehr als zwei Gruppen vorliegen.

Beispiele:

(1) Wodurch unterscheiden sich die Käufer der Automarken A und B? (Zweigruppenfall)

(2) Bestehen signifikante demografische Unterschiede zwischen Kunden der Banken A, B, C und D?
(Mehrgruppenfall)

(3) Inwiefern unterscheiden sich Studenten und Auszubildende?

(4) Inwiefern unterscheiden sich Käufer eines Produkts von Nichtkäufern?

(5) In welcher Hinsicht unterscheiden sich Familien ohne Kinder und mit Kindern?

(6) Aufgrund welcher Merkmale können erfolgreiche und nicht erfolgreiche Studenten unterschieden werden?

4.1 Diskriminanzanalyse bei zwei Gruppen

4.1.1 Ableitung der Diskriminanzfunktion

Die Merkmale, die in die **Trennformel** eingehen, lassen sich auf beliebig viele Arten miteinander verbinden, als einfachste Möglichkeit bietet sich die *lineare* Trennformel an. Sie lässt sich allgemein darstellen:

$$y_i = b_1 x_{1i} + b_2 x_{2i} + \ldots + b_j x_{ji} + \ldots + b_m x_{mi} \qquad (4.1)$$

mit x_{ji} : Merkmalsausprägung der unabhängigen Variabeln j (j = 1,...,m) bei dem Merkmalsträger i (i = 1 ... n)

b_j: Diskriminanzkoeffizient der Variablen j
y_i: Wert der **Diskriminanzfunktion** für den Merkmalsträger i.
Die Koeffizienten b_j sind so zu bestimmen, dass die beiden Gruppen A und B möglichst gut auseinander gehalten werden können. Die Unterschiede der Mittelwerte bei den m Variablen können wir schreiben:

$$d_j = \bar{x}_{jA} - \bar{x}_{jB} \qquad (4.2)$$

und damit:

$$d_y = \bar{y}_A - \bar{y}_B$$

$$d_y = \sum_{j=1}^{m} b_j \cdot d_j \qquad (4.3)$$

Zunächst sollen die Koeffizienten b_j so bestimmt werden, dass der **Abstand** d_y (Abstand der mittleren Diskriminanzwerte der Gruppen A und B) **möglichst groß** wird.

Gleichzeitig sollen aber die Diskriminanzwerte **innerhalb** einer Gruppe **möglichst gering** um den Gruppenmittelwert streuen oder genauer: die Summe der quadrierten Abweichungen der Diskriminanzwerte innerhalb der jeweiligen Gruppe soll möglichst klein ausfallen.

$$S = \sum_{i=1}^{n_A} (y_{iA} - \bar{y}_A)^2 + \sum_{i=1}^{n_B} (y_{iB} - \bar{y}_B)^2 \quad \rightarrow \text{MIN} \qquad (4.4)$$

$$= \quad S^A \quad + \quad S^B \quad \rightarrow \text{MIN}$$

Als geeignete Zielfunktion lässt sich das Verhältnis von d_y^2 (quadratische Abweichung der mittleren Diskriminanzwerte beider Gruppen) zu S (Summe der quadrierten Abweichungen innerhalb der Gruppen) formulieren. Dieses Verhältnis soll möglichst groß werden.

$$Z = \frac{d_y^2}{S} \quad \rightarrow \text{MAX} \qquad (4.5)$$

Zur Bestimmung der b_j setzen wir wie bei der linearen Regressionsrechnung die partiellen Ableitungen des Ausdruckes nach dy^2/S gleich 0. Man erhält somit:

$$\frac{2d_y \frac{\partial d_y}{\partial b_j} S - d_y{}^2 S \frac{\partial S}{\partial b_j}}{S^2} = 0 \qquad (4.6a)$$

bzw.: $$\frac{1}{2}\frac{\partial S}{\partial b_j} = \frac{S}{d_y}\frac{\partial d_y}{db_j} \quad \text{für } j = 1,\ldots,m \tag{4.6 b}$$

aus (4.3) erkennt man, dass

$$\frac{\partial dy}{\partial b_j} = d_j \tag{4.7}$$

ist und aus (4.4) folgt:

$$S = \sum_{i=1}^{n}\left\{\left[\sum_{j=1}^{m} b_j(x_{jA} - \bar{x}_{jA})\right]^2 + \left[\sum_{j=1}^{m} b_j(x_{jB} - \bar{x}_{jB})\right]^2\right\} \tag{4.8}$$

Liegen zwei Variablen vor (j = 2), so erhält man für S:

$$S = \sum_{i=1}^{n}\left[b_1(x_{1A} - \bar{x}_{1A}) + b_2(x_{2A} - \bar{x}_{2A})\right]^2 + \sum_{i=1}^{n}\left[b_1(x_{1B} - \bar{x}_{1B}) + b_2(x_{2B} - \bar{x}_{2B})\right]^2$$

$$\frac{\partial S}{\partial b_1} = 2b_1\underbrace{\sum_{i=1}^{n}(x_{1A} - \bar{x}_{1A})^2}_{S_{11}^A} + 2b_2\underbrace{\sum_{i=1}^{n}(x_{1A} - \bar{x}_{1A})(x_{2A} - \bar{x}_{2A})}_{S_{12}^A}$$

$$+2b_1\underbrace{\sum_{i=1}^{n}(x_{1B} - \bar{x}_{1B})^2}_{S_{11}^B} + 2b_2\underbrace{\sum_{i=1}^{n}(x_{1B} - \bar{x}_{1B})(x_{2B} - \bar{x}_{2B})}_{S_{12}^B}$$

$$\frac{\partial S}{\partial b_2} = 2b_1\underbrace{\sum_{i=1}^{n}(x_{1A} - \bar{x}_{1A})(x_{2A} - \bar{x}_{2A})}_{S_{12}^A} + 2b_2\underbrace{\sum_{i=1}^{n}(x_{2A} - \bar{x}_{2A})^2}_{S_{22}^A}$$

$$+2b_1\underbrace{\sum_{i=1}^{n}(x_{1B} - \bar{x}_{1B})(x_{2B} - \bar{x}_{2B})^2}_{S_{12}^B} + 2b_2\underbrace{\sum_{i=1}^{n}(x_{2B} - \bar{x}_{2B})^2}_{S_{22}^B}$$

Damit erhält man aus (4.6 b) und (4.7):

$$b_1(S_{11}^A + S_{11}^B) + b_2(S_{12}^A + S_{12}^B) = d_1 \tag{4.9a}$$

$$b_1(S_{12}^A + S_{12}^B) + b_2(S_{22}^A + S_{22}^B) = d_1 \tag{4.9b}$$

Wir haben den Ausdruck S/d_y nicht berücksichtigt, da nur das Verhältnis von b_1 und b_2 interessiert, nicht aber ihre absoluten Beträge:

Setzen wir noch $S_{11}^A + S_{11}^B = S_{11}$; $S_{12}^A + S_{12}^B = S_{12}$; $S_{22}^A + S_{22}^B = S_{22}$, so erhält man schließlich:

$$b_1 S_{11} + b_2 S_{12} = d_1 \quad (4.10\text{ a})$$
$$b_1 S_{12} + b_2 S_{22} = d_1 \quad (4.10\text{ a})$$

Es bedeutet:

S_{11}: S.d.q.A. der Beobachtungswerte vom Mittelwert $\bar{x}_{1A}$ bzw. $\bar{x}_{1B}$ bezüglich des Merkmals x_1.

S_{22}: S.d.q.A. der Beobachtungswerte vom Mittelwert $\bar{x}_{2A}$ bzw. $\bar{x}_{2B}$ bezüglich des Merkmals x_2

S_{12}: Summe der Abweichungsprodukte von x_1 und x_2 innerhalb der Gruppen.

4.1.2 Anwendungsbeispiel einer Diskriminanzanalyse bei zwei Gruppen

Beispiel (19):

Es wurden jeweils acht Käufer (Verwender) des Produkts A und des Produkts B bezüglich ihres Jahreseinkommens und ihres Alters befragt. Dabei erhielt man folgendes Ergebnis:

Produkte	Person	Jahreseinkommen in 1.000 € x_1	Alter[a] x_2
(1)	(2)	(3)	(4)
A	1	37	20
	2	45	27
	3	53	28
	4	55	25
	5	60	39
	6	65	30
	7	80	50
	8	69	45
		$\bar{x}_{1A} = 58$	$\bar{x}_{2A} = 33$
B	1	20	20
	2	16	25
	3	30	20
	4	30	30
	5	40	27
	6	35	38
	7	44	35
	8	57	45
		$\bar{x}_{1B} = 34$	$\bar{x}_{2B} = 30$
Gesamtmittelwert		$\bar{x}_1 = 46$	$\bar{x}_2 = 31{,}5$

Tab. 33: Käufer der Produkte A und B mit Einkommens- und Altersangabe

Produkt	Person	x_1^2	x_2^2
(1)	(2)	(3)	(4)
A	1	1369	400
	2	2025	729
	3	2809	784
	4	3025	625
	5	3600	1521
	6	4225	900
	7	6400	2500
	8	4761	2025
B	1	400	400
	2	256	625
	3	900	400
	4	900	900
	5	1600	729
	6	1225	1444
	7	1936	1225
	8	3249	2025
		$\sum x_1^2 = 38680$	$\sum x_2^2 = 17232$
		$-16\bar{x}_1^2 = 33856$	$-16\bar{x}_2^2 = 15876$
		S.d.q.A. (x_1) = 4824	S.d.q.A. (x_2) = 1356
		s_1^2 = 321,6	s_1^2 = 90,4 ← Division durch 15
		s_1 = 17,933	s_1 = 9,508

Tab. 34: Rechenweg zur Berechnung der Standardabweichungen der Merkmale Einkommen und Alter von den Gruppen A und B insgesamt

Gruppe	i	Einkommen in T€/a x_{1A}	Alter in Jahren x_{2A}	$(x_{1A} - \bar{x}_{1A})$	$(x_{1A} - \bar{x}_{1A})^2$	$(x_{2A} - \bar{x}_{2A})$	$(x_{2A} - \bar{x}_{2A})^2$	$(x_{1A} - \bar{x}_{1A})(x_{2A} - \bar{x}_{2A})$
(1)	(2)	(3)	(4)	(5)	(6)	(7)	(8)	(9)
A	1	37	20	–21	441	–13	169	+273
	2	45	27	–13	169	– 6	36	+ 78
	3	53	28	– 5	25	– 5	25	+ 25
	4	55	25	– 3	9	– 8	64	+ 24
	5	60	39	+ 2	4	+ 6	36	+ 12
	6	65	30	+ 7	49	– 3	9	– 21
	7	80	50	+22	484	+17	289	+374
	8	69	45	+11	121	+12	144	+132
Mittelwerte		$\Sigma = 464$ $\bar{x}_{1A} = 58$	$\Sigma = 264$ $\bar{x}_{2A} = 33$	$\Sigma = 0$	$\Sigma = 1.302$ s_{11}^A	$\Sigma = 0$	$\Sigma = 772$ s_{22}^A	$\Sigma = +897$ s_{12}^A
		x_{1B}	x_{2B}	$(x_{1B} - \bar{x}_{1B})$	$(x_{1B} - \bar{x}_{1B})^2$	$(x_{2B} - \bar{x}_{2B})$	$(x_{2B} - \bar{x}_{2B})^2$	$(x_{1B} - \bar{x}_{1B})(x_{2B} - \bar{x}_{2B})$
B	1	20	20	–14	196	–10	100	+140
	2	16	25	–18	324	– 5	25	+ 90
	3	30	20	– 4	16	–10	100	+ 40
	4	30	30	– 4	16	0	0	0
	5	40	27	+ 6	36	– 3	9	– 18
	6	35	38	+ 1	1	+ 8	64	+ 8
	7	44	35	+10	100	+ 5	25	+ 50
	8	57	45	+23	529	+15	225	+345
Mittelwerte		$\Sigma = 272$ $\bar{x}_{1B} = 34$	$\Sigma = 240$ $\bar{x}_{2B} = 30$	$\Sigma = 0$	$\Sigma = 1.218$ s_{11}^B	$\Sigma = 0$	$\Sigma = 548$ s_{22}^B	$\Sigma = +655$ s_{12}^B

Tab. 35: Auswertung des Beispiels Zweigruppen – Zweivariablen – Diskriminanzanalyse

Die Zahlenwerte aus Tab. 35, in (4.10 a) und (4.10 b) eingesetzt, ergeben für b_1 und b_2 das Gleichungssystem:

$$2.520\,b_1 + 1.552\,b_2 = +24 \quad (4.11\,a)$$
$$1.552\,b_1 + 1.320\,b_2 = +\;3 \quad (4.11\,b)$$

Man erhält daraus für b_1 und b_2:

$$b_1 = +0{,}0294 \quad (0{,}0294476)$$
$$b_2 = -0{,}0324 \quad (-0{,}0323506)$$

Somit lautet die Diskriminanzfunktion:

$$y_i = +\,0{,}0294\,x_{1i} - 0{,}0324\,x_{2i} \quad (4.12)$$

Das Streuungsdiagramm (Abb.21) enthält neben den 16 Beobachtungswerten auch noch die Diskriminanzachse. Man erhält sie als Gerade durch den Koordinatenursprung und den Punkt (0.0294 ; – 0,0324) bzw. einen Punkt, dessen Koordinaten zu (0,0294 ; – 0,0324) proportional sind. Die Gruppenmittelwerte von A und B (Zentroide) sowie der Gesamtmittelwert von A und B (46;31,5) (Gesamtzentroid) sind auf die Diskriminanzachse projiziert.

Durch Einsetzen der Mittelwertskoordinaten in (4.12) enthält man die entsprechenden Diskriminanzwerte.

$$(A) = +\,0{,}0294 \cdot 58 - 0{,}0324 \cdot 33 = 0{,}640$$
$$(B) = +\,0{,}0294 \cdot 34 - 0{,}0324 \cdot 30 = 0{,}0307$$
$$(Gesamt) = 0{,}0294 \cdot 46 - 0{,}0324 \cdot 31.5 = 0{,}336$$

(Siehe hierzu die Abbildung auf S. 321).

Mit Gl. (4.12) wird das Verhältnis der Abweichungsquadrate der Gruppenmittelwerte zu den Summen der Abweichungsquadrate innerhalb der Gruppen maximiert.

Gleichzeitig ist man in der Lage, eine zusätzliche Person bezüglich ihrer beiden Merkmalsausprägungen Jahreseinkommen und Alter in eine der beiden Gruppen einzuordnen. Sie wird der Gruppe A zugeordnet, sofern man nach Einsetzen der Merkmalsausprägungen in die Diskriminanzfunktion einen Wert erhält, der größer ist als 0,336; anderenfalls wird diese Person der Gruppe B zugeordnet.

Beispiel: Welcher Gruppe gehört eine Person von 40 Jahren mit einem Einkommen von 50.000 €/a an?
Einsetzen der Daten in (4.12):
$y_i = 0{,}0294 \cdot 50 - 0{,}0324 \cdot 40$
$y_i = +\,0{,}174$

Da dieser Diskriminanzwert *kleiner* ist als der Wert des Gesamtzentroids, wird man die befrage Person der Gruppe B zuordnen.

Analog zur Regressionsanalyse stellen die Koeffizienten b_1 und b_2 der Diskriminanzfunktion Gewichtsfaktoren dar. Da die Variablen x_1

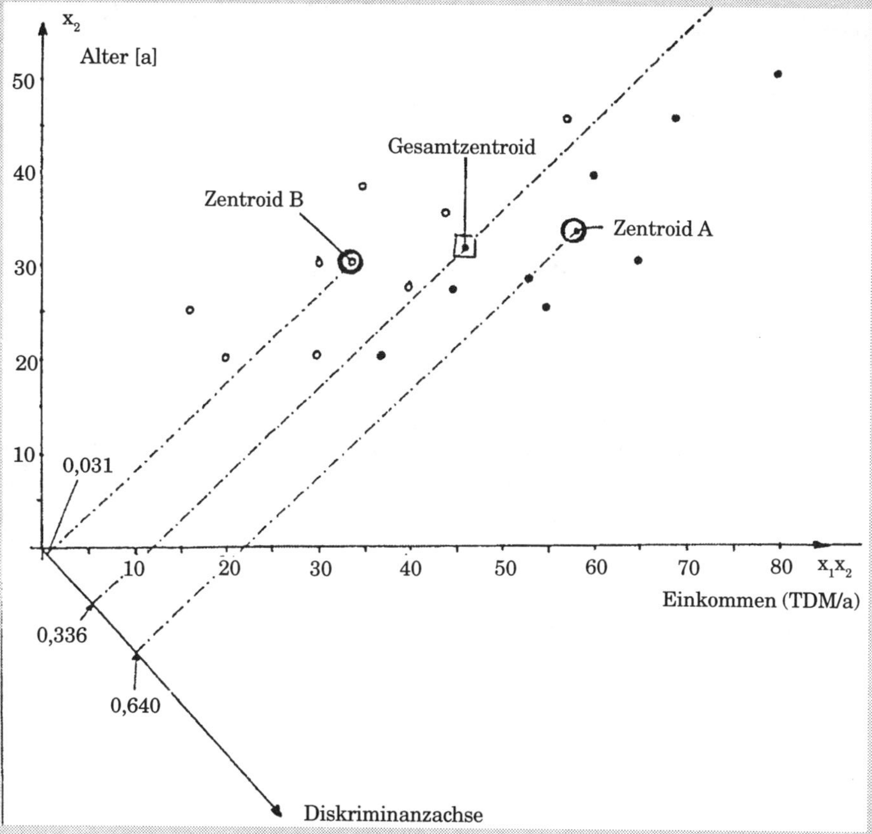

Abb. 21: Darstellung der Trennung der Gruppen A und B

und x_2 unterschiedliche Dimensionen und unterschiedliche Standardabweichungen aufweisen, sollten die Koeffizienten k_1 und k_2 aus standardisierten Daten berechnet werden. Im vorliegenden Fall kann man die standardisierten Diskriminanzgewichte durch Multiplikatoren mit den Standardabweichungen erhalten. Dabei kann einmal die Standardabweichung über die Gesamtheit (hier n = 16) oder die Standardabweichungen innerhalb der Gruppen verwandt werden:

n = 16:

$$k_1^{ST} = 17,933 \cdot 0,0294 = 0,527$$
$$k_2^{ST} = 9,508 \cdot (-0,0324) = -0,308$$

Aus Tab. 22 erhält man für die Standardabweichungen innerhalb der Gruppen:

$$S^{i}_{x1} = \sqrt{\frac{1.302 + 1.218}{14}} = 13,416$$

$$S^{i}_{x2} = \sqrt{\frac{772 + 548}{14}} = 9,710$$

Damit erhält man für die standardisierten Diskriminanzgewichte:

$$k_1^{ST} = 13,416 \cdot 0,0294 = 0,394$$

$$k_2^{ST} = 9,710 \cdot (-0,0324) = -0,315$$

Im unstandardisierten Fall erweist sich der Einfluss k_2 geringfügig stärker gegennüber k_1. Obwohl beide Standardisierungsmethoden zu unterschiedlichen Werten und Verhältnissen führen, führen sie doch zu derselben Rangordnung der Koeffizienten: Das Gewicht von k_1 ist größer als das Gewicht von k_2.

4.2 Diskriminanzanalyse bei mehr als zwei Gruppen (multivariates Verfahren)

Die Diskriminanzfunktion:

$$y = b_1 x_1 + b_2 x_2 + \ldots + b_n x_n \tag{4.13}$$

soll durch geeignete Wahl der Koeffizienten b_1, b_2, b_n die m-Gruppen möglichst fehlerfrei trennen.

Die Optimierungsbedingung lautet: Die Varianzen der y-Werte innerhalb der Gruppen sollen minimiert, die S.d.q.A. zwischen den Gruppen soll maximiert werden. Formelmäßig ausgedrückt erhält man:

$$\frac{S(m)}{S(n)} \rightarrow \text{MAX} \tag{4.14}$$

Wie unter (3.17 b) und (3.17 c) bedeutet S (m) die Matrix der Abweichungsquadrate und Kreuzprodukte zwischen den Gruppen, S(n) die entsprechende Matrix innerhalb der Gruppen. Dieses Maximierungsproblem wird über das Eigenwertproblem gelöst. Die Diskriminanzfunktion lautet:

$$y = b^T \cdot X \tag{4.15}$$

b^T = transponierter Koeffizientenvektor in normierter Form
$b^T = (b_1, b_2, \ldots b_n)$

wegen $b^T \cdot b = 1$ gilt:

$$\frac{b^T \cdot S(m) \cdot b}{b^T \cdot S(n) \cdot b} \quad \rightarrow \text{MAX} \tag{4.16}$$

Nach Einführung der Lagrange-Multiplikatoren erhält man:

$$[S(n)^{-1} \cdot S(m) - \lambda\, E] \cdot b = 0 \tag{4.17}$$

Für λ erhält man soviele Lösungen, wie Zeilen bzw. Spalten bei der Matrix $S(n)^{-1} \cdot S(m)$ vorliegen.

Beträgt die Anzahl der unabhängigen Variablen n und der Anzahl der Gruppen m, so wird der kleinere Wert gewählt. Ist n<m, so gibt es n Diskriminanzfunktionen. Bei n>m gibt es m–1 Diskriminanzfunktionen.

z. B.: Zahl der Variablen n = 5
Zahl der Gruppen m = 4; m-1 = 3
d. h. es gibt drei Werte λ, also drei Diskriminanzfunktionen

Werden die Eigenwerte λ_i in einer Diagonalmatrix L zusammengefasst und die entsprechenden Eigenvektoren b_i in der Matrix B,

$$L = \begin{pmatrix} \lambda_1 & 0 & \dots & 0 \\ 0 & \lambda_2 & \dots & 0 \\ \vdots & \vdots & \ddots & \vdots \\ 0 & 0 & \dots & \lambda_n \end{pmatrix}; \qquad B = \begin{pmatrix} b_1 & 0 & \dots & 0 \\ 0 & b_2 & \dots & 0 \\ \vdots & \vdots & \ddots & \vdots \\ 0 & 0 & \dots & b_n \end{pmatrix}$$

erhält man somit als Lösung für die Extraktion aller Diskriminanzfunktionen:

$$[S(n)^{-1} \cdot S(m)] \cdot B = B \cdot L \tag{4.18}$$

Auf die zahlenmäßige Durchführung eines Anwendungsbeispiels soll verzichtet werden, da der manuelle Rechenaufwand fast undurchführbar ist. In der Praxis wird man die Rechnung mittels Standard-Software (z.B. SPSS) durchführen.

5. Faktorenanalyse

Betrachtet man an einer bestimmten Anzahl von Objekten (n) einen umfangreichen Satz von Variablen (k), so werden diese Variablen im Regelfall nicht unabhängig voneinander sein, die Merkmale sind korrelliert. Die **Faktorenanalyse** ermöglicht nun eine Reduktion der Anzahl der Variablen auf wenige überschaubare und „übergeordnete" Faktoren, wobei der Informationsverlust durch Reduktion des Zahlenmaterials gering gehalten werden soll. Diese „Faktoren" repräsentieren dann die Gesamtheit der Variablen.

Ein **Beispiel** soll die Fragestellung bei der Faktorenanalyse verdeutlichen:

> Wie lässt sich die Vielzahl von Eigenschaften, die Käufer von Tee als wichtig empfinden, auf wenige aussagefähige Faktoren reduzieren? Und wie lassen sich die einzelnen Teesorten aufgrund dieser Faktoren beschreiben?

5.1 Erklärung

Zur Reduktion der Variablen soll hier die **Haupt-Komponentenmethode** beschrieben werden. In den k-dimensionalen Merkmalsraum werden k-*senkrecht aufeinanderstehende* Achsen so gelegt, dass die **erste** Achse in Richtung der **maximalen** Ausdehnung der Punktwolke liegt, d. h. sie umfasst den **größten** Anteil der Varianz der n Objekte (Merkmalsträger).

Die **zweite** Achse wird in Richtung der zweitgrößten Ausdehnung gelegt und erklärt den maximalen Anteil der **verbleibenden** Varianz. Das heißt: der „alte" Satz Variablen (x) wird lediglich durch einen „neuen" Satz (F) ersetzt.

Der Zusammenhang kann entsprechend (5.1) dargestellt werden.

$$Z_{ij} = a_{1j}\ F_{i1} + a_{2j}\ F_{i2} + \ldots + a_{nj}\ F_{ik} \qquad (5.1)$$

$i = 1,2,\ldots,n$ Objekte

$j = 1,2,\ldots,k$ Variable

Z_{ij}: **standardisierter** Wert des Merkmals j beim Objekt i (standardisiert heißt: vom nichtstandardisierten Merkmalswert x_{ij} wird der Merkmalsmittelwert $x_{.j}$ subtrahiert und durch die Standardabweichung s_j des Merkmals j dividiert)

a_{ij}: standardisierte Koeffizienten der Transformation sog. **Faktorladungen**

F_{ij}: Faktorenwerte beim Objekt i

In Matrixschreibweise:

$$\boxed{R = A \cdot F} \qquad (5.2)$$

Da die Faktoren unabhängig voneinander sind (d. h. sie korrelieren nicht miteinander, d.h. sie sind orthogonal, sie stehen senkrecht aufeinander), gilt das sogenannte **FUNDAMENTALTHEOREM** der **FAKTORENANALYSE:**

In Matrixschreibweise:

$$\boxed{R = A \cdot A^T} \qquad (5.3)$$

(R: Korrelationsmatrix der Variablen)

(A: Matrix der Faktorladungen)

(A^T: zu A transponierte Matrix)

Die mathematische Lösung dieses Problems (Maximum unter Nebenbedingungen) führt zur Bestimmung der Eigenwerte und Eigenvektoren der Korrelationsmatrix der Ausgangsdaten. Aus der Datenmatrix (n x k) wird zunächst die Korrelationsmatrix R (k x k) berechnet.

(Siehe hierzu Tabelle 36 auf S. 325).

	Variable			
	1	2	...	k
1	1	r_{12}	...	r_{1k}
2	r_{21}	1	...	r_{2k}
⋮	⋮	⋮	⋱	⋮
k	r_{k1}	r_{k2}	...	1

Tab. 36: Korrelationsmatrix für k-Variable

Die charakteristische Gleichung für das Eigenwertproblem lautet:

$$|R - \lambda E| = 0 \qquad (E = \text{Einheitsmatrix}) \qquad (5.4)$$

für die Eigenvektoren:

$$|R - \lambda E| \cdot x = 0 \qquad (x\text{-Eigenvektor}) \qquad (5.5)$$

für die komplette Eigenstruktur:

$$R \cdot X = X \cdot L \qquad (5.6)$$

Multipliziert man die Eigenvektoren X mit den Quadratwurzeln der Eigenwerte L, so erhält man die Faktorenladungsmatrix A.

Hierzu ein einfaches Zahlenbeispiel: $k = 2; r_{1,2} = 0{,}8$

Die Korrelationsmatrix lautet:

$$R = \begin{pmatrix} 1 & 0{,}8 \\ 0{,}8 & 1 \end{pmatrix}$$

Für die Eigenwerte erhält man:

$$\begin{vmatrix} 1-\lambda & 0{,}8 \\ 0{,}8 & 1-\lambda \end{vmatrix} = 0$$

$$(1-\lambda)^2 - 0{,}8^2 = 0$$

$$\lambda_1 = 1{,}8$$

$$\lambda_2 = 0{,}2$$

Zur Berechnung des ersten (zweiten) Eigenvektors wird λ_1 (λ_2) in (5.5) eingesetzt:

$$\begin{pmatrix} -0{,}8 & 0{,}8 \\ 0{,}8 & -0{,}8 \end{pmatrix} \begin{pmatrix} x_{11} \\ x_{12} \end{pmatrix} = 0$$

Der erste Eigenvektor lautet

$$\vec{x}_1 = \begin{pmatrix} x_{11} \\ x_{12} \end{pmatrix} = \begin{pmatrix} 1 \\ 1 \end{pmatrix}$$

oder normiert:

$$\vec{x}_1 = \begin{pmatrix} 1/\sqrt{2} \\ 1/\sqrt{2} \end{pmatrix}$$

Für den zweiten Eigenvektor erhält man:

$$\begin{pmatrix} 0,8 & 0,8 \\ 0,8 & 0,8 \end{pmatrix} \begin{pmatrix} x_{21} \\ x_{22} \end{pmatrix} = 0$$

Der zweite Eigenvektor lautet:

$$\vec{x}_2 = \begin{pmatrix} x_{21} \\ x_{22} \end{pmatrix} = \begin{pmatrix} -1 \\ 1 \end{pmatrix} \quad \left[\text{bzw. } \begin{pmatrix} x_{21} \\ x_{22} \end{pmatrix} = \begin{pmatrix} 1 \\ -1 \end{pmatrix}\right]$$

oder normiert:

$$\vec{x}_2 = \begin{pmatrix} -1/\sqrt{2} \\ 1/\sqrt{2} \end{pmatrix} \quad \left[\text{bzw. } \begin{pmatrix} x_{21} \\ x_{22} \end{pmatrix} = \begin{pmatrix} 1/\sqrt{2} \\ -1/\sqrt{2} \end{pmatrix}\right]$$

Für die Faktorladungsmatrix A erhält man mit $\sqrt{\lambda_1} = 1{,}341$; $\sqrt{\lambda_2} = 0{,}447$

$$\begin{pmatrix} +0,707 & -0,707 \\ +0,707 & +0,707 \end{pmatrix} \begin{pmatrix} 1,341 & 0 \\ 0 & 0,447 \end{pmatrix} = \begin{pmatrix} 0,949 & -0,316 \\ 0,949 & 0,316 \end{pmatrix}$$

Über (5.3) erhält man wieder die Korrelationsmatrix R:

$$R = \begin{pmatrix} 0,949 & -0,316 \\ 0,949 & 0,316 \end{pmatrix} \begin{pmatrix} 0,949 & 0,949 \\ -0,316 & 0,316 \end{pmatrix}$$

$$= \begin{pmatrix} 0,949^2 + 0,316^2 & 0,949^2 - 0,316^2 \\ 0,949^2 - 0,316^2 & 0,949^2 + 0,316^2 \end{pmatrix}$$

$$= \begin{pmatrix} 1 & 0,8 \\ 0,8 & 1 \end{pmatrix}$$

Die Summe der quadrierten Faktorladungen ergibt wieder die Eigenwerte:

$$\lambda_1 = 2 \cdot 0{,}949^2 = 1{,}8$$

$$\lambda_2 = 2 \cdot 0{,}3162^2 = 0{,}2$$

Wegen der Standardisierung der Merkmalswerte erhält man für jedes Merkmal die Varianz 1. Das bedeutet, die Summe der Eigenwerte ergibt die Summe der Varianzen der beiden Merkmale, das heißt: Faktor 1 erklärt die Gesamtvarianz zu 90 %, Faktor 2 zu 10 %. Dieses fiktive Beispiel für zwei Variablen ist noch rechnerisch überschaubar, liegen allerdings 10 ... 1000 Variable vor, so sind die Eigenwerte, Eigenvektoren und Faktorladungen nur noch über Rechenprogramme lösbar.

5.2 Anwendungsbeispiel zur Faktorenanalyse

Beispiel (20):

Das Verfahren soll jetzt an einem aufwendigen Beispiel dargestellt werden (entnommen *Green / Tull,* 1982, S. 395 ff). In der Datenmatrix findet man für 15 unterschiedliche Computer die Daten für folgende Merkmalswerte aufgelistet:

(1) Erforderliche Rechenzeit für eine Addition
(2) Erforderliche Rechenzeit für eine Multiplikation
(3) Mindestanzahl von Wörtern, die gespeichert werden können.
(4) Maximalzahl von Werten, die gespeichert werden können.
(5) Insgesamt verfügbarer größtmöglicher Speicherplatz
(6) Zykluswert

Als Faktorladungsmatrix A erhält man:

	Faktor					
Variable	1	2	3	4	5	6
1	–0,914	–0,379	–0,039	0,014	–0,110	0,078
2	–0,873	–0,468	0,063	–0,006	–0,062	–0,093
3	0,604	–0,727	–0,268	–0,181	–0,006	0,003
4	0,625	–0,726	0,211	–0,180	0,003	–0,005
5	0,637	–0,464	0,614	–0,011	–0,027	0,011
6	–0,830	–0,522	0,093	–0,006	0,164	0,019
Eigenwerte	3,435	1,908	0,508	0,069	0,044	0,015
Erklärter Anteil der Varianz in %	57,55	31,8	8,47	1,15	0,733	0,25
Erklärter Anteil der Varianz kumuliert in %	57,55	89,35	97,82	98,97	99,73	99,98

Tab. 37: Faktorladungsmatrix A

Die Eigenwerte ergeben sich aus der Summe der quadrierten Faktorladungen und bestimmen die durch diesen Faktor erklärte Varianz. Zahlenbeispiel: 1. Eigenwert:

$$\lambda_1^2 = 0{,}914^2 + 0{,}873^2 + \ldots + 0{,}830^2 = 3{,}453$$

Die Summe der Varianzen der sechs Variablen ergibt wegen der Standardisierung insgesamt sechs. Diesen Wert muss auch die Summe der Eigenvektoren annehmen, was hier auch bei Berücksichtigung von geringfügigen Rundungsfehlern der Fall ist. Dividiert man die Eigenwerte durch die Anzahl der Variablen (hier sechs), so erhält man den Anteil der durch den betreffenden Faktor erklärten Varianz.

Jetzt kann man sich der eigentlichen Frage zuwenden: Wieviel Faktoren sind im vorliegenden Beispiel überhaupt erforderlich, ohne dass man zu große Informationsverluste über die Ausgangsdaten hinnehmen muss?

Im vorliegenden Beispiel liegen bei den ersten beiden Faktoren erhebliche Eigenwerte, und sie erklären zusammen über 89% der Gesamtvarianz. Als Erfahrungsregel gilt, nur Faktoren zu betrachten, deren Eigenwerte größer als eins sind. Das bedeutet, dass die ursprüngliche in sechs Dimensionen abgebildete Punktwolke jetzt in einem zweidimensionalen Faktorraum dargestellt wird.

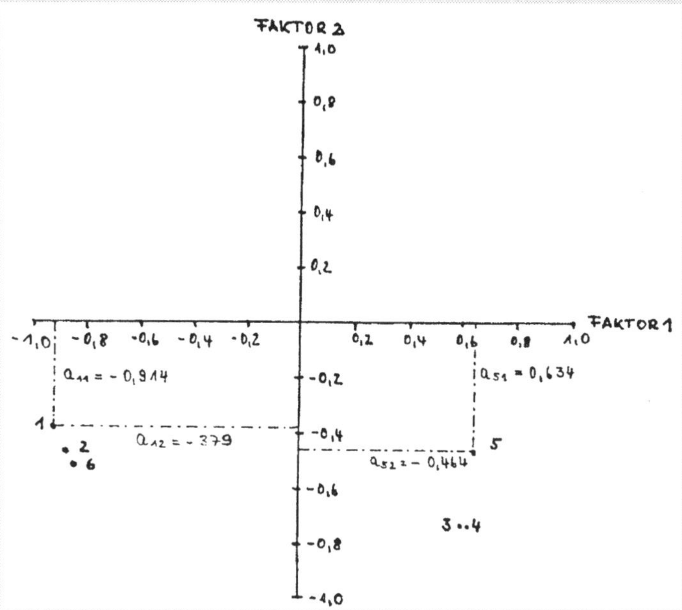

Abb. 22: Faktorraum mit Ladungen

Da alle Variablen hoch auf den ersten Faktor und ziemlich hoch noch auf den zweiten Faktor laden, ist eine Interpretation der beiden Faktoren kaum möglich.

Durch eine geeignete Drehung (Rotation) des Koordinatensystems wird erreicht, dass ein Teil der Variablen hoch auf den ersten, aber niedrig auf den anderen Faktor laden, während es sich bei dem anderen Teil der Variablen umgekehrt verhält.

Nach Abb. 23 laden die Variablen eins, zwei und sechs (negativ) hoch auf Faktor 1, und drei, vier und fünf laden (negativ) hoch auf Faktor 2.

Man erhält auf die rotierten Faktoren folgende Ladungen:

Variable	Faktor 1	Faktor 2
1	–0,962	0,229
2	–0,982	0,133
3	0,062	–0,943
4	0,080	–0,955
5	0,243	–0,749
6	–0,979	0,064

Tab. 38: Ladungen der Variablen auf die rotierten Faktoren

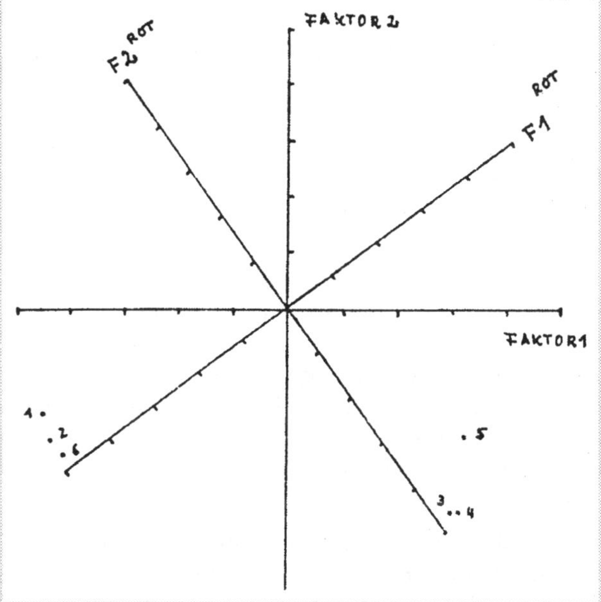

Abb. 23: Anfängliche und rotierte Faktorladungen

In diesem Beispiel können die Faktoren mit „Geschwindigkeit“ und „Kapazität“ beschrieben werden:

Im Marketing trägt die Faktorenanalyse mit der Datenreduktion zur übersichtlichen Darstellung von komplexen Tatbeständen bei, zum Beispiel bei Imagemessungen von Produkten. Bei Anwendung dieser Methode können die Ergebnisse stark von der Wahl der Variablen, der Auswahl der Objekte sowie durch die Interpretation des Analytikers beeinflusst werden.

Eine der Hauptkomponentenmethode in einigen Schritten recht ähnliche Methode stellt die Korrespondenzanalyse dar, die insbesondere im Bereich von Imageanalysen aussagefähige Ergebnisse liefert. Sie fand bisher in Deutschland wenig Beachtung, obgleich sie gegenüber anderen Analysemethoden eine Reihe von Vorteilen bietet:

- keine Einschränkung über den Stichprobenumfang
- keine Voraussetzungen über den Verteilungstyp
- keine Einschränkung bezüglich der Merkmalstypen.
- Daher können insbesondere nominal und ordinal skalierte Merkmale analysiert werden.
- Die Ergebnisse der Korrespondenzanalyse können in grafischen Darstellungen präsentiert werden.

Es sollen im Folgenden die einzelnen Schritte der **Korrespondenzanalyse** dargestellt werden:

1. Zur gleichzeitigen Analyse der einzelnen Typen einer bestimmten Produktgruppe (unterschiedliche Autotypen, Biersorten, Zigarettenmarken usw.) und ihrer Eigenschaften – ausgedrückt durch ihre Merkmalsausprägungen – werden die Ergebnisse der Befragung in einer Kontingenztabelle (vgl. Kap. 2.4.2) zusammengefasst, wobei z.B. in den Zeilen die Merkmalsausprägungen und in den Spalten die einzelnen Typen dargestellt werden. Gleichzeitig werden die Randhäufigkeiten gebildet.

2. Um die Typen und die Merkmale besser vergleichen zu können, werden die absoluten Häufigkeiten in relative Häufigkeiten umgewandelt (z.B. viele Auskunftspersonen können über eine bestimmte Zigarettensorte keine Angaben abgeben, da sie diese Sorte nicht kennen). Es werden einmal die Tabelle der Zeilenanteile bzw. Zeilenprozente (vgl. Kap. 2.4.2, Tab. 15) sowie die Tabelle der Spaltenanteile bzw. Spaltenprozente (vgl. Kap. 2.4.2, Tab. 16) gebildet. Im Sprachgebrauch der Korrespondenzanalyse spricht man hier von Zeilen- und Spaltenprofilen.

3. Die einzelnen Profile können nun als Punkte in einem mehrdimensionalen Raum dargestellt werden. Betrachtet man die Typenprofile, so entspricht die Zahl der Typen der Dimensionalität des Raumes. Die Distanzen zwischen den einzelnen Punkten werden nach dem Euklidischen Distanzmaß (vgl. Gl. (6.1), Gl. (6.2) und Abb. 24) bestimmt. Hierbei muss noch die Gewichtung der Profile bezogen auf ihre Randhäufigkeiten berücksichtigt werden. So weisen Produkte, über die viele Auskunftspersonen keine Urteile abgaben, ein geringes Gewicht auf. Sie werden die Lage des Gesamtzentroids (vgl. Kap. 4) nur geringfügig beeinflussen.

4. Jetzt wird – wie bei der Hauptkomponentenmethode – ein möglichst kleiner Satz senkrecht aufeinanderstehender Achsen (Faktoren) gesucht, die die Profile ohne nennenswerten Informationsverlust in einem kleindimensionalen Raum abbilden. Bei der Korrespondenzanalyse sind sowohl die Zeilen- als auch die Spaltenprofile abzubilden.

6. Clusteranalyse

Wie die Faktorenanalyse stellt die Clusteranalyse ein Instrumentarium bereit, um große Datenmengen in aussagefähige Größen zu reduzieren. Bei der Faktorenanalyse wird eine Vielzahl verschiedener *Merkmale* auf eine geringe Zahl reduziert, während bei der Clusteranalyse eine Vielzahl von *Elementen* in Klassen (Cluster) eingeordnet wird. Dabei sollen, wie bei der Diskriminanzanalyse, die Elemente *innerhalb* eines Clusters bezüglich der herangezogenen Merkmale *möglichst ähnlich* (homogen), die Unterschiede *zwischen* den Clustern *möglichst groß* sein.

Beispiel: Von einer Vielzahl von Konsumenten liegen Daten über die Merkmale Alter, Einkommen, Konsumausgaben, Größe des bewohnten Hauses usw. vor. Mit den Verfahren der Clusteranalyse werden die Konsumenten so gruppiert, dass sie innerhalb einer Gruppe (Cluster) bezüglich ihre verschiedenen Merkmalsausprägungen möglichst ähnlich sind.

Einige weitere **Beispiele** sollen die Anwendungsmöglichkeiten der Clusteranalyse veranschaulichen:

- Wie lassen sich die Besucher eines Theaters in Gruppen einteilen?
- Wie lassen sich Frauen im Hinblick auf ihr Modeverhalten in bestimmte Typen unterscheiden?
- Lassen sich die Leser einer Zeitschrift in bestimmte Typen einteilen?
- Wie lassen sich die Wähler einer bestimmten Partei klassifizieren?
- Lassen sich die Urlaubsreisenden nach Spanien in bestimmte Typen einteilen?

Die Bedeutung der Clusteranalyse liegt vor allem im Bereich der Marktsegmentierung und Typologie, weil sich die Elemente einer Zielgruppe bezüglich ihrer unterschiedlichen Merkmalsausprägungen in unterschiedliche Größen einteilen lassen, wobei die Elemente innerhalb einer Gruppe ähnlich sind. Auf diese Weise können gezieltere und effiziente Marketingaktionen durchgeführt werden.

Aus der Vielzahl möglicher Clustermethoden sollen hier nur die hierarchischen Verfahren betrachtet werden.

6.1 Hierarchische Verfahren

Bei den hierarchischen Verfahren sind zwei Verfahren möglich:

- *agglomerative* Verfahren
- *divisive* Verfahren

Wird die Gesamtheit der n Elemente fortlaufend in immer *weniger* Clustern mit immer *mehr* Elementen zusammengefasst, bis schließlich *ein* Cluster entsteht, das alle n Elemente umfasst, so spricht man von *agglomerativen* Verfahren.

Bei den *divisiven* Verfahren geht man dagegen von einem Cluster aus, das alle n Elemente umfasst, und zerlegt diese in immer mehr (damit weniger Elemente umfassende und somit homogene) Teilcluster, bis letztlich jedes Element ein Cluster bildet.

Man erkennt, dass jedes Element im Prinzip nur *einem* Cluster angehören kann. Eine Überschneidung der Cluster findet nicht statt, d. h. die Zuteilung erfolgt in *disjunkte* Klassen. Bei dieser Vorgehensweise der Einteilung spricht man von *Partition.* Dazu kommt, dass die Zuteilung der Elemente *irreversibel* ist (im Gegensatz zu den iterativen Verfahren).

Bei den **agglomerativen** Verfahren wird eine Hierarchie durch fortlaufende Zusammenfassung disjunkter Klassen gebildet.

Um die Durchführung einer Clusteranalyse zu ermöglichen, müssen festgelegt werden:

- *Proximitätsmaße* (Ähnlichkeits- oder Distanzmaße)
- *Verfahren* der Einteilung.

Proximitätsmaße

Liegen in allen betrachteten Merkmalen **metrische** Daten vor, so verwendet man meistens die euklidische Distanz.

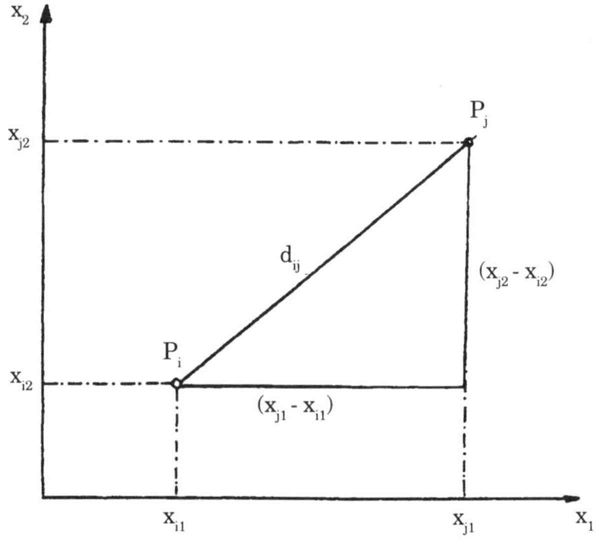

Abb. 24: Euklidische Distanz zwischen zwei Objekten mit zwei metrischen Merkmalen

Liegen nur zwei metrische Merkmale vor, erhält man entsprechend Abb. 24 als euklidische Distanz:

$$d_{ij} = \sqrt{(x_{i1} - x_{j1})^2 + (x_{i2} - x_{j2})^2} \qquad (6.1)$$

Liegen m Merkmale vor, erhält man als Distanzmaß:

$$d_{ij} = \sqrt{\sum_{l=1}^{m} (x_{il} - x_{jl})^2} \qquad (6.2)$$

Diese Distanzen für n Elemente fasst man in der symmetrischen ($d_{ij} = d_{ji}$) Distanzmatrix zusammen:

$$D = \{d_{ij}\} \quad \begin{matrix} \\ K_1 \\ K_2 \\ \cdot \\ \cdot \\ K_n \end{matrix} \quad \begin{matrix} K_1 & K_2 & K_3 & \dots & Kn \\ \\ \end{matrix}$$

$$\begin{bmatrix} 0 & d_{12} & d_{13} & \dots & d_{1n} \\ d_{21} & 0 & d_{23} & \dots & d_{2n} \\ \vdots & \vdots & \vdots & \ddots & \vdots \\ d_{n1} & d_{n2} & d_{n3} & \dots & 0 \end{bmatrix}$$

Symbol K bezeichnet die Elemente bzw. Cluster.

Verfahren der Einteilung (Partition)

Aus der Anfangspartition G^0, bei der jedes der n Cluster nur ein Element enthält, erhält man die Partition G^1, indem man zwei Cluster aus G^0 zusammenführt, für die das unter (6.2) aufgeführte Distanzmaß minimal ist. Die neue Partition G^1 enthält n-1 Klassen.

Anschließend wird eine neue Distanzmatrix aufgestellt, bei der der Abstand des fusionierten Clusters zu den übrigen Clustern (bestehend jeweils aus nur einem Element) neu festgelegt wird. Hierbei unterscheidet man folgende Verfahren:

- **Single-Linkage-Verfahren**

Bei diesem Verfahren werden die Cluster mit den *kleinsten* Distanzen fusioniert. Formelmäßig ausgedrückt, heißt dies

$$D(K_k, K_l) = \min_{\substack{i \varepsilon K_k \\ j \varepsilon K_l}} \min \{d_{ij}\} \quad (k \neq l) \qquad (6.3)$$

- **Complete-Linkage-Verfahren**

Bei diesem Verfahren werden für alle Kombinationen von Clustern die Abstände der *entferntesten* Elemente ermittelt. Die beiden Cluster mit der geringsten Distanz (der entferntesten Elemente) werden fusioniert. Für das Zusammenlegen gilt:

$$D(K_k, K_l) = \min \max_{\substack{i \varepsilon K_k \\ j \varepsilon K_l}} \{d_{ij}\} \quad (k \neq l) \tag{6.4}$$

- **Average-Linkage-Verfahren**

Bei diesem Verfahren wird der *durchschnittliche* Abstand zwischen den Elementen der Cluster K_k und K_l ermittelt. Es werden die Cluster fusioniert, bei denen der durchschnittliche Abstand minimal ist.

Es gilt:

$$D(K_k, K_l) = \min \frac{1}{|K_k| \cdot |K_l|} \sum_{i \varepsilon K_k} \sum_{j \varepsilon K_l} \{d_{ij}\} \tag{6.5}$$

$| K_k |$, $| K_l |$: Anzahl der zum k.- bzw. l.-Cluster gehörenden Elemente.

6.2 Anwendungsbeispiele zur Clusteranalyse

Diese Verfahren (Single-Linkage-Verfahren, Complete-Linkage-Verfahren, Average-Linkage-Verfahren) sollen am folgenden Beispiel dargestellt werden. Für das Jahreseinkommen und das Alter von zehn Personen ermittelt man folgende Werte.

Personen	1	2	3	4	5	6	7	8	9	10
Einkommen in 1.000 €/Jahr X_1	20	30	40	65	70	80	90	115	120	130
Alter in Jahren X_2	30	40	32	40	55	37	50	40	59	50

Tab. 39: Ausgangsdaten zur Clusteranalyse

Zunächst werden alle Abstände d_{ij} nach (6.2) berechnet und in der nachstehenden Distanzmatrix dargestellt.

Wegen der Symmetrie ist das Ausfüllen des unteren Dreiecks der Distanzmatrix nicht erforderlich.

	K_1	K_2	K_3	K_4	K_5	K_6	K_7	K_8	K_9	K_{10}
K_1	0	14,14	20,10	46,10	55,90	60,41	72,80	95,52	104,12	111,80
K_2		0	12,81	35,00	42,72	50,09	60,83	85,00	91,98	100,50
K_3			0	26,25	37,80	40,31	53,14	75,43	84,43	91,78
K_4				0	15,81	15,30	26,93	50,00	58,19	65,76
K_5					0	20,59	20,62	47,43	50,16	60,21
K_6						0	16,40	35,13	45,65	51,66
K_7							0	26,93	31,32	40,00
K_8								0	19,65	18,03
K_9									0	13,45
K_{10}										0

Tab. 40: Distanzmatrix entsprechend der Ausgangsdaten

So erhält man z.B. zwischen der ersten und zweiten Person die Distanz:

$$d_{12} = \sqrt{(20-30)^2 + (30-40)^2}$$
$$= \sqrt{200}$$
$$\underline{d_{12} = 14,14}$$

6.2.1 Single-Linkage-Verfahren

Beispiel (21):

(1) Jedes Element wird als Cluster angesehen: Die Anfangspartition ist daher:

G^0: $\{K_1; K_2; K_3; K_4; K_5; K_6; K_7; K_8; K_9; K_{10};\}$ 10 Cluster

(2) Es werden die beiden Elemente zusammengefasst, für die der Abstand minimal ist. Zwischen K_2 und K_3 ist der Abstand minimal und beträgt *12,81*. Man erhält als neue Partition:

G^1: $\{K_1; K_{2,3}; K_4; K_5; K_6; K_7; K_8; K_9; K_{10};\}$ 9 Cluster

Jetzt sind *minimale* Abstände zwischen diesem neuen Cluster und den restlichen Clustern zu bekommen:

$d_{(2,3)1} = \min\{d_{2,1}; d_{3,1}\} = \min\{14, 14; 20, 10\} = 14{,}14$

$d_{(2,3)4} = \min\{d_{2,4}; d_{3,4}\} = \min\{35, 00; 26, 25\} = 26{,}25$

.

.

.

$d_{(2,3)10} = \min(d_{2,10}; d_{3,10}\} = \min\{100, 5; 91, 78\} = 91{,}78$

Die neue Distanzmatrix D_1 besteht aus folgenden Elementen:

		K_1	$K_{2,3}$	K_4	K_5	K_6	K_7	K_8	K_9	K_{10}
	K_1	0	14,14	46,10	55,90	60,41	72,80	95,52	104,12	111,80
	$K_{2,3}$		0	26,25	37,80	40,31	53,14	75,43	84,43	91,78
	K_4			0	15,81	15,30	26,93	50,00	58,19	65,76
$D_1=$	K_5				0	20,59	20,62	47,43	50,16	60,21
	K_6					0	16,40	35,13	45,65	51,66
	K_7						0	26,93	31,32	40,00
	K_8							0	19,65	18,03
	K_9								0	13,45
	K_{10}									0

(3) Die minimale Distanz tritt jetzt zwischen dem neunten und zehnten Cluster auf und beträgt *13,45*.

Daher erhält man als neue Partition:

G^2: $\{K_1; K_{2,3}; K_4; K_5; K_6; K_7; K_8; K_{9,10}\}$

Der Abstand zwischen den Clustern $K_{2,3}$ und $K_{9,10}$:

$d_{(2,3)(9,10)}$ = min (84, 43; 91, 78) 8 Cluster
= 84,43

Die Distanzmatrix D_2 lautet somit:

		K_1	$K_{2,3}$	K_4	K_5	K_6	K_7	K_8	$K_{9,10}$
	K_1	0	14,14	46,10	55,90	60,41	72,80	95,52	104,12
	$K_{2,3}$		0	26,25	37,80	40,31	53,14	75,43	84,43
	K_4			0	15,81	15,30	26,93	50,00	58,19
$D_2=$	K_5				0	20,59	20,62	47,43	50,16
	K_6					0	16,40	35,13	45,65
	K_7						0	26,93	31,32
	K_8							0	18,03
	$K_{9,10}$								0

(4) Weiter werden K_1 und $K_{2,3}$ vereinigt. Die Distanz beträgt 14,14.

G^3: $\{K_{1,2,3}; K_4; K_5; K_6; K_7; K_8; K_{9,10}\}$ 7 Cluster

Die Distanzmatrix D_3 setzt sich daher aus folgenden Elementen zusammen:

		$K_{1,2,3}$	K_4	K_5	K_6	K_7	K_8	$K_{9,10}$
	$K_{1,2,3}$	0	26,25	37,80	40,31	53,14	75,43	84,43
	K_4		0	15,81	**15,30**	26,93	50,00	58,19
	K_5			0	20,59	20,62	47,43	50,16
$D_3=$	K_6				0	16,40	35,13	45,65
	K_7					0	26,93	31,32
	K_8						0	18,03
	$K_{9,10}$							0

(5) Die minimale Distanz liegt jetzt zwischen K_4 und K_6.
Der Abstand beträgt *15,30.*
G^4: $\{K_{1,2,3}; K_{4,6}; K_5; K_7; K_8; K_{9,10}\}$ 6 Cluster
Die Distanzmatrix D_4:

		$K_{1,2,3}$	$K_{4,6}$	K_5	K_7	K_8	$K_{9,10}$
	$K_{1,2,3}$	0	26,25	37,80	53,14	75,43	84,43
	$K_{4,6}$		0	**15,81**	16,40	35,13	45,65
$D_4=$	K_5			0	20,62	47,43	50,16
	K_7				0	26,93	31,32
	K_8					0	18,03
	$K_{9,10}$						0

(6) Fusioniert wird K_5 und $K_{4,6}$.
Der Abstand beträgt *15,81.*
G^5: $\{K_{1,2,3}; K_{4,5,6}; K_7; K_8; K_{9,10}\}$ 5 Cluster
Als neue Distanzmatrix D_5 erhält man:

		$K_{1,2,3}$	$K_{4,5,6}$	K_7	K_8	$K_{9,10}$
	$K_{1,2,3}$	0	26,25	53,14	75,43	84,43
	$K_{4,5,6}$		0	**16,40**	35,13	45,65
$D_5=$	K_7			0	26,93	31,32
	K_8				0	18,03
	$K_{9,10}$					0

(7) Vereinigt werden K_7 mit $K_{4,5,6}$.
Der minimale Abstand beträgt *16,40.*
G^6: $\{K_{1,2,3}; K_{4,5,6,7}; K_8; K_{9,10}\}$ 4 Cluster

Für die Distanzmatrix D_6 erhält man:

		$K_{1,2,3}$	$K_{4,5,6,7}$	K_8	$K_{9,10}$
$D_6=$	$K_{1,2,3}$	0	26,25	75,43	84,43
	$K_{4,5,6,7}$		0	26,93	31,32
	K_8			0	18,03
	$K_{9,10}$				0

(8) Vereint werden K_8 und $K_{9,10}$.
Der minimale Abstand beträgt 18,03.
G^7: $\{K_{1,2,3}; K_{4,5,6,7}; K_{8,9,10}\}$ 3 Cluster

Die Distanzmatrix D_7 heißt dann:

		$K_{1,2,3}$	$K_{4,5,6,7}$	$K_{8,9,10}$
$D_7=$	$K_{1,2,3}$	0	26,25	75,43
	$K_{4,5,6,7}$		0	26,93
	$K_{8,9,10}$			0

(9) Vereint werden $K_{1,2,3}$ mit $K_{4,5,6,7}$:
Der minimale Abstand beträgt 26,25.
G^8: $\{K_{1,2,3,4,5,6,7}; K_{8,9,10}\}$ 2 Cluster

D_8 Distanzmatrix lautet:

		$K_{1,2,3,4,5,6,7}$	$K_{8,9,10}$
$D_8=$	$K_{1,2,3,4,5,6,7}$	0	26,93
	$K_{8,9,10}$		0

(10) Die beiden letzten Cluster werden zusammengelegt. Die minimale Distanz zwischen diesen beiden Clustern beträgt 26,93.
G^9: $\{K_{1,2,3,4,5,6,7,8,9,10}\}$ 1 Cluster

Damit ist das agglomerative hierarchische Verfahren abgeschlossen. Die einzelnen Schritte dieses Verfahrens sind in dem so genannten DENDROGRAMM (Abb. 25 a) dargestellt. Will man die zehn Personen in drei Gruppen (Cluster) zusammenfassen, so ist dem Dendrogramm zu entnehmen, dass diese drei Cluster folgende Personen enthalten:

$K^1 = K_{1,2,3} = \{1;2;3;\}$
$K^2 = K_{4,5,6,7} = \{4;5;6;7\}$
$K^3 = K_{8,9,10} = \{8;9;10\}$

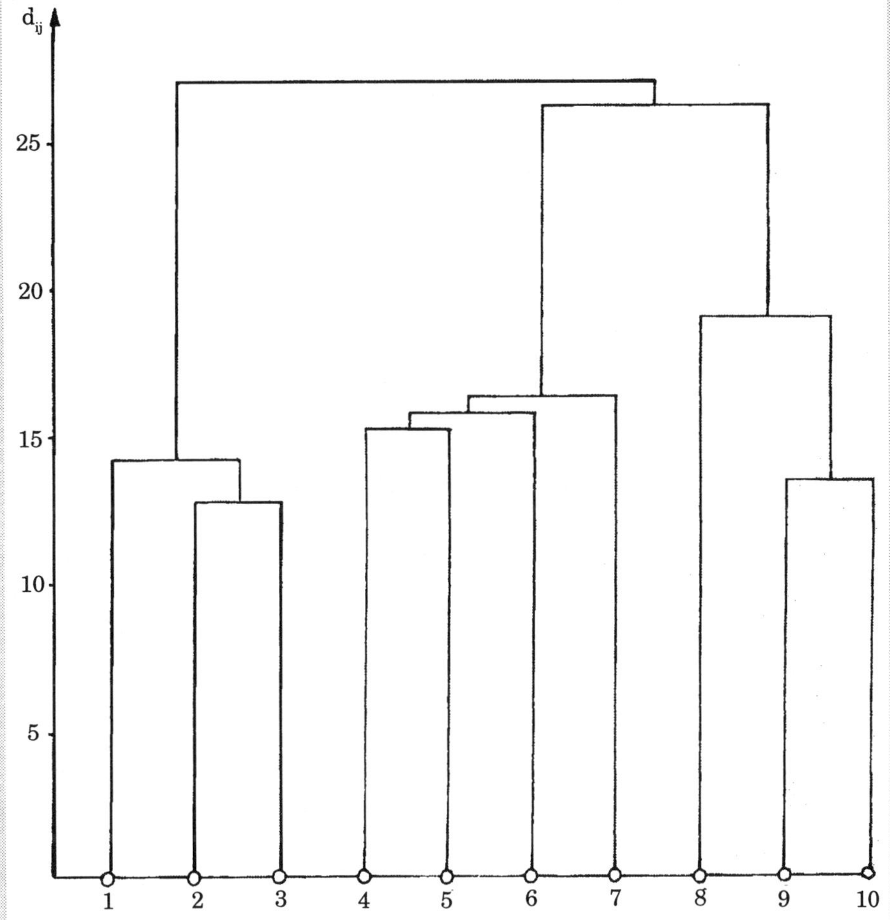

Abb. 25 a: Dendrogramm nach dem Single-Linkage-Verfahren

(29)

6.2.2 Complete-Linkage-Verfahren:

Beispiel (22):

(1) Wie bei dem vorherigen Verfahren besteht die Ausgangspartition aus zehn Clustern, die jeweils ein Element enthalten (vgl. Tab. 40, S. 335):

G^0: $\{K_1; K_2; K_3; K_4; K_5; K_6; K_7; K_8; K_9; K_{10}\}$ 10 Cluster

(2) Vereinigung von K_2 und K_3:
Abstand: 12,81.

G^1: $\{K_1; K_{2,3}; K_4; K_5; K_6; K_7; K_8; K_9; K_{10};\}$ 9 Cluster

Hier ist für die Distanzmatrix der **maximale** Abstand zwischen diesem neuen Cluster und den restlichen Clustern zu bestimmen:

$d_{(2,3)1} = \max\{d_{2,1}; d_{3,1}\} = \max\{14, 14; 20, 10\} = 20{,}10$
$d_{(2,3)4} = \max\{d_{2,4}; d_{3,4}\} = \max\{35, 00; 26, 25\} = 35{,}00$

.
.
.

$d_{(2,3)10} = \max(d_{2,10}; d_{3,10}\} = \max\{100, 5; 91, 78\} = 100{,}5$

Die neue Distanzmatrix D_1 besteht aus folgenden Elementen:

		K_1	$K_{2,3}$	K_4	K_5	K_6	K_7	K_8	K_9	K_{10}
	K_1	0	20,10	46,10	55,90	60,41	72,80	95,52	104,12	111,80
	$K_{2,3}$		0	35,00	42,72	50,09	60,83	85,00	91,98	100,50
	K_4			0	15,81	15,30	26,93	50,00	58,19	65,76
$D_1=$	K_5				0	20,59	20,62	47,43	50,16	60,21
	K_6					0	16,40	35,13	45,65	51,66
	K_7						0	26,93	31,32	40,00
	K_8							0	19,65	18,03
	K_9								0	13,45
	K_{10}									0

(3) Vereinigung von K_9 und K_{10}:
Abstand: 13,45.

G^2: $\{K_1; K_{2,3}; K_4; K_5; K_6; K_7; K_8; K_{9,10}\}$ 8 Cluster

$d_{(2,3)(9,10)} = \max\{d_{2,3}; d_9; d_{2,3}, d_{10}\}$
$= \{\max 91, 98; 100{,}5\}$
$= 100{,}5$

Die neue Distanzmatrix D_2 besteht aus folgenden Elementen:

		K_1	$K_{2,3}$	K_4	K_5	K_6	K_7	K_8	$K_{9,10}$
	K_1	0	20,10	46,10	55,90	60,41	72,80	95,52	111,80
	$K_{2,3}$		0	35,00	42,72	50,09	60,83	85,00	100,50
	K_4			0	15,81	15,30	26,93	50,00	65,76
$D_2=$	K_5				0	20,59	20,62	47,43	60,21
	K_6					0	16,40	35,13	51,66
	K_7						0	26,93	40,00
	K_8							0	19,65
	$K_{9,10}$								0

(4) Vereinigung von K_4 und K_6:
Abstand: 15,30.
G^3: $\{K_1; K_{2,3}; K_{4,6}; K_5; K_7; K_8; K_{9,10}\}$ 7 Cluster

Die Distanzmatrix D_3 ist daher:

		K_1	$K_{2,3}$	$K_{4,6}$	K_5	K_7	K_8	$K_{9,10}$
	K_1	0	20,10	60,41	55,90	72,80	95,92	111,80
	$K_{2,3}$		0	50,09	42,72	60,83	85,00	100,50
	$K_{4,6}$			0	20,59	26,93	50,00	65,76
$D_3=$	K_5				0	20,62	47,43	60,21
	K_7					0	26,93	40,00
	K_8						0	**19,65**
	$K_{9,10}$							0

(5) Vereinigung von K_8 und $K_{9,10}$:
Abstand: 19,65.
G^4: $\{K_1; K_{2,3}; K_{4,6}; K_5; K_7; K_{8,9,10}\}$ 6 Cluster

Die Distanzmatrix D_4:

		K_1	$K_{2,3}$	$K_{4,6}$	K_5	K_7	$K_{8,9,10}$
	K_1	0	**20,10**	60,41	55,90	72,80	111,80
	$K_{2,3}$		0	35,00	42,72	60,83	100,50
$D_4=$	$K_{4,6}$			0	15,81	26,93	65,76
	K_5				0	20,62	60,21
	K_7					0	40,00
	$K_{8,9,10}$						0

(6) Vereinigung von K_1 und $K_{2,3}$:
Abstand: 20,10
G^5: $\{K_{1,2,3}; K_{4,6}; K_5; K_7; K_{8,9,10}\}$ 5 Cluster

Als Distanzmatrix D_5 erhält man:

		$K_{1,2,3}$	$K_{4,6}$	K_5	K_7	$K_{8,9,10}$
	$K_{1,2,3}$	0	60,41	55,90	72,80	111,80
	$K_{4,6}$		0	**20,59**	26,93	65,76
$D_5=$	K_5			0	20,62	60,21
	K_7				0	40,00
	$K_{8,9,10}$					0

(7) Vereinigung von $K_{4,6}$ und K_5:
Abstand: 20,59

G^6: $\{K_{1,2,3}; K_{4,5,6}; K_7; K_{8,9,10}\}$ 4 Cluster

Die Distanzmatrix D_6 ist daher:

$D_6=$	$K_{1,2,3}$	$K_{4,5,6}$	K_7	$K_{8,9,10}$
$K_{1,2,3}$	0	60,41	72,80	111,80
$K_{4,5,6}$		0	**26,93**	65,76
K_7			0	40,00
$K_{8,9,10}$				0

(8) Vereinigung von $K_{4,5,6}$ und K_7:
Abstand: 26,93

G^7: $\{K_{1,2,3}; K_{4,5,6,7}; K_{8,9,10}\}$ 3 Cluster

Die Distanzmatrix D_7 heißt dann:

$D_7=$	$K_{1,2,3}$	$K_{4,5,6,7}$	$K_{8,9,10}$
$K_{1,2,3}$	0	72,80	111,80
$K_{4,5,6,7}$		0	**65,76**
$K_{8,9,10}$			0

(9) Vereinigung von $K_{4,5,6,7}$ mit $K_{8,9,10}$
Abstand: 65,76

G^8: $\{K_{1,2,3}; K_{4,5,6,7,8,9,10}\}$ 2 Cluster

Schließlich erhält man für D_8 als letzte Distanzmatrix:

$D_8=$	$K_{1,2,3}$	$K_{4,5,6,7,8,9,10}$
$K_{1,2,3}$	0	**111,80**
$K_{4,5,6,7,8,9,10}$		0

(10) Vereinigung von $K_{1,2,3}$ mit $K_{4,5,6,7,8,9,10}$
Abstand: 111,80.

G^9: $\{K_{1,2,3,4,5,6,7,8,9,10}\}$ 1 Cluster

Damit ist dieses Verfahren abgeschlossen. Die einzelnen Schritte sind auf dem Dendrogramm (Abb. 25 b) auf Seite 337 dargestellt.

Beim Vergleich beider Verfahren stellt man fest, dass beim Complete-Linkage-Verfahren überwiegend zunächst die Cluster aus einem Element fusionieren.

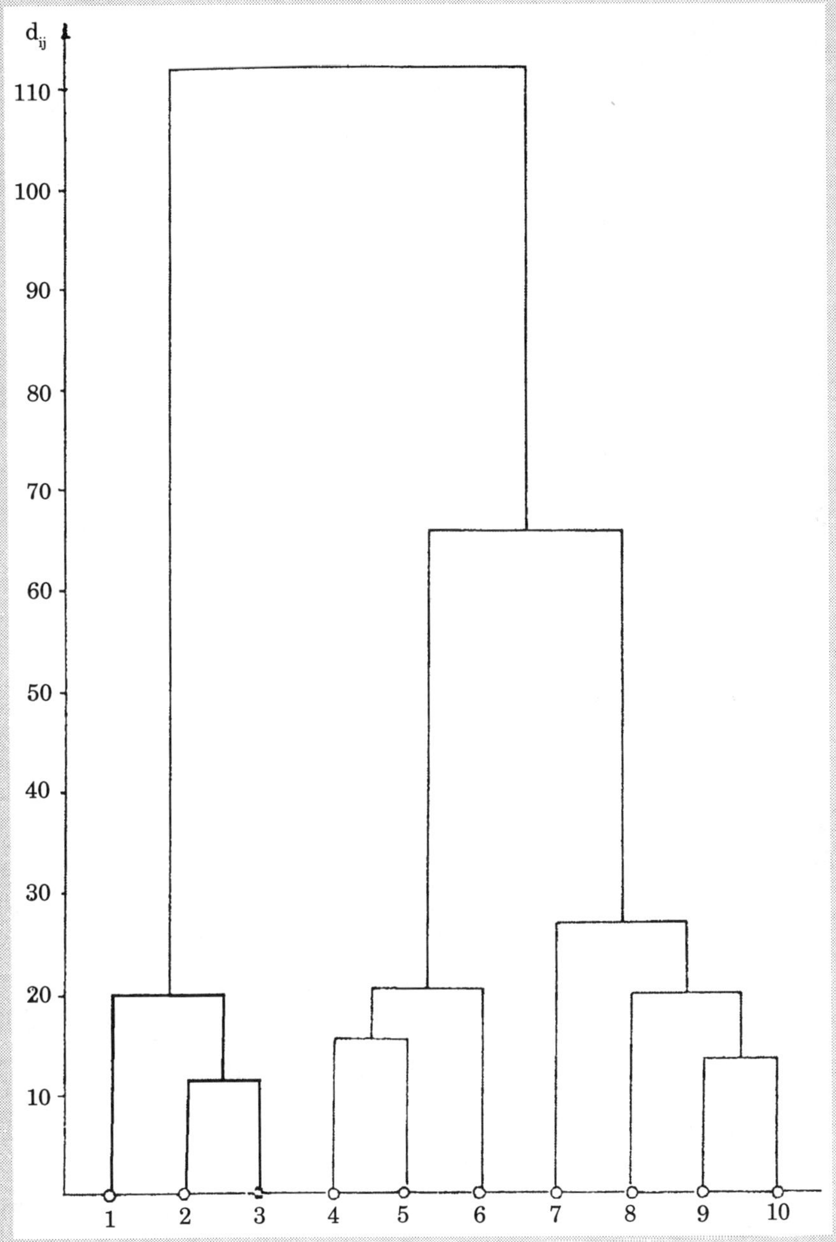

Abb. 25 b: Dendrogramm nach dem Complete-Linkage-Verfahren

6.2.3 Average-Linkage-Verfahren

Beispiel (23):

(1) Die Ausgangspartition besteht wie bei den beiden anderen Verfahren aus zehn Clustern mit jeweils einem Element (vgl. Tab. 40, S. 329):

G^0: $\{K_1; K_2; K_3; K_4; K_5; K_6; K_7; K_8; K_9; K_{10};\}$ 10 Cluster

(2) Vereinigung von K_2 und K_3;
Abstand: 12,81

G^1: $\{K_1; K_{2,3}; K_4; K_5; K_6; K_7; K_8; K_9; K_{10};\}$ 9 Cluster

Bei diesem Verfahren ist für die Distanzmatrix D_1 der **durchschnittliche** Abstand zwischen diesem neuen Cluster und den restlichen Clustern zu bestimmen:

$$d_{(2,3)1} = \tfrac{1}{2}(d_{2,1} + d_{3,1}) = \tfrac{1}{2}(14,14 + 20,10) = 17,12$$

$$d_{(2,3)4} = \tfrac{1}{2}(d_{2,4} + d_{3,4}) = \tfrac{1}{2}(35,00 + 26,25) = 30,62$$

.

.

$$d_{(2,3)10} = \tfrac{1}{2}(d_{2,10} + d_{3,10}) = \tfrac{1}{2}(100,50 + 91,78) = 96,14$$

Die Distanzmatrix D_1 besteht damit aus den Elementen:

		K_1	$K_{2,3}$	K_4	K_5	K_6	K_7	K_8	K_9	K_{10}
	K_1	0	17,12	46,10	55,90	60,41	72,80	95,52	104,12	111,80
	$K_{2,3}$		0	30,62	40,26	45,20	56,98	80,21	88,21	96,14
	K_4			0	15,81	15,30	26,93	50,00	58,19	65,76
$D_1=$	K_5				0	20,59	20,62	47,43	50,16	60,21
	K_6					0	16,40	35,13	45,65	51,66
	K_7						0	26,93	31,32	40,00
	K_8							0	19,65	18,03
	K_9								0	13,45
	K_{10}									0

(3) Vereinigung von K_9 und K_{10};
Abstand: 13,45.

G^2: $\{K_1; K_{2,3}; K_4; K_5; K_6; K_7; K_8; K_{9,10}\}$ 8 Cluster

Die durchschnittlichen Abstände errechnet man, wie in (2) ausgeführt wurde.

Für den durchschnittlichen Abstand zwischen $K_{2,3}$ und $K_{9,10}$ erhält man aus Tab. 40, S. 329:

$$\begin{aligned} d_{(2,3)(9,10)} &= \tfrac{1}{4}(d_{2,9} + d_{3,9} + d_{2,10} + d_{3,10}) \\ &= \tfrac{1}{4}(91,98 + 84,43 + 100,50 + 91,78) \\ &= 92,17 \end{aligned}$$

Man kann den Abstand auch aus D_1 berechnen:

$$d_{(2,3)(9,10)} = \frac{1}{2} d_{(2,3)9} + d_{(2,3)10} = \frac{1}{2}(88,21 + 96,14) = 92,17$$

Die neue Distanzmatrix D_2 lautet somit:

$D_2=$	K_1	$K_{2,3}$	K_4	K_5	K_6	K_7	K_8	$K_{9,10}$
K_1	0	17,12	46,10	55,90	60,41	72,80	95,52	107,96
$K_{2,3}$		0	30,62	40,26	45,20	56,98	80,21	92,17
K_4			0	15,81	15,30	26,93	50,00	61,98
K_5				0	20,59	20,62	47,43	55,18
K_6					0	16,40	35,13	48,66
K_7						0	26,93	35,66
K_8							0	18,84
$K_{9,10}$								0

(4) Vereinigung von K_4 und K_6:
Abstand: 15,30.

G^3: $\{K_1; K_{2,3}; K_{4,6}; K_5; K_7; K_8; K_{9,10}\}$ 7 Cluster

$$d_{(2,3)(4,6)} = \frac{1}{4} \cdot (35 + 50,09 + 26,25 + 40,31) = 37,91$$

bzw. mithilfe von D_2 erhält man: $d_{(2,3),(4,6)} = \frac{1}{2}(30,62 + 45,20) = 37,91$

$$d_{(4,6)(9,10)} = \frac{1}{4} \cdot (58,19 + 65,76 + 45,65 + 51,66) = 55,32$$

bzw. $d_{(4,6),(9,10)} = \frac{1}{2}(61,98 + 48,66) = 55,32$

Die Distanzmatrix D_3 besteht somit aus den Elementen:

$D_3=$	K_1	$K_{2,3}$	$K_{4,6}$	K_5	K_7	K_8	$K_{9,10}$
K_1	0	17,12	53,25	55,90	72,80	95,52	107,96
$K_{2,3}$		0	37,19	40,26	56,98	80,21	92,17
$K_{4,6}$			0	18,20	21,66	60,13	55,32
K_5				0	20,62	47,43	55,18
K_7					0	26,93	35,66
K_8						0	18,84
$K_{9,10}$							0

(5) Vereinigung von K_1 und $K_{2,3}$:
Abstand: 17,12.

G^4: $\{K_{1,2,3}; K_{4,6}; K_5; K_7; K_8; K_{9,10}\}$ 6 Cluster

Zwischen den Elementen von $K_{1,2,3}$ und $K_{4,6}$ bestehen insgesamt sechs Distanzen. Als durchschnittlichen Abstand erhält man:

$$\begin{aligned} d_{(1,2,3),(4,6)} &= \tfrac{1}{6}(d_{(1,4)} + d_{(2,4)} + d_{(3,4)} + d_{(1,6)} + d_{(2,6)} + d_{(3,6)}) \\ &= \tfrac{1}{6}(46{,}10 + 35 + 26{,}25 + 60{,}41 + 50{,}09 + 40{,}31) \\ &= 43{,}03 \end{aligned}$$

Aus D_3 erhält man für diese Distanz:

$$d_{(1,2,3),(4,6)} = \tfrac{1}{3}(53{,}25 + 2 \cdot 37{,}91) = 43{,}02$$

(Die geringfügige Abweichung kann man als Rundungsfehler erklären.)

Für $d_{(1,2,3),(9,10)}$ erhält man:

$$\begin{aligned} d_{(1,2,3),(9,10)} &= \tfrac{1}{6}(104{,}12 + 91{,}08 + 84{,}43 + 111{,}80 + 100{,}50 + 91{,}78) \\ &= 97{,}435 \end{aligned}$$

bzw. aus D_3 erhält man:

$$\begin{aligned} d_{(1,2,3),(4,6)} &= \tfrac{1}{3}(107{,}96 + 2 \cdot 92{,}17) \\ &= 97{,}433 \qquad \text{(abgerundet: 97,43)} \end{aligned}$$

Die Distanzmatrix D_4 lautet:

		$K_{1,2,3}$	$K_{4,6}$	K_5	K_7	K_7	$K_{9,10}$
	$K_{1,2,3}$	0	43,03	45,47	62,26	85,32	97,43
	$K_{4,6}$		0	18,20	21,66	60,13	55,32
$D_4=$	K_5			0	20,62	47,43	55,66
	K_7				0	26,93	35,66
	K_8					0	18,84
	$K_{9,10}$						0

(6) Vereinigung von $K_{4,6}$ mit K_5:
Abstand: 18,20.

G^5: $\{K_{1,2,3}; K_{4,5,6}; K_7; K_8; K_{9,10}\}$ 5 Cluster

Für $d_{(1,2,3),(4,5,6)}$ erhält aus Anfangsdistanzmatrix:

$$\begin{aligned} d_{(1,2,3),(4,5,6)} &= \tfrac{1}{9}(d_{1,4} + d_{2,4} + d_{3,4} + d_{1,5} + d_{2,5} + d_{3,5} + d_{1,6} + d_{2,6} + d_{3,6}) \\ &= \tfrac{1}{9}(46{,}10 + 35 + 26{,}25 + 55{,}90 + 42{,}72 + 37{,}80 + 60{,}41 + 50{,}09 + 40{,}31) \\ &= 43{,}84 \end{aligned}$$

Aus D_4 erhält man für $d_{(1,2,3),(4,5,6)}$:

$$\begin{aligned} d_{(1,2,3),(4,5,6)} &= (2 \cdot 43{,}03 + 1 \cdot 45{,}57) \\ &= 43{,}84 \end{aligned}$$

Als neue Distanzmatrix D_5 erhält man:

		$K_{1,2,3}$	$K_{4,5,6}$	K_7	K_8	$K_{9,10}$
	$K_{1,2,3}$	0	43,84	62,26	85,32	97,43
	$K_{4,5,6}$		0	21,31	44,19	55,27
$D_5=$	K_7			0	26,93	35,66
	K_8				0	**18,84**
	$K_{9,10}$					0

(7) Fusioniert werden K_8 mit $K_{9,10}$:
Abstand: 18,84.

G^6: $\{K_{1,2,3}; K_{4,5,6}; K_7; K_{8,9,10}\}$ 4 Cluster

Für den durchschnittlichen Abstand $d_{(1,2,3),(8,9,10)}$ erhält man:

$$d_{(1,2,3),(8,9,10)} = \tfrac{1}{9}(d_{1,8} + d_{2,8} + d_{3,8} + d_{1,9} + d_{2,9} + d_{3,9} + d_{1,10} + d_{2,10} + d_{3,10})$$
$$= \tfrac{1}{9}(95,52 + 85 + 75,43 + 104,12 + 91,98 + 84,43 + 111,80 + 100,50 + 91,78)$$
$$= 93,40$$

Aus der Distanzmatrix D_5 erhält man zur Kontrolle für $d_{(1,2,3),(8,9,10)}$:

$$d_{(1,2,3),(8,9,10)} = (1 \cdot 85,32 + 2 \cdot 97,43)$$
$$= 93,39$$

(Der Wert 93,40 wird für die nächste Distanzmatrix verwendet, da er aus den Ausgangsdaten berechnet wurde, während die Werte in der Distanzmatrix D_5 abgerundet wurden.)

Für die Distanzmatrix D_6 erhält man:

		$K_{1,2,3}$	$K_{4,5,6}$	K_7	$K_{8,9,10}$
	$K_{1,2,3}$	0	43,84	62,26	93,40
$D_6=$	$K_{4,5,6}$		0	**21,31**	51,58
	K_7			0	32,75
	$K_{8,9,10}$				0

(8) Vereinigt werden $K_{4,5,6}$ mit K_7:
Abstand: 21,31.

G^7: $\{K_{1,2,3}; K_{4,5,6,7}; K_{8,9,10}\}$ 3 Cluster

Die Zusammensetzung dieser drei Cluster stimmt mit der bei den beiden anderen Verfahren überein. Für den durchschnittlichen Abstand $d_{(1,2,3),\,(4,5,6,7)}$ erhält man:

$$d_{(1,2,3),\,(4,5,6,7)} = \tfrac{1}{12}(d_{1,4} + d_{2,4} + d_{3,4} + d_{1,5} + d_{2,5} + d_{3,5}$$
$$+d_{1,6} + d_{2,6} + d_{3,6} + d_{1,7} + d_{2,7} + d_{3,7})$$
$$= \tfrac{1}{12}(46,10 + 35 + 26,25 + 55,90 + 42,72 + 37,80$$
$$+60,41 + 50,09 + 40,31 + 72,80 + 60,83 + 53,14)$$
$$= 48,45$$

Aus D_6 erhält man für $d_{(1,2,3),\,(4,5,6,7)}$:

$$d_{(1,2,3),\,(4,5,6,7)} = \tfrac{1}{4}(3 \cdot 43,84 + 62,26)$$
$$= 48,45$$

Die Distanzmatrix D_7 heißt dann:

		$K_{1,2,3}$	$K_{4,5,6,7}$	$K_{8,9,10}$
	$K_{1,2,3}$	0	48,45	93,40
$D_7=$	$K_{4,5,6,7}$		0	46,87
	$K_{8,9,10}$			0

(9) Vereinigt werden $K_{4,5,6,7}$ mit $K_{8,9,10}$:
Abstand: 46,87.

G^8: $\{K_{1,2,3}; K_{4,5,6,7,8,9,10}\}$ 2 Cluster

Für den durchschnittlichen Abstand $d_{(1,2,3),\,(4,5,6,7,8,9,10)}$ erhält man:

$$d_{(1,2,3),\,(4,5,6,7,8,9,10)} = \tfrac{1}{21}(d_{1,4} + d_{2,4} + d_{3,4} + d_{1,5} + d_{2,5} + d_{3,5} + d_{1,6} + d_{2,6}$$
$$+d_{3,6} + d_{1,7} + d_{2,7} + d_{3,7} + d_{1,8} + d_{2,8}d_{3,8} + d_{1,9} + d_{2,9}$$
$$+d_{3,9} + d_{1,10} + d_{2,10} + d_{3,10})$$
$$= \tfrac{1}{21}(46,10+35+26,25+55,90+42,72+37,80+60,41+50,09+40,31$$
$$+72,80+60,83+53,14+95,25+85+75,43+104,12+91,98+84,43$$
$$+111,80+100,50+91,78)$$
$$=67,71$$

Aus D_7 erhält man als Distanz:

$$d_{(1,2,3),\,(4,5,6,7,8,9,10)} = \tfrac{1}{7}(4 \cdot 48,45 + 3 \cdot 93,40)$$
$$= 67,71$$

D_8 als letzte Distanzmatrix lautet:

		$K_{1,2,3}$	$K_{4,5,6,7,8,9,10}$
$D_8=$	$K_{1,2,3}$	0	67,71
	$K_{4,5,6,7,8,9,10}$		0

(10) Die beiden letzten Cluster werden zusammengelegt. Der durchschnittliche Abstand zwischen diesen beiden Clustern beträgt 67,71.

G^9: $\{K_{1,2,3,4,5,6,7,8,9,10}\}$ 1 Cluster

Damit ist dieses Verfahren abgeschlossen. Die einzelnen Schritte sind auf dem Dendrogramm (Abb. 25 c) auf S. 330 dargestellt.

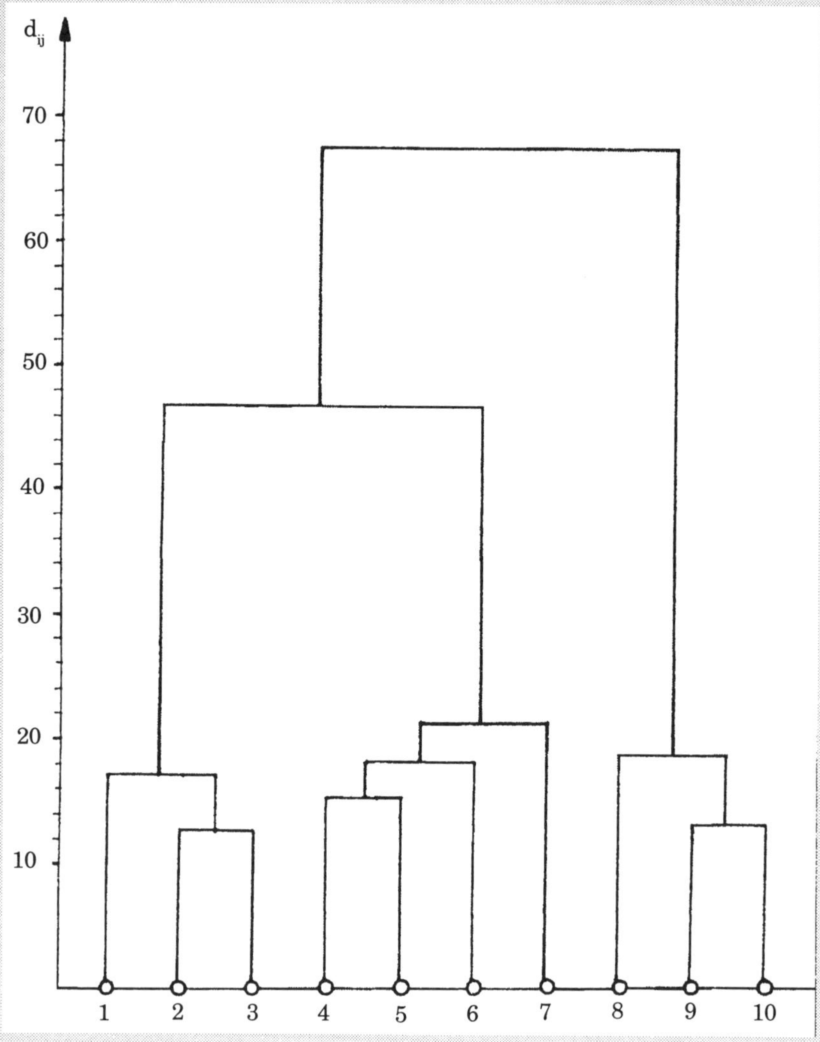

Abb. 25 c: Dendrogramm nach dem Average-Linkage-Verfahren

30

Allen Dendrogrammen ist zu entnehmen, dass bei der Vereinigung von drei Clustern auf zwei Clustern das Distanzmaß erheblich ansteigt. Diese Übereinstimmung muss nicht in jedem Fall gegeben sein. Auch stimmen die Elemente bei drei bzw. zwei Clustern in allen Verfahren fast überein.

Alle Verfahren liefern als Ergebnis, dass sich die zehn befragten Personen recht günstig in drei Gruppen (Cluster) aufteilen lassen. Diese Aussage wird noch gesichert, wenn man die Homogenität innerhalb eines Clusters misst.

Als Maß dienen hierzu die S.d.q.A. bzw. Varianzen innerhalb eines Clusters, bezogen auf den Mittelwert (Zentroid) eines Clusters (Varianzkriterium).

Für das Merkmal x_1 im Cluster K_k gilt:

$$\text{S.d.q.A.}(x_1) = \sum_{i \varepsilon K_k} (x_{1i} - \bar{x}_{1\bullet})^2 \qquad (6.6\text{ a})$$

mit $$\bar{x}_1 = \frac{1}{|K_k|} \sum_{i \varepsilon K_k} x_{1i}$$

bzw. für die Varianz $$S_1^2(K_k) = \frac{1}{|K_k| - 1} \sum_{i \varepsilon K_k} (x_{1i} - \bar{x}_{1\bullet})^2 \qquad (6.6\text{ b})$$

$|K_k|$: Anzahl der Elemente im Cluster K_k

Die Summe der S.d.q.A. bzw. Varianzen

bzw.
$$\text{S.d.q.A.} = \text{S.d.q.A.}(x_1) + \text{S.d.q.A.}(x_2) \qquad (6.7\text{ a})$$
$$S^2 = S_1^2 + S_2^2 \qquad (6.7\text{ b})$$

gelten als Homogenitätsmaße des Clusters K_k bei *zwei* Merkmalen.

Bei m-Merkmalen erhält man entsprechend:

$$\text{S.d.q.A.} = \sum_{l=1}^{m} \text{S.d.q.A.}(x_\alpha) \qquad (6.8\text{ a})$$

bzw.

$$\text{S.d.q.A.} = \sum_{l=1}^{m} S_\alpha^2 \qquad (6.8\text{ b})$$

Für die Ausgangsdaten in Tab. 39 (S. 334) für das Einkommen den Mittelwert $\bar{x}_{1.}$ = 76 (in 1.000 €).
Bei dem zweiten Merkmal „Alter" beträgt $\bar{x}_{2.}$ = 43,3 Jahre.

Sofern die befragten zehn Personen ein Cluster bilden, berechnet man entsprechend Formel (6.6 a) für S.d.q.A. (x_1) den Wert 13.290 und für S.d.q.A. (x_2) den Wert 850,1. Somit erhält man für S.d.q.A. (Formel 6.7 a) den Wert 14.140,1.

Die Homogenitätsmaße sind als Ergebnisse in der nachfolgenden Tabelle aufgeführt und in Abb. 26 grafisch dargestellt:

Clusterzahl	S.d.q.A.	S.d.q.A. in % von S.d.q.A. gesamt
(1)	(2)	(3)
1	14.140,10	100,00
2	5.028,76	35,56
3	1.135,09	8,03
4	928,25	6,56
5	649,17	4,59
6	463,50	3,28

Tab. 41: S.d.q.A. innerhalb der Cluster in Abhängigkeit von der Anzahl der Cluster

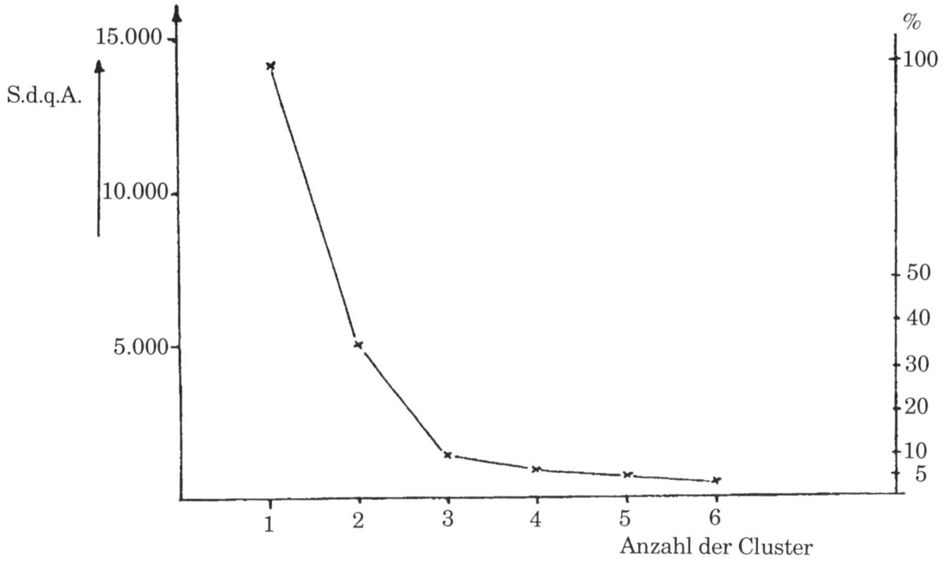

Abb. 26: S.d.q.A. innerhalb der Cluster

Tab. 41 sagt aus, dass bei drei Clustern die S.d.q.A. innerhalb der Cluster nur noch 8% der S.d.q.A. ausmacht. Abb. 26 zeigt, dass die S.d.q.A. bei mehr als *drei* Clustern nur geringfügig abnimmt.

6.3 Iterative Verfahren

Die hierarchischen Verfahren haben den Vorteil, dass die Anzahl der Cluster *nicht* vorgegeben sein muss. Bei großen Datenmengen sind sie jedoch weniger gut geeignet. Denn der Rechenaufwand steigt dabei erheblich, und die Dendrogramme werden unübersichtlich. Zudem erweist es sich als nachteilig, dass die erfolgte Zuordnung eines Elements zu einem Cluster bei einer höheren Partition *nicht* mehr rückgängig gemacht werden kann.

Diesen Nachteil gleichen die iterativen Verfahren aus. Hier muss allerdings die Anzahl der Cluster festgelegt werden, was entweder aus sachlichen Erwägungen erfolgt oder nach einer Faustregel von Mardia et.a.[1)]

$$g = \sqrt{\frac{n}{2}} \qquad \begin{array}{l} n = \text{Anzahl der Elemente} \\ g = \text{Anzahl der Cluster} \end{array} \qquad (6.9)$$

Die n Einheiten werden auf die g Cluster zugeteilt. Diese Zuteilung kann beispielsweise zufallsartig erfolgen. Anschließend wird die Anfangspartition in mehreren Prozessen so verbessert, bis ein vorgegebenes Abbruchkriterium erfüllt ist, oder es wird eine Partition erreicht, die bei weiteren Iterationsprozessen sich nicht mehr ändert.

Beispiel (24):

Für eine iterative Clusteranalyse liegen folgende Daten vor:

Personen	1	2	3	4	5	6	7	8
Jahreseinkommen in 1.000 € x_1	37	45	53	55	40	35	44	57
Alter in Jahren x_2	20	27	40	25	27	38	35	44

Tab. 42: Daten für eine iterative Clusteranalyse

Nach der Formel von Mardia erhält man für g den Wert 2. Als Ausgangspartition werden die Personen 1, 2, 3, 4 dem Cluster K_1 und die Personen 5, 6, 7 und 8 Cluster K_2 zugeteilt.

$$G^0: \; K_{1,2,3,4}; \qquad K_{5,6,7,8}$$

Von beiden Clustern werden die arithmetischen Mittelwerte (Zentroide) bestimmt:

$$K_{1,2,3,4}: \quad \bar{x}_1 = 47{,}5 \text{ T€} \quad \bar{x}_2 = 28{,}0 \text{ a} \qquad K_{5,6,7,8}: \quad \bar{x}_1 = 44{,}0 \text{ T€} \quad \bar{x}_2 = 36{,}0 \text{ a}$$

[1)] *Mardia, K. V.,* Kurt, J. T. Bibty, J. M., 1979: Multivariate analysis Academic Press, London

Nun werden die euklidischen Distanzen der acht Einheiten von den Mittelwerten *beider* Zentroide bestimmt, um festzustellen, von welchem Zentroid die Distanz geringer ist. Mithilfe von (6.1) erhält man folgende Distanzmatrix:

Personen		1	2	3	4	5	6	7	8
d_{1j}	$\begin{pmatrix}47{,}5\\28{,}0\end{pmatrix}$	13,2	2,69	13,20	8,08	7,57	16,01	7,83	19,14
d_{2j}	$\begin{pmatrix}44{,}0\\36{,}0\end{pmatrix}$	17,46	9,06	9,85	15,56	9,84	9,22	1,0	15,26

Tab. 43: Distanzmatrix für eine iterative Clusteranalyse

Für jede Einheit wird die kürzere Distanz eingerahmt. Jede Einheit wird dem Cluster zugeteilt, bei dem die Distanz kleiner ist. Damit ergibt sich als neue Partition:

G^1: $K_{1,2,4,5}$; $K_{3,6,7,8}$

Für die Partition G^1 verändern sich jetzt auch die Mittelwerte. Man erhält für

$K_{1,2,4,5}$: $\bar{x}_1 = 44{,}25$ T€
$\bar{x}_2 = 24{,}75$ a

und für $K_{3,6,7,8}$: $\bar{x}_1 = 47{,}25$ T€
$\bar{x}_2 = 39{,}25$ a

Mit diesen neuen Mittelwerten verändert sich auch die Distanzmatrix:

Personen		1	2	3	4	5	6	7	8
d_{1j}:K_1	$\begin{pmatrix}44{,}25\\24{,}75\end{pmatrix}$	8,66	2,37	17,58	10,75	4,81	16,16	10,25	22,82
d_{2j}:K_2	$\begin{pmatrix}47{,}25\\39{,}75\end{pmatrix}$	21,81	12,45	5,80	16,22	14,23	12,31	5,35	10,85

Tab. 44: Veränderte Distanzmatrix für eine iterative Clusteranalyse

Die neue Partition G^2 lautet:

G^2: $K_1\{1;2;4;5\}$; $K_2\{3;6;7;8\}$

Die Partition G^2 hat sich gegenüber Partition G^1 *nicht* geändert, somit wird das Iterationsverfahren an dieser Stelle abgebrochen. G^1 bzw. G^2 stellt die optimale Partition dar.

31

7. Multidimensionale Skalierung (MDS)

7.1 Einführung

Der Grundgedanke der mehrdimensionalen Skalierung besteht darin, eine bestimmte Anzahl von Elementen (z. B. Marken gleichartiger Produkte) und deren Beziehungen zueinander in einem Raum möglichst geringer Dimensionalität darzustellen (nach Möglichkeit nicht mehr als drei Dimensionen).

Im ersten Teil wird nachfolgend die so genannte *metrische MDS* betrachtet. Hier müssen konkrete Zahlenwerte über die Ähnlichkeiten der betrachteten Objekte untereinander vorliegen.

Aus den k verschiedenen Merkmalen der n Elemente wird – wie bei der Clusteranalyse – eine Distanzmatrix erstellt. Diese n Elemente werden nun in einem l-dimensionalen Raum ($l \leq k$) so positioniert, dass die (euklidischen) Distanzen im l-dimensionalen Raum den Elementen der aus den k-Merkmalswerten gebildeten Datenmatrix möglichst gut approximiert werden können.

Bei der *nichtmetrischen* multidimensionalen Skalierung benötigt man von den n Objekten lediglich die *Rangfolge* für die Abstände von je zwei verschiedenen Objekten, d. h. konkrete Zahlenwerte über die Abstände sind nicht erforderlich, es muss lediglich bekannt sein, ob zwischen den Abständen zwischen den Paaren (1,2) und (3,4) die Anordnung gilt:

$d(1,2) < d(3,4)$ oder $d(3,4) < d(1,2)$

allgemein $d(i, j) < d(k, l)$ oder $d(k, l) < d(i, j)$

Aufgrund der vorliegenden Rangfolge der einzelnen Objektpaare sollen die n Objekte in einem möglichst geringdimensionalen Raum so angeordnet werden, dass die (euklidischen) Distanzen der Objektpaare die vorgegebene Rangfolge möglichst genau einhalten.

7.2 Metrische multidimensionale Skalierung (MMDS)

Aus einer Landkarte können einfach die (Luftlinien-)Entfernungen zwischen den einzelnen Städten z.B. in Deutschland ermittelt werden.

Die MMDS befasst sich mit dem umgekehrten Problem:
Mithilfe einzelner Distanzen sollen die einzelnen Städte in einem zweidimensionalen Raum möglichst genau positioniert werden, d. h. die entwickelte Anordnung soll möglichst genau den Ausgangsdaten entsprechen.

Im vorliegenden Beispiel werden die vier Städte Berlin (B), Hamburg (H), Köln (K) und München (M) betrachtet. Die Entfernungen zwischen diesen Städten sind in der folgenden Datenmatrix dargestellt:

	Berlin	Hamburg	Köln	München
Berlin	–	250	470	505
Hamburg		–	360	610
Köln			–	460
München				–

Tab. 45: Entfernungen (Luftlinie) zwischen vier Städten in Deutschland in km

Wie bei der Clusteranalyse wird nur die rechte obere Hälfte der Distanzmatrix benötigt. Die vier Städte werden durch sechs Distanzangaben festgelegt. Von den 16 Elementen der Distanzmatrix werden die vier Elemente auf der Hauptdiagonalen nicht benötigt (Null-Elemente). Die sechs Elemente im unteren Dreieck entsprechen aus Symmetriegründen den entsprechenden Elementen im oberen Dreieck.

Im Kapitel 6 „Clusteranalyse (vgl. S. 333, 335)" wurden die Distanzen von 10 Elementen betrachtet, und man musste 45 Distanzen berechnen. Von der 10 x 10 Matrix erhält man auf der Hauptdiagonalen 0-Elemente. Es verbleiben 10 · (10-1) Elemente. Wegen der Symmetrieeigenschaft ($d_{ij} = d_{ij}$) werden demnach nur die Hälfte, also $^1/_2 \cdot 10 \cdot (10 - 1) = 45$ Elemente berechnet. Allgemein bei n Elementen treten $^n/_2 \cdot (n - 1)$ Paarbildungen, also Distanzen auf.

Bei der Entwicklung der Anordnungen kann man die erste Stadt (in Abb. 27 a und 27 b Köln, in Abb. 27 c Hamburg) beliebig festlegen. Auch bei der Fixierung der zweiten Stadt hat man noch Wahlmöglichkeiten, muss aber die Entfernung zur ersten Stadt einhalten. Die zweite Stadt liegt beliebig auf einem Kreis mit einem Radius, der der Entfernung der ersten Stadt von der zweiten Stadt entspricht. In der vorliegenden Abbildung wurde die zweite Stadt (in Abb. 27 a und 27 b jeweils Berlin, in Abb. 27 c München) auf derselben Höhe der ersten Stadt festgelegt. Die Position der dritten Stadt erhält man als Schnittpunkt der Kurve mit dem Radius d (1,3) (Entfernung erste Stadt – dritte Stadt) und dem Radius d (2,3) (Entfernung zweite Stadt – dritte Stadt). Die Schnittpunkte liegen entweder oberhalb oder unterhalb der Strecke erste Stadt – zweite Stadt. Für eine der beiden Möglichkeiten muss man sich entscheiden. In den Abb. 27 a und b wurde Hamburg als dritte Stadt gewählt, in Abb. 27 a wurde der obere, in Abb. 27 b der untere Schnittpunkt gewählt, in Abb. 27 c wurde Berlin als dritte Stadt gewählt und auf den oberen Schnittpunkt fixiert. Bei der Festlegung der vierten Stadt bestehen keine Wahlmöglichkeiten mehr.

Zunächst einmal erhält man wieder zwei Schnittpunkte der beiden Kreise um die erste bzw. zweite Stadt mit den Entfernungen d (1,4) bzw. d (2,4). Zum Schluss vergleicht man die Entfernungen der beiden Schnittpunkte von der dritten Stadt mit der Entfernung d (3,4) aus der Distanzmatrix und legt damit die vierte Stadt auf den richtigen Schnittpunkt fest. München als vierte Stadt liegt oberhalb in

Abb. 27 a bzw. unterhalb der Strecke Köln – Berlin in Abb. 27 b, Köln als vierte Stadt in Abb. 27 c liegt unterhalb der Strecke Hamburg-München. Analog können beliebig viele weitere Städte positioniert werden.

Im Vergleich zu Abb. 27 a ist Abb. 27 b gespiegelt (Spiegelachse K – B, Abb. 27 c ist verglichen zu Abb. 27 a im Gegenuhrzeigersinn (um etwa 110 Grad) gedreht. Die Form der Vierecke bleibt in allen Fällen unverändert, d. h. die in der Matrix angegebenen Entfernungen bleiben erhalten. Im Gegensatz zur Landkarte kennzeichnet die vertikale (waagrechte) Achse *nicht* mehr die Nord-Süd (Ost-West) Richtung. Dieses Beispiel lässt sich noch recht einfach durchführen, da bei der Darstellung die Anzahl der Merkmale (Längenangabe, Breitenangabe) *nicht* reduziert wurde.

Bei Angebe der Distanzen der vier Städte voneinander erhält man bei der Anordnung verschiedene Möglichkeiten. Liegen aber Längen- und Breitenangaben der betrachteten Städte vor, dann ist ihre Anordnung zueinander eindeutig festgelegt.

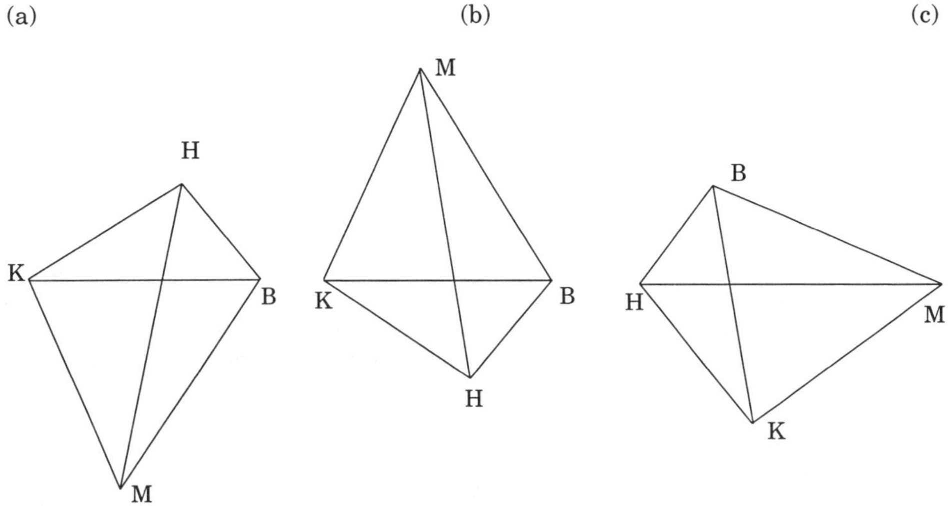

Abb. 27: Anordnung der Distanzen zwischen vier Städten in Deutschland, Maßstab: 1:10 000 000

Es soll nun ein Verfahren kurz beschrieben werden, bei dem eine Reduktion der Merkmale durchgeführt wird.

Non linear MAPPING

Ausgangspunkt ist eine n x k-Datenmatrix, wobei n die Anzahl der Elemente beschreibt (z. B. 20 Fernsehgeräte unterschiedlicher Marken und Typen) und k die Anzahl der Merkmale (z. B. Preis, Bildschirmgröße, technische Eigenschaften usw.). Da alle Merkmale unterschiedliche Dimensionen tragen, werden die einzelnen Merkmalswerte auf dimensionslose Größen transformiert, indem man etwa die prozentualen Abweichungen der Werte vom Merkmalsmittelwert (berechnet aus den 20 Merkmalswerten) bestimmt oder analog zur Normalverteilung eine lineare Merkmalstransformation durchführt, indem man die Differenzen vom Merkmalsmittelwert durch die Standardabweichung dividiert.

Aus dieser n x k -Datenmatrix bildet man dann die n x n (symmetrische) Distanzmatrix, wobei die Abstände als euklidische Abstände berechnet werden.

$$d^{(k)}{}_{(i,j)} = \sqrt{\sum_{m=1}^{k} (x_{im} - x_{jm})^2} \tag{7.1}$$

Die Distanzmatrix D wird nun durch eine euklidische Distanzmatrix D im l-dimensionalen Konfigurationsraum approximiert, wobei l möglichst klein sein soll, (z. B. l = 2), auf jeden Fall aber kleiner als k.

Für die Distanz der Elemente im l-dimensionalen Raum gilt:

$$\hat{d}_{(i,j)} = \sqrt{\sum_{m=1}^{l} (x_{im} - x_{jm})^2} \tag{7.2}$$

Als Güte der Anpassung wird der „mapping error" definiert:

$$\mathrm{ME} = \frac{\sum_{i=1}^{n-1} \sum_{j=i+1}^{n} \frac{(d(i,j) - \hat{d}(i,j))^2}{d(i,j)}}{\sum_{i=1}^{n-1} \sum_{j=i+1}^{n} d(i,j)} \tag{7.3}$$

Diese Größe ME wird ausgehend von einer Startkonfiguration mithilfe eines Gradientenverfahrens in mehreren Iterationen verringert (Verbesserung der Konfiguration der n Elemente im l-dimensionalen Raum). Das Verfahren wird dann abgebrochen, wenn bei weiteren Schritten keine wesentliche Verringerung der Größe ME erreicht wird.

7.3 Nichtmetrische multidimensionale Skalierung (NMDS)

Bei diesem Verfahren liegen **keine** Merkmalswerte der n Objekte vor, es liegt lediglich eine Rangfolge der n(n-1)/2 Paare bezüglich ihrer Ähnlichkeit bzw. Unähnlichkeit vor (Proximitätsdaten). Die n Objekte sollen dann in einem möglichst niedrig dimensionalen Raum mit l-Dimensionen so angeordnet werden, dass die Rangfolge möglichst gut eingehalten wird.

Z.B. gilt:

$$d(i,j) < d(k,l)$$

dann soll im l-dimensionalen Raum gelten:

$$\hat{d}(i,j) < \hat{d}(k,l)$$

Das Grundprinzip zur Lösung gleicht dem der MMDS. Zunächst wird die Anzahl der Dimensionen des Darstellungsraums vorgegeben. Dann beginnt man mit einer beliebigen Startkonfiguration, wobei die Rangfolge im l-dimensionalen Raum (nach Möglichkeit l = 2) gegenüber der ursprünglichen Rangfolge (mehr oder minder große) Unterschiede aufweist. Dabei werden die Positionen der n Elementen im l-dimensionalen Raum so weit verschoben, bis eine befriedigende Übereinstimmung erzielt wird.

Die Güte der Anpassung wird durch den sog. Stress-Wert nach *Kruskal* beschrieben:

$$S = \frac{\sum_{i=1}^{n-1} \sum_{j=i+1}^{n} [d(i,j) - d^*(i,j)]^2}{\sum_{i=1}^{n-1} \sum_{j=i+1}^{n} d(i,j)^2} \tag{7.4}$$

d(i, j) bedeutet die gegenwärtig während des Austauschprozesses erreichte Distanz im Darstellungsraum zwischen den Objekten i und j.

d* (i, j) bedeutet die hypothetische Distanz, die sich aus einer optimalen Anordnung der Objekte im Darstellungsraum ergeben würde (d. h. die Rangfolge der Ähnlichkeit der n(n-1)/2 Objektpaare wird ausnahmslos eingehalten).

Als grobe Übersicht für die Güte der Anpassung bezeichnet man die Anordnung als

schlecht				$S \geq 0{,}2$
befriedigend		0,2	>	$S \geq 0{,}1$
gut	falls	0,1	>	$S \geq 0{,}05$
hervorragend		0,05	>	$S \geq 0{,}025$
vollkommen		0,025	>	$S \geq 0$

Mit steigender Zahl von Objekten nimmt die Zahl der Anordnungsrelationen zwischen den Paaren zu, d. h. die Anordnungen im Darstellungsraum können kaum noch verschoben werden, ohne dass die Anordnungsrelationen verletzt werden (Richtwert $n \geq 8$).

Liegt ein geringes Stressmaß vor, obgleich bei hinreichender Objektzahl alle Anordnungsrelationen erfüllt sind, so muss die Zahl der Dimensionen erhöht werden.

Wie bei der Fakorenanalyse bereitet die Interpretation der Dimensionen (Achsen) im Darstellungsraum große Schwierigkeiten. Sie werden von Computerprogrammen nicht mitgeliefert. Hinweise auf die Auslegung können die in der Nähe der Achsen liegenden Objekte liefern. Auch die Nähe der Objekte untereinander (Cluster) lassen Schlüsse auf geringe oder große Unterschiede in ihren Merkmalen zu. Weiterhin besteht die Möglichkeit, die Objekte nach bestimmten Beurteilungskriterien zu klassifizieren und diese Merkmale in Form von Richtungsvektoren in den Merkmalsraum zu legen. Vom Anwender der MDS werden jedenfalls genaue Kenntnisse über die Objekte und deren Eigenschaften gefordert und seine Analyse wird nicht ganz frei sein von Subjektivität.

Liegen neben den Ähnlichkeitsanordnungen auch noch Präferenzurteile der befragten Personen gegenüber den einzelnen Objekten vor, so kann man mithilfe von **IDEALPUNKTMODELLEN** das „Idealprodukt“ für eine befragte Person in den Darstellungsraum zu bereits festgelegten n Produkten positionieren. (Bei mehreren befragten Personen können natürlich mehrere „Idealprodukte“ dargestellt werden.) Die von den befragten Personen bevorzugten Eigenschaften eines Produktes lassen sich als Vektoren im Darstellungsraum abbilden. Für den Marketingmanager können solche Konfigurationen Aufschluss geben z. B. über „Marktlücken“ und Produktgestaltungsmöglichkeiten.

8. Conjoint Measurement

Bei der Konzeption von Produkten und Dienstleistungen ist es wichtig, den Anteil eines Teilnutzens einer bestimmten Eigenschaft (Merkmal, Komponente, Faktor) bezogen auf den Gesamtnutzen von zukünftigen Käufern zu kennen. Beim Kauf eines Personenwagens wäre es zum Beispiel wichtig zu wissen, in welchem Maße Kaufpreis, Treibstoffverbrauch, Garantiezeit, Komfort, Sicherheit, Wiederverkaufswert usw. die Kaufentscheidung beeinflussen. Ziel der konjunkten Analyse ist es, aus den Präferenzurteilen von befragten Personen (Gesamtnutzen) Rückschlüsse auf die Höhe der Teilnutzwerte der einzelnen Merkmale aufzudecken.

Beispiel: Eine befragte Person hat für die vier Produkte A, B, C und D nach seiner persönlichen Vorstellung über den Gesamtnutzen folgende Rangordnung aufgestellt:
Rang 1: Produkt B
Rang 2: Produkt D
Rang 3: Produkt A
Rang 4: Produkt C

Bei der Auswertung wird der Einfachheit halber unterstellt, dass sich der Gesamtnutzen additiv aus den Teilnutzen der einzelnen Eigenschaften zusammensetzt. Es wird also keine Wechselwirkung zwischen den Merkmalen unterstellt. Beim Lösungsansatz wird eine Art Varianzanalyse verwendet.

Bei der Auswahl der Eigenschaften sollte auf folgende Aspekte geachtet werden.

- Das Merkmal muss einen Einfluss auf die Kaufentscheidung ausüben.
- Das Merkmal (bzw. deren Ausprägungen) müssen vom Hersteller beeinflussbar sein.
- Die Merkmale sollen vom Inhalt her überschneidungsfrei sein (Gefahr einer Doppelbewertung).

- Um den Befragungs- und Auswertungsaufwand in vertretbaren Grenzen zu halten, muss man die Zahl der Eigenschaften und deren Ausprägungen begrenzen.

Bei der Erhebung muss der Anwender sich zwischen der Profilmethode und der Zwei-Faktor-Methode entscheiden. Bei der Profilmethode werden alle Merkmale (Eigenschaften) über alle Ausprägungen betrachtet. Liegen die Merkmale A,B und C vor, und jedes Merkmal tritt in drei Ausprägungen auf, so bestehen $3^3 = 27$ Kombinationen. Diese Kombinationen werden auch Stimuli genannt.

Bei der Zwei-Faktor-Methode, die oft auch als Trade-Off-Analyse bezeichnet wird, werden jeweils nur zwei Eigenschaften gleichzeitig betrachtet. Bei drei Merkmalen erhält man – wie das folgende Beispiel zeigt – drei Trade-Off-Matrizen. Die Zahlen in den Matrizen stellen die Rangplätze von 1 bis 9 dar, die die Auskunftsperson vergeben hat. Allgemein erhält man bei n Merkmalen $\binom{n}{2}$ Trade-Off-Matrizen.

Beispiel: Angenommen, es liegen drei Faktoren A, B und C vor und zu jedem Faktor existieren 3 Stufen. Die befragten Personen werden gebeten, diese 27 Varianten in eine Rangstufe einzuordnen.

	B 1	B 2	B 3
A 1	7	1	6
A 2	5	3	2
A 3	8	4	9

	C 1	C 2	C 3
A 1	4	3	6
A 2	9	7	1
A 3	2	8	5

	C 1	C 2	C 3
B 1	8	4	9
B 2	6	2	3
B 3	1	5	7

Es werden dann je zwei Faktoren kombiniert, und die befragten Personen sollen anschließend für jede Matrix eine Rangfolge anfertigen (Nummerierung der entsprechenden Felder von eins bis neun). Für jedes Merkmal sind jetzt je drei Werte (partielle Nutzwerte) zu finden. Diese Werte werden in jeder Zwei-Faktoren-Tabelle addiert.

Das Ziel besteht darin, die partiellen Nutzwerte so zu wählen, dass die Rangfolge der 27 **berechneten** Gesamtnutzwerte mit der Rangfolge, die die befragten Personen anfangs erstellt haben, möglichst gut übereinstimmt.

Betrachtet man eine Vielzahl von Merkmalen bei gleichzeitig vielen Ausprägungen in jedem Merkmal, so wächst die Zahl der Stimuli insbesondere bei der Profilmethode sehr rasch (bei sechs Merkmalen mit jeweils vier Ausprägungen erhält man $4^6 = 4\,096$ Stimuli. Daraus resultiert die Notwendigkeit, aus der Gesamtheit aller denkbaren Kombinationen (vollständiges Design) eine aussagefähige Teilmenge (reduziertes Design) zu extrahieren.

Ein bekanntes reduziertes Design ist das Lateinische Quadrat, das eine spezielle Form des symmetrischen Designs darstellt. Das Lateinische Quadrat kann nur für drei Merkmale angewendet werden, wobei bei jedem Merkmal gleichzeitig auch drei Ausprägungen auftreten. Aus den 27 Stimuli beim vollständigen Design werden neun Stimuli so ausgewählt, dass jede Ausprägung eines Merkmals (z.B.

C1) nur einmal mit jeder Ausprägung der anderen Merkmale (A1, A2, A3; B1, B2, B3) vorkommt. Dabei erhält man folgendes Design:

	B1	B2	B3
A1	A1 B1 C1	A1 B2 C2	A1 B3 C3
A2	A2 B1 C2	A2 B2 C3	A2 B3 C1
A3	A3 B1 C3	A3 B2 C1	A2 B3 C2

Komplizierter wird die Konzeption eines unvollständigen Designs, wenn bei den verschiedenen Merkmalen unterschiedliche Anzahlen von Merkmalsausprägungen auftreten (asymmetrisches Design).

Beispiel (25):

Der befragten Person wird die Anordnung der Stimuli (nach der Trade-Off-Methode oder Profilmethode) übergeben. Sie wird gebeten, eine persönliche Rangordnung anzugeben. In diesem Beispiel (Kombination der Merkmale A und B) gab die Auskunftsperson folgende Rangplätze an:

		Merkmal B		
		B1	B2	B3
Merkmal A	A1	9	7	4
	A2	8	5	2
	A3	6	3	1

Das Produkt mit der stärksten Präferenz erhält Rangplatz 9, das Produkt mit der geringsten Präferenz Rangplatz 1.

Es wurde vorausgesetzt, dass bei der **Konjunkten Analyse** sich der Gesamtnutzen aus der <u>Summe</u> der Teilnutzen ergibt. Die Teilnutzen sollen durch Anwendung der metrischen Varianzanalyse gelöst werden. Dabei werden die hier vorliegenden Rangplätze wie metrisch skalierte Daten behandelt, d.h. die Abstände zwischen den Rangplätzen werden als gleich groß (= 1) betrachtet.

Es werden in den Zeilen bzw. Spalten die durchschnittlichen Rangplätze $\overline{R}_A$ und $\overline{R}_B$ bestimmt und anschließend die Differenz der Zeilen- bzw. Spaltenmittelwerte vom Gesamtmittelwert $\overline{\overline{R}}$ (im vorliegendem Beispiel beträgt der Gesamtmittelwert 5 bei Rangplätzen zwischen 1 und 9) ermittelt.

	$R_{ij}\rightarrow$ / $\downarrow R_{ij}$	Merkmal B B1	B2	B3	$\overline{R}_A$	$y_{Ai} = \overline{R}_A - \overline{\overline{R}}$
Merkmal A	A1	9	7	4	6,6667	+1,6667
	A2	8	5	2	5,0	0
	A3	6	3	1	3,3333	–1,6667
	$\overline{R}_B$	7,6667	5,0	2,3333	5,0	$\Sigma = 0$
	$y_{Bj} = \overline{R}_B - \overline{\overline{R}}$	2,6667	0	–2,6667	$\Sigma = 0$	

Tab. 46: Auswertungtabelle zur Bestimmung von Teilnutzen

Der Ansatz muss unter Anwendung des Gesamtmittelwerts der Rangplätze umformuliert werden:

$$y_{ij} = \overline{\overline{R}} + y_{Ai} + y_{Bj}$$

y_{ij} stellt den Gesamtnutzen (berechnet) der Kombination A_i-B_j dar.

Für y_{Ai} bzw. y_{Bj} gilt:

$$y_{Ai} = \overline{R}_i - \overline{\overline{R}} \quad \text{bzw.} \quad y_{Bj} = R_j - \overline{\overline{R}}$$

y_{Ai} bzw. y_{Bj} stellen die Teilnutzen der Ausprägungen Ai bzw. Bj dar. Die einzelnen Teilnutzen sind der oben stehenden Tabelle zu entnehmen.

Für die Gesamtnutzen der einzelnen Stimuli erhält man nach dieser Rechnung:

$y_{A1B1} = 5 + 1.6667 + 2{,}6667 = 9{,}3333$ (9)
$y_{A1B2} = 5 + 1{,}6667 + 0 = 6{,}6667$ (7)
$y_{A1B3} = 5 + 1{,}6667 - 2{,}6667 = 4{,}0$ (4)

$y_{A2B1} = 5 + 0 + 2{,}6667 = 7{,}6667$ (8)
$y_{A2B2} = 5 + 0 + 0 = 5$ (5)
$y_{A2B3} = 5 + 0 - 2{,}6667 = 2{,}333$ (2)

$y_{A3B1} = 5 - 1{,}6667 + 2{,}6667 = 6$ (6)
$y_{A3B2} = 5 - 1{,}6667 + 0 = 3{,}3333$ (3)
$y_{A3B3} = 5 - 1{,}6667 - 2{,}6667 = 0{,}6667$ (1)

Man sieht, dass in diesem Beispiel die Rangfolge der berechneten Gesamtnutzwerte mit der Rangfolge der befragten Person (Zahl in Klammern hinter den berechneten Werten) übereinstimmt.

Diese Analysemethode bietet noch einen Vorteil bei unvollständigen Designs, der an einem Beispiel mit dem **lateinischen Quadrat** dargestellt werden soll. Für die Merkmale A,B und C sind die entsprechenden Teilnutzen der nachstehenden Abb. 28 zu entnehmen:

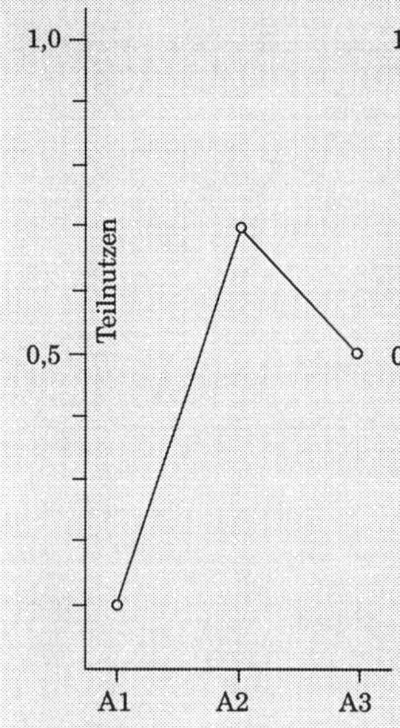

Abb. 28a

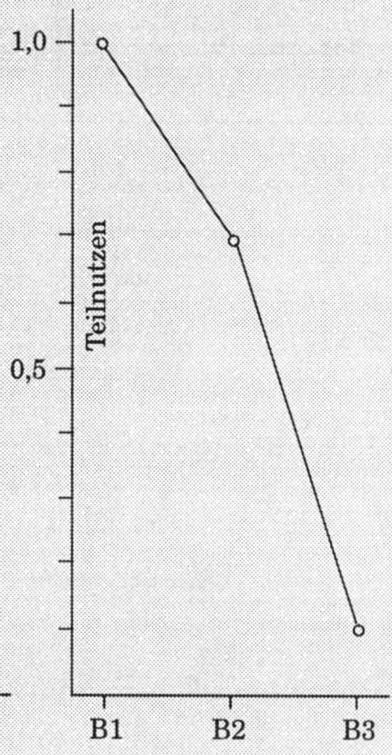

Abb. 28b

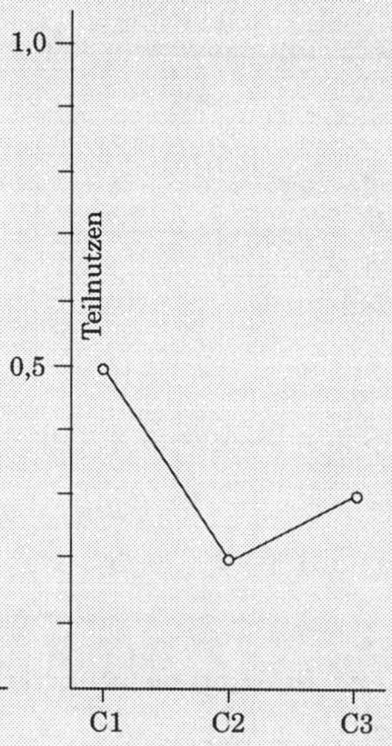

Abb. 28c

Für die neun Stimuli erhält man aus den Abb. 28 a bis 28 c die folgenden Gesamtnutzen (additive Verknüpfung der Teilnutzen):

$$y_{A1B1C1} = 0{,}1 + 1{,}0 + 0{,}5 = 1{,}6$$
$$y_{A1B2C2} = 0{,}1 + 0{,}7 + 0{,}2 = 1{,}0$$
$$y_{A1B3C3} = 0{,}1 + 0{,}1 + 0{,}3 = 0{,}5$$

$$y_{A2B1C2} = 0{,}7 + 1{,}0 + 0{,}2 = \boxed{1{,}9}$$
$$y_{A2B2C3} = 0{,}7 + 0{,}7 + 0{,}3 = 1{,}7$$
$$y_{A2B3C1} = 0{,}7 + 0{,}1 + 0{,}5 = 1{,}3$$

$$y_{A3B1C3} = 0{,}5 + 1{,}0 + 0{,}3 = 1{,}8$$
$$y_{A3B2C1} = 0{,}5 + 0{,}7 + 0{,}5 = 1{,}7$$
$$y_{A3B2C1} = 0{,}5 + 0{,}1 + 0{,}3 = 0{,}9$$

Von diesen neun Stimuli weist die Kombination A2B1C2 mit 1,9 den höchsten Gesamtnutzen auf. Die Kombination mit dem höchsten Gesamtnutzen ist derjenige Stimulus, der bei allen Merkmalen A,B und C die maximalen Teilnutzen aufweist. Nach Abb. 28 a bis Abb. 28 c ist dies die Produktvariante A2B1C1, die in dem Lateinischen Quadrat (unvollständiges Design) als Stimulus nicht enthalten ist. Für diesen Stimulus erhält man als Gesamtnutzen:

$$y_{A2B1C1} = 0{,}7 + 1{,}0 + 0{,}5 = \underline{\underline{2{,}2}}$$

Dieser Wert liegt deutlich höher als der maximale Wert der neun Stimuli des Lateinischen Quadrats.

Will man Informationen aus den Nutzanalysen von mehreren Auskunftspersonen gewinnen, so wird die Vergleichbarkeit erleichtert, indem man die berechneten Teilnutzen geringfügig umformt:

- der kleinste Teilnutzen eines jeden Merkmals wird 0 gesetzt. Damit verändern sich die Teilnutzen im Beispiel 25:

$$y_{A1} = +1{,}6667 + 1{,}6667 = 3{,}333$$
$$y_{A2} = 0 + 1{,}6667 = 1{,}6667$$
$$y_{A3} = -1{,}6667 + 1{,}6667 = 0$$
$$y_{B1} = -2{,}6667 + 2{,}6667 = 5{,}3333$$
$$y_{B2} = 0 + 2{,}6667 = 2{,}6667$$
$$y_{B3} = -2{,}6667 + 2{,}6667 = 0$$

- für jede Auskunftsperson erhält man in der Auswertung in der Regel unterschiedliche Werte der Teilnutzen sowie auch Unterschiede in den maximalen Teilnutzen je Merkmal und somit auch unterschiedliche maximale Gesamtnutzwerte. Daher liegt es nahe, bei der Auswertung jeder Auskunftsperson den maximalen Gesamtnutzwert auf 1 zu normieren.

Bei dem betrachteten Beispiel erhält man für den maximalen Gesamtnutzen:

$$y_{max} = y_{A1} + y_{B1}$$

$$y_{max} = 3{,}3333 + 5{,}3333 = \underline{8{,}6667}$$

Dieser Wert wird auf 1 normiert und man erhält somit folgende Teilnutzwerte:

$$y^*_{A1} = \frac{3{,}3333}{8{,}6667} = 0{,}3846$$

$$y^*_{A2} = \frac{1{,}6667}{8{,}6667} = 0{,}1923$$

$$y^*_{A3} = \frac{0}{8{,}6667} = 0$$

$$y^*_{B1} = \frac{5{,}3333}{8{,}6667} = 0{,}6154$$

$$y^*_{B2} = \frac{2{,}6667}{8{,}6667} = 0{,}3077$$

$$y^*_{B3} = \frac{0}{8{,}6667} = 0$$

Das am stärksten präferierte Produkt mit den beiden Merkmalsausprägungen A1 und B1 weist den Gesamtnutzen 1 auf.

Kontrollfragen zu H

		Lösungs-hinweise Seite
(1)	Was ist eine statistische Masse?	229
(2)	Was versteht man unter einem Merkmal?	229
(3)	Wie lassen sich Merkmale einteilen?	229
(4)	Was ist eine Nominalskala?	230
(5)	Was ist eine Ordinalskala?	230
(6)	Wodurch unterscheiden sich diskrete Merkmale von stetigen Merkmalen?	229
(7)	Welche Mittelwerte kennen Sie?	230
(8)	Was gibt der Modus an?	231
(9)	Wie berechnen Sie den Zentralwert und was besagt er?	232 f.
(10)	Wodurch unterscheidet sich der gewogene arithmetische Mittelwert vom ungewogenen arithmetischen Mittelwert?	235 f.
(11)	Wie berechnen Sie den ungewogenen arithmetischen Mittelwert?	235
(12)	Wie berechnen Sie den gewogenen arithmetischen Mittelwert?	236
(13)	Welche Mittelwerte können Sie vom Merkmal „Haarfarbe“ bestimmen?	231 f.
(14)	Welche Mittelwerte können Sie vom Merkmal „Klausurnote“ bestimmen?	232 f.
(15)	Welche Mittelwerte können Sie vom Merkmal „Monatseinkommen von Angestellten“ bestimmen?	231 f., 235
(16)	Welchen Wert haben die Differenzen der Merkmalswerte vom arithmetischen Mittelwert insgesamt?	237
(17)	Wodurch unterscheidet sich der Zentralwert vom arithmetischen Mittelwert?	237
(18)	Was geben die Streuungsmaße an?	238
(19)	Wie ist die Spannweite definiert?	238
(20)	Welchen Vorteil hat die Spannweite?	238
(21)	Welchen Nachteil hat die Spannweite?	238
(22)	Welcher Zusammenhang besteht zwischen Varianz und Standardabweichung?	239 f.
(23)	Wie wird die Varianz berechnet?	239
(24)	Von welchen Daten kann die Varianz (Standardabweichung) berechnet werden?	239
(25)	Warum wird bei der Berechnung der Standardabweichung der arithmetische Mittelwert als Bezugsgröße gewählt?	240

(26)	Welche Arten von Testverfahren kennen Sie?	241
(27)	H_0 lautet: Unternehmen A erzielte in den letzten zehn Jahren einen Umsatz von durchschnittlich 200 Mill. €. Wie lautet die zweiseitig formulierte Alternativhypothese?	242
(28)	H_0 lautet: Die Außendienstmitarbeiter des Unternehmens A legen durchschnittlich 60.000 km pro Jahr zurück. Wie lauten die einseitig formulierten Alternativhypothesen?	243
(29)	Was ist ein Fehler 1. Art?	244
(30)	Was ist ein Fehler 2. Art?	244
(31)	Was prüft der F-Test?	245 f.
(32)	Wie lautet die Prüfgröße beim F-Test?	244 ff.
(33)	Zu welcher Art von Testverfahren gehört der Chi-Quadrat-Test?	248
(34)	Was prüft der Chi-Quadrat-Test?	247
(35)	Wie lautet die Prüfgröße beim Chi-Quadrat-Test?	248
(36)	Was ist die Aufgabe der Regressionsrechnung?	249
(37)	Was ist die Aufgabe der Korrelationsrechnung?	249
(38)	Welche Arten von Regressionsrechnungen kennen Sie?	249
(39)	Wodurch unterscheidet sich die einfache lineare Regressionsrechnung von der mehrfachen linearen Regressionsrechnung?	249
(40)	Warum gibt es bei der einfachen linearen Regressionsrechnung zwei Regressionsfunktionen?	250
(41)	Nach welchem Kriterium werden die beiden Regressionsfunktionen ermittelt?	250
(42)	In welchem Punkt schneiden sich die Regressionsgeraden?	251
(43)	Was ist die geometrische Bedeutung von b_0 und b_1?	251
(44)	Was ist die geometrische Bedeutung von c_0 und c_1?	251
(45)	In welche Bestandteile kann die Summe der quadrierten Abweichungen der Beobachtungswerte der Zielgröße vom arithmetischen Mittelwert zerlegt werden?	257
(46)	Was stellt das Bestimmtheitsmaß B dar?	257
(47)	Was bedeutet B = 1 für die Beobachtungswerte?	260 f.
(48)	Was bedeutet B = 1 für die beiden Regressionsgeraden?	260 f.
(49)	Was bedeutet B = 0 für die beiden Regressionsgeraden?	260
(50)	Welcher Zusammenhang besteht zwischen B und den Parametern der Regressionsfunktionen?	258
(51)	Was stellt das Unbestimmtheitsmaß dar?	258
(52)	Welche Werte kann das Unbestimmheitsmaß annehmen?	258
(53)	Welcher Zusammenhang besteht zwischen Bestimmtheitsmaß und Unbestimmtheitsmaß?	259

(54) Wie bestimmt man aus dem Bestimmtheitsmaß den Korrelationskoeffizienten r nach Bravais-Pearson? 261
(55) Welche Werte kann r annehmen? 262
(56) r = + 1,0: Folgt daraus B = 1? 262 f.
(57) B = + 1,0: Folgt daraus stets r = +1? 262 f.
(58) r = –0,6: Was wissen Sie damit über den Verlauf der Regressionsgeraden? 262 f.
(59) r = –0,6: Was wissen Sie damit über das Bestimmtheitsmaß? 261
(60) r = –0,6: Was wissen Sie damit über das Unbestimmtheitsmaß? 258, f., 261
(61) Was ist die Kovarianz? 261 f.
(62) Wie verlaufen die Geraden bei positiver Kovarianz? 262
(63) Wie verlaufen die Geraden bei negativer Kovarianz? 262
(64) Welche Gründe können vorliegen, wenn B sehr klein ist? 264
(65) Wenn B (fast) null ist, kann dann zwingend gefolgert werden, dass zwischen x und y kein Zusammenhang besteht? 264
(66) Was stellt eine lineare Regressionsfunktion mit zwei Einflussgrößen geometrisch dar? 264
(67) Für welche Typen von Merkmalen kann man den Korrelationskoeffizienten r nach Spearman bestimmen? 272
(68) Welche Werte kann der Korrelationskoeffizient r_s annehmen? 272
(69) $r_s = 1$: Was bedeutet das? 272
(70) Was wissen Sie, wenn r_s negativ ist? 272
(71) Welchen Wert hat die Summe der Rangdifferenzen? 272 f.
(72) Was ist zu beachten, wenn bei einem oder beiden Merkmalen mehrere gleiche Merkmalswerte auftreten? 274 f.
(73) Für welche Kombinationen von Merkmalstypen kann man die Kontingenztabelle verwenden? 276
(74) Wann findet die Vierfelder-Tafel Anwendung? 276
(75) Wozu werden die Randhäufigkeiten berechnet? 276 f.
(76) Welche Häufigkeiten werden zur Berechnung von χ^2 gegenübergestellt? 277
(77) Wie bestimmen Sie die Zahl der Freiheitsgrade für eine Kontingenztabelle? 277
(78) Was versteht man unter Totalanteilen bzw. Totalprozenten? 280
(79) Wie berechnet man Zeilenanteile bzw. Zeilenprozente? 280
(80) Was geben Spaltenanteile bzw. Spaltenprozente an? 280
(81) Welche nachteilige Eigenschaft weist χ^2 auf? 284
(82) Was wird beim korrigierten Kontingenzkoeffizienten gegenüber dem Kontingenzkoeffizienten zusätzlich berücksichtigt? 285
(83) Was versucht die Pfadanalyse darzustellen? 286 f.

(84) Zu welcher Art Merkmalen zählen die Einflussgrößen bei der Varianzanalyse? 288
(85) Zu welcher Merkmalsart gehört die Zielgröße bei der Varianzanalyse? 288
(86) Was versteht man unter „univariate Varianzanalyse"? 288
(87) Was versteht man unter „multivariate Varianzanalyse"? 288
(88) Wann liegt der einfaktorielle Fall vor? 288 f.
(89) Wann liegt der mehrfaktorielle Fall vor? 288 f.
(90) Nennen Sie einige Beispiele, bei der man die Methode der Varianzanalyse anwenden kann! 288 f.
(91) In welche Anteile kann man die Gesamtvarianz beim univariaten einfaktoriellen Fall zerlegen? 290
(92) Wie viel Freiheitsgrade existieren bei der Varianz „zwischen den Gruppen"? 290
(93) Wie viel Freiheitsgrade existieren bei der Varianz „innerhalb der Gruppen"? 291
(94) Wie viel Freiheitsgrade gibt es insgesamt? 291
(95) Können die Summen der quadrierten Abweichungen (S.d.q.A.) der beiden Anteile „innerhalb" und „zwischen" zu den quadrierten Abweichungen „gesamt" addiert werden? 290 f.
(96) Können die Freiheitsgrade im Sinne von Frage (95) addiert werden? 291
(97) Können die Varianzen im Sinne von Frage (95) addiert werden? 291
(98) Welches Testverfahren wird verwendet zur Feststellung von signifikanten Einflüssen? 295 f.
(99) Welche Prüfgröße wird gebildet? 295 f.
(100) Wann liegt ein signifikanter Einfluss vor? 296
(101) Was bedeutet das Vorliegen eines signifikanten Einflusses für die Gruppenmittelwerte? 295 f.
(102) Welcher Test wird zur Feststellung von signifikanten Abweichungen bei den einzelnen Gruppenmittelwerten verwendet? 296 f.
(103) Wie lautet die Prüfgröße bei dem Testverfahren in Frage (102)? 297
(104) Welcher Varianzanteil soll beim Übergang vom einfaktoriellen zum zweifaktoriellen Fall erhöht werden? 298
(105) In welche Bestandteile kann beim zweifaktoriellen Fall die S.d.q.A. zerlegt werden? 300 ff.
(106) Welche Maßnahmen müssen ergriffen werden, wenn der Ausdruck S.d.q.A. (Rest) sehr groß ist? 302
(107) Wann liegt eine starke Wechselwirkung vor? 302 f.
(108) Wann liegt eine schwache Wechselwirkung vor? 302 f.
(109) Wie viele Freiheitsgrade treten bei dem Wechselwirkungsterm S.d.q.A. (AB) auf? 303, 309

(110) Wie viele Freiheitsgrade liegen bei der „Restvarianz“ vor? 309
(111) Wie viele Signifikanztestverfahren können im zweifaktoriellen Fall durchgeführt werden? 308 f.
(112) Auf welchen Varianzanteil beziehen sich beim zweifaktoriellen Fall die einzelnen Prüfgrößen? 309
(113) Treten signifikante Effekte bei kleiner Restvarianz s^2 (Rest) leichter auf? 311
(114) Wie verhält sich der Schwellenwert $F_{1-\alpha}$ bei zunehmendem Sicherheitsgrad? 309 f.
(115) Wie verhält sich der Schwellenwert $F_{1-\alpha}$ bei zunehmenden Freiheitsgraden? 309 f.
(116) Beschreiben Sie für den bifaktoriellen Fall das Modell mit den systematischen Komponenten! 312
(117) Was ist die Aufgabe der Diskriminanzanalyse? 314
(118) Zu welcher Merkmalsart gehört die unabhängige Variable? 314
(119) Zu welcher Merkmalsart gehört die abhängige Variable? 314
(120) Welche Größe soll bei der Diskriminanzanalyse maximiert werden? 315
(121) Welche Größe soll minimiert werden? 315
(122) Formulieren Sie die Zielfunktion bei der Diskriminanzanalyse! 315
(123) Wie ermitteln Sie die Diskriminanzachse? 320
(124) Was verstehen Sie unter Zentroid A bzw. Zentroid B? 320 f.
(125) Was verstehen Sie unter Gesamtzentroid? 320 f.
(126) Wie gehen Sie prinzipiell vor, um einen zusätzlichen Merkmalsträger der Gruppe A oder Gruppe B zuzuordnen? 320 f.
(127) Ändert sich das Optimierungskriterium beim multivariaten Fall? 322
(128) Was ist die Aufgabe der Faktorenanalyse? 323
(129) Welche Methode wird verwendet? 324
(130) Beschreiben Sie diese Methode! 324
(131) Wie erhält man die Faktorenladungsmatrix? 325 f.
(132) Wie erhält man aus den Faktorladungen die Eigenwerte? 325 f.
(133) Weshalb ist bei jedem Merkmal die Standardabweichung 1? 326
(134) Welcher Zusammenhang besteht zwischen den einzelnen Eigenwerten und der Gesamtvarianz? 326
(135) Was ist die Aufgabe der Clusteranalyse? 331
(136) Wie sollen die Elemente innerhalb eines Clusters beschaffen sein? 331

(137) In welchen Bereichen wird die Clusteranalyse besonders angewendet? 331
(138) Welche Verfahren der Clusteranalyse kennen Sie? 331
(139) Beschreiben Sie die Verfahrensweise bei agglomerativen Verfahren! 332
(140) Beschreiben Sie die Verfahrensweise bei divisiven Verfahren! 332
(141) Was verstehen Sie unter disjunkten Klassen? 332
(142) Welches Proximitätsmaß wurde bei den Anwendungsbeispielen verwendet? 332 f.
(143) Was ist eine Distanzmatrix? 333
(144) Beschreiben Sie das Single-Linkage-Verfahren! 333
(145) Beschreiben Sie das Complete-Linkage-Verfahren! 334
(146) Beschreiben Sie das Average-Linkage-Vefahren! 334
(147) Was ist ein Dendrogramm? 338
(148) Was verstehen Sie unter einem Homogenitätsmaß? 351
(149) Beschreiben Sie Vor- und Nachteile der hierarchischen Verfahren! 353
(150) Was muss bei den iterativen Verfahren festgelegt werden? 353
(151) Beschreiben Sie die prinzipielle Verfahrensweise bei iterativen Verfahren! 353
(152) Was ist der Grundgedanke der MDS? 355
(153) Beschreiben Sie die Voraussetzungen für die metrische MDS! 355
(154) Was benötigen Sie bei der nichtmetrischen MDS? 358 f.
(155) Beschreiben Sie das Nonlinear Mapping Verfahren! 358 f.
(156) Was verstehen Sie unter „Mapping error“? 358
(157) Was beschreibt der Stress-Wert nach *Kruskal*? 359
(158) Welche Maßnahme ist bei geringem Stress-Wert zu ergreifen? 359
(159) Was ist das Ziel der Konjukten Analyse? 360
(160) Wie wird der Gesamtnutzen eines Produkts bestimmt? 360
(161) Welche Erhebungsmethoden werden bei der Konjunkten Analyse verwendet? 361
(162) Wann ist die Verwendung eines reduzierten Designs vorteilhaft? 361
(163) Welche Eigenschaften weist das Lateinische Quadrat auf? 361 f.
(164) Wie kann man aus den Rangplätzen, die eine befragte Person angibt, die Teilnutzen bestimmen? 362 f.
(165) Welchen Vorteil weist die Konjunkte Analyse bei unvollständigem Design zusätzlich auf? 363 f.
(166) Mit welchen Maßnahmen kann man sich den Vergleich zwischen Nutzanalysen mehrerer befragter Personen erleichtern? 365

Literatur zu H

Ahrens, H.-J.: Multidimensionale Skalierung, Stuttgart, Weinheim und Basel 1974

Bacher, J.: Clusteranalyse, 2. Auflage, München/Wien 1996

Backhaus, K., Erichson, B., Plinke, W., Weiber, R.: Multivariate Analysemethoden, 8. Auflage, Berlin 1996

Bourier, G.: Beschreibende Statistik, Wiesbaden 1998

Elpelt / Hartung: Grundkurs Statistik, München/Wien 1987

Green / Tull: Methoden und Techniken der Marketingforschung, 4. Auflage, Stuttgart 1982

Hartung / Elpelt: Multivariate Statistik, 4. Auflage, München/Wien 1992

Hering, E., Mühleisen, U.: Marketing mit dem PC, Braunschweig/Wiesbaden 1987

Hüttner: Informationen für Marketing-Entscheidungen, München 1979

Kobelt, H.: Wirtschaftsstatistik für Studium und Praxis, 5. Auflage, Stuttgart 1992

Linder, A.: Statistische Methoden für Naturwissenschaftler, Mediziner und Ingenieure, 4. Auflage, Basel 1964

Marinell, A.: Multivariate Verfahren, 3. Auflage, München/Wien 1990

Mayer, H.: Beschreibende Statistik, 3. Auflage, München/Wien 1995

Nieschlag/Dicht/Hörschgen: Marketing, 17. Auflage, Berlin 1994

Puhani, J.: Statistik, Eine Einführung mit praktischen Beispielen, 7. Auflage, Bamberg 1995

Schwarze, J.: Grundlagen der Statistik I, Beschreibende Verfahren, 7. Auflage, Berlin/Herne 1994

Schwarze, J.: Grundlagen der Statistik II, Wahrscheinlichkeitsrechnung und induktive Statistik, 6. Auflage, Berlin/Herne 1997

Stange, K.: Angewandte Statistik. Erster Teil und Zweiter Teil, Berlin/Heidelberg/New York 1970

Steinhausen, D., Langer, K.: Clusteranalyse, Berlin/New York 1977

Überla, K.: Faktorenanalyse, 2. Auflage, Berlin/Heidelberg/New York 1971

I. Die Prognosen

1. Begriff

Prognosen werden oft mit dem „Boten der Antike“ verglichen: Sie sind beliebt, wenn sie im Sinne des Wirtschaftssubjekts Erfreuliches bzw. Gewünschtes vorhersagen und sind unbeliebt, wenn sie Unerwünschtes bzw. Unerfreuliches vorhersagen. Bis Ende der sechziger Jahre waren Prognosen beliebt, denn sie meldeten in der Regel einen Zuwachs, ein Wachstum. Als dies nicht mehr in jedem Fall zutraf, wurden sie weniger beliebt. Die inzwischen hoch entwickelten Verfahren wurden oftmals angegriffen. Es wurde u. a. behauptet, die Unternehmens- und Marketingerfolge seien auch nicht besser oder schlechter, wenn keine Prognosen durchgeführt werden. Andere dagegen argumentieren mit einem Beispiel: Wenn jemand nachts zu Fuß geht, reicht für eine angemessene Fortbewegung als Lichtquelle eine Petroleumlampe; fährt man dagegen mit einem PKW, braucht man eine stärkere Lichtquelle. Oder anders ausgedrückt, wenn der Markt sich schnell verändert und starken Schwankungen unterworfen ist, benötigt man mehr und bessere Prognosen.

Aufgrund der immer höheren Kapitalintensität, der Globalisierung der Märkte und der verschiedenen Wechsellagen des Marktes sowie anderer Faktoren scheint es u. E. gerechtfertigt, sich im Kern dieser zuletzt genannten Meinung anzuschließen.

Prognosen können u. E. stets helfen, mit der zukünftigen Entwicklung besser zurechtzukommen. Daher ist es gerechtfertigt, Prognosen wie folgt zu definieren: **Prognosen sollen systematisch Aussagen über zukünftige Situationen, mögliche Ereignisse bzw. Entwicklungen geben.** Sie helfen, Entscheidungen für die Zukunft aufgrund besserer Informationen zu treffen. Die dabei angewendeten Verfahren werden als Prognoseverfahren oder -methoden bezeichnet.

2. Arten von Prognosen

Da sehr unterschiedliche Aspekte für die zukünftige Entwicklung von Bedeutung sind, sind auch verschiedene Bereiche künftiger Entwicklungen zu betrachten. Daher lassen sich auch unterschiedliche Arten von Prognosen unterscheiden, je nachdem welcher Aspekt der Prognose im Vordergrund steht.

Im Folgenden sollen Prognosen nach verschiedenen Kriterien unterschieden werden:

- Nach der Art des Vorgehens bei Prognosen unterscheidet man in
  - **quantitative** und
  - **qualitative**

  Prognosen.

Quantitative Prognoseverfahren sind Verfahren, die auf der Grundlage vorhandener statistischer Daten unter Anwendung spezieller Rechenverfahren quantitative Prognosen liefern.

Die folgende Abbildung gibt einen Überblick über die wichtigsten quantitativen Prognoseverfahren:

Methoden	**Zeitreihenanalyse**			**Kausale Methoden (multivariable Methoden)**		
	Trendextrapolation	**Methode der gleitenden Durchschnitte**	**Methode der exponentiellen Glättung**	**Einfache und multiple Regression**	**Ökometrische Modelle**	**Input-/Output-Analyse**
Beschreibung	Zerlegung einer Zeitreihe in Komponenten; Fortschreibung des sich ergebenden Trends in die Zukunft	Jeder „Punkt" einer Zeitreihe gleitender Durchschnitte ist das arithmetische oder gewichtete Mittel einer Anzahl von „Punkten" einer einfachen Zeit	Vergleichbar zur Methode der gleitenden Durchschnitte, jedoch stärkere Gewichtung von Daten der „jüngeren Vergangenheit"	Der zu prognostizierende Wert wird zu einer oder mehreren kausalen Größen in mathematische Beziehung gesetzt	System von interdependenten Regressionsgleichungen, die den zu untersuchenden Bereich gemeinschaftlich beschreiben	Analyse und Prognose des „Flusses" von Gütern oder Dienstleistungen zwischen verschiedenen Wirtschaftszweigen oder zwischen einzelnen Unternehmen und ihren Märkten
Typische Anwendungsbereiche	Prognose von Marktvolumen, Absatzvolumen usw. bei relativ stabiler Umwelt	Wie einfache Trendextrapolation, jedoch bei zunehmend instabiler Umwelt	Wie Methode der gleitenden Durchschnitte, jedoch bei relativ starken Schwankungen, d.h. sehr instabiler Umwelt	Prognose von Marktentwicklungen (Absatz, Marktvolumen) unter Verwendung von einem oder mehreren Indikatoren (z. B. Sozialprodukt) als kausale Größen	Prognose von Marktentwicklungen, vor allem zusammenhängende Makrogrößen (Konsumausgaben, Investitionsvolumen etc.)	Prognose des Absatzes für verschiedene industrielle Sektoren (z. B. Branchen) und Subsektoren

Abb. 1: Quantitative Prognoseverfahren
Quelle: *Kreilkamp,* 1987, S. 248

Qualitativen Prognosen liegen die subjektiven Beurteilungen von „Experten“ zugrunde. Sie stellen die subjektiven Meinungen und Einschätzungen von Entwicklungen dar. Die größte Bedeutung dabei haben die Delphi-Technik und die Szenarien.

Methoden	Befragungen	Brainstorming	Delphi-Technik	Experimentelle Verfahren	Historische Analogie
Beschreibung	Befragung von Abnehmern, Außendienst, Händlern Führungskräften oder unabhängigen Fachleuten über künftige qualitative und quantitative Entwicklungen	Spezielle Form einer Gruppensitzung mit Experten aus einzelnen Funktionsbereichen und Hierarchien des Unternehmens, die jeweils eine relevante Problemkenntnis mitbringen	Mehrstufige schriftliche Befragung von Experten über künftige qualitative und quantitative Entwicklungen und zwar gewöhnlich in 4 Durchgängen. Ab dem 2. Durchgang werden die Durchschnittswerte vorangegangener Stufen bekannt gegeben, mit der Möglichkeit zur Korrektur (einschließlich Begründung). Dadurch möglichst „gleichmäßige“ Verteilung vorhandener Informationen auf alle Experten und Angleichung der Aussagen.	Testmärkte und kontrollierte Markttests als Feldexperimente zur Unterstützung der Absatzprognose. Laborexperimente zur Prognose des Kaufverhaltens.	Vergleichende Analyse und Prognose einer zukünftigen Entwicklung anhand von Analogieschlüssen zu vergangenen Entwicklungen bei ähnlich strukturierten Entscheidungsproblemen.
Typische Anwendungsbereiche	Zusammenfassung vorhandener Marktinformationen über die Struktur und Entwicklung des Marktes, insbes. qualitativer Informationen	Diskussion möglicher quantitativer und qualitativer Entwicklungen des Marktes als Grundlage von Prognosen	Langfristige Prognose von Absatzmöglichkeiten und Marktpotenzialen aber auch allgemeine Umweltentwicklungen; meist jedoch quantitativ	Akzeptanz und Absatzprognose vor allem von neuen oder veränderten Produkten	Langfristige Prognose von Produktumsatzentwicklungen oder Vorhersagen von Gewinnentwicklungen für Neuprodukte

Abb. 2: Qualitative Prognoseverfahren
Quelle: *Kreilkamp*, 1987, S. 252

- Nach der **zeitlichen Erstreckung des Prognosezeitraums** unterteilt man in

  - kurzfristige
  - mittelfristige
  - langfristige

  Prognosen.

- **Kurzfristige** Prognosen beziehen sich auf einen Zeitraum bis zu einem Jahr. In der Praxis spielen hier vor allem Tages-, Wochen-, Dekaden-, und Monatsprognosen eine Rolle.

- **Mittelfristige** Prognosen reichen meist über einen Zeitraum von 1 bis 3 Jahre. Bei den **langfristigen** Prognosen geht es meist um einen 4- bis 10-jährigen Zeitraum. Sollten für noch fernere Zeiträume Prognosen abgegeben werden, spricht man von Futurologie.

- Nach der **Anzahl der prognostizierten Variablen** lassen sich Prognosen in univariable und multivariable Prognosen einteilen, je nachdem, ob bei einer Prognose nur eine oder mehrere Variablen berücksichtigt werden sollen.

- Nach der **Methode,** mit deren Hilfe die Prognose erfolgte, wird in **einfache und multiple** Prognoseverfahren unterschieden. Bei der einfachen Prognose wird nur eine Variable vorhergesagt, während bei der multiplen Prognose für mehrere Variablen im Rahmen der Prognose eine Vorhersage erfolgt.

- Nach dem Ziel der Prognose unterscheidet man in Entwicklungs- und Wirkungsprognose. Der Fall der **Entwicklungsprognose** liegt dann vor, wenn versucht wird, bisherige Marktgegebenheiten (z. B. Umsatzentwicklung, Marktanteil) für künftige Perioden vorauszusagen. Die **Wirkungs- oder Kausalprognose** versucht zu ermitteln, wie eine bestimmte Variable eine andere abhängige Variable beeinflusst (z. B. wie eine Preisveränderung oder erhöhte Verkaufsanstrengungen sich auf den Umsatz auswirken).

- Nach Berücksichtigung der in die Prognose eingehenden **Informationen** (z. B. ob nur Informationen aus dem Marketingbereich oder dem Beschaffungsbereich oder dem Produktionsbereich oder des Gesamtunternehmens berücksichtigt werden) unterscheidet man z. B. in Marktprognose, Produktionsprognose usw.

  In der Praxis finden sich, je nach der relevanten Fragestellung, meist unterschiedliche Formen der **Kombination verschiedener Prognosearten.**

Im Folgenden wird primär nach den **angewandten Verfahren** in

- **intuitive** Verfahren, d. h. in Verfahren, die nicht auf mathematischen Gesetzmäßigkeiten aufbauen, und in

- **systematische** (oder mathematische) Verfahren, bei denen bestimmte mathematische Verfahren eingesetzt werden, unterschieden.

Die folgende grafische Darstellung will noch einmal einen Überblick über die verschiedenen Prognoseverfahren vermitteln.

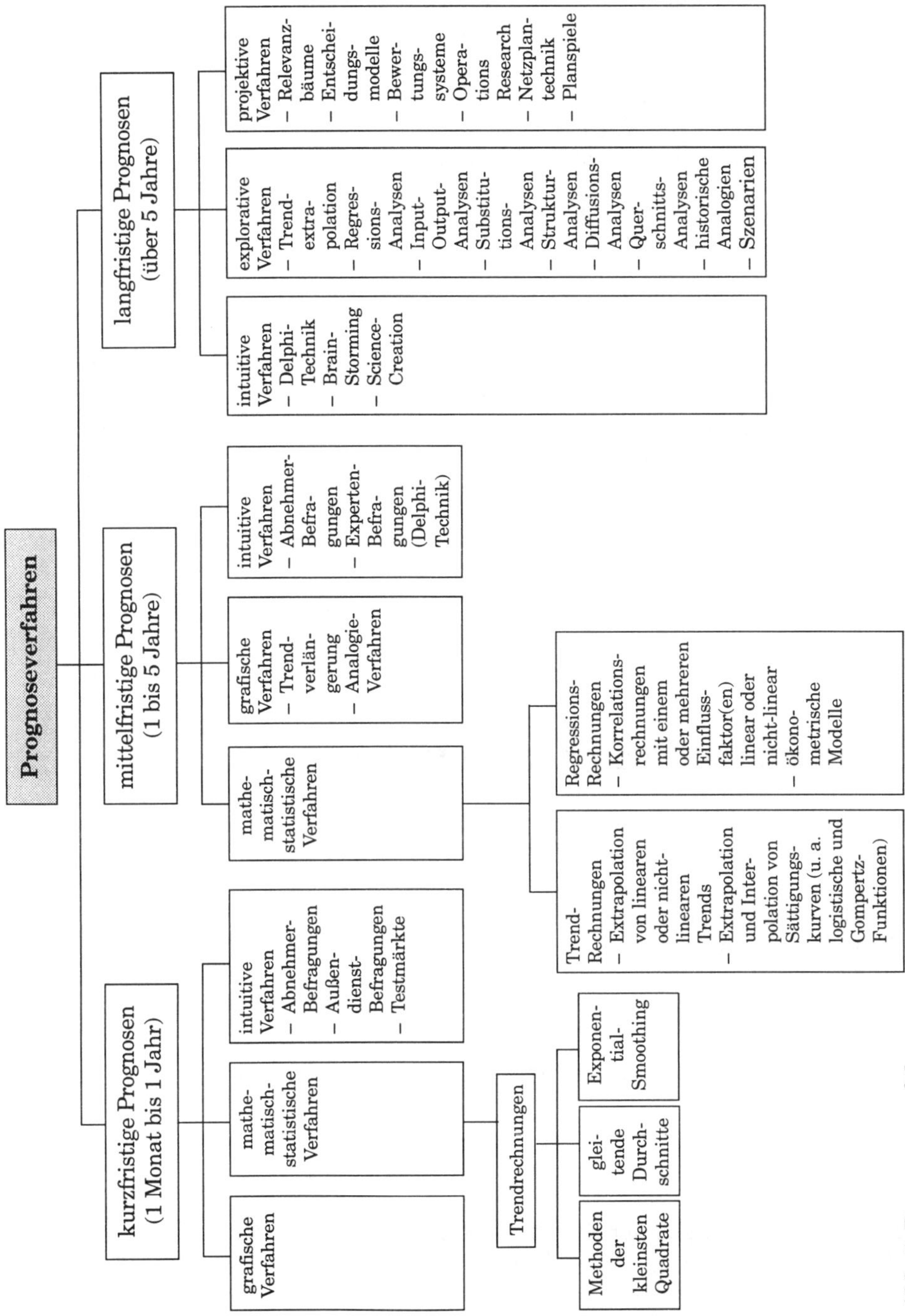

Abb. 3: Prognoseverfahren

3. Durchführung von Prognosen

Will man Prognosen durchführen, so empfiehlt sich folgende Vorgehensweise *(v 1. Meffert. H.* 1980. S. 191, *Wöller, R.* 1980, S. *40, Hüttner, M.* 1982):

1. Vorbereitung der Prognose
    1.1 Darstellung des Problems
    1.2 Zusammenstellen der relevanten Einflussfaktoren
2. Durchführung der Prognose
    2.1 Erhebung der Daten
        2.1.1 Sekundärstatistische Daten
        2.1.2 Primäre Daten
    2.2 Analyse der Daten
        2.2.1 Ermittlung von Gesetzmäßigkeiten in der bisherigen Entwicklung
        2.2.2 Ermittlung von Zusammenhängen
    2.3 Festlegung eines geeigneten Prognosemodells
        2.3.1 Wahl des Funktionstyps
        2.3.2 Ermittlung
3. Übertragung der Entwicklung von der Vergangenheit in die Zukunft
4. Prognosebericht
5. Kontrolle der Prognose

4. Intuitive Prognoseverfahren

Im Rahmen der intuitiven Verfahren soll auf folgende Verfahren hingewiesen werden:

- die Befragungen als Basis von Prognosen
- die Delphi-Methode und
- die Szenario-Technik.

4.1 Prognosen auf der Basis von Befragungen

Im Rahmen der intuitiven Verfahren werden die folgenden Verfahren oft eingesetzt:

- Prognosen (Aussagen) der Außendienstmitarbeiter,
- Prognosen (Schätzungen) des Managements,
- Prognosen aufgrund von Abnehmerbefragungen.

4.1.1 Schätzung durch Außendienstmitarbeiter

Untersuchungen in der Praxis zeigen, dass in noch stärkerem Maße neben den statistisch-mathematischen Verfahren auf die subjektive Einschätzung jener Mitarbeiter Wert gelegt wird, die aufgrund ihrer Marktkenntnis und Aufgaben besonders gute Kenntnisse im Hinblick auf die künftige Entwicklung besitzen müssen, die Außendienstmitarbeiter. Die Vorteile derartiger Prognosen liegen primär in der Marktnähe und demzufolge in einer realistischeren Einschätzung der Entwicklung, da auch sehr kurzfristige Veränderungen berücksichtigt werden können.

Andererseits besteht die Gefahr, dass Außendienstmitarbeiter eher einen Prognosewert niedriger ansetzen, da sie befürchten, dass sonst ihr Verkaufssoll zu hoch festgelegt werden könnte.

4.1.2 Schätzung durch das Management

Bei diesen Prognosen erfolgen die Schätzungen auf der Managementebene, wobei die Geschäfts- oder Verkaufsleitung sich auf etwa schon vorliegende Informationen stützt. Sie können in der Regel jedoch nur grobe Anhaltspunkte darstellen, da die Gefahr einer unrealistischen, da marktfernen Einschätzung stets besteht. Andererseits können derartige Schätzungen schnell und kostengünstig erfolgen und als erste Anhaltspunkte für die endgültige Prognose bzw. dem Management als Vergleichsgrundlagen durch für andere Stellen erstellte Prognosen dienen.

4.1.3 Prognose aufgrund von Abnehmerbefragungen

Bei diesem Vorgehen ist in eine Befragung von Händlern und Konsumenten zu unterscheiden. Eine Befragung von Händlern erscheint dann empfehlenswert, wenn es um die Abnahme bzw. Aufnahme von Produkten seitens der Händler geht. Nicht sehr empfehlenswert erscheint eine Händlerbefragung, wenn es um den möglichen Absatz an Konsumenten geht, weil hierbei die Interessen des Handels u. U. das Ergebnis beeinflussen können. Eine Konsumentenbefragung im Konsumgüterbereich lässt sich nur dann anwenden, wenn es um kurzfristige Prognosen geht, weil in der Regel Konsumenten schwerlich langfristig ihre Kaufvorhaben, die in der Regel noch auf eine Marke festgelegt sein sollen, genau angeben können. Dazu kommt, dass eine Repräsentativität kaum erreicht werden kann. Im Investitionsgüterbereich jedoch erscheint eine Abnehmerbefragung besser geeignet, weil hier in vielen Fällen der Käuferkreis überschaubar und die Vorhaben oft schon lange vor dem Kaufentschluss spezifiziert sind.

Die folgende Übersicht zeigt Vor- und Nachteile von Befragungen für qualitative Prognosen auf (vgl. Abb.).

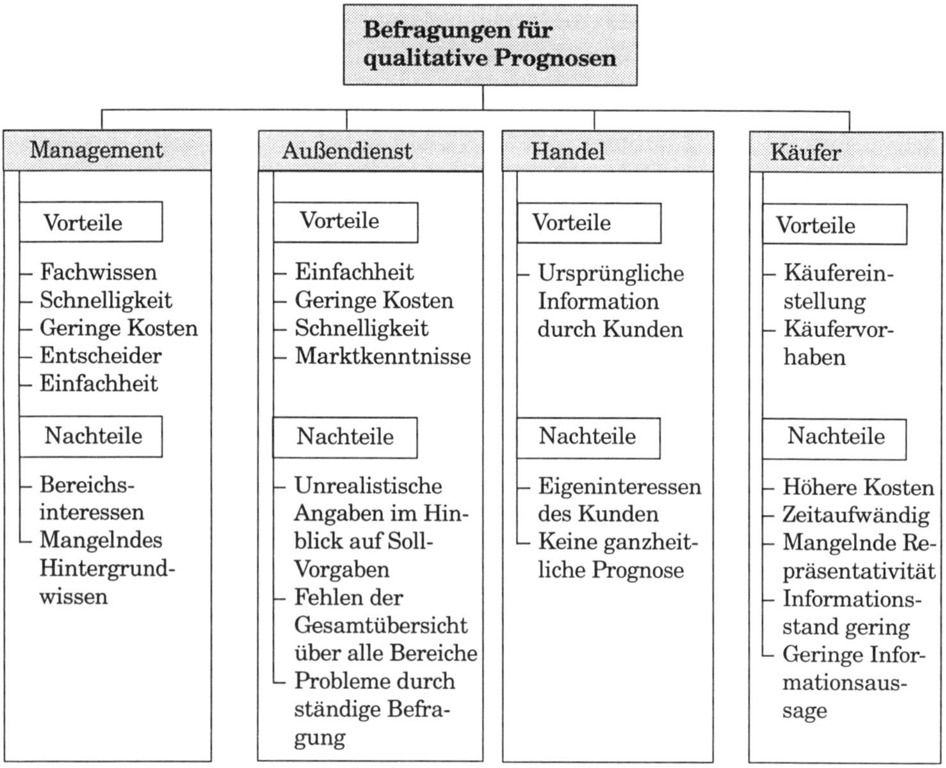

Abb. 4: Vor- und Nachteile von Befragung für qualitative Prognosen

Allen drei genannten Vorgehensweisen ist gemeinsam, dass die **subjektive Einschätzung von Personen** als Ausgangspunkt für die künftige mögliche Entwicklung angesehen wird. Schätzungen durch die **Außendienstmitarbeiter** sind insofern beliebt, da man sich gerne die Marktkenntnis der Außendienstmitarbeiter zu Nutze macht und ihre Einschätzung der Entwicklung berücksichtigt. Vorsicht ist geboten, wenn es um die kurzfristige Ermittlung von Prognosewerten geht, die in die kurzfristige Planung eingehen sollen. Hier ist in der Regel davon auszugehen, dass die Prognose der Außendienstmitarbeiter eher zu pessimistisch ausfällt. Getrennt oder in Kombination mit derartigen Prognosen schätzt das **Management** oft auch die künftige Entwicklung ein. Diese Prognosen sind u. E. jedoch zurückhaltend zu beurteilen, da sie nicht immer marktnah sind, zum anderen die Gefahr besteht, dass die beabsichtigte **Marketingstrategie** in die Prognose einfließt. Dennoch können derartige Prognosen schnell und kostengünstig durchgeführt werden und als erste Anhaltspunkte für eine endgültige Prognose dienen bzw. als Vergleichsgrundlage zu anderen Prognosen herangezogen werden.

Marktbefragungen und Marktprognosen durch Außendienstmitarbeiter im **Gespräch mit Kunden** sind in der Praxis häufig. Sie werden teils offen als Befragung ausgewiesen, oft wird auch durch den Außendienst wöchentlich eine Frage

(„Frage der Woche") gestellt, um die Einschätzung der Entwicklung durch die Abnehmer zu kennen. Insbesondere dann, wenn es um die künftige Kaufbereitschaft der Abnehmer geht, hat diese Vorgehensweise Vorteile. Händlerbefragungen scheinen nicht empfehlenswert, wenn es um den möglichen Absatz an Konsumenten geht, weil in diesem Falle das **Eigeninteresse** des Händlers u.U. die Prognose beeinflusst. **Konsumentenbefragungen** empfehlen sich, wenn es um kurzfristige Entwicklungen geht. Langfristige Prognosen von Konsumenten haben in der Regel eine sehr geringere Aussagekraft, weil sich das potenzielle Verhalten in der Praxis im Zeitablauf noch verändern kann und weil Faktoren auftreten können, die heute noch nicht berücksichtigt werden. Im Investitionsgüterbereich, insbesondere bei Investitionsvorhaben, ist eine derartige Prognose meist gut geeignet, weil die Entscheidungen meist langfristig angelegt sind. Zudem ist der Markt für Investitionsgüter in der Regel meist transparenter als bei Konsumgütern.

4.1.4 Delphi-Methode

In den letzten Jahren ist eine Zunahme der Bedeutung qualitativer Prognoseverfahren zu beobachten, wie z.B. der Delphi-Methode, die in den fünfziger Jahren von *Gordon* und *Helmer* entwickelt wurde. Die Delphi-Methode, an der in der Regel 5 - 20 Experten teilnehmen, ist eine spezielle Art der **Gruppenprognose. Eine Delphi-Befragung beginnt mit dem Versand der Fragebögen** an alle Teilnehmer. Diese geben ihre begründeten Antworten schriftlich und anonym meist innerhalb von 14 Tagen an den Delphi-Koordinator bzw. das Delphi-Team zurück. Dann erfolgt eine erste Auswertung und eine Rücksendung an die Teilnehmer und eine Aufforderung, die erste Prognose nochmals zu überprüfen, gegebenenfalls extreme Ansichten nochmals zu begründen. Die Fragebögen werden dann wieder an das Delphi-Team zurückgegeben, wiederum ausgewertet und anschließend an die Teilnehmer zu einer weiteren Schätzung übersandt. Dieser Ablauf kann sich auf bis maximal 5 Befragungsrunden erstrecken.

Charakteristisch für die Delphi-Methode ist:

- Die Prognosen werden von erfahrenen Fachleuten abgegeben.
- Die Fachleute bleiben anonym und geben schriftlich ihre Prognose ab.
- Die Prognose wird in mehreren Runden durchgeführt, was zu positiven Informationsrückkopplungen führt.
- Durch die dargestellte Vorgehensweise tritt nach 3 bis 5 Befragungsrunden in der Regel eine Stabilisierung ein.
- Die Prognosen werden nach jeder Befragungsrunde statistisch ausgewertet.

Die folgende Übersicht veranschaulicht nochmals den **Ablauf der Delphi-Methode** *(Büning, H, Haedrich, G. u. a.,* 1981, S. 91/92):

1. **Zusammensetzung der Expertengruppe:** Spezialisten aus unterschiedlichen Funktionsbereichen des Unternehmens, u.U. ergänzt durch externe Spezialisten; Bestimmung eines Delphi-Koordinators

2. Aufforderung zur **Beurteilung einer bestimmten Problemstellung:** gleichzeitig Vermittlung von problemrelevanten Basisinformationen an alle Teilnehmer (u. U. besteht die Möglichkeit weiterer Informationsanforderungen durch einzelne Experten)

3. **1. Delphi-Runde**
   Abgabe unabhängiger und begründeter Urteile durch die einzelnen Experten (u. U. anhand eines vorgegebenen Kriterienkatalogs) in schriftlicher Form (wichtig: kein Erfahrungsaustausch zwischen den Gruppenmitgliedern!)

4. Ermittlung des Ergebnisses durch den **Delphi-Koordinator;** Informations-Rückkoppelung an alle Gruppenmitglieder

5. **2. bis 5. Delphi-Runde**
   Aufgrund der Informations-Rückkoppelung, wie unter (3) und (4) dargestellt (bei weiteren Delphi-Runden besteht die Gefahr einer „Übersteuerung" des Beurteilungsprozesses).

Abb. 5: Prozess der Delphi-Methode

Mithilfe der oben dargestellten Methode lassen sich die unterschiedlichsten Probleme lösen. Dabei liegt u. E. ein Vorteil in dem möglichen **längeren Vorhersagezeitraum** dieser Methode. So wird die Delphi-Methode eingesetzt für Anwendungsgebiete wie

- PKW-Absatz
- Computerentwicklung
- Medienentwicklung
- Freizeitgestaltung usw.

Versagen muss die Delphi-Methode jedoch in den Fällen, in denen in der Zeit zwischen Vorhersagezeitpunkt und Prognosezeit neue Erfindungen gemacht werden, die heute noch nicht bekannt sind und noch nicht vorhersehbar sind (z. B. Impfstoff gegen Aids).

4.1.5 Szenario-Technik

Die Szenario-Technik wurde Anfang der fünfziger Jahre von *Hermann Kahn* entwickelt. Sie versucht die künftige Entwicklung einer Situation bei alternativen Rahmenkonstellationen zu beschreiben (vgl. z. B. *Hansmann,* 1983, S. 18). Das besondere dieser Technik liegt u. a. darin, dass nicht mehr **ein einziges Zukunftsbild** erstellt wird, sondern **verschiedene** mögliche und denkbare Zukunftsbilder, wobei auch weniger wahrscheinliche Entwicklungen berücksichtigt werden.

Im Einzelnen geht man wie folgt vor *(Geschka/Reibnitz* 1983).

- Definition und Gliederung des Untersuchungsfeldes
- Identifizierung und Strukturmeinung der wichtigsten Einflussbereiche auf das Untersuchungsfeld (Umfeldanalyse)
- Ermittlung von Entwicklungstendenzen und kritischer Tendenzen für die Umfelder (Trend)
- Bildung und Auswahl alternativer konsistenter Annahmenbündel (Annahmenbündelung)
- Interpretation der ausgeübten Umfeldszenarien (Szenario-Interpretation)
- Einführung und Auswirkungsanalyse signifikanter Störereignisse (Störfallanalyse)
- Ausarbeiten der Szenarien bzw. Ableiten von Konsequenzen für das Untersuchungsfeld (Auswirkungen)
- Konzipierung von Maßnahmen und Planungen für das Unternehmen (Maßnahmen).

Die acht hier dargestellten Schritte lassen sich grafisch veranschaulichen.

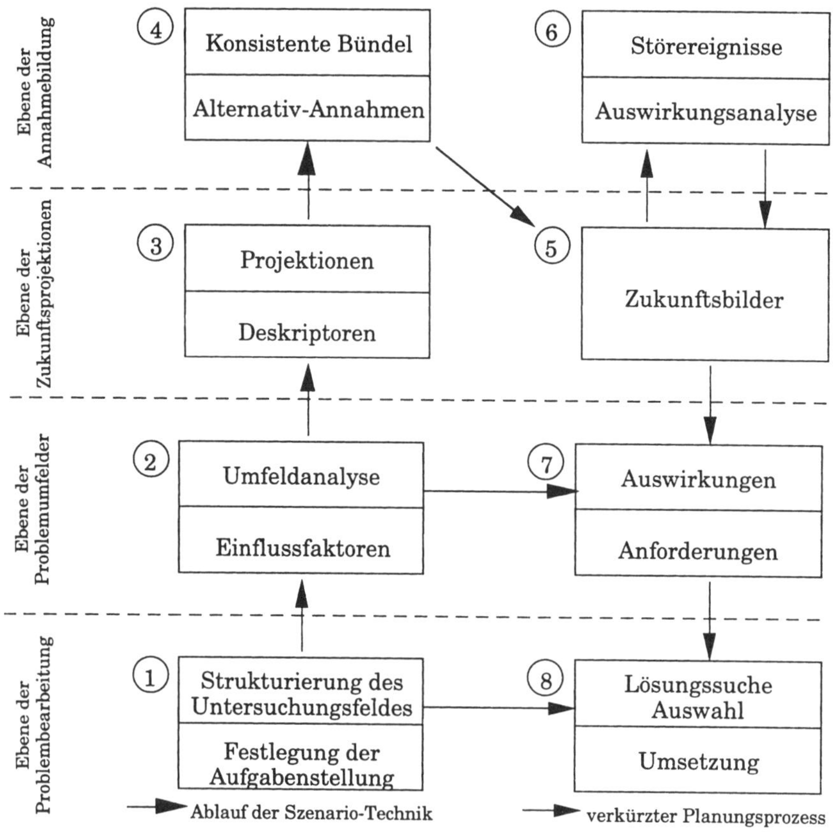

Abb. 6: Ablauf der Szenario-Technik
Quelle: *Hahn,* Planungs- und Kontrollrechnung, Wiesbaden 1983

Eine bildliche Darstellung der Vorgehensweise bei Szenarien vermittelt das sog. **Trichtermodell**. Danach liegen alle denkbaren Entwicklungen innerhalb eines Trichters. Die Öffnung des Trichters (Trichterebene) gibt alle denkbaren Szenarien in der Zukunft wieder. Die beiden Eckwerte stellen dabei Extremvarianten dar, die eine **optimistische** und eine **pessimistische** Entwicklung darstellen. Ein Szenario stellt die Trendverlängerung aus heutiger Sicht dar. Meistens beschränkt man sich auf die Entwicklung von drei bis fünf Szenarien.

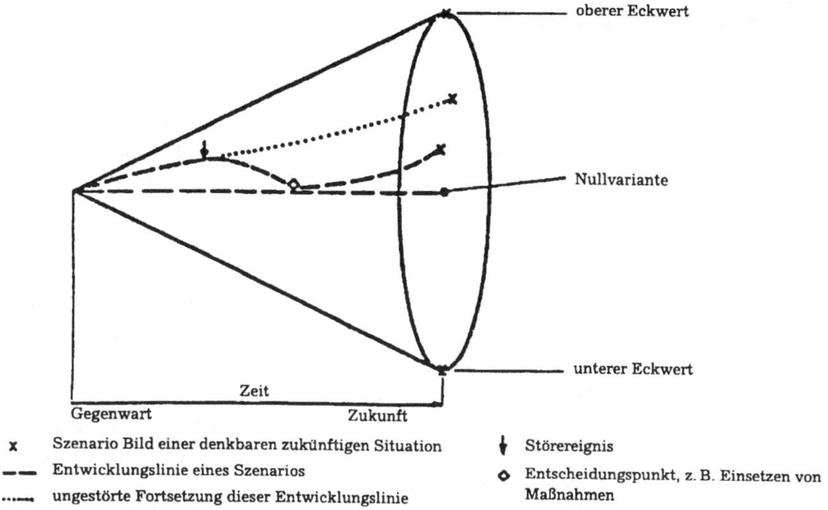

Abb. 7: Denkmodell zur Darstellung von Szenarien
Quelle: *Geschka/Reibnitz,* Die Szenario-Technik – ein Instrument der Zukunftsanalyse und der strategischen Planung, Frankfurt 1983

Mit Szenarien bietet sich die Möglichkeit aufzuzeigen, **welche Faktoren** sich auf die zukünftige Entwicklung **mit welcher Bedeutung** auswirken können.

Dadurch können die Verantwortlichen auf die möglichen **Alternativen** der Zukunftsentwicklung hinweisen und diese bewusst machen. Eine Gefahr ist in der Szenario-Technik dann zu sehen, wenn im Einzelfall Einzelfaktoren nicht berücksichtigt werden, die heute schon für die Entwicklung in der Zukunft von Bedeutung sind. Positiv ist u.E. insbesondere, dass mit Szenarien die Vielschichtigkeit, Dynamik und Multidimensionalität der künftigen Entwicklung berücksichtigt werden kann.

5. Systematische Prognoseverfahren

Im Rahmen der systematischen Prognoseverfahren werden

- die lineare Trendextrapolation,
- die gleitenden Durchschnitte und
- die exponentielle Glättung 1. und 2. Ordnung dargestellt.

Auf die Darstellung der Spektralanalyse, der Simulation sowie auf spezifische ökonomische Prognosemodelle wird verzichtet.

5.1 Trendextrapolation

Bei der Trendextrapolation, der lange Zeit am häufigsten angewendeten Methode, geht man von der **Entwicklung in der Vergangenheit** aus, die in die Gegenwart extrapoliert wird. Voraussetzung der Anwendung der Trendextrapolation ist, dass die Werte einer Zeitreihe bis zum gegenwärtigen Zeitpunkt einzeln vorliegen.

Diese Werte werden dann aufgrund des Erscheinungsbildes **in die Zukunft extrapoliert.** Dies ist jedoch in der Regel nicht unbedenklich, da unterstellt wird, dass die Entwicklung **wie bisher weiterläuft,** was in dynamischen bzw. veränderlichen Märkten nicht zutreffend ist. Rechentechnisch versucht man die bisherige Entwicklung durch eine mathematische Funktion zu beschreiben, die möglichst genau den Verlauf der Entwicklung wiedergibt. Die numerischen Werte für die Parameter der Funktion werden meist nach der **Methode der kleinsten Quadrate** ermittelt. Dabei wird die Trendfunktion ermittelt, bei der die Summe der Quadrate der Abweichungen ein Minimum ist.

Die Bedeutung der linearen Extrapolation liegt in der **einfachen, kostengünstigen und überschaubaren Durchführung.**

Vorsicht ist im Hinblick auf die Annahme eines unbegrenzten Wachstums oder Rückgangs geboten. Lineare Extrapolationen in der Einführungs- und Degenerationsphase eines Produktes haben sich nicht als praktikabel erwiesen. Hier können jedoch auch parabolische, exponentielle oder logistische Modelle eingesetzt werden.

Beispiele unterschiedlicher Trendfunktionen:

Linearer Trend	$y = a + b\,x$
Parabolischer Trend	$y = a + b\,x + c\,x^2$
Exponentieller Trend	$y = a \cdot b^x$
Logistischer Trend	$y = \frac{a}{1 + b - e} \cdot e^x$

Das folgende Zahlenbeispiel soll die Methode der linearen Trendextrapolation veranschaulichen. Mit den gleichen Zahlenwerten soll dann bei den gleitenden Durchschnitten und der exponentiellen Glättung gerechnet werden.

Beispiel: Ein Unternehmen hat in den Jahren 1992 bis 2001 folgende Umsätze erzielt:

Jahr	Umsatz (Mio €)
1992	100
1993	110
1994	130
1995	150
1996	160
1997	165
1998	170
1999	190
2000	210
2001	230

Mithilfe der linearen Trendextrapolation sind die Prognosen für die folgenden Jahre zu ermitteln. Welche Umsätze werden 2002, 2003 und 2004 erreicht?

Im folgenden Beispiel wird die Gerade vom Typ

$$y = a + b\,x$$

unterstellt. Die Konstanten a und b lassen sich nach den Formeln

$$a = \frac{\Sigma_i^2 \cdot \Sigma y_i - \Sigma t_i \cdot \Sigma_i \cdot y_i}{n \cdot \Sigma_i^2 - (\Sigma_i^2)}$$

$$b = \frac{n \cdot \Sigma_i y_i - \Sigma_i \cdot \Sigma y_i}{n \cdot \Sigma_i^2 - (\Sigma_i^2)}$$

ermitteln. Mithilfe der Arbeitstabelle werden a und b errechnet

Jahr i	x_i	x_i^2	y_i	y_i^2	$x_i y_i$
1992	1	1	100	10.000	100
1993	2	4	110	12.100	220
1994	3	9	130	16.900	390
1995	4	16	150	22.500	600
1996	5	25	160	25.600	800
1997	6	36	165	27.225	990
1998	7	49	170	28.900	1190
1999	8	64	190	36.100	1.520
2000	9	81	210	44.100	1.890
2001	10	100	230	52.900	2.300
Σ	55	385	1.615	276.325	10.000

Tab.1: Arbeitstabelle für Trendextrapolation

$$a = \frac{385 \cdot 1.615 - 55 \cdot 10.000}{10 \cdot 385 - 55^2} = 87$$

$$b = \frac{10 \cdot 10.000 - 55 \cdot 1.615}{10 \cdot 385 - 55^2} = 13{,}5$$

Wir erhalten als Gleichung: $y = 87 + 13{,}5 \cdot x$

Folgende Umsätze ergeben sich

für die Jahre: 2002: y = 235,5 Mio €
2003: y = 249,0 Mio €
2004: y = 262,5 Mio €

5.2 Gleitende Durchschnitte

Mithilfe der Methode der gleitenden Durchschnitte wird versucht, eine Art **Mittelwert für die Entwicklung** zu bilden, indem man sukzessive arithmetische Mittelwerte bildet.

Die dabei entstehenden Fragen sind:

- Wie viel Perioden sollen bei der Durchschnittsermittlung berücksichtigt werden (3, 5, 7 oder 12 Monate)?
- Welcher Periode soll man den so errechneten Durchschnittswerten zurechnen?

Jahr	Umsatz	5er Durchschnitt
1992	100	
1993	110	
1994	130	130
1995	150	141
1996	160	155
1997	165	167
1998	170	179
1999	190	183
2000	210	
2001	230	

An folgendem **Beispiel** wird die Problematik ersichtlich.
Welchem Jahr ist im vorliegenden Beispiel der erste 5er Durchschnitt zuzuordnen? Periode 6 oder Periode 3?

Welchem Jahr der Wert 155? Periode 2000 oder einer anderen Periode? Diese Fragen müssen im Einzelfall geklärt werden.

Das gleiche Beispiel wie bei der Trendextrapolation soll mithilfe der gleitenden Dreierdurchschnitte berechnet werden. Allgemein ergibt sich der Dreierdurchschnitt wie folgt:

$$M_3 = \frac{1}{3} \cdot (y_{i-1} + y_i + y_{i+1})$$

In Zahlen ergeben sich die folgenden Werte:

Jahr i	**Umsatz y_1**	$\sum_1^3$	**Gleitender Dreierdurchschnitt M_i**
1992	100	–	–
1993	110	340	113,33
1994	130	390	130,00
1995	150	440	146,67
1996	160	475	158,33
1997	165	495	165,00
1998	170	525	175,00
1999	190	570	190,00
2000	210	630	210,00
2001	230	–	–

Für 2002 ergibt sich der folgende Wert:

$$y = \frac{1}{3}\,[190 + 210 + 230] = 210$$

5.3 Exponentielle Glättung

Die Methode der exponentiellen Glättung stellt eine **Weiterentwicklung der gleitenden Durchschnitte** dar. Ihr liegt der Gedanke zu Grunde, dass die zuletzt beobachteten Werte für die künftige Entwicklung aussagefähiger als die früheren Daten sein müssen, d. h. die Gewichtung erfolgt von der Gegenwart in die Vergangenheit exponentiell fallend.

Die exponentielle Glättung 1. Ordnung erfolgt dabei nach folgender Formel:

$$V_{t+1} = \alpha \cdot I_t + (1 - \alpha) \cdot V_t$$

d. h. die Vorhersage der kommenden Periode ist vom Istwert der Periode t und dem Prognosewert der Periode t abhängig sowie einem Glättungsparameter. Der Glättungsparameter α kann zwischen O und 1 liegen.

Für rechentechnische Zwecke lässt sich die obige Formel umformen und wie folgt schreiben:

$$V_{t+1} = V_t + \alpha (I_t - V_t)$$

Das folgende Beispiel soll das Vorgehen veranschaulichen und zwar bei $\alpha = 0{,}1$ $\alpha = 0{,}5$ und $\alpha = 0{,}9$.

Hierzu die nachfolgenden Tabellen.

Jahr	Umsatz	V_t	I_t	$\alpha (I_t - V_t)$ ($\alpha = 0{,}1$)
1992	100	100,0	100	0,0
1993	110	100,0	110	1,0
1994	130	101,0	130	2,9
1995	150	103,9	150	4,6
1996	160	108,5	160	5,1
1997	165	113,6	165	5,1
1998	170	118,7	170	5,1
1999	190	123,8	190	6,6
2000	210	130,4	210	8,0
2001	230	138,4	230	9,2

Tab. 2: Exponentielle Glättung bei α = 0,1

Jahr	**Umsatz**	$\mathbf{V_t}$	$\mathbf{I_t}$	$\alpha\,(\mathbf{I_t - V_t})$ (α = **0,9**)
1992	100	100,0	100	0,0
1993	110	100,0	110	5,0
1994	130	105,0	130	12,5
1995	150	117,5	150	16,3
1996	160	133,8	160	13,1
1997	165	146,9	165	9,1
1998	170	156,0	170	7,0
1999	190	163,0	190	13,5
2000	210	169,8	210	20,1
2001	230	189,9	230	20,1

Tab 3: Exponentielle Glättung bei α = 0,5

Jahr	**Umsatz**	$\mathbf{V_t}$	$\mathbf{I_t}$	$\alpha\,(\mathbf{I_t - V_t})$ (α = **0,5**)
1992	100	100,0	100	0,0
1993	110	100,0	110	9,0
1994	130	109,0	130	18,9
1995	150	127,9	150	19,9
1996	160	147,8	160	11,0
1997	165	158,8	165	5,6
1998	170	164,4	170	5,0
1999	190	169,4	190	18,5
2000	210	187,9	210	19,9
2001	230	207,8	230	20,0

Tab. 4: Exponentielle Glättung bei α = 0,9

Aus dem vorliegenden Beispiel wird ersichtlich, dass hier der Glättungsparameter *a = 0,9* geeigneter erscheint als der Glättungsparameter $\alpha = 0{,}1$ und $\alpha = 0{,}5$.

Allgemein kann man sagen: Je größer *a* ist und je kleiner die Differenz zwischen I_t und V_t ist, desto mehr nähert sich die Prognose dem Ist-Wert. So ergeben sich z. B. für das Jahr 2002 die folgenden Vorhersagewerte:

bei $\alpha = 0{,}1$	$V_t = 147{,}6$
$\alpha = 0{,}5$	$V_t = 214{,}9$
$\alpha = 0{,}9$	$V_t = 227{,}7$

(Siehe hierzu die Abbildung auf der nächsten Seite).

Die folgende Kurve veranschaulicht nochmals die Prognose bei unterschiedlichen α-Werten (α = 0,5, α = 0,9).

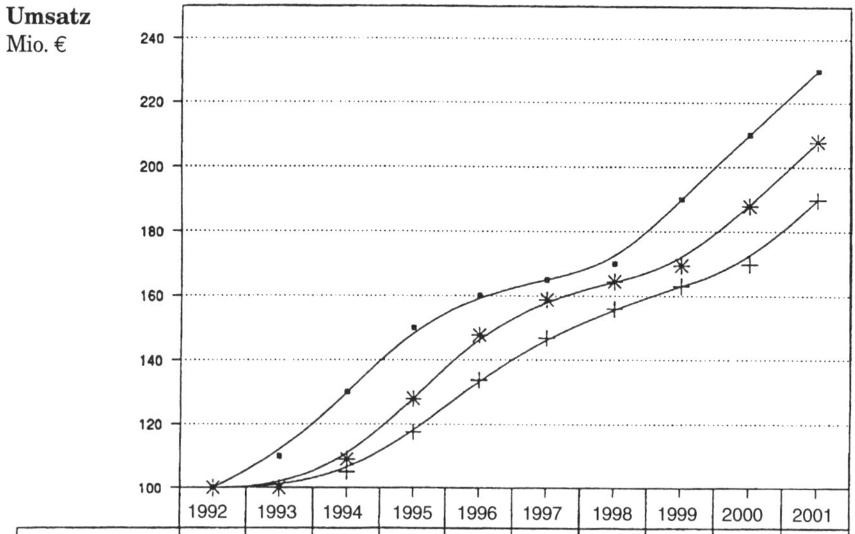

	1992	1993	1994	1995	1996	1997	1998	1999	2000	2001
Umsatz-Ist	100	110	130	150	160	165	170	190	210	230
P(alpha=0,5)	100	100	105	117,5	133,8	146,9	156	163	169,8	189,9
P(alpha=0,9)	100	100	109	127,9	147,8	158,8	164,4	169,4	187,9	207,8

Jahre

Abb. 8: Exponentielle Glättung (α = 0,5 und α = 0,9)

6. Bewertung von Prognosen

Prognosen sollen künftige Ereignisse aufzeigen, um rechtzeitig Hinweise für das unternehmerische, politische und gesellschaftliche Verhalten zu geben. Kein Prognoseverfahren kann die künftige Entwicklung **sicher** und **komplex** vorhersagen.

Dabei gilt für **qualitative Prognosen**, dass sie nie frei von der subjektiven Beurteilung des Prognostizierenden sind und nur aufgrund dessen Wissensstandes erstellt werden, wobei Eigeninteressen im Vordergrund stehen können (z.B. Mitarbeiter, Käufer, Händler, Unternehmer) aber auch nicht alle Einflussfaktoren berücksichtigt werden bzw. bekannt sind.

Bei **quantitativen Prognoseverfahren** und Prognosemodellen besteht die Gefahr, dass eine Genauigkeit vorgetäuscht wird, die nicht gegeben ist. Diese Verfahren bauen auf Daten und ihrer Entwicklung der Vergangenheit auf, die für die Zukunft anders verlaufen kann. Dazu kommt, dass das Datenmaterial oft ungenau ist (falsche Daten, unzutreffende Daten, Doppelzählung, veraltete Daten), die Annahmen (Prämissen, Hypothesen) für die Prognose unzutreffend und die Methode bzw. das Prognosemodell nicht problemadäquat ist. Auch diese Ergebnisse täuschen eine Genauigkeit vor, die nicht zutreffend ist. Dazu kommt, dass oft derartigen Modellen eine Glaubwürdigkeit entgegengebracht wird, die nicht gerechtfertigt ist.

Obgleich Prognosen mit derartigen Mängeln grundsätzlich behaftet sind, erweisen sie sich als unentbehrlich bei der Prognose der Entwicklung der Nachfrage, des Konsumentenverhaltens, der Produkteinführung, usw.. Stets empfiehlt es sich, Prognosen im Hinblick auf ihre Realisierung zu überprüfen, um daraus gegebenenfalls für künftige Prognosen Erfahrungen sammeln zu können.

(32)

Kontrollfragen zu I

		Lösungs-hinweise Seite
(1)	Was ist eine Prognose?	373
(2)	Wozu dienen Prognosen?	373
(3)	Welche Arten von Prognosen kennen Sie?	374
(4)	Nach welchen Kriterien lassen sich Prognosen unterscheiden?	374
(5)	Welche quantitativen Prognosemethoden kennen Sie?	374
(6)	Welche qualitativen Prognosemethoden kennen Sie?	375
(7)	Was versteht man unter kurz-, mittel- und langfristigen Prognosemethoden?	376
(8)	Inwiefern ist Brainstorming ein Prognoseverfahren?	375
(9)	Welche Vor- bzw. Nachteile haben persönliche Befragungen als Prognoseinstrument?	380
(10)	Was ist eine Entwicklungsprognose?	376
(11)	Was ist eine Wirkungs- oder Kausalprognose?	376
(12)	Was sind intuitive Prognoseverfahren?	376
(13)	Was bezeichnet man als systematische Verfahren?	376
(14)	Wie geht man grundsätzlich bei der Durchführung von Prognosen vor?	378
(15)	Wie lassen sich Befragungen zur Prognose einsetzen?	378
(16)	Was versteht man unter der Delphi-Methode?	381
(17)	Wie arbeitet man mit der Delphi-Methode?	381
(18)	Welche spezifischen Vorteile hat die Delphi-Methode?	382
(19)	Was versteht man unter Szenario-Technik?	383
(20)	Wie geht man bei der Aufstellung von Szenarien vor?	383
(21)	Welche Vorteile bieten Szenarien?	385
(22)	Wann kann man die Trendextrapolation einsetzen?	386
(23)	Was leisten gleitende Durchschnitte?	388
(24)	Wie arbeitet die Methode der exponentiellen Glättung?	389

(25) Welche Rolle spielt dabei der Glättungsparameter α? 391

(26) Welche Werte müssen bei der 1. Schätzung nach der exponentiellen Glättung bekannt sein? 390

(27) Wie sind Prognosen als Instrument der Darstellung künftiger Ereignisse zu beurteilen? 392

Literatur zu I

Becker, D., Analyse der Delphi-Methode und Ansätze zu ihrer optimalen Gestaltung, Frankfurt/Zürich 1974

Brockhoff, K., Prognoseverfahren für die Unternehmensplanung, 4. Auflage, Stuttgart 1999

Bücker, R., Statistik für Wirtschaftswissenschaftler, 3. Auflage, München 1997

Büning, H. /Haedrich, H. u. a., Operationale Verfahren der Markt- und Sozialforschung, Berlin/New York 1981

Geschka, H./ Reibnitz, U. v., Die Szenario-Technik - ein Instrument der Zukunftsanalyse und der strategischen Planung, Frankfurt 1983

Gisholt, O., Marketing-Prognosen, Bern/Stuttgart 1981

Hansmann, K. W., Kurzlehrbuch Prognoseverfahren, Wiesbaden 1983

Hüttner, M., Markt- und Absatzprognosen, Stuttgart u. a. 1982

Hüttner, M., Prognoseverfahren und ihre Anwendung, Berlin 1986

Kreilkamp, E., Strategisches Management und Marketing, Berlin/New York 1987

Linstone, H. A./Turoff, M. (Hrsg.), The Delphi-Method-Techniques and Applications, London u. a. 1975

Meffert, H./Steffenhagen H., Marketing-Prognosemodelle, Stuttgart 1977

Mertens, P. (Hrsg.), Prognoserechnung, 5. Auflage, Würzburg 1994

Reibnitz, v. U., Szenarien-Optionen für die Zukunft, Hamburg/New York 1987

Schwarze, J., Grundlagen der Statistik I, 7. Auflage, Herne 1994

Tressin, J., Prognosen im strategischen internationalen Marketing, Berlin 1992

Weber, K., Wirtschaftsprognostik, München 1990

Wechsler, W., Delphi-Methode: Gestaltung und Potential für betriebliche Planungsprozesse, München 1978

Wöller, R., Absatzprognosen, Obertshausen 1980

J. Der Marktforschungsbericht und die Präsentation

1. Statistische Auswertungen

Im allgemeinen Ablauf einer Befragung und auch einer Marktforschungsuntersuchung sind die letzten Stufen nach der Erfassung der relevanten Daten:

- Auswertung (Analyse),
- Interpretation und
- Präsentation.

Welche Auswertungen bzw. Analysen im Einzelfall auch durchgeführt werden müssen, stets ist empfehlenswert, die Daten mit einem der zur Verfügung stehenden Programmpakete:

- SPSS (Statistical Package for the Social Sciences)
- BMDP (Biomedical Computer Programs)
- SAS (Statistical Analysis System)

auszuwerten, die ursprünglich aus den USA kommen.

Die hier genannten Programmpakete sind für die meisten der aufgeführten Auswertungen geeignet.

Das **Programmsystem SPSS** hat sich seit der Einführung 1970 zum **verbreitesten** Programmpaket bei der Lösung statistischer Aufgaben erwiesen. Von SPSS existieren mehrere Versionen, die sich jeweils durch Erweiterungen und Verbesserungen unterscheiden. Sie sind als PC-Versionen erhältlich, z.B. SPSS für Windows.

BMDP (Biomedical Computer Programs) ist ein dem SPSS und SAS ähnliches Programmsystem zur statistischen Auswertung von Daten, die nicht aus dem medizinischen Bereich stammen.

Auch **SAS** eignet sich gut für die Durchführung computergestützter Datenanalysen.

Daneben können auch **Datenbanksysteme** zur univariaten Datenanalyse aufgrund ihrer Möglichkeiten genutzt werden. Außerdem bieten Tabellenkalkulationsprogramme wie z.B. Excel, Lotus 1-2-3, usw. die Möglichkeit zu bivariaten Analysemethoden. Komplexe multivariate Analysemethoden lassen sich jedoch nur mit den eingangs genannten Programmpaketen, die aus verschiedenen Modulen zusammengesetzt sein können (z.B. SPSS) durchführen.

2. Präsentation der Ergebnisse

Am Ende der Untersuchung müssen die Ergebnisse so dargestellt und übermittelt werden, dass das Ergebnis dem Auftrag und der Zielsetzung des Auftraggebers entspricht. Die Ergebnisse müssen benutzerfreundlich **präsentiert** werden. Sie sind so aufzubereiten, dass der Empfänger damit umgehen kann. Dies ist bei jeder Marktforschungsuntersuchung, ganz gleich, ob sie intern oder von einem externen Marktforschungsinstitut durchgeführt wird, zu beachten.

In Ergänzung und Erklärung zu der schriftlichen Präsentation empfiehlt sich eine **mündliche Darstellung** der wichtigsten Ergebnisse der Marktuntersuchung, die möglichst alle technischen Möglichkeiten der Visualisierung berücksichtigen sollte.

Dafür stehen folgende Hilfsmittel für die Präsentation zur Verfügung (Vgl. Abb.).

Kriterien	Hilfsmittel					
	Tafel	Tageslicht-projektor	Flipchart	Steck-wand	Pack-papier	Beamer
Anschaffungskosten	+	–	+	+	+ +	–
Unterhaltkosten	+ +	+	–	+ +	+ +	+
Transportierbarkeit	+ –	+ –	+	–	+ +	+
Dauerhafte Dokumentation	–	+	+	0	+	0
Duplizierbar	–	+	+ –	0	–	+
Anforderung an den Raum	+	+ –	+	–	+	+
Vorbereitungsaufwand	+	+	+	0	+	+
mehrere Darstellungen möglich	+	++	++	+	++	+
Platzbedarf	–	+	+	+	+	+
Aktivierung der Teilnehmer	+	–	+	+	+ +	–
Entwicklung von Aussagen	–	+	+	+	+ +	+

+ + = sehr günstig
+ = günstig
0 = neutral
– = ungünstig

Abb. 1: Hilfsmittel zur Präsentation

Quelle: (in Anlehnung an Schmidt (1994), Baumgart/Bernecken (1999)

Keines der Hilfsmittel ist im Hinblick auf alle Kriterien ideal. Jedes hat Vor- und Nachteile. Wichtig ist daher, dass der Vortragende rhetorisch optimal die Ergebnisse bzw. Aussagen in Verbindung mit dem Hilfsmittel präsentiert.

Dies bedeutet im Einzelnen:

- Klare und verständliche Sprache
- Ziele, Aufgabenstellung und Konzeption anschaulich darstellen
- So aussagefähig wie möglich, aber nur so lang wie nötig
- Ausreichende Erklärungen
- Bildhafte Darstellung (Visualisierung)
- Kein „Fachchinesisch“
- Keine „Folienschlachten“
- Keine Überlastung oder Überforderung der Zuhörer
- Möglichst „glaubwürdig“ wirken ohne sich einseitig festzulegen
- Möglichst alle Aussagen positiv formulieren.

Der schriftliche **Marktforschungsbericht** sollte mindestens folgende Punkte enthalten:

- Inhaltsverzeichnis
- Zielsetzung der Untersuchung
- Methodisches Vorgehen
- Zusammenfassung der wichtigsten Ergebnisse
- Darstellung der Ergebnisse mit Tabellen und Graphiken
- Grenzen der Ergebnisse
- Schlussfolgerungen
- Tabellenanhang
- Stichwortverzeichnis

Aus Gründen der Seriosität empfiehlt es sich, auch die **Grenzen** der Ergebnisse darzustellen. Die aufgrund der Untersuchung zu ziehenden Schlussfolgerungen und Empfehlungen bilden den Abschluss des Textteils. Im anschließenden Tabellenanhang werden nochmals alle Daten nach Sachgebieten, jedoch ohne ergänzenden Kommentar, aufgeführt. Ein Stichwortverzeichnis zum schnellen Finden von Teilergebnissen schließt größere Untersuchungen ab.

3. Tabellen

Mit dem Erstellen einer Tabelle sollen Wiederholungen, die sonst im Text unumgänglich sind, vermieden werden sowie eine größere Übersichtlichkeit in der Darstellung, und schnellere Abrufbarkeit der Daten erreicht werden (vgl. *Meyers G. S.* 422). Sie stellen eine erste Form der Datenkomprimierung dar.

Tabellen haben grundsätzlich folgenden Aufbau:

Die oberste Zeile, wird in der Regel als „Kopfzeile“ oder „Kopf“ bezeichnet: Die erste Spalte, die vor den übrigen Spalten steht, wird als Kopfspalte bezeichnet. Die Kopfzeile enthält die Bezeichnungen für die in den Spalten stehenden Zahlen, die Vorspalte kennzeichnet den Inhalt der Spalten.

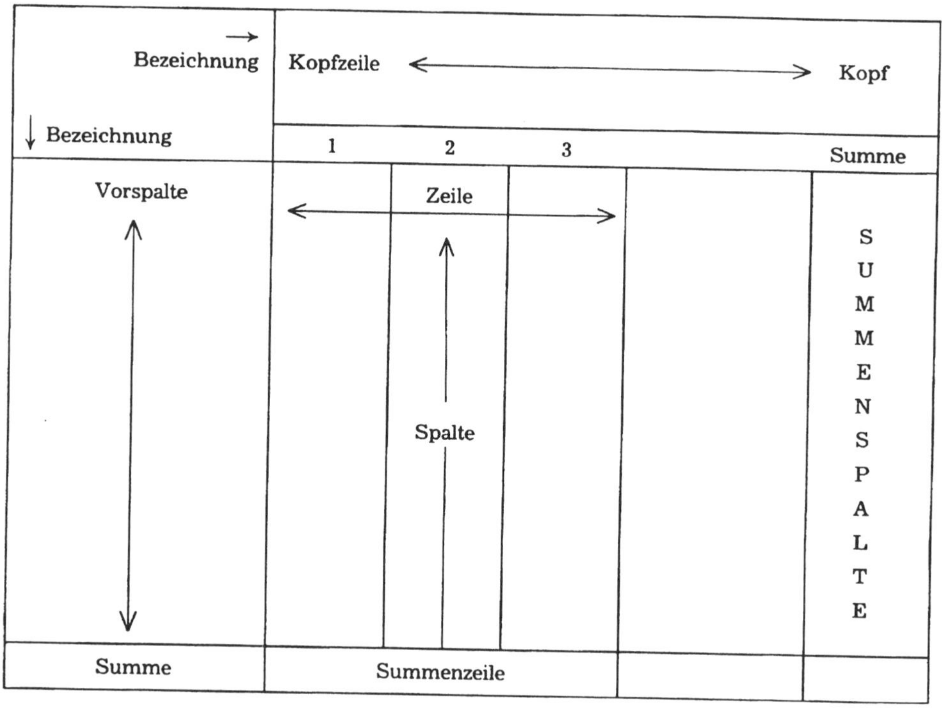

Abb. 2: Aufbau einer Tabelle

Bei größeren Tabellen empfiehlt es sich, die Spalten und die Zeilen zu nummerieren. Auch der Ausweis von Summen für Zeilen und Spalten ist zweckmäßig.

Gut aufgebaute Tabellen helfen durch die Anordnung nicht nur Zusammenhänge und Entwicklungen zu erkennen, sondern auch die weitere Analyse zu verbessern.

Mit dem **Inhaltsverzeichnis** soll ein kurzer Überblick über Inhalt, Umfang und Aufbau des Forschungsberichts gegeben werden. Marktforschungsberichte sollen

- übersichtlich,
- vollständig und der Aufgabe entsprechend,
- möglichst kurz und aussagefähig sein.

In der **Zielsetzung** soll die Ausgangslage und das durch die Untersuchung zu erreichende Ziel sowie etwaige sonstige Auflagen des Auftraggebers angegeben werden.

Besonders wichtig ist eine Erläuterung der **Untersuchungsmethode** (wie z. B. Stichprobenanalyse, Datenerhebung, Datenauswertung).

Die Zusammenfassung der wichtigsten Ergebnisse am Anfang des Berichts dient dazu, dem Auftraggeber schnell einen Überblick über die wesentlichen Ergebnisse des Berichts zu geben und ihm bei der Lektüre des Gesamtberichts in der Beurteilung zu helfen.

Die Darstellung ist stets so zu gestalten, dass das Lesen des Berichts abwechslungsreich und anregend wirkt. Dies lässt sich durch eine optimale Kombination von

- Text
- Grafiken und
- Tabellen

erzielen.

4. Grafische Darstellungen

Grafische Darstellungen können vielfältige Aufgaben haben:

- Sie bieten die Möglichkeit z. B. den Inhalt einer Tabelle in ihren wesentlichen Teilen anschaulich, leicht überblickbar und einprägsam darzubieten *(Menges,* S. 425).

- Sie können eine Vielzahl von Zahlen für das menschliche Gehirn erst überschaubar machen.

- Sie ermöglichen, Ergebnisse auch für Nichtfachleute durchschaubar und zugänglich zu machen.

- Sie helfen komplexe Zusammenhänge verständlich zu machen.

- Sie unterstützen das Finden von Zusammenhängen.

Die Vielzahl unterschiedlicher Gestaltungsmöglichkeiten (vgl. dazu u. a. *Abels, H. / Degen, H.,* 1981), auf die hier nicht näher eingegangen werden soll, kann helfen, die Ergebnisse von Untersuchungen bestmöglich zu präsentieren. Im Folgenden sollen einige Typen von grafischen Darstellungen kurz beispielhaft dargestellt werden, ohne den Anspruch auf Vollständigkeit zu erheben.

Allgemein lassen sich statistische Grafiken in

- **Diagramme** und
- **Kartogramme**

einteilen.

Diagramme sind alle grafischen Darstellungsformen ohne geografischen Bezug, während bei Kartogrammen der geografische Bezug berücksichtigt wird. Im Einzelnen unterscheiden wir bei:

- **Diagrammen** in
  - Liniendiagramme
  - Flächendiagramme
  - Piktogramme

- **Kartogrammen** in
  - Linienkartogramme
  - Flächenkartogramme
  - Kartendiagramme
  - Statistische Karten.

Im Folgenden sollen einige Darstellungsformen kurz skizziert werden:

- **Liniendiagramme** sind Darstellungen von kontinuierlich ineinander übergehenden Zahlenwerten. Mit Liniendiagrammen lassen sich sowohl statistische Tatbestände in einem Zeitpunkt als auch zu verschiedenen Zeitpunkten darstellen:

Beispiel:

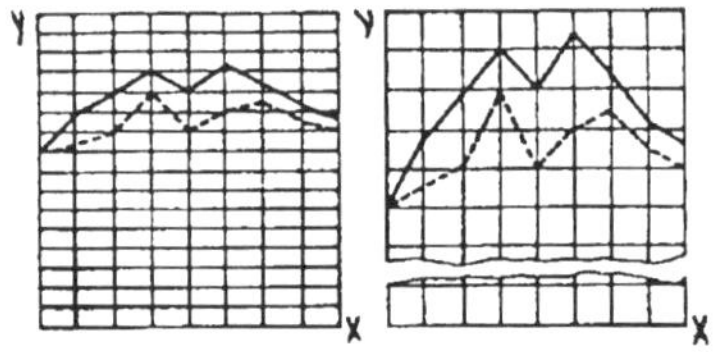

Abb. 3: Kurvendiagramme

- **Balken- bzw. Stab- oder Säulendiagramme** gehören zu den Flächendiagrammen. Sie zeichnen sich dadurch von den übrigen Flächendiagrammen aus, da bei ihnen Rechtecke mit gleicher Basis verwendet werden (vertikal und horizontal).

Beispiel:

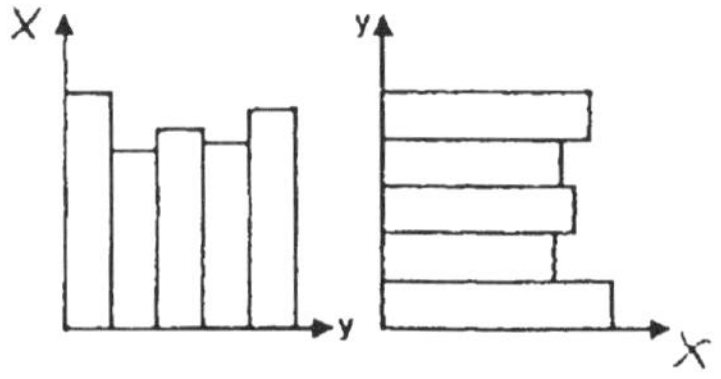

Abb. 4: Balken- (Stab-, Säulen-) diagramme

- **Flächendiagramme** werden häufig zur Darstellung einer Bestandsmasse herangezogen. Sie können unter Verwendung von Rechtecken, Quadraten, Kreisen und Dreiecken dargestellt werden.

Beispiel:

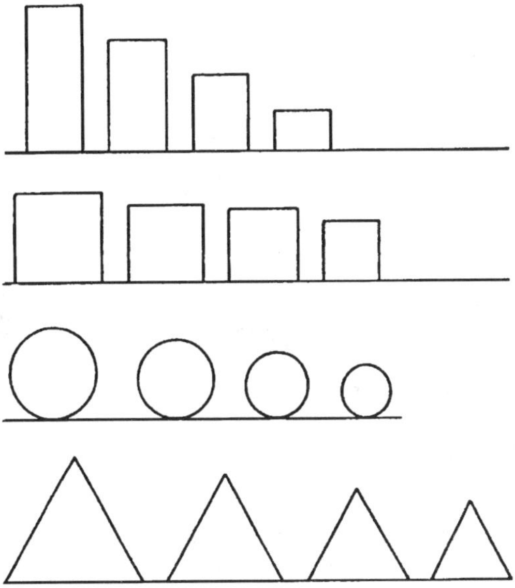

Abb. 5: Die Verwendung von Rechteck, Quadrat, Kreis und Dreieck für Flächendiagramme

Flächendiagramme lassen sich auch gut in Zusammenhang mit Kurvendiagrammen darstellen. Sie zeigen dann - wie im vorliegenden Beispiel - sowohl die Struktur als auch die Entwicklung eines Marktes an.

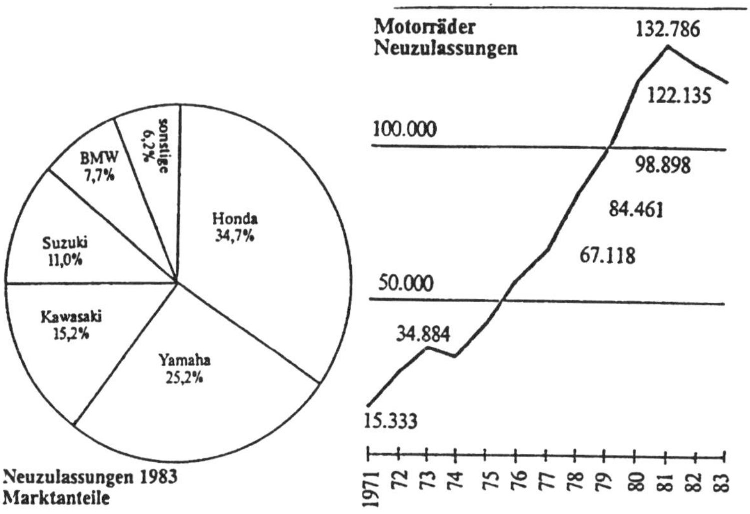

Neuzulassungen Motorräder 1983

Abb. 6: Kreis- und Kurvendiagramm

Eine Sonderform des Flächendiagramms stellt das **Banddiagramm** dar.
Eine besondere Form des Flächendiagramms stellen die sog. „Pyramiden", wie z. B. die Bevölkerungspyramide, dar. Die folgende Abbildung zeigt die „Todespyramide" der im Straßenverkehr Getöteten. Sie ist ein **Paar-Balkendiagramm.**

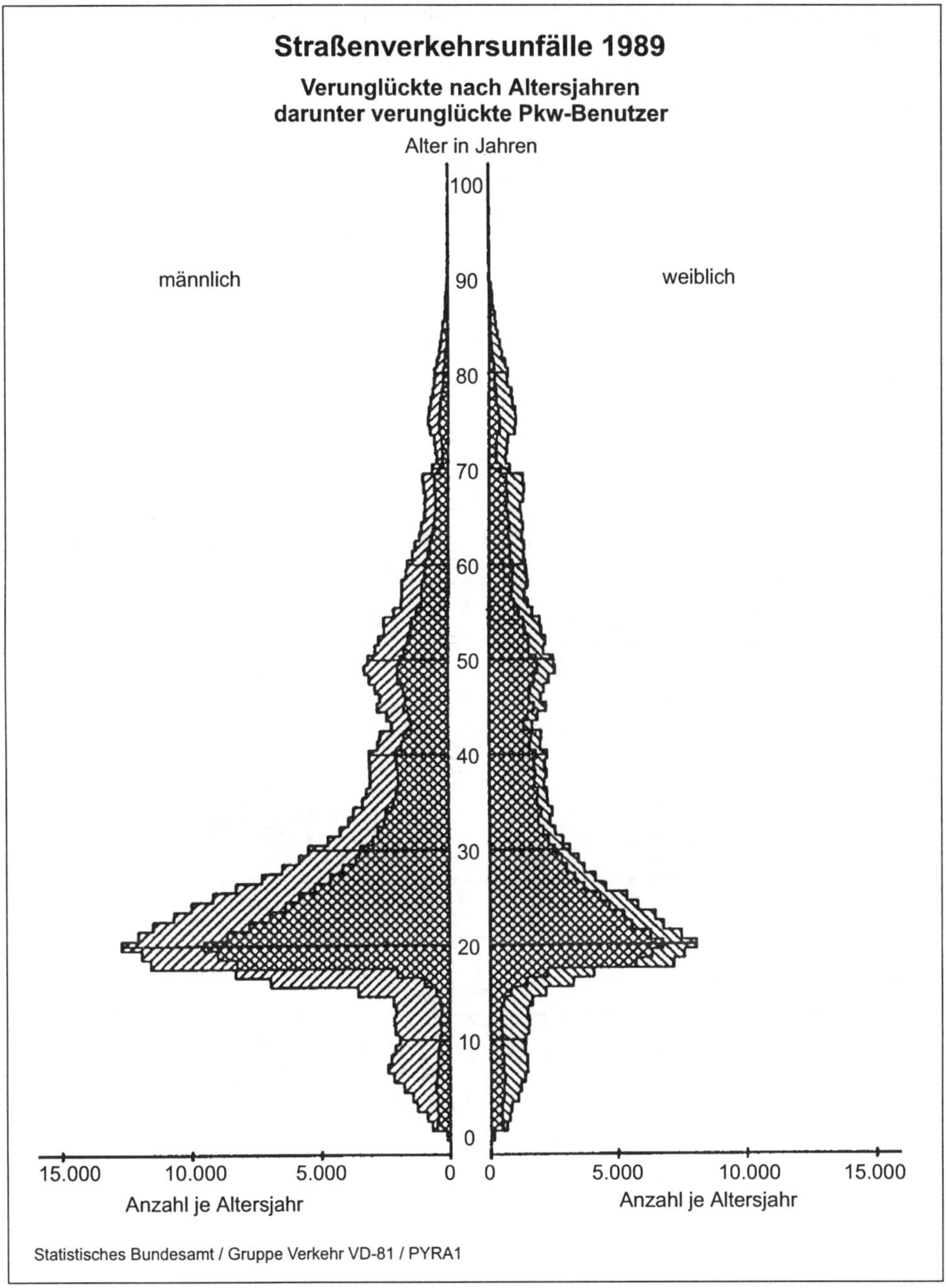

Abb. 7: „Todespyramide" im Straßenverkehr

- **Polardiagramme** können mehrere Dimensionen eines Tatbestandes veranschaulichen.

Beispiel:

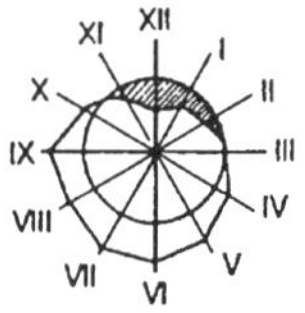

Abb. 8: Polardiagramm

- **Piktogramme** sind eine Sonderform von Flächendiagrammen, bei denen Bildsympole wie Personen, PKW usw. als charakterisierende Abbildungen benutzt werden.

Beispiel:

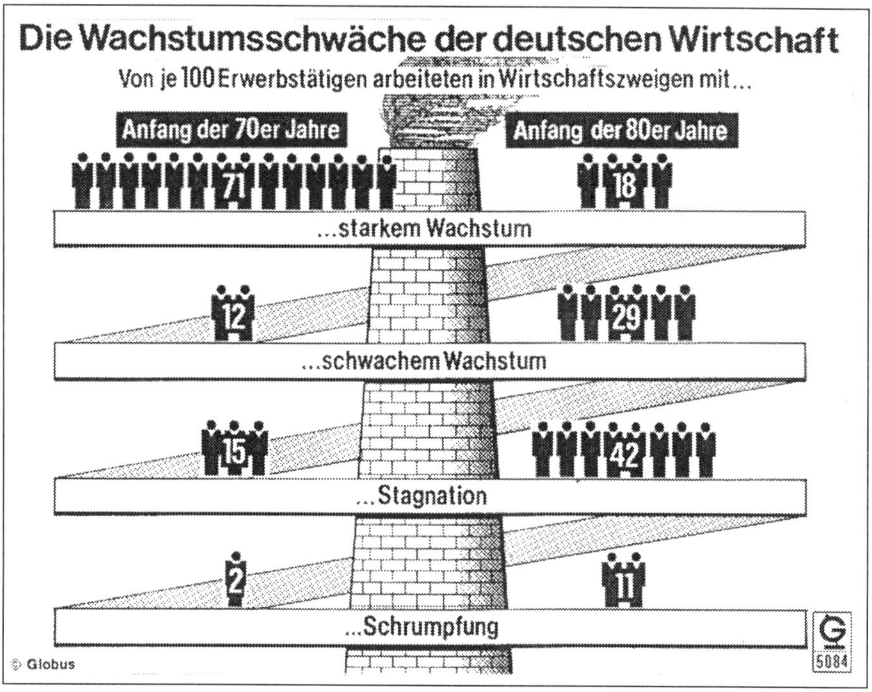

Abb. 9: Piktogramm

- **Kartogramme** sind grafische Darstellungen von Häufigkeiten innerhalb einer Landkarte. Sie veranschaulichen die geografische Lage statistischer Tatbestände.

Beispiel:

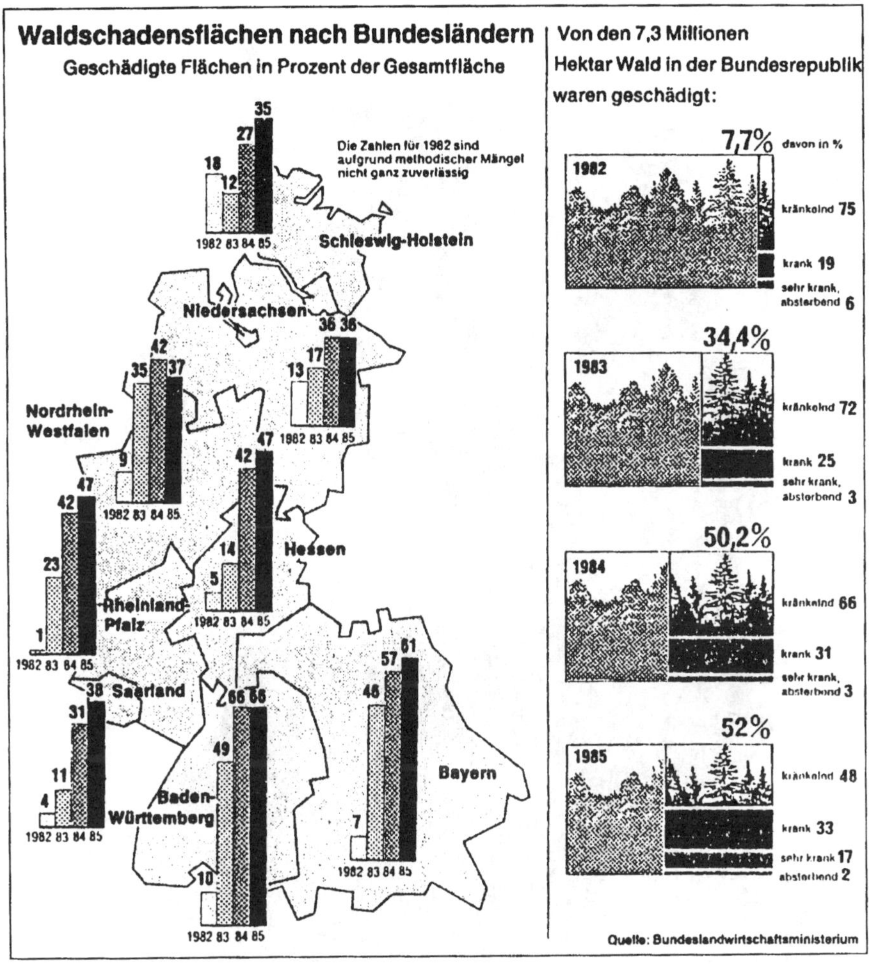

Abb. 10: Kartogramm und Säulendiagramm

- **Kartogramme im engeren Sinne oder „Statistische Karten"** sind Landkarten, die für alle Gebiete eines Landes Verhältniszahlen oder Durchschnitte angeben. Siehe hier die Kaufkraftkarte:

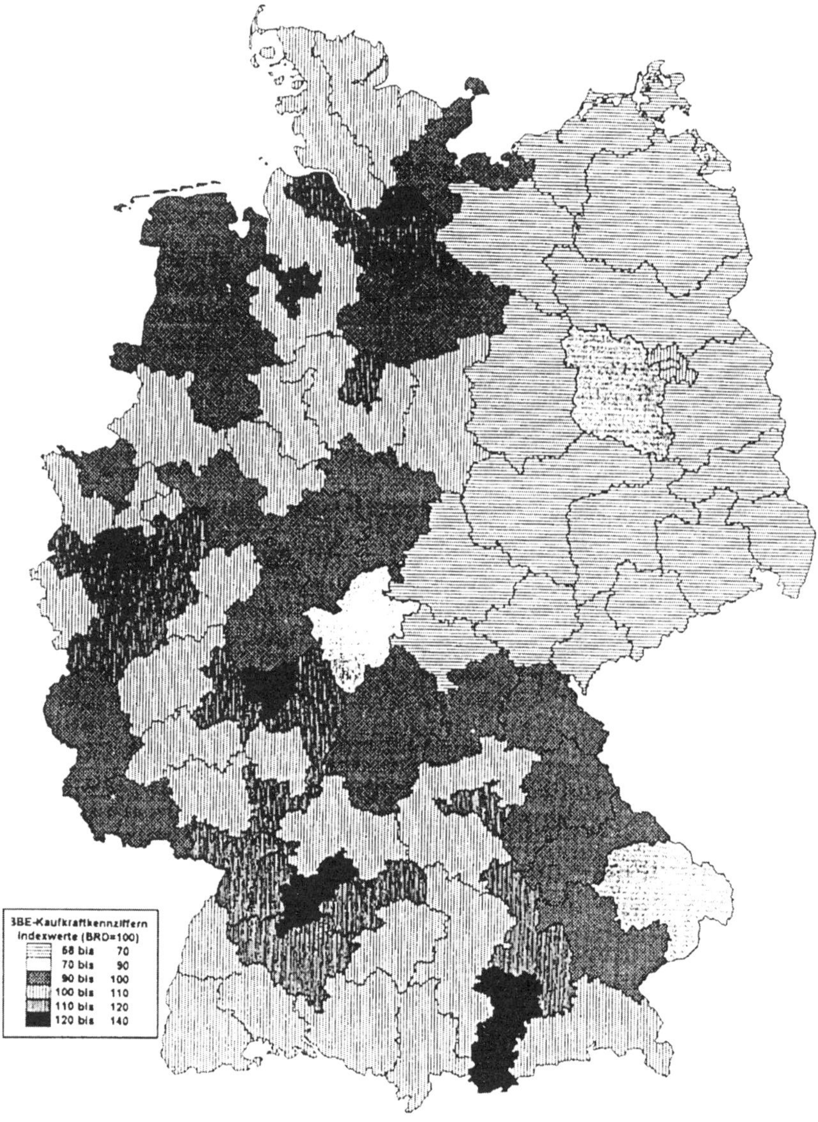

Abb. 11: Kaufkraftkarte und Kennziffer der BBE, 1993

Einen Überblick über verschiedene Möglichkeiten für grafische Darstellungen geben die folgenden Beispiele, die von Kastin, K.S. (1999) S. 201-203 übernommen wurden.

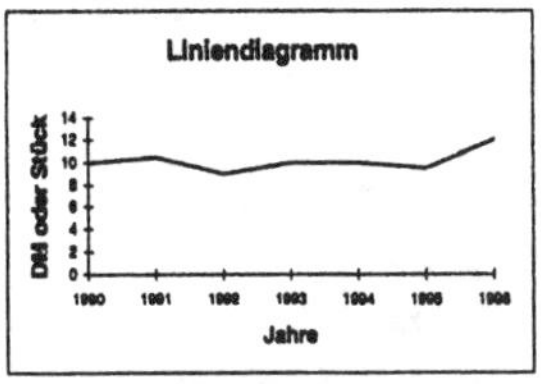

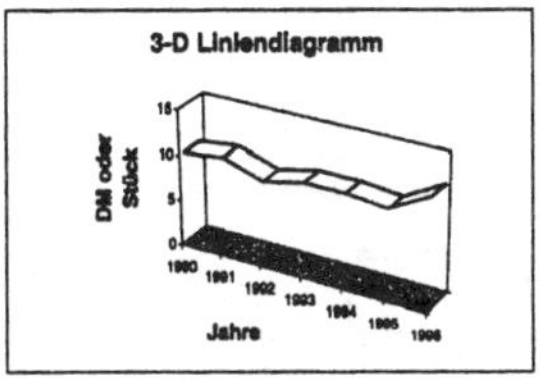

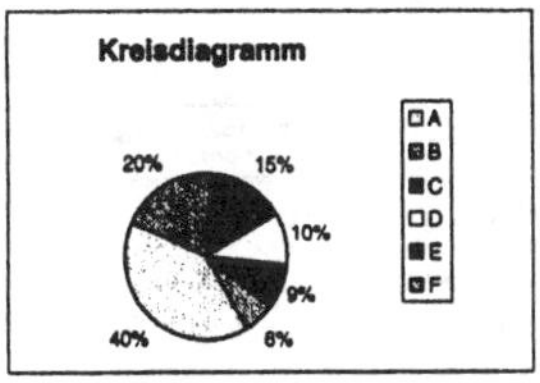

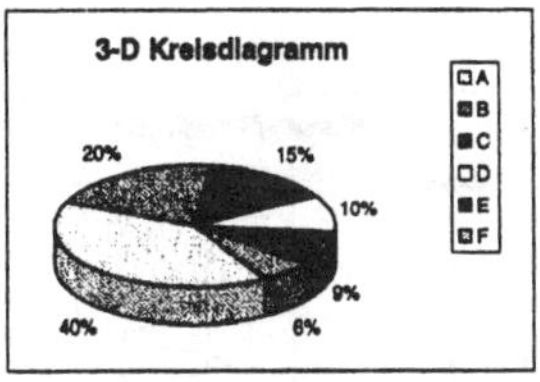

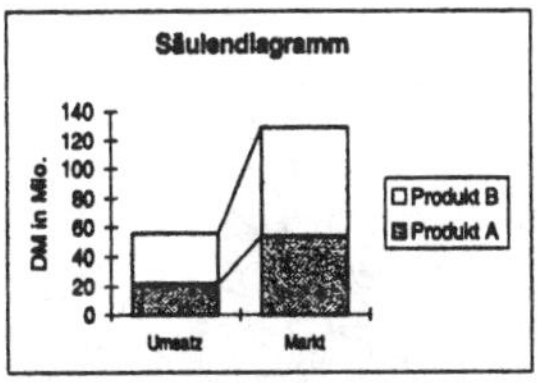

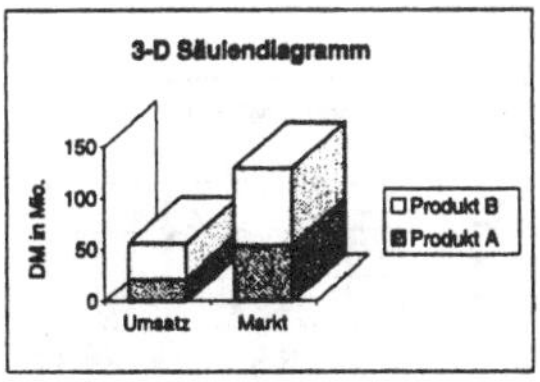

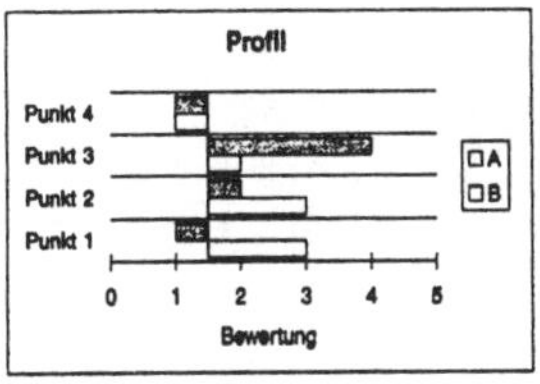

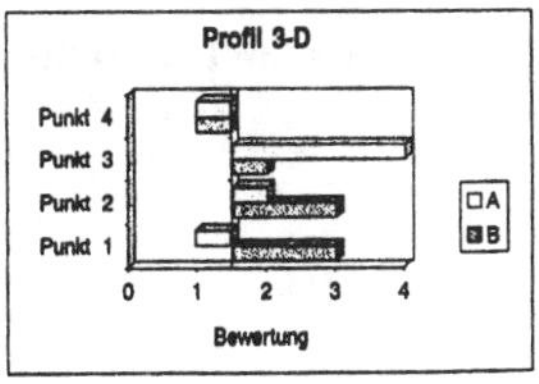

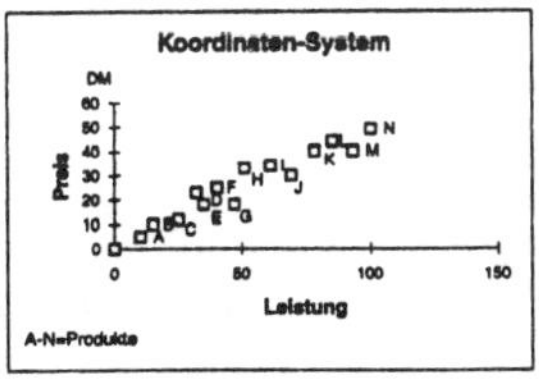

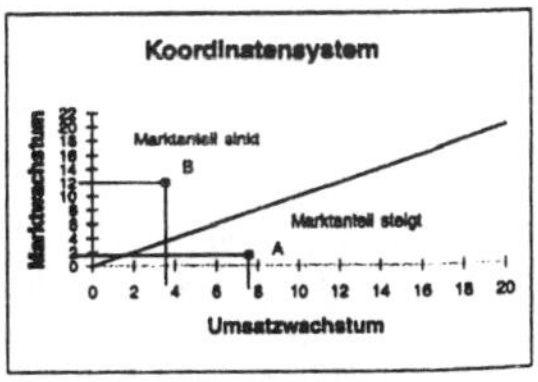

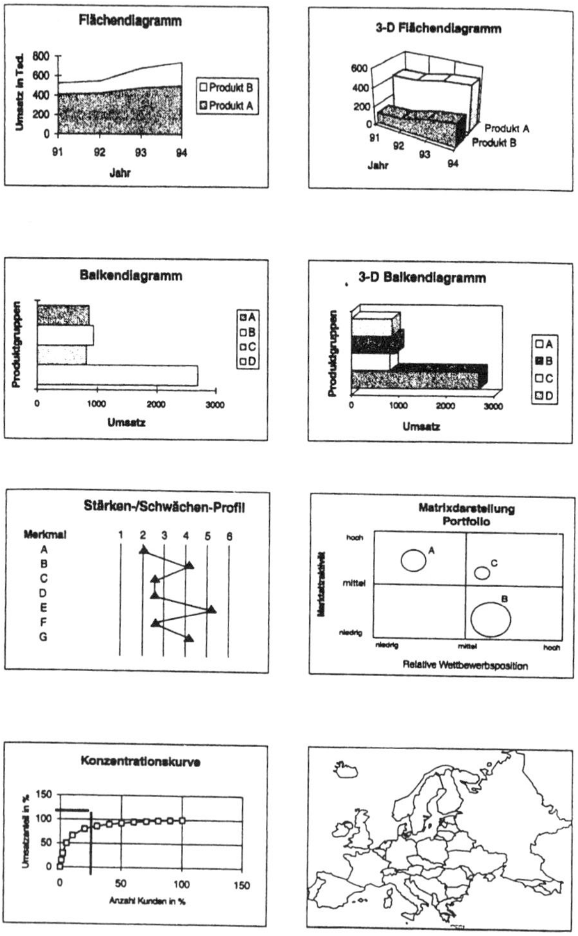

Abb. 12: Beispiele für grafische Darstellungen

33

Kontrollfragen zu J

		Lösungshinweise Seite
(1)	Wie erfolgt in der Regel heute die statistische Auswertung größerer Marktforschungsvorhaben?	397
(2)	Was verstehen Sie unter Programmpaketen zur statistischen Auswertung?	397
(3)	Welche Programmpakete kennen Sie?	397
(4)	Was versteht man unter SPSS?	397
(5)	Wie ist SPSS grundsätzlich aufgebaut?	397
(6)	Was versteht man unter Präsentation der Ergebnisse?	398
(7)	Wie sollte der schriftliche Marktforschungsbericht aufgebaut sein?	399
(8)	Welche grundsätzliche Aufgabe haben Tabellen?	399
(9)	Welche Bestandteile einer Tabelle unterscheidet man?	400
(10)	Welche Zielsetzungen kann man mit grafischen Darstellungen verfolgen?	401
(11)	Was sind Diagramme?	402
(12)	Was versteht man unter einem Liniendiagramm?	402
(13)	Was versteht man unter einem Balkendiagramm?	402
(14)	Was versteht man unter einem Flächendiagramm?	403
(15)	Was ist ein Piktogramm?	406
(16)	Wie sind Kartogramme gestaltet?	407
(17)	Was ist ein Polardiagramm?	406
(18)	Was sind Banddiagramme?	404
(19)	Was versteht man unter einem Paar-Balkendiagramm?	402
(20)	Was sind sog. „Statistische Karten“?	408

Literatur zu J

Abels, H./Degen, H.: Handbuch des statistischen Schaubilds, Herne 1981

Beutel, P. u. a.: *SPSS* - Statistik-Programm-System für die Sozialwissenschaften, Stuttgart/New York 1978

Fendrich, J.: Präsentationen vorbereiten und Ideen durchsetzen, 5. Auflage, Stuttgart 1990

Hagstotz. W., Schmitt-Hagstotz, K.: Marktforschungspräsentation in Pepels, W. (Hrsg.): Moderne Marktforschungspraxis, Neuwied 1999

Kastin, K. S.: Marktforschung mit einfachen Mitteln, 2. Auflage, München 1999

Kinnear, Th./Taylor, J. R.: Marketing Research, 3rd. ed., New York et al. 1987

Krämer, W.: So lügt man mit Statistik, Frankfurt/New York 1997

Menges, G.: Die Statistik - Zwölf Stationen des statistischen Arbeitens, Wiesbaden 1982

Nie, N. H. et. al: The Statistical Package for Social Sciences, New York u. a. 1975

Riedwyl, H.: Graphische Gestaltung von Zahlenmaterial, Bern u. Stuttgart 1979

SPSS: Base 8.0 Benutzerhandbuch, o. J.

Thiele, K.: Überzeugend präsentieren, Düsseldorf 1991

Weis, H. C.: Verkaufsgesprächsführung, 3. Auflage, Ludwigshafen 1998

K. Die Marktforschung in einzelnen Bereichen

Bisher wurden Ziel, Aufgabe und Instrumente der Markforschung behandelt und auf wichtige Aspekte der Vorgehensweise und Methoden eingegangen. Im folgenden Abschnitt sollen einige Aufgabengebiete der Marktforschung skizziert werden. In diesem Zusammenhang soll aus dem Gesamtbereich der Marktforschung auf folgende Bereiche eingegangen werden:

- **Marktforschung im Handel** und
- **Marktforschung für den B2B-Bereich**.

Zum einen werden in den zwei ausgewählten Gebieten dem B2B-Bereich und dem Handelsbereich die unterschiedlichen Aufgabenstellungen und Schwerpunkte aufgezeigt, zum anderen soll gezeigt werden, welche Hilfestellung für die Marketingentscheidungen die Marktforschung hier anbieten kann.

1. Marktforschung im Handel

Die spezifischen Aufgaben der Marktforschung im Handel ergeben sich aus den speziellen Aufgaben des Handelsmarketing, wobei Handelsmarketing als das eigenständige Marketing eines Handelsunternehmens verstanden werden soll.

Die Handelsmarktforschung nimmt im Vergleich zur industriellen Marktforschung eine Sonderstellung ein, die sich aus der Handelssituation und seinem wirtschaftlichen Umfeld ergibt. So spielen Beschaffungsmarktforschung und Standortmarktforschung neben den üblichen Bereichen wie z. B. Absatzmarktforschung, Kundenforschung, Konkurrenzforschung und Imageforschung eine große Rolle.

Allgemein hat sich Handelsmarktforschung mit der Beschaffung und Analyse aller relevanten Informationen zu beschäftigen, die für die Marketingentscheidungen eines Handelsunternehmers von Bedeutung sind. Dabei spielen die Besonderheiten im Handel eine entscheidende Rolle.

- Der Standort eines Handelsunternehmers ist von großer Bedeutung im Hinblick auf Bedarf, Kaufkraft und Konkurrenz im Einzugsgebiet. Ebenso bedeutsam ist die Verkehrsorientierung und Betriebsraumorientierung.
- Das Einzugsgebiet eines Einzelhandelsunternehmens ist in der Regel lokal bzw. regional begrenzt, sodass hierfür entsprechende Informationen vorliegen sollten (Sekundärdaten).
- Da unterschiedliche in der Nähe befindliche Handelsunternehmen positive als auch negative Einflüsse auf die Geschäftstätigkeit ausüben können, ist eine

Kenntnis des Absatzstandorts, der Absatzlage und eventueller Konkurrenzagglomerationen bzw. der Passantenzahlen wichtig.

- Die Anzahl der Käufer, ihr Verhalten beim Kauf und im Handelsbetrieb geben Hinweise für die richtigen Marketingentscheidungen des Handelsunternehmens.
- Die Kenntnis der Kundenzufriedenheit und der sie bestimmenden Faktoren ist wichtig.
- Das Unternehmensimage und die dazu führenden Teilimages (Qualitätsimage, Preisimage, Kundendienstimage, Verkaufspersonalimage, usw.) sind für Erfolg oder Misserfolg eines Handelsunternehmens wesentlich und sollten daher bekannt sein.

Gegenstand der Marktforschung sind im Handel sowohl die Absatz- als auch Beschaffungsmarktforschung im weiteren Sinne.

1.1 Standortmarktforschung

Da das Einzugsgebiet und das Einkaufsvolumen jedes Standorts für insbesondere Einzelhandelsunternehmen begrenzt ist, steht am Anfang jeder Standortentscheidung die Kenntnis folgender Faktoren:

- Lage, Größe und Struktur des Einzugsgebiets
- Kaufkraft, Einkaufsbeträge und Einkommensniveau
- Wettbewerb und Wettbewerbsintensität
- Prognose der Umsatzerwartung
- Allgemeine wirtschaftliche Entwicklung im Gebiet

Verschiedene Methoden zur Bewertung eines Standorts gibt die folgende Übersicht wieder:

Methoden der Standortanalyse	
Faktor ❑ Einzugsgebiet	• Erfahrungswertverfahren • Theoretische Rechenverfahren • Befragungsverfahren
Faktor ❑ Standortsituation	• Bedarfsermittlung • Kaufkraftsituation • Verkehrslage • Betriebsstätte • Wettbewerbssituation
❑ Allgemeine Faktoren	• Checklisten • Scoringmodelle

Abb. 1: Methoden der Standortanalyse

1.2 Beschaffungsmarktforschung

Da der Einkaufswert der gehandelten Waren einen relativ hohen Anteil am Umsatz darstellt, ist es von großer Bedeutung, über die Struktur und die Entwicklung des Beschaffungsmarkts informiert zu sein.

Beschaffungsmarktforschung untersucht u. a.:

- das **Herstellermarketing** der Anbieter (Markenführung, Positionierung, Zielgruppenorientierung)
- die **Konditionenpolitik** der Anbieter (Preise, Rabatte, Lieferbedingungen)
- die **Lieferpolitik** der Anbieter (Zuverlässigkeit, Mengenpolitik, Lieferbereitschaft)
- die **Marketingunterstützung** der Anbieter (Category-Management, DPP, Werbekostenzuschüsse, Verkaufsförderung).

Im weiteren Sinne erstreckt sich Beschaffungsmarktforschung auf alle materiellen Güter, Dienstleistungen, Finanzierungsmittel und Mitarbeiter.

1.3 Käufermarktforschung

Von großer Bedeutung für jedes Handelsunternehmen ist die Frage, mit welchen Käufern die Umsätze erzielt werden können. Dabei dreht es sich u. a. im Einzelhandel um folgende Fragen:

- Wer sind die Käufer, die in das Geschäft kommen?
- Was kaufen welche Kunden?
- Wann kaufen die Kunden (Wochentage, Zeiten)?
- Wie hoch sind die Einkaufsbeträge?
- Wer sind Stammkunden und wer sind Einmalkunden?
- Welche Artikel des Sortiments sind "Renner" und welche "Schläfer"?
- Wie verhalten sich die Kunden im Geschäft? Welche Wege gehen sie?
- Wie zufrieden sind Kunden? Wo liegen die Stärken und Schwächen einer Betriebsform?
- Wie werden Sortiment, Präsentationen, Verkaufspersonal usw. beurteilt?

Diese Fragen können im Rahmen der

- Kundenanalyse
- Kundenbeobachtung und
- Kundenbefragung

beantwortet werden.

Die **Kundenanalyse** hat die Aufgabe festzustellen, welche Zielgruppe besucht und kauft im Handelsunternehmen.

Diese Analyse erstreckt sich auf

- geographische Kriterien (Einzugsgebiet)
- demographische Kriterien (Wohnort, Straße, Wohngegend, Einzugsgebiet)
- psychographische Kriterien (Soziale Schicht, Lebensstil, Persönlichkeitsmerkmale)
- verhaltensorientierte Kriterien (Einstellung, Verhaltensmuster, Einkaufsstättentreue)

Die **Kundenanalyse** kann mittels Sekundärdaten (Kreditkarten, Kundenkarten usw.) oder durch Befragung und Beobachtung durchgeführt werden. Kundenbefragungen können mündlich oder schriftlich erfolgen.

Mithilfe der **Kundenbeobachtung** lässt sich über die Kassenbons feststellen (vgl. Abb. 1)

- die Anzahl der Kunden je Monat, Woche, Tag und Stunde
- die Einkaufszeiten je Wochentag
- die Einkaufsbeträge je Kunde und Artikel
- die Anzahl der Artikel je Kunde.

Durch Beobachtung kann ferner festgestellt werden, wie sich die Kunden im Ladengeschäft bewegen. Diese Kundenlaufstudien (vgl. Abbildung Seite ....) zeigen den Handelsunternehmen an, an welcher Stelle die größte Kontaktchance für Produkte mit Käufern besteht. Sie können Angebotspunkte für die Plazierung von Artikeln und Artikelgruppen geben. Für dieses “Space-Management” werden auch von einigen Marktforschungsinstituten entsprechende Software-Programme angeboten.

Auch die Kundenzufriedenheit in Handelsgeschäften lässt sich mittels Kundenbefragung ermitteln. Durch Beobachtung bei Testkäufen (vgl. Abb. S. ......) kann das Verhalten der Mitarbeiter gegenüber Kunden ermittelt werden. Dabei haben sich die “Scheinkäufer” an die Empfehlungen der ESOMAR (ESOMAR-Richtlinien) zum Vorgehen bei “Scheinkäufen” zu richten (Juli 1990):

Beispiel: So führte z. B. das ISB Köln (Institut für Selbstbedienung) 1985 eine Kundenlaufstudie in einem SB-Warenhaus durch, wobei bis zu 20 Mitarbeiter während einer Woche ca. 1.000 Kunden während ihrer Anwesenheit im SB-Warenhaus beobachteten. Als Ergebnis ergaben sich Aussagen über die Verteilung der Einkäufe auf Tage, Stunden, gekaufte Artikel, Verweildauer usw. Die folgenden Tabellen geben einen Überblick über einen Teil der Untersuchung.

Kundeneinkäufe nach Tageszeiten

Uhrzeit	Anteil der Kunden %	Umsatzanteil %	Ø Einkaufsbetrag DM	Ø gekaufte Artikelzahl	Ø Preis pro Artikel DM	Ø Verweildauer Minuten
8.00 - 9 00*)	3,9	4,0	52,39	20	2,72	30
9.00 - 10.00	15,9	17,3	54,64	20	2,74	29
10.00 - 11.00	10,8	9,9	46,50	17	2,79	30
11.00 - 12.00	9,8	9,7	49,89	19	2,63	29
12.00 - 13.00	10,2	10,4	50,52	19	2,63	28
13.00 - 14.00	12,3	12,3	50,12	18	2,84	26
14.00 - 15.00	7,6	8,1	54,23	25	2,17	28
15.00 - 16.00	9,1	7,8	43,12	17	2,53	28
16.00 - 17.00	9,1	9,5	52,01	18	2,92	26
17.00 - 18.30	11,3	11,0	46,58	17	2,76	24
Gesamt	100,0	100,0	50,85	19	2,68	28

*) nur samstags

Quelle: ISB „Kundenlaufstudie in einem SB-Warenhaus". Auszug aus der gleichnamigen Broschüre mit Untersuchungsergebnissen aus dem SB-Warenhaus mit 7.900 qm Verkaufsfläche.

Durchschnittliche Einkaufsbeträge nach Kundengruppen und Wochentagen (DM)

Wochentage	männlich	weiblich	(Ehe-)paare	sonst. Gruppen	Gesamt
Montag	22,97	32,13	53,55	38,62	33,40
Dienstag	27,65	35,64	59,85	41,36	35,87
Mittwoch	44,60	58,76	79,06	62,46	57,51
Donnerstag	31,58	50,73	78,86	55,15	48,06
Freitag	61,57	67,09	79,47	103,05	71,71
Samstag	46,24	51,10	87,19	69,66	58,79
Gesamt	39,44	49,07	73,51	62,59	50,85

Durchschnittliche Einkaufsbeträge nach Kunden- und Altersgruppen (DM)

Altersgruppe	männlich	weiblich	(Ehe-)paare	sonst. Gruppen	Gesamt
bis 25 Jahre	30,82	31,00	71,67	42,13	36,68
26 bis 35 Jahre	45,08	58,11	116,39	71,70	63,07
36 bis 45 Jahre	40,17	53,72	84,88	53,37	52,24
46 bis 55 Jahre	46,40	51,73	69,87	58,00	53,34
über 55 Jahre	31,77	31,16	55,60	85,15	39,84
Gesamt	39,44	49,07	73,51	62.59	50,85

Quelle: ISB „Kundenlaufstudie in einem SB-Warenhaus". Auszug aus der gleichnamigen Broschüre mit Untersuchungsergebnissen aus einem SB-Warenhaus mit 7.900 qm Verkaufsfläche.

Zeiten pro Einkauf

Sortierung nach Zahl der Artikel je Einkauf	Registrierzeit in sec			Kassierzeit in sec			Summe von Registrier + Kassierzeit		
	MR	ER	DS	MR	ER	DS	MR	ER	DS
bis 2	4,5	5,5	6,2	18,8	15,1	17,0	23,3	20,6	23,2
3	7,5	9,6	9,7	17,9	16,4	20,8	25,4	26,0	30,5
4	9,6	11,1	11,8	22,8	18,4	21,6	32,4	29,5	33,4
5 + 6	12,1	15,4	14,1	21,2	19,6	21,6	33,3	35,0	35,7
7 + 8	17,0	17,9	21,5	28,0	20,7	23,9	45,0	38,6	45,4
9 bis 12	21,6	26,3	27,2	25,9	22,7	26,7	47,5	49,0	53,9
13 bis 19	32,4	35,9	34,0	24,8	24,7	27,7	57,2	60,6	61,7
20 und mehr	65,0	73,6	66,0	31,4	30,9	31,3	96,4	104,5	97,3
Summe	20,4	25,5	23,9	24,2	21,6	23,6	44,6	47,1	47,5
MR = mechanische Registrierkasse, ER = elektronische Registrierkasse, DS = Datenkasse mit Scanner									

Quelle: ISB-Zeitstudie am Check-Out, dynamik im handel

Zeiten, Artikelzahl, Einkaufsbetrag je Kassentyp

Kassentyp	Registrierzeit je Einkauf in sec	Kassierzeit je Einkauf in sec	Summe Registrier- + Kassierzeit	Artikelzeit je Einkauf	DM je Einkauf	DM je Artikel
Mechanische Registrierkassen	20,4	24,2	44,6	9,4	22,22	2,36
Elektronische Registrierkassen	25,4	21,6	47,1	10,4	30,01	2,89
Elektronische Datenkassen mit Scanner	23,9	23,6	47,5	9,6	25,24	2,63
Gesamtdurchschnitt	23,3	23,2	46,5	9,8	25,83	2,64

Quelle: ISB-Zeitstudie am Check-Out, dynamik im Handel

Abb. 2: Ergebnisse von Kundenbeobachtungen

Kundenanalyse im Shopping-Center
Beobachtungsbogen

(1) Beobachter-Name ....
(2) Beobachtungstag ....
(3) Nummer der Beobachtung ....
(4) Beobachtungsbeginn – Uhrzeit – ....
(5) Center-Eingang ....
(6) Einzelbesuch:
 (a) Geschlecht
  1. weiblich ....( )
  2. männlich ....( )
 (b) Alter
  1. unter 20 Jahre ....( )
  2. 20 bis 29 Jahre ....( )
  3. 30 bis 39 Jahre ....( )
  4. 40 bis 49 Jahre ....( )
  5. 50 bis 59 Jahre ....( )
  6. 60 Jahre und älter ....( )
(7) Gruppenbesuch:
 (a) Erwachsen(e)r
  1. weiblich ....( )
  2. männlich ....( )
 (b) Kind(er)
  1. weiblich ....( )
  2. männlich ....( )
(8) Kundenlauf durch das Center:

(a) Besuchte Betriebe	(b) Aufenthaltsdauer in Minuten	(c) Kaufabschluss – ja / nein –
1.	....	....
2.	....	....
3.	....	....
4.	....	....
5. keinen Betrieb aufgesucht		

(9) Gebäudeausgang ....
(10) Grundstücksausgang ....
(11) Verkehrsmittelart:
 (a) Fußgänger ....( )
 (b) Busbenutzer ....( )
 (c) Radfahrer ....( )
 (d) Motorradfahrer ....( )
 (e) Kfz-Benutzer – Amtl. Kennzeichen ....
(12) Beobachtungsende – Uhrzeit – ....
(13) Ist die Beobachtung vom Beobachter bemerkt worden?
 (a) nicht bemerkt worden..........( )
 (b) nicht korrekt zu bestimmen ....( )
 (c) bemerkt worden ....( )
(14) Sonstige Bemerkungen des Beobachters über den Kundenlauf?

Ort, Datum, Unterschrift: ....

Abb. 3: Beobachtungsbogen einer Kundenlaufanalyse
Quelle: *Falk, B. / Wolf, J.*, 1982, S. 150

ESOMAR – Richtlinien für die Durchführung von Scheinkäufen

Bei Scheinkäufen oder „Mystery Shopping" handelt es sich um eine seit langem etablierte und weit verbreitete Technik. Dabei geht es darum, dass Interviewer Einzelhandelsgeschäfte und andere Verkaufsstätten (zum Beispiel Autohäuser, Bankfilialen oder Restaurants) aufsuchen und vorgeben, normale Kunden zu sein, die Waren kaufen, Dienstleistungen in Anspruch nehmen oder beraten werden wollen. In einigen Fällen kann tatsächlich ein Kauf getätigt werden, aber meist (besonders bei teuren Waren oder Dienstleistungen) wird dies **nicht** *der Fall sein.*

Diese Technik wird verwendet, um objektive Antworten auf Fragen wie die folgenden zu erhalten:

- *Wie gut ist der Service, den die Mitarbeiter in meinen eigenen Filialen oder bei meinen Händlern bieten? Wie gut kennen sie mein Produkt und seine Vorteile und Grenzen? Haben die derzeit durchgeführten Schulungs-, Informations- und Motivationsprogramme für die Mitarbeiter die beabsichtigte Wirkung? Welche Probleme gibt es nach wie vor beim Kundendienst und welche Maßnahmen sind zu ergreifen, um sie abzustellen?*
- *Wo stehe ich in dieser Hinsicht im Vergleich mit meiner Konkurrenz?*
- *Wenn eine Verkaufsstätte die Wahl zwischen meinen eigenen Produkten oder Leistungen und jenen meiner Konkurrenz bietet (zum Beispiel im Falle eines Händlers, der langlebige Konsumgüter führt, oder eines Reisebüros), wie gut wird mein Produkt im Vergleich mit den Produkten der Konkurrenz präsentiert? Verkaufen die Mitarbeiter mein Produkt aktiv oder bieten sie es nur dann an, wenn sie speziell danach gefragt werden?*

Diese und ähnliche Fragen sind legitim und wichtig für den Kunden, der sie beantwortet haben möchte. Scheinkäufe sind manchmal die einzige wirksame Methode, mit deren Hilfe diese Antworten gegeben werden können, obschon gelegentlich Beobachtung allein ausreichend sein mag.

Oft werden Marktforschungsinstitute mit einer derartigen Arbeit beauftragt. Allerdings können sich für Marktforscher beim Scheinkauf gewisse Fragen grundsätzlicher Natur ergeben, obschon es sich dabei eindeutig um eine Art der Informationssammlung handelt. Wie sollte man nun diese Tätigkeit im Einklang mit dem IHK/ESOMAR Internationalen Kodex für die Praxis der Markt- und Sozialforschung handhaben?

Es geht dabei um drei Kernfragen:

- **Erstens**, *da der Mitarbeiter, an den man im Rahmen einer Scheinkauf-Studie herantritt (definitionsgemäß) nicht weiß, dass der „Kunde" tatsächlich Informationen für eine Untersuchung sammelt und aufzeichnet, hat der Befragte gar keine Gelegenheit, seine Mitwirkung an einem Vorgang zu beenden oder zu verweigern, bei dem es in der Terminologie der Marktforschung eigentlich um eine Befragung geht (Artikel 7).*

- **Zweitens**, *der Vorgang nimmt auch die Zeit des betreffenden Mitarbeiters in Anspruch. Wenn dann tatsächlich nichts gekauft wird, könnte es theoretisch zu einem finanziellen Verlust für den Betreffenden kommen (zum Beispiel da er nicht in der Lage ist, einen anderen Kunden zu bedienen) (Artikel 6).*

- **Drittens**, *aufgrund ihres Wesens und der mit ihr verfolgten Ziele ist die Technik des Scheinkaufs besonders sensibel im Hinblick auf die „Anonymität des Befragten". Besondere Sorgfalt ist vonnöten, um sicherzugehen, dass für den Befragten aus diesem Vorgehen keine negativen Folgen entstehen (Artikel 2, 3, 5 und 6).*

Wenn Scheinkäufe professionell und unter Beachtung der entsprechenden Vorsichtsmaßnahmen durchgeführt werden, sind sie durchaus eine Form der Marktforschung, allerdings eine, die bestimmte Spezialprobleme mit sich bringt. Daher müssen sich Marktforscher, wenn sie eine derartige Arbeit übernehmen, vergewissern, dass sie dabei entsprechend den Grundprinzipien und dem Geist des Internationalen Kodex vorgehen. Die folgenden Empfehlungen beinhalten die Hauptaspekte, die in diesem Zusammenhang berücksichtigt werden müssen. Bei Untersuchungen, deren Grundlage ausschließlich die Beobachtung ist, handelt es sich zwar nicht um Scheinkäufe, aber sie müssen trotzdem ähnlichen Prinzipien (und dem Artikel 8 des Kodex) genügen.

Es liegt derzeit kein Vorschlag vor, den Internationalen Kodex zu ändern, um darin auch Scheinkäufe zu berücksichtigen, aber die Lage wird im Lichte der weiteren Erfahrungen, die in den nächsten beiden Jahren gesammelt werden, und des von den ESOMAR-Mitgliedern eingehenden Feedbacks erneut überprüft werden.

Richtlinienempfehlungen

1. *Scheinkäufe müssen so angelegt und ausgeführt werden, dass Geld und Zeit der Organisation und der Personen, bei denen die Informationen erhoben werden, nicht unangemessen in Anspruch genommen werden.*

2. *Die Ergebnisse dieser Arbeit müssen so analysiert und präsentiert werden, dass die einzelnen Verkaufsstätten oder Mitarbeiter nicht identifiziert werden können.*

3. *Situationen, die entsprechend den Empfehlungen (1) und (2) akzeptabel sein dürften, sind zum Beispiel:*

   - *Kontrollen des Verhaltens von Käufern / Mitarbeitern durch reine Beobachtung,*
   - *Interviews, die sehr kurz sind (2 bis 3 Minuten oder in hektischen Situationen sogar noch kürzer),*
   - *Situationen, in denen ein Kauf tatsächlich getätigt wird.*

   Nicht aktzeptable Situationen sind zum Beispiel:

   - *Kontrollen durch Beobachtung, die den Mitarbeitern oder Kunden wahrscheinlich lästig sind,*

- *Befragungen in den Verkaufsstätten von Organisationen – beispielsweise Autohäusern oder Reisebüros – die nicht dem Auftraggeber gehören, wenn sie die Zeit der betroffenen Mitarbeiter in erheblichem Umfang in Anspruch nehmen (zum Beispiel Bitten um Auskünfte über eine Dienstleistung oder ein Produkt, die 15 - 30 Minuten erfordern, wenn gar kein Kauf beabsichtigt ist),*
- *Analysen der gesammelten Daten, aufgrund derer bestimmte Mitarbeiter identifiziert werden können (zum Beispiel der Leiter einer Filiale oder ein anderer dort beschäftigter Mitarbeiter, wenn diese Filiale die einzige in der Stadt oder der Region ist, die in einer Analyse genannt wird).*

4. Die einzigen Ausnahmen von den Empfehlungen (1) und (2) stellen Fälle dar, in denen:

a) die Organisation, deren Filialen Gegenstand einer solchen Untersuchung sind, sich vorher ausdrücklich damit einverstanden erklärt hat, das Risiko möglicher Unannehmlichkeiten und/oder Umsatzverluste in Kauf zu nehmen,

b) die Personen, die in diesen Filialen tätig sind und befragt werden, vorher davon in Kenntnis gesetzt worden sind, dass sie voraussichtlich in eine derartige Studie einbezogen werden.

5. Wo die Einhaltung der vorstehenden Empfehlungen schwierig werden könnte, sollte die Tätigkeit von einer gesonderten Organisation durchgeführt werden, die deutlich von der üblichen Marktforschungsarbeit getrennt ist. Ebenso wie im Falle des Telefonmarketing sollten unterschiedliche Firmenbezeichnungen und -anschriften verwendet werden, um jeder Möglichkeit einer Verwechslung der beiden Tätigkeiten vorzubeugen.

6. Bei Scheinkäufen, die nicht für eine wissenschaftliche Studie gedacht sind, sondern der Kontrolle der Leistung bestimmter, namentlich genannter Personen dienen sollen, handelt es sich eindeutig NICHT um Marktforschung; sie sind laut Artikel 13 (a) des IHK/ESOMAR Internationalen Kodex untersagt. In ähnlicher Weise geht es auch bei Scheinkäufen, mit denen konkret die Absicht verfolgt wird, den Vertrieb eines Produktes auszuweiten oder durch die Schaffung einer Scheinnachfrage in den besuchten Filialen direkt den Umsatz zu beeinflussen, NICHT um Marktforschung sondern um eine verkaufsfördernde Maßnahme, die Marktforschern laut Artikel 13 (e) untersagt ist.

Wenn Marktforscher sich an diese Empfehlungen halten, entsprechen sie dem Tenor des Internationalen Kodex und tragen dazu bei, Probleme gar nicht erst entstehen zu lassen, die sich aus einem Vorgehen ergeben könnten, das den Anschein erweckt, es stehe im Widerspruch zu konkreten Bestimmungen im Kodex (zum Beispiel Artikel 7).

Wie im Fall einer wissenschaftlichen Studie z. B. die wesentlichen Aspekte eines Testkaufs festgehalten werden können, soll der folgende Beobachtungsbogen veranschaulichen (vgl. Abb. auf der folgenden Seite) welche Daten im Einzelnen ermittelt werden können.

Pagnier-Nr.:			
Studien-Nr.:			
Interviewer-Nr.:			
1.	Uhrzeit	9.00 – 12.00 Uhr	○
		12.00 – 16.00 Uhr	○
		16.00 – 18.30 Uhr	○
		nach 18.30 Uhr	○
2.	Abteilung-Nr.	....	
	Verkäufer-Name	....	
3.		Barkauf	○
		Kundenkartenkauf	○
		Nicht-Kauf	○
		Rückgabe	○
4.	Wie lange hatten Sie zu warten, bis Sie bedient wurden?	überhaupt nicht (unter 1/2 Min.)	○
		kurze Zeit (ca. 2 Min.)	○
		lange Zeit (ca. 5 - 10 Min.)	○
		sehr lange (über 10 Min.)	○
5.	In welcher Situation fanden Sie das Personal vor?	war beim Bedienen	○
		war anderweitig beschäftigt	○
		war ohne Beschäftigung	○
		war in Unterhaltung mit Kollegen	○
6.	War die Aufsicht anwes.?	ja	○
		nein	○
7.	Wie bereitwillig war das Personal, Sie zu bedienen?	wurde sof. angespr.	○
		nach einigem Warten angesprochen	○
		durch eigene Initiative kam bald das Verkaufspersonal	○
		die eigene Initiative kam nach längerer Wartezeit (üb. 5 Min.) Verkaufspersonal	○
		auf anderes Personal verwiesen	○
8.	Wie war die Bedienung aufgelegt?	sehr freundlich (z. B. mit Lächeln)	○
		durchschnittlich (ohne eine Stimmung anzumerken)	○
		schlecht aufgelegt (mit abfälligen Bemerkungen)	○
9.	Welchen Eindruck hatten Sie vom Erscheinungsbild der Bedienung?	wirkte sehr gepflegt (Kleidung und Aufmachung vorbildlich)	○
		wirkte durchschn. gepflegt (alles in Ordnung)	○
		wirkte etwas ungepflegt (z.B. unfrisiert, unpassende Schuhe)	○
		wirkte sehr ungepflegt (z.B. schlampig,schmutzig)	○
10.	Wie stand es mit der Bereitschaft, Sie zu beraten?	sehr gute Beratung (wurde sofort beraten)	○
		gute Beratung (auf Anfrage beraten)	○
		mittelgute Beratung (nur teilw. ber.)	○
		mäßige Beratung (nur zög. ber.)	○
		schlechte Beratung (falsche oder gar keine Beratung)	○
11.	Wurde von d. Bedn. darauf hingew., dass d. gl. Ware auch an and. Stellen zu kaufen ist?	kein Hinweis	○
		Hinweis auf andere Abt.	○
		Hinweis auf and. Geschäfte	○
		Hinweis auf and. Geschäfte und Abteilungen	○
12.	Nur bei Kundenkartenkauf: Wie sicher beherrscht die Bedienung die Kundenkarte?	wusste mit d. KK gut Bescheid (zügige Abwicklung)	○
		war etwas unsicht m.d.KK (umständl. Abwicklung)	○
		konnte m.d. KK nicht genüg. umgehen (musste erst nachfr.)	○
		konnte m.d. KK überhaupt nicht umg. (jem. anderes musste die Abwicklung vornehmen)	○
13.	Wie freundl. verhielt sich die Bed. beim Zeigen d. KK?	war freundlicher als vorher	○
		zeigte weiter das bisherige Verhalten	○
		war jetzt ungeduldig oder weniger freundlich	○
14.	Nur bei Nichtkauf: Wie verhielt sich das Personal bei Nichtkauf?	noch freundlicher als beim vorhergeh. Verkaufsgespräch	○
		gleiches Verhalten wie vorh.	○
		merkl. nachlassend im Verh.	○
		ausgesprochen ungehalten	○
15.	Bes. positive Vorkommnisse	....	
	Bes. negative Vorkommnisse	....	
16.	Würden Sie s. b. nächst. Einkauf wied. vom gl. Verk. bed. lassen?	gleiche Bed. bevorzugen	○
		andere Bed. bevorzugen	○

Abb. 4: Beobachtungsbogen (Testkaufforschung)
Quelle: *Falk / Wolf,* 1988, S.180

1.4 Konkurrenzforschung

Da in der Regel mehrere Handelsunternehmen in gleichen Absatzgebieten konkurrieren, empfiehlt es sich zu wissen,

- welche Konkurrenten,
- mit welchem Angebot und
- mit welcher Marketingstrategie

um die Kaufkraft der Konsumenten sich bemühen. Obgleich viele kleinere und mittlere Handelsunternehmen derartige Informationen meist nur fallweise und unsystematisch sammeln, erscheint es u. E. für ein erfolgreiches Handelsmarketing unabdingbar, diese Informationen systematisch und kontinuierlich bereitzustellen. Derartige Informationen zu beschaffen, ist einfach, da die Aktivitäten auf dem Markt wie Preispolitik, Sortimentspolitik, Kundendienst und Werbung jederzeit ermittelt werden können.

Teil A: Erkenntnisse sammeln					Teil B: Schlußfolgerungen + Maßnahmen	
Konkurrenz-Beurteilung A = B = C = D =					Eigene Stärken und Schwächen im Vergleich zum Besten	Maßnahmen zur Angebotsverbesserung
Rundgang durch:	Datum:					
Stärken und Schwächen der anderen	A	B	C	D		
1. Standortsituation (Parkmöglichkeit)						
2. Sortiment/Zubehör (Auswahl)						
3. Fachhandelsleistung (Service, Lieferung, Beratung)						
4. Anzahl/Qualität des Personals						
5. Verkaufsfläche						
6. Warenpräsentation/Vorführung (Einkaufsatmosphäre)						
7. Schaufenster						
8. Preispolitik (Preisniveau)						
9. Werbung/Verkaufsförderung						
10. Abdeckung meiner Zielgruppen						
Gesamtbewertung Summe „+“						

Wie Sie mit dieser Checkliste arbeiten können:

- Gehen Sie die Kriterien von 1. Standortsituation bis 10. Zielgruppe kritisch durch, ändern oder ergänzen Sie nach Ihren Bedürfnissen.
- Tragen Sie die Namen Ihrer Konkurrenten von A – D ein.
- Bewerten Sie nach folgendem Schema:
  Wettbewerber ist
  besser gleich schlechter
  ++ + = – ––
  jeweils im Vergleich zu Ihrem Unternehmen. Halten Sie Begründungen schriftlich fest.
- Lassen Sie mehrere Personen diese Bewertungen durchführen und vergleichen Sie anschließend, bilden Sie einen Durchschnitt und diskutieren Sie größere Abweichungen

Quelle: H. Riedel, Marketing selbst gemacht, im Auftrag von Telefunken, Hannover, 1989

Abb. 5: Checkliste: Wettbewerbsbeobachtung im Handel
(entnommen *Kastin, K.S.* (1999))

Als schwieriger erweist es sich jedoch Marktanteile und ihre Veränderungen für lokale bzw. regionale Absatzgebiete zu ermitteln. Hier bietet sich der Aufbau von Regionalen bzw. Lokalen Handelspanels an. Dies wird sich u.E. auch mit dem Vordringen moderner Technologien wie z.B. der Scannertechnik in Zukunft besser realisieren lassen.

1.5 Imageforschung

Für Handelsunternehmen ist es von großer Bedeutung zu wissen, welches Image sie haben, da sich viele Unternehmen im Hinblick auf die angebotenen Artikel oft kaum oder überhaupt nicht unterscheiden.

Das Unternehmensimage eines Handelsunternehmens ist daher ein wichtiger Faktor, der oft die Kaufentscheidungen der Konsumenten maßgeblich bestimmt. Daher sollte jedes Handelsunternehmen wissen, welches Vorstellungsbild (Image) die Öffentlichkeit, insbesondere die kaufrelevante Öffentlichkeit, von ihm hat. So lassen sich mithilfe des semantischen Differentials und des Einsatzes der Faktorenanalyse die wesentlichen das Image eines Handelsunternehmens bestimmenden Faktoren ermitteln.

Daneben findet auch die Multidimensionale Skalierung (MDS) zunehmend Anwendung, um das Image eines Handelsunternehmens zu ermitteln.

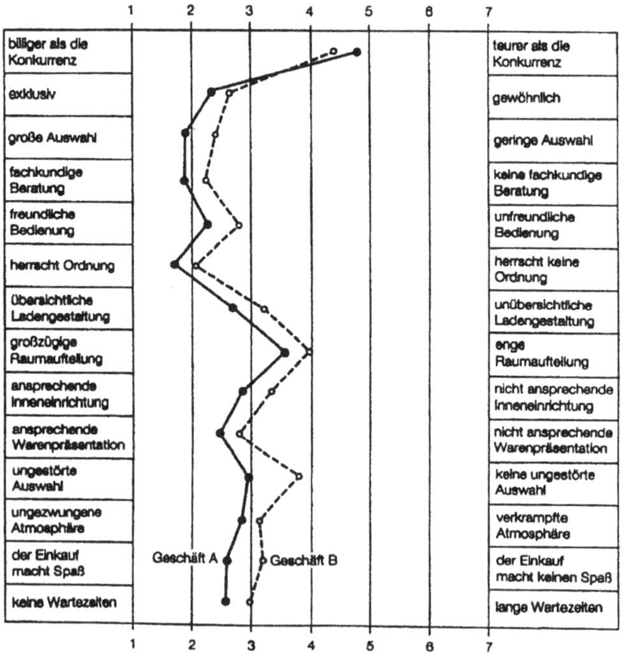

Abb. 6: Imageprofile zweier Einzelhandelsgeschäfte

Quelle: *Berekoven* 1995, S. 383

1.6 Datenquellen

Sowohl Sekundärforschung als auch Primärforschung in Form von Beobachtungen, Befragungen und Experimenten werden in der Handelsmarktforschung praktiziert.
Sekundärforschung empfiehlt sich stets, wie dargestellt, auch in diesem Bereich zuerst durchzuführen und erst dann Methoden der Primärforschung einzusetzen. Insbesondere zur Gewinnung von Strukturdaten,wie z.B. der Entwicklung und Situation im Einzelhandel, zum Betriebsvergleich, zur Kaufkraft, zum Standort und Einzugsgebiet usw. bieten sich sekundärstatistische Quellen an.
Hier soll u. a. auf folgende Veröffentlichungen hingewiesen werden (vgl. auch *Wolf, J.,* S. 24 f.):

- Statistisches Jahrbuch der Bundesrepublik
- Statistische Landesämter
- Statistische Ämter der Städte und Gemeinden
- Bundesministerium für Wirtschaft
- Hauptgemeinschaft des Deutschen Einzelhandels e.V., Köln
- Bundesarbeitsgemeinschaft der Mittel- und Großbetriebe des Einzelhandels e.V. (BAG)
- Arbeitsgemeinschaft der Lebensmittelfilialbetriebe e.V.
- Bundesverband der Selbstbedienungswarenhäuser
- Bundesverband des Deutschen Versandhandels e.V.
- Deutscher Industrie- und Handelstag (DIHT)
- Eurohandelsinstitut (EHI), Köln
- IFO-Institut für Wirtschaftsforschung, München
- Gesellschaft für Konsumforschung e.V. (GfK), Nürnberg
- Deutsches Handelsinstitut (DHI), Köln
- GWI Institut
- Nielsen Marketing Forschung, A. Nielsen GmbH, Frankfurt
- Gesellschaft für Marktforschung (GfM), Hamburg

Viele der gesuchten Daten können auch im Internet unter den entsprechenden Adressen abgerufen werden.

2. Die Marktforschung für den B2B-Bereich

Im Folgenden werden Hinweise für die Gewinnung der relevanten Informationen im Business-to-Business-Bereich (B2B) gegeben. Dieser Bereich umfasst nicht nur die Investitionsgüter sondern auch Produktionsgüter und Dienstleistungen, die zwischen Unternehmen bzw. Organisationen im Rahmen des Marketing angeboten werden und zum Verkauf kommen. Dieser Bereich ist zum einen überschaubarer als der Konsumgüterbereich zum anderen aber auch schwieriger und komplexer. Oft ist die Informationsgewinnung einfacher, weil die Anzahl der infrage kommenden Nachfrager, Konkurrenten usw. geringer und der Markt allgemein transparenter ist. In vielen Fällen ist Marktforschung jedoch auch schwieriger, weil nicht vergleichbare Beschaffungsmöglichkeiten für Informationen wie im Konsumgüterbereich bestehen und die Vorgänge oft einmalig und nicht gleichermaßen durchschaubar und eindeutig sind. Dazu kommt noch, dass Entscheidungen für B2B-Güter im Vergleich oft von größerer Bedeutung im Hinblick auf die Höhe der Austauschsummen und die späteren Auswirkungen für die Unternehmen sind.

Vergleicht man allgemein nach bestimmten Kriterien die Marktforschung für Konsumgüter und für die B2B-Marktforschung, so kommt man tendenziell zu folgendem Ergebnis (vgl. Abb.).

Kriterium	**Konsumgüter**	**B2B-Güter**
• Grundgesamtheit	sehr groß, abhängig von der Untersuchung, oft unbekannt	kleiner, abhängig von der Untersuchung, oft bekannt
• Erhebungsumfang	i.d.R. Stichproben bzw. Quotenerhebung, oft groß	Vollerhebungen meist möglich oder Konzentrationsverfahren, oft auch klein
• Gewinnung der zu Befragenden	i.d.R. einfach	meist schwierig, u.a. aus Wettbewerbsgründen, Zeit- und Bereitschaftsgründen usw.
• Ergebnis der Untersuchung	relativ zutreffend, da i.d.R. ehrliche Antworten zu erwarten	schwierig zu beurteilen, da aus Konkurrenz, Geheimhaltung und sonstigen Gründen oft keine wahrheitsgemäßen Antworten
• Erhebungsmethoden	alle Methoden möglich	problematisch, im Prinzip grundsätzlich alle Methoden. In der Praxis jedoch überwiegend • Interview (Experten)-Buying-Center • Telefon-Interviews • schriftliche Befragung (kontinuierlich)
• Interviewereinsatz	relativ einfach, Einsatz sowie auch die Anwerbung von Interviewern	meist schwierig, da Interviewer soziale und fachliche Kompetenz benötigen
• Kosten	Kosten je Befragten i.d.R. meist gering, jedoch abhängig von Befragungsgegenstand und Erhebungsmethode	Kosten je Befragten i.d.R. hoch („Einzelinterview")

Abb. 7: Marktforschungsvergleich für Konsum- und B2B-Güter

2.1 Ziele

Marktforschung für B2B-Güter hat zur Aufgabe, alle diejenigen Informationen bereitzustellen, die für das Marketing gebraucht werden. Versteht man unter dem Marketing für B2B-Güter alle Maßnahmen, die ein Unternehmen ergreift, um die Marktpartner von seinem Angebot zu überzeugen, so hat B2B-Gütermarktforschung die Aufgabe, alle dafür erforderlichen Informationen bereitzustellen.

Damit sind die Aufgabenfelder der B2B-Gütermarktforschung grob festgelegt:

- Abnehmer und Entscheidungsprozesse bei Abnehmern
- Konkurrenten und ihre Aktivitäten
- Märkte und Marktbedingungen
- Produkte und Einsatzgebiete

Im Einzelnen ergeben sich allgemein die folgenden Forschungsbereiche (vgl. Abb. auf der folgenden Seite).

Stets ist die Marktforschung von den Gegebenheiten der Zielunternehmen im Markte abhängig, die sowohl Vorgehen als auch Umfang der Marktforschung beeinflussen. Die Informationen über die folgenden Bereiche sollten vorliegen, wenn B2B-Marketing erfolgreich sein soll:

- Bedarfsentwicklung
- Kenntnis der Entscheidungsprozesse zum Kauf für die eigenen Produkte bei den Abnehmern,
- Anzahl und Bedeutung der Teilnehmer bei Entscheidungsabläufen,
- Einsatzmöglichkeiten und Bedeutung der Produkte für den Käufer,
- Einstellungen der am Entscheidungsprozess Beteiligten gegenüber verschiedenen Produkten und Anbietern,
- Informationsverhalten der Nachfrager,
- Erwartungen der Käufer

(Siehe dazu Abb.8).

Zielgruppe	**Fragen der Unternehmensbereiche** qualitativ und quantitativ			
	Geschäftsleitung Unternehmensplanung	Produktentwicklung	Marketing Vertrieb	Kundendienst Ersatzteilwesen
Abnehmer Industrie Handwerk Dienstleistung Öffentliche Verwaltung	Tendenzen im Arbeitsprozess Technologische Tendenzen Unternehmensimage Produktimage Serviceimage	Produkteinsatzbedingungen Tendenzen im Arbeitsprozess Technologische Tendenzen Substitutionstendenzen Verkaufsprobleme Problemlösungsvarianten Produktanforderungen Beurteilungskriterien für Produkte Produktakzeptanz Produktimage Funktionsbeurteilung Schwachstellen	Typische Anwender Produktakzeptanz Produktimage Bekanntheitsgrad Entscheidungsträger Entscheidungsprozess Auswahlkriterien Informationsquellen Werbeerfolg Lagerhaltung Dispositionspolitik Lieferantentreue	Serviceintensität Reparaturgewohnheiten Ersatzteilbezugsquellen Serviceimage Ersatzteilversorgung
	Maschinenbestand *Marktvolumen* *Marktstruktur* *Marktentwicklung* *Produktlebensdauer* *Lagerbestand*	*Produktlebensdauer* *Mindeststandzeiten*	*Maschinenbestand* *Marktvolumen* *Marktstruktur* *Marktentwicklung* *Produktlebensdauer* *Regionales Marktpotenzial*	*Ausfallfrequenz* *Ersatzteilbedarf*
Anbieter Hersteller Importeure Handel	Wettbewerber Unternehmensstrategie Leistungsprogramm Technologisches Niveau Qualitätsniveau Preisniveau Vertriebsorganisation Serviceorganisation Unternehmensimage Produktimage Konzernverflechtungen Kooperationsmöglichkeiten	Produkt-Technologie Fertigungsverfahren Problemfelder Entwicklungsrichtung Erwartete Neuentwicklungen	Wettbewerber Vertriebsstrategie Vertriebsorganisation Lokale Vertriebspräsenz Leistungsprogramm Lieferpolitik Preispolitik Konditionspolitik Unternehmensimage Produktimage	Serviceorganisation Serviceprogramm Servicequalität Trainingsumfang Serviceimage
	Akquisitionsobjekte *Anzahl der Anbieter* *Struktur der Anbieter* *Marktanteile* *Branchenschwerpunkte*	*Innovationsrate* *Produktlebensdauer*	*Marktanteile* *Lieferbereitschaft* *Konditionen*	*Lieferbereitschaft* *Marktanteile bei Ersatzteilen*
Absatzmittler Großhandel Einzelhandel Verbundgruppen	Vertriebswege Lokale Präsenz Funktionserfüllung Engagement Lieferantenbindung Lieferantenimage Preispolitik	Qualifikation des Vertriebs Engagement für neue Produkte Trainingsbereitschaft Lieferantenbindung	Vertriebswege Lokale Präsenz Funktionserfüllung Engagement Argumentation Lieferantenbindung Auswahlkriterien Lieferantenimage Preispolitik Lagerhaltung Sortimentspolitik	Serviceprogramm Servicebereitschaft Servicequalität Ersatzteilversorgung Trainingsbereitschaft Serviceimage
	Warenströme *Marktanteile der Kanäle*	*Anzahl Servicestellen*	*Warenströme* *Marktanteile der Kanäle* *Kundenstruktur* *Sortimentstruktur* *Lagerbestand*	*Ersatzteilströme* *Marktanteil der Kanäle* *Anteil Originalteile* *Ersatzteil-Lagerbestand*

Abb. 8: Forschungsbereiche der Investitionsgütermarktforschung
Quelle: Infratest Industria

Um die Bedeutung der Marktforschung im B2B-Bereich zu erklären, sind u.a. folgende Probleme zu erörtern:

- Markt und Marktstrukturen
- Markttrends
- Besonderheit der jeweiligen Investitions- und Produktionsgüter sowie Dienstleistungen
- Frage der derivativen Nachfrage
- Problematik des Systemmarketings
- Bedeutung der Dienstleistungen
- Organisation von Entscheidungsprozessen bei Käufern
- Ablauf von Entscheidungsprozessen in den Unternehmen
- Organisation und die Struktur von Beschaffungsprozessen
- Aufgaben des Verkaufs und die Erwartungen der Käufer
- Informationsverhalten von Teilnehmern an Entscheidungsprozessen
- Bedeutung der jeweiligen Kaufmotive
- Einfluss von Beratern auf die Abläufe von Entscheidungsprozessen.

Alle diese Probleme zeigen Schwerpunkte der Aufgabe der Marktforschung in diesem Bereich auf. Die Probleme sind aber, wie kurz gezeigt wurde, etwas anders gelagert als in der Konsumgütermarktforschung. Marktforschung kann sowohl als Primär- und/oder Sekundärforschung betrieben werden, die entweder durch die eigene Marktforschungsabteilung, ein beauftragtes Marktforschungsinstitut, Verbände oder durch Kooperation durchgeführt werden kann. Eine mögliche Aufgabenteilung für z.B. Investitionsgüter vermittelt die folgende Abbildung.

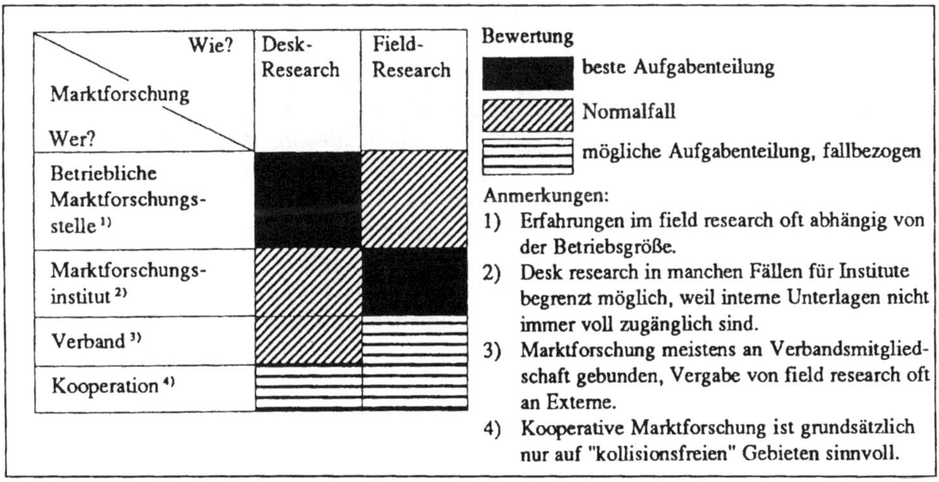

Abb. 9: Aufgabenteilung in der Marktforschung für Investitionsgüter
Quelle: *Langer/Sand,* 1983, S. 24

Eine Untersuchung von *Droege / Backhaus / Weiber* (1993) im Hinblick auf die Bedeutung, die seitens der Unternehmen einzelnen Marktforschungsmethoden beigemessen wird, hatte folgendes Ergebnis:

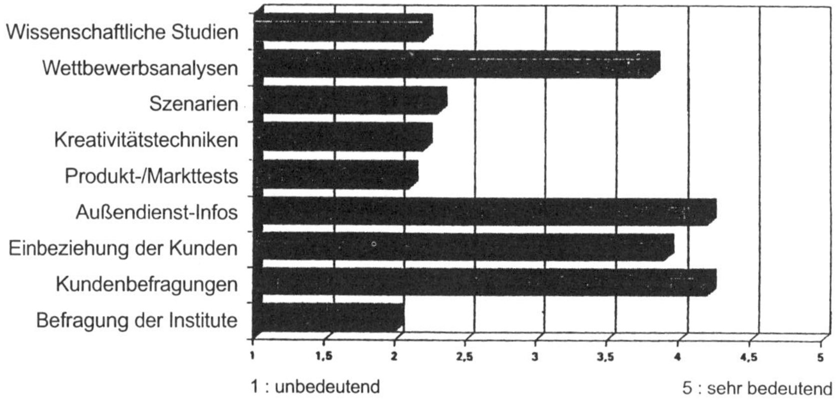

Abb. 10: Bedeutung verschiedener Marktforschungsmethoden
Quelle:*Droege / Backhaus / Weiber* (1993), S. 57

2.2 Sekundärforschung

Aufgabe der Sekundärforschung ist die Suche und die Auswertung von sekundärstatistischen Quellen, die aufgrund bereits durchgeführter Untersuchungen erstellt wurden. Da für viele Probleme bereits teilweise Informationsquellen vorhanden sind, kommt der Sekundärforschung für den B2B-Bereich eine vergleichsweise große Bedeutung zu. Auch hier kommen grundsätzlich alle im Abschnitt B genannten sekundärstatistischen Quellen infrage. Ihre Bedeutung liegt meist darin, dass durch die Ausweitung der vorhandenen Daten oft schon die allgemeinen Daten für spezielle Vorhaben erfasst werden können, sodsass die folgende Primärerhebung gezielter und effizienter durchgeführt werden kann. Auch lassen sich aufgrund von Indikatoren, Indices und anderer Kenzahlen oft Vergleiche und Analogierechnungen durchführen. Einen Überblick über Sekundärinformationsquellen zeigt die folgende Abbildung.

Sekundärquellen	
Intern	**Extern**
• Betriebliches Rechnungswesen • Absatzstatistiken • Kundendienstberichte • Außendienstberichte • Produktionsstatistiken • Einkaufsstatistiken • Lagerstatistiken • F+E-Berichte • Qualitätsstatistiken • Reklamationsstatistiken • Daten aus früheren Primärerhebungen • Kapazitätsangaben	• Amtliche Statistiken • Verbandsstatistiken • Datenbanken allgemein • „Gelbe Seiten" • Patentstatistiken • Auslandsstatistiken • Gesetzesblätter • Standarddaten aus Investitionsgüterpanel • Prospekte, Kataloge • Geschäftsberichte • Fachzeitschriften • Adressenlisten • spezielle Datenbanken • Internet • Messen • Daten aus kontinuierlichen Erhebungen

Abb. 11: Sekundärquellen für B2B-Marktforschung

Externe Daten können i.d.R. meist schnell und kostengünstig online über das Internet und Datenbankanbieter oder auf CD-ROM beschafft werden. In vielen Fällen wird man daher auf Online-Datenbanken zurückgreifen, durch die man eine Vielzahl von Informationen, wie z.B. Patente, Lizenzen, Kapitalausstattung, Kooperationen, Allianzen, Umsätze, Beschäftigtenanzahl, Führungskräfte, usw. ermitteln kann. Außerdem bieten Fachzeitschriften und Zeitungen wertvolle Informationen an. Auch über mögliche Konjunkturentwicklungen lassen sich Informationen durch kontinuierliche Konjunkturuntersuchungen wie z.B. durch Institute gewinnen (IFO-Konjunktur-Test, IFO-Investitions-Test).

Ausgewählte Quellen dazu:

- Hoppenstedt
- IFO
- VDM
- GfK

2.3 Primärforschung

Im Rahmen der Primärforschung ergeben sich dagegen umso größere Probleme. Dies liegt zum einen daran, dass die Kosten für Erhebungen im B2B-Güterbereich verhältnismäßig hoch sind, zum anderen aber auch an den Möglichkeiten solcher Erhebungen und der Auskunftsbereitschaft der Befragten.

Die Kosten sind u. a. deshalb verhältnismäßig hoch, weil geschulte und in das Aufgabengebiet eingearbeitete Mitarbeiter benötigt werden. Dazu kommt, dass mit schriftlichen Befragungen oft nicht die relevanten Informationen in Erfahrung gebracht werden können. Bei **schriftlichen Befragungen** besteht oft die Gefahr hoher Ausfallquoten, da die Befragten überlastet sind und/oder die „Zuständigkeit“ für die Befragung sich als schwierig erweist. Auch die vereinzelt durchgeführten Panelerhebungen erreichen aus Datenschutz- bzw. Geheimhaltungsgründen und den Marktgegebenheiten keine Bedeutung für den Gesamtbereich der Investitionsgüter. Die Durchführung von Experimenten ist aus den verschiedensten Gründen (geringe Zahl, keine Repräsentanz, Vergleichbarkeit usw.) ohne Bedeutung.

Typische **Zielsetzungen** von Marktforschungsvorhaben für Investitionsgüter in der Praxis sind Untersuchungen:

- zum Marktvolumen, Marktpotenzial und Marktanteil des für das Unternehmen relevanten Marktes,
- zu Entwicklung und Struktur der Märkte (kurz-, mittel- und langfristig),
- zu Einsatzmöglichkeiten für das Angebot (nach Branche, Unternehmen, Region, Land usw.),
- Informationsverhalten der Nachfrager (Typ des Informationsverhaltens, Informationsstand, Informationswege),
- Entscheidungsablauf bei potenziellen Käufern (Initiative, Teilnehmer, Zeitablauf),
- Imageuntersuchungen für Anbieter,
- Struktur der Marktbearbeitung,
- optimaler Einsatz des Kundendienstes.

Möglichkeiten der Primärforschung im B2B-Bereich

Unternehmensinterne Quellen

- Befragung bzw. Beobachtung der Außendienstmitarbeiter
- Befragung der Mitarbeiter
- Befragung aufgrund des betrieblichen Vorschlagswesens
- Anwendung der Kreativitätsmethoden
- Befragung von Mitgliedern von Qualitätszirkeln
- Früherkennungssysteme
- Produkt- bzw. Verfahrenstests
- Experimente

Unternehmensexterne Quellen

- Befragung von
  - Kunden
  - Interessenten
  - Zulieferern
  - Experten
- Planungsunternehmen
- Befragungen durch Verbände, Institute, Hochschulen usw.
- Befragungen auf Messen
- Beobachtung von
  - Kunden
  - Interessenten
  - Konkurrenten
  - Best practice (des eigenen Bereichs und anderer Bereiche)
- Beobachtung und Analyse von Konkurrenzaktivitäten
- Untersuchung von Konkurrenzprodukten
- Praxistests
- Beobachtungen auf Messen (Konkurrenz)
- Beobachtungen bei Betriebsbesichtigungen
- Beobachtungen auf Kongressen

Abb. 12: Primärforschung im B2B-Bereich

Aufgrund einer schriftlichen Befragung der Infratest-Industria *(Bornitz,* 1981, S. 4) wurden im **Rahmen der eigenen Marktforschung**

- Wettbewerbsanalysen,
- Vertriebsanalysen,
- Markt- und Marktpotenzialanalysen,
- Logistik- und Standardanalysen und

im Rahmen der Institutsmarktforschung

- Imageanalysen,
- Analysen der Kaufentscheidungsprozesse und
- Auslandsmarktforschung

vor allem genannt.

Die hier angeführten unterschiedlichen Zielsetzungen zeigen schon an, dass viele Informationen nur gewonnen werden können, wenn die infrage kommenden Personen auch bereit sind, **Auskunft zu geben.** Dies wird nicht immer der Fall sein, da Marktforschung im B2B-Bereich oft auch die Aufgabe hat, **interne** Strukturen in den Unternehmen offen zu legen.

Dies erscheint um so eher erreichbar, je strenger die Marktforschungsinstitute die Anonymität wahren und nicht bereit sind, Konkurrenzbefragungen durchzuführen.

Eine **Stichprobenbildung** ist auch in diesen Bereich nach den bekannten Methoden der Stichprobenbildung durchzuführen. In manchen Fällen wird es auch empfehlenswert sein, eine Vollerhebung bzw. eine Erhebung nach dem Konzentrationsprinzip durchzuführen. Für den Fall der Stichprobenbildung hat sich nach *Strothmann* ein zweistufiges Quotenverfahren bewährt. Dieses Verfahren lässt sich sowohl bei quantitativen als auch bei qualitativen Untersuchungen anwenden.

Besondere Probleme ergeben sich in der Regel, geeignete **Interviewer** zu finden, da diese Mitarbeiter sowohl technische als auch wirtschaftliche Zusammenhänge des Befragungsgebietes beherrschen müssen, als auch im Stande sein müssen, mit den unterschiedlichen Ebenen im Unternehmen (Top-Management bis Facharbeiter) jederzeit zu kommunizieren. Eine schriftliche Befragung ist u. E. nur dann empfehlenswert, wenn zu erwarten ist, dass die zugesandten Fragebögen beantwortet und die jeweiligen Fragestellungen eindeutig interpretiert werden. Diese Situation ist in der Praxis jedoch i.d. R. nicht immer gegeben, da die Zielgruppe in diesem Bereich meist nicht homogen sein wird.

Für viele Klein- und Mittelunternehmen hat die Primärforschung in der Praxis meistens keine Bedeutung. Hier spielt die Sekundärforschung eine wichtige Rolle. Auch im Bereich der **Prognosen** ergeben sich spezifische Fragen für den B2B-Bereich: Zum einen zeigt sich hier die Zeitverschiebung von Indikatoren zum effektiven Umsatz von Investitionsgütern und zum anderen die Mehrstufigkeit der Märkte als hinderlich.

Prognosen müssen daher auf:

- unternehmensinternen Indikatoren
- gesamtwirtschaftlichen Indikatoren und
- der Entwicklung des technischen Fortschritts

aufbauen (vgl. auch *Hamman, P.* S. 100).

Das IFO-Institut liefert beispielsweise mit

- dem Konjunkturtest
- dem Investitionstest
- dem IFO-Innovationstest usw.

sowie der Auswertung von internationalen Patentstatistiken wichtige Daten zur Entwicklung. In letzter Zeit hat in diesem Bereich die **Marktforschung als Früherkennungsinstrument** an Bedeutung zugenommen: Aufgabe der Früherkennung soll sein, auf der Basis von Umweltanalysen nicht nur Umweltveränderungen sehr frühzeitig zu erkennen, sondern auch deren Ursachen und Relevanz für das Unternehmen zu analysieren, ihre Entwicklung langfristig zu prognostizieren und mögliche Reaktionsstrategien zu generieren und zu evaluieren (vgl. *Muchna)*. In diesem Zusammenhang sei auch auf

- das Indikatorprognosemodell von *Backhaus* und *Simon*
- den Geschäftsklimaindex des IFO-Instituts
- den BERI-Index und
- das Batelle-Früherkennungssystem

hingewiesen.

Daneben spielt die Prognose durch Experten eine wesentliche Rolle. Auch die Informationen, die durch den Außendienst aufgespürt werden können, sind im Rahmen der Früherkennung von Bedeutung. Insbesondere der Erkennung auch „schwacher Signale“ auf dem Markt kann dabei Beachtung geschenkt werden.

2.4 Aufgaben

2.4.1 Marktanalyse

Im Rahmen der Marktanalyse ist stets die Marktattraktivität zu ermitteln, d.h.

- das Marktvolumen
- das Marktpotenzial
- das Absatzvolumen
- das Absatzpotenzial
- die Wettbewerbssituation

Befindet sich ein Unternehmen bereits auf dem Markt, so ist des Weiteren von Bedeutung:

- Kunden und Kundenstruktur
- Interessenten
- Marktstellung (Benchmarking)
- Kundenzufriedenheit
- Reklamationen
- Angebotserfolgsquoten usw.

Bei „neuen” Märkten erweist sich die Prognose und Beurteilung der künftigen abgeleiteten Nachfrage als sehr schwierig.

Zum Einsatz kommen dabei (vgl. Backhaus (1999))

- Mathematisch-Statistische Verfahren als auch
- Subjektive Schätzverfahren (Vgl. Seiten 378 f.)

bzw. eine Kombination mehrerer Verfahren.

2.4.2 Kundenanalyse

Im Rahmen der Kundenanalyse sind u.a. folgende Informationen von Bedeutung:

- Aktuelle Kunden
- ehemalige Kunden
- Stammkunden
- Potenzielle Kunden
- Anteile am Einkaufsvolumen des Kunden
- Anteil des Kunden am Umsatz (Key Account)
- Bedeutung des Anbieters für den Kunden
- Entwicklungstendenzen auf dem Kundenmarkt.

2.4.3 Konkurrenzanalyse

Die Konkurrenzanalyse hat die Aufgabe, das Angebot eines Anbieters im Hinblick auf Konkurrenzanbieter zu beurteilen. Dies erfolgt im Hinblick auf die kundenrelevanten Merkmale (vgl. Abb. ...). Dabei zeigt sich, wie aus dem Beispiel ersichtlich, dass oft Informationsdefizite nicht vermeidbar sind. Dennoch ist es unerlässlich:

- die aktuellen relevanten Konkurrenten
- die Strategie und Fähigkeiten der Konkurrenten
- die Ziele der Konkurrenten
- mögliche potenzielle Konkurrenten

zu erkennen.

	Potenziale und Ziele der Konkurrenz	**Leistungsstärke der Konkurrenzprodukte**
Primärforschung ***Befragung***	• Expertengespräche • aktuelle und potenzielle Abnehmer • internationale Kontakte eigener Mitarbeiter • aus Konkurrenzunternehmen abgeworbene Mitarbeiter • Absatzmittler	• Expertengespräche • aktuelle und potenzielle Abnehmer • Befragung eigener Mitarbeiter (interne Experten) • Absatzmittler
Beobachtung	• Konkurrenzverhalten, z. B. Personalpolitik, Ankündigung von Neuprodukten • Reden/Vorträge von Mitarbeitern/Führungskräften der Konkurrenz	• Beobachtungen auf Messen/Ausstellungen • Produktanalyse • Reverse Engineering
Sekundärforschung	• Publikationen der Konkurrenz - Geschäftsberichte - Prospekte/Kataloge - Betriebszeitungen - Preislisten • Veröffentlichungen von Mitarbeitern und Führungskräften der Konkurrenz • Branchenstatistiken • Verbandsveröffentlichungen • Fachzeitschriften/Wirtschaftspresse • Wirtschaftsdatenbanken (z. B. Hoppenstedt) • Patentdatenbanken • eigene Außendienstberichte	• Prospektmaterial/Kataloge • Patentdatenbanken • Tagespresse • Fachzeitschriften (Tests) • Gebrauchsanweisungen/Manuals

Abb. 13: Methoden der Konkurrenzanalyse
Quelle: *Wolfram / Riedle*

Die möglichen Quellen und Erhebungsmethoden zur Konkurrenzanalyse zeigt die Abbildung 13 (Quelle: *Wolfram / Riedle*). Im Hinblick auf die eigenen und der Konkurrenzprodukte empfiehlt es sich, ein Vergleichsprofil aufzustellen (vgl. Abb. 14).

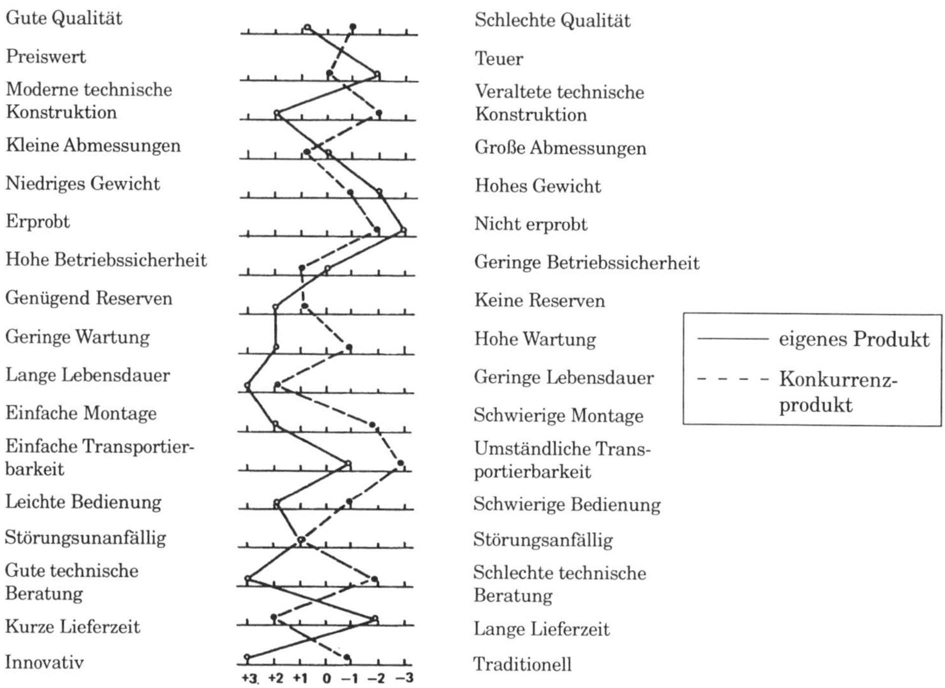

Abb. 14: Eigenes Produkt zu Konkurrenzprodukt

2.4.4 Entscheidungsverhalten

Insbesondere im B2B-Bereich, wo es oft um große Abschlussvolumen geht, ist die Kenntnis des Kauf- und Entscheidungsverhaltens einzelner Käufer von Bedeutung. Hierfür muss die Marktforschung auch dem Marketing Unterstützung geben. Welche Informationen dabei wichtig sind und aus welchen Quellen sie sich ermitteln lassen, zeigt die folgende Abbildung.

	Generelle Marktdaten	**Merkmale des Kaufverhaltens einzelner Kunden(-gruppen)**			
	Marktpotentiale -volumina -wachstum etc.	Individuelle Einflussfaktoren von BC (demographische Merkmale, Erfahrungen, Erwartungen etc.)	Interpersonelle Einflussfaktoren im BC (Gruppengrösse und -zusammensetzung, Rollenverteilung, Machtverhältnisse etc.)	Organisationale Einflussfaktoren (Branche, Grösse, FuE-Intensität, Zahlungs- und Finanzierungsverhalten, Angebotsspektrum etc.)	Kaufobjektbezogene Faktoren (Kauftyp und -phase, Leistungsspezifikationen etc.)
Primär-forschung · Befragung	• Abnehmerbefragungen (grosszahlige Erhebungen) • Expertenbefragungen (Branchen-/Länder-spezialisten)	• BC-Mitglieder und sonstige Mitarbeiter • sonstige Lieferanten • abgeworbene Mitarbeiter • ggf. Konkurrenten • Unternehmensberater/ Ingenierbüros	• BC-Mitglieder und sonstige Mitarbeiter • sonstige Lieferanten • abgeworbene Mitarbeiter • ggf. Konkurrenten • ggf. Banken • Unternehmensberater/ Ingenieurbüros	• BC-Mitglieder und sonstige Mitarbeiter • sonstige Lieferanten • abgeworbene Mitarbeiter • Banken • Unternehmensberater/ Ingenieurbüros	• BC-Mitglieder • ggf. sonstige Mitarbeiter • ggf. sonstige Lieferanten
· Beobachtung		• z. T. im Verkaufsgespräch bei Werksbesichtigungen, sowie bei Messen und Ausstellungen	• z. T. im Verkaufsgespräch • z. T. bei Werksbesichtigungen	• z. T. im Verkaufsgespräch • z. T. bei Werksbesichtigungen	
Sekundär-forschung	• amtliche Statistiken • Verbands-/Branchen-statistiken • Länderberichte/ -statistiken • sonstige branchen-/ ländermarktspezifische Publikationen • Veröffentlichungen von Marktforschungs-Instituten (• Panelergebnisse)	• Aussendienstberichte • ggf. Reklamations- und Kundendienstberichte/ -statistiken	• z. T. Aussendienst-berichte	• Adressbücher • Wirtschafts- und Patentdatenbanken • Prospekte, Unterlagen und Geschäftsberichte • Verbandsunterlagen • Fachpublikationen • Ausschreibungs-unterlagen • amtliche Statistiken • Beschaffungsrichtlinien	• Ausschreibungs-unterlagen • Außendienstberichte • Kundendienstberichte • Beschaffungsrichtlinien

Abb. 15: Entscheidungsverhalten
Quelle: *von der Grün / Wolfram* S. 184

34

Kontrollfragen zu K

		Lösungs-hinweise Seite
(1)	Welche spezifische Aufgabe hat die Marktforschung im Handel?	413
(2)	Welchen Beitrag kann dabei die Sekundärforschung leisten?	413
(3)	Welche sekundärstatistische Quellen speziell für die Handelsmarktforschung kennen Sie?	427
(4)	Welche Rolle spielt in der Handelsmarktforschung die Befragung?	416
(5)	Welche Rolle spielt in der Handelsmarktforschung die Beobachtung?	416
(6)	Was ist Aufgabe der Beschaffungsmarktforschung im Handel?	415
(7)	Was ist Gegenstand der Käufermarktforschung?	415
(8)	Welche Aufgabe hat die Standortforschung?	414
(9)	Was ist Gegenstand der Beobachtung bei der Kundenbeobachtung?	416 f.
(10)	Was ist Gegenstand und Ziel der Testkaufforschung?	421
(11)	Welche Aufgabenfelder stehen bei der Marktforschung für B2B-Güter im Vordergrund?	427
(12)	Welche Problemkreise interessieren besonders?	430
(13)	Welche Stellen (intern und extern) betreiben Marktforschung?	431
(14)	Welche Bedeutung kommt dabei der Primärforschung (Field research) und der Sekundärforschung (Desk research) zu?	432 f.
(15)	Wozu werden überwiegend schriftliche Fragen eingesetzt?	434
(16)	Welche Probleme ergeben sich bei der mündlichen Befragung?	436
(17)	Welche Probleme ergeben sich bei Prognosen?	436
(18)	Warum ist bei B2B-Gütern die Marktforschung besonders als Früherkennungsinstrument von Bedeutung?	437

(19)	Welche Indices bzw. Früherkennungssysteme kennen Sie?	437
(20)	Welche Aufgaben hat die Marktforschung im B2B-Bereich wahrzunehmen?	437
(21)	Was ist Aufgabe der Marktanalyse?	437
(22)	Welche Informationen liefert die Kundenanalyse?	438
(23)	Was ist Aufgabe der Konkurrenzanalyse?	438
(24)	Wie lassen sich Informationen über das Entscheidungsverhalten gewinnen?	440
(25)	Welche Informationen sind dabei von Bedeutung?	441

Literatur zu K

• Marktforschung im Handel

Barth, K., Betriebswirtschaftslehre des Handels, 4. Auflage, Wiesbaden 1999
Berekoven, L., Erfolgreiches Einzelhandelsmarketing, 2. Auflage, München 1995
Falk, B.D./Wolf, J., Handelsbetriebslehre, 11. Auflage, Landsberg 1992
Haller, S., Handelsmarketing, 2. Auflage, Ludwigshafen 2001
Hallier, B., Scanning im Handel in: Pepels (Hrsg.), Marktforschungspraxis, Neuwied 1998
Lerchenmüller, M., Handelsbetriebslehre, 3. Auflage, Ludwigshafen 1998
Maurer, R., Marktforschung im Handel, Wien 1993
Oehme, W., Handelsmarketing, 2. Auflage, München 1992
Schenk, H.O., Marktwirtschaftslehre des Handels, Wiesbaden 1991
Wolf, J., Marktforschung, Landsberg am Lech 1988

• Marktforschung im B2B-Bereich

Backhaus, K., Industriegütermarketing, 6. Auflage, München 1999
Belz, C./Reinhold, M., Internationales Vertriebsmanagement für Investitionsgüter, St. Gallen 1999
Böhler, H., Marktforschung, 3. Auflage, Stuttgart 1999
Engelhardt, W. H./Günther, B., Investitionsgütermarketing, Stuttgart 1981
Godefroid, P., Business-to-Business-Marketing, Ludwigshafen 2000
Gröne, A., Marktsegmentierung bei Investitionsgütern, Wiesbaden 1977
Grün v.d./Wolfram, B., Marktforschung in der Investitionsgüterindustrie, in: Tomczak/Reineke (Hrsg.), Marktforschung, St. Gallen 1994
Langer, H./Sand, H., Erfolgreiche Marktforschung im Investitionsgütervertrieb, Berlin/München 1983
Meyer, W./Fischer, M., Methoden zur Investitionsgütermarktforschung, Berlin 1975
Muchna, C., Strategische Früherkennung auf Investitionsgütermärkten, Wiesbaden 1988
Muchna, U., Stand und Entwicklungstendenzen der Investitionsgütermarktforschung, Marketing 1984, Heft 3
Simon, H./Homburg, Ch., Kundenzufriedenheit, 2. Auflage, Wiesbaden 1997
Strothmann, K.-H., Marktforschung für Investitionsgüter, in: Handbuch der praktischen Marktforschung, Hrsg. Werner Ott, München 1972
Töpfer, A., Kundenzufriedenheit, Neuwied 1996
Weiss, Albin, Marktforschung für Investitionsgüter, in: Management - Enzyklopädie, Band 4, München 1970
Wills, G./Wilson, R., Implication of Technology Forecasting for Industrial Marketing, in: Wills, Gordon, Exploration in Marketing Thought, London 1971

Übungsteil

Übungsteil: Aufgaben/Fälle

1 : Informationsbedarf

Sie wollen ein neues Konsum-Produkt Nova-2005 auf den Markt bringen. Welche Informationen müssen Sie im Rahmen der Primär- bzw. Sekundärerhebung mindestens beschaffen, um Ihr Urteil über eine mögliche Einführung dieses Produktes zu treffen? Geben Sie die wichtigsten Informationsbereiche an.

2 : Suchmaschinen

Suchen Sie in einer Suchmaschine (z.B. www.altavista.com/, www.google.com/, www.lycos.com/, usw.) nach informationen zum Thema „Marktforschung"!

3 : Themenverzeichnisse

Such Sie bei Yahoo nach Informationen zum Thema „Marktforschung"! Wie lautet Ihr Suchergebnis?

4 : Berechnung des Anteilswertes

Aus einer Grundgesamtheit von 10.000 Käufern einer Fachzeitschrift wurde eine Stichprobe von n = 800 gezogen. Es zeigte sich, dass 40 % der Käufer Raucher sind.

Mit welchen Wahrscheinlichkeiten

a) 68,3 %
b) 95,5 %
c) 99,7 %

liegen die Anteilswerte P in welchen Bereichen?

5 : Zufallszahlen

Aus einer durchnumerierten Kartei vom Umfang n = 400 sollen an Hand der beiliegenden Zufallszahlentafeln n = 8 Karteikarten ausgewählt werden.

a) Bestimmen Sie mithilfe der beiliegenden Zufallszahlentafel die auszuwählendenden Karteikarten! Beginnen Sie mit der 1. Zeile und der 1. Spalte.

b) Welche Karteikarten sind bei systematischer Auswahl zu ziehen, wenn mit der 50. Karteikarte begonnen wird?

(Siehe hierzu die Zufallszahlentafel).

Zeile \ Spalte	(1)	(2)	(3)	(4)	(5)	(6)	(7)	(8)	(9)	(10)	(11)	(12)	(13)	(14)
1	10480	15911	01536	02911	81646	91646	69179	14194	62590	36207	20969	99570	91291	90700
2	22368	46563	25584	85383	30995	89198	27982	53402	93965	34095	52669	19174	39615	99505
3	24139	47360	22526	86265	76383	64809	15179	24830	49340	32081	30680	19655	63348	58629
4	42167	93093	06243	61680	07856	16376	39440	53547	71341	57004	00849	74917	97758	16379
5	37570	39975	81837	16656	06121	91672	60468	81305	49684	60672	14110	06927	01263	54613
6	77921	06907	11008	42751	27756	53498	18602	70659	90655	15053	21916	81825	44394	42880
7	99562	72905	56420	69994	98872	31016	71194	18738	44013	48840	63213	21069	10634	12952
8	96301	91977	05463	07972	18876	20922	94595	56869	69014	60045	18425	84903	42508	32307
9	89579	14342	63661	10281	17452	18103	57740	84378	25331	12566	58678	44947	05585	56941
10	85475	36857	53342	53988	53060	59533	38867	62300	08158	17983	16439	11458	18593	64952
11	28918	69578	88231	33276	70997	79936	56865	05865	90106	31595	01547	85590	91610	78188
12	63553	40961	48235	03427	49626	69445	18663	18663	52180	20847	12243	90511	33703	90322
13	09429	93969	52636	92737	88974	33488	36320	36320	30015	08272	84115	27156	30613	74952
14	10365	61129	87529	48237	48237	52267	67689	67689	01511	26358	85104	20284	29975	89868
15	07119	97336	71048	77233	77233	13916	47564	47564	07735	85977	29372	74461	28551	90707
16	51085	12765	51821	51259	77452	16308	60756	92144	49442	53900	70960	63990	75601	40719
17	02368	21382	52404	60268	89368	19885	55322	44819	01188	65255	64835	44919	05944	55157
18	01011	54092	33362	94904	31273	04146	18594	29852	71585	85030	51132	01915	92747	64951
19	52162	53916	46369	58586	23216	14513	83149	98736	23495	64350	94738	17752	35156	35749
20	07056	97628	33787	09998	42698	06691	76988	13602	51851	46104	88916	19509	25625	58104
21	48663	91245	85828	14346	09172	30168	90229	04734	59193	22178	30421	61666	99904	32812
22	54164	58492	22421	74103	47070	25306	76468	26384	58151	06646	21524	15227	96909	44592
23	32639	32363	05597	24200	13363	38002	94342	28728	35806	06912	17012	64161	18296	22851

Auszug aus Zufallszahlentafel

6 : Wahrscheinlichkeit des Eintritts

Ein großer Hersteller von Waschmaschinen (Jahresproduktion ca. 250.000) will einen eigenen Kundendienst aufbauen. Um zu ermitteln, wie viele Kundenmonteure er benötigt (Lebensdauer ca. 7 Jahre), macht der Hersteller Versuche bei 100 Maschinen. Dabei stellt er fest, dass von den 100 Maschinen 20 während der Nutzungsdauer den Kundendienst benötigen.

Wie groß ist die Wahrscheinlichkeit, dass ein Käufer den Kundendienst benötigt bei 99,7 % Wahrscheinlichkeit?

7 : Quotenanweisung

Im Rahmen einer Befragung nach der Quotenauswahl sollen durch einen Interviewer 18 Interviews durchgeführt werden. Dabei sollen die Quotenmerkmale Geschlecht, Alter (3 Stufen) und Familiensand (ledig, verheiratet, geschieden) berücksichtigt werden.

8 : Stichprobenumfang

Ein Unternehmen, das ein neues Produkt eingeführt hat, will den Bekanntheitsgrad dieses Produktes ermitteln. Die Ausage über den Bekanntheitsgrad soll mit 95,5 % Wahrscheinlichkeit gelten.

a) Wie groß muss die Stichprobe sein, wenn ein Fehlerbereich von ± 5 % in Kauf genommen wird?

b) Wie groß muss die Stichprobe sein, wenn die Aussage mit 99,7 % Wahrscheinlichkeit gelten soll?

c) Wie groß muss die Stichprobe sein, wenn die Aussage mit 99,7 % Wahrscheinlichkeit und ± 1 % Fehlertoleranz gelten soll?

9 : Entwicklungsprozess von Fragebögen

Zeigen Sie in einem Ablaufschema auf, wie im Prinzip (6 bis 9 Stufen) der Entwicklungsprozess eines Fragebogens abläuft!

10 : Fragebogenentwicklung

Sie haben die Aufgabe, einen Fragebogen zu entwickeln, mit dessen Hilfe Sie den Bekanntheitsgrad und das Image einer Fachhochschule ermitteln sollen. Der Fragebogen soll schriftlich beantwortet werden.

11 : Fragebogenbewertung I

Betrachten Sie den folgenden Fragebogen und beurteilen Sie seine Gestaltung. Was hätten Sie anders gemacht? Was fehlt Ihrer Meinung nach und was sollte noch erfragt werden? Was ist gut und was weniger gut?

Bitte kreuzen Sie die zutreffenden Felder an:

Ich bin
- geschäftlich unterwegs mit Pkw ☐ Bus ☐ Lkw ☐
- privat unterwegs mit Pkw ☐ Bus ☐ Motorrad ☐

Vom Start bis zu Ihrem Rasthof bin ich ca. .... km gefahren. Ich war Gast in Ihrem Rasthaus am .... um .... Uhr.

Please put a tick in the appropriate boxes:

I am on the road
- on business by car ☐ bus ☐ motor lorry ☐
- in privat by car ☐ bus ☐ motorbike ☐

I drove approx. .... kms from the starting point to your motorway restaurant. I visited your motorway restaurant on .... at .... o'clock.

RASTHOF LEHRTER SEE

RASTILLON LEHRTER SEE

Werfen Sie die Karte in unseren Meinungsbriefkasten. Vielen Dank.
Throw it into our opinion box. Thank you very much.

GUT GELAUNT RASTEN!

Ihre Meinung hilft uns, noch besser zu werden.

Wie zufrieden sind Sie mit unseren Leistungen? Kreuzen Sie das entsprechende Kästchen an:
How did you like our service? Pleas put a tick in the appropriate boxes:

Your opinion helps us to improve our service.

■ Wie wohl haben Sie sich bei uns gefühlt? How did you enjoy your stay with us?	☐	☐	☐	☐	☐
■ Wie hat Ihnen das Essen geschmeckt? How did you like the meals?	☐	☐	☐	☐	☐
■ Wie freundlich und aufmerksam waren unsere Mitarbeiter? How kind and attentive were our employees?	☐	☐	☐	☐	☐
■ Wie sauber und gepflegt waren unsere Räumlichkeiten? How clean and well-kept were our premises?	☐	☐	☐	☐	☐
■ Wie gerne möchten Sie wieder Gast bei uns sein? How much would you like to be our customer again?	☐	☐	☐	☐	☐

Weitere Anmerkungen oder Absenderangabe: ....

Further notes or return adress: ....

....

12 : Fragebogenbewertung II

Betrachten Sie den folgenden Fragebogen und beurteilen Sie seine Gestaltung. Was hätten Sie anders gemacht? Was fehlt Ihrer Meinung nach und was sollte noch erfragt werden?

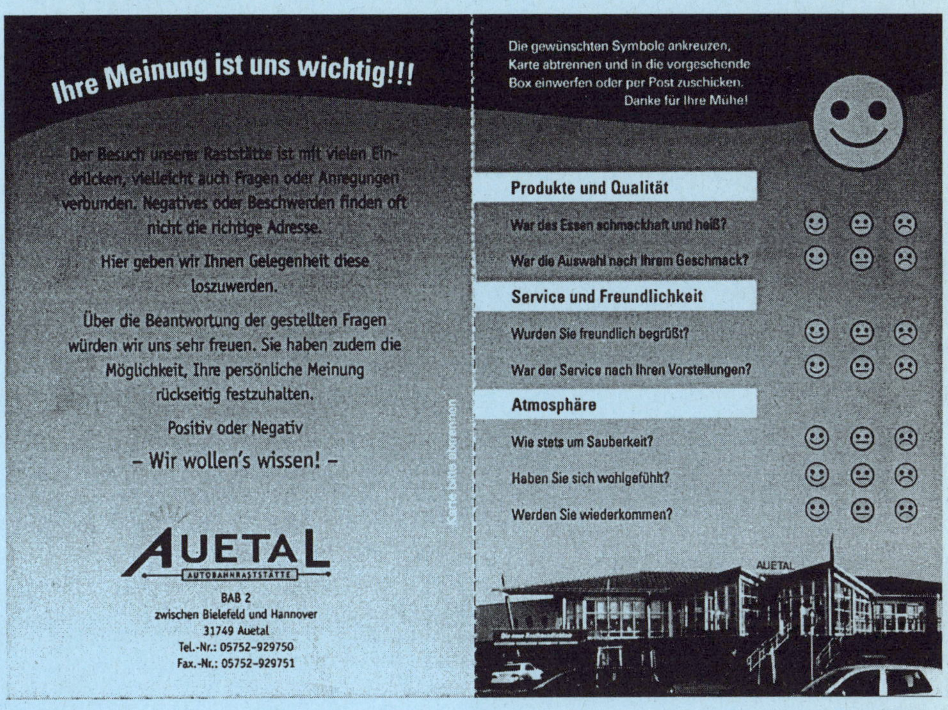

Ihre Meinung ist uns wichtig!!!

Der Besuch unserer Raststätte ist mit vielen Eindrücken, vielleicht auch Fragen oder Anregungen verbunden. Negatives oder Beschwerden finden oft nicht die richtige Adresse.

Hier geben wir Ihnen Gelegenheit diese loszuwerden.

Über die Beantwortung der gestellten Fragen würden wir uns sehr freuen. Sie haben zudem die Möglichkeit, Ihre persönliche Meinung rückseitig festzuhalten.

Positiv oder Negativ

– Wir wollen's wissen! –

AUETAL
AUTOBAHNRASTSTÄTTE

BAB 2
zwischen Bielefeld und Hannover
31749 Auetal
Tel.-Nr.: 05752-929750
Fax.-Nr.: 05752-929751

Karte bitte abtrennen

Die gewünschten Symbole ankreuzen, Karte abtrennen und in die vorgesehende Box einwerfen oder per Post zuschicken.
Danke für Ihre Mühe!

Produkte und Qualität

War das Essen schmackhaft und heiß?

War die Auswahl nach Ihrem Geschmack?

Service und Freundlichkeit

Wurden Sie freundlich begrüßt?

War der Service nach Ihren Vorstellungen?

Atmosphäre

Wie stets um Sauberkeit?

Haben Sie sich wohlgefühlt?

Werden Sie wiederkommen?

Vorderseite

Rückseite

13 : Panelhochrechnung

Ein Panel, das 0,01 % der gesamten Bevölkerung umfasst, weist für das Produkt Star - 2000 einen Ausgabebetrag von 80,00 € aus. Wie hoch war der Umsatz für Star - 2000 in der Bundesrepublik?

14 : Experiment

Um den Verbrauch von Bohnenkaffee zu steigern, wurden verschiedene Werbe- und Verkaufsförderungsaktionen durchgeführt.

Vor und nach den Aktionen wurde der durchschnittliche Verbrauch von Kaffee mit einer Panelbefragung festgestellt. Zugleich wurde ermittelt, wer auf die Aktionen aufmerksam wurde und wer nicht.

Es ergaben sich folgende Werte:

Befragte / Befragter Zeitpunkt / Verbrauch Kaffee	Aktionen wurden bemerkt	Aktionen wurden nicht bemerkt
vor Aktionen	$x_0 = 0{,}400$ kg	$y_0 = 0{,}400$ kg
nach Aktionen	$x_1 = 0{,}550$ kg	$y_1 = 0{,}420$ kg

Überprüfen Sie die Wirkungen der Aktionen nach den verschiedenen Experimentsanordnungen und beurteilen Sie die verschiedenen Befunde

a) nach dem EBA-Typ,
b) nach dem CB-EA-Typ,
c) nach dem EA-CA-Typ,
d) nach dem EBA-ECA-Typ.

15 : Mittelwerte

Ein Test von 20 verschiedenen Holzkohlegrills ergab folgendes Qualitätsurteil:

Bewertung	Häufigkeit
sehr gut	0
gut	7
zufriedenstellend	5
mangelhaft	8
sehr mangelhaft	0

Bestimmen Sie alle Mittelwerte!

16 : Mittelwertbildung

Die Preise der 20 Holzkohlengrills aus der 11. Aufgabe betrugen:

Preis [€]	Häufigkeit
35,00	3
50,00	2
60,00	4
65,00	6
70,00	3
75,00	2

Bestimmen Sie alle Mittelwerte!

17 : Zentraler Wert und Durchschnitt

Für die Umsätze (U_i) eines Unternehmens von sechs Filialen an unterschiedlichen Orten erhielt man folgende Angaben (in Mill. €/a):

Ort i	A	B	C	D	E	F
U_i	424	357	410	363	430	464

a) Bestimmen Sie den Zentralwert!
b) Bestimmen Sie den arithmetischen Mittelwert!

18 : Spannweite und Varianz

Bestimmen Sie aus den Zahlenwerten der **17.** Aufgabe:

a) die Spannweite,
b) die Varianz.

19 : Streuungsmaße

In der nachstehenden Tabelle sind auszugsweise die monatlichen Einkommen von 50 Angestellten dargestellt:

i	**x_i in T€/Monat**	**x_i^2**
1	2,3	5,29
2	2,5	6,25
.	.	.
.	.	.
49	7,5	56,25
50	9,5	90,25
Σ	225,0	1.319,2

a) Bestimmen Sie bitte die Spannweite und die Varianz bzw. Standardabweichung!

b) Die Gehaltssumme soll um 15 % erhöht werden. Dazu werden zwei Vorschläge diskutiert:

- Das Gehalt jedes Mitarbeiters soll um den gleichen Betrag erhöht werden.
- Alle Gehälter sollen um 15 % zunehmen.

Wie ändern sich die in a) berechneten Streuungsmaße in beiden Vorschlägen?

20 : Regressionsgeraden

Bei einem Unternehmen der Investitionsgüterindustrie wurden folgende jährliche Werbeausgaben x_i (in 10.000 €) und Jahresumsätze y_i (in Mill. €) beobachtet:

Jahr	1	2	3	4	5
x_i	26	28	35	31	33
y_i	42	52	60	57	54

a) Bestimmen Sie die beiden Regressionsfunktionen!

b) Interpretieren Sie das Steigungsmaß der yx-Regressionsfunktion für dieses Beispiel!

c) Welcher Umsatz lässt sich mit einem Werbeetat von 250 000 € schätzungsweise erzielen?

d) Mit welchem Werbeetat ist zu rechnen, wenn man einen Jahresumsatz von 65 Mill. € erzielen will?

e) Berechnen Sie das Bestimmtheitsmaß B und den Korrelationskoeffizienten r!

21 : Kostenfunktion

In einem Industriebetrieb wurden für sieben Monate die monatlichen Kosten y_i (in 1.000 €) und die entsprechenden produzierten Mengen x_i (in 1.000 Stück) erfasst. Die Auswertung der Daten erbrachte folgende Hilfssummen:

$\sum x_i = 21{,}31$; $\sum y_i = 7.742$; $\sum x_i y_i = 25.590$; $\sum x_i^2 = 93{,}136$; $\sum y_i^2 = 8.778.382$

a) Berechnen Sie mit diesen Daten die lineare Kostenfunktion!

b) Welche Bedeutung haben in diesem Beispiel die Koeffizienten der Kostenfunktion?

c) Welche Kosten entstehen schätzungsweise bei einer monatlichen Produktion von 3.500 Stück?

d) Bestimmen Sie den Korrelationskoeffizienten!

22 : Regression und Korrelation

Bei Unternehmen einer bestimmten Branche erhielt man aus den Umsätzen (y_i) in Mrd. €/Jahr und der Zahl der Beschäftigten (x_i) in 1.000 Personen folgende Regressionsfunktionen:

$\hat{y}_i = -5{,}6 + 0{,}54\, x_i$ (1)

$\hat{x}_i = 12{,}5 + 1{,}70\, y_i$ (2)

a) Ermitteln Sie die arithmetischen Mittelwerte für die Umsätze und die Zahl der Beschäftigten! Beachten Sie bitte die Einheiten!

b) Interpretieren Sie genau auf dieses Beispiel bezogen den Wert 1,70 in der zweiten Regressionsfunktion!

c) Welchen Umsatz kann man mit einer Belegschaft von 50.000 Personen schätzungsweise erzielen?

d) Berechnen Sie den Korrelationskoeffizienten nach Bravais-Pearson!

23 : Regressionsfunktion

Ein Unternehmen hat durch mehrere Beobachtungen festgestellt, dass die monatlichen Energiekosten (y_i) in der Tendenz von den monatlich produzierten Mengen (x_i) abhängen. Eine Auswertung der Beobachtungen ergab für die Energiekosten einen Mittelwert $\bar{y}$ = 20.000 €/Monat, für die produzierten Mengen $\bar{x}$ = 12 Tonnen/Monat. Für jede zusätzliche Tonne Material stiegen die Energiekosten um durchschnittlich 1.500 €, und das Bestimmtheitsmaß B betrug 0,6.

a) Bestimmen Sie die linearen yx- und xy-Regressionsfunktionen!

b) Welche Menge kann produziert werden, wenn die Energiekosten 25.000 €/Monat nicht überschreiten sollen?

c) Mit welchen Energiekosten ist zu rechnen, wenn in einem Monat 16 Tonnen produziert werden sollen?

24 : Rangkorrelation

Bei einem Test von zwölf Holzkohlengrills wurden die Testurteile den jeweiligen Preisen gegenübergestellt. Man erhielt folgende Daten:

Produkt	A	B	C	D	E	F	G	H	I	J	K	L
Testurteil	–	•	–	•	+	+	•	•	–	+	+	++
Preis (€)	32	35	41	42	54	55	61	65	65	69	75	75

Symbole: ++ sehr gut, + gut, • zufriedenstellend, - mangelhaft, -- sehr mangelhaft

Ermitteln Sie die Stärke des Zusammenhangs zwischen Testurteil und Preisen!

25 : Kontingenztabelle

Beim Kauf einer bestimmten Automarke wurden hinsichtlich der Farbwahl folgende Daten erhoben:

Geschlecht	Farbe				
	weiß	gelb	grün	rot	blau
Männer	110	50	65	110	215
Frauen	90	30	15	90	25

Es wird vermutet, dass die Farbwahl vom Geschlecht der Käufer beeinflusst wird. Überprüfen Sie dies mithilfe des chi²-Tests bei einem Sicherheitsgrad von 99 %!

26 : Zusammenhänge

Tragen Sie in die nachstehende Tabelle ein, welche Maße für die Stärke des Zusammenhangs zwischen den Merkmalen X und Y bei den unterschiedlichen Merkmalskombinationen berechnet werden können!

	Merkmal Y		
Merkmal X	metrische Skala	ordinale Skala	nominale Skala
metrische Skala			
ordinale Skala			
nominale Skala			

27 : Varianz

Ein Handelsunternehmen hat in den Filialen A, B, C und D an 50 Tagen die Tagesumsätze ermittelt und ausgewertet. Dabei traten folgende Resultate auf:

$\overline{X}_A$ = 25.300 €/Tag; S_A = 3.200 €/Tag
$\overline{X}_B$ = 21.800 €/Tag; S_B = 2.900 €/Tag
$\overline{X}_C$ = 24.800 €/Tag; S_C = 3.300 €/Tag
$\overline{X}_D$ = 26.100 €/Tag; S_D = 3.100 €/Tag

a) Ermitteln Sie die Gesamtvarianz und untersuchen Sie, ob die Varianz **zwischen** den Gruppen (Mittelwerte der Filialen) signifikant größer ist als Varianz **innerhalb** der Gruppen (Varianz der Tagesumsätze, bezogen auf den Mittelwert der jeweiligen Filiale) zu einem Sicherheitsgrad von 99,5 %!

b) Sind die Abweichungen der Mittelwerte von Filiale A und B signifikant (S = 99,8 %)?

c) Kann der höhere duchschnittliche Umsatz der Filiale D gegenüber der Filiale C als gesichert angesehen werden bei einem Sicherheitsgrad von 97,5 %?

28 : Varianzanalyse

Ein Handelsunternehmen setzt drei unterschiedliche Werbeprogramme (A, B, C) bei jeweils zehn Filialen innerhalb des gleichen Zeitraums ein, um ihre jeweilige Auswirkung auf den Umsatz zu untersuchen. Die Auswertung der Daten ergab folgendes Ergebnis:

$\overline{X}_A$ = 120,900 T€/Zeitraum
$\overline{X}_B$ = 129,500 T€/Zeitraum
$\overline{X}_C$ = 141,100 T€/Zeitraum

Die Gesamtvarianz betrug 402 $[\text{T€/Zeitraum}]^2$.

Kann nach Durchführung der entsprechenden Varianzanalyse auf einen signifikanten Unterschied in der Wirkung der verschiedenen Werbeprogramme geschlossen werden bei S = 95 %?

29 : Single-Linkage-Verfahren

a) Wenden Sie auf die folgende Distanzmatrix das Single-Linkage-Verfahren an! Zeichnen Sie das entsprechende Dendrogramm!

$$D = \begin{array}{c} K_1 \\ K_2 \\ K_3 \\ K_4 \\ K_5 \end{array} \begin{array}{c} \\ \left[\begin{array}{ccccc} K_1 & K_2 & K_3 & K_4 & K_5 \\ 0 & 45 & 85 & 72 & 70 \\ & 0 & 65 & 30 & 80 \\ & & 0 & 35 & 150 \\ & & & 0 & 135 \\ & & & & 0 \end{array}\right] \end{array}$$

b) Wenden Sie auf die gleiche Matrix das Complete-Linkage-Verfahren an! Zeichnen Sie auch hier das entsprechende Dendrogramm!

30 : Clusterbildungen

a) Berechnen Sie mit den Daten aus Beispiel 24 (Seite 353) die Distanzmatrix!

b) Wenden Sie auf die in a) entwickelte Distanzmatrix das Single-Linkage-, das Complete-Linkage- und Average-Linkage-Verfahren an!

c) Zeichnen Sie die entsprechenden Dendrogramme!

31 : Iterative Clusteranalyse

Führen Sie für das Zahlenmaterial aus den Beispielen 21 - 23 (Seite 335 ff.) eine iterative Clusteranalyse durch!

Wählen Sie als Ausgangspartition drei Cluster, wobei die ersten vier Personen das erste Cluster, die fünfte bis siebte Person das zweite Cluster und die restlichen Personen das dritte Cluster bilden sollen.

32 : Prognosen

In der folgenden Tabelle sind für die Jahre 1992 - 2001 die Umsätze in Mio € für das Produkt Alpha ausgewiesen:

Jahr t	Periode	Umsatz y_t
1992	1	10
1993	2	20
1994	3	30
1995	4	40
1996	5	50
1997	6	60
1998	7	70
1999	8	80
2000	9	90
2001	10	100

Die Entwicklung wird allgemein durch vier Komponenten beeinflusst, und zwar durch

- T, die **Trendkomponente**, die langfristig anzeigt, ob Wachstum, Rückgang oder Stagnation vorliegt.
- K, die **Konjunkturkomponente**, die wiederkehrende zyklische Bewegungen aufzeigt.
- S, die **Saisonkomponente** und
- E, die **Zufallskomponente**.

a) Wie kann ein Zeitreihenmodell y_t allgemein dargestellt werden?

b) Ermitteln Sie die Trendwerte für 3-perioden und 4-perioden Gleitende Durchschnitte!

c) Ermitteln Sie nach der Methode der kleinsten Quadrate:
$T(y)_t = a + b_t$

d) Welche Ergebnisse ergeben sich für N = 0,8 nach der Methode der exponentiellen Glättung?

e) Wenden Sie auch die grafische Freihandmethode an!

33 : Befragung Baumärkte

Sie sollen eine mündliche Befragung von Besuchern eines Baumarktes durchführen. Dadurch soll ermittelt werden,

- wer,
- was,

- wo und
- wie oft

in Baumärkten kauft. Gleichzeitig soll eine Aussage über das Image von Baumärkten gemacht werden.

Zeigen Sie, wie ein Fragebogen für eine derartige Befragung gestaltet sein könnte!

34 : Markt für Investitionsgüter

Geben Sie die Ihnen wichtig erscheinenden Unterschiede für den Markt für Investitionsgüter im Vergleich zum Markt für Konsumgüter für die folgenden Kriterien an:

- Käufer
- Kaufentscheidung
- Bedarf
- Art der Konkurrenz der Anbieter
- Marktforschung.

Lösungen

(Die Lösungen sind als allgemeine mögliche Lösungsvorschläge anzusehen)

1 : Informationsbedarf

(Im Folgenden werden nur allgemeine Hinweise gegeben, die im Einzelfall, je nach Produkt, Markt, Wettbewerbssituation, usw. noch zu vertiefen sind).

Gesamtmarkt für Produkt Nova-2005 und Konkurrenzprodukte

1. Markt	• Marktvolumen (Menge/Wert) • Marktanteile (Menge/Wert) der Anbieter • Marktpotenzial (Menge/Wert) • Marktprognose (Menge/Wert – kurz- und mittelfristig) • Marktzutritt
2. Konkurrenz	• Konkurrenten (Anzahl, Art, Struktur) • Wettbewerbssituation (Art des Wettbewerbs, Leistungen der Wettbewerber, Größe usw.) • Stärken und Schwächen der Konkurrenten • Potenzielle Wettbewerber
3. Leistungen der Konkurrenten	• Leistungsprogramm der Wettbewerber (Produkte, Image, Produktpalette usw.) • Serviceprogramm der Wettbewerber • Distributionsprogramm • Liefer- und Zahlungsbedingungen • Preispolitik • Entwicklung des Leistungsprogramms
4. Käufer	• Anzahl, Art und Struktur der Abnehmer (gesamt) • Zielgruppe(n) (Größe, Art, Struktur) • Einkaufsverhalten der Zielgruppe • Entscheidungskriterien für Kaufentscheidung • Verbrauchsgewohnheiten • Entwicklung der Zielgruppe(n)
5. Kaufentscheidungskriterien	• Preis • Produkt- bzw. Unternehmensimage • Erhältlichkeit • Service (Kundendienst) • Kaufrhythmus • Produkttreue • Einkaufsstätte
6. Wettbewerbsinstrumente	• Preis • Werbung • Verkaufsförderung (POS) • Verkauf • Service • Zahlungsbedingungen • Handelspolitik
7. Rechtliche Bedingung	• Einzuhaltende Gesetze • Kommende gesetzliche Verordnungen

2 : Suchmaschinen

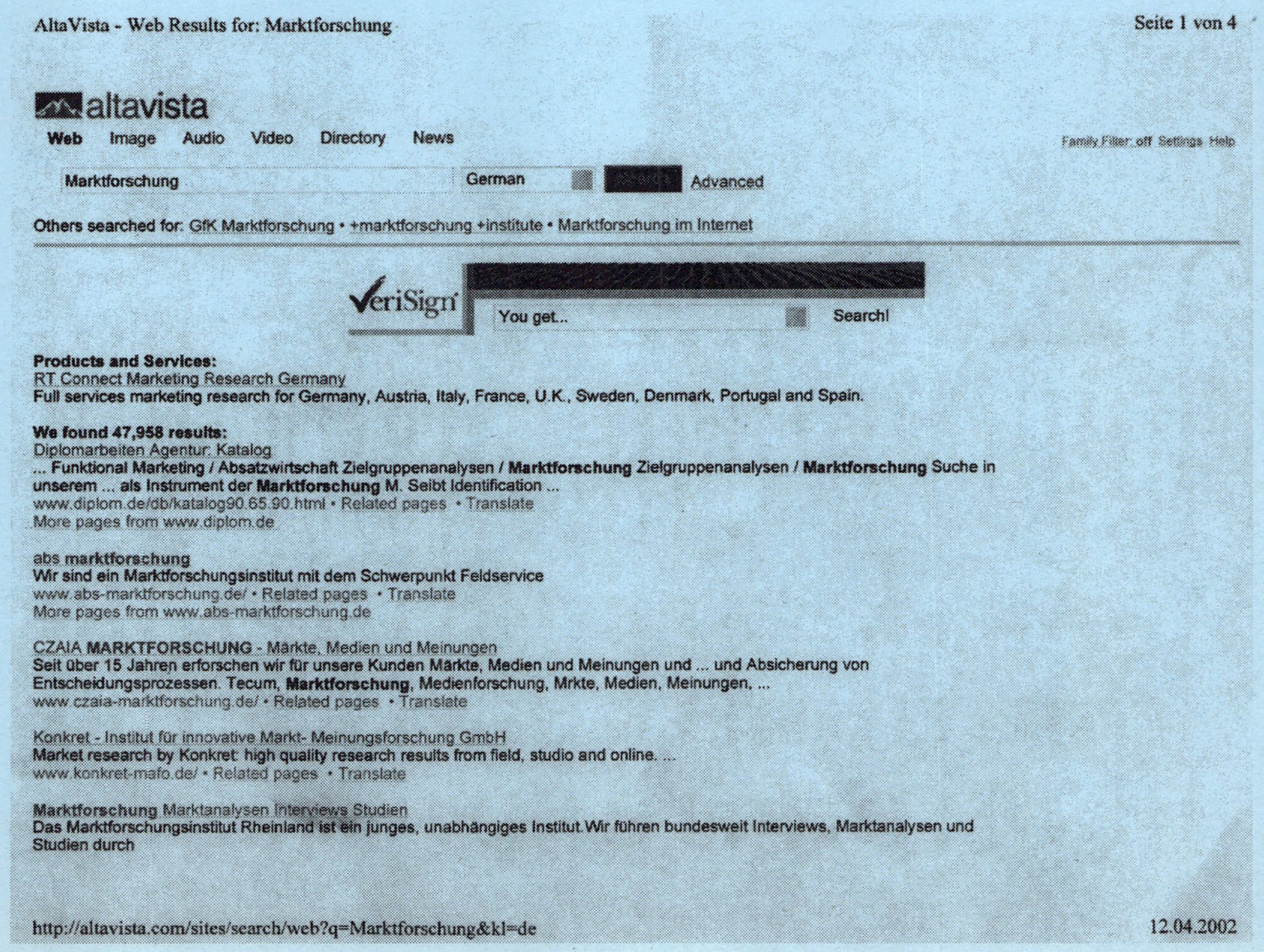

AltaVista - Web Results for: Marktforschung | Seite 1 von 4

altavista

Web Image Audio Video Directory News | Family Filter: off Settings Help

Marktforschung | German | Advanced

Others searched for: GfK Marktforschung • +marktforschung +institute • Marktforschung im Internet

VeriSign | You get... | Search!

Products and Services:
RT Connect Marketing Research Germany
Full services marketing research for Germany, Austria, Italy, France, U.K., Sweden, Denmark, Portugal and Spain.

We found 47,958 results:
Diplomarbeiten Agentur: Katalog
... Funktional Marketing / Absatzwirtschaft Zielgruppenanalysen / **Marktforschung** Zielgruppenanalysen / **Marktforschung** Suche in unserem ... als Instrument der **Marktforschung** M. Seibt Identification ...
www.diplom.de/db/katalog90.65.90.html • Related pages • Translate
More pages from www.diplom.de

abs **marktforschung**
Wir sind ein Marktforschungsinstitut mit dem Schwerpunkt Feldservice
www.abs-marktforschung.de/ • Related pages • Translate
More pages from www.abs-marktforschung.de

CZAIA **MARKTFORSCHUNG** - Märkte, Medien und Meinungen
Seit über 15 Jahren erforschen wir für unsere Kunden Märkte, Medien und Meinungen und ... und Absicherung von Entscheidungsprozessen. Tecum, **Marktforschung**, Medienforschung, Mrkte, Medien, Meinungen, ...
www.czaia-marktforschung.de/ • Related pages • Translate

Konkret - Institut für innovative Markt- Meinungsforschung GmbH
Market research by Konkret: high quality research results from field, studio and online. ...
www.konkret-mafo.de/ • Related pages • Translate

Marktforschung Marktanalysen Interviews Studien
Das Marktforschungsinstitut Rheinland ist ein junges, unabhängiges Institut. Wir führen bundesweit Interviews, Marktanalysen und Studien durch

http://altavista.com/sites/search/web?q=Marktforschung&kl=de | 12.04.2002

3 : Themenverzeichnisse

Yahoo! Deutschland - Suchergebnis für Marktforschung — Seite 1 von 3

YAHOO! DEUTSCHLAND — Yahoo! - Feedback - Hilfe

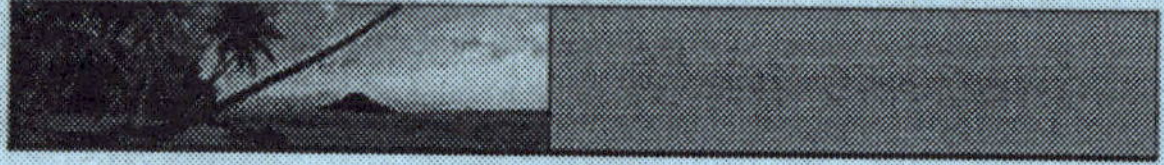

Suchergebnisse

Ergebnisse für **Marktforschung** — Marktforschung — Suchen — · Hilfe · Erweiterte Suche

Suchergebnisse | Kategorien (67) | Web-Sites (110) | Web-weite Suche — Diese Suche speichern

Yahoo! Services

Andere Yahoo! Services nach **Marktforschung** durchsuchen: Nachrichten

Finanzen : Börsenkurse, Finanznachrichten, Firmenprofile - informiert bleiben mit Yahoo!

Kategorien Zeige 1 - 5 von 67

Kategorien zum Thema **Marktforschung**

- **Marktforschung** und Meinungsforschung
  Handel und Wirtschaft > Firmen > Business to Business > Marketing und Werbung > **Marktforschung** und Meinungsforschung
- Internet-**Marktforschung**
  Handel und Wirtschaft > Firmen > Business to Business > Marketing und Werbung > **Marktforschung** und Meinungsforschung > Internet-**Marktforschung**
- **Marktforschung** und Meinungsforschung
  Städte und Länder > Deutsche Bundesländer > Berlin > Handel und Wirtschaft > Firmen > Business to Business > Marketing und Werbung > **Marktforschung** und Meinungsforschung
- **Marktforschung** und Meinungsforschung
  Städte und Länder > Deutsche Bundesländer > Hamburg > Handel und Wirtschaft > Firmen > Business to Business > Marketing und Werbung > **Marktforschung** und Meinungsforschung
- **Marktforschung** und Meinungsforschung
  Städte und Länder > Länder > Österreich > Handel und Wirtschaft > Firmen > Business to Business > Marketing und Werbung > **Marktforschung** und Meinungsforschung

Nächste 20 Kategorien über Marktforschung >>

Produkte zum Thema:

amazon.de

MARKTFORSCHUNG
Musik
Homepage

YAHOO! Shopping

28 Produkte für "marktforschung" gefunden.

1 Marktforschung. bei JPC für nur € 6,60

2 Marktforschung. bei JPC für nur € 49,00

3 Online-Marktforschung. bei JPC für nur € 49,00

Mehr Ergebnisse...

Web-Sites Zeige 1 - 10 von 110

Web-Sites zum Thema **Marktforschung**

Sponsoren-Links — So werden Sie Sponsor

Bezahlte Suchergebnisse

- Anbieter von Marktforschung bei WLW - Bei "Wer liefert was?" finden Sie außer ...
  http://web.wlwonline.de/

Statistiken und Demographie (Alle Web-Sites anzeigen)
Computer und Internet > Internet und WWW > Statistiken und Demographie

- EMS **Marktforschung**
  präsentiert Erhebungen zum Online-Nutzungsverhalten.
  http://www.ems.guj.de/**marktforschung**/

Marktforschung und Meinungsforschung (Alle Web-Sites anzeigen)
Handel und Wirtschaft > Firmen > Business to Business > Marketing und Werbung > **Marktforschung** und Meinungsforschung

- Prorata **Marktforschung** GmbH

http://de.search.yahoo.com/search/de?p=Marktforschung — 12.04.2002

4 : Berechnung des Anteilwertes

Der Anteilswert P der Grundgesamtheit ergibt sich wie folgt:

$$P = p \pm z\,x \sqrt{\frac{P\,x\,(1-p)}{n} \times \frac{N-n}{N-1}}$$

Zu a): $P = 0{,}04 \pm 1\,x \sqrt{\frac{0{,}40x0{,}60}{800}\,x\,\frac{10.000-900}{9999}}$

$P = 0{,}40 \pm 0{,}0165$
Mit einer Wahrscheinlichkeit von 68,3 % liegt der Anteilswert der Grundgesamtheit P zwischen 41,65 % und 38,35 %.

Zu b): $P = 0{,}40 \pm 2\,x\,0{,}0165 = 0{,}40 \pm 0{,}033$

Mit einer Wahrscheinlichkeit von 95,5 % liegt der Anteilswert P zwischen 43,3 % und 36,7 %.

Zu c): $P = 0{,}40 \pm 3\,x\,0{,}0165 = 0{,}40 \pm 0{,}0495$

Mit einer Wahrscheinlichkeit von 99,7 % liegt der Anteilswert P zwischen 44,95% und 35,05 %.

5 : Zufallszahlen

a) 104, 150, 15, 20, 141, 209, 223, 255

Wenn man in der 1. Zeile und 1. Spalte beginnt, kommt man laut beiliegender Zufallszahlentafel zu dem oben genannten Ergebnis. Dabei geht man von Zeile 1 / Spalte 1 nach rechts vor. Geht man vertikal vor, kommt man zu dem folgenden Ergebnis:

104, 223, 241, 375, 289, 94, 103, 71

b) 50, 100, 150, 200, 250, 300, 350, 400

6 : Wahrscheinlichkeit des Eintritts

Für die Ermittlung setzen wir ein:

Obere Grenze: $$pw = p + z\sqrt{\frac{P(1-q)}{n-1}} = 0{,}2 + 3\sqrt{\frac{0{,}2 \times 0{,}8}{99}}$$

$$= 0{,}2 + 3 \cdot 0{,}04 = \underline{\underline{0{,}32}}$$

Untere Grenze: $$pw = p - z\sqrt{\frac{P(1-q)}{n-1}} = 0{,}2 - 3\sqrt{\frac{0{,}2 \times 0{,}8}{99}}$$

$$= 0{,}2 - 3 \cdot 0{,}04 = \underline{\underline{0{,}08}}$$

Mit einer Wahrscheinlichkeit von 99,7 % benötigen zwischen 8 % und 32 % der Besitzer von Waschmaschinen während der Lebensdauer von 7 Jahren den Kundendienst.

7 : Quotenanweisung

Zahl der Interviews = 18

Männer	= 9	} 18	Alter 1	= 6	} 18
Frauen	= 9		Alter 2	= 6	
			Alter 3	= 6	

ledig	= 6	} 18
verheiratet	= 6	
geschieden	= 6	

8 : Stichprobenumfang

a) $$n = \frac{2^2 \times 0{,}50 \times 0{,}50}{0{,}05^2} = \frac{4 \times 0{,}25}{0{,}0025} = \underline{\underline{400}}$$

Der Stichprobenumfang beträgt $\underline{\underline{400}}$.

$$b)\ n = \frac{3^2 \text{ x } 0{,}50 \text{ x } 0{,}50}{0{,}05^2} = \frac{9 \text{ x } 0{,}25}{0{,}0025} = \underline{\underline{900}}$$

Der Stichprobenumfang beträgt $\underline{\underline{900.}}$

$$c)\ n = \frac{3^2 \text{ x } 0{,}50 \text{ x } 0{,}50}{0{,}01^2} = \frac{0{,}25}{0{,}001} = \underline{\underline{22.500}}$$

Der Stichprobenumfang beträgt $\underline{\underline{22.500.}}$

9 : Entwicklungsprozess von Fragebögen

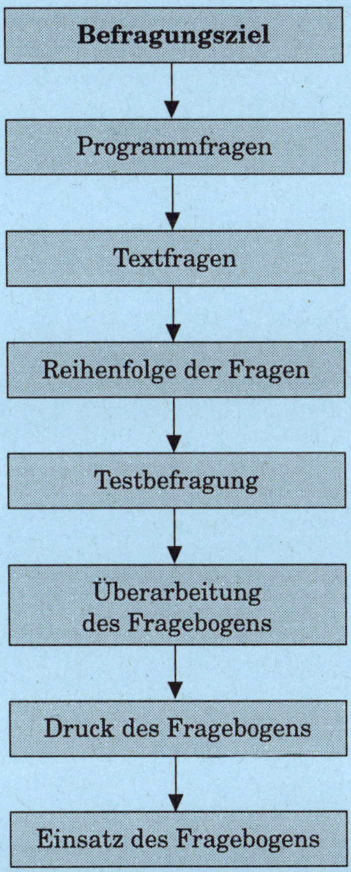

Im Prinzip läuft die Entwicklung eines Fragebogens, wie in dem Ablaufschema dargestellt ab.

10 : Fragebogenentwicklung

Entwicklung eines Fragebogens, dargestellt am Beispiel der Hochschule Niederrhein

Hochschule Niederrhein

Niederrhein University of Applied Sciences

Fachbereich **Wirtschaftswissenschaften**

Sehr geehrte Damen und Herren,

wir bitten Sie, den folgenden Fragebogen möglichst wahrheitsgetreu und vollständig zu beantworten, damit unterstützen Sie die Hochschule Ihrer Region.

Für Ihre Mitarbeit an diesem Projekt im Voraus besten Dank!

Beantworter:

Name: ....

Stellung im Unternehmen:

....

....

erreichbar unter: ....

1.) Ist Ihnen die Hochschule Niederrhein bekannt?

sehr gut	gut	durchschnittlich	kaum	nicht
❍	❍	❍	❍	❍

2.) Seit wann ist Ihnen die Hochschule Niederrhein bekannt?

seit 1960	1970	1980	1990	2000
❍	❍	❍	❍	❍

3.) Wodurch kennen Sie die Hochschule Niederrhein?

❑ Presse ❑ Veranstaltungen
❑ Professoren ❑ Studenten
❑ Absolventen ❑ Zusammenarbeit o. Studium
❑ Praktikanten ❑ Sonstiges:.. ....

4.) Wo ist der Standort der Hochschule Niederrhein?

❑ in Krefeld ❑ in Mönchengladbach
❑ in Krefeld und Mönchengladbach

5.) Welche Studienmöglichkeiten gibt es Ihrer Meinung nach an der Hochschule Niederrhein (Niederrhein University of Applied Sciences)?

❍ Automatisierungstechnik
❍ Bauingenieurwesen
❍ Bekleidungstechnik
❍ Chemie
❍ Elektrotechnik
❍ Finanz- und Steuerwesen
❍ Gartenbau
❍ Gestaltung und Design
❍ Haushalts-/Ernährungstechnik
❍ Informatik
❍ Kunst
❍ Internationale Studiengänge
❍ Sonstige: ____________________
____
❍ Maschinenbau
❍ Nachrichtentechnik
❍ Politikwissenschaft
❍ Produktionstechnik
❍ Sozialarbeit
❍ Sozialpädagogik
❍ Textiltechnik
❍ Verfahrenstechnik
❍ Volkswirtschaftslehre
❍ Wirtschaftswissenschaften
❍ Wirtschaftsingenieurwesen
❍ Logistik
____
____

6.) Welche Zugangsvoraussetzungen sind für eine Aufnahme des Studiums an der Hochschule Niederrhein erforderlich?

6.1.) schulische Voraussetzungen:
❍ Hauptschulabschluss
❍ Fachoberschulreife
❍ Fachhochschulreife
❍ Sonstiges:..............................
❍ Realschulabschluss
❍ 12. Klasse Gymnasium
❍ Abitur

6.2.) praktische Voraussetzungen:
❍ Lehre
❍ Halbjahrespraktikum
❍ ohne Praxis
❍ Jahrespraktikum
❍ Dreimonatspraktikum
❍ Sonstiges:................................

7.) Welchen Studienabschluss erhalten Absolventen der Hochschule Niederrhein im Augenblick?

❍ ... (grad.)
❍ Diplom
❍ Promotion
❍ Bachelor
❍ Staatsprüfung
❍ Diplom (FH)
❍ Magister (MA, MBA, ...)

8.) Gibt es Ihrer Meinung nach wesentliche Unterschiede zwischen dem Studium an einer Hochschule und an einer Universität/Gesamthochschule?

❍ ja ❍ nein ❍ weiß nicht

Wenn ja: Worin sehen Sie die Unterschiede?

____

____

9.) Beurteilen Sie bitte das Studium an einer Hochschule anhand der folgenden Kriterien! (Bitte kreuzen Sie an!)

berufsqualifizierend	O	O	O	O	O	allgemeinbildend
empfehlenswert	O	O	O	O	O	nicht empfehlenswert
praxisnah	O	O	O	O	O	praxisfern
forschungsbetont	O	O	O	O	O	anwendungsbetont
praxisbezogen	O	O	O	O	O	theoriebezogen
einseitig	O	O	O	O	O	vielseitig
schlecht	O	O	O	O	O	gut
schwer	O	O	O	O	O	leicht
lang	O	O	O	O	O	kurz
veraltet	O	O	O	O	O	modern

10.) Wenn Sie aus Ihrer Erfahrung das Studium an den Hochschulen (ehemals Fachhochschulen) im Hinblick auf die späteren Aufgaben beurteilen sollen, wie sieht dann Ihr Urteil aus?

Das Studium bereitet auf die berufliche Tätigkeit

sehr gut	gut	befriedigend	ausreichend	mangelhaft
O	O	O	O	O

vor.

11.) Haben Sie bereits einmal einen Absolventen einer Hochschule eingestellt?

ja O　　O nein

Wenn ja: Von welcher (welchen) Fachhochschule(n) (oder Hochschule(n))? ____________

Von welchem (welchen) Fachbereich(en)? ____________

Haben Sie bei dem (den) Bewerber(n) Fähigkeiten und Kenntnisse vermisst?

ja O　　O nein

Wenn ja: Welche?

12.) Beabsichtigen Sie, sofern eine entsprechende Stelle zu besetzen ist, einen Absolventen der Hochschule Niederrhein einzustellen?

O ja　　O nein　　O weiß nicht

Wenn ja: Welche Fachrichtung?

13.) Können Sie sich vorstellen, dass die Hochschule Niederrhein Ihnen in Zukunft bei der Bewältigung Ihrer Aufgaben irgendwie nützen könnte?

ja ❍ nein ❍ weiß nicht ❍

Wenn ja: Auf welchem Gebiet? ....

14.) Würden Sie es begrüßen, wenn Kontakte zwischen Ihnen und der Hochschule Niederrhein aufgenommen beziehungsweise intensiviert würden?

ja ❍ nein ❍ weiß nicht ❍

15.) Auf welche Weise könnte man die Kontakte zwischen Ihnen und der Hochschule Niederrhein verbessern?

❍ Vortragsveranstaltungen seitens der Hochschule (Fachhochschule)
❍ Kontaktveranstaltungen mit der Wirtschaft
❍ Diplomarbeiten aus der Praxis für die Praxis
❍ Tag der offenen Tür
❍ Presseinformationen seitens der Hochschule
❍ Besichtigungen der Laboratorien und Einrichtungen
❍ Praktikanteneinsätze
❍ Sonstiges..... ....

<u>Fragen zu Ihrer Unternehmung:</u>

Anzahl der Mitarbeiter: Gesamt ☐ Arbeit. ☐ Angest. ☐ Ausz. ☐

Rechtsform: ________________ Branche: ______________________________

Anschrift: Plz ☐ ____________________, ____________________

Umsatz (2001): (€)
❍ unter 5 Mio.
❍ 5 bis unter 10 Mio.
❍ 10 bis unter 50 Mio.
❍ 50 bis unter 100 Mio.
❍ 100 Mio. und mehr

<u>Beantworter:</u>

männlich ❍ weiblich ❍ Alter: ☐☐

Lehre ❍ ja nein ❍ Hochschulreife ❍ ja nein ❍

Universität ❍ Fachhochschule ❍

Fachrichtung: ____

Wir bedanken uns herzlich für Ihre Mitarbeit. Ihre Antworten werden selbstverständlich vertraulich behandelt. DANKE!

Für evtl. Rückfragen wenden Sie sich bitte an die Hochschule Niederrhein, Fachbereich Wirtschaftswissenschaften:

Webschulstraße 41-43
41065 Mönchengladbach
Telefon 02161 186-800

dekan-08@hs-niederrhein.de
www.hs.niederrhein.de/fb08

11 : Fragebogenbewertung I

Bewertung:

Insgesamt ist der Fragebogen in dem vorliegenden Format u.E. zu klein geraten. Ein größeres Format, z.B. DIN A4 gefaltet wäre besser gewesen.

Inhalt:

Die Fragen zum Verkehrsmittel und zur Reisezeit sowie die Entfernung vom Start bis zum Rasthof sind gut. Ebenso die Fragen in deutscher und englischer Sprache.

Als schlecht zu bewerten ist die allgemeine Fragestellung zu den Leistungen. Die Fragen sind i. d. R. zu allgemein gestellt. Konkrete Fragen wären besser gewesen, wie z.B.:

- Wie haben Ihnen unsere Gasträume gefallen?
- Wie haben Sie die Atmosphäre im Rasthof empfunden?
- Wurden Sie freundlich und aufmerksam bedient?
- Wie gefiel Ihnen die Auswahl an Speisen?
- Wie gefiel Ihnen die Auswahl an Getränken?
- Waren die Toiletten sauber?
- Waren Sie mit den Speisen und Getränken zufrieden?
- Wie lange waren Sie ca. ____ Minuten in unserem Rasthof?
- Konnten Sie gut parken?
- Was haben Sie im Rasthof vermisst?
- Werden Sie uns weiterempfehlen?
- Werden Sie wieder bei uns Rast machen?
- Um den Absender zu erhalten, könnte man Preise aussetzen, die ausgelost werden.
- Eventuell den Fragebogen so gestalten, dass er auch in einen Briefkasten eingeworfen werden kann (Porto zahlt Empfänger).

12 : Fragebogenbewertung II

Gut:

Aufmachung, Motivation zur Beantwortung, Beantwortungsmöglichkeiten

Schlecht:

Nur in Deutsch, nur drei Bewertungsmöglichkeiten, keine konkreten Hinweisse für Lob, Tadel oder Kritik.

Die Fragen sind i. d. R zu allgemein gestellt:

Folgende Fragen wären

besser zu Produkte und Qualität gewesen:

- Haben Sie die Speisen gefunden, die Ihnen gefallen?
- Wie haben Ihnen die Speisen geschmeckt?
- Welche Speisen haben Sie vermisst?
- Haben Sie „Ihre" Getränke bekommen?

besser zu Service und Freundlichkeit gewesen:

- War die Bedienung nach Ihrem Wunsch?
- Waren die Tische sauber und ordentlich?
- Wurde der Speiseraum als angenehm empfunden?

besser zu Gesamtbild gewesen:

- Waren die Toiletten sauber und gepflegt?
- Waren Sie mit den Parkmöglichkeiten zufrieden?
- Werden Sie wiederkommen?
- Können Sie die Autobahnraststätte empfehlen?
- Wenn Sie unsere Autobahnraststätte beurteilen sollten, welche Note würden Sie geben?

  1 2 3 4 5
  sehr gut schlecht

- Was hat Ihnen besonders gut gefallen?

- Was hat Ihnen nicht gefallen?

13 : Panelhochrechnung

Umsatz (gesamt): $80{,}00 \times \frac{100}{0{,}01} = 800.000$ €

Der Umsatz betrug 800.000 €

14 : Experiment

a) Hier werden die Auswirkungen vor und nach dem Einsatz der Aktionen gemessen. Als Wirkung ergibt sich:

$$W = X_1 - X_0 = 0{,}550\text{ kg} - 0{,}400\text{ kg} = \underline{\underline{0{,}150\text{ kg}}}$$

Dieses Ergebnis gibt die Steigerung wieder, die sich als Grund aller Faktoren auf den Kaffeeverbrauch ergibt. Der Einfluss der zusätzlichen Aktionen wird nicht wiedergegeben. Carry-over-Effekte werden nicht berücksichtigt.

b) Beim CB – EA – Typ gilt das gleiche wie zuvor. Auch hier ist das Ergebnis für die Wirkung der Aktionen nicht aussagefähig.

c) Beim EA – CA kommt man zum Ergebnis:

$$W = X_1 - Y_1 = 0{,}550\text{ kg} - 0{,}420\text{ kg} = \underline{\underline{0{,}130\text{ kg}}}$$

Bei dieser Situation wird die reine Messung der Aktionswirkung erzielt. Insbesondere dann ist dies gegeben, wenn die gleiche Ausgangssituation $X_0 = Y_0$ gegeben ist.

d) Bei der Experimentsanordnung EBA - CBA kann die Auswirkung der Aktion auf den Verbrauch gemessen werden (ohne Wachstums- und Carry-over-Effekte).

Es ergibt sich die isolierte Wirkung der Aktionen auf den Verbrauch:

$$\begin{aligned} W &= (X_1 - X_0) - (Y_1 - Y_0) \\ &= (\,0{,}550 - 0{,}400\,) - (\,0{,}420 - 0{,}400\,) \\ &= (\,0{,}150\,) - (\,0{,}020\,) \\ &= \underline{\underline{0{,}130\text{ kg}}} \end{aligned}$$

15 : Mittelwerte

Es können nur Modus und Zentralwert gebildet werden.

a) Modus:

$\overline{X}_D$ = mangelhaft

Das Urteil „mangelhaft“ wurde am häufigsten vergeben.

b) Zentralwert:

$\overline{X}_Z$ = zufriedenstellend

Werden Rangplätze vom schlechtesten bis besten Urteil gebildet, so belegt Urteil „zufriedenstellend“ die Rangplätze 8 bis 12.

c) Der arithmetische Mittelwert kann nicht gebildet werden, da kein quantitatives Merkmal vorliegt.

16 : Mittelwertbildung

Es lässt sich bei dieser Aufgabe auch der arithmetische Mittelwert bilden.

a) Modus:

$\overline{X}_D = 65$ €

(Der Preis von 65 € trat am häufigsten auf.)

b) Zentralwert:

$\overline{X}_Z = 65$ €

Werden die einzelnen Preise vom kleinsten bis zum größten Wert geordnet, so belegt der Preis von 65 € die Rangplätze 10 bis 15.

c) arithmetisches Mittel (gewogen)

mit Gl. (1.4) erhält man:

$$\mu = \frac{3\times 35 + 2\times 50 + 4\times 60 + 6\times 65 + 3\times 70 + 2\times 75}{20}$$

$$\mu = \frac{1195}{20}$$

$$\underline{\underline{\mu = 59{,}75\ €}}$$

Alle Holzkohlegrills kosten 1.195 €. Im Durchschnitt kostet ein Holzkohlegrill 59,75 €.

17 : Zentrale Werte und Mittelwerte

a) Die Umsatzwerte werden der Größe nach geordnet:

357; 363; 410; 424; 430; 464;

Es liegen sechs Werte vor, d.h. n ist gerade.

Mit Gl. (1.1 b) erhält mach für $\overline{X}_Z$:

$$\overline{X}_Z = 1/2\,(X_3 + X_4)$$

$$\overline{X}_Z = 1/2\,(410 + 424)$$

$$\underline{\overline{X}_Z = 417 \text{ Mill. €/Jahr}}$$

b) $$\mu = \frac{424 + 357 + 410 + 363 + 430 + 464}{6} = \frac{2448}{6}$$

$$\underline{\mu = 408 \text{ Mill. €/Jahr}}$$

18 : Spannweite und Varianz

a) Mit Gl. (1.6) erhält man für R:

R = 464 – 357

<u>R = 107 Mill. €/Jahr</u>

b) Zunächst wird nach Gl. (1.7) die Varianz bestimmt.
μ beträgt 408 Mill. €/Jahr (Vgl. 13. Aufgabe)

i	x_i	$x_i - \mu$	$(x_i - \mu)^2$
1	424	+ 16	256
2	357	− 51	2.601
3	410	+ 2	4
4	363	− 45	2.025
5	430	+ 22	484
5	464	+ 56	3.136
Σ	2448	0	8.506

$$\sigma^2 = \frac{8.506}{6} = 1.417,667$$

Mit Gl. (1.8) erhält man für σ:

$\underline{\sigma = 37,652 \text{ Mill. €/Jahr}}$

19 : Streuungsmaße

a) R = 9,5 – 2,3 = 7,2 T€/Monat

Für den arithmetischen Mittelwert erhält man:

$$\mu = \frac{225}{50} = \underline{4,5 \text{ T€/Monat}}$$

Damit erhält man nach Gl. (1.7 b) für die Varianz:

$$\sigma^2 = \frac{1.319,2 - 1.012,5}{50} = 6,134[\text{T€/Monat}]^2$$

Über Gl. (1.8) ergibt sich für die Standardabweichung:

$$\underline{\sigma = 2,477 \text{ T€/Monat}}$$

b) Die Lohnsumme nimmt um 15% zu, das entspricht einem Geldbetrag von 33,75 T€/Monat.

i) bei diesem Vorschlag nimmt **jedes** Monatsgehalt um 675 € zu. Das niedrigste Gehalt beträgt jetzt 2.975 € und das höchste Gehalt 10.175 €. Die Spannweite ändert sich **nicht.**
Auch die Varianz ändert sich nicht, da sich hier die Differenzen der einzelnen Gehälter vom arithmetischen Mittelwert nicht ändern.

ii) $X_1 = 2{,}3x1{,}15 = 2.645$ T€/Monat
$X_{50} = 9{,}5x1{,}15 = 10.925$ T€/Monat

R = 10.925 – 2.645 = 8,28 T€/Monat

In Gl. (1,7) haben sich alle Merkmalswerte x_i und der arithmetische Mittelwert um 15% erhöht:

Für die neue Situation gilt:

$$\sigma^2 = \frac{\Sigma\,(1{,}15\,x_i - 1{,}15\,\mu)^2}{n} = 1{,}15^2\,\frac{\Sigma\,(x_i - \mu)^2}{n}$$

$= 1{,}15^2 \times 6{,}134 = 8{,}112$ [T€/Monat]²

(Zunahme um 32,25%)

σ = <u>2,848 T€/Monat</u> (Zunahme um 15%)

20 : Regressionsgeraden

a) b_1 bzw. c_1 sollen nach Gl. (2.9) bzw. Gl (2.11) bestimmt werden.

i	x_i	y_i	$(x_i - x)$	$(y_i - y)$	$(x_i - \bar{x})^2$	$(y_i - \bar{y})^2$	$(x_i - \bar{x})\,(y_i - \bar{y})$
(1)	(2)	(3)	(4)	(5)	(6)	(7)	(8)
1	26	42	– 4,6	– 11	21,16	121	50,6
2	28	52	– 2,6	– 1	6,76	1	2,6
3	35	60	+ 4,4	+ 7	19,36	49	30,8
4	31	57	+ 0,4	+ 4	0,16	16	1,6
5	33	54	+ 2,4	+ 1	5,76	1	2,4
	153	265	0	0	53,20	188	88,0

$\bar{x} = 30{,}6$ (10.000 €/Jahr); $\bar{y} = 53$ (Mill. €/Jahr)

$$b_1 = \frac{88}{53{,}2} = +\,1{,}654$$

$$c_1 = \frac{88}{188} = +\,0{,}468$$

b_0 bzw. c_0 werden nach Gl. (2.7 c) bzw. Gl. (2.10) bestimmt:

$b_0 = 53 - 1{,}654 \times 30{,}6$

$b_0 = 2{,}388$

$c_0 = 30{,}6 - 0{,}468 \times 53$

$c_0 = 5{,}791$

Damit lauten die beiden Regressionsfunktionen:

$\underline{\hat{y}(x) = 2{,}388 + 1{,}654\,x;\ \hat{x}(y) = 5{,}791 + 0{,}468\,y}$

b) Erhöht man die Werbungskosten um eine Einheit (10.000 €), kann man mit einer Umsatzzunahme von schätzungsweise 1,645 Mill. € rechnen.

c) $\hat{y} = 2{,}388 + 1{,}654 \times 25;\ \underline{\hat{y} = 43.738 \text{ Mill. €/Jahr}}$

d) $\hat{x} = 5{,}791 + 0{,}468 \times 65;\ \hat{x} = 36{,}211 \times 10.000 \text{ €/Jahr}$

$$\underline{\hat{x} = 362 \text{ T€/Jahr}}$$

e) B berechnet man in diesem Beispiel am einfachsten nach Gl. (2.22)

$B = 1{,}645 \times 0{,}465 = \underline{0{,}77}$

Für r erhält man nach Gl. (2.25):

$\underline{r = +\,0{,}877}$

(Positives Wurzelvorzeichen, da b_1 und c_1 positive Werte aufweisen.)

21 : Kostenfunktion

a) Nach Gl. (1.3) erhält man für

$$\bar{x} = \frac{21{,}31}{7} = 3{,}044 \text{ [1.000 Stück]}$$

und

$$\bar{y} = \frac{7.742}{7} = 1.106 \text{ [1.000 €/Monat]}$$

Nach Gl. (2.12) erhält man für b_1:

$$b_1 = \frac{25.590 - 23.568,86}{93,136 - 64,874}$$

$$b_1 = \frac{2.021,14}{28,262} = 71,514$$

Für b_0 erhält man nach Gl. (2.7c):

$b_0 = 1.106 - 71,514 \cdot 3,044$

$b_0 = 888,290$

Die Kostenfunktion lautet somit

$$\underline{\hat{y}_i = 888,290 + 71,514\, x_i}$$

b) 888,290 : Fixkosten (in T€/Monat)
71,514 : Grenzkosten: Für jede zusätzlich produzierte Einheit nehmen die Kosten um 71,514 DM zu.

c) $\hat{y}_i = 888,290 + 71,514 \times 3,5$

$\hat{y}_i = 1.138,590$ [T€/Monat]

d) Zunächst wird B nach Gl. (2.19 b) bestimmt:

$$B = 71,514^2 \; \frac{93,136 - 64,874}{8.778.382 - 8.562.652}$$

$$B = 0,67$$

$$\underline{r = +\,0,819}$$

22 : Regression und Korrelation

a) Nach Gl. (2.7 b) und Gl. (2.10) schneiden sich die beiden Regressionsgeraden im Mittelwertspunkt M $(\bar{x};\bar{y})$. Es wird der Schnittpunkt bestimmt:

$\bar{y} = -5,6 + 0,54\,\bar{x}$ (1)

$\bar{x} = 12,5 + 1,70\,\bar{y}$ (2)

Einsetzen von Gl. (1) in Gl. (2):

$\bar{x} = 12{,}5 + 1{,}70\,(-5{,}6 + 0{,}54\,\bar{x})$

$= 12{,}6 - 9{,}52 + 0{,}918\,\bar{x}$

$0{,}082\,\bar{x} = 2{,}98$

$\underline{\bar{x} = 36{,}341}$

d.h. es werden durchschnittlich 36.341 Personen beschäftigt.

$\bar{y} = -5{,}6 + 0{,}54 \times 36{,}341$

$\underline{\bar{y} = 14{,}024 \text{ Mrd. €/Jahr}}$

Durchschnittlich wird ein Jahresumsatz von 14,024 Mrd. € erzielt.

b) Für eine Umsatzzunahme von 1 Mrd. € werden 1.700 zusätzliche Mitarbeiter benötigt.

c) $\hat{y}(50) = -5{,}6 + 0{,}54 \times 50$

$\hat{y}(50) = 21{,}4 \text{ Mrd. €/Jahr}$

Bei einer Belegschaft von 50.000 Mitarbeitern wird ein Jahresumsatz von schätzungsweise 21,4 Mrd. € erzielt.

d) Nach (2.22) erhält man für B:

$B = 0{,}54 \times 1{,}70 = 0{,}918$

Nach (2.25) erhält man für r:

$\underline{r = +0{,}958}$

Da beide Regressionsgeraden positive Steigungsmaße aufweisen, gilt das positive Vorzeichen für r.

23 : Regressionsfunktion

a) Nach Gl. (2.22) erhält man für c_1:

$0{,}6 = 1{,}5 \times c_1$ $\qquad \underline{c_1 = 0{,}4}$

Damit erhält man für b_0 bzw. c_0 nach Gl. (2.7 c) Gl. (2.10):

$b_0 = 20 - 1{,}5 \times 12 = 2$

$c_0 = 12 - 0{,}4 \times 20 = 4$

Somit lauten die Regressionsfunktionen:

$\hat{y} = 2 + 1{,}5\,x$

und

$\hat{x} = 4 + 0{,}4\,y$

b) $\hat{x}(25) = 4 + 0{,}4 \times 25 = \underline{14}$

Es können schätzungsweise 14 Tonnen/Monat produziert werden.

c) $\hat{y}(16) = 2 + 1{,}5 \times 6 = \underline{26}$

Bei einer Monatsproduktion von 16 Tonnen betragen die Energiekosten schätzungsweise 26.000 €.

24 : Rangkorrelation

Preise und Testurteile werden in Rangplätze umgewandelt. Die Preise 65 € und 75 € treten jeweils zweimal auf und erhalten somit gemeinsam Rangplatz 8.5 bzw. 11.5. Das Testurteil „mangelhaft“ (schlechteste Wertung) wurde dreimal vergeben, diese Produkte erhalten alle Rangplatz 2. „Zufriedenstellend“ wurde viermal vergeben. Diese Produkte liegen auf den Rangplätzen vier bis sieben. Wegen des gleichen Testurteils erhalten sie den einheitlichen Rangplatz 5.5. Das Produkt „gut“ wurde viermal vergeben. Diese Produkte belegen die Rangplätze 8 bis 11 und erhalten die einheitliche Rangnummer 9.5.

Somit erhält man für die zwölf Produkte bezüglich Testurteil und Preis folgende Rangplätze.

Produkt	A	B	C	D	E	F	G	H	I	J	K	L	Σ
Testurteil	2	5,5	2	5,5	9,5	9,5	5,5	5,5	2	9,5	9,5	12	
Preis	1	2	3	4	5	6	7	8,5	8,5	10	11,5	11,5	
d_i	+1	+3,5	–1	+1,5	+4,5	+3,5	–1,5	–3	–6,5	–0,5	–2	+0,5	0
d_i^2	1	12,5	1	2,25	20,25	12,25	2,25	9	42,25	0,25	4	0.25	107

Den Rangkorrelationskoeffizient r_s nach Spearman errechnet man nach (2.48) :

$$r_s = 1 - \frac{6\sum_{i=1}^{n} d_i^2}{n(n^2-1)} \quad (i = 1,\ 2,\ \dots\ n)$$

In diesem Beispiel erhält man für r_s :

$$r_s = 1 - \frac{6 \cdot 107}{12 \cdot 11^2} \qquad r_s = 1 - \frac{642}{1452}$$

$$\underline{r_s = +0{,}558}$$

Es liegt ein mäßig starker gleichgerichteter Zusammenhang vor.

25 : Kontingenztabelle

Es werden zunächst die Randverteilungen ermittelt:

	weiß	gelb	grün	rot	blau	Σ
Männer	110	50	65	110	215	550
Frauen	90	30	15	90	25	250
Σ	200	80	80	200	240	800

Bei völliger Gleichverteilung erhält nach Verallgemeinerung der Formeln (2.50), S. 277 die folgenden Häufigkeiten:

$$h^*_{11} = \frac{200 \cdot 550}{800}; \quad h^*_{11} = 137.5$$

$$h^*_{12} = \frac{80 \cdot 550}{800}; \quad h^*_{12} = 55.0$$

$$h^*_{13} = \frac{80 \cdot 550}{800}; \quad h^*_{13} = 55.0 \quad \text{—— } 550 \qquad \Sigma = 550$$

$$h^*_{14} = \frac{200 \cdot 550}{800}; \quad h^*_{14} = 137.5$$

$$h^*_{15} = \frac{240 \cdot 550}{800}; \quad h^*_{15} = 165.0$$

$$h^*_{21} = \frac{200 \cdot 250}{800}; \quad h^*_{21} = 62.5$$

$$h^*_{22} = \frac{80 \cdot 250}{800}; \quad h^*_{22} = 25.0$$

$$h^*_{23} = \frac{80 \cdot 250}{800}; \quad h^*_{23} = 25.0 \quad \text{—— } 250 \qquad \Sigma = 250$$

$$h_{24}^* = \frac{200 \cdot 250}{800}; \quad h_{24}^* = 62.5$$

$$h_{25}^* = \frac{240 \cdot 250}{800}; \quad h_{25}^* = 75.0$$

Für χ^2 erhält man nach (2.52).

$$\chi^2 = \frac{(110 - 137.5)^2}{137.5} + \frac{(50 - 55)^2}{55} + \frac{(65 - 55)^2}{55} + \frac{(110 - 137.5)^2}{137.5}$$

$$+ \frac{(215 - 165)^2}{165} + \frac{(90 - 62.5)^2}{62.5} + \frac{(30 - 25)^2}{25} + \frac{(15 - 25)^2}{25} + \frac{(90 - 62.5)^2}{62.5}$$

$$+ \frac{(25 - 75)^2}{75}$$

$$\chi^2 = 5.5 + 0.455 + 1{,}818 + 5{,}5 + 15{,}152 + 12{,}1 + 1 + 4 + 12.1 + 33.333$$

$$\underline{\chi^2 = 90.958}$$

Die hier vorliegende Kontingenztabelle besteht aus 2x5 Feldern, somit erhält man 1x4 = 4 Freiheitsgrade.
Aus Tab. 5 im Anhang erhält man bei 4 Freiheitsgraden und einer Sicherheit von 99% einen vertafelten Wert von 13.3.
Somit muss die Hypothese, dass die Farbwahl vom Geschlecht unabhängig sei, bei einem Sicherheitsgrad von 99% verworfen werden (Die Hypothese muss sogar bei einer Sicherheit von 99,9% verworfen werden).

26 : Zusammenhänge

Merkmal X	Merkmal Y		
	metrische Skala	ordinale Skala	nominale Skala
metrische Skala	r, r_s	r_s	χ^2, C, C_{Korr}
ordinale Skala	r_s	r_s	χ^2, C, C_{Korr}
nominale Skala	χ^2, C, C_{Korr}	χ^2, C, C_{Korr}	χ^2, C, C_{Korr}

r: Korrelationskoeffizient nach Bravais-Pearson
r_s: Rangkorrelationskoeffizient nach Spearman
χ^2: CHI-Quadrat
C (C_{Korr}): (korrigierter) Kontingenzkoeffizient

27 : Varianz

a) Als Gesamtmittelwerte x.. erhält man:

$$x.. = \frac{25.300 + 21.800 + 24.800 + 26.100}{4}$$

$$\underline{x.. = 24.500\ €/\text{Tag}}$$

Für die S.d.q.A. „zwischen den Gruppen“ erhält man nach Gl. (3.2) oder entsprechend dem nachfolgenden Schema:

$$S\,(m) = 50 \cdot (800^2 + 2.700^2 + 300^2 + 1.600^2)$$

$$= 5.290 \times 10^5 \ \ [€/\text{Tag}]^2$$

Für die S.d.q.A. „innerhalb“ erhält man:

$$S\,(n) = 49\,(3.200^2 + 2.900^2 + 3.300^2 + 3.100^2)$$

$$S\,(n) = 19.183{,}5 \times 10^5 \ \ [€/\text{Tag}]^2$$

Aus der Summe von S (m) und S (n) ergibt sich somit für S (G):

$$S\,(G) = 24.473{,}5 \times 10^5 \ \ [€/\text{Tag}]^2$$

Nach Gl. (3.3) erhält man für die Gesamtvarianz:

$$s^2\,(G) = \frac{24.473{,}5}{4 \times 50 - 1} = \underline{122{,}982 \cdot 10^5\,[€/\text{Tag}]^2}$$

Nach Gl. (3.4) erhält man für die Varianz „zwischen den Gruppen“:

$$s^2(m) = \frac{5.290 \cdot 10^5}{3} = 1.763{,}333 \cdot 10^5\,[€/\text{Tag}]^2$$

Nach Gl. (3.5) erhält man für die Varianz „innerhalb der Gruppen“:

$$s^2(n) = \frac{19.183{,}5 \cdot 10^5}{4 \cdot 49} = 97{,}875 \cdot 10^5\,[€/\text{Tag}]^2$$

Signifikanztest: $F_{ber} = \frac{s^2(m)}{s^2(n)}$

$$F_{ber} = \frac{1763{,}333}{97{,}875} = \underline{18{,}016}$$

Der Schwellenwert ist bei einer Sicherheit von S = 99,5% und den Freiheitsgraden f_1=3 und f_2 = 196 in der Tabelle 4 nicht vertafelt:

Für $f_1 = 3$ und $f_2 = 100$ bzw. $f_1 = 3$ und $f_2 = 200$ liest man die Werte ab:

F (3; 100) = 4,54 bzw. F (3; 200) = 4,41

d.h. die Varianz „zwischen den Gruppen" ist signifikant größer als die Varianz „innerhalb der Gruppen".

b) Die Prüfgröße wird mit Gl. (3.6) und Gl. (3.7) bestimmt:

$$s_d^2 = \frac{32^2 + 29^2}{50} \; 10^4 = 37{,}3 \cdot 10^4 \; [€/\text{Tag}]^2$$

$s_d = 6.107 \cdot 10^2$ [€/Tag]

$$t_b = \frac{(253 - 219) \cdot 10^2}{6{,}107 \cdot 10^2} = \underline{5{,}567}$$

Es liegt eine <u>zweiseitige</u> Fragestellung vor:

In diesem Fall treten 98 Freiheitsgrade auf; der entsprechende Wert ist in Tabelle 6 nicht vertafelt. Für f = 80 liest man den Wert ab:

$\underline{t\,(80) = 3{,}195}$ (also kleiner als t_b)

Die Abweichungen der Mittelwerte sind also signifikant.

c)

$$s_d^2 = \frac{33^2 + 31^2}{50} \text{ x } 10^4 = 41 \text{ x } 10^4 \; [€/\text{Tag}]^2$$

$s_d = 6{,}40 \text{ x } 10^2$ [€/Tag]

$$t_b = \frac{261 - 248}{6{,}40} = 2{,}030$$

Es liegt eine **einseitige** Fragestellung vor.

Für f = 80 liest man aus Tab. 6 im Anhang den Wert ab:

t (80) = 1,990 (also kleiner als t_b)

Filiale D weist daher einen signifikant höheren Umsatz als Filiale C auf.

28 : Varianzanalyse

Als Gesamtmittelwert x.. erhält man:

$$x.. = \frac{120,900 + 129,500 + 141,100}{3}$$

$$\underline{x.. = 130,500 \text{ T€/Zeitraum}}$$

Für die S.d.q.A. „zwischen den Gruppen“ erhält man nach Gl. (3.2):

$S(m) = 10\,(9{,}6^2 + 1{,}0^2 + 10{,}6^2)\ [\text{T€/ZR}]^2$

$\underline{S(m) = 2.055{,}2\ [\text{T€/ZR}]^2}$

$$s^2(m) = \frac{2.055,2}{2} = 1.027,6$$

Damit erhält man für die S.d.q.A. „innerhalb der Gruppen“:

S (n) = S (G) – S (m)
S (n) = 11.658 – 2.055,2
S (n) = 9.602,8

Nach Gl. (3.4) erhält man für die Varianz „innerhalb der Gruppen“:

$$s^2(n) = \frac{9.602,8}{27} = 355,659$$

Signifikanztest: $F_{ber} = 2.889$

Bei einer Sicherheit von 95% und den Freiheitsgraden $f_1 = 2$ und $f_2 = 27$ ist in der Tabelle 1 nicht vertafelt.

Man findet für

F (2;26) = 3,37
F (2;28) = 3.34

Da der berechnete Wert in beiden Fällen kleiner ist als der tabellierte Wert, können die Unterschiede **nicht** als signifikant angesehen werden.

29 : Single-Linkage-Verfahren

a) G^0 : $(K_1, K_2, K_3, K_4, K_5)$ 5 Cluster

$$D_0 = \begin{array}{c} \\ K_1 \\ K_2 \\ K_3 \\ K_4 \\ K_5 \end{array} \begin{array}{ccccc} K_1 & K_2 & K_3 & K_4 & K_5 \\ 0 & 45 & 85 & 72 & 70 \\ & 0 & 65 & \boxed{30} & 80 \\ & & 0 & 35 & 150 \\ & & & 0 & 135 \\ & & & & 0 \end{array}$$

$d_{(2,4)1} =$ min (45;72) = 45
$d_{(2,4)3} =$ min (65;35) = 35
$d_{(2,4)5} =$ min (80;135) = 80

$G^1 = (K_{2,4}, K_1, K_3, K_5)$ 4 Cluster: **Distanz 30**

Die neue Distanzmatrix D_1 enthält folgende Elemente:

$$D_1 = \begin{array}{c} \\ K_{2,4} \\ K_1 \\ K_3 \\ K_5 \end{array} \begin{array}{cccc} K_{2,4} & K_1 & K_3 & K_5 \\ 0 & 45 & \boxed{35} & 80 \\ & 0 & 85 & 70 \\ & & 0 & 150 \\ & & & 0 \end{array}$$

$G^2 : (K_{2,4,3}, K_1, K_5)$ 3 Cluster: **Distanz: 35**

$d_{(2,3,4)1}$ = min (45;85) = 45
$d_{(2,3,4)5}$ = min (80;150) = 80

Die nächste Distanzmatrix D_2 enthält noch folgende Elemente:

$$D_2 = \begin{array}{c} \\ K_{2,3,4} \\ K_1 \\ K_5 \end{array} \begin{array}{ccc} K_{234} & K_1 & K_5 \\ \hline 0 & \boxed{45} & 80 \\ & 0 & 70 \\ & & 0 \end{array}$$

$G^3 : (K_{1,2,3,4,} K_5)$ 2 Cluster: **Distanz: 45**

$d_{(1,2,3,4)5} = \min (80;70) = 70$

Man erhält als letzte Distanzmatrix:

$$D_3 = \begin{array}{c} \\ K_{1234} \\ K_5 \end{array} \begin{array}{cc} K_{1234} & K_5 \\ \hline 0 & \boxed{70} \\ & 0 \end{array}$$

$G^4 : (K_{1,2,3,4,5})$ 1 Cluster: **Distanz: 70**

(Siehe hierzu die Abbildung auf Seite 447).

b) $G^0 : (K_1, K_2, K_3, K_4, K_5)$

$$D_0 = \begin{array}{c} \\ K_1 \\ K_2 \\ K_3 \\ K_4 \\ K_5 \end{array} \begin{array}{ccccc} K_1 & K_2 & K_3 & K_4 & K_5 \\ \hline 0 & 45 & 85 & 72 & 70 \\ & 0 & 65 & \boxed{30} & 80 \\ & & 0 & 35 & 150 \\ & & & 0 & 135 \\ & & & & 0 \end{array}$$

$G^1 : (K_{2,4}, K_1, K_5)$ 4 Cluster: **Distanz: 30**

Zwischen der neuen Klasse $K_{2,4}$ und den restlichen drei Elementen wird jetzt die **maximale** Distanz bestimmt:

$d_{(2,4)1} = \max (45;72) = 72$

$d(_{2,4)3} = \max (65;35) = 65$

$d(_{2,4)5} = \max (80;135) = 135$

Die neue Distanzmatrix D_1 enthält folgende Elemente:

$$D_1 = \begin{array}{c} \\ K_{2,4} \\ K_1 \\ K_3 \\ K_5 \end{array} \begin{array}{cccc} K_{2,4} & K_1 & K_3 & K_5 \\ \hline 0 & 72 & \boxed{65} & 135 \\ & 0 & 85 & 70 \\ & & 0 & 150 \\ & & & 0 \end{array}$$

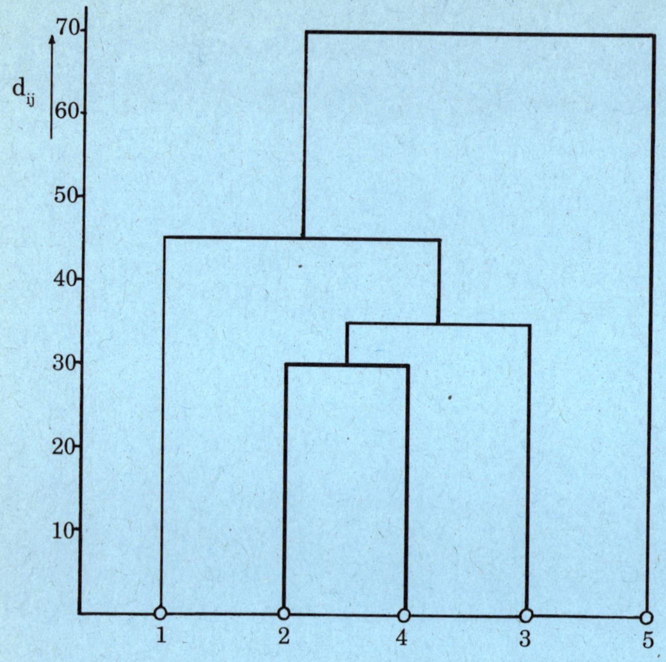

Abb. 1 zu Aufgabe 29: Dendrogramm nach dem Single-Linkage-Verfahren

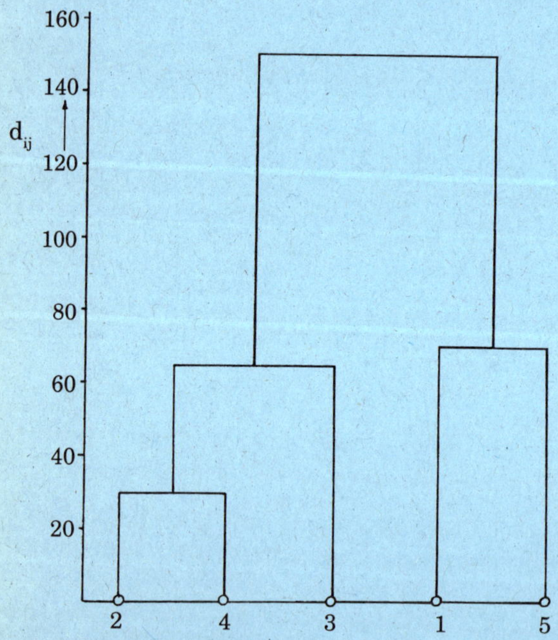

Abb. 2 zu Aufgabe 29: Dendrogramm nach dem Complete-Linkage-Verfahren

$G^2 : (K_{2,3,4}, K_1, K_5)$ 3 Cluster: **Distanz: 65**

$$d_{(2,3,4)1} = \max\ (72;85) = 85$$
$$d_{(2,3,4)5} = \max\ (135;150) = 150$$

Die folgende Distanzmatrix D_2 enthält noch die Elemente:

$$D_2 = \begin{array}{c} \\ K_{2,3,4} \\ K_1 \\ K_5 \end{array} \begin{array}{ccc} K_{2,3,4} & K_1 & K_5 \\ 0 & 85 & 150 \\ & 0 & \boxed{70} \\ & & 0 \end{array}$$

$G^3 : (K_{2,3,4}, K_{1,5})$ 2 Cluster: **Distanz: 70**

Hier tritt ein Unterschied zum Single-Linkage-Verfahren auf.

$$d_{(2,3,4)1,5} = \max\ (85;150) = 150$$

Damit erhält man als letzte Distanzmatrix:

$$D_3 = \begin{array}{c} \\ K_{2,3,4} \\ K_{1,5} \end{array} \begin{array}{cc} K_{2,3,4} & K_{1,5} \\ 0 & \boxed{150} \\ & 0 \end{array}$$

$G^4 : (K_{1,2,3,4,5})$ 1 Cluster: **Distanz: 150**

(Siehe hierzu die Abbildung auf Seite 492).

30 : Clusterbildung

a) Die Distanzmatrix wird nach Formel (6.1) S. 333 berechnet und lautet:

D_0 =

	K_1	K_2	K_3	K_4	K_5	K_6	K_7	K_8
K_1	0	10,63	25,61	18,68	7,62	18,11	16,55	31,24
K_2		0	15,26	10,20	[5,00]	14,87	8,06	20,81
K_3			0	15,13	18,38	18,11	10,30	5,66
K_4				0	15,13	23,85	14,87	19,10
K_5					0	12,08	8,94	24,03
K_6						0	9,49	22,80
K_7							0	15,81
K_8								0

b) i) **Single-Linkage-Verfahren**

1. K_2 und K_5 werden vereinigt, denn zwischen ihnen besteht mit 5,00 der geringste Abstand.

G^1: $\{K_1; K_{2,5}; K_3; K_4; K_6; K_7; K_8\}$ 7 Cluster

Die Distanzmatrix D_1 lautet:

$D_1 =$

	K_1	$K_{2,5}$	K_3	K_4	K_6	K_7	K_8
K_1	0	7,62	25,61	18,68	18,11	16,55	31,24
$K_{2,5}$		0	15,26	10,20	12,08	8,06	20,81
K_3			0	15,13	18,11	10,30	**[5,66]**
K_4				0	23,85	14,87	19,10
K_6					0	9,49	22,80
K_7						0	15,81
K_8							0

(2) Vereinigt werden K_3 und K_8:
Abstand: 5,66

G^2: $\{K_1; K_{2,5}; K_{3,8}; K_4, K_6; K_7\}$ 6 Cluster

Die Distanzmatrix lautet:

$D_2 =$

	K_1	$K_{2,5}$	$K_{3,8}$	K_4	K_6	K_7
K_1	0	**[7,62]**	25,61	18,68	18,11	16,55
$K_{2,5}$		0	15,26	10,20	12,08	8,06
$K_{3,8}$			0	15,13	18,11	10,30
K_4				0	23,85	14,87
K_6					0	9,49
K_7						0

(3) Vereinigt wird K_1 mit $K_{2,5}$:
Abstand: 7,62

G^3: $\{K_{1,2,5}; K_{3,8}; K_4, K_6; K_7\}$ 5 Cluster

Die Distanzmatrix D_3 lautet:

$D_3 =$

	$K_{1,2,5}$	$K_{3,8}$	K_4	K_6	K_7
$K_{1,2,5}$	0	15,26	10,20	12,08	**[8,06]**
$K_{3,8}$		0	15,13	18,11	10,30
K_4			0	23,85	14,87
K_6				0	9,49
K_7					0

(4) Vereinigt werden $K_{1,2,5}$ und K_7:
Abstand: 8,06

G^4: $\{K_{1,2,5,7}; K_{3,8}; K_7\}$ 4 Cluster

Die Distanzmatrix D_4 lautet:

$$D_4 = \begin{array}{c} \\ K_{1,2,5,7} \\ K_{3,8} \\ K_4 \\ K_6 \end{array} \begin{array}{cccc} K_{1,2,5,7} & K_{3,8} & K_4 & K_6 \\ \hline 0 & 10{,}30 & 10{,}20 & \boxed{9{,}49} \\ & 0 & 15{,}13 & 18{,}11 \\ & & 0 & 23{,}85 \\ & & & 0 \end{array}$$

(5) Vereinigt werden $K_{1,2,5,7}$ und K_6:
Abstand: 9,49

G^5: $\{K_{1,2,5,6,7}; K_{3,8}; K_4\}$ 3 Cluster

Die Distanzmatrix D_5 lautet:

$$D_5 = \begin{array}{c} \\ K_{1,2,5,6,7} \\ K_{3,8} \\ K_4 \end{array} \begin{array}{ccc} K_{1,2,5,6,7} & K_{3,8} & K_4 \\ \hline 0 & 10{,}30 & \boxed{10{,}20} \\ & 0 & 15{,}13 \\ & & 0 \end{array}$$

(6) Vereinigt werden $K_{1,2,5,6,7}$ und K_4:
Abstand: 10,20

G^6: $\{K_{1,2,4,5,6,7}; K_{3,8}\}$ 2 Cluster

Die Distanzmatrix D_6 lautet:

$$D_6 = \begin{array}{c} \\ K_{1,2,4,5,6,7} \\ K_{3,8} \end{array} \begin{array}{cc} K_{1,2,4,5,6,7} & K_{3,8} \\ \hline 0 & \boxed{10{,}30} \\ & 0 \end{array}$$

(7) Vereinigt werden $K_{1,2,4,5,6,7}$ und K_4:
Abstand: 10,30

G^7: $\{K_{1,2,3,4,5,6,7,8}; K_{3,8}\}$ 1 Cluster

Damit ist das Verfahren abgeschlossen.

ii) **Complete-Linkage-Verfahren**

1. Wie beim Single-Linkage-Verfahren werden K_1 mit K_5 vereinigt.
   Abstand: 5,00

   G^1: $\{K_{1,}; K_{2,5}; K_3; K_4; K_6; K_7; K_{3,8}\}$ 7 Cluster

   Die Distanzmatrix D_1 lautet:

D_1 =

	K_1	$K_{2,5}$	K_3	K_4	K_6	K_7	K_8
K_1	0	10,63	25,61	18,68	18,11	16,55	31,24
$K_{2,5}$		0	18,38	15,13	14,87	8,94	24,04
K_3			0	15,13	18,11	10,30	5,66
K_4				0	23,85	14,87	19,10
K_6					0	9,49	22,80
K_7						0	15,81
K_8							0

(2) Vereinigt werden K_3 mit K_8:
Abstand: 5,66

G^2: $\{K_{1,}; K_{2,5}; K_{3,8}; K_4; K_6; K_7\}$ 6 Cluster

Die Distanzmatrix D_2 lautet:

D_2 =

	K_1	$K_{2,5}$	$K_{3,8}$	K_4	K_6	K_7
K_1	0	10,63	31,24	18,68	18,11	16,55
$K_{2,5}$		0	24,04	15,13	14,87	24,04
$K_{3,8}$			0	19,10	22,80	15,81
K_4				0	23,85	14,87
K_6					0	9,49
K_7						0

(3) Vereinigt werden K_6 und K_7:
Abstand: 9,49

G^3: $\{K_1; K_{2,5}; K_{3,8}; K_4; K_{6,7}\}$ 5 Cluster

Die Distanzmatrix D_3 lautet:

D_3 =

	K_1	$K_{2,5}$	$K_{3,8}$	K_4	$K_{6,7}$
K_1	0	10,63	31,24	18,68	18,11
$K_{2,5}$		0	24,04	15,13	24,04
$K_{3,8}$			0	19,10	22,80
K_4				0	23,85
$K_{6,7}$					0

(4) Vereinigt werden K_1 und $K_{2,5}$:
Abstand: 10,63

G^4: $\{K_{1,2,5}; K_{3,8}; K_4; K_{6,7}\}$ 4 Cluster

Die Distanzmatrix D_4 lautet:

$$D_4 = \begin{array}{c} \\ K_{1,2,5} \\ K_{3,8} \\ K_4 \\ K_{6,7} \end{array} \begin{array}{c} \begin{array}{cccc} K_{1,2,5} & K_{3,8} & K_4 & K_{6,7} \end{array} \\ \begin{bmatrix} 0 & 31{,}24 & \boxed{18{,}68} & 24{,}04 \\ & 0 & 19{,}10 & 22{,}80 \\ & & 0 & 23{,}85 \\ & & & 0 \end{bmatrix} \end{array}$$

(5) Vereinigt werden $K_{1,2,5}$ und K_4:
Abstand: 18,68

G^5: $\{K_{1,2,4,5}; K_{3,8}; K_{6,7}\}$ 3 Cluster

Die Distanzmatrix D_5 lautet:

$$D_5 = \begin{array}{c} \\ K_{1,2,4,5} \\ K_{3,8} \\ K_{6,7} \end{array} \begin{array}{c} \begin{array}{ccc} K_{1,2,4,5} & K_{3,8} & K_{6,7} \end{array} \\ \begin{bmatrix} 0 & 31{,}24 & 24{,}04 \\ & 0 & \boxed{22{,}80} \\ & & 0 \end{bmatrix} \end{array}$$

(6) Vereinigt werden $K_{3,8}$ und $K_{6,7}$:
Abstand: 22,80

G^6: $\{K_{1,2,4,5}; K_{3,6,7,8}\}$ 2 Cluster

Diese beiden Clustern zusammen mit denen beiden Clustern des Beispiels (24) „Iterative Verfahren“ S. 325/326 übernehmen.

Die Distanzmatrix D_5 lautet:

$$D_6 = \begin{array}{c} \\ K_{1,2,4,5} \\ K_{3,6,7,8} \end{array} \begin{array}{c} \begin{array}{cc} K_{1,2,4,5} & K_{3,6,7,8} \end{array} \\ \begin{bmatrix} 0 & \boxed{31{,}24} \\ & 0 \end{bmatrix} \end{array}$$

(7) Schließlich werden noch $K_{1,2,4,5}$ und $K_{3,6,7,8}$ vereinigt:
Abstand: 31,24

G^7: $\{K_{1,2,3,4,5,6,7,8}\}$ 1 Cluster

Somit ist das Verfahren abgeschlossen.

iii) **Average-Linkage-Verfahren**

1. K_2 und K_5 werden wie bei den vorherigen Verfahren vereinigt.
   Abstand: 5,00

   G^1: {K_1; $K_{2,5}$; K_3; K_4; K_6; K_7; K_8} 7 Cluster

   Der Abstand zwischen K_1 und K_2 beträgt 10,63, zwischen K_1 und K_5 beträgt 7,62.
   Als Durchschnitt erhielt man **9.12**
   Der durchschnittliche Abstand zwischen K_3 und $K_{2,5}$ beträgt ½ (15,26 + 18,38) = **16,82** usw.

   Somit erhält man die Distanzmatrix D_1:

D_1 =

	K_1	$K_{2,5}$	K_3	K_4	K_6	K_7	K_8
K_1	0	9,12	25,61	18,68	18,11	16,55	31,24
$K_{2,5}$		0	16,82	12,67	13,47	8,50	22,43
K_3			0	15,13	18,11	10,30	[5,66]
K_4				0	23,85	14,87	19,10
K_6					0	9,49	22,80
K_7						0	15,81
K_8							0

(2) Vereinigt werden K_3 und K_8:
Abstand: 5,66

G^2: {K_1; $K_{2,5}$; $K_{3,8}$; K_4; K_6; K_7} 6 Cluster

Die Distanzmatrix D_2 lautet:

D_2 =

	K_1	$K_{2,5}$	$K_{3,8}$	K_4	K_6	K_7
K_1	0	9,12	28,43	18,68	18,11	16,55
$K_{2,5}$		0	19,63	12,67	13,47	[8,50]
$K_{3,8}$			0	17,12	20,46	13,06
K_4				0	23,85	14,87
K_6					0	15,81
K_7						0

(3) Vereinigt werden $K_{2,5}$ und K_7:
Abstand: 8,50

G^3: {K_1; $K_{2,5,7}$; $K_{3,8}$; K_4; K_6} 5 Cluster

Den durchschnittlichen Abstand zwischen K_1 und $K_{2,5,7}$ erhält man als Mittelwert aus den drei Abständen $d_{1,2}$, $d_{1,5}$ und $d_{1,7}$; d.h.: Distanz = (10,63 + 7,62 + 16,55) : 3 = 11,6, bzw.: Distanz = (2 · 9,12 + 1 · 16,55) : 3 = 11,6.

Durchschnittlicher Abstand zwischen $K_{2,5,7}$ und $K_{3,8}$:

$\overline{d} = (15{,}26 + 20{,}81 + 18{,}38 + 24{,}04 + 10{,}30 + 15{,}81) : 6 = 17{,}43$

bzw. $\overline{d} = (4 \cdot 19{,}63 + 2 \cdot 13{,}06) : 6 = 17{,}43$

Die Distanzmatrix D_3 lautet:

$$D_3 = \begin{array}{c} \\ K_1 \\ K_{2,5,7} \\ K_{3,8} \\ K_4 \\ K_6 \end{array} \begin{array}{c} \begin{array}{ccccc} K_1 & K_{2,5,7} & K_{3,8} & K_4 & K_6 \end{array} \\ \begin{bmatrix} 0 & \boxed{11{,}60} & 28{,}43 & 18{,}68 & 18{,}11 \\ & 0 & 17{,}43 & 13{,}40 & 14{,}25 \\ & & 0 & 17{,}12 & 20{,}46 \\ & & & 0 & 23{,}85 \\ & & & & 0 \end{bmatrix} \end{array}$$

(4) Der geringste Abstand in D_3 liegt zwischen K_1 und $K_{2,5,7}$, und er beträgt 11,6.

G^4: $\{K_{1,2,5,7}; K_{3,8}; K_4; K_6\}$ 4 Cluster

$$D_4 = \begin{array}{c} \\ K_{1,2,5,7} \\ K_{3,8} \\ K_4 \\ K_6 \end{array} \begin{array}{c} \begin{array}{cccc} K_{1,2,5,7} & K_{3,8} & K_4 & K_6 \end{array} \\ \begin{bmatrix} 0 & 20{,}18 & \boxed{14{,}72} & 15{,}22 \\ & 0 & 17{,}12 & 20{,}46 \\ & & 0 & 23{,}85 \\ & & & 0 \end{bmatrix} \end{array}$$

(5) Der geringste durchschnittliche Abstand in D_4 liegt zwischen $K_{1,2,5,7}$ und K_4 und beträgt 14,72.

G^5: $\{K_{1,2,4,5,7}; K_{2,5}; K_{3,8}; K_6\}$ 3 Cluster

Die Distanzmatrix D_5 lautet:

$$D_5 = \begin{array}{c} \\ K_{1,4,2,5,7} \\ K_{3,8} \\ K_6 \end{array} \begin{array}{c} \begin{array}{ccc} K_{1,2,4,5,7} & K_{3,8} & K_6 \end{array} \\ \begin{bmatrix} 0 & 19{,}57 & \boxed{16{,}95} \\ & 0 & 20{,}46 \\ & & 0 \end{bmatrix} \end{array}$$

(6) Vereinigt werden $K_{1,2,5,7}$ und K_6 :
Durchschnittlicher Abstand: 16,95

G^6: $\{K_{1,2,5,6,7}; K_{3,8}; \}$ 2 Cluster

Die Distanzmatrix D_6 lautet:

$$D_6 = \begin{array}{c} \\ K_{1,2,4,5,6,7} \\ K_{3,8} \end{array} \begin{array}{c} \begin{array}{cc} K_{1,2,4,5,6,7} & K_{3,8} \end{array} \\ \begin{bmatrix} 0 & \boxed{19{,}72} \\ & 0 \end{bmatrix} \end{array}$$

(7) Schließlich werden noch $K_{1,2,5,7}$ und $K_{3,8}$ vereinigt. Abstand: 19,72
G^7: $\{K_{1,2,5,6,7,8}\}$ 1 Cluster

Somit ist das Verfahren abgeschlossen.

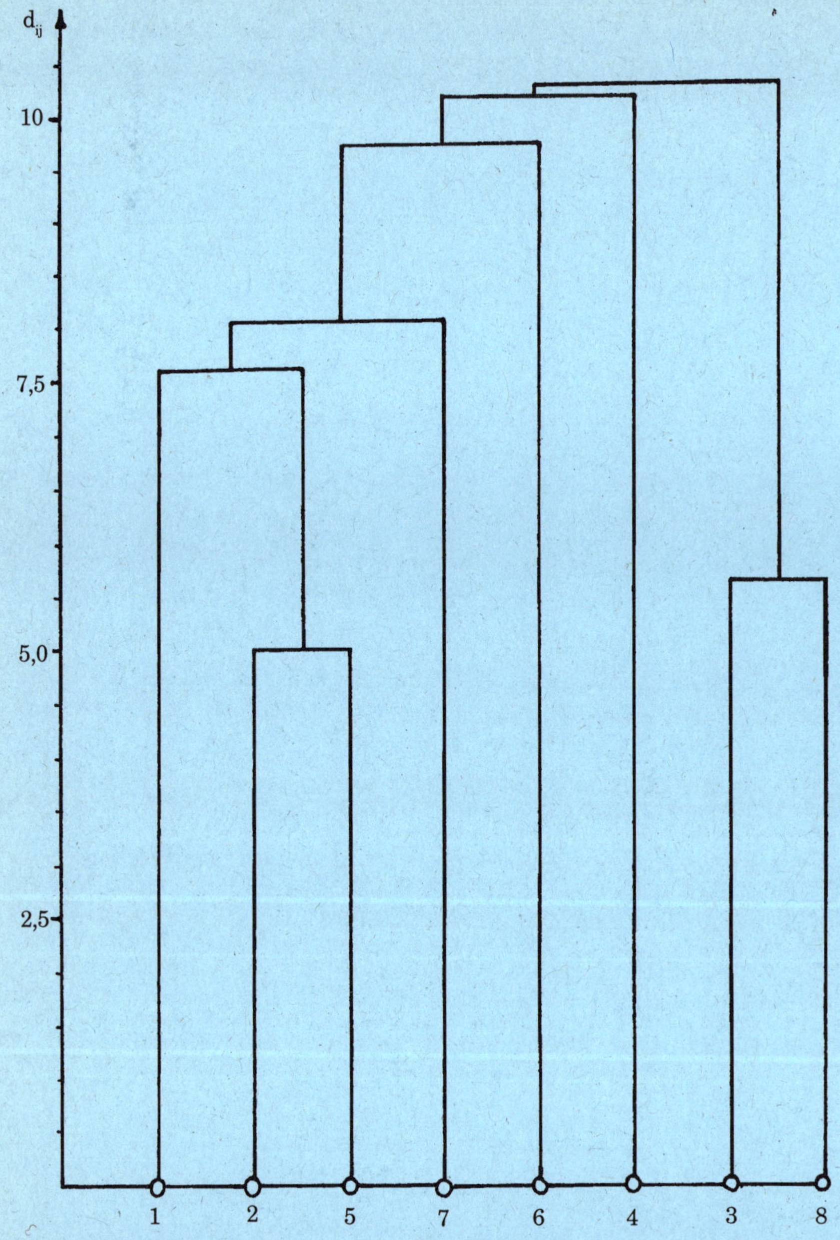

Abb. 1 zu Aufgabe 30: Dendrogramm nach dem Single-Linkage-Verfahren

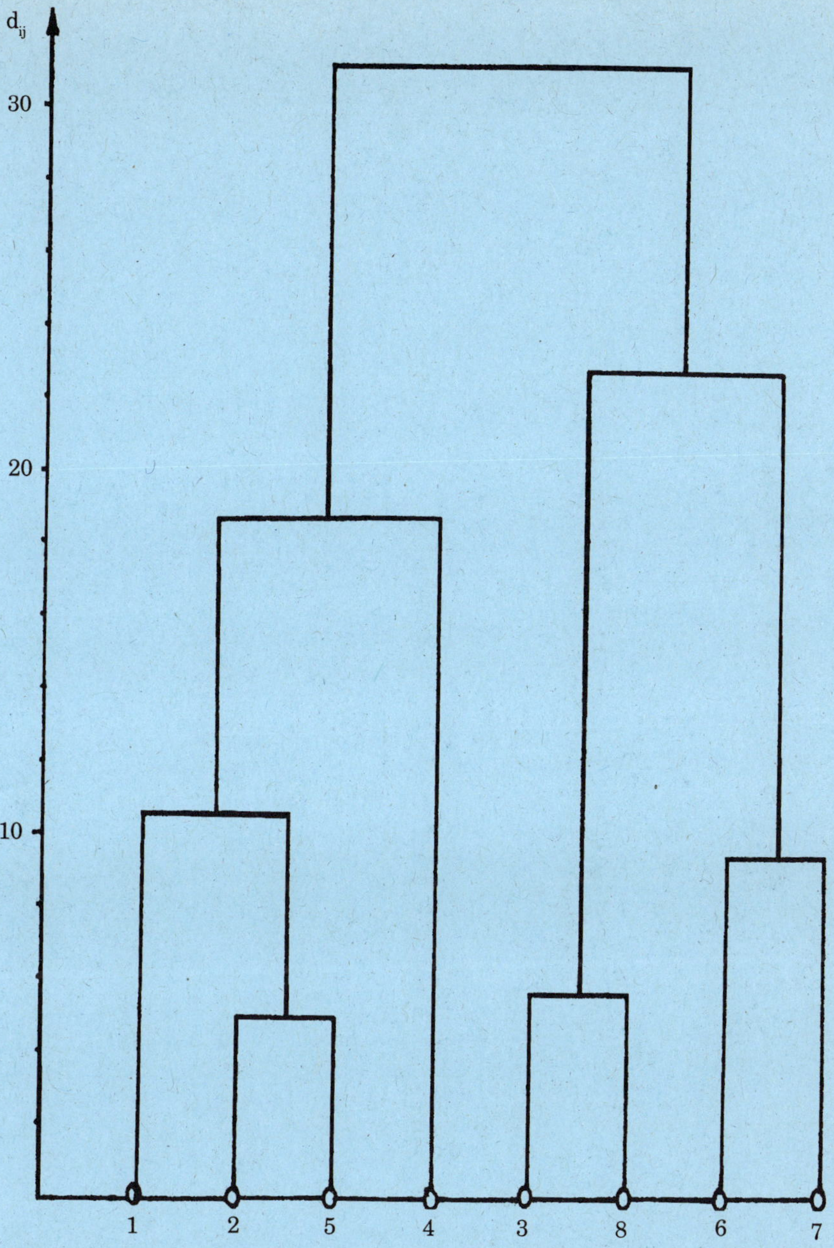

Abb. 2 zu Aufgabe 30: Dendrogramm nach dem Complete-Linkage-Verfahren

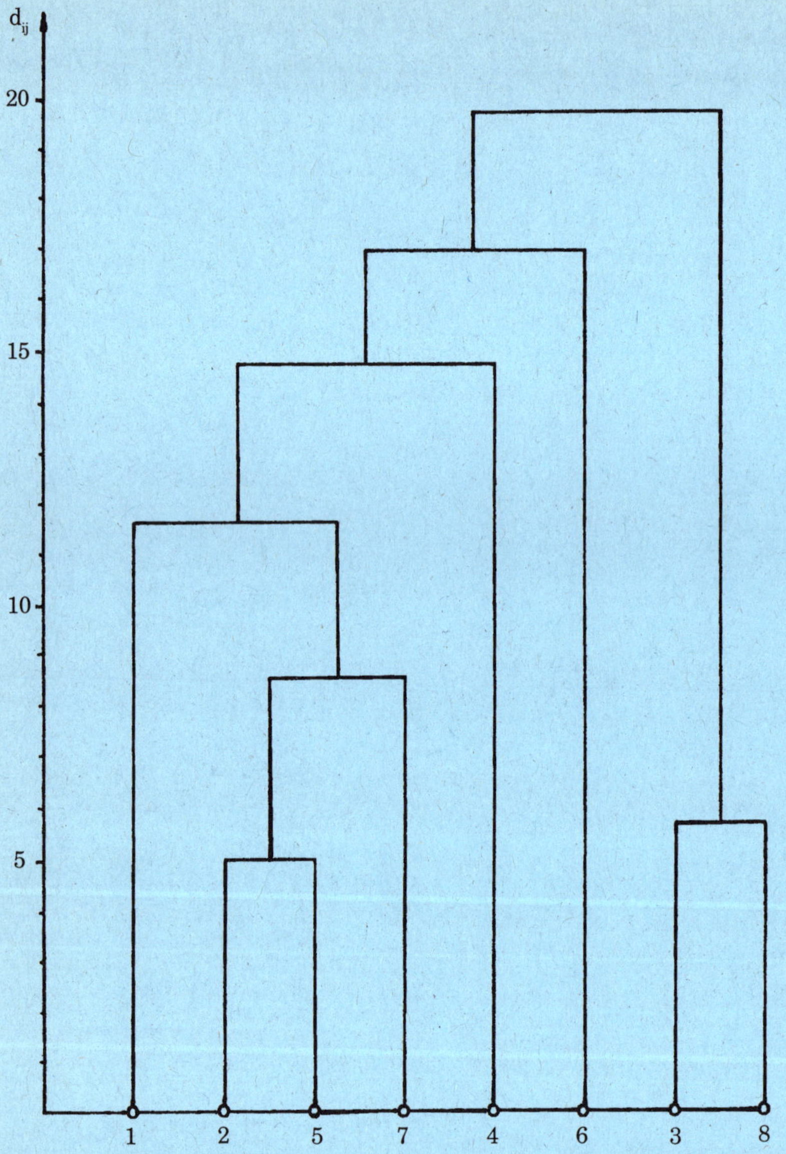

Abb. 3 zu Aufgabe 30: Dendrogramm nach dem Average-Linkage-Verfahren

31 : Iterative Clusteranalyse

Nach der Formel von Mardia erhält man für g (Anzahl der Cluster):

$$g = \sqrt{\frac{10}{2}} \quad g = 2{,}24$$

Ausgangspartition G^0 : $K_{1,2,3,4}$; $K_{5,6,7}$; $K_{8,9,10}$

$K_{1,2,3,4}$: $\bar{x}_1 = 38{,}75$ T€/a $\quad$ $K_{5,6,7}$: $\bar{x}_1 = 80$ T€/a $\quad$ $K_{8,9,10}$: $\bar{x}_1 = 121{,}67$ T€/a

$\bar{x}_2 = 35{,}5$ a $\quad$ $\bar{x}_2 = 47{,}33$ a $\quad$ $\bar{x}_2 = 49{,}67$ a

	1	2	3	4	5	6	7	8	9	10
d_{1j} $\begin{pmatrix} 38{,}75 \\ 35{,}5 \end{pmatrix}$	19,54	9,84	2,80	26,63	37,10	41,28	53,26	76,38	84,58	92,39
d_{2j} $\begin{pmatrix} 80 \\ 47{,}33 \end{pmatrix}$	62,45	50,53	42,84	16,70	12,60	10,33	10,35	35,76	41,67	50,07
d_{3j} $\begin{pmatrix} 121{,}67 \\ 49{,}67 \end{pmatrix}$	103,55	92,17	83,56	57,49	51,94	43,55	31,67	11,74	9,48	8,34

G^1: $K_{1,2,3}$; $K_{4,5,6,7}$; $K_{8,9,10}$

Dabei verändern sich die Mittelwerte der ersten beiden Cluster:

$K_{1,2,3}$: $\bar{x}_1 = 30$ T€/a $\quad$ $K_{4,5,6,7}$: $\bar{x}_1 = 76{,}25$ T€/a $\quad$ $K_{8,9,10}$: $\bar{x}_1 = 121{,}67$ T€/a

$\bar{x}_2 = 34$ a $\quad$ $\bar{x}_2 = 45{,}5$ a $\quad$ $\bar{x}_2 = 49{,}67$ a

Als neue Matrix erhält man:

	1	2	3	4	5	6	7	8	9	10
d_{1j} $\begin{pmatrix} 30 \\ 34 \end{pmatrix}$	10,77	6,00	10,20	35,51	45,18	50,09	62,10	85,21	93,40	101,27
d_{2j} $\begin{pmatrix} 76{,}75 \\ 45{,}5 \end{pmatrix}$	58,37	46,58	38,68	12,52	11,37	9,29	13,52	39,14	45,79	53,94
d_{3j} $\begin{pmatrix} 121{,}67 \\ 49{,}67 \end{pmatrix}$	103,55	92,17	83,56	57,49	51,94	43,55	31,67	11,74	9,48	8,34

Als Partition G^2 erhält man:

G^2: $K_{1,2,3}$; $K_{4,5,6,7}$; $K_{8,9,10}$

Die Partition G^2 hat sich gegenüber der Partition G^1 nicht geändert. Somit kann das Iterationsverfahren abgebrochen werden. G^1 bzw. G^2 stellen die optimale Partition dar.

(Diese drei Cluster stimmen in ihrer Zusammensetzung mit denen aus den Beispielen 21, 22 und 23 überein.)

32 : Prognosen

a) **Zeitreihenmodell**

$y_t = T(y_t) + K_t + S_t + E_t$

oder

$y_t = T(y_t) \times K_t \times S_t \times E_t$

b) **Methode der gleitenden Durchschnitte**

t	Ursprungswert	Trendwert bei 3 – Perioden	Trendwert bei 4 – Perioden
1	10	–	–
2	20	20,0	–
3	30	33,3	27,5
4	50	40,0	35,0
5	40	50,0	45,0
6	60	56,7	65,0
7	70	73,3	75,0
8	90	80,0	85,0
9	80	90,0	–
10	100	–	–

c) **Methode der kleinsten Quadrate**

t	y_t	$(t - \bar{t})$	$y_t\,(t - \bar{t})$	$(t - \bar{t})^2$	$T(y_t)$
1	10	– 4,5	– 45	20,25	10,2
2	20	– 3,5	– 70	12,25	20,4
3	30	– 2,5	– 75	6,25	30,6
4	50	– 1,5	– 75	2,25	40,8
5	40	– 0,5	– 20	0,25	51,0
6	60	0,5	30	0,25	61,2
7	70	1,5	105	2,25	71,4
8	90	2,5	225	6,25	81,6
9	80	3,5	280	12,25	91,8
10	100	4,5	450	20,25	102,0
55	550	0,0	805	82,5	

$\bar{t}$ = Durchschnitt = $\boxed{5.5}$

$$T(y)_t = a + b \times t$$

$$T(y_t) = y - \frac{\sum_{x=1}^{n} y_t\,(t - \bar{t})}{\sum_{t=1}^{n} (t - \bar{t})^2} \times \bar{t} + \frac{\sum_{x=1}^{n} y_t\,(t - \bar{t})}{\sum_{t=1}^{n} (t - \bar{t})^2} \times t$$

$$T(y_t) = 56 - \frac{805,0}{82,5} \times 5,5 + \frac{805,0}{82,5} \times t = \frac{7}{3} + 9,75\,t$$

d) **Methode der exponentiellen Glättung**

Periode	Umsatz	V_t	I_t	$a \times (I_t - V_t)$ ($\alpha = 0,8$)
1	10	10,0	10,0	0,0
2	20	10,0	20,0	8,0
3	30	18,0	30,0	9,6
4	50	27,6	50,0	17,9
5	40	45,9	40,0	4,7
6	60	50,6	60,0	7,5
7	70	58,1	70,0	9,5
8	90	67,6	90,0	17,9
9	80	85,5	80,0	3,6
10	100	89,1	100,0	8,7

e) **graphische Freihandmethode**

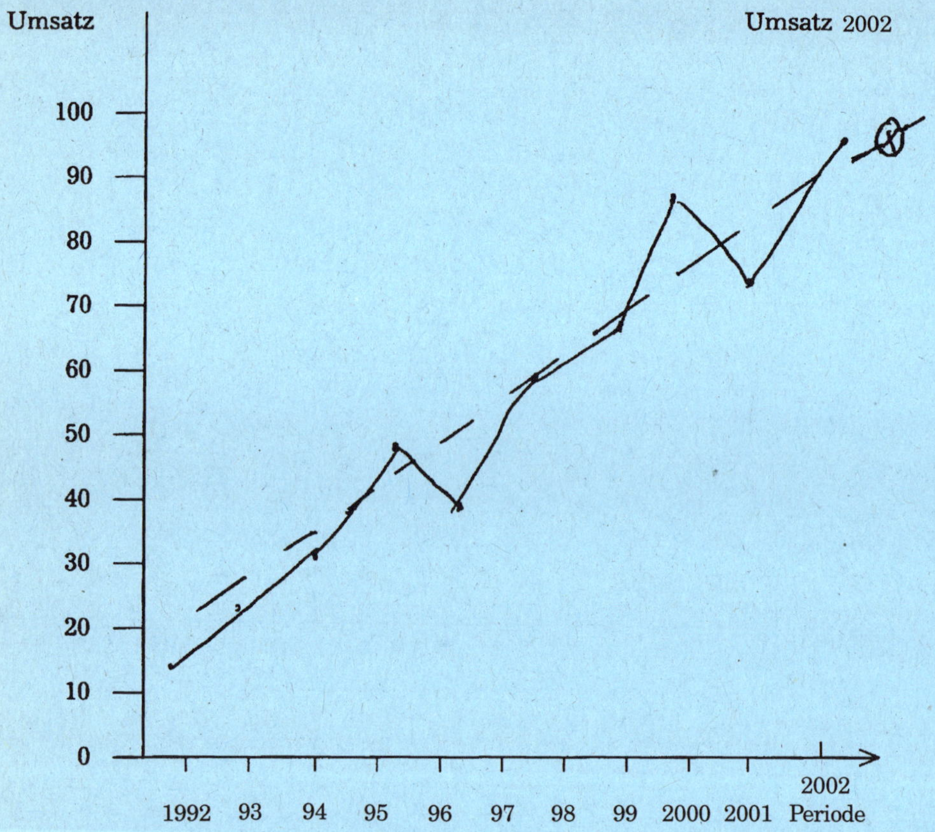

33 : Befragung Baumärkte

(Der folgende Lösungsansatz wurde im Rahmen einer Diplomarbeit erarbeitet. *Hüfken, O:* Untersuchung des Images und der Käuferstruktur eines Baumarktes, Mönchengladbach Hochschule Niederrhein).

Guten Tag, im Rahmen einer Untersuchung der Hochschule Niederrhein möchte ich Ihnen einige Fragen stellen. Die Beantwortung der Fragen durch Sie macht diese Untersuchung erst möglich. Alle Antworten werden streng vertraulich behandelt und ausgewertet.

1. Glauben Sie, dass im Rahmen der immer länger werdenden Freizeit Menschen Reparaturen, Umbauten, Renovierungen usw. in ihrer Wohnung / Haus eher selbst durchführen?

   Ich bin der Meinung, dass der Anteil der Menschen, die Arbeiten selbst durchführen eher

   ❑ zunimmt
   ❑ abnimmt
   ❑ gleich bleibt

2. Wie oft suchen Sie in der Regel jährlich Baumärkte auf?

   ☐ mal im Jahr

3. Welche Baumärkte haben Sie in den letzten 12 Monaten aufgesucht und eingekauft?

Baumarkt		besucht	eingekauft
1.			
2.			
3.			
4.			
5.			

4. **Interviewer:** Liste 1 überreichen (Siehe S. 513)

   Welchen der hier aufgeführten Baumärkte halten Sie für den „leistungsstärksten" Baumarkt?

   Welchen für den 2. „leistungsstärksten", welchen für den 3. „leistungsstärksten"? Bitte geben Sie die Reihenfolge 1 bis 3 an!

❑ Bauhaus	❑ Hagenkötter	❑ Spar
❑ Coop	❑ Hellweg	❑ Stinnes
❑ E.D.E	❑ Marktkauf	❑ Ultra
❑ Extra	❑ Mobau	❑ Wirichs
❑ Famka	❑ Obi	❑ Ziegenhagen
❑ Götzen	❑ Plaza	❑ Zunker
❑ Haga	❑ Raab Karcher	
❑ Hagebaumarkt	❑ Schmolla	

5. In welchen anderen Betriebsformen des Einzelhandels haben Sie Artikel für Heimwerkerarbeiten usw. eingekauft?

- ❑ Warenhäuser
- ❑ SB-Warenhäuser
- ❑ Versandhandel
- ❑ Fachgeschäften
- ❑ Supermärkten
- ❑ Sonstige: ....

6. Welches Verkehrsmittel haben Sie heute benutzt, um zu diesem Baumarkt zu gelangen?

- ❑ Bus / Straßenbahn / Bundesbahn
- ❑ Fahrrad
- ❑ Motorrad / Moped / Mofa
- ❑ PKW
- ❑ LKW
- ❑ Sonstige
- ❑ kein Verkehrsmittel

Interviewer: Wenn kein Verkehrsmittel (PKW, LKW, usw.) oder ein öffentliches genannt wird, bitte zu Frage 8 weitergehen.

7. Wie finden Sie die hier vorgefundenen Parkmöglichkeiten?

sehr gut 7 — 6 — 5 — 4 — 3 — 2 — 1 sehr schlecht

8. **Interviewer:** Liste 2 überreichen (Siehe S. 514)

Welche fünf Artikelgruppen aus der folgenden Liste gehören unbedingt in einen Baumarkt?

- ❑ (a) Autozubehör
- ❑ (b) Bauelemente
- ❑ (c) Blumen- und Pflanzenmarkt
- ❑ (d) Erfrischungsgetränke und Spirituosen
- ❑ (e) Fahrräder und Fahrradzubehör
- ❑ (f) Farben und Lacke

- ❑ (g) Freizeit- und Campingartikel
- ❑ (h) Gartengeräte und Gartenmöbel
- ❑ (i) Haushaltsgeräte und Haushaltswaren
- ❑ (k) Heizungs- und Sanitärzubehör
- ❑ (l) Holz- und Holzausschnitte
- ❑ (m) Installationsmaterial
- ❑ (o) Kleineisenwaren und Beschläge
- ❑ (p) Renovierungsprodukte
- ❑ (r) Sonderpreisposten jeglicher Art
- ❑ (s) Teppiche und Bodenbeläge
- ❑ (t)Unterhaltungselektronik
- ❑ (u) Werkzeuge
- ❑ (v) Dekorationsartikel
- ❑ (w) Bastelbedarf
- ❑ (x) Elektroartikel

Interviewer: Bitte geben Sie die jeweiligen Buchstaben an!

9. **Interviewer:** Liste 2

Es genügt, wenn Sie die davorstehenden Buchstaben angeben!

Welche Artikel (Liste 2) würden Sie außerdem noch in einem Baumarkt gerne einkaufen können?

1.
2.
3.

10. **Interviewer:** Liste 2

Es genügt, wenn Sie die jeweiligen Buchstaben nennen!

Welche Artikel (Liste 2) gehören Ihrer Meinung nach nicht in das Angebot eines Baumarktes, die Sie aber trotzdem öfters dort vorfinden?

1.	
2.	
3.	

11. Wie sieht ihr Urteil im Hinblick auf das Sortiment dieses Baumarktes aus?

	7	6	5	4	3	2	1	
sehr gute Qualität								sehr schlechte Qualität
sehr umfangreiche Auswahl								sehr geringe Auswahl
vollständiges Sortiment								lückenhaftes Sortiment
neue Artikel								alte Artikel

12. Wie ist die durchschnittliche Preishöhe dieses Baumarktes?

	7	6	5	4	3	2	1	
sehr hoch								sehr niedrig

13. Wie beurteilen Sie die Verkäuferinnen / Verkäufer dieses Baumarktes?

	7	6	5	4	3	2	1	
zu viele Mitarbeiter								zu wenige Mitarbeiter
fachkundig								uninformiert
freundlich								unfreundlich
an Bedienung interessiert								an Bedienung nicht interessiert

14. **Interviewer:** [Liste 3] überreichen (S. 514)

Nennen Sie mir die nachstehend aufgeführten Kundendienstleistungen, die Sie von einem Baumarkt stets erwarten!

- ❑ Kundenkarte
- ❑ Kreditgewährung (Finanzkauf)
- ❑ Durchführung von Änderungen
- ❑ Kulanz bei Reklamationen
- ❑ Telefonische Bestellungen
- ❑ Internetbestellungen
- ❑ Faxbestellungen
- ❑ Kostenlose Parkplätze
- ❑ Verlegung von Teppichböden
- ❑ Lieferung frei Haus
- ❑ Cafeteria
- ❑ Maler- und Tapezierarbeiten
- ❑ Kinderhort
- ❑ Verleih von Dachgepäckträgern
- ❑ Handwerkervermittlung
- ❑ Werkzeugvermietung

15. Wenn Sie diesen Baumarkt von außen näher betrachten, wie beurteilen Sie die Gestaltung der Fassade, Schaufenster, Türen, sowie deren farbliche Abstimmung?

	7	6	5	4	3	2	1	
attraktiv einladend								unattraktiv abweisend

16. Gehen Sie nun gedanklich in das Innere des Baumarktes. Wie beurteilen Sie die Einrichtungen, wie z.B. Theken, Ständer, Wegweiser, u.a.?

	7	6	5	4	3	2	1	
unübersichtlich angeordnet								übersichtlich angeordnet

17. Würden Sie diesen Baumarkt an Bekannte, Freunde, usw. weiterempfehlen?

- ❑ ja
- ❑ nein
- ❑ weiß nicht

18. **Interviewer:** Liste 4

Durch welche Informationen sind Sie auf diesen Baumarkt aufmerksam geworden? Bis zu drei Nennungen sind möglich (1,2, 3)!

- ❑ Anzeigen (Anzeigenblatt)
- ❑ Anzeigen (Tageszeitung)
- ❑ Beilagen
- ❑ Empfehlung von Bekannten / Freunden / Verwandten
- ❑ Empfehlung von Handwerkern
- ❑ Fernsehspots
- ❑ Hauswurfsendungen
- ❑ Plakate
- ❑ Prospekte
- ❑ Schaufensterwerbung
- ❑ Werbebrief
- ❑ Werbedias im Kino
- ❑ Werbefilm im Kino
- ❑ Werbefunkdurchsage
- ❑ Werbegeschenk

19. Welche der folgenden Käufergruppen kaufen Ihrer Meinung nach hauptsächlich in diesem Baumarkt ein?

- ❑ Selbstständige
- ❑ Angestellte
- ❑ Beamte
- ❑ Arbeiter
- ❑ Landwirte
- ❑ Nichterwerbstätige
- ❑ Sonstige (Freie Berufe, Hausfrauen u.a.)

20. Zum Abschluss einige Angaben zur Person.

Die Angaben werden vertraulich behandelt!

20.1 Alter: (Schätzen, wenn keine Angaben erfolgt)

- ❑ 18 – 29
- ❑ 30 – 39
- ❑ 40 – 49
- ❑ 50 – 59
- ❑ 60 und älter

20.2 Geschlecht:

- ❑ weiblich
- ❑ männlich

20.3 Welche Schulen haben Sie besucht?

- ❑ Hauptschule
- ❑ Realschule
- ❑ Gymnasium
- ❑ Hochschule, Universität

20.4 Wie heißt die Bezeichnung Ihres ausgeübten Berufes?

- ❑ Selbstständig, Freier Beruf
- ❑ Beamter
- ❑ Angestellter
- ❑ Arbeiter
- ❑ Rentner, Pensionär
- ❑ Nichterwerbstätiger
- ❑ Sonstige (Hausfrau, Student u.a.)

20.5 **Interviewer:** Liste 5 überreichen (S. 515)

Nennen Sie mir bitte den Buchstaben, der in etwa dem monatlichen Nettoeinkommen Ihres Haushaltes entspricht!

Kennbuchstabe

20.6 Wie groß ist Ihr Haushalt?

Personenzahl

20.7 Wo wohnen Sie?
(Art der Haushaltsunterbringung)

- ❑ Einfamilienhaus
- ❑ Mehrfamilienhaus
- ❑ Hauseigentümer
- ❑ Wohnungseigentümer
- ❑ Mieter

20.8 PLZ und Wohnort: ☐☐☐☐☐ ....
PLZ

Liste 1

Zu Frage 4:

Welchen der hier aufgeführten Baumärkte halten Sie für den „leistungsstärksten Baumarkt"?

Bitte geben Sie eine Rangfolge von 1 bis 3 an!

Bauhaus	Mobau
Coop	Obi
E.D.E.	Plaza
Extra	Raab Karcher
Famka	Schmolla
Götzen	Spar
Haga	Stinnes
Hagebaumarkt	Ultra
Hagenkötter	Wirichs
Hellweg	Ziegenhagen
Marktkauf	Zunker

Liste 2

Zu den Fragen 7, 8, und 9:

Es genügt, wenn Sie mir den jeweiligen Buchstaben nennen!

a	– Autozubehör
b	– Bauelemente
c	– Blumen- und Pflanzenmarkt
d	– Erfrischungsgetränke und Spirituosen
e	– Fahrräder und Fahrradzubehör
f	– Farben und Lacke
g	– Freizeit- und Campingartikel
h	– Gartengeräte und Gartenmöbel
i	– Haushaltsgeräte und Haushaltswaren
k	– Heizungs- und Sanitärzubehör
l	– Holz- und Holzausschnitte
m	– Installationsmaterial
o	– Kleineisenwaren und Beschläge
p	– Renovierungsprodukte
r	– Sonderpreisposten jeglicher Art
s	– Teppiche und Bodenbeläge
t	– Unterhaltungselektronik
u	– Werkzeuge
v	– Dekorationsartikel
w	– Bastelbedarf
x	– Elektroartikel

Liste 3

Zu Frage 13:

Nennen Sie bitte diejenigen hier genannten Kundendienstleistungen, die Sie von Baumärkten stets erwarten!

Kundenkarte
Kreditgewährung
Durchführung von Änderungen
Kulanz bei Reklamationen
Möglichkeit der telefonischen Bestellung
Kostenlose Parkplätze
Verlegung von Teppichböden
Bestellung über Internet
Lieferung frei Haus
Cafeteria
Maler- und Tapezierarbeiten
Kinderhort
Verleih von Dachgepäckträgern
Handwerkervermittlung
Werkzeugvermittlung
Verleih von Kleintransportern

Liste 4

Zu Frage 17.

Wodurch sind Sie auf diesen Baumarkt aufmerksam geworden?

Bis zu drei Nennungen sind möglich!

- ❑ Anzeigen (Anzeigenblatt)
- ❑ Anzeigen (Tageszeitung)
- ❑ Beilagen
- ❑ Empfehlung von Bekannten
- ❑ Empfehlung von Handwerkern
- ❑ Fernsehspots
- ❑ Flugblätter
- ❑ Plakate
- ❑ Prospekte
- ❑ Schaufensterwerbung
- ❑ Werbebrief
- ❑ Werbedias im Kino
- ❑ Werbefilm im Kino
- ❑ Hörfunkspot
- ❑ Werbegeschenk
- ❑ Internet
- ❑ Sponsoring

Liste 5

Zu Frage 20.5:

Nennen Sie bitte den Buchstaben, der in etwa dem Nettoeinkommen im Monat Ihres Haushalts entspricht!

G			unter 1 000 €
F	1 000 €	–	unter 2 000 €
E	2 000 €	–	unter 3 000 €
D	3 000 €	–	unter 4 000 €
C	4 000 €	–	unter 5 000 €
B	5 000 €	–	unter 7 000 €
A	7 000 €	und mehr	

34 : Markt für Investitionsgüter

	Konsumgüter	Investitionsgüter
Käufer	Private Käufer Anonyme Käufer	Professionelle Abnehmer Industrielle Abnehmer Abnehmer oft bekannt
Kaufentscheidungs-prozess	oft kurzfristig oft emotional permanent wiederkehrende Entscheidungen	oft langfristig stark rational langfristige, in Intervallen wiederkehrende Entscheidungen
Bedarf	ursprünglich	abgeleitet
Art der Konkurrenz des Anbieters	Konkurrenz der Marketingstrategie	Konkurrenz der technischen Leistungsfähigkeit
Marktforschung	repräsentative Stich-probenerhebungen Großzahlige Erhebungen Befragung Beobachtung Panel Experiment	systematische Auswahl Vollerhebung oder Konzentrationsverfahren, kleinzahlige Erhebungen, oft Fachinterviews

Anhang

Tabelle 1: Schwellenwerte $F_{1-a}(f_1 ; f_2)$ der F-Verteilung zur statistischen Sicherheit $S = 1 - a = 95\ \%$ (bei einseitiger Abgrenzung) in Abhängigkeit von den Freiheitsgraden f_1 und f_2

$$F_{95\,\%}(f_1 ; f_2) = \frac{1}{F_{5\,\%}(f_2 ; f_1)}$$

f_1 \ f_2	1	2	3	4	5	6	7	8	9	10	11	12	13	14	15
1	161	200	216	225	230	234	237	239	241	242	243	244	245	245	246
2	18,5	19,0	19,2	19,2	19,3	19,3	19,4	19,4	19,4	19,4	19,4	19,4	19,4	19,4	19,4
3	10,1	9,55	9,28	9,12	9,01	8,94	8,89	8,85	8,81	8,79	8,76	8,74	8,73	8,71	8,70
4	7,71	6,94	6,59	6,39	6,26	6,16	6,09	6,04	6,00	5,96	5,94	5,91	5,89	5,87	5,86
5	6,61	5,79	5,41	5,19	5,05	4,95	4,88	4,82	4,77	4,74	4,70	4,68	4,66	4,64	4,62
6	5,99	5,14	4,76	4,53	4,39	4,28	4,21	4,15	4,10	4,06	4,03	4,00	3,98	3,96	3,94
7	5,59	4,74	4,35	4,12	3,97	3,87	3,79	3,73	3,68	3,64	3,60	3,57	3,55	3,53	3,51
8	5,32	4,46	4,07	3,84	3,69	3,58	3,50	3,44	3,39	3,35	3,31	3,28	3,26	3,24	3,22
9	5,12	4,26	3,86	3,63	3,48	3,37	3,29	3,23	3,18	3,14	3,10	3,07	3,05	3,03	3,01
10	4,96	4,10	3,71	3,48	3,33	3,22	3,14	3,07	3,02	2,98	2,94	2,91	2,89	2,86	2,85
11	4,84	3,98	3,59	3,36	3,20	3,09	3,01	2,95	2,90	2,85	2,82	2,79	2,76	2,74	2,72
12	4,75	3,89	3,49	3,26	3,11	3,00	2,91	2,85	2,80	2,75	2,72	2,69	2,66	2,64	2,62
13	4,67	3,81	3,41	3,18	3,03	2,92	2,83	2,77	2,71	2,67	2,63	2,60	2,58	2,55	2,53
14	4,60	3,74	3,34	3,11	2,96	2,85	2,76	2,70	2,65	2,60	2,57	2,53	2,51	2,48	2,46
15	4,54	3,68	3,29	3,06	2,90	2,79	2,71	2,64	2,59	2,54	2,51	2,48	2,45	2,42	2,40
16	4,49	3,63	3,24	3,01	2,85	2,74	2,66	2,59	2,54	2,49	2,46	2,42	2,40	2,37	2,35
17	4,45	3,59	3,20	2,96	2,81	2,70	2,61	2,55	2,49	2,45	2,41	2,38	2,35	2,33	2,31
18	4,41	3,55	3,16	2,93	2,77	2,66	2,58	2,51	2,46	2,41	2,37	2,34	2,31	2,29	2,27
19	4,38	3,52	3,13	2,90	2,74	2,63	2,54	2,48	2,42	2,38	2,34	2,31	2,28	2,26	2,23
20	4,35	3,49	3,10	2,87	2,71	2,60	2,51	2,45	2,39	2,35	2,31	2,28	2,25	2,22	2,20
22	4,30	3,44	3,05	2,82	2,66	2,55	2,46	2,40	2,34	2,30	2,26	2,23	2,20	2,17	2,15
24	4,26	3,40	3,01	2,78	2,62	2,51	2,42	2,36	2,30	2,25	2,21	2,18	2,15	2,13	2,11
26	4,23	3,37	2,98	2,74	2,59	2,47	2,39	2,32	2,27	2,22	2,18	2,15	2,12	2,09	2,07
28	4,20	3,34	2,95	2,71	2,56	2,45	2,36	2,29	2,24	2,19	2,15	2,12	2,09	2,06	2,04
30	4,17	3,32	2,92	2,69	2,53	2,42	2,33	2,27	2,21	2,16	2,13	2,09	2,06	2,04	2,01
32	4,15	3,29	2,90	2,67	2,51	2,40	2,31	2,24	2,19	2,14	2,10	2,07	2,04	2,01	1,99
34	4,13	3,28	2,88	2,65	2,49	2,38	2,29	2,23	2,17	2,12	2,08	2,05	2,02	1,99	1,97
36	4,11	3,26	2,87	2,63	2,48	2,36	2,28	2,21	2,15	2,11	2,07	2,03	2,00	1,98	1,95
38	4,10	3,24	2,85	2,62	2,46	2,35	2,26	2,19	2,14	2,09	2,05	2,02	1,99	1,96	1,94
40	4,08	3,23	2,84	2,61	2,45	2,34	2,25	2,18	2,12	2,08	2,04	2,00	1,97	1,95	1,92
50	4,03	3,18	2,79	2,56	2,40	2,29	2,20	2,13	2,07	2,03	1,99	1,95	1,92	1,89	1,87
60	4,00	3,15	2,76	2,53	2,37	2,25	2,17	2,10	2,04	1,99	1,95	1,92	1,89	1,86	1,84
70	3,98	3,13	2,74	2,50	2,35	2,23	2,14	2,07	2,02	1,97	1,93	1,89	1,86	1,84	1,81
80	3,96	3,11	2,72	2,49	2,33	2,21	2,13	2,06	2,00	1,95	1,91	1,88	1,84	1,82	1,79
100	3,94	3,09	2,70	2,46	2,31	2,19	2,10	2,03	1,97	1,93	1,89	1,85	1,82	1,79	1,77
200	3,89	3,04	2,65	2,42	2,26	2,14	2,06	1,98	1,93	1,88	1,84	1,80	1,77	1,74	1,72
300	3,87	3,03	2,63	2,40	2,24	2,13	2,04	1,97	1,91	1,86	1,82	1,78	1,75	1,72	1,70
500	3,86	3,01	2,62	2,39	2,23	2,12	2,03	1,96	1,90	1,85	1,81	1,77	1,74	1,71	1,69
1.000	3,85	3,00	2,61	2,38	2,22	2,11	2,02	1,95	1,89	1,84	1,80	1,76	1,73	1,70	1,68
∞	3,84	3,00	2,60	2,37	2,21	2,10	2,01	1,94	1,88	1,83	1,79	1,75	1,72	1,69	1,67

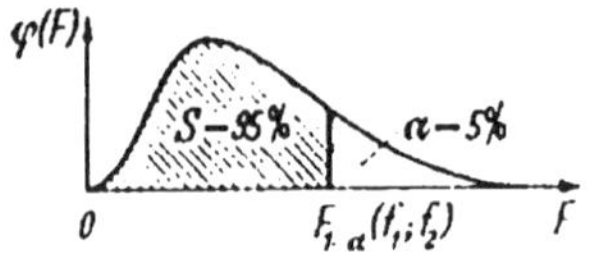

16	17	18	19	20	24	30	40	50	60	80	100	200	500	∞	f_2 / f_1
246	247	247	248	248	249	250	251	252	252	252	253	254	254	254	1
19,4	19,4	19,4	19,4	19,4	19,5	19,5	19,5	19,5	19,5	19,5	19,5	19,5	19,5	19,5	2
8,69	8,68	8,67	8,67	8,66	8,64	8,62	8,59	8,58	8,57	8,56	8,55	8,54	8,53	8,53	3
5,84	5,83	5,82	5,81	5,80	5,77	5,75	5,72	5,70	5,69	5,67	5,66	5,65	5,64	5,63	4
4,60	4,59	4,58	4,57	4,56	4,53	4,50	4,46	4,44	4,43	4,41	4,41	4,39	4,37	4,37	5
3,92	3,91	3,90	3,88	3,87	3,84	3,81	3,77	3,75	3,74	3,72	3,71	3,69	3,64	3,67	6
3,49	3,48	3,47	3,46	3,44	3,41	3,38	3,34	3,32	3,30	3,29	3,27	3,25	3,24	3,23	7
3,20	3,19	3,17	3,16	3,15	3,12	3,08	3,04	3,02	3,01	2,99	2,97	2,95	2,94	2,93	8
2,99	2,97	2,96	2,95	2,94	2,90	2,86	2,83	2,80	2,79	2,77	2,76	2,73	2,72	2,71	9
2,83	2,81	2,80	2,78	2,77	2,74	2,70	2,66	2,64	2,62	2,60	2,59	2,56	2,55	2,54	10
2,70	2,69	2,67	2,66	2,65	2,61	2,57	2,53	2,51	2,49	2,47	2,46	2,43	2,42	2,40	11
2,60	2,58	2,57	2,56	2,54	2,51	2,47	2,43	2,40	2,38	2,36	2,35	2,32	2,31	2,30	12
2,51	2,50	2,48	2,47	2,46	2,42	2,38	2,34	2,31	2,30	2,27	2,26	2,23	2,22	2,21	13
2,44	2,43	2,41	2,40	2,39	2,35	2,31	2,27	2,24	2,22	2,20	2,19	2,16	2,14	2,13	14
2,38	2,37	2,35	2,34	2,33	2,29	2,25	2,20	2,18	2,16	2,14	2,12	2,10	2,08	2,07	15
2,33	2,32	2,30	2,29	2,28	2,24	2,19	2,15	2,12	2,11	2,08	2,07	2,04	2,02	2,01	16
2,29	2,27	2,26	2,24	2,23	2,19	2,15	2,10	2,08	2,06	2,03	2,02	1,99	1,97	1,96	17
2,25	2,23	2,22	2,20	2,19	2,15	2,11	2,06	2,04	2,02	1,99	1,98	1,95	1,93	1,92	18
2,21	2,20	2,18	2,17	2,16	2,11	2,07	2,03	2,00	1,98	1,96	1,94	1,91	1,89	1,88	19
2,18	2,17	2,15	2,14	2,12	2,08	2,04	1,99	1,97	1,95	1,92	1,91	1,88	1,86	1,84	20
2,13	2,11	2,10	2,08	2,07	2,03	1,98	1,94	1,91	1,89	1,86	1,85	1,82	1,80	1,78	22
2,09	2,07	2,05	2,04	2,03	1,98	1,94	1,89	1,86	1,84	1,82	1,80	1,77	1,75	1,73	24
2,05	2,03	2,02	2,00	1,99	1,95	1,90	1,85	1,82	1,80	1,78	1,76	1,73	1,71	1,69	26
2,02	2,00	1,99	1,97	1,96	1,91	1,87	1,82	1,79	1,77	1,74	1,73	1,69	1,67	1,65	28
1,99	1,98	1,96	1,95	1,93	1,89	1,84	1,79	1,76	1,74	1,71	1,70	1,66	1,64	1,62	30
1,97	1,95	1,94	1,92	1,91	1,86	1,82	1,77	1,74	1,71	1,69	1,67	1,63	1,61	1,59	32
1,95	1,93	1,92	1,90	1,89	1,84	1,80	1,75	1,71	1,69	1,66	1,65	1,61	1,59	1,57	34
1,93	1,92	1,90	1,88	1,87	1,82	1,78	1,73	1,69	1,67	1,64	1,62	1,59	1,56	1,55	36
1,92	1,90	1,88	1,87	1,85	1,81	1,76	1,71	1,68	1,65	1,62	1,61	1,57	1,54	1,53	38
1,90	1,89	1,87	1,85	1,84	1,79	1,74	1,69	1,66	1,64	1,61	1,59	1,55	1,53	1,51	40
1,85	1,83	1,81	1,80	1,78	1,74	1,69	1,63	1,60	1,58	1,54	1,52	1,48	1,46	1,44	50
1,82	1,80	1,78	1,76	1,75	1,70	1,65	1,59	1,56	1,53	1,50	1,48	1,44	1,41	1,39	60
1,79	1,77	1,75	1,74	1,72	1,67	1,62	1,57	1,53	1,50	1,47	1,45	1,40	1,37	1,35	70
1,77	1,75	1,73	1,72	1,70	1,65	1,60	1,54	1,51	1,48	1,45	1,43	1,38	1,35	1,32	80
1,75	1,73	1,71	1,69	1,68	1,63	1,57	1,52	1,48	1,45	1,41	1,39	1,34	1,31	1,28	100
1,69	1,67	1,66	1,64	1,62	1,57	1,52	1,46	1,41	1,39	1,35	1,32	1,26	1,22	1,19	200
1,68	1,66	1,64	1,62	1,61	1,55	1,50	1,43	1,39	1,36	1,32	1,30	1,23	1,19	1,15	300
1,66	1,64	1,62	1,61	1,59	1,54	1,48	1,42	1,38	1,34	1,30	1,28	1,21	1,16	1,11	500
1,65	1,63	1,61	1,60	1,58	1,53	1,47	1,41	1,36	1,33	1,29	1,26	1,19	1,13	1,08	1.000
1,64	1,62	1,60	1,59	1,57	1,52	1,46	1,39	1,35	1,32	1,27	1,24	1,17	1,11	1,00	∞

Tabelle 2: Schwellenwerte $F_{1-\alpha}(f_1 ; f_2)$ der F-Verteilung zur statistischen Sicherheit $S = 1 - \alpha = 97{,}5\%$ (bei einseitiger Abgrenzung) in Abhängigkeit von den Freiheitsgraden f_1 und f_2

$$F_{97{,}5\,\%}(f_1 ; f_2) = \frac{1}{F_{2{,}5\,\%}(f_2 ; f_1)}$$

f_1 \ f_2	1	2	3	4	5	6	7	8	9	10	11	12	13	14	15
1	648	800	864	900	922	937	948	957	963	969	973	977	980	983	985
2	38,5	39,0	39,2	39,2	39,3	39,3	39,4	39,4	39,4	39,4	39,4	39,4	39,4	39,4	39,4
3	17,4	16,0	15,4	15,1	14,9	14,7	14,6	14,5	14,5	14,4	14,4	14,3	14,3	14,3	14,3
4	12,2	10,6	9,98	9,60	9,36	9,20	9,07	8,98	8,90	8,84	8,79	8,75	8,72	8,69	8,66
5	10,0	8,43	7,76	7,39	7,15	6,98	6,85	6,76	6,68	6,62	6,57	6,52	6,49	6,46	6,43
6	8,81	7,26	6,60	6,23	5,99	5,82	5,70	5,60	5,52	5,46	5,41	5,37	5,33	5,30	5,27
7	8,07	6,54	5,89	5,52	5,29	5,12	4,99	4,90	4,82	4,76	4,71	4,67	4,63	4,60	4,57
8	7,57	6,06	5,42	5,05	4,82	4,65	4,53	4,43	4,36	4,30	4,24	4,20	4,16	4,13	4,10
9	7,21	5,71	5,08	4,72	4,48	4,32	4,20	4,10	4,03	3,96	3,91	3,87	3,83	3,80	3,77
10	6,94	5,46	4,83	4,47	4,24	4,07	3,95	3,85	3,78	3,72	3,66	3,62	3,58	3,55	3,52
11	6,72	5,26	4,63	4,28	4,04	3,88	3,76	3,66	3,59	3,53	3,47	3,43	3,39	3,36	3,33
12	6,55	5,10	4,47	4,12	3,89	3,73	3,61	3,51	3,44	3,37	3,32	3,28	3,24	3,21	3,18
13	6,41	4,97	4,35	4,00	3,77	3,60	3,48	3,39	3,31	3,25	3,20	3,15	3,12	3,08	3,05
14	6,30	4,86	4,24	3,89	3,66	3,50	3,38	3,29	3,21	3,15	3,09	3,05	3,01	2,98	2,95
15	6,20	4,76	4,15	3,80	3,58	3,41	3,29	3,20	3,12	3,06	3,01	2,96	2,92	2,89	2,86
16	6,12	4,69	4,08	3,73	3,50	3,34	3,22	3,12	3,05	2,99	2,93	2,89	2,85	2,82	2,79
17	6,04	4,62	4,01	3,66	3,44	3,28	3,16	3,06	2,98	2,92	2,87	2,82	2,79	2,75	2,72
18	5,98	4,56	3,95	3,61	3,38	3,22	3,10	3,01	2,93	2,87	2,81	2,77	2,73	2,70	2,67
19	5,92	4,51	3,90	3,56	3,33	3,17	3,05	2,96	2,88	2,82	2,76	2,72	2,68	2,65	2,62
20	5,87	4,46	3,86	3,51	3,29	3,13	3,01	2,91	2,84	2,77	2,72	2,68	2,64	2,60	2,57
22	5,79	4,38	3,78	3,44	3,22	3,05	2,93	2,84	2,76	2,70	2,65	2,60	2,56	2,53	2,50
24	5,72	4,32	3,72	3,38	3,15	2,99	2,87	2,78	2,70	2,64	2,59	2,54	2,50	2,47	2,44
26	5,66	4,27	3,67	3,33	3,10	2,94	2,82	2,73	2,65	2,59	2,54	2,49	2,45	2,42	2,39
28	5,61	4,22	3,63	3,29	3,06	2,90	2,78	2,69	2,61	2,55	2,49	2,45	2,41	2,37	2,34
30	5,57	4,18	3,59	3,25	3,03	2,87	2,75	2,65	2,57	2,51	2,46	2,41	2,37	2,34	2,31
32	5,53	4,15	3,56	3,22	3,00	2,84	2,72	2,62	2,54	2,48	2,43	2,38	2,34	2,31	2,28
34	5,50	4,12	3,53	3,19	2,97	2,81	2,69	2,59	2,52	2,45	2,40	2,35	2,31	2,28	2,25
36	5,47	4,09	3,51	3,17	2,94	2,79	2,66	2,57	2,49	2,43	2,37	2,33	2,29	2,25	2,22
38	5,45	4,07	3,48	3,15	2,92	2,76	2,64	2,55	2,47	2,41	2,35	2,31	2,27	2,23	2,20
40	5,42	4,05	3,46	3,13	2,90	2,74	2,62	2,53	2,45	2,39	2,33	2,29	2,25	2,21	2,18
50	5,34	3,98	3,39	3,06	2,83	2,67	2,55	2,46	2,38	2,32	2,26	2,22	2,18	2,14	2,11
60	5,29	3,93	3,34	3,01	2,79	2,63	2,51	2,41	2,33	2,27	2,22	2,17	2,13	2,09	2,06
70	5,25	3,89	3,31	2,98	2,75	2,60	2,48	2,38	2,30	2,24	2,18	2,14	2,10	2,06	2,03
80	5,22	3,86	3,28	2,95	2,73	2,57	2,45	2,36	2,28	2,21	2,16	2,11	2,07	2,03	2,00
100	5,18	3,83	3,25	2,92	2,70	2,54	2,42	2,32	2,24	2,18	2,12	2,08	2,04	2,00	1,97
200	5,10	3,76	3,18	2,85	2,63	2,47	2,35	2,26	2,18	2,11	2,06	2,01	1,97	1,93	1,90
300	5,08	3,74	3,16	2,83	2,61	2,45	2,33	2,23	2,16	2,09	2,04	1,99	1,95	1,91	1,88
500	5,05	3,72	3,14	2,81	2,59	2,43	2,31	2,22	2,14	2,07	2,02	1,97	1,93	1,89	1,86
1.000	5,04	3,70	3,13	2,80	2,58	2,42	2,30	2,20	2,13	2,06	2,01	1,96	1,92	1,88	1,85
∞	5,02	3,69	3,12	2,79	2,57	2,41	2,29	2,19	2,11	2,05	1,99	1,94	1,90	1,87	1,83

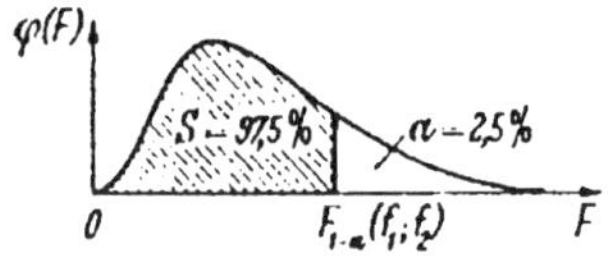

16	17	18	19	20	24	30	40	50	60	80	100	200	500	∞	f_2 / f_1
987	989	990	992	993	997	1001	1006	1008	1010	1012	1013	1016	1017	1018	1
39,4	39,4	39,4	39,4	39,4	39,5	39,5	39,5	39,5	39,5	39,5	39,5	39,5	39,5	39,5	2
14,2	14,2	14,2	14,2	14,2	14,1	14,1	14,0	14,0	14,0	14,0	14,0	13,9	13,9	13,9	3
8,64	8,62	8,60	8,58	8,56	8,51	8,46	8,41	8,38	8,36	8,33	8,32	8,29	8,27	8,26	4
6,41	6,39	6,37	6,35	6,33	6,28	6,23	6,18	6,14	6,12	6,10	6,08	6,05	6,03	6,02	5
5,25	5,23	5,21	5,19	5,17	5,12	5.07	5,01	4,98	4,96	4,93	4,92	4,88	4,86	4,84	6
4,54	4,52	4,50	4,48	4,47	4,42	4,36	4,31	4,28	4,25	4,23	4,21	4,18	4,16	4,14	7
4,08	4,05	4,03	4,02	4,00	3,95	3,89	3,84	3,81	3,78	3,76	3,74	3,70	3,68	3,67	8
3,74	3,72	3,70	3,68	3,67	3,61	3,56	3,51	3,47	3,45	3,42	3,40	3,37	3,35	3,33	9
3,50	3,47	3,45	3,44	3,42	3,37	3,31	3,26	3,22	3,20	3,17	3,15	3,12	3,09	3,08	10
3,30	3,28	3,26	3,24	3,23	3,17	3,12	3,06	3,03	3,00	2,97	2,96	2,92	2,90	2,88	11
3,15	3,13	3,11	3,09	3,07	3,02	2,96	2,91	2,87	2,85	2,82	2,80	2,76	2,74	2,72	12
3,03	3,00	2,98	2,96	2,95	2,89	2,84	2,78	2,74	2,72	2,69	2,67	2,63	2,61	2,60	13
2,92	2,90	2,88	2,86	2,84	2,79	2,73	2,67	2,64	2,61	2,58	2,56	2,53	2,50	2,49	14
2,84	2,81	2,79	2,77	2,76	2,70	2,64	2,58	2,55	2,52	2,49	2,47	2,44	2,41	2,40	15
2,76	2,74	2,72	2,70	2,68	2,63	2,57	2,51	2,47	2,45	2,42	2,40	2,36	2,33	2,32	16
2,70	2,67	2,65	2,63	2,62	2,56	2,50	2,44	2,41	2,38	2,35	2,33	2,29	2,26	2,25	17
2,64	2,62	2,60	2,58	2,56	2,50	2,44	2,38	2,35	2,32	2,29	2,27	2,23	2,20	2,19	18
2,59	2,57	2,55	2,53	2,51	2,45	2,39	2,33	2,30	2,27	2,24	2,22	2,18	2,15	2,13	19
2,55	2,52	2,50	2,48	2,46	2,41	2,35	2,29	2,25	2,22	2,19	2,17	2,13	2,10	2,09	20
2,47	2,45	2,43	2,41	2,39	2,33	2,27	2,21	2,17	2,14	2,11	2,09	2,05	2,02	2,00	22
2,41	2,39	2,36	2,35	2,33	2,27	2,21	2,15	2,11	2,08	2,05	2,02	1,98	1,95	1,94	24
2,36	2,34	2,31	2,29	2,28	2,22	2,16	2,09	2,05	2,03	1,99	1,97	1,92	1,90	1,88	26
2,32	2,29	2,27	2,25	2,23	2,17	2,11	2,05	2,01	1,98	1,94	1,92	1,88	1,85	1,83	28
2,28	2,26	2,23	2,21	2,20	2,14	2,07	2,01	1,97	1,94	1,90	1,88	1,84	1,81	1,79	30
2,25	2,22	2,20	2,18	2,16	2,10	2,04	1,98	1,93	1,91	1,87	1,85	1,80	1,77	1,75	32
2,22	2,19	2,17	2,15	2,13	2,07	2,01	1,95	1,90	1,88	1,84	1,82	1,77	1,74	1,72	34
2,20	2,17	2,15	2,13	2,11	2,05	1,99	1,92	1,88	1,85	1,81	1,79	1,74	1,71	1,69	36
2,17	2,15	2,13	2,11	2,09	2,03	1,96	1,90	1,85	1,82	1,79	1,76	1,71	1,68	1,66	38
2,15	2,13	2,11	2,09	2,07	2,01	1,94	1,88	1,83	1,80	1,76	1,74	1,69	1,66	1,64	40
2,08	2,06	2,03	2,01	1,99	1,93	1,87	1,80	1,75	1,72	1,68	1,66	1,60	1,57	1,55	50
2,03	2,01	1,98	1,96	1,94	1,88	1,82	1,74	1,70	1,67	1,62	1,60	1,54	1,51	1,48	60
2,00	1,97	1,95	1,93	1,91	1,85	1,78	1,71	1,66	1,63	1,58	1,56	1,50	1,46	1,44	70
1,97	1,95	1,93	1,90	1,88	1,82	1,75	1,68	1,63	1,60	1,55	1,53	1,47	1,43	1,40	80
1,94	1,91	1,89	1,87	1,85	1,78	1,71	1,64	1,59	1,56	1,51	1,48	1,42	1,38	1,35	100
1,87	1,84	1,82	1,80	1,78	1,71	1,64	1,56	1,51	1,47	1,42	1,39	1,32	1,27	1,23	200
1,85	1,82	1,80	1,77	1,75	1,69	1,62	1,54	1,48	1,45	1,39	1,36	1,28	1,23	1,18	300
1,83	1,80	1,78	1,76	1,74	1,67	1,60	1,51	1,46	1,42	1,37	1,34	1,25	1,19	1,14	500
1,82	1,79	1,77	1,74	1,72	1,65	1,58	1,50	1,44	1,41	1,35	1,32	1,23	1,16	1,09	1.000
1,80	1,78	1,75	1,73	1,71	1,64	1,57	1,48	1,43	1,39	1,33	1,30	1,21	1,13	1,00	∞

Tabelle 3: Schwellenwerte $F_{1-\alpha}(f_1\,;f_2)$ der F-Verteilung zur statistischen Sicherheit $S = 1 - \alpha = 99\%$ (bei einseitiger Abgrenzung) in Abhängigkeit von den Freiheitsgraden f_1 und f_2

$$F_{99\,\%}(f_1\,;f_2) = \frac{1}{F_{1\,\%}(f_2\,;f_1)}$$

f_2 \ f_1	1	2	3	4	5	6	7	8	9	10	11	12	13	14	15
	Man multipliziere die Zahlen der ersten Zeile (f_2 = 1) mit 10														
1	405	500	540	563	576	586	593	598	602	606	608	611	613	614	616
2	98,5	99,0	99,2	99,2	99,3	99,3	99,4	99,4	99,4	99,4	99,4	99,4	99,4	99,4	99,4
3	34,1	30,8	29,5	28,7	28,2	27,9	27,7	27,5	27,3	27,2	27,1	27,1	27,0	26,9	26,9
4	21,2	18,0	16,7	16,0	15,5	15,2	15,0	14,8	14,7	14,5	14,4	14,4	14,3	14,2	14,2
5	16,3	13,3	12,1	11,4	11,0	10,7	10,5	10,3	10,2	10,1	9,96	9,89	9,82	9,77	9,72
6	13,7	10,9	9,78	9,15	8,75	8,47	8,26	8,10	7,98	7,87	7,79	7,72	7,66	7,60	7,56
7	12,2	9,55	8,45	7,85	7,46	7,19	6,99	6,84	6,72	6,62	6,54	6,47	6,41	6,36	6,31
8	11,3	8,65	7,59	7,01	6,63	6,37	6,18	6,03	5,91	5,81	5,73	5,67	5,61	5,56	5,52
9	10,6	8,02	6,99	6,42	6,06	5,80	5,61	5,47	5,35	5,26	5,18	5,11	5,05	5,00	4,96
10	10,0	7,56	6,55	5,99	5,64	5,39	5,20	5,06	4,94	4,85	4,77	4,71	4,65	4,60	4,56
11	9,65	7,21	6,22	5,67	5,32	5,07	4,89	4,74	4,63	4,54	4,46	4,40	4,34	4,29	4,25
12	9,33	6,93	5,95	5,41	5,06	4,82	4,64	4,50	4,39	4,30	4,22	4,16	4,10	4,05	4,01
13	9,07	6,70	5,74	5,21	4,86	4,62	4,44	4,30	4,19	4,10	4,02	3,96	3,91	3,86	3,82
14	8,86	6,51	5,56	5,04	4,70	4,46	4,28	4,14	4,03	3,94	3,86	3,80	3,75	3,70	3,66
15	8,68	6,36	5,42	4,89	4,56	4,32	4,14	4,00	3,89	3,80	3,73	3,67	3,61	3,56	3,52
16	8,53	6,23	5,29	4,77	4,44	4,20	4,03	3,89	3,78	3,69	3,62	3,55	3,50	3,45	3,41
17	8,40	6,11	5,18	4,67	4,34	4,10	3,93	3,79	3,68	3,59	3,52	3,46	3,40	3,35	3,31
18	8,29	6,01	5,09	4,58	4,25	4,01	3,84	3,71	3,60	3,51	3,43	3,37	3,32	3,27	3,23
19	8,18	5,93	5,01	4,50	4,17	3,94	3,77	3,63	3,52	3,43	3,36	3,30	3,24	3,19	3,15
20	8,10	5,85	4,94	4,43	4,10	3,87	3,70	3,56	3,46	3,37	3,29	3,23	3,18	3,13	3,09
22	7,95	5,72	4,82	4,31	3,99	3,76	3,59	3,45	3,35	3,26	3,18	3,12	3,07	3,02	2,98
24	7,82	5,61	4,72	4,22	3,90	3,67	3,50	3,36	3,26	3,17	3,09	3,03	2,98	2,93	2,89
26	7,72	5,53	4,64	4,14	3,82	3,59	3,42	3,29	3,18	3,09	3,02	2,96	2,90	2,86	2,82
28	7,64	5,45	4,57	4,07	3,75	3,53	3,36	3,23	3,12	3,03	2,96	2,90	2,84	2,79	2,75
30	7,56	5,39	4,51	4,02	3,70	3,47	3,30	3,17	3,07	2,98	2,91	2,84	2,79	2,74	2,70
32	7,50	5,34	4,46	3,97	3,65	3,43	3,26	3,13	3,02	2,93	2,86	2,80	2,74	2,70	2,66
34	7,44	5,29	4,42	3,93	3,61	3,39	3,22	3,09	2,98	2,89	2,82	2,76	2,70	2,66	2,62
36	7,40	5,25	4,38	3,89	3,57	3,35	3,18	3,05	2,95	2,86	2,79	2,72	2,67	2,62	2,58
38	7,35	5,21	4,34	3,86	3,54	3,32	3,15	3,02	2,92	2,83	2,75	2,69	2,64	2,59	2,55
40	7,31	5,18	4,31	3,83	3,51	3,29	3,12	2,99	2,89	2,80	2,73	2,66	2,61	2,56	2,52
50	7,17	5,06	4,20	3,72	3,41	3,19	3,02	2,89	2,79	2,70	2,63	2,56	2,51	2,46	2,42
60	7,08	4,98	4,13	3,65	3,34	3,12	2,95	2,82	2,72	2,63	2,56	2,50	2,44	2,39	2,35
70	7,01	4,92	4,08	3,60	3,29	3,07	2,91	2,78	2,67	2,59	2,51	2,45	2,40	2,35	2,31
80	6,96	4,88	4,04	3,56	3,26	3,04	2,87	2,74	2,64	2,55	2,48	2,42	2,36	2,31	2,27
100	6,90	4,82	3,98	3,51	3,21	2,99	2,82	2,69	2,59	2,50	2,43	2,37	2,31	2,26	2,22
200	6,76	4,71	3,88	3,41	3,11	2,89	2,73	2,60	2,50	2,41	2,34	2,27	2,22	2,17	2,13
300	6,72	4,68	3,85	3,38	3,08	2,86	2,70	2,57	2,47	2,38	2,31	2,24	2,19	2,14	2,10
500	6,69	4,65	3,82	3,36	3,05	2,84	2,68	2,55	2,44	2,36	2,28	2,22	2,17	2,12	2,07
1.000	6,66	4,63	3,80	3,34	3,04	2,82	2,66	2,53	2,43	2,34	2,27	2,20	2,15	2,10	2,06
∞	6,63	4,61	3,78	3,32	3,02	2,80	2,64	2,51	2,41	2,32	2,25	2,18	2,13	2,08	2,04

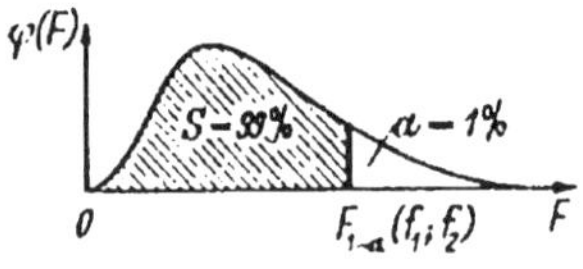

16	17	18	19	20	24	30	40	50	60	80	100	200	500	∞	f_2 \ f_1
	Man multipliziere die Zahlen der ersten Zeile (f_2 = 1) mit 10														
617	618	619	620	621	623	626	629	630	631	633	633	635	636	637	1
99,4	99,4	99,4	99,4	99,4	99,5	99,5	99,5	99,5	99,5	99,5	99,5	99,5	99,5	99,5	2
26,8	26,8	26,8	26,7	26,7	26,6	26,5	26,4	26,4	26,3	26,3	26,2	26,2	26,1	26,1	3
14,2	14,1	14,1	14,0	14,0	13,9	13,8	13,7	13,7	13,7	13,6	13,6	13,5	13,5	13,5	4
9,68	9,64	9,61	9,58	9,55	9,47	9,38	9,29	9,24	9,20	9,16	9,13	9,08	9,04	9,02	5
7,52	7,48	7,45	7,42	7,40	7,31	7,23	7,14	7,09	7,06	7,01	6,99	6,93	6,90	6,88	6
6,27	6,24	6,21	6,18	6,16	6,07	5,99	5,91	5,86	5,82	5,78	5,75	5,70	5,67	5,65	7
5,48	5,44	5,41	5,38	5,36	5,28	5,20	5,12	5,07	5,03	4,99	4,96	4,91	4,88	4,86	8
4,92	4,89	4,86	4,83	4,81	4,73	4,65	4,57	4,52	4,48	4,44	4,42	4,36	4,33	4,31	9
4,52	4,49	4,46	4,43	4,41	4,33	4,25	4,17	4,12	4,08	4,04	4,01	3,96	3,93	3,91	10
4,21	4,18	4,15	4,12	4,10	4,02	3,94	3,86	3,81	3,78	3,73	3,71	3,66	3,62	3,60	11
3,97	3,94	3,91	3,88	3,86	3,78	3,70	3,62	3,57	3,54	3,49	3,47	3,41	3,38	3,36	12
3,78	3,75	3,72	3,69	3,66	3,59	3,51	3,43	3,38	3,34	3,30	3,27	3,22	3,19	3,17	13
3,62	3,59	3,56	3,53	3,51	3,43	3,35	3,27	3,22	3,18	3,14	3,11	3,06	3,03	3,00	14
3,49	3,45	3,42	3,40	3,37	3,29	3,21	3,13	3,08	3,05	3,00	2,98	2,92	2,89	2,87	15
3,37	3,34	3,31	3,28	3,26	3,18	3,10	3,02	2,97	2,93	2,89	2,86	2,81	2,78	2,75	16
3,27	3,24	3,21	3,18	3,16	3,08	3,00	2,92	2,87	2,83	2,79	2,76	2,71	2,68	2,65	17
3,19	3,16	3,13	3,10	3,08	3,00	2,92	2,84	2,78	2,75	2,70	2,68	2,62	2,59	2,57	18
3,12	3,08	3,05	3,03	3,00	2,92	2,84	2,76	2,71	2,67	2,63	2,60	2,55	2,51	2,49	19
3,05	3,02	2,99	2,96	3,94	2,86	2,78	2,69	2,64	2,61	2,56	2,54	2,48	2,44	2,42	20
2,94	2,91	2,88	2,85	2,83	2,75	2,67	2,58	2,53	2,50	2,45	2,42	2,36	2,33	2,31	22
2,85	2,82	2,79	2,76	2,74	2,66	2,58	2,49	2,44	2,40	2,36	2,33	2,27	2,24	2,21	24
2,78	2,74	2,72	2,69	2,66	2,58	2,50	2,42	2,36	2,33	2,28	2,25	2,19	2,16	2,13	26
2,72	2,68	2,65	2,63	2,60	2,52	2,44	2,35	2,30	2,26	2,22	2,19	2,13	2,09	2,06	28
2,66	2,63	2,60	2,57	2,55	2,47	2,39	2,30	2,25	2,21	2,16	2,13	2,07	2,03	2,01	30
2,62	2,58	2,55	2,53	2,50	2,42	2,34	2,25	2,20	2,16	2,11	2,08	2.02	1,98	1,96	32
2,58	2,55	2,51	2,49	2,46	2,38	2,30	2,21	2,16	2,12	2,07	2,04	1,98	1,94	1,91	34
2,54	2,51	2,48	2,45	2,43	2,35	2,26	2,17	2,12	2,08	2,03	2,00	1,94	1,90	1,87	36
2,51	2,48	2,45	2,42	2,40	2,32	2,23	2,14	2,09	2,05	2,00	1,97	1,90	1,86	1,84	38
2,48	2,45	2,42	2,39	2,37	2,29	2,20	2,11	2,06	2,02	1,97	1,94	1,87	1,83	1,80	40
2,38	2,35	2,32	2,29	2,27	2,18	2,10	2,01	1,95	1,91	1,86	1,82	1,76	1,71	1,68	50
2,31	2,28	2,25	2,22	2,20	2,12	2,03	1,94	1,88	1,84	1,78	1,75	1,68	1,63	1,60	60
2,27	2,23	2,20	2,18	2,15	2,07	1,98	1,89	1,83	1,78	1,73	1,70	1,62	1,57	1,54	70
2,23	2,20	2,17	2,14	2,12	2,03	1,94	1,85	1,79	1,75	1,69	1,66	1,58	1,53	1,49	80
2,19	2,15	2,12	2,09	2,07	1,98	1,89	1,80	1,73	1,69	1,63	1,60	1,52	1,47	1,43	100
2,09	2,06	2,02	2,00	1,97	1,89	1,79	1,69	1,63	1,58	1,52	1,48	1,39	1,33	1,28	200
2,06	2,03	1,99	1,97	1,94	1,85	1,76	1,66	1,59	1,55	1,48	1,44	1,35	1,28	1,22	300
2,04	2,00	1,97	1,94	1,92	1,83	1,74	1,63	1,56	1,52	1,45	1,41	1,31	1,23	1,16	500
2,02	1,98	1,95	1,92	1,90	1,81	1,72	1,61	1,54	1,50	1,43	1,38	1,28	1,19	1,11	1.000
2,00	1,97	1,93	1,90	1,88	1,79	1,70	1,59	1,52	1,47	1,40	1,36	1,25	1,15	1,00	∞

Tabelle 4: Schwellenwerte $F_{1-\alpha}(f_1 ; f_2)$ der F-Verteilung zur statistischen Sicherheit $S = 1 - \alpha = 99{,}5\%$ (bei einseitiger Abgrenzung) in Abhängigkeit von den Freiheitsgraden f_1 und f_2

$$F_{99,5\,\%}(f_1 ; f_2) = \frac{1}{F_{0,5\,\%}(f_2 ; f_1)}$$

f_1 \ f_2	1	2	3	4	5	6	7	8	9	10	11	12	13	14	15
	Man multipliziere die Zahlen der ersten Zeile (f_2 = 1) mit 100														
1	162	200	216	225	231	234	237	239	241	242	243	244	245	246	246
2	198	199	199	199	199	199	199	199	199	199	199	199	199	199	199
3	55,6	49,8	46,5	46,2	45,4	44,8	44,4	44,1	43,9	43,7	43,5	43,4	43,3	43,2	43,1
4	31,3	26,3	24,3	23,2	22,5	22,0	21,6	21,4	21,1	21,0	20,8	20,7	20,6	20,5	20,4
5	22,8	18,3	16,5	15,6	14,9	14,5	14,2	14,0	13,8	13,6	13,5	13,4	13,3	13,2	13,1
6	18,6	14,5	12,9	12,0	11,5	11,1	10,8	10,6	10,4	10,2	10,1	10,0	9,95	9,88	9,81
7	16,2	12,4	10,9	10,0	9,52	9,16	8,89	8,68	8,51	8,38	8,27	8,18	8,10	8,03	7,97
8	14,7	11,0	9,60	8,81	8,30	7,95	7,69	7,50	7,34	7,21	7,10	7,01	6,94	6,87	6,81
9	13,6	10,1	8,72	7,96	7,47	7,13	6,88	6,69	6,54	6,42	6,31	6,23	6,15	6,09	6,03
10	12,8	9,43	8,08	7,34	6,87	6,54	6,30	6,12	5,97	5,85	5,75	5,66	5,59	5,53	5,47
11	12,2	8,91	7,60	6,88	6,42	6,10	5,86	5,68	5,54	5,42	5,32	5,24	5,16	5,10	5,05
12	11,8	8,51	7,23	6,52	6,07	5,76	5,52	5,35	5,20	5,09	4,99	4,91	4,84	4,77	4,72
13	11,4	8,19	6,93	6,23	5,79	5,48	5,25	5,08	4,94	4,82	4,72	4,64	4,57	4,51	4,46
14	11,1	7,92	6,68	6,00	5,56	5,26	5,03	4,86	4,72	4,60	4,51	4,43	4,36	4,30	4,25
15	10,8	7,70	6,48	5,80	5,37	5,07	4,85	4,67	4,54	4,42	4,33	4,25	4,18	4,12	4,07
16	10,6	7,51	6,30	5,64	5,21	4,91	4,69	4,52	4,38	4,27	4,18	4,10	4,03	3,97	3,92
17	10,4	7,35	6,16	5,50	5,07	4,78	4,56	4,39	4,25	4,14	4,05	3,97	3,90	3,84	3,79
18	10,2	7,21	6,03	5,37	4,96	4,66	4,44	4,28	4,14	4,03	3,94	3,86	3,79	3,73	3,68
19	10,1	7,09	5,92	5,27	4,85	4,56	4,34	4,18	4,04	3,93	3,84	3,76	3,70	3,64	3,59
20	9,94	6,99	5,82	5,17	4,76	4,47	4,26	4,09	3,96	3,85	3,76	3,68	3,61	3,55	3,50
22	9,73	6,81	5,65	5,02	4,61	4,32	4,11	3,94	3,81	3,70	3,61	3,54	3,47	3,41	3,36
24	9,55	6,66	5,52	4,89	4,49	4,20	3,99	3,83	3,69	3,59	3,50	3,42	3,35	3,30	3,25
26	9,41	6,54	5,41	4,79	4,38	4,10	3,89	3,73	3,60	3,49	3,40	3,33	3,26	3,20	3,15
28	9,28	6,44	5,32	4,70	4,30	4,02	3,81	3,65	3,52	3,41	3,32	3,25	3,18	3,12	3,07
30	9,18	6,35	5,24	4,62	4,23	3,95	3,74	3,58	3,45	3,34	3,25	3,18	3,11	3,06	3,01
32	9,09	6,28	5,17	4,56	4,17	3,89	3,68	3,52	3,39	3,29	3,20	3,12	3,06	3,00	2,95
34	9,01	6,22	5,11	4,50	4,11	3,84	3,63	3,47	3,34	3,24	3,15	3,07	3,01	2,95	2,90
36	8,94	6,16	5,06	4,46	4,06	3,79	3,58	3,42	3,30	3,19	3,10	3,03	2,96	2,90	2,85
38	8,88	6,11	5,02	4,41	4,02	3,75	3,54	3,39	3,25	3,15	3,06	2,99	2,92	2,87	2,82
40	8,83	6,07	4,98	4,37	3,99	3,71	3,51	3,35	3,22	3,12	3,03	2,95	2,89	2,83	2,78
50	8,63	5,90	4,83	4,23	3,85	3,58	3,38	3,22	3,09	2,99	2,90	2,82	2,76	2,70	2,65
60	8,49	5,80	4,73	4,14	3,76	3,49	3,29	3,13	3,01	2,90	2,82	2,74	2,68	2,62	2,57
70	8,40	5,72	4,65	4,08	3,70	3,43	3,23	3,08	2,95	2,85	2,76	2,68	2,62	2,56	2,51
80	8,33	5,67	4,61	4,03	3,65	3,39	3,19	3,03	2,91	2,80	2,72	2,64	2,58	2,52	2,47
100	8,24	5,59	4,54	3,96	3,59	3,33	3,13	2,97	2,85	2,74	2,66	2,58	2,52	2,46	2,41
200	8,06	5,44	4,41	3,84	3,47	3,21	3,01	2,85	2,73	2,63	2,54	2,47	2,40	2,35	2,30
300	8,00	5,39	4,37	3,80	3,43	3,17	2,97	2,81	2,69	3,59	2,51	2,43	2,37	2,31	2,26
500	7,95	5,36	4,33	3,76	3,40	3,14	2,94	2,79	2,66	2,56	2,48	2,40	2,34	2,28	2,23
1.000	7,92	5,33	4,31	3,74	3,37	3,11	2,92	2,77	2,64	2,54	2,45	2,38	2,32	2,26	2,21
∞	7,88	5,30	4,28	3,72	3,35	3,09	2,90	2,74	2,62	2,52	2,43	2,36	2,29	2,24	2,19

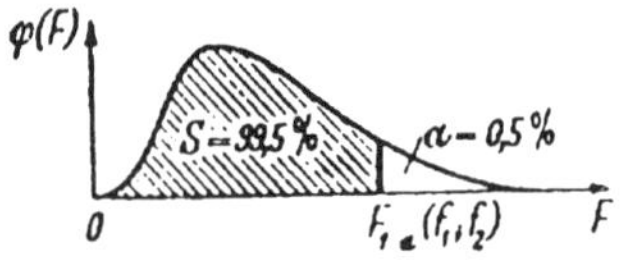

16	17	18	19	20	24	30	40	50	60	80	100	200	500	∞	f_2 \ f_1
	Man multipliziere die Zahlen der ersten Zeile (f_2 = 1) mit 100														
247	247	248	248	248	249	250	251	253	253	253	253	254	254	255	1
199	199	199	199	199	199	199	199	199	199	199	199	199	200	200	2
43,0	42,9	42,9	42,8	42,8	42,6	42,5	42,3	42,2	42,1	42,1	42,0	41,9	41,9	41,8	3
20,4	20,3	20,3	20,2	20,2	20,0	19,9	19,8	19,7	19,6	19,5	19,5	19,4	19,4	19,3	4
13,1	13,0	13,0	12,9	12,9	12,8	12,7	12,5	12,5	12,4	12,3	12,3	12,2	12,2	12,1	5
9,76	9,71	9,66	9,62	9,59	9,47	9,36	9,24	9,17	9,12	9,06	9,03	8,95	8,91	8,88	6
7,93	7,87	7,83	7,79	7,75	7,64	7,53	7,42	7,35	7,31	7,25	7,22	7,15	7,10	7,08	7
6,76	6,72	6,68	6,64	6,61	6,50	6,40	6,29	6,22	6,18	6,12	6,09	6,02	5,98	5,95	8
5,98	5,94	5,90	5,86	5,83	5,73	5,62	5,52	5,45	5,41	5,36	5,32	5,26	5,21	5,19	9
5,42	5,38	5,34	5,30	5,27	5,17	5,07	4,97	4,90	4,86	4,80	4,77	4,71	4,67	4,64	10
5,00	4,96	4,92	4,89	4,86	4,76	4,65	4,55	4,49	4,44	4,39	4,36	4,29	4,25	4,23	11
4,67	4,63	4,59	4,56	4,53	4,43	4,33	4,23	4,17	4,12	4,07	4,04	3,97	3,93	3,90	12
4,41	4,37	4,33	4,30	4,27	4,17	4,07	3,97	3,91	3,87	3,81	3,78	3,71	3,67	3,65	13
4,20	4,16	4,12	4,09	4,06	3,96	3,86	3,76	3,70	3,66	3,60	3,57	3,50	3,46	3,44	14
4,02	3,98	3,95	3,91	3,88	3,79	3,69	3,58	3,52	3,48	3,43	3,39	3,33	3,29	3,26	15
3,87	3,83	3,80	3,76	3,73	3,64	3,54	3,44	3,37	3,33	3,28	3,25	3,18	3,14	3,11	16
3,75	3,71	3,67	3,64	3,61	3,51	3,41	3,31	3,25	3,21	3,15	3,12	3,05	3,01	2,98	17
3,64	3,60	3,56	3,53	3,50	3,40	3,30	3,20	3,14	3,10	3,04	3,01	2,94	2,90	2,87	18
3,54	3,50	3,46	3,43	3,40	3,31	3,21	3,11	3,04	3,00	2,95	2,91	2,85	2,80	2,78	19
3,46	3,42	3,38	3,35	3,32	3,22	3,12	3,02	2,96	2,92	2,86	2,83	2,76	2,72	2,69	20
3,31	3,27	3,24	3,20	3,18	3,08	2,98	2,88	2,82	2,77	2,72	2,69	2,62	2,57	2,55	22
3,20	3,16	3,12	3,09	3,06	2,97	2,87	2,77	2,70	2,66	2,60	2,57	2,50	2,46	2,43	24
3,11	3,07	3,03	3,00	2,97	2,87	2,77	2,67	2,61	2,56	2,51	2,47	2,40	2,36	2,33	26
3,03	2,99	2,95	2,92	2,89	2,79	2,69	2,59	2,53	2,48	2,43	2,39	2,32	2,28	2,25	28
2,96	2,92	2,89	2,85	2,82	2,73	2,63	2,52	2,46	2,42	2,36	2,32	2,25	2,21	2,18	30
290	2,86	2,83	2,80	2,77	2,67	2,57	2,47	2,40	2,36	2,30	2,26	2,19	2,15	2,11	32
2,85	2,81	2,78	2,75	2,72	2,62	2,52	2,42	2,35	2,30	2,25	2,21	2,14	2,09	2,06	34
2,81	2,77	2,73	2,70	2,67	2,58	2,48	2,37	2,30	2,26	2,20	2,17	2,09	2,04	2,01	36
2,77	2,73	2,70	2,66	2,63	2,54	2,44	2,33	2,27	2,22	2,16	2,12	2,05	2,00	1,97	38
2,74	2,70	2,66	2,63	2,60	2,50	2,40	2,30	2,23	2,18	2,12	2,09	2,01	1,96	1,93	40
2,61	2,57	2,53	2,50	2,47	2,37	2,27	2,16	2,10	2,05	1,99	1,95	1,87	1,82	1,79	50
2,53	2,49	2,45	2,42	2,39	2,29	2,19	2,08	2,01	1,96	1,90	1,86	1,78	1,73	1,69	60
2,47	2,43	2,39	2,36	2,33	2,23	2,13	2,02	1,95	1,90	1,84	1,80	1,71	1,66	1,62	70
2,43	2,39	2,35	2,32	2,29	2,19	2,08	1,97	1,90	1,85	1,79	1,75	1,66	1,60	1,56	80
2,37	2,33	2,29	2,26	2,23	2,13	2,02	1,91	1,84	1,79	1,72	1,68	1,59	1,53	1,49	100
2,25	2,21	2,18	2,14	2,11	2,01	1,91	1,79	1,71	1,66	1,59	1,54	1,44	1,37	1,31	200
2,21	2,17	2,14	2,10	2,07	1,97	1,87	1,75	1,67	1,61	1,54	1,50	1,39	1,31	1,25	300
2,19	2,14	2,11	2,07	2,04	1,94	1,84	1,72	1,64	1,58	1,51	1,46	1,35	1,26	1,18	500
2,16	2,12	2,09	2,05	2,02	1,92	1,81	1,69	1,61	1,56	1,48	1,43	1,31	1,22	1,13	1.000
2,14	2,10	2,06	2,03	2,00	1,90	1,79	1,67	1,59	1,53	1,45	1,40	1,28	1,17	1,00	∞

Tabelle 5: Schwellenwerte $\chi^2_{1-\alpha;f}$ der χ^2-Verteilung zur Wahrscheinlichkeit 1–α in Abhängigkeit vom Freiheitsgrad

Freiheits-grad *f*	Wahrscheinlichkeit 1 – α						
	0,1 %	0,5 %	1 %	2,5 %	5 %	10 %	30 %
1	$0{,}0^{5}157$	$0{,}0^{4}393$	$0{,}0^{3}157$	$0{,}0^{3}982$	$0{,}0^{2}393$	0,0158	0,148
2	$0{,}0^{2}200$	0,0100	0,0201	0,0506	0,103	0,211	0,713
3	0,0243	0,0717	0,115	0,216	0,352	0,584	1,42
4	0,0908	0,207	0,297	0,484	0,711	1,06	2,20
5	0,210	0,412	0,554	0,831	1,15	1,61	3,00
6	0,381	0,676	0,872	1,24	1,64	2,20	3,83
7	0,598	0,989	1,24	1,69	2,17	2,83	4,67
8	0,857	1,34	1,65	2,18	2,73	3,49	5,53
9	1,15	1,74	2,09	2,70	3,33	4,17	6,39
10	1,48	2,16	2,56	3,25	3,94	4,87	7,27
11	1,83	2,60	3,05	3,82	4,58	5,58	8,15
12	2,21	3,07	3,57	4,40	5,23	6,30	9,03
13	2,62	3,57	4,11	5,01	5,89	7,04	9,93
14	3,04	4,08	4,66	5,63	6,57	7,79	10,8
15	3,48	4,60	5,23	6,26	7,26	8,55	11,7
16	3,94	5,14	5,81	6,91	7,96	9,31	12,6
17	4,42	5,70	6,41	7,56	8,67	10,1	13,5
18	4,91	6,27	7,02	8,23	9,39	10,9	14,4
19	5,41	6,84	7,63	8,91	10,1	11,7	15,4
20	5,92	7,43	8,26	9,59	10,9	12,4	16,3
21	6,45	8,03	8,90	10,3	11,6	13,2	17,2
22	6,98	8,64	9,54	11,0	12,3	14,0	18,1
23	7,53	9,26	10,2	11,7	13,1	14,8	19,0
24	8,09	9,89	10,9	12,4	13,8	15,7	19,0
25	8,65	10,5	11,5	13,1	14,6	16,5	20,9
26	9,22	11,2	12,2	13,8	15,4	17,3	21,8
27	9,80	11,8	12,9	14,6	16,2	18,1	22,7
28	10,4	12,5	13,6	15,3	16,9	18,9	23,6
29	11,0	13,1	14,3	16,0	17,7	19,8	24,6
30	11,6	13,8	15,0	16,8	18,5	20,6	25,5
40	17,9	20,7	22,2	24,4	26,5	29,1	34,9
50	24,7	28,0	29,7	32,4	34,8	37,7	44,3
60	31,7	35,5	37,5	40,5	43,2	46,5	53,8
70	39,0	43,3	45,4	48,8	51,7	55,3	63,3
80	46,5	51,2	53,5	57,2	60,4	64,3	72,9
90	54,2	59,2	61,8	65,6	69,1	73,3	82,5
100	61,9	67,3	70,1	74,2	77,9	82,4	92,1

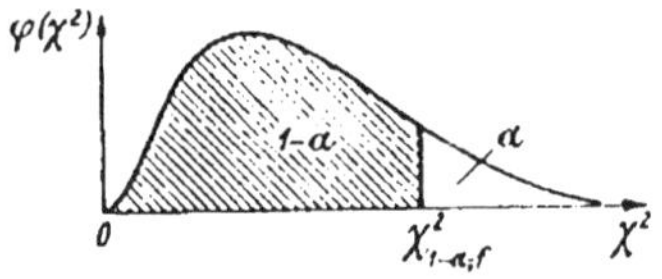

Wahrscheinlichkeit 1 – α								Freiheitsgrad f
50 %	70 %	90 %	95 %	97,5 %	99 %	99,5 %	99,9 %	
0,455	1,07	2,71	3,84	5,02	6,64	7,88	10,8	1
1,39	2,41	4,61	5,99	7,38	9,21	10,6	13,8	2
2,37	3,67	6,25	7,82	9,35	11,3	12,8	16,3	3
3,36	4,88	7,78	9,49	11,1	13,3	14,9	18,5	4
4,35	6,06	9,24	11,1	12,8	15,1	16,8	20,5	5
5,35	7,23	10,6	12,6	14,4	16,8	18,5	22,5	6
6,35	8,38	12,0	14,1	16,0	18,5	20,3	24,3	7
7,34	9,52	13,4	15,5	17,5	20,1	22,0	26,1	8
8,34	10,7	14,7	16,9	19,0	21,7	23,6	27,9	9
9,34	11,8	16,0	18,3	20,5	23,2	25,2	29,6	10
10,3	12,9	17,3	19,7	21,9	24,7	26,8	31,3	11
11,3	14,0	18,5	21,0	23,3	26,2	28,3	32,9	12
12,3	15,1	19,8	22,4	24,7	27,7	29,8	34,5	13
13,3	16,2	21,1	23,7	26,1	29,1	31,3	36,1	14
14,3	17,3	22,3	25,0	27,5	30,6	32,8	37,7	15
15,3	18,4	23,5	26,3	28,8	32,0	34,3	39,3	16
16,3	19,5	24,8	27,6	30,2	33,4	35,7	40,8	17
17,3	20,6	26,0	28,9	31,5	34,8	37,2	42,3	18
18,3	21,7	27,2	30,1	32,9	36,2	38,6	43,8	19
19,3	22,8	28,4	31,4	34,2	37,6	40,0	45,3	20
20,3	23,9	29,6	32,7	35,5	38,9	41,4	46,8	21
21,3	24,9	30,8	33,9	36,8	40,3	42,8	48,3	22
22,3	26,0	32,0	35,2	38,1	41,6	44,2	49,7	23
23,3	27,1	33,2	36,4	39,4	43,0	45,6	51,2	24
24,3	28,2	34,4	37,7	40,6	44,3	46,9	52,6	25
25,3	29,2	35,6	38,9	41,9	45,6	48,3	54,1	26
26,3	30,3	36,7	40,1	43,2	47,0	49,6	55,5	27
27,3	31,4	37,9	41,3	44,5	48,3	51,0	56,9	28
28,3	32,5	39,1	42,6	45,7	49,6	52,3	58,3	29
29,3	33,5	40,3	43,8	47,0	50,9	53,7	59,7	30
39,3	44,2	51,8	55,8	59,3	63,7	66,8	73,4	40
49,3	54,7	63,2	67,5	71,4	76,2	79,5	86,7	50
59,3	65,2	74,4	79,1	83,3	88,4	92,0	99,6	60
69,3	75,7	85,5	90,5	95,0	100,4	104,2	112,3	70
79,3	86,1	96,6	101,9	106,6	112,3	116,3	124,8	80
89,3	96,5	107,6	113,1	118,1	124,1	128,3	137,2	90
99,3	106,9	118,5	124,3	129,6	135,8	140,2	149,4	100

Tabelle 6: Schwellenwerte $t_{1-\chi;f}$ der t-Verteilung zur statistischen Sicherheit $S = 1 - \alpha$ (bei einseitiger Abgrenzung) in Abhängigkeit vom Freiheitsgrad f

$$t_{1-\alpha} = -t_{\alpha}$$

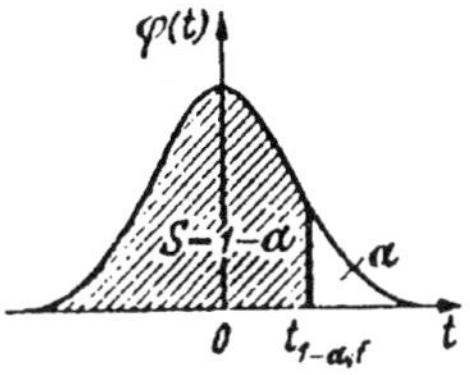

Freiheitsgrad f	Statistische Sicherheit S = 1 − α							Freiheitsgrad f
	90 %	95 %	97,5 %	99 %	99,5 %	99,9 %	99,95 %	
1	3,078	6,314	12,71	31,82	63,66	318,3	636,6	1
2	1,886	2,920	4,303	6,965	9,925	22,33	31,60	2
3	1,638	2,353	3,182	4,541	5,841	10,21	12,92	3
4	1,533	2,132	2,776	3,747	4,604	7,173	8,610	4
5	1,476	2,015	2,571	3,365	4,032	5,893	6,869	5
6	1,440	1,943	2,447	3,143	3,707	5,208	5,959	6
7	1,415	1,895	2,365	2,998	3,499	4,785	5,408	7
8	1,397	1,860	2,306	2,896	3,355	4,501	5,041	8
9	1,383	1,833	2,262	2,821	3,250	4,297	4,781	9
10	1,372	1,812	2,228	2,764	3,169	4,144	4,587	10
11	1,363	1,796	2,201	2,718	3,106	4,025	4,437	11
12	1,356	1,782	2,179	2,681	3,055	3,930	4,318	12
13	1,350	1,771	2,160	2,650	3,012	3,852	4,221	13
14	1,345	1,761	2,145	2,624	2,977	3,787	4,140	14
15	1,341	1,753	2,131	2,602	2,947	3,733	4,073	15
16	1,337	1,746	2,120	2,583	2,921	3,686	4,015	16
17	1,333	1,740	2,110	2,567	2,898	3,646	3,965	17
18	1,330	1,734	2,101	2,552	2,878	3,610	3,922	18
19	1,328	1,729	2,093	2,539	2,861	3,579	3,883	19
20	1,325	1,725	2,086	2,528	2,845	3,552	3,850	20
21	1,323	1,721	2,080	2,518	2,831	3,527	3,819	21
22	1,321	1,717	2,074	2,508	2,819	3,505	3,792	22
23	1,319	1,714	2,069	2,500	2,807	3,485	3,768	23
24	1,318	1,711	2,064	2,492	2,797	3,467	3,745	24
25	1,316	1,708	2,060	2,485	2,787	3,450	3,725	25
26	1,315	1,706	2,056	2,479	2,779	3,435	3,707	26
27	1,314	1,703	2,052	2,473	2,771	3,421	3,690	27
28	1,313	1,701	2,048	2,467	2,763	3,408	3,674	28
29	1,311	1,699	2,045	2,462	2,756	3,396	3,659	29
30	1,310	1,697	2,042	2,457	2,750	3,385	3,646	30
40	1,303	1,684	2,021	2,423	2,704	3,307	3,551	40
50	1,299	1,676	2,009	2,403	2,678	3,261	3,496	50
60	1,296	1,671	2,000	2,390	2,660	3,232	3,460	60
80	1,292	1,664	1,990	2,374	2,639	3,195	3,416	80
100	1,290	1,660	1,984	2,364	2,626	3,174	3,390	100
200	1,286	1,652	1,972	2,345	2,601	3,131	3,340	200
500	1,283	1,648	1,965	2,334	2,586	3,107	3,310	500
∞	1,282	1,645	1,960	2,326	2,576	3,090	3,291	∞

Tabelle 7: Schwellenwerte $t_{1-(\alpha/2);f}$ der t-Verteilung zur statistischen Sicherheit $S = 1 - \alpha$ (bei zweiseitiger Abgrenzung) in Abhängigkeit vom Freiheitsgrad f

$$t_{1-(\alpha/2)} = -\,t_{\alpha/2}$$

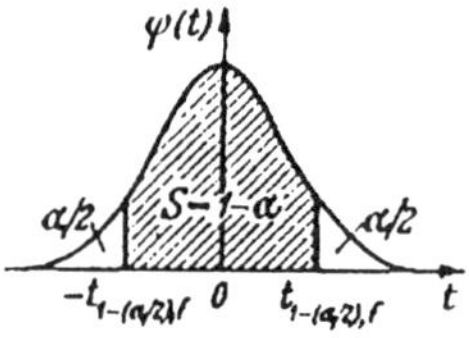

Freiheits-grad f	Statistische Sicherheit S = 1 – α							Freiheits-grad f
	80 %	90 %	95 %	98 %	99 %	99,8 %	99,9 %	
1	3,078	6,314	12,71	31,82	63,66	318,3	636,6	1
2	1,886	2,920	4,303	6,965	9,925	22,33	31,60	2
3	1,638	2,353	3,182	4,541	5,841	10,21	12,92	3
4	1,533	2,132	2,776	3,747	4,604	7,173	8,610	4
5	1,476	2,015	2,571	3,365	4,032	5,893	6,869	5
6	1,440	1,943	2,447	3,143	3,707	5,208	5,959	6
7	1,415	1,895	2,365	2,998	3,499	4,785	5,408	7
8	1,397	1,860	2,306	2,896	3,355	4,501	5,041	8
9	1,383	1,833	2,262	2,821	3,250	4,297	4,781	9
10	1,372	1,812	2,228	2,764	3,169	4,144	4,587	10
11	1,363	1,796	2,201	2,718	3,106	4,025	4,437	11
12	1,356	1,782	2,179	2,681	3,055	3,930	4,318	12
13	1,350	1,771	2,160	2,650	3,012	3,852	4,221	13
14	1,345	1,761	2,145	2,624	2,977	3,787	4,140	14
15	1,341	1,753	2,131	2,602	2,947	3,733	4,073	15
16	1,337	1,746	2,120	2,583	2,921	3,686	4,015	16
17	1,333	1,740	2,110	2,567	2,898	3,646	3,965	17
18	1,330	1,734	2,101	2,552	2,878	3,610	3,922	18
19	1,328	1,729	2,093	2,539	2,861	3,579	3,883	19
20	1,325	1,725	2,086	2,582	2,845	3,52	3,850	20
21	1,323	1,721	2,080	2,518	2,831	3,527	3,819	21
22	1,321	1,717	2,074	2,508	2,819	3,505	3,792	22
23	1,319	1,714	2,069	2,500	2,807	3,485	3,768	23
24	1,318	1,711	2,064	2,492	2,797	3,467	3,745	24
25	1,316	1,708	2,060	2,485	2,787	3,450	3,725	25
26	1,315	1,706	2,056	2,479	2,779	3,435	3,707	26
27	1,314	1,703	2,052	2,473	2,771	3,421	3,690	27
28	1,313	1,701	2,048	2,467	2,763	3,408	3,674	28
29	1,311	1,699	2,045	2,462	2,756	3,396	3,659	29
30	1,310	1,697	2,042	2,457	2,750	3,385	3,646	30
40	1,303	1,684	2,021	2,423	2,704	3,307	3,551	40
50	1,299	1,676	2,009	2,403	2,678	3,261	3,496	50
60	1,296	1,671	2,000	2,390	2,660	3,232	3,460	60
80	1,292	1,664	1,990	2,374	2,639	3,195	3,416	80
100	1,290	1,660	1,984	2,364	2,626	3,174	3,390	100
200	1,286	1,652	1,972	2,345	2,601	3,131	3,340	200
500	1,283	1,648	1,965	2,334	2,586	3,107	3,310	500
∞	1,282	1,645	1,960	2,326	2,576	3,090	3,291	∞

Tabelle 8: Zufallszahlen

Spalte / Zeile	(1)	(2)	(3)	(4)	(5)	(6)	(7)	(8)	(9)	(10)	(11)	(12)	(13)	(14)
1	10480	15011	01536	02011	81687	91646	69179	14194	62590	36207	20969	99570	91291	90700
2	22368	46573	25595	85393	30995	89198	27982	53402	93965	34095	52666	19174	39615	99505
3	24130	48360	22527	97265	76393	64809	15179	24830	49340	32081	30680	19655	63348	58629
4	42167	93093	06243	61680	07856	16376	39440	53537	71341	57004	00849	74917	97758	16379
5	37570	39975	81837	16656	06121	91782	60468	81305	49684	60672	14110	06927	01263	54613
6	77921	06907	11008	42751	27756	53498	18602	70659	90655	15053	21916	81825	44394	42880
7	99562	72905	56420	69994	08872	31016	71194	18738	44013	48840	63213	21069	10634	12952
8	96301	91977	05463	07972	18876	20922	94595	56869	69014	60045	18425	84903	42508	32307
9	89579	14342	63661	10281	17453	18103	57740	84378	25331	12566	58678	44947	05585	56941
10	85475	36857	53342	53988	53060	59533	38867	62300	08158	17983	16439	11458	18593	64952
11	28918	69578	88231	33276	70997	79936	56865	05859	90106	31595	01547	85590	91610	78188
12	63553	40961	48235	03427	49626	69445	18663	72695	52180	20847	12243	90511	33703	90322
13	09429	93969	52636	92737	88974	33488	36320	17617	30015	08272	84115	27156	30613	74952
14	10365	61129	87689	85689	58237	42267	67689	93394	01511	26358	85104	20285	29975	89868
15	07119	97336	71048	08178	77233	13916	47564	81056	97735	85977	29372	74461	28551	90707
16	51085	12765	51821	51259	77452	16308	60756	92144	49442	53900	70960	63990	75601	40719
17	02368	21382	52404	60268	89368	19885	55322	44819	01188	65255	64835	44919	05944	55157
18	01011	54092	33362	94904	31273	04146	18594	29852	71585	85030	51132	01915	92747	64951
19	52162	53916	46369	58586	23216	14513	83149	98736	23495	64350	94738	17752	35156	35749
20	07056	97628	33787	09998	42698	06691	76988	13602	51851	46104	88916	19509	25625	58104
21	48663	91245	85828	14346	09172	30168	90229	04734	59193	22178	30421	61666	99904	32812
22	54164	58492	22421	74103	47070	25306	76468	26384	58151	06616	21524	15227	96909	44592
23	32639	32363	05597	24200	13363	38005	94342	28728	35806	06912	17012	64161	18296	22851
24	29334	27001	87637	87308	58731	00256	45834	15398	46557	41135	10367	07684	36188	18510
25	02488	33062	28834	07351	19731	92420	60952	61280	50001	67658	32586	86679	50720	94953
26	81525	72295	04839	96423	24878	82651	66566	14778	76797	14780	13300	87074	79666	95725
27	29676	20591	68086	26432	46901	20849	89768	81536	86645	12659	92259	57102	80428	25280
28	00742	57392	39064	66432	84673	40027	32832	61362	98947	96067	64760	64584	96096	98253
29	05366	04213	25669	26422	44407	44048	37937	63904	45766	66134	75470	66520	34693	90449
30	91921	26418	64117	94305	26766	25940	39972	22209	71500	64568	91402	42416	07844	69618
31	00582	04711	87917	77341	42206	35126	74087	99547	81817	42607	43808	76655	62028	76630
32	00725	69884	62707	56170	86324	88072	76222	36086	84637	93161	76038	65855	77919	88006
33	69011	65795	95876	55293	18988	27354	26575	08615	40801	59920	29841	80150	12777	48501
34	25976	57948	29888	88604	67917	48708	18912	82271	65424	69774	33611	54262	85963	03547
35	09763	83473	73577	12908	30883	18317	28290	35797	05998	41688	34952	37888	38917	88050
36	91567	42595	27958	30134	04024	86385	29880	99730	55536	84855	29080	09250	79656	73211
37	17955	56349	90999	49127	20044	59931	06115	20542	18059	02008	73708	83517	36103	42791
38	46503	18584	18845	49618	02304	51038	20655	58727	28168	15475	56942	53389	20562	87338
39	92157	89634	94824	78171	84610	82834	09922	25417	44137	84813	25555	21246	35509	20468
40	14577	62765	35605	81263	39667	47358	56873	56307	61607	49518	89656	20103	77490	18062
41	98427	07523	33362	64270	01638	92477	66969	98420	04880	45585	46565	04102	46880	45709
42	34914	63976	88720	82765	34476	17032	87589	40836	32427	70002	70663	88863	77775	69348
43	70060	28277	39475	46473	23219	53416	94970	25832	69975	94884	19661	72828	00102	66794
44	53976	54914	06990	67245	68350	82948	11399	42878	80287	88267	47363	46634	06541	97809
45	76072	29515	40980	07391	58745	25774	22987	80059	39911	96189	41151	14222	60697	59583
46	90725	52210	83974	29992	65831	38857	50490	83765	55657	14316	31720	57375	56228	41546
47	64364	67412	33339	31926	14883	24413	59744	92351	97473	89286	35931	04110	23726	51900
48	08962	00358	31662	25388	61642	34072	81249	35648	56891	69352	48373	45578	78547	81788
49	95012	68379	93526	70765	10592	04542	76463	54328	02349	17247	28865	14777	62730	92277
50	15664	10493	20492	38391	91132	21999	59516	81652	27195	48223	46751	22923	32261	85653
51	16408	81899	04153	53381	79401	21438	83035	92350	36693	31238	59649	91754	72772	02338
52	18629	81953	05520	91962	04739	13092	97662	24822	94730	06496	35090	04822	86774	98289
53	73115	35101	47498	87637	99016	71060	88824	71013	18735	20286	23153	72924	35165	43040
54	57491	16703	23167	49323	45021	33132	12544	41035	80780	45393	44812	12515	98931	91202
55	30405	83946	23792	14422	15059	45799	22716	19792	09983	74353	68668	30429	70735	25499
56	16631	35006	85900	98275	32388	52390	16815	69298	82732	38480	73817	32523	41961	44437
57	96773	20206	42559	78985	05300	22164	24369	54224	35083	19687	11052	91491	60383	19746
58	38935	64202	14349	82674	66523	44133	00697	35552	35970	19124	63318	29686	03387	59846
59	31624	76384	17403	53363	44167	64486	64758	75366	76554	31601	12614	33072	60332	92325
60	78919	19474	23632	27889	47914	02584	37680	20801	72152	39339	34806	08930	85001	87820

Stichwortverzeichnis

Stichwortverzeichnis